MBA、MPA、MPAcc管理类联考

综合能力复习指南

中公教育研究生考试研究院◎编著

世界图书出版公司

北京·广州·上海·西安

图书在版编目(CIP)数据

MBA、MPA、MPAcc 管理类联考·综合能力复习指南 / 中公教育研究生考试研究院编著.—北京：世界图书出版公司北京公司，2017.3(2022.1重印)
ISBN 978-7-5192-2517-9

Ⅰ.①M… Ⅱ.①中… Ⅲ.①研究生–入学考试–自学参考资料 Ⅳ.①G643

中国版本图书馆 CIP 数据核字(2017)第 049750 号

书 名	MBA、MPA、MPAcc 管理类联考·综合能力复习指南	
	MBA, MPA, MPAcc GUANLILEI LIANKAO·ZONGHE NENGLI FUXI ZHINAN	
编 著	中公教育研究生考试研究院	
责任编辑	王 鑫 张文丽	
特约编辑	刘存哲	
出版发行	世界图书出版公司北京公司	
地 址	北京市东城区朝内大街 137 号	
邮 编	100010	
电 话	010-64038355(发行) 64037380(客服) 64033507(总编室)	
网 址	http://www.wpcbj.com.cn	
邮 箱	wpcbjst@vip.163.com	
销 售	各地新华书店	
印 刷	三河市恒彩印务有限公司	
开 本	889 mm×1194 mm 1/16	
印 张	37.5	
字 数	900 千字	
版 次	2017 年 3 月第 1 版	
印 次	2022 年 1 月第 17 次印刷	
国际书号	ISBN 978-7-5192-2517-9	
定 价	69.00 元	

如有质量或印装问题,请拨打售后服务电话010-82838515

前　言

管理类联考综合能力考试是为高等院校和科研院所招收管理类专业硕士研究生而设置的具有选拔性质的全国性联考科目。试卷满分为 200 分,其中,数学基础占 75 分,包含问题求解和条件充分性判断两种题型;逻辑推理占 60 分;写作占 65 分,包含论证有效性分析和论说文两种题型。按照考试大纲要求,应试者需要具备运用数学基础知识、基本方法分析和解决问题的能力;具备较强的分析、推理、论证等逻辑思维能力;具备较强的文字材料理解能力、分析能力以及书面表达能力。近年来,社会对专业硕士尤其是管理类专业硕士的需求越来越大,相应地也刺激了报考人数的增加,入学考试的竞争也就越来越激烈。为了帮助考生更好地复习综合能力,本书特从三个学科着手,归纳解题方法与技巧。

数 学 篇

数学是一门逻辑性极强的演绎科学。考生需要掌握基本概念、基本方法和基本定理,才能找到解题的切入点。本书严格按照最新考试大纲编写,在数学篇的第一部分详细讲解大纲所要求的核心考点,帮助考生实现"零基础"复习无障碍。

考生在学习了基本公式和定理后,需要掌握解题方法,并不断归纳总结常考题型的解题技巧。本书在数学篇第二部分,为考生总结了重点题型和解题方法,并在部分题目解析中设置了"中公巧解",帮助考生掌握速解方法,拓展解题思路。

【例 1】已知直线 $l:y=x+m,m\in\mathbf{R}$。若以点 $M(2,0)$ 为圆心的圆与直线 l 相切于点 P,且点 P 在 y 轴上,则该圆的方程为(　　)

(A)$(x-2)^2+y^2=8$

(B)$(x-2)^2+y^2=4$

(C)$x^2+(y-2)^2=8$

(D)$(x-2)^2+y^2=16$

(E)以上说法均不正确

【考点】直线和圆的位置关系

【答案】A

【解析】如下图所示:

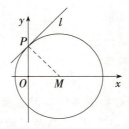

依题意，点 P 的坐标为 $(0,m)$。因为 $MP \perp l$，所以这两条直线斜率乘积为 -1，即 $\dfrac{0-m}{2-0} \times 1 = -1$，解得 $m=2$，即点 P 的坐标为 $(0,2)$，从而圆的半径 $r=MP=\sqrt{(2-0)^2+(0-2)^2}=2\sqrt{2}$，故所求圆的标准方程为 $(x-2)^2+y^2=8$，因此选 A。

中 公 巧 解

如图所示，当直线 l 斜率为 1 时，点 M 关于 y 轴对称点为 A 点。由对称性知 $A(-2,0)$，$OA=OP=OM=2$，故 $r=MP=2\sqrt{2}$。圆的方程为 $(x-2)^2+y^2=8$，因此选 A。

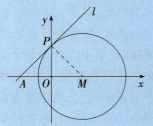

逻辑篇

逻辑推理是一门对考生批判性思维和分析性论证能力要求较高的科目。虽然考试不考查相关领域的专业知识，但需要考生掌握基本的逻辑知识，并锻炼符合基本逻辑知识的思维模式。本书在逻辑篇的第一部分详细介绍了基本推理方法的出题形式，归纳了常见问法，帮助考生掌握基础知识和基本方法，领略逻辑的真谛。

逻辑部分共 30 道试题，需要考生在短时间内读完 1 道试题并选出答案。因此，考生就要在考试之前有充分的准备和训练，掌握相应的解题技巧。本书的逻辑篇在进行知识点讲解的同时，提供了一些实用的解题技巧，帮助考生更好地解题。例如，对于结论型题目，本书总结了三大原则：

(1)从弱原则。结论不要做得过于绝对。

(2)协调原则。结论和题干不要冲突。

(3)整体原则。结论是题干整体意思的体现。当然，整体中也有重点或主要矛盾。

【例2】爱书成痴注定会藏书。大多数藏书家也会读一些自己收藏的书。但有些藏书家却因喜爱书的价值和精致装帧而购书收藏，至于阅读则放到了以后闲暇的时间。而一旦他们这样想，这些新购的书就很可能不被阅读了。但是，这些受到"冷遇"的书只要被友人借去一本，藏书家就会失魂落魄，整日心神不安。

根据上述信息，可以得出以下哪项？

(A)有些藏书家将自己的藏书当作友人。

(B)有些藏书家喜欢闲暇时读自己的藏书。

(C)有些藏书家会读遍自己收藏的书。

(D)有些藏书家不会立即读自己新购的书。

(E)有些藏书家从不读自己收藏的书。

【解析】本题属于结论型题目。由"但有些藏书家却因喜爱书的价值和精致装帧而购书收藏，至于阅读则放到了以后闲暇的时间。而一旦他们这样想，这些新购的书就很可能不被阅读了"，可以得出 D 项正确。A 项将藏书当作友人在文中并未提及，因此不能推出；B 项是否在闲暇时阅读自己的藏书这一点也没有提及;C 项和 E 项文中也没有提及,因此也推不出。故本题选 D。

对于此类题目,考生在掌握了结论型题目的三大原则后,就可以通过比较,排除不符合题干及推理原则的错误选项,选出符合从弱原则、协调原则和整体原则的正确选项。可见,掌握解题技巧对于复习逻辑推理部分是相当重要的。

写作篇

写作是一门用来考查考生分析论证能力和文字表达能力的科目,写作能力是考生必须掌握的核心能力。写作共 65 分,占综合能力总分的近 1/3。从历年考试真题来看,写作的题型有两种,分别为论证有效性分析(30 分)和论说文(35 分)。

一、写作的主要考查内容

论证有效性分析试题的题干为一篇有缺陷的论证,要求考生分析其中存在的问题,选择若干要点,评论该论证的有效性。本类试题的分析要点:论证中的概念是否明确,判断是否明确,推理是否严密,论证是否充分等。文章要求分析得当,理由充分,结构严谨,语言得体。

论说文的考试形式有两种:命题作文、基于文字材料的自由命题作文。每次考试为其中一种形式。要求考生在准确、全面地理解题意的基础上,对命题或材料所给观点进行分析,表明自己的观点并加以论证。文章要求思想健康,观点明确,论据充足,论证严密,结构合理,语言流畅。

二、写作篇的编写目的及内容特色

在阅卷过程中,写作部分采取分类评分的模式。对于论证有效性分析而言,一类文 26~30 分,二类文 21~25 分,三类文 11~20 分,四类文 0~10 分;对于论说文而言,一类文 30~35 分,二类文 24~29 分,三类文 18~23 分,四类文 11~17 分,五类文 0~10 分。可见,四、五类文与一类文的分数相差悬殊。考生要想写好作文,就必须在平时多下苦功,多积累,多练习。

本篇详细讲解了写作的基础知识,总结了常用的写作方法。

本篇最开始为"写作历年真题分析及命题趋势聚焦",包括历年真题分析、命题趋势聚焦、联考写作复习策略等内容。

第一部分为"写作基础",包括思想基础(批判性思维)、表达基础(逻辑与语言)等内容,帮助考生了解管理类联考写作的基本内容。

第二部分为"题型精讲",包括"论证有效性分析"和"论说文"两章内容。其中"论证有效性分析",包括大纲详解、谬误分析、写作要点、例文评析及练习等。本章从以上几个方面入手,就如何作答论证有效性分析进行了详尽讲解。"论说文",包括大纲详解、论说文写作、例文评析及练习等。本章就如何作答论说文进行了细致解说。

本篇的写作方法具有较强的借鉴性。考生可以通过学习写作方法、练习作文的审题立意、模仿范文习作来提高写作水平。本书范文结构清晰、层次分明、选材合理。

"千里之行,始于足下。"考生要想在写作部分取得好成绩,既要掌握写作方法,也要在平时多加练习。考生可以从写作方法入手,掌握基本的写作思路和技巧,尽可能搜集相关写作素材,以达到举一反三的效果。希望本书能够为考生带来启发和动力,让每一位考生都能够在不断努力的过程中感受到知识的魅力。

附　录

本书附录包含四部分内容，分别为数学常用公式、必然性推理知识点总结、写作素材与高分范文、2022 年管理类专业学位联考综合能力真题及解析。

第一部分为"数学常用公式"，将数学基础部分的高频核心考点以表格的形式罗列，旨在帮助考生集中记忆相关内容。

第二部分为"必然性推理知识点总结"，本部分内容旨在帮助考生理清逻辑部分的知识脉络，让考生对逻辑的知识点有更全面的把握。

第三部分为"写作素材与高分范文"，包括写作素材和高分范文两部分。本部分包含名人名言及事例和材料作文的范文，便于考生积累素材。

第四部分为 2022 年最新真题，希望同学们在掌握本书上述所有学习内容的同时，通过最新真题检验自己的学习效果，查漏补缺，进行更高效的复习。

以上是三门学科的考查要求和部分解题技巧，以及附录部分的内容，希望本书总结的解题方法与技巧能够帮助考生提升相应的解题能力，实现综合能力的科学备考。

中公教育研究生考试研究院

2022 年 1 月

目 录

第一篇　　　　　　　数　学

第二篇　　　逻　辑

第三篇　写　作

第一篇

数　学

数学历年真题分析及命题趋势聚焦

一、历年真题分析

管理类专业学位联考综合能力考试中,数学部分的题型包括问题求解和条件充分性判断。

1.问题求解

问题求解以选择题的形式出现,涉及算术、几何、函数、概率、应用题等多个方面的知识。每题有五个选项,要求考生选出符合试题要求的一项。

【真题1】 某车间计划10天完成一项任务,工作3天后因故停工2天。若仍要按原计划完成任务,则工作效率需要提高(　　)

(A)20%　　　　(B)30%　　　　(C)40%　　　　(D)50%　　　　(E)60%

【答案】 C

【解析】 本题考查增长率。假设车间每天的产量为1,任务总量为10。工作3天后剩余工作量为7,停工2天,要按原计划完成,剩余5天每天的产量应是$7\div5=1.4$,工作效率由1到1.4,提高40%。故选C。

【真题2】 设函数 $f(x)=2x+\dfrac{a}{x^2}(a>0)$ 在 $(0,+\infty)$ 内的最小值为 $f(x_0)=12$,则 $x_0=$ (　　)

(A)5　　　　(B)4　　　　(C)3　　　　(D)2　　　　(E)1

【答案】 B

【解析】 本题考查均值不等式。由于 $x>0$,$a>0$,则 $f(x)$ 的表达式各项均大于0,考虑运用均值不等式分析其最小值。

$$f(x)=2x+\frac{a}{x^2}=x+x+\frac{a}{x^2}\geq 3\sqrt[3]{x\cdot x\cdot\frac{a}{x^2}}=3\sqrt[3]{a}=12,$$

则 $a=64$,当且仅当 $x=\dfrac{64}{x^2}$,即 $x=4$ 时取等号。故选B。

2.条件充分性判断

(1)在讲解这类题目的解法前,我们首先要理解什么是充分条件,什么是必要条件。

由条件 A 成立,能够推出结论 B 成立,即 $A\Rightarrow B$,则称 A 是 B 的充分条件,或者称 A 具备了使 B 成立的充分性。如果由条件 A 不能推出结论 B,则称 A 不是 B 的充分条件。

例如:$a<0$ 能推出 $|a|=-a$, 则 $a<0$ 是 $|a|=-a$ 的充分条件;$a>0$,$b<0$ 不能推出 $ab>0$, 所以 $a>0$,$b<0$ 不是 $ab>0$ 的充分条件。

(2)条件充分性判断的每道题会给出一个结论和两个条件,要求考生判断条件(1)和条件(2)是否为结论的充分条件。对于此类题目,考生只需分析条件是否充分即可。

其题目要求如下:

条件充分性判断: 第16~25小题,每小题3分,共30分。要求判断每题给出的条件(1)和条件(2)能否充分支持题干所陈述的结论。A、B、C、D、E五个选项为判断结果,请选择一项符合试题要求的判断,在答题卡上将所选项的字母涂黑。

(A)条件(1)充分,但条件(2)不充分。

(B)条件(2)充分,但条件(1)不充分。

(C)条件(1)和条件(2)单独都不充分,但条件(1)和条件(2)联合起来充分。

(D)条件(1)充分,条件(2)也充分。

(E)条件(1)和条件(2)单独都不充分,条件(1)和条件(2)联合起来也不充分。

考生在解题时,要先判断条件(1)能否推出结论,再判断条件(2)能否推出结论,如果条件(1)和条件(2)都不能推出结论,此时就要看条件(1)与条件(2)联合起来能否推出结论。

【真题1】甲、乙、丙三人的年龄相同。

(1)甲、乙、丙的年龄成等差数列;

(2)甲、乙、丙的年龄成等比数列。

【答案】C

【解析】由条件(1),若甲、乙、丙三人年龄为等差数列,如1,2,3,显然三人年龄不相同,所以条件(1)不充分;由条件(2),若甲、乙、丙三人年龄为等比数列,如1,3,9,同样三人年龄也不相同,所以条件(2)也不充分;现在联合考虑,若甲、乙、丙三人年龄分别为 x,y,z,根据三人年龄既为等差数列又为等比数列,可得方程组 $\begin{cases}2y=x+z,\\ y^2=xz,\end{cases}$ 解得 $x=y=z$,故条件(1)和条件(2)联合起来充分,故选 C。

【真题2】某校理学院五个系每年的录取人数如表:

系别	数学系	物理系	化学系	生物系	地学系
录取人数	60	120	90	60	30

今年与去年相比,物理系的录取平均分没变。则理学院的录取平均分升高了。

(1)数学系的录取平均分升高了3分,生物系的录取平均分降低了2分;

(2)化学系的录取平均分升高了1分,地学系的录取平均分降低了4分。

【答案】C

【解析】本题考查平均数。在录取人数不变的情况下,平均分升高等价于总分升高。由于两个条件单独均不是所有系的情况,不能确定平均分是否升高,故单独不充分。条件(1)、(2)联合时,数学系总分升高 60×3=180(分),生物系总分降低 60×2=120(分),化学系总分升高 90×1=90(分),地学系总分降低 30×4=120(分),180−120+90−120=30(分),总分升高,联合充分。故选 C。

二、命题趋势聚焦

数学是管理类专业学位联考综合能力考试的考查科目之一。从近几年综合能力考试数学部分真题来看,相关题型有两种,问题求解(45分)和条件充分性判断(30分),共75分,占综合能力总分(200分)的1/3以上。

通过对近年来考试真题的分析总结可以看出,数学部分试题呈现出以下几个特点:第一,涉及的考点范围很广,包括大纲要求的数学基础的所有知识;第二,部分考点在历年真题中出现的频率较高,个别考点在同一年真题中多次出现;第三,部分试题从实战角度来说需要利用一定的解题技巧才能较快得到答案。

因此,根据近几年数学考试情况,预计2023年管理类专业学位联考综合能力的数学部分将继续保持上述两种题型及考试特点。

第一部分 大纲核心考点

第一章　整数和实数

第一节　整数

一、整除

(一)整除

(1)整数的定义:整数是正整数、零、负整数的统称。两个整数的和、差、积仍然是整数。

(2)整除的定义:设 a,b 是两个任意整数,其中 $b \neq 0$,如果存在一个整数 q,使得等式 $a=bq$ 成立,则称 b 整除 a 或 a 能被 b 整除,记作 $b|a$,此时我们把 b 叫作 a 的约数(因数),把 a 叫作 b 的倍数。例如:$6=2 \times 3,6$ 既能被 2 整除又能被 3 整除。

(3)整除的性质:

①末一位数字能被 2(或 5)整除的整数能被 2(或 5)整除;

②末两位数字能被 4(或 25)整除的整数能被 4(或 25)整除;

③末三位数字能被 8(或 125)整除的整数能被 8(或 125)整除;

④各位数的数字之和能被 3 整除的整数能被 3 整除;

⑤各位数的数字之和能被 9 整除的整数能被 9 整除。

【例题 1】若整数 n 既能被 6 整除,又能被 8 整除,则 n 的值可能为(　　)

(A)10　　　　(B)12　　　　(C)16　　　　(D)22　　　　(E)24

【答案】E

【解析】因为 n 既能被 6 整除,又能被 8 整除,结合选项,只有 E 项符合已知条件。

【例题 2】1 到 90 的自然数中,能被 3 整除或被 5 整除的数的个数是(　　)

(A)40　　　　(B)42　　　　(C)46　　　　(D)48　　　　(E)50

【答案】B

【解析】1 到 90 的自然数中,能被 3 整除的数可表示为 $3k,k=1,2,3,\cdots,30$,所以能被 3 整除的数的个数为 30;能被 5 整除的数可表示为 $5k,k=1,2,3,\cdots,18$,所以能被 5 整除的数的个数为 18;既能被 3 整除又能被 5 整除的数一定为 15 的倍数,可表示为 $15k,k=1,2,3,\cdots,6$,所以既能被 3 整除又能被 5 整除的数的个数为 6,所以能被 3 整除或被 5 整除的数的个数是 30+18-6=42。

(二)余数

(1)带余除法的定义：设 a,b 是两个任意整数，其中 $b \neq 0$，如果对任意的整数 q，均不满足 $a=bq$，则称 b 不整除 a。设 a,b 是两个整数，其中 $b>0$，若存在整数 q 和 r，使得 $a=bq+r(0 \leq r<b)$ 成立，而且 q 和 r 都是唯一的，则 q 叫作 a 被 b 除所得的不完全商，r 叫作 a 被 b 除所得的余数。

【注】由整除的定义及带余除法的定义可知，若 $b>0$，则 $b|a$ 的充分必要条件是带余除法中余数 $r=0$。

(2)带余除法的性质：如果 $a=bq+r$，那么 b 整除 $a-r$。

【例题】已知一个数介于 100~150 之间，若这个数除以 4 余 3，除以 5 余 3，除以 6 余 3，则此数的各位数字相加之和为(　　)

(A)5　　　　　(B)6　　　　　(C)7　　　　　(D)8　　　　　(E)9

【答案】B

【解析】根据题意可设此数为 x，则 $x \div 4=h_1 \cdots 3$，$x \div 5=h_2 \cdots 3$，$x \div 6=h_3 \cdots 3$，余数相同，那么 $x-3$ 为 4,5,6 的公倍数，则 $x-3=[4,5,6] \times k$，则 $x=60k+3$。由于此数介于 100~150 之间，则 $100<60k+3<150$，即 $\dfrac{97}{60}<k<\dfrac{147}{60}$，因为 k 为整数，故 $k=2$，则 $x=60 \times 2+3=123$，所以此数的各位数字相加之和为 $1+2+3=6$。

二、奇数与偶数

1.定义

凡是能被 2 整除的数叫偶数，不能被 2 整除的数叫奇数。因为偶数是 2 的倍数，我们通常用 $2k$ 来表示偶数，用 $2k+1$ 来表示奇数(这里 k 是整数)。

2.运算性质

(1)和差运算(同偶异奇)：

①奇数±奇数=偶数，偶数±偶数=偶数，奇数±偶数=奇数；

②若干个整数相加(相减)，若奇数的个数为奇数，则和(差)为奇数；若奇数的个数为偶数，则和(差)为偶数。

(2)积运算(遇偶则偶)：

①奇数×奇数=奇数，偶数×偶数=偶数，奇数×偶数=偶数；

②若干个整数相乘之积为奇数，则这些数都是奇数；若干个整数相乘之积为偶数，则其中至少有一个数为偶数。

【例题 1】【条件充分性判断】已知 m,n 是正整数，则 m 是偶数。

(1)$3m+2n$ 是偶数；

(2)$3m^2+2n^2$ 是偶数。

视频讲解

解　题　说　明

要求判断本题给出的条件(1)和条件(2)能否充分支持题干所陈述的结论。A、B、C、D、E 五个选项为判断结果，请选择一项符合要求的判断。

(A)条件(1)充分，但条件(2)不充分。

(B)条件(2)充分，但条件(1)不充分。

(C)条件(1)和条件(2)单独都不充分，但条件(1)和条件(2)联合起来充分。

(D)条件(1)充分，条件(2)也充分。

(E)条件(1)和条件(2)单独都不充分，条件(1)和条件(2)联合起来也不充分。

【答案】D

【解析】由条件(1)3*m*+2*n* 是偶数，2*n* 为偶数，所以 3*m* 为偶数，3 是奇数，则 *m* 一定为偶数，所以条件(1)充分；由条件(2)$3m^2+2n^2$ 是偶数，由于 $2n^2$ 为偶数，则 $3m^2$ 为偶数，3 为奇数，所以 $m^2=m\times m$ 为偶数，所以 *m* 一定为偶数，因此条件(2)充分。

【例题2】【条件充分性判断】有偶数位来宾。

(1)聚会时所有来宾都被安排坐在一张圆桌，且每位来宾与其邻座性别不同；

(2)聚会时男宾人数是女宾人数的两倍。

视频讲解

解题说明

要求判断本题给出的条件(1)和条件(2)能否充分支持题干所陈述的结论。A、B、C、D、E 五个选项为判断结果，请选择一项符合要求的判断。

(A)条件(1)充分，但条件(2)不充分。

(B)条件(2)充分，但条件(1)不充分。

(C)条件(1)和条件(2)单独都不充分，但条件(1)和条件(2)联合起来充分。

(D)条件(1)充分，条件(2)也充分。

(E)条件(1)和条件(2)单独都不充分，条件(1)和条件(2)联合起来也不充分。

【答案】A

【解析】每位来宾与其邻座性别不同，所以来宾的坐法只能是:男女男女……，图形表示为

根据奇偶数运算性质，一定有偶数位来宾，所以条件(1)充分；条件(2)中男宾人数是女宾人数的两倍，而当女宾人数为奇数的时候，如女宾人数为 3 时，男宾人数为 6，则总人数为 9，总数为奇数，所以条件(2)不充分。

三、质数与合数

1.定义

设 *n* 为正整数，且 *n*≥2，若 *n* 仅能被 1 和它本身整除，则称 *n* 为质数(素数)，否则为合数。

2.性质

(1)2 是唯一的偶质数；

(2)小于 30 的质数:2,3,5,7,11,13,17,19,23,29。

3.定理(算术基本定理)

任意一个大于 1 的整数 *a* 可以唯一地表示成质数的乘积的形式，即 $a=P_1P_2\cdots P_n$，其中，$P_1,P_2,\cdots,P_n$ 是质数，且 $P_1\leq P_2\leq\cdots\leq P_n$。

【例题1】三个小于 12 的质数之积恰好等于它们和的 7 倍，则这三个质数之和为(　　)

(A)13　　　　(B)14　　　　(C)15　　　　(D)16　　　　(E)17

【答案】C

【解析】假设这三个质数分别为 *a*,*b*,*c*，则有 *abc*=7(*a*+*b*+*c*)。因为 *a*,*b*,*c* 小于 12，且小于 12 的质数有 2,3,5,7,11，故其中某个质数为 7，不妨假设 *a*=7，则 *bc*=*b*+*c*+7，且 *b*,*c* 的大小关系对最终结果无影

响,不妨设 $b<c$。若 $b=2$,则 $c=9$(舍去);若 $b=3$,则 $c=5$;其余情况无解。故 $a+b+c=7+3+5=15$。

【例题2】设 a,b,c 是小于 12 的三个不同的质数(素数),且 $|a-b|+|b-c|+|c-a|=8$,则 $a+b+c=($)

视频讲解

  (A)10   (B)12   (C)14   (D)15   (E)19

【答案】D

【解析】小于 12 的质数有 2,3,5,7,11,因为 $|a-b|+|b-c|+|c-a|=8$,a,b,c 的大小关系对最终结果无影响,不妨设 $a<b<c$,则 $b-a+c-b+c-a=2c-2a=2(c-a)$,所以 $c-a=4$。由于 7 与 11 中间没有质数,所以 a 和 c 只能是 3 和 7,那么另一个质数为 5,可得 $a=3,b=5,c=7$,所以 $a+b+c=15$。

四、公约数与公倍数

1.定义

设 a,b 均为正整数,若整数 d 满足 $d|a$ 且 $d|b$,则称 d 是 a,b 的一个公约数。a,b 所有公约数中的最大者叫作 a,b 的最大公约数,记为 (a,b)。若 $(a,b)=1$,则称 a,b 互质。

例如:4 与 6 的最大公约数是 2,12 与 16 的最大公约数是 4。

设 a,b 均为正整数,若 d 是整数,满足 $a|d$ 且 $b|d$,则称 d 是 a,b 的公倍数。a,b 所有公倍数中的最小者叫作 a,b 的最小公倍数,记为 $[a,b]$。

例如:2 与 3 的最小公倍数是 6,4 与 6 的最小公倍数是 12。

2.定理

(1)两个自然数分别除以它们的最大公约数,所得的商互质。即如果 $(a,b)=d$,那么 $(a\div d,b\div d)=1$。

(2)两个自然数的公约数一定是这两个数的最大公约数的约数。

五、完全平方数

1.定义

设 m 是整数,若 $n=m^2$,则称 n 为完全平方数。

2.常用性质

(1)0 和 1 是完全平方数;

(2)常用的完全平方数数值:

11^2	12^2	13^2	14^2	15^2	16^2	17^2	18^2	19^2	21^2
121	144	169	196	225	256	289	324	361	441

六、整系数不定方程

1.定义

未知数的系数及解均为整数且未知数的个数多于方程个数的方程称为整系数不定方程。

2.二元一次整系数不定方程

设 x,y 为未知整数,a,b,c 为整数,求解方程 $ax+by=c$。此类整系数不定方程的求解方法包括整除法、尾数法、奇偶法等。

【例题】$5x+6y=66$,其中 x,y 均为正整数,求 x,y 的值。

【解析】方法一(整除法):方程两侧同时除以 6,得 $\frac{5}{6}x+y=11$,因为 y 和 11 均为正整数,故 $\frac{5}{6}x$ 也为正整数,且 $1\le x<\frac{66}{5}$,即 x 为 6 的倍数,则 x 的取值可以为 6,12,则相对应 y 的取值为 6,1。

方法二(尾数法):常数项 66 的尾数为 6,$5x$ 项的尾数仅能为 0 或 5,则由尾数的加减运算可得 $6y$

的尾数仅能为 6 或 1。由整数的奇偶运算法则可知 6y 必定为偶数，所以 6y 的尾数仅能为 6，又因为 x，y 均为正整数，且 $1 \leq y < 11$，则 y 的取值可以为 1,6，则相对应 x 的取值为 12,6。

方法三(奇偶法)：根据奇偶运算法则可得 6y 必定为偶数，66 为偶数，则 5x 必定为偶数，x 为偶数，因为 x，y 均为正整数，且 $1 \leq x < \frac{66}{5}$，则 x 的取值可以为 2,4,6,8,10,12，但仅当 x 的取值为 6,12 时，y 能够取得正整数值 6,1。

第二节　实数

一、实数的概念

有理数和无理数统称实数。整数和分数统称有理数，任何一个有理数都可以写成分数的形式。无理数是无限不循环小数，有理数是有限小数或无限循环小数。

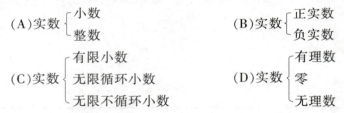

实数与数轴上的点是一一对应的。即对于数轴上的每一个点都可以找到唯一的实数与它对应；反过来，每一个实数都可以在数轴上找到一个确定的点与它对应。

【例题 1】 如果将整数看作小数点后面是 0 的小数，那么对实数进行的下列分类中，正确的是( )

(A)实数 $\begin{cases} 小数 \\ 整数 \end{cases}$ 　　　(B)实数 $\begin{cases} 正实数 \\ 负实数 \end{cases}$

(C)实数 $\begin{cases} 有限小数 \\ 无限循环小数 \\ 无限不循环小数 \end{cases}$ 　(D)实数 $\begin{cases} 有理数 \\ 零 \\ 无理数 \end{cases}$

(E)以上答案均不正确

【答案】 C

【解析】 根据题干的假设，整数应属于小数，因此 A 项错误；实数除了正实数和负实数，还包含 0，因此 B 项错误；由有理数和无理数的定义可知，C 项正确；由于 0 是有理数，故 D 项错误；E 项显然错误。故选 C。

【例题 2】 下列说法正确的是( )

(A)无理数都是实数　　　　　(B)带根号的数都是无理数

(C)无理数就是开方开不尽的数　(D)无限循环小数是无理数

(E)以上说法均不正确

【答案】 A

【解析】 实数分为有理数和无理数，故 A 项正确；$\sqrt{4}$ 是带根号的数，但 $\sqrt{4}$ =2 是有理数，故 B 项错误；无理数是无限不循环小数，所有无限循环小数都可以转化为分数，即无限循环小数是有理数，故 C、D 两项错误。故本题选 A。

【例题 3】 以下命题中正确的是( )

(A)两个数的和为正数，则这两个数都是正数

(B)两个数的差为负数,则这两个数都是负数

(C)两个数中较大的一个其绝对值也较大

(D)加上一个负数,等于减去这个数的绝对值

(E)一个数的3倍大于这个数本身

【答案】D

【解析】根据正数与负数的运算关系,正数与负数的和也可能是正数,例如4与–2的和还是正数,故 A 项错误;两个正数的差也可能为负数,例如2与4的差为–2,是负数,故 B 项错误;–1 与–2,有–1>–2,但 |–1|<|–2|,故 C 项错误;负数的3倍小于它本身,故 E 项错误。

【例题4】已知数轴上的点到原点的距离为2,那么在数轴上离这些点的距离为1的点的个数为(　　)

(A)1　　　　　(B)2　　　　　(C)3　　　　　(D)4　　　　　(E)不能确定

【答案】D

【解析】根据数轴上正负数的定义,到原点距离为2的点有2个,分别为2和–2,在数轴上表示为

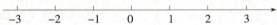

满足到这些点距离为1的点有4个,分别为–3,–1,1和3,在数轴上表示为

二、绝对值

1.定义

绝对值表示一个实数在数轴上所对应的点到原点的距离,用 $|a|$ 来表示。

$$|a|=\begin{cases} a, & a>0, \\ 0, & a=0, \\ -a, & a<0。 \end{cases}$$

2.性质

设 a,b 为实数,则

对称性	$|-a|=|a|$
等价性	$|a|^2=a^2$(或 $|a|=\sqrt{a^2}$)
非负性	$|a|\geqslant 0$(注:$a^2\geqslant 0$,$\sqrt{a}\geqslant 0$)
基本不等式	$-|a|\leqslant a\leqslant |a|$
三角不等式	$||a|-|b||\leqslant |a\pm b|\leqslant |a|+|b|$
可乘性	$|ab|=|a|\cdot|b|$
可除性	当 $b\neq 0$ 时,$\left|\dfrac{a}{b}\right|=\dfrac{|a|}{|b|}$

【例题1】已知 $|a|=4$,$|b|=5$,$ab<0$,则 $|a+b|=$(　　)

(A)1　　　　　(B)2　　　　　(C)3　　　　　(D)4　　　　　(E)5

【答案】A

【解析】$|a+b|^2=a^2+2ab+b^2=16+2ab+25$,因为 $ab<0$,所以 $ab=-|ab|=-|a|\cdot|b|=-20$,所以 $|a+b|=\sqrt{16+25-2\times20}=1$。

【例题 2】若 $(\sqrt{5}-a)^2$ 与 $|b-1|$ 互为相反数,则 $\dfrac{4}{a-b}$ 的值为(　)

(A)$\sqrt{5}+1$　　　　(B)$\sqrt{5}-1$　　　　(C)1　　　　(D)2　　　　(E)4

【答案】A

【解析】因为 $(\sqrt{5}-a)^2$ 与 $|b-1|$ 互为相反数,所以 $(\sqrt{5}-a)^2+|b-1|=0$,由 $(\sqrt{5}-a)^2\geqslant0$,$|b-1|\geqslant0$ ⇒ $\sqrt{5}-a=0$,$b-1=0$,解得 $a=\sqrt{5}$,$b=1$,所以 $\dfrac{4}{a-b}=\dfrac{4}{\sqrt{5}-1}=\dfrac{4(\sqrt{5}+1)}{(\sqrt{5}-1)(\sqrt{5}+1)}=\sqrt{5}+1$。

第三节　习题精练

一、问题求解。下列每题给出的 A、B、C、D、E 五个选项中,只有一个选项是最符合题目要求的。

1.【2021 年联考】设 p,q 是小于 10 的质数,则满足条件 $1<\dfrac{q}{p}<2$ 的 p,q 有(　)

(A)2 组　　　　(B)3 组　　　　(C)4 组　　　　(D)5 组　　　　(E)6 组

2.【2017 年联考】将长、宽、高分别为 12,9,6 的长方体切割成正方体,且切割后无剩余。则能切割成相同正方体的最少个数为(　)

(A)3　　　　(B)6　　　　(C)24

(D)96　　　　(E)648

3.【2015 年联考】设 m,n 是小于 20 的质数,满足条件 $|m-n|=2$ 的 $\{m,n\}$ 共有(　)

(A)2 组　　　　(B)3 组　　　　(C)4 组

(D)5 组　　　　(E)6 组

4.【2014 年联考】若几个质数(素数)的乘积为 770,则它们的和为(　)

(A)85　　　　(B)84　　　　(C)28

(D)26　　　　(E)25

5.【2010 年联考】三名小孩中有一名学龄前儿童(年龄不足 6 岁),他们的年龄都是质数(素数),且依次相差 6 岁,他们的年龄之和为(　)

(A)21　　　　(B)27　　　　(C)33

(D)39　　　　(E)51

6.某年级共有 A ,B ,C 三个班,在一次测验中,A ,B ,C 三个班的平均成绩分别为 85 分、87 分和 72 分。已知全年级的平均分为 81 分,则 A ,B ,C 三个班的人数比可能为(　)

(A)3:1:2　　　　(B)3:2:3　　　　(C)4:1:1　　　　(D)1:2:2　　　　(E)3:1:3

7.对于小于 20 的三个不同质数 a,b,c ,有 $|a-b|+|b-c|+|c-a|=10$,那么这三个质数的和可能为(　)

(A)11　　　　(B)12　　　　(C)15　　　　(D)16　　　　(E)18

二、条件充分性判断。要求判断每题给出的条件(1)和条件(2)能否充分支持题干所陈述的结论。A、B、C、D、E 五个选项为判断结果,只有一个选项是最符合题目要求的。

(A)条件(1)充分,但条件(2)不充分。

(B)条件(2)充分,但条件(1)不充分。

视频讲解

视频讲解

(C)条件(1)和条件(2)单独都不充分,但条件(1)和条件(2)联合起来充分。

(D)条件(1)充分,条件(2)也充分。

(E)条件(1)和条件(2)单独都不充分,条件(1)和条件(2)联合起来也不充分。

1.【2021年联考】某人购买了果汁、牛奶、咖啡三种物品,已知果汁每瓶12元,牛奶每盒15元,咖啡每盒35元。则能确定所买各种物品的数量。

(1)总花费为104元;

(2)总花费为215元。

视频讲解

2.【2021年联考】设a,b为实数。则能确定$|a|+|b|$的值。

(1)已知$|a+b|$的值;

(2)已知$|a-b|$的值。

视频讲解

3.【2020年联考】已知甲、乙、丙三人共捐款3 500元。则能确定每人的捐款金额。

(1)三人的捐款金额各不相同;

(2)三人的捐款金额都是500的倍数。

视频讲解

4.【2019年联考】能确定小明的年龄。

(1)小明的年龄是完全平方数;

(2)20年后小明的年龄是完全平方数。

视频讲解

5.【2019年联考】设n为正整数。则能确定n除以5的余数。

(1)已知n除以2的余数;

(2)已知n除以3的余数。

视频讲解

6.【2017年联考】某机构向12位教师征题,共征集到5种题型的试题52道。则能确定供题教师的人数。

(1)每位供题教师提供试题数相同;

(2)每位供题教师提供的题型不超过2种。

7.【2016年联考】利用长度为a和b的两种管材能连接成长度为37的管道。(单位:米)

(1)$a=3,b=5$;

(2)$a=4,b=6$。

视频讲解

8.【2013年联考】$p=mq+1$为质数。

(1)m为正整数,q为质数;

(2)m,q均为质数。

视频讲解

9.设$y=|x-10|+|x-20|+|x-30|$。则y的最小值是20。

(1)$10<x\leqslant20$;

(2)$20\leqslant x<30$。

10. $ab+\dfrac{b}{a}<0$。

(1)$\dfrac{a}{|a|}+\dfrac{|b|}{b}=0$;

(2)$\dfrac{a}{|a|}-\dfrac{|b|}{b}=0$。

11.已知a,b,c,d均为正整数。则$a+b+c+d$的最小值为16。

(1)$abcd=120$;

(2)$abcd=200$。

第四节　答案及解析

问题求解

1.【考点】计数问题

【答案】B

【解析】根据题意可知 10 以内的质数有 2,3,5,7,满足题意的 $\frac{q}{p}$ 有 $\frac{3}{2}$,$\frac{5}{3}$,$\frac{7}{5}$ 共 3 组。

2.【考点】最大公约数

【答案】C

【解析】当所切割成的正方体棱长为原长方体长、宽、高的最大公约数时切割后无剩余,且得到的相同正方体的个数最少。12,9,6 的最大公约数为 3,所以正方体的最少个数为 $(12 \div 3) \times (9 \div 3) \times (6 \div 3) = 24$。

> **点拨** 本题求解的关键是找到长方体长、宽、高的最大公约数。

3.【考点】质数

【答案】C

【解析】20 以内的质数是 2,3,5,7,11,13,17,19,其中 $|3-5|=2$,$|5-7|=2$,$|11-13|=2$,$|17-19|=2$,所以满足要求的 $\{m,n\}$ 有 4 组。

> **点拨** 考生要熟练掌握 20 以内的质数。

4.【考点】质因数分解

【答案】E

【解析】因为已知若干质数的乘积为 770,因此将 770 分解质因数可得 $770=2 \times 5 \times 7 \times 11$,显然 2,5,7,11 均为质数,故它们的和为 $2+5+7+11=25$。

5.【考点】质数

【答案】C

【解析】比 6 小的质数只有 2,3,5,他们的年龄依次相差 6 岁,由于 2 和 3 两个质数加上 6 之后分别为 8,9,不再是质数,而只有最小的年龄为 5 岁时才满足题意,所以三个小孩年龄分别为 5,11,17 岁。所以年龄之和为 $5+11+17=33$。

> **点拨** 本题的核心是要记住 10 以内的质数。

6.【考点】整系数不定方程

【答案】A

【解析】假设 A,B,C 三个班的人数分别为 x,y,z,根据已知条件,列出等式 $85x+87y+72z=81(x+y+z)$,化简得 $4x+6y=9z$。由整除特性可知,$9z$ 能被 3 整除,$6y$ 能被 3 整除,所以 $4x$ 能被 3 整除,所以 x 能被 3 整除,x 应为 3 的倍数;$4x$ 与 $6y$ 均能被 2 整除,所以 $9z$ 能被 2 整除,故 z 能被 2 整除,z 应为 2 的倍数。结合选项可知,本题选 A。

> **点拨** 本题的核心是根据已知条件建立等量关系,再根据整除特性快速选出答案。

7.【考点】质数

【答案】B

【解析】20 以内的质数有 2,3,5,7,11,13,17,19,因为 $|a-b|+|b-c|+|c-a|=10$,a,b,c 的大小

关系对最终结果无影响，不妨设 $a<b<c$，则有 $|a-b|+|b-c|+|c-a|=b-a+c-b+c-a=2c-2a=2(c-a)=10$，所以 $c-a=5$，所以 a 和 c 的取值是 2 和 7，所以这三个数分别为 2，3，7 或 2，5，7，故三个质数的和为 12 或 14。选项只有 12，故选 B。

点拨 本题的核心是要掌握 20 以内的质数。

条件充分性判断

1.【考点】整系数不足方程

【答案】A

【解析】根据题意，可设果汁、牛奶、咖啡的数量分别为 $x, y, z(x, y, z$ 都为正整数)。

条件(1)，由题意可得 $12x+15y+35z=104$，从系数最大的 $35z$ 开始试数，当 $z=1$ 时，$\begin{cases} x=2, \\ y=3; \end{cases}$ 当 $z=2$ 时，无整数解，因此能够确定所买各种物品的数量，所以条件(1)充分；条件(2)，由题意可得 $12x+15y+35z=215$，从系数最大的 $35z$ 开始试数，当 $z=1$ 时，解得 $\begin{cases} x=5, \\ y=8; \end{cases}$ 或 $\begin{cases} x=10, \\ y=4; \end{cases}$ 因此无法确定物品的购买数量，所以条件(2)不充分。

2.【考点】绝对值三角不等式

【答案】C

【解析】条件(1)，$|a+b| \leq |a|+|b|$，所以条件(1)不充分；条件(2)，$|a-b| \leq |a|+|b|$，所以条件(2)不充分；两条件联合考虑，若 $|a-b| \leq |a+b| \Rightarrow ab \geq 0$，可以确定 $|a|+|b|=|a+b|$，若 $|a-b| \geq |a+b| \Rightarrow ab \leq 0$，可以确定 $|a|+|b|=|a-b|$，因此 $|a|+|b|$ 的值为 $\max\{|a-b|, |a+b|\}$，所以条件(1)和(2)联合充分。

3.【考点】整系数不定方程

【答案】E

【解析】显然条件(1)和条件(2)单独均不充分，现联合考虑，当甲、乙、丙三人捐款分别为 500 元、1 000 元和 2 000 元时满足条件，同时当甲、乙、丙三人捐款分别为 1 000 元、500 元和 2 000 元时也满足条件，因此不能确定每人的捐款金额，所以两条件联合也不充分。

4.【考点】完全平方数

【答案】C

【解析】显然条件(1)和条件(2)单独都不充分。联合考虑，根据题意可设小明今年的年龄为 a^2，20 年后的年龄为 b^2，则 $a^2+20=b^2$，整理得 $b^2-a^2=20 \Rightarrow (b-a)(b+a)=20=1 \times 20=2 \times 10=4 \times 5$，因为 $b-a$ 与 $b+a$ 奇偶性相同，所以只能是 $b-a=2, b+a=10$，解得 $a=4, b=6$，即小明的年龄为 $a^2=4^2=16$，所以条件(1)和条件(2)联合充分。

点拨 本题解题的关键是平方差公式的应用。

5.【考点】余数

【答案】E

【解析】显然，条件(1)、条件(2)单独均不充分。条件(1)和条件(2)联合也不充分，例如已知 n 除以 2 余数为 1，n 除以 3 余数为 1，则 n 可表示为 $6m+1$。但 $6m+1$ 除以 5 的余数可能为 0，1，2，3，4，不唯一确定。

点拨 本题在验证条件不充分时，还可以运用举反例的方法。

6.【考点】整数的整除性

【答案】C

【解析】条件(1),若每位供题教师提供试题数相同,由于题目的总数为52道,人数必须为整数,52的约数有1,2,4,13,26,52,其中在12以内的有1,2,4,人数不能确定,条件(1)不充分;条件(2),每位教师提供的题型不超过2种,所以人数要大于2,不能确定具体值,条件(2)不充分;现联合考虑,在1,2,4中大于2的只有4,所以供题老师人数为4,联合充分。

点拨 本题解题的关键是写全52的因数。

7.**【考点】**整系数不定方程

【答案】A

【解析】由于管道长37米,是奇数,因此条件(2)显然不充分;对于条件(1),取3米长的管材9根,5米长的管材2根,或者3米长的管材4根,5米长的管材5根,恰好能连接成长度为37米的管道,所以条件(1)充分。

点拨 求解整系数不定方程常用的方法:整除法、尾数法、奇偶法等。

8.**【考点】**质数

【答案】E

【解析】令 $\begin{cases} m=5, \\ q=3, \end{cases}$ 知 $p=16$ 不是质数,故条件(1)和条件(2)单独均不充分,联合起来也不充分。

点拨 本题找两个既是奇数又是质数的数容易形成反例。

9.**【考点】**绝对值求最值

【答案】D

【解析】由条件(1)$10<x\leq20$,得 $y=|x-10|+|x-20|+|x-30|=x-10+20-x+30-x=40-x$,可知当 $x=20$ 时,y 可以取到最小值20,故条件(1)充分;由条件(2)$20\leq x<30$,得 $y=|x-10|+|x-20|+|x-30|=x-10+x-20+30-x=x$,可知当 $x=20$ 时,y 可以取到最小值20,故条件(2)充分。

点拨 本题的解题关键是根据 x 的范围去掉绝对值。

10.**【考点】**绝对值(自比式)

【答案】A

【解析】根据条件(1)可知 $\dfrac{a}{|a|}+\dfrac{|b|}{b}=0 \Rightarrow a,b$ 异号,则 $ab<0$,$\dfrac{b}{a}<0$,故 $ab+\dfrac{b}{a}<0$,所以条件(1)充分;根据条件(2)可知 $\dfrac{a}{|a|}-\dfrac{|b|}{b}=0 \Rightarrow a,b$ 同号,则 $ab>0$,$\dfrac{b}{a}>0$,故 $ab+\dfrac{b}{a}>0$,所以条件(2)不充分。

11.**【考点】**最值问题(积定求和的最值问题)

【答案】B

【解析】根据题意可知参数个数确定,且积为定值求和的最小值,a,b,c,d 应该尽量取平均值。

根据条件(1)得 $120=2^3\times3\times5$,则 $a=2,b=3,c=4,d=5$,故 $a+b+c+d=2+3+4+5=14\neq16$,所以条件(1)不充分;根据条件(2)得 $200=2^3\times5^2$,则 $a=2,b=4,c=5,d=5$,故 $a+b+c+d=2+4+5+5=16$,所以条件(2)充分。

第二章　多项式

第一节　定义及基本定理

一、整式的相关概念

(1)代数式:由数和字母经过有限次的加、减、乘、除、乘方、开方等代数运算得到的式子,称为代数式。单个数字或字母也是代数式。

(2)单项式:有限个数字与字母的乘积称作单项式。

(3)多项式:有限个单项式相加减称作多项式。

(4)整式:单项式和多项式统称为整式。

(5)同类项:若两个单项式所含字母相同且相同字母的幂次也相同,则称这两个单项式为同类项。

(6)多项式相等:若两个多项式的对应项系数均相等,则称这两个多项式相等。

二、一元 n 次多项式的定义

设 n 是一个非负整数,$a_0,a_1,\cdots,a_n$ 都是实数,$a_n\neq0$,多项式 $a_nx^n+a_{n-1}x^{n-1}+\cdots+a_1x+a_0$ 被称为系数在实数域中的一元 n 次多项式。所有系数均为 0 的多项式称为零多项式,记为 0。一般用 $f(x),g(x),h(x),\cdots$ 表示多项式。

例如:$f(x)=2x^5-x^2+1$ 是一个一元五次多项式;

$\qquad g(x)=2x^3-x^2+1$ 是一个一元三次多项式;

$\qquad h(x)=x-1$ 是一个一元一次多项式。

两个多项式 $f(x)=a_nx^n+a_{n-1}x^{n-1}+\cdots+a_1x+a_0,g(x)=b_mx^m+b_{m-1}x^{m-1}+\cdots+b_1x+b_0$,则 $f(x)$ 与 $g(x)$ 的和、差、积仍然是一个多项式,但这两个多项式的商不一定是一个多项式。

三、整除及带余除法

(1)整除的定义:对任意两个实系数多项式 $f(x)$ 与 $g(x)$,其中 $g(x)$ 不是零多项式,如果存在 $h(x)$,使得 $f(x)=g(x)\cdot h(x)$ 成立,那么称 $g(x)$ 整除 $f(x)$,记为 $g(x)\mid f(x)$,此时 $g(x)$ 就称为 $f(x)$ 的因式,$f(x)$ 称为 $g(x)$ 的倍式。

(2)整除的性质:①若 $h(x)\mid g(x)$,且 $g(x)\mid f(x)$,则 $h(x)\mid f(x)$。

②$h(x)\mid g(x)$,且 $h(x)\mid f(x)$,则 $h(x)\mid[u(x)g(x)+v(x)f(x)]$,其中 $u(x),v(x)$ 为两个任意多项式。

(3)定理(带余除法):对任意两个实系数多项式 $f(x),g(x)$,其中 $g(x)$ 不是零多项式,则一定存在多项式 $q(x),r(x)$ 使得 $f(x)=q(x)g(x)+r(x)$ 成立,这里 $r(x)$ 为零多项式或 $r(x)$ 的次数小于 $g(x)$ 的次数,且 $q(x)$ 和 $r(x)$ 都是唯一的。$q(x)$ 称为 $g(x)$ 除 $f(x)$ 所得商式,$r(x)$ 称为 $g(x)$ 除 $f(x)$ 所得余式。

四、余式定理、因式定理

(1)余式定理:用一次多项式 $(x-a)$ 去除多项式 $f(x)$,所得的余式是一个常数,这个常数值等于函数值 $f(a)$。

(2)因式定理:$f(x)$能被$(x-a)$整除$\Leftrightarrow f(x)$含有因式$(x-a)\Leftrightarrow$当$f(a)=0\Leftrightarrow(x-a)\mid f(x)\Leftrightarrow a$是$f(x)=0$的根。

【例题1】一个关于x的二次多项式$f(x)$,它被$(x-1)$除余2,被$(x-3)$除余28,它还可以被$(x+1)$整除,求$f(x)$。

【解析】设$f(x)=ax^2+bx+c$,由题意得①$f(1)=a+b+c=2$,②$f(3)=9a+3b+c=28$,③$f(-1)=a-b+c=0$。由①②③得$a=3,b=1,c=-2$。

故$f(x)=3x^2+x-2$。

【例题2】试确定a和b的值,使x^4+ax^2-bx+2能被x^2+3x+2整除。

【解析】由于$x^2+3x+2=(x+1)(x+2)$,设$f(x)=x^4+ax^2-bx+2$,若满足$f(x)$能被x^2+3x+2整除,则$x+1$和$x+2$必是$f(x)$的因式,因此有$f(-1)=1+a+b+2=0$,$f(-2)=16+4a+2b+2=0$,解得$a=-6,b=3$。

五、多项式的因式分解

1.提取公因式法

原理:$ab+ac=a(b+c)$。

提取公因式法是在乘法分配律的基础上发展而来的,应用时往往要先找出公因式。

例如:分解因式$x^2-xy-x+y$。

分析:要先构造公因式,其可以通过分组来确定。

$$原式=(x^2-xy)-(x-y)=x(x-y)-(x-y)=(x-1)(x-y)。$$

2.十字相乘法

(1)原理:$x^2+(p+q)x+pq=(x+p)(x+q)$。

(2)具体操作:

①借助画十字交叉线分解系数,先将一元二次三项式$x^2+(p+q)x+pq$的二次项系数1及常数项pq都分解为两个因数的乘积;

②按斜线交叉相乘再相加得一次项系数。如图所示:

综上,十字左边相乘等于二次项,右边相乘等于常数项,交叉相乘再相加等于一次项系数。(十字相乘法最重要的就是想办法去凑一次项的系数。)

3.运用公式法

(1)$a^2-b^2=(a+b)(a-b)$;

(2)$a^2\pm2ab+b^2=(a\pm b)^2$;

(3)$a^3+b^3=(a+b)(a^2-ab+b^2)$;

(4)$a^3-b^3=(a-b)(a^2+ab+b^2)$;

(5)$a^2+b^2+c^2+2ab+2bc+2ac=(a+b+c)^2$;

(6)$a^2+b^2+c^2\pm ab\pm bc\pm ac=\dfrac{1}{2}[(a\pm b)^2+(b\pm c)^2+(a\pm c)^2]$。

例如:分解因式$3x^3y-81y^4$。

$$3x^3y-81y^4=3y(x^3-27y^3)=3y[x^3-(3y)^3]=3y(x-3y)(x^2+3xy+9y^2)。$$

4.分组分解法

原理：$ac+ad+bc+bd=a(c+d)+b(c+d)=(a+b)(c+d)$。

【例题】分解因式 $4mp+4mq+nq+np$。

【解析】本题采用分组提取公因式的方法，然后再进一步提取公因式。

$$原式=(4mp+4mq)+(nq+np)=4m(p+q)+n(p+q)=(4m+n)(p+q)。$$

5.求根法

原理：$f(x)=(x-a_1)(x-a_2)(x-a_3)\cdots\Leftrightarrow\begin{cases}f(a_1)=0,\\f(a_2)=0,\\\cdots\cdots\end{cases}$

有些代数式在因式分解时，若通过观察得到 $f(a_1)=0$，则 $f(x)$ 一定含有一次因式 $x-a_1$，这种方法就是求根法。

【例题 1】分解因式 x^2+3x-4。

【解析】令 $f(x)=x^2+3x-4$，观察可知 $f(1)=0$，则 $f(x)$ 一定含有一次因式 $x-1$。因此 $x^2+3x-4=(x-1)(x+4)$。

【例题 2】多项式 $2x^4-x^3-6x^2-x+2$ 的因式分解为 $(2x-1)q(x)$，则 $q(x)$ 等于（　　）

(A)$(x+2)(2x-1)^2$　　　　　　(B)$(x-2)(x+1)^2$

(C)$(2x+1)(x^2-2)$　　　　　　(D)$(2x-1)^2(x+2)$

(E)$(2x+1)^2(x-2)$

【答案】B

【解析】解题的关键是明确一次式与高次式间系数的关系。$2x^4-x^3-6x^2-x+2$ 是高次式，其中最高次数为 4，最高次项的系数为 2，常数项为 2。最高次是几次就能因式分解为几个一次式相乘，则 $2x^4-x^3-6x^2-x+2=(2x-1)(a_2x+b_2)(a_3x+b_3)(a_4x+b_4)$，其中 $q(x)=(a_2x+b_2)(a_3x+b_3)(a_4x+b_4)$。高次式中最高次项的系数等于因式分解后各个一次式中一次项系数的积，即 $2=2\times a_2\times a_3\times a_4$，则 $a_2\times a_3\times a_4=1$。分析选项特点只有 B 项符合题意。

【例题 3】若 $x^2-3x+2xy+y^2-3y-40=(x+y+m)(x+y+n)$，则 m,n 的值可能为（　　）

(A)$m=8,n=5$　　　　　　(B)$m=8,n=-5$

(C)$m=-8,n=5$　　　　　　(D)$m=-8,n=-5$

(E)以上结论均不正确

【答案】C

【解析】$x^2-3x+2xy+y^2-3y-40$ 是二元二次式，$(x+y+m)(x+y+n)$ 是两个二元一次式相乘。因此 $-40=m\times n$，排除 A、D；而 $-3x=mx+nx=(m+n)x$，则 $-3=m+n$，所以 $m=-8,n=5$ 或 $m=5,n=-8$，结合选项可知 C 项符合题意。

6.待定系数法

(1)待定系数法的应用环境：我们对变形后代数式的构成是清晰的，只是每部分的系数未知，那么就可以采用待定系数法。这种变形是恒等变形。

(2)待定系数法的应用步骤：

①先将系数用参数表示；

②展开对比系数，得到关于参数的方程，解方程即可得到参数（系数）。

【例题】x^2+5x+6 可以变形为 $x+3$ 和另外一个代数式之积，求另一个代数式。

【解析】设另一个代数式为 $x+m$，则 $x^2+5x+6=(x+3)(x+m)=x^2+(3+m)x+3m\Rightarrow\begin{cases}3+m=5,\\3m=6,\end{cases}$ 解得 $m=2$，则

另一个代数式为 $x+2$。

第二节　分式

一、定义

设 A，B 表示两个整式，若 B 中含有字母且 $B\neq0$，则称 $\dfrac{A}{B}$ 为分式。

二、运算性质

设以下各式中分母均不为 0，即表达式均有意义，则

(1) $\dfrac{a}{b}=\dfrac{ka}{kb}(k\neq0)$；

(2) $\dfrac{a}{b}\pm\dfrac{c}{d}=\dfrac{ad\pm cb}{bd}$；

(3) $\dfrac{a}{b}\times\dfrac{c}{d}=\dfrac{ac}{bd}$；

(4) $\dfrac{a}{b}\div\dfrac{c}{d}=\dfrac{ad}{bc}$。

三、分式求值

1.分式裂项

一个分式拆分成几个分式的和或差从而简化运算，有以下两种常见形式：

(1) $\dfrac{1}{x(x+1)}=\dfrac{1}{x}-\dfrac{1}{x+1}$；

(2) $\dfrac{1}{x(x+k)}=\dfrac{1}{k}\left(\dfrac{1}{x}-\dfrac{1}{x+k}\right)$。

2.正负幂次对称分式

形如 $x^n+\dfrac{1}{x^n}(n\in\mathbf{N}_+)$ 的代数式称为正负幂次对称分式，有以下两种常见的变形形式：

(1) $x^{2n}+\dfrac{1}{x^{2n}}=\left(x^n+\dfrac{1}{x^n}\right)^2-2$；

(2) $x^{2n+1}+\dfrac{1}{x^{2n+1}}=\left(x^n+\dfrac{1}{x^n}\right)\left(x^{n+1}+\dfrac{1}{x^{n+1}}\right)-\left(x+\dfrac{1}{x}\right)$。

第三节　习题精练

一、问题求解。下列每题给出的 A、B、C、D、E 五个选项中，只有一个选项是最符合题目要求的。

1.【2021 年联考】$\dfrac{1}{1+\sqrt{2}}+\dfrac{1}{\sqrt{2}+\sqrt{3}}+\cdots+\dfrac{1}{\sqrt{99}+\sqrt{100}}=($ 　 $)$

(A)9　　　　　(B)10　　　　　(C)11

(D)$3\sqrt{11}-1$　　(E)$3\sqrt{11}$

视频讲解

2.【2020年联考】已知实数 x 满足 $x^2+\dfrac{1}{x^2}-3x-\dfrac{3}{x}+2=0$，则 $x^3+\dfrac{1}{x^3}=($ 　　$)$

(A)12　　　　　(B)15　　　　　(C)18

(D)24　　　　　(E)27

3.【2013年联考】已知 $f(x)=\dfrac{1}{(x+1)(x+2)}+\dfrac{1}{(x+2)(x+3)}+\cdots+\dfrac{1}{(x+9)(x+10)}$，

则 $f(8)=($ 　　$)$

(A)$\dfrac{1}{9}$　　　(B)$\dfrac{1}{10}$　　　(C)$\dfrac{1}{16}$　　　(D)$\dfrac{1}{17}$　　　(E)$\dfrac{1}{18}$

4.【2013年联考】在 $(x^2+3x+1)^5$ 的展开式中，x^2 的系数为($ 　　$)$

(A)5　　　　　　　　　(B)10

(C)45　　　　　　　　(D)90

(E)95

5.【2012年联考】若 x^3+x^2+ax+b 能被 x^2-3x+2 整除，则($ 　　$)$

(A)$a=4,b=4$　　　　　　　(B)$a=-4,b=-4$

(C)$a=10,b=-8$　　　　　　(D)$a=-10,b=8$

(E)$a=-2,b=0$

6.【2011年联考】已知 $x^2+y^2=9,xy=4$，则 $\dfrac{x+y}{x^3+y^3+x+y}=($ 　　$)$

(A)$\dfrac{1}{2}$　　　(B)$\dfrac{1}{5}$　　　(C)$\dfrac{1}{6}$　　　(D)$\dfrac{1}{13}$　　　(E)$\dfrac{1}{14}$

7.【2008年MBA联考】若 $a:b=\dfrac{1}{3}:\dfrac{1}{4}$，则 $\dfrac{12a+16b}{12a-8b}=($ 　　$)$

(A)2　　　(B)3　　　(C)4　　　(D)-3　　　(E)-2

8.已知 $\left|\dfrac{5x-3}{2x+5}\right|=\dfrac{3-5x}{2x+5}$，则实数 x 的取值范围是($ 　　$)$

(A)$x<-\dfrac{5}{2}$ 或 $x\geqslant\dfrac{3}{5}$　　　　　　(B)$-\dfrac{5}{2}\leqslant x\leqslant\dfrac{3}{5}$

(C)$-\dfrac{5}{2}<x\leqslant\dfrac{3}{5}$　　　　　　(D)$-\dfrac{3}{5}\leqslant x\leqslant\dfrac{5}{2}$

(E)以上结论均不正确

9.设 $y=|x-a|+|x-10|+|x-a-10|$，其中 $0<a<10$，则满足 $a\leqslant x\leqslant10$ 的 x,y 的最小值是($ 　　$)$

(A)5　　　　(B)10　　　　(C)15　　　　(D)20　　　　(E)30

10.当 $(3+x)+(3+x)^2+\cdots+(3+x)^n=a_1(x+1)+a_2(x+1)^2+\cdots+a_n(x+1)^n$ 时，若 $x\neq-1$，那么 $a_1+a_2+\cdots+a_n=($ 　　$)$

(A)$\dfrac{3^{n+1}-3}{2}$　　(B)$\dfrac{3^{n+1}-3}{4}$　　(C)$\dfrac{3^n-3}{2}$　　(D)$\dfrac{3^n+3}{2}$　　(E)$\dfrac{3^{n+1}+3}{2}$

11.如果多项式 $f(x)=2x^3+ax^2+bx+4$ 含有一次因式 $x+2$ 和 $2(x+1)$，则 $f(x)$ 的另一个一次因式是($ 　　$)$

(A)$x+1$　　　(B)$x+2$　　　(C)$x-1$　　　(D)$x+\dfrac{1}{2}$　　　(E)x

12.已知 $x^2-3x+1=0$，则 $\dfrac{x^3}{x^6+x^3+1}=($ 　　$)$

(A)$\dfrac{1}{15}$　　　(B)$\dfrac{1}{16}$　　　(C)$\dfrac{1}{17}$　　　(D)$\dfrac{1}{18}$　　　(E)$\dfrac{1}{19}$

13. $\dfrac{4(1+3)(1+3^2)(1+3^4)(1+3^8)(1+3^{16})}{1+9+9^2+9^3+9^4+\cdots+9^7}=(\qquad)$

(A)$16(9^8+1)$ (B)$8(9^8+1)$ (C)$2(9^8-1)$ (D)$4(9^8+1)$ (E)$32(9^8+1)$

14.已知多项式 ax^2+bx+c,除以 $x-1$ 余数是 2,除以 $x+2$ 余数是 8,除以 $x+1$ 余数是 0。当 $x=2$ 时,多项式的值为(　)

(A)12   (B)10   (C)8   (D)2   (E)0

二、条件充分性判断。要求判断每题给出的条件(1)和条件(2)能否充分支持题干所陈述的结论。A、B、C、D、E 五个选项为判断结果,只有一个选项是最符合题目要求的。

(A)条件(1)充分,但条件(2)不充分。

(B)条件(2)充分,但条件(1)不充分。

(C)条件(1)和条件(2)单独都不充分,但条件(1)和条件(2)联合起来充分。

(D)条件(1)充分,条件(2)也充分。

(E)条件(1)和条件(2)单独都不充分,条件(1)和条件(2)联合起来也不充分。

1.【2014 年联考】设 x 是非零实数。则 $x^3+\dfrac{1}{x^3}=18$。

(1)$x+\dfrac{1}{x}=3$;

(2)$x^2+\dfrac{1}{x^2}=7$。

视频讲解

2.【2011 年在职】已知 $x(1-kx)^3=a_1x+a_2x^2+a_3x^3+a_4x^4$ 对所有实数 x 成立。则 $a_1+a_2+a_3+a_4=-8$。

(1)$a_2=-9$;

(2)$a_3=27$。

3.【2010 年在职】$ax^3-bx^2+23x-6$ 能被 $(x-2)(x-3)$ 整除。

(1)$a=16$,$b=3$;

(2)$a=3$,$b=16$。

4.【2009 年 MBA 联考】对于使 $\dfrac{ax+7}{bx+11}$ 有意义的一切 x 的值,这个分式为一个定值。

(1)$7a-11b=0$;

(2)$11a-7b=0$。

5.【2009 年在职】二次三项式 x^2+x-6 是多项式 $2x^4+x^3-ax^2+bx+a+b-1$ 的一个因式。

(1)$a=16$;

(2)$b=2$。

6.【2008 年 MBA 联考】$\dfrac{b+c}{|a|}+\dfrac{c+a}{|b|}+\dfrac{a+b}{|c|}=1$。

(1)实数 a,b,c,满足 $a+b+c=0$;

(2)实数 a,b,c,满足 $abc>0$。

7.【2008 年在职】$-1<x\leqslant\dfrac{1}{3}$。

(1)$\left|\dfrac{2x-1}{x^2+1}\right|=\dfrac{1-2x}{1+x^2}$;

(2)$\left|\dfrac{2x-1}{3}\right|=\dfrac{2x-1}{3}$。

第四节　答案及解析

问题求解

1.【考点】分式裂项求和

【答案】A

【解析】因为 $\dfrac{1}{\sqrt{n}+\sqrt{n+1}}=\dfrac{\sqrt{n+1}-\sqrt{n}}{(\sqrt{n}+\sqrt{n+1})(\sqrt{n+1}-\sqrt{n})}=\sqrt{n+1}-\sqrt{n}$，所以 $\dfrac{1}{1+\sqrt{2}}+\dfrac{1}{\sqrt{2}+\sqrt{3}}+\cdots+\dfrac{1}{\sqrt{99}+\sqrt{100}}=\sqrt{2}-1+\sqrt{3}-\sqrt{2}+\cdots+\sqrt{100}-\sqrt{99}=-1+\sqrt{100}=9$。

2.【考点】分式求值（正负幂次对称分式）

【答案】C

【解析】

$$x^2+\dfrac{1}{x^2}-3x-\dfrac{3}{x}+2=\left(x+\dfrac{1}{x}\right)^2-3\left(x+\dfrac{1}{x}\right)=\left(x+\dfrac{1}{x}\right)\left(x+\dfrac{1}{x}-3\right)=0,$$

所以 $x+\dfrac{1}{x}=3$ 或 $x+\dfrac{1}{x}=0$（舍去），因此

$$x^3+\dfrac{1}{x^3}=\left(x+\dfrac{1}{x}\right)\left(x^2+\dfrac{1}{x^2}-1\right)=\left(x+\dfrac{1}{x}\right)\left[\left(x+\dfrac{1}{x}\right)^2-3\right]=18。$$

注：形如 $x^n+\dfrac{1}{x^n}(n\in\mathbf{N}_+)$ 的代数式称为正负幂次对称分式，其常用变形如下

① $x^{2n}+\dfrac{1}{x^{2n}}=\left(x^n+\dfrac{1}{x^n}\right)^2-2$；② $x^{2n+1}+\dfrac{1}{x^{2n+1}}=\left(x^n+\dfrac{1}{x^n}\right)\left(x^{n+1}+\dfrac{1}{x^{n+1}}\right)-\left(x+\dfrac{1}{x}\right)$。

3.【考点】分式裂项求和

【答案】E

【解析】$f(x)=\dfrac{1}{(x+1)(x+2)}+\dfrac{1}{(x+2)(x+3)}+\cdots+\dfrac{1}{(x+9)(x+10)}=\dfrac{1}{x+1}-\dfrac{1}{x+2}+\dfrac{1}{x+2}-\dfrac{1}{x+3}+\cdots+\dfrac{1}{x+9}-\dfrac{1}{x+10}=\dfrac{1}{x+1}-\dfrac{1}{x+10}$，则 $f(8)=\dfrac{1}{8+1}-\dfrac{1}{8+10}=\dfrac{1}{18}$。

点拨　分母由相邻的数相乘组成的多个分式求和，一般先考虑裂项求和法。

4.【考点】二项式定理

【答案】E

【解析】展开式的一般项为 $a_k=\mathrm{C}_5^k(x^2+3x)^k=\mathrm{C}_5^k(x+3)^kx^k(k=0,1,\cdots,5)$，其中只有 $a_1=5x(x+3)$ 和 $a_2=10x^2(x+3)^2$ 中含有 x^2，故 x^2 的系数为 $5+10\times3^2=95$。

点拨　本题的关键是写出展开式的一般项。

5.【考点】多项式整除的性质

【答案】D

【解析】令 $f(x)=x^3+x^2+ax+b$，当 $x^2-3x+2=0$ 时，$x=1$ 或 $x=2$。由整除的性质可知，$x=1$ 和 $x=2$ 是 $f(x)=0$ 的两个根，则有 $\begin{cases}f(1)=1+1+a+b=0,\\f(2)=8+4+2a+b=0,\end{cases}$ 解得 $a=-10,b=8$。

6.【考点】因式分解

【答案】C

【解析】由立方和公式 $x^3+y^3=(x+y)(x^2-xy+y^2)$ 可得 $\dfrac{x+y}{x^3+y^3+x+y}=\dfrac{x+y}{(x+y)(x^2-xy+y^2)+(x+y)}=\dfrac{1}{(x^2-xy+y^2)+1}=\dfrac{1}{9-4+1}=\dfrac{1}{6}$。

> **点拨** 解题的关键是将分母中的式子变形。

7.【考点】实数的计算

【答案】C

【解析】方法一：令 $a=4,b=3$，则 $\dfrac{12a+16b}{12a-8b}=\dfrac{48+48}{48-24}=4$。

方法二：将分式 $\dfrac{12a+16b}{12a-8b}$ 的分子、分母同除以 b，分式变为 $\dfrac{12\frac{a}{b}+16}{12\frac{a}{b}-8}$，将 $a:b=\dfrac{1}{3}:\dfrac{1}{4}=\dfrac{4}{3}$ 代入可得

原式 $=\dfrac{16+16}{16-8}=4$。

> **点拨** 根据比值求数值的问题，可用特值法来简化计算。

8.【考点】绝对值运算

【答案】C

【解析】根据绝对值的性质可知，$\dfrac{3-5x}{2x+5}\geqslant 0$，说明 $(3-5x)(2x+5)\geqslant 0\left(x\neq-\dfrac{5}{2}\right)$，即 $(5x-3)(2x+5)\leqslant 0$ $\left(x\neq-\dfrac{5}{2}\right)$，解得 $-\dfrac{5}{2}<x\leqslant\dfrac{3}{5}$。

9.【考点】绝对值化简

【答案】B

【解析】因为 $a\leqslant x\leqslant 10$，则 $y=x-a+10-x-x+a+10=20-x$。因为 $a\leqslant x\leqslant 10$，要使 $y=20-x$ 最小，就要 x 取最大，则当 $x=10$ 时，y 能取最小值，最小值为 10。

> **点拨** 解题的关键是根据已知条件所给的范围去掉绝对值求最值。

10.【考点】多项式的展开与合并，等比数列求和

【答案】A

【解析】已知等式右边为 $a_1(x+1)+a_2(x+1)^2+\cdots+a_n(x+1)^n$，当 $x+1=1$，即 $x=0$ 的时候，$a_1,a_2,a_3,\cdots,a_n$ 的系数都为 1，左边为首项是 3，公比也是 3 的等比数列的前 n 项和，右边为 $a_1+a_2+a_3+\cdots+a_n$，则 $a_1+a_2+a_3+\cdots+a_n=\dfrac{a_1(1-q^n)}{1-q}=\dfrac{3(1-3^n)}{1-3}=\dfrac{3^{n+1}-3}{2}$。

> **点拨** 本题主要考查多项式的展开与合并，关键是结合等式设特值。

11.【考点】因式分解

【答案】A

【解析】因为 $f(x)=2x^3+ax^2+bx+4$ 含有一次因式 $x+2$ 和 $2(x+1)$，所以 $x=-2,x=-1$ 为 $f(x)=0$ 的两个根，则 $f(-2)=0,f(-1)=0$，解得 $a=8,b=10$，所以 $f(x)=2x^3+8x^2+10x+4$。又因为 $(x+2)(2x+2)=2x^2+6x+4$，故另一个因式为 $x+1$。

点拨 本题的核心是求多项式展开式中高次项前的系数与项数的值。

12.【考点】整式与分式的计算

【答案】E

【解析】$x^2-3x+1=0$ 可以化简为 $x+\dfrac{1}{x}=3$，$\dfrac{x^3}{x^6+x^3+1}$ 的分子分母同时除以 x^3 可以化为 $\dfrac{1}{x^3+1+\dfrac{1}{x^3}}$，其中

$x^3+\dfrac{1}{x^3}=\left(x+\dfrac{1}{x}\right)\left(x^2-1+\dfrac{1}{x^2}\right)=3\left(x^2+\dfrac{1}{x^2}-1\right)$，$\left(x+\dfrac{1}{x}\right)^2=x^2+2+\dfrac{1}{x^2}=9$，则 $x^2+\dfrac{1}{x^2}=7$。所以 $x^3+\dfrac{1}{x^3}=3\times(7-1)=18$，

原式 $=\dfrac{1}{x^3+\dfrac{1}{x^3}+1}=\dfrac{1}{18+1}=\dfrac{1}{19}$。

点拨 本题的核心是分式的变形。

13.【考点】多项式

【答案】A

【解析】分子中的 4 可以写成 2(3−1)，

　　　　分数的分子=2(3−1)(3+1)(3^2+1)(3^4+1)(3^8+1)(3^{16}+1)

　　　　=2(3^2−1)(3^2+1)(3^4+1)(3^8+1)(3^{16}+1)=2(3^4−1)(3^4+1)(3^8+1)(3^{16}+1)

　　　　=2(3^8−1)(3^8+1)(3^{16}+1)=2(3^{16}−1)(3^{16}+1)=2(3^{32}−1)=2(9^{16}−1)=2(9^8+1)(9^8−1)，

分母 $=\dfrac{9^8-1}{9-1}=\dfrac{9^8-1}{8}$，故原分数=16($9^8$+1)。

点拨 解题的关键是将分子变形，化成平方差。

14.【考点】多项式整除的性质

【答案】A

【解析】设 $f(x)=ax^2+bx+c$，根据多项式的余式定理可知 $f(1)=2$,$f(-2)=8$,$f(-1)=0$,因此可得方程组

$\begin{cases} a+b+c=2, \\ 4a-2b+c=8, \\ a-b+c=0, \end{cases}$ 解得 $\begin{cases} a=3, \\ b=1, \\ c=-2。 \end{cases}$ 　因此多项式为 $3x^2+x-2$，当 $x=2$ 时，该多项式的值为 12。

条件充分性判断

1.【考点】分式运算

【答案】A

【解析】对于条件(1)，若 $x+\dfrac{1}{x}=3$，则 $\left(x+\dfrac{1}{x}\right)^3=x^3+\dfrac{1}{x^3}+3x+\dfrac{3}{x}=x^3+\dfrac{1}{x^3}+9=3^3=27$，可得 $x^3+\dfrac{1}{x^3}=18$，故条

件(1)充分；对于条件(2)，若 $x^2+\dfrac{1}{x^2}=7$，则 $9=x^2+\dfrac{1}{x^2}+2=\left(x+\dfrac{1}{x}\right)^2$，于是 $x+\dfrac{1}{x}=\pm3$，当 $x+\dfrac{1}{x}=3$ 时，由条件

(1)的结论知 $x^3+\dfrac{1}{x^3}=18$；当 $x+\dfrac{1}{x}=-3$ 时，$x^3+\dfrac{1}{x^3}=-18$，故条件(2)不充分。

2.【考点】多项式合并与展开

【答案】A

【解析】$x(1-kx)^3=x-3kx^2+3k^2x^3-k^3x^4=a_1x+a_2x^2+a_3x^3+a_4x^4$，所以 $a_1=1$,$a_2=-3k$,$a_3=3k^2$,$a_4=-k^3$,由条件(1)

得 $k=3$，所以 $a_1+a_2+a_3+a_4=-8$，故条件(1)充分；由条件(2)得 $k=\pm3$，当 $k=-3$ 时，$a_1+a_2+a_3+a_4=64$，故条件

(2)不充分。

> **点拨** 本题通过多项式展开后各项系数的唯一性来确定 a_1,a_2,a_3,a_4 的值。

3.【考点】因式分解

【答案】B

【解析】令 $f(x)=ax^3-bx^2+23x-6$，因为 $f(x)$ 能被 $(x-2)(x-3)$ 整除，则 $f(2)=8a-4b+40=0$，$f(3)=27a-9b+63=0$，解得 $a=3$，$b=16$，所以条件(1)不充分，条件(2)充分。

> **点拨** 若 $f(x)$ 能被 $x-a$ 整除，则 $f(a)=0$。

4.【考点】分式

【答案】B

【解析】由条件(1)$7a-11b=0$，得 $b=\dfrac{7}{11}a$，代入 $\dfrac{ax+7}{bx+11}$ 后分式仍含有未知数，分式为一个不定值，条件(1)不充分；由条件(2)$11a-7b=0$，得 $b=\dfrac{11}{7}a$，则 $\dfrac{ax+7}{bx+11}=\dfrac{ax+7}{\frac{11}{7}ax+11}=\dfrac{ax+7}{\frac{11}{7}(ax+7)}=\dfrac{7}{11}$，分式为一个定值，所以条件(2)充分。

> **点拨** 解题的关键是分式的化简代入。

5.【考点】因式分解

【答案】E

【解析】令 $x^2+x-6=0$，解得 $x=2$ 或 $x=-3$。令 $f(x)=2x^4+x^3-ax^2+bx+a+b-1$，则 $f(2)=f(-3)=0$，解得 $a=16$，$b=3$。所以条件(1)和条件(2)单独均不充分，联合起来也不充分。

> **点拨** 若 $x-a$ 是 $f(x)$ 的一个因式，则 $f(a)=0$。

6.【考点】绝对值性质

【答案】C

【解析】条件(1)，令 $a=-2$，$b=1$，$c=1$，则 $\dfrac{b+c}{|a|}+\dfrac{c+a}{|b|}+\dfrac{a+b}{|c|}=1-1-1=-1$，故条件(1)不充分；条件(2)，令 $a=1$，$b=1$，$c=1$，则 $\dfrac{b+c}{|a|}+\dfrac{c+a}{|b|}+\dfrac{a+b}{|c|}=2+2+2=6$，故条件(2)不充分；现条件(1)与条件(2)联合考虑，得到 a,b,c 两负一正，$a+b+c=0$，$\dfrac{-a}{|a|}+\dfrac{-b}{|b|}+\dfrac{-c}{|c|}=-\left(\dfrac{a}{|a|}+\dfrac{b}{|b|}+\dfrac{c}{|c|}\right)=1$，所以条件(1)和条件(2)联合起来充分。

> **点拨** 解答本题的核心是根据条件判断绝对值的值。

7.【考点】绝对值判断

【答案】E

【解析】由条件(1)得 $2x-1\leq0$，所以 $x\leq\dfrac{1}{2}$，条件(1)不充分；由条件(2)得 $2x-1\geq0$，所以 $x\geq\dfrac{1}{2}$，条件(2)不充分；条件(1)和条件(2)联合起来得 $1-2x\geq0$ 且 $2x-1\geq0$，即 $x=\dfrac{1}{2}$，则条件(1)和条件(2)联合起来也不充分。

> **点拨** 了解绝对值的意义是解答本题的关键。

第三章 方程(组)与不等式

第一节 方程

一、方程(组)

含有未知数的等式称为方程;未知数同时满足几个方程,则称这组方程为方程组。

二、一元一次方程

形如 $ax+b=0(a\neq0)$ 的方程称为一元一次方程,其中 x 为未知数,a,b 为常数。

第二节 二元一次方程组

一、定义

由两个一次方程组成,并含有两个未知数的方程组叫作二元一次方程组。

一般地,二元一次方程组的两个二元一次方程的公共解,叫作二元一次方程组的解。

二、一般形式

$\begin{cases} a_1x+b_1y+c_1=0, \\ a_2x+b_2y+c_2=0, \end{cases}$ 其中 x,y 为未知数,a_1,a_2,b_1,b_2 不同时为零。

三、求解方法

1.代入消元法

代入消元法的求解步骤如下:

(1)选一个系数比较简单的方程进行变形,变成 $y=ax+b$ 或 $x=ay+b$ 的形式;

(2)将 $y=ax+b$ 或 $x=ay+b$ 代入另一个方程,消去一个未知数,从而将另一个方程变成一元一次方程;

(3)解这个一元一次方程,求出 x 或 y 的值;

(4)将已求出的 x 或 y 的值代入方程组中的任意一个方程($y=ax+b$ 或 $x=ay+b$),求出另一个未知数;

(5)把求得的两个未知数的值用大括号联立起来,得到二元一次方程组的解。

【例题】解方程组 $\begin{cases} 4x+2y=10, \\ 3x-5y=1. \end{cases}$

【解析】将 $4x+2y=10$ 变形为 $y=5-2x$,将 $y=5-2x$ 代入第二个方程 $3x-5y=1$ 中,解得 $x=2$,再将 $x=2$ 代

入 $y=5-2x$ 中,求得 $y=1$,则方程组的解为 $\begin{cases} x=2, \\ y=1。 \end{cases}$

【考点】本题考查二元一次方程的求解,选取的解题方法为代入消元法。

2.加减消元法

加减消元法的求解步骤如下:

(1)在二元一次方程组中,若有同一个未知数的系数相同(或互为相反数),则可直接相减(或相加),消去一个未知数;

(2)在二元一次方程组中,若不存在第一步中的情况,可选择一个适当的数去乘方程的两边,使其中一个未知数的系数相同(或互为相反数),再把方程两边分别相减(或相加),消去一个未知数,得到一元一次方程;

(3)解这个一元一次方程;

(4)将求出的一元一次方程的解代入原方程组中系数比较简单的方程,求另一个未知数的值;

(5)把求得的两个未知数的值用大括号联立起来,得到二元一次方程组的解。

【例题】解方程组 $\begin{cases} x+y=9, \\ x-y=5。 \end{cases}$

【解析】将第一个方程和第二个方程相加,可得 $2x=14$,解得 $x=7$,再将 $x=7$ 代入 $x+y=9$ 中,解得 $y=2$,则方程组的解为 $\begin{cases} x=7, \\ y=2。 \end{cases}$

【考点】本题考查二元一次方程组的求解,选取的解题方法为加减消元法,当然也可以选取代入消元法进行求解。

第三节　一元二次方程

一、根的判别式

形如 $ax^2+bx+c=0(a\neq 0)$ 的方程为一元二次方程,该方程的解为 $x=\dfrac{-b\pm\sqrt{b^2-4ac}}{2a}$,其中 $\Delta=b^2-4ac$ 称为一元二次方程根的判别式。

若 $\Delta>0$,则方程有两个不相等的实数根;

若 $\Delta=0$,则方程有两个相等的实数根;

若 $\Delta<0$,则方程无实数根。

【例题 1】判断以下方程根的情况:

(1) $x^2+2x+1=0$。

【解析】 $\Delta=2^2-4\times1\times1=0$,方程有两个相等的实数根。

(2) $x^2+2x+3=0$。

【解析】 $\Delta=2^2-4\times1\times3=-8<0$,方程无实数根。

(3) $x^2+5x+2=0$。

【解析】 $\Delta=5^2-4\times1\times2=17>0$,方程有两个不相等的实数根。

【例题2】若 m 为不等于零的实数,则方程 $x^2+mx-m^2=0$ 的根的情况是(　　)

(A)有两个相等的实数根　　　　　　(B)有两个不相等的实数根

(C)无实数根　　　　　　　　　　　(D)不能确定

(E)以上均不正确

【答案】B

【解析】方程 $x^2+mx-m^2=0$ 的 $\Delta=m^2-4\times1\times(-m^2)=5m^2>0$,所以方程有两个不相等的实数根。

二、韦达定理

1.韦达定理的概念

x_1,x_2 是一元二次方程 $ax^2+bx+c=0(\Delta\geq0)$ 的两个实根,则 $\begin{cases}x_1+x_2=-\dfrac{b}{a},\\x_1x_2=\dfrac{c}{a}。\end{cases}$

【例题1】已知方程 $-x^2+6x+7=0$ 的两个根为 x_1,x_2,则 $x_1x_2=$(　　), $x_1+x_2=$(　　)

【解析】由韦达定理可得 $x_1x_2=\dfrac{c}{a}=-7$, $x_1+x_2=-\dfrac{b}{a}=6$。

【例题2】已知 x_1,x_2 是方程 $2x^2-3x+1=0$ 的两个根, $\dfrac{1}{x_1}+\dfrac{1}{x_2}=$(　　)

(A)2　　　　　　(B)3　　　　　　(C)4　　　　　　(D)1　　　　　　(E)5

【答案】B

【解析】由韦达定理可得 $x_1+x_2=-\dfrac{b}{a}=\dfrac{3}{2}$, $x_1x_2=\dfrac{1}{2}$,因此原式 $=\dfrac{x_1+x_2}{x_1x_2}=3$。

2.韦达定理的应用

根据韦达定理可以求出关于两个根的轮换对称式的数值。

(1) $\dfrac{1}{x_1}+\dfrac{1}{x_2}=\dfrac{x_1+x_2}{x_1x_2}$;

(2) $\dfrac{1}{x_1^2}+\dfrac{1}{x_2^2}=\dfrac{(x_1+x_2)^2-2x_1x_2}{(x_1x_2)^2}$;

(3) $x_1^2+x_2^2=(x_1+x_2)^2-2x_1x_2$;

(4) $|x_1-x_2|=\sqrt{(x_1-x_2)^2}=\sqrt{(x_1+x_2)^2-4x_1x_2}$;

(5) $x_1^3+x_2^3=(x_1+x_2)^3-3x_1x_2(x_1+x_2)$ 。

【例题1】已知方程 $2x^2+3x+1=0$ 的两根为 x_1,x_2,求以下式子的值。

(1) $\dfrac{1}{x_1}+\dfrac{1}{x_2}$;　　　(2) $\dfrac{1}{x_1^2}+\dfrac{1}{x_2^2}$;　　　(3) $x_1^2+x_2^2$;　　　(4) $|x_1-x_2|$;　　　(5) $x_1^3+x_2^3$ 。

【解析】由韦达定理可得 $x_1+x_2=-\dfrac{3}{2}$, $x_1x_2=\dfrac{1}{2}$,则

(1) $\dfrac{1}{x_1}+\dfrac{1}{x_2}=\dfrac{x_1+x_2}{x_1x_2}=\dfrac{-\dfrac{3}{2}}{\dfrac{1}{2}}=-3$;

(2) $\dfrac{1}{x_1^2}+\dfrac{1}{x_2^2}=\dfrac{(x_1+x_2)^2-2x_1x_2}{(x_1x_2)^2}=\dfrac{\dfrac{9}{4}-1}{\dfrac{1}{4}}=5$;

(3) $x_1^2+x_2^2=(x_1+x_2)^2-2x_1x_2=\dfrac{9}{4}-2\times\dfrac{1}{2}=\dfrac{5}{4}$;

(4) $|x_1-x_2|=\sqrt{(x_1-x_2)^2}=\sqrt{(x_1+x_2)^2-4x_1x_2}=\sqrt{\dfrac{9}{4}-4\times\dfrac{1}{2}}=\dfrac{1}{2}$;

(5) $x_1^3+x_2^3=(x_1+x_2)^3-3x_1x_2(x_1+x_2)=-\dfrac{27}{8}-3\times\dfrac{1}{2}\times\left(-\dfrac{3}{2}\right)=-\dfrac{9}{8}$。

【例题2】设 x_1,x_2 是方程 $2x^2+5x+1=0$ 的两个根,则 $(x_1-x_2)^2=($ 　　$)$

(A) $\dfrac{41}{4}$ (B) $\dfrac{33}{4}$ (C) $\dfrac{17}{4}$ (D) $\dfrac{9}{4}$

(E)以上答案都不正确

【答案】C

【解析】原式可化为 $(x_1-x_2)^2=x_1^2-2x_1x_2+x_2^2=(x_1+x_2)^2-4x_1x_2$,由韦达定理可知,$x_1+x_2=-\dfrac{5}{2}$,$x_1x_2=\dfrac{1}{2}$,则原式 $=\left(-\dfrac{5}{2}\right)^2-4\times\dfrac{1}{2}=\dfrac{17}{4}$。

第四节　分式方程

一、定义

分母中含有未知数的有理方程叫作分式方程。

二、求解步骤

分式方程的求解步骤如下:

(1)在方程的两边都乘以最简公分母,约去分母,化成整式方程;

(2)解这个整式方程;

(3)把整式方程的解代入最简公分母,如果最简公分母的值不为0,则整式方程的解是原分式方程的解;否则,这个解不是原分式方程的解,须舍去。

【注】使分母为0的未知数的值是增根,须舍去。

(4)写出原方程的根。

【例题1】解分式方程 $\dfrac{100}{20+x}=\dfrac{60}{20-x}$。

【解析】方程两边都乘以最简公分母 $(20+x)(20-x)$,得 $100(20-x)=60(20+x)$,解得 $x=5$,把 $x=5$ 代入原方程中,分母不为0,即 $x=5$ 不是增根,因此 $x=5$ 是原方程的解。

【例题2】解分式方程 $\dfrac{5}{x^2+3x}-\dfrac{1}{x^2-x}=0$。

【解析】原式 $=\dfrac{5}{x(x+3)}-\dfrac{1}{x(x-1)}=0$。

方程两边都乘以最简公分母 $x(x+3)(x-1)$,得 $5(x-1)-(x+3)=0$,解得 $x=2$,把 $x=2$ 代入原方程中,分母不为0,即 $x=2$ 不是增根,因此 $x=2$ 是原方程的解。

【例题3】解分式方程 $\dfrac{2-x}{x-3}+2=\dfrac{1}{x-3}$。

【解析】方程两边都乘以最简公分母 $x-3$，得 $2-x+2(x-3)=1$，解得 $x=5$，把 $x=5$ 代入原方程中，分母不为 0，即 $x=5$ 不是增根，因此 $x=5$ 是原方程的解。

【例题 4】解分式方程 $\dfrac{x+1}{x-1}-\dfrac{4}{x^2-1}=1$。

【解析】方程两边同时乘以最简公分母 $(x-1)(x+1)$，得 $(x+1)^2-4=(x+1)(x-1)$，解得 $x=1$，把 $x=1$ 代入原方程中，分母为 0，即 $x=1$ 是方程的增根，故舍去。

所以原分式方程无解。

第五节　不等式

一、不等式的定义及性质

1.定义

用不等号将两个代数式连接而成的式子称为不等式，常见的不等号有 $\neq$、$<$、$\leq$、$>$、$\geq$ 五种。将几个不等式联立起来构成一组称为不等式组，不等式组的解集为各不等式解集的交集。

2.性质

(1) $a>b$，则 $a-b>0$ 或 $b-a<0$；（反之亦成立）

(2) 传递性：若 $\begin{cases}a>b,\\b>c,\end{cases}$ 则 $a>c$；

(3) 加法性质：

① 可加性：若 $a>b$，则 $a+c>b+c$；

② 同向可加性：若 $\begin{cases}a>b,\\c>d,\end{cases}$ 则 $a+c>b+d$；

(4) 乘法性质：

① 可乘性：若 $a>b$，则 $\begin{cases}c>0,ac>bc,\\c<0,ac<bc;\end{cases}$

② 同向可乘性：若 $\begin{cases}a>b>0,\\c>d>0,\end{cases}$ 则 $ac>bd$；

③ 乘方性：若 $a>b>0$，则 $\begin{cases}c>0,a^c>b^c,\\c<0,a^c<b^c。\end{cases}$

二、一元一次不等式

(1) 定义：形如 $ax<b(a\neq0)$（不等号可以为 $\neq$、$<$、$\leq$、$>$、$\geq$）的不等式称为一元一次不等式，其中 x 为未知数，a,b 为常数。

(2) 解的情况：对于形如 $ax<b$ 的不等式，其解的情况如下

① 当 $a>0$ 时，$x<\dfrac{b}{a}$；

② 当 $a<0$ 时，$x>\dfrac{b}{a}$；

③ 当 $a=0,b>0$ 时，$x\in\mathbf{R}$；

④ 当 $a=0,b\leq0$ 时，$x\in\varnothing$。

(3)求解方法：一元一次不等式的求解步骤如下①移项；②合并同类项；③含未知数项系数化为1。

三、不等式组

不等式组的求解步骤如下：

(1)分别求出不等式组中各个不等式的解集；

(2)求各个解集的公共部分，复杂情况下可借助数轴。

四、一元二次不等式

形如 $ax^2+bx+c>0(\geqslant 0,<0$ 或 $\leqslant 0)(a\neq 0)$ 的不等式称为一元二次不等式。一元二次不等式的最重要的解法就是结合一元二次函数 $f(x)=ax^2+bx+c$ 的图像来求解。

考虑一元二次函数 $f(x)=ax^2+bx+c(a>0)$：

(1)当 $\Delta>0$ 时，求 $ax^2+bx+c>0$ 的解集：

$a>0$，图像开口向上，$\Delta>0$，方程 $f(x)=0$ 有两个不相等的实数根，$ax^2+bx+c>0$ 取 x 轴以上的部分。因此，根据二次函数的图像可知：x 的值取小于 x_1 的部分和大于 x_2 的部分。

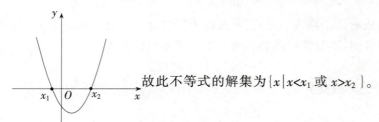 故此不等式的解集为 $\{x|x<x_1$ 或 $x>x_2\}$。

(2)当 $\Delta=0$ 时，求 $ax^2+bx+c>0$ 的解集：

$a>0$，图像开口向上，$\Delta=0$，方程 $f(x)=0$ 有两个相等的实数根，$ax^2+bx+c>0$ 取 x 轴以上的部分。因此，根据二次函数的图像可知：x 的值取小于 x_1 的部分和大于 x_2 的部分，即取除了 $x_1=x_2$ 这一点的所有值。

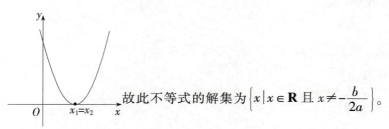 故此不等式的解集为 $\left\{x\left|x\in \mathbf{R}\right.$ 且 $x\neq -\dfrac{b}{2a}\right\}$。

(3)当 $\Delta<0$ 时，求 $ax^2+bx+c>0$ 的解集：

$a>0$，图像开口向上，$\Delta<0$，方程 $f(x)=0$ 无实数根，$ax^2+bx+c>0$ 取 x 轴以上的部分。因此，根据二次函数的图像可知：x 可以取 x 轴上的所有值。

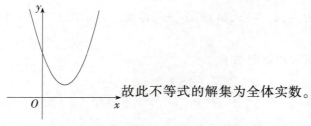 故此不等式的解集为全体实数。

(4)当 $\Delta>0$ 时，求 $ax^2+bx+c<0$ 的解集：

$a>0$，图像开口向上，$\Delta>0$，方程 $f(x)=0$ 有两个不相等的实数根，$ax^2+bx+c<0$ 取 x 轴以下的部分。因

此,根据二次函数的图像可知:x 的值取大于 x_1 且小于 x_2 的部分。

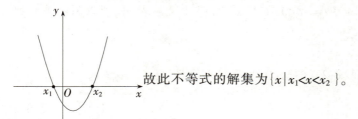

故此不等式的解集为 $\{x|x_1<x<x_2\}$。

(5)当 $\Delta=0$ 时,求 $ax^2+bx+c<0$ 的解集:

$a>0$,图像开口向上,$\Delta=0$,方程 $f(x)=0$ 有两个相等的实数根,$ax^2+bx+c<0$ 取 x 轴以下的部分。因此,根据二次函数的图像可知:x 没有值可以取。

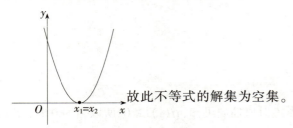

故此不等式的解集为空集。

(6)当 $\Delta<0$ 时,求 $ax^2+bx+c<0$ 的解集:

$a>0$,图像开口向上,$\Delta<0$,方程 $f(x)=0$ 无实数根,$ax^2+bx+c<0$ 取 x 轴以下的部分。因此根据二次函数的图像可知:x 没有值可以取。

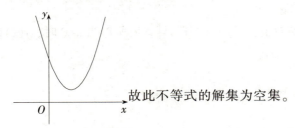

故此不等式的解集为空集。

综上,一元二次不等式及一元二次函数的图像如下表所示:

$\Delta=b^2-4ac$		$\Delta>0$	$\Delta=0$	$\Delta<0$
一元二次不等式的解集	$ax^2+bx+c=0(a>0)$	有两个不相等的实数根 $x_{1,2}=\dfrac{-b\pm\sqrt{b^2-4ac}}{2a}$	有两个相等的实数根 $x_1=x_2=-\dfrac{b}{2a}$	无实数根
	$ax^2+bx+c>0(a>0)$	$(-\infty,x_1)\cup(x_2,+\infty)$ (设 $x_1<x_2$)	$\left\{x\mid x\in\mathbf{R}\text{ 且 }x\neq-\dfrac{b}{2a}\right\}$	全体实数
	$ax^2+bx+c<0(a>0)$	(x_1,x_2) (设 $x_1<x_2$)	空集	空集
一元二次函数 $y=ax^2+bx+c(a>0)$ 的图像		(图像)	(图像)	(图像)

【例题1】求不等式$-x^2+2x-3>0$的解集。

【解析】不等式可化为$x^2-2x+3<0$，因为$\Delta=-8<0$，方程$x^2-2x+3=0$无实数根，所以原不等式的解集为空集。

【例题2】求解不等式$-x^2+5x>6$。

【解析】整理不等式得$x^2-5x+6<0$，即$(x-2)(x-3)<0$，故不等式的解为$\{x|2<x<3\}$。

【例题3】求不等式$x+2<2x^2$的解集。

【解析】整理不等式得$2x^2-x-2>0$，$\Delta=b^2-4ac=17>0$，故$x=\dfrac{1\pm\sqrt{17}}{4}$，所以不等式的解集为$\left\{x\middle|x<\dfrac{1-\sqrt{17}}{4}\text{ 或 }x>\dfrac{1+\sqrt{17}}{4}\right\}$。

五、简单绝对值不等式

1. $|f(x)|>a$

若$a>0$，则$|f(x)|>a\Leftrightarrow f(x)>a$ 或 $f(x)<-a$；

若$a<0$，则$|f(x)|>a$的解集为全体实数。（注：由绝对值性质可知，$|f(x)|\geq 0$，所以当$a<0$时，$|f(x)|>a$恒成立。）

2. $|f(x)|<a$

若$a>0$，则$|f(x)|<a\Leftrightarrow -a<f(x)<a$；

若$a<0$，则$|f(x)|<a$的解集为空集。（注：由绝对值性质可知，$|f(x)|\geq 0$，所以当$a<0$时，$|f(x)|<a$无解。）

【例题1】求解不等式$|2x-1|\leq 3$。

【解析】原不等式可化为$-3\leq 2x-1\leq 3$，整理得$-2\leq 2x\leq 4$，解得$-1\leq x\leq 2$。

【例题2】求解不等式$|x^2-5x|>6$。

【解析】原不等式可化为$x^2-5x<-6$ 或 $x^2-5x>6$，则$x^2-5x+6<0$ 或 $x^2-5x-6>0$，即$(x-2)(x-3)<0$ 或 $(x-6)(x+1)>0$，解得$2<x<3$ 或 $x<-1$ 或 $x>6$。

原不等式的解集为$(-\infty,-1)\cup(2,3)\cup(6,+\infty)$。

六、简单分式不等式

1. $\dfrac{f(x)}{g(x)}>0\Leftrightarrow f(x)g(x)>0$

【注】由$\dfrac{f(x)}{g(x)}>0$可知，$f(x)$与$g(x)$同号，故可得$f(x)g(x)>0$，反之亦然。

2. $\dfrac{f(x)}{g(x)}>a\Leftrightarrow\dfrac{f(x)}{g(x)}-a>0\Leftrightarrow\dfrac{f(x)-ag(x)}{g(x)}>0$

【注】分式不等式中分母不为零。

【例题1】求解不等式$\dfrac{x(x+2)}{x-3}<0$。

【解析】由题意可得$x(x+2)(x-3)<0$，所以$x<-2$ 或 $0<x<3$。

【例题2】求解不等式$\dfrac{3x+1}{3-x}>-1$。

【解析】$\dfrac{3x+1}{3-x}+1>0\Rightarrow\dfrac{2x+4}{3-x}>0\Rightarrow(x+2)(3-x)>0\Rightarrow(x+2)(x-3)<0\Rightarrow-2<x<3$。

七、指数、对数不等式

【例题1】求不等式 $\dfrac{\lg(2x^2+5x-11)}{\sqrt{3-x}}\geqslant0(x>0)$ 的解集。

【解析】由题意可得 $\begin{cases}2x^2+5x-11\geqslant1,\\3-x>0,\\x>0,\end{cases}$ 解得 $\dfrac{3}{2}\leqslant x<3$。故不等式的解集为 $\left\{x\left|\dfrac{3}{2}\leqslant x<3\right.\right\}$。

【例题2】不等式 $\lg x+\lg(x-3)<1$ 的解集是（　　）

(A)$(-2,5)$　　　　　(B)$(3,5)$　　　　　(C)$(3,6)$　　　　　(D)$(5,6)$

(E)以上均不正确

【答案】B

【解析】原不等式化为不等式组 $\begin{cases}x>0,①\\x-3>0,②\\x(x-3)<10。③\end{cases}$

式子③可化为 $x^2-3x-10<0$，$(x+2)(x-5)<0$，$-2<x<5$；结合式子①和②可得解集为 $\{x|3<x<5\}$。

八、根号不等式

【例题1】解不等式 $\sqrt{x-4}\geqslant1$。

【解析】$\begin{cases}x-4>0,\\x-4\geqslant1\end{cases}\Rightarrow x\geqslant5$。

【例题2】不等式 $\sqrt{x^2+x-2}<4-x$ 的解集是（　　）

(A)$(-\infty,-2]\cup[1,2)$　　　　　　B.$(-\infty,-2]\cup[1,+\infty)$

(C)$(-\infty,-2)$　　　　　　　　　　(D)$(-\infty,1)\cup(2,+\infty)$

(E)以上均不正确

【答案】A

【解析】原不等式化为不等式组 $\begin{cases}x^2+x-2\geqslant0,①\\4-x>0,②\\x^2+x-2<(4-x)^2。③\end{cases}$

式①可化为 $(x-1)(x+2)\geqslant0$，解集为 $(-\infty,-2]\cup[1,+\infty)$；式②的解集为 $(-\infty,4)$；式③可化为 $9x<18$，其解集为 $(-\infty,2)$。取三者的交集为 $(-\infty,-2]\cup[1,2)$。

九、一元高次不等式

1.标准形式

$(x-x_1)(x-x_2)\cdots(x-x_n)>0(<0)$，左边是关于 x 的一次因式的积，右边是0。各因式最高次项系数为正。

2.解法

数轴标根法求解步骤如下：

(1)将高次不等式变形为标准形式；

(2)求根 $x_1,x_2,\cdots,x_n$，画数轴，标出根；

(3)从数轴右上角开始穿根，穿根时的原则是"奇穿偶不穿"；

(4)写出所求的解集。

【注】"奇穿偶不穿"是指在进行穿根时如果遇到奇次根,线就要穿过去;如果遇到偶次根,线就不能穿过。

【例题1】求解 $(x-2)^2(x+3)(x-1)<0$。

【解析】方程 $(x-2)^2(x+3)(x-1)=0$ 的根为 $-3,1,2$,在数轴上依次标根,从数轴的最右端开始标,如图

由于2为偶次根,故不能穿过,其余的 $1,-3$ 都为奇次根,故线要穿过。因为 $(x-2)^2(x+3)(x-1)<0$,故此不等式应取小于零的部分。故此不等式的解集为 $\{x|-3<x<1\}$。

【例题2】求解 $(x-1)(x-2)(x-3)<0$。

【解析】方程 $(x-1)(x-2)(x-3)=0$ 的根为 $1,2,3$,标根穿根

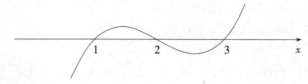

可得解集为 $(-\infty,1)\cup(2,3)$。

【例题3】求解 $x(x-1)^2(x-2)(x+1)\geqslant0$。

【解析】方程 $x(x-1)^2(x-2)(x+1)=0$ 的根为 $-1,0,1,2$,标根穿根

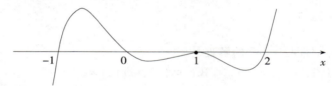

可得解集为 $[-1,0]\cup\{1\}\cup[2,+\infty)$。

十、均值不等式

1.算术平均值

设 $x_1,x_2,\cdots,x_n$ 为 n 个实数,称 $\dfrac{x_1+x_2+\cdots+x_n}{n}$ 为这 n 个数的算术平均值。

2.几何平均值

设 $x_1,x_2,\cdots,x_n$ 为 n 个正实数,称 $\sqrt[n]{x_1x_2\cdots x_n}$ 为这 n 个数的几何平均值。

3.均值不等式

设 $x_1,x_2,\cdots,x_n$ 为正实数,则这 n 个数的算术平均值不小于它们的几何平均值,即 $\dfrac{x_1+x_2+\cdots+x_n}{n}\geqslant$ $\sqrt[n]{x_1x_2\cdots x_n}$,当且仅当 $x_1=x_2=\cdots=x_n$ 时,等号成立。

【注】利用均值不等式要注意一正二定三相等。①一正:$x_1,x_2,\cdots,x_n$ 均为正实数;②二定:当 $x_1+x_2+\cdots+x_n$ 和为定值时,$x_1x_2\cdots x_n$ 积有最大值或当 $x_1x_2\cdots x_n$ 积为定值时,$x_1+x_2+\cdots+x_n$ 和有最小值;③三相等:当且仅当 $x_1=x_2=\cdots=x_n$ 时,等号成立。

均值不等式是一个基本不等式,它在解决实际问题中有广泛的应用,是解决最大(小)值问题的有力工具。

【例题】用篱笆围一个面积为100平方米的矩形菜园,问这个矩形的长、宽各为多少时,所用篱笆最短,最短的篱笆是多少?

【分析】矩形菜园的面积是确定的,长和宽没有确定。如果菜园的长和宽确定了,则篱笆的长也就确定了,因此我们要解决的问题是,当面积确定时,长和宽各取什么值时所用篱笆最短。

【解析】设矩形菜园的长为 x 米,宽为 y 米,则 $xy=100$,篱笆的长为 $2(x+y)$ 米。

由均值不等式可知,$x+y \geq 2\sqrt{xy}$,可得 $x+y \geq 2\sqrt{100}$,$2(x+y) \geq 40$,当且仅当 $x=y$ 时,$x+y$ 的值最小,即所用篱笆最短,此时 $x=y=10$。因此,这个矩形菜园的长、宽都为 10 米时,所用篱笆最短,为 40 米。

第六节　习题精练

一、问题求解。下列每题给出的 A、B、C、D、E 五个选项中,只有一个选项是最符合题目要求的。

1.【2017 年联考】某公司用 1 万元购买了价格分别为 1 750 元和 950 元的甲、乙两种办公设备,则购买的甲、乙办公设备的件数分别为(　)

(A)3,5　　　　(B)5,3　　　　(C)4,4

(D)2,6　　　　(E)6,2

2.【2016 年联考】有一批同规格的正方形瓷砖,用它们铺满整个正方形区域时剩余 180 块,将此正方形区域的边长增加一块瓷砖的长度时,还需要增加 21 块瓷砖才能铺满,该批瓷砖共有(　)

(A)9 981 块　　　　(B)10 000 块　　　　(C)10 180 块

(D)10 201 块　　　　(E)10 222 块

3.【2015 年联考】某公司共有甲、乙两个部门,如果从甲部门调 10 人到乙部门,那么乙部门人数是甲部门的 2 倍,如果把乙部门员工的 $\frac{1}{5}$ 调到甲部门,那么两个部门的人数相等。该公司的总人数为(　)

(A)150　　　　(B)180　　　　(C)200

(D)240　　　　(E)250

4.【2014 年联考】某部门一次联欢活动共设了 26 个奖,奖品均价为 280 元,其中一等奖单价为 400 元,其他奖品均价为 270 元,一等奖的个数为(　)

(A)6　　　　(B)5　　　　(C)4

(D)3　　　　(E)2

5.【2009 年 MBA 联考】$3x^2+bx+c=0(c \neq 0)$ 的两个根为 α,β。如果以 $\alpha+\beta,\alpha\beta$ 为根的一元二次方程是 $3x^2-bx+c=0$,则 b 和 c 分别为(　)

(A)2,6　　　　(B)3,4　　　　(C)-2,-6

(D)-3,-6　　　　(E)以上结论均不正确

6.【2009 年在职】若关于 x 的二次方程 $mx^2-(m-1)x+m-5=0$ 有两个实根 α,β,且满足 $-1<\alpha<0$ 和 $0<\beta<1$,则 m 的取值范围是(　)

(A)3<m<4　　　(B)4<m<5　　　(C)5<m<6　　　(D)m>6 或 m<5　　　(E)m>5 或 m<4

7.【2008 年 MBA 联考】方程 $x^2-(1+\sqrt{3})x+\sqrt{3}=0$ 的两个根分别为等腰三角形的腰 a 和底 $b(a<b)$,则该等腰三角形的面积是(　)

$(A)\dfrac{\sqrt{11}}{4}$ $\quad\quad$ $(B)\dfrac{\sqrt{11}}{8}$ $\quad\quad$ $(C)\dfrac{\sqrt{3}}{4}$ $\quad\quad$ $(D)\dfrac{\sqrt{3}}{5}$ $\quad\quad$ $(E)\dfrac{\sqrt{3}}{8}$

8.已知 $x>0,y>0$,且 $x+y=1$,则 $\dfrac{1}{x}+\dfrac{1}{y}$ 的最小值为( )

(A)1 $\quad\quad$ (B)2 $\quad\quad$ (C)4 $\quad\quad$ (D)6 $\quad\quad$ (E)8

9.已知 x 满足不等式 $2^{2x}-10\cdot2^x+16\leqslant0$,则 $f(x)=x+\dfrac{4}{x}$ 的最大值与最小值之差为( )

(A)1 $\quad\quad$ (B)$\dfrac{1}{3}$ $\quad\quad$ (C)$\dfrac{2}{3}$ $\quad\quad$ (D)4 $\quad\quad$ (E)5

10.设函数 $f(x)=\begin{cases}-x^2+2, & x>0\\ x^2+2x+2, & x\leqslant0,\end{cases}$ 则不等式 $f(x)\geqslant\log_2(1+x)$ 的解集为( )

(A)$(-\infty,1)$ $\quad$ (B)$(-\infty,1]$ $\quad$ (C)$(-1,0]$ $\quad$ (D)$[-1,0)$ $\quad$ (E)$(-1,1]$

11.若不等式 $\sqrt{x+a}\geqslant x(a>0)$的解集为 $\{x\mid m\leqslant x\leqslant n$,且 $|m-n|=2a\}$,则 a 的值为( )

(A)2 $\quad\quad$ (B)3 $\quad\quad$ (C)4 $\quad\quad$ (D)5 $\quad\quad$ (E)6

二、条件充分性判断。要求判断每题给出的条件(1)和条件(2)能否充分支持题干所陈述的结论。A、B、C、D、E 五个选项为判断结果,只有一个选项是最符合题目要求的。

(A)条件(1)充分,但条件(2)不充分。

(B)条件(2)充分,但条件(1)不充分。

(C)条件(1)和条件(2)单独都不充分,但条件(1)和条件(2)联合起来充分。

(D)条件(1)充分,条件(2)也充分。

(E)条件(1)和条件(2)单独都不充分,条件(1)和条件(2)联合起来也不充分。

1.【2018 年联考】甲购买了若干件 A 玩具,乙购买了若干件 B 玩具送给幼儿园,甲比乙少花了 100 元,则能确定甲购买的玩具件数。

(1)甲与乙共购买了 50 件玩具;

(2)A 玩具的价格是 B 玩具的 2 倍。

2.【2014 年联考】方程 $x^2+2(a+b)x+c^2=0$ 有实根。

(1)a,b,c 是一个三角形的三边长;

(2)实数 a,c,b 成等差数列。

视频讲解

3.【2013 年联考】某单位年终共发了 100 万元奖金,奖金金额分别是一等奖 1.5 万元,二等奖 1 万元,三等奖 0.5 万元,则该单位至少有 100 人。

(1)得二等奖的人数最多;

(2)得三等奖的人数最多。

4.【2013 年联考】已知二次函数 $f(x)=ax^2+bx+c$。则方程 $f(x)=0$ 有两个不同实根。

(1)$a+c=0$;

(2)$a+b+c=0$。

5.【2012 年联考】已知三种水果的平均价格为 10 元/千克,则每种水果的价格均不超过 18 元/千克。

(1)最少的为 6 元/千克;

(2)购买重量分别是 1 千克、1 千克和 2 千克的三种水果共用了 46 元。

视频讲解

视频讲解

6.【2012 年联考】一元二次方程 $x^2+bx+1=0$ 有两个不同实根。

(1)$b<-2$；

(2)$b>2$。

7.【2009 年 MBA 联考】$2a^2-5a-2+\dfrac{3}{a^2+1}=-1$。

(1)a 是方程 $x^2-3x+1=0$ 的根；

(2)$|a|=1$。

8.【2008 年在职】$\alpha^2+\beta^2$ 的最小值是 $\dfrac{1}{2}$。

(1)α 与 β 是方程 $x^2-2ax+(a^2+2a+1)=0$ 的两个实根；

(2)$\alpha\beta=\dfrac{1}{4}$。

9.甲、乙两个人曾三次一同去买食盐,买法不同,由于市场波动,三次食盐价格不相同。在三次购买中,甲购买的食盐平均价格要比乙低。

(1)甲每次购买一元钱的盐,乙每次购买一千克的盐;

(2)甲每次购买数量不等,乙每次购买数量恒定。

10.$|x-1|^{2x+1}<1$。

(1)$-3<x<-2$；

(2)$1<x<2$。

11. 一元二次方程 $2x^2+2(a+2)x+3a=0$ 两根之差的绝对值为 2。

(1)$a=1$；

(2)$a=0$。

第七节　答案及解析

问题求解

1.【考点】整系数不定方程

【答案】A

【解析】设购买的甲、乙办公设备的件数分别为 x,y,可列方程 $1\ 750x+950y=10\ 000$,化简为 $35x+19y=200$,由于 $35x$ 和 200 都能被 5 整除,所以 $19y$ 也能被 5 整除,进而 y 也能被 5 整除。

2.【考点】列方程求解

【答案】C

【解析】方法一:由题干可知,这批瓷砖的块数减去 180 应该是某个正整数 N 的平方,加上 21 就是正整数 $N+1$ 的平方,观察四个选项可知 $10\ 180-180=10\ 000=100^2$,$10\ 180+21=10\ 201=101^2$,所以这批瓷砖有 $10\ 180$ 块。

方法二:假设正方形区域边长为 x 块砖的长度,则正方形区域的边长增加 1 块瓷砖的长度时,面积增加 $2x+1$ 块砖的面积,于是 $2x+1=21+180=201$,则原来边长为 100 块砖长度,这批砖共有 $100\times100+180=10\ 180$(块)。

3.【考点】列方程求解

【答案】D

【解析】设甲、乙两个部门原有人数分别为 x,y 人，根据题干可得 $\begin{cases} 2\times(x-10)=y+10, \\ x+\frac{1}{5}y=\frac{4}{5}y, \end{cases}$ 解得 $x=90,y=150$，所以该公司总人数为 $x+y=240$。

4.【考点】列方程求解

【答案】E

【解析】奖品均价为 280 元，则 26 个奖项共 $26\times280=7\,280$（元），设一等奖个数为 x，其他奖品个数为 y，根据题干，建立等量关系，则有 $\begin{cases} x+y=26, \\ 400x+270y=7\,280, \end{cases}$ 解得 $\begin{cases} x=2, \\ y=24, \end{cases}$ 则一等奖的个数为 2。

5.【考点】一元二次方程根与系数的关系（韦达定理）

【答案】D

【解析】由韦达定理得 $\begin{cases} \alpha+\beta=-\dfrac{b}{3}, \\ \alpha\beta=\dfrac{c}{3}, \\ \alpha+\beta+\alpha\beta=\dfrac{b}{3}, \\ (\alpha+\beta)\alpha\beta=\dfrac{c}{3} \end{cases} \Rightarrow \begin{cases} -\dfrac{b}{3}+\dfrac{c}{3}=\dfrac{b}{3}, \\ -\dfrac{b}{3}\cdot\dfrac{c}{3}=\dfrac{c}{3} \end{cases} \Rightarrow \begin{cases} b=-3, \\ c=-6。 \end{cases}$

点拨 由韦达定理，x_1,x_2 是方程 $ax^2+bx+c=0(a\neq0)$ 的两个根，则 $\begin{cases} x_1+x_2=-\dfrac{b}{a}, \\ x_1x_2=\dfrac{c}{a}。 \end{cases}$

6.【考点】一元二次方程的根与图像之间的关系

【答案】B

【解析】令 $f(x)=mx^2-(m-1)x+m-5$，根据已知条件，可得到抛物线的图像，如图所示：

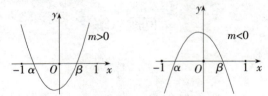

由图像可知，$\begin{cases} f(-1)f(0)=(3m-6)(m-5)<0, \\ f(0)f(1)=(m-5)(m-4)<0, \end{cases}$ 解得 $4<m<5$。

7.【考点】一元二次方程的根

【答案】C

【解析】原方程可化为 $(x-1)(x-\sqrt{3})=0$，则方程的两个根分别为 $1,\sqrt{3}$，因为 $a<b$，所以 $a=1,b=\sqrt{3}$，得到面积为 $\frac{1}{2}\times\sqrt{3}\times\sqrt{1^2-\left(\frac{\sqrt{3}}{2}\right)^2}=\frac{\sqrt{3}}{4}$。

点拨 用因式分解法求一元二次方程的根。

8.【考点】均值不等式

【答案】C

【解析】因 $x+y=1$，所以 $\frac{1}{x}+\frac{1}{y}=\left(\frac{1}{x}+\frac{1}{y}\right)(x+y)=2+\frac{y}{x}+\frac{x}{y}$，由均值不等式可得 $\frac{y}{x}+\frac{x}{y}\geqslant 2\sqrt{\frac{y}{x}\cdot\frac{x}{y}}=$ 2，当且仅当 $x=y=\frac{1}{2}$ 时等号成立。故 $\frac{1}{x}+\frac{1}{y}\geqslant 4$。

9.【考点】利用函数性质解不等式

【答案】A

【解析】令 $2^x=t$，则原不等式化为 $t^2-10t+16\leqslant 0$，解得 $2\leqslant t\leqslant 8$，即 $2\leqslant 2^x\leqslant 8$，所以 $1\leqslant x\leqslant 3$。因 $f(x)$ 在 $[1,2]$ 上单调递减，在 $[2,3]$ 上单调递增，$f(1)=5,f(2)=4,f(3)=4\frac{1}{3}$，故最大值与最小值之差为 $5-4=1$。

10.【考点】利用函数图像解不等式

【答案】E

【解析】在同一坐标系中做出函数 $f(x)$ 和 $y=\log_2(1+x)$ 的图形，如图所示：

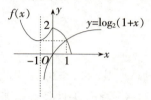

$f(x)$ 与 $y=\log_2(1+x)$ 有且只有一个交点，交点坐标为 $(1,1)$。当 $x\leqslant 1$ 时，$f(x)$ 的图像在 $y=\log_2(1+x)$ 的上方，所以不等式的解集满足 $\begin{cases} x\leqslant 1, \\ 1+x>0, \end{cases}$ 即解集为 $(-1,1]$。

11.【考点】利用函数图像解不等式

【答案】A

【解析】曲线 $y=\sqrt{x+a}$ 和直线 $y=x$ 的图像如图所示。因不等式解集为 $x\in[m,n]$，所以 $m=-a$，再由 $|m-n|=2a$ 可得 $n=a$。而曲线与直线的交点满足 $\sqrt{a+a}=a$，解得 $a=2$ 或 $a=0$（舍去）。

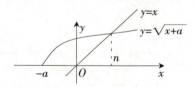

条件充分性判断

1.【考点】方程组相关知识

【答案】E

【解析】假设甲的玩具价格为每件 x 元，共买了 A 件，乙的玩具价格为每件 y 元，共买了 B 件，题干前提条件为 $Ax+100=By$，其中 x,y,A,B 均为未知数。条件（1）为 $A+B=50$，条件（2）为 $x=2y$，显然，条件（1）、条件（2）无论单独还是联合，未知数个数都多于方程个数，无唯一解，不能确定未知数 A 的值，都不充分。

2.【考点】一元二次方程

【答案】D

【解析】要使方程 $x^2+2(a+b)x+c^2=0$ 有实根，则 $\Delta=[2(a+b)]^2-4c^2\geqslant 0$，整理得 $4(a+b+c)(a+b-c)\geqslant 0$。由条件（1）可知 $a>0,b>0,c>0,a+b>c$，可以推出 $4(a+b+c)(a+b-c)>0$，所以条件（1）充分；由条件（2）可

知，$a+b+c=3c$，$a+b-c=c$，则 $4(a+b+c)(a+b-c)=4×3c×c=12c^2≥0$，所以条件(2)也充分。

3.【考点】列方程求解

【答案】B

【解析】设得一等奖，二等奖，三等奖的人数分别为 x,y,z，则 $1.5x+y+0.5z=100$，总人数 $a=x+y+z=$ $100+0.5(z-x)$。对于条件(1)，$\begin{cases}y>x,\\y>z,\end{cases}$ 无法判断 a 是否不小于 100，条件(1)不充分；对于条件(2)，$\begin{cases}z>y,\\z>x,\end{cases}$ 从而 $a=100+0.5(z-x)>0$，条件(2)充分。

4.【考点】一元二次方程

【答案】A

【解析】要使方程 $f(x)=0$ 有两个不同实根，则需有 $\Delta=b^2-4ac>0$ 成立。当 $a+c=0$ 时，即 $a=-c$，则 $\Delta=b^2-4a(-a)=b^2+4a^2>0$（因为 $f(x)$ 为二次函数，所以 $a≠0$），条件(1)充分；当 $a=c=-1$，$b=2$ 时，$\Delta=0$，条件(2)不充分。

5.【考点】列方程求解

【答案】D

【解析】设三种水果的价钱分别为 x,y,z，则 $x+y+z=30$。

由条件(1)，令 x 最小为 6，则 $y+z=24$，$y,z≥6$，所以每种水果的价格都不超过 18 元/千克；由条件(2)得，$x+y+2z=46$，则 $z=16$，$16+18>30$。所以条件(1)与条件(2)都充分。

6.【考点】一元二次方程根的判别式

【答案】D

【解析】方程有两个不同实根，则 $\Delta=b^2-4>0$，解得 $b>2$ 或 $b<-2$。所以条件(1)充分，条件(2)也充分。

点拨 一元二次方程根的判别式 $\Delta=b^2-4ac$，若 $\Delta>0$，则方程有两个不相等的实数根；若 $\Delta=0$，则方程有两个相等的实数根；若 $\Delta<0$，则方程无实数根。

7.【考点】一般方程

【答案】A

【解析】条件(1)，由于 a 是方程 $x^2-3x+1=0$ 的根，可知 $a^2-3a+1=0$，原式变形为 $2a^2-5a-2+\dfrac{3}{a^2+1}=$ $2(a^2-3a+1)+a-4+\dfrac{3}{(a^2-3a+1)+3a}=\dfrac{a^2-3a+1-a}{a}=-1$，故条件(1)充分；条件(2)，$|a|=1$，则 $a=\pm1$，当 $a=1$ 时，$2a^2-5a-2+\dfrac{3}{a^2+1}=-3.5≠-1$，当 $a=-1$ 时，$2a^2-5a-2+\dfrac{3}{a^2+1}=6.5≠-1$，故条件(2)不充分。

8.【考点】韦达定理，均值不等式

【答案】D

【解析】由条件(1)，判别式 $\Delta=4a^2-4(a^2+2a+1)=4(-2a-1)≥0$，可以解出 $a≤-\dfrac{1}{2}$，$\alpha^2+\beta^2=(\alpha+\beta)^2-$ $2\alpha\beta=2(a^2-2a-1)=2[(a-1)^2-2]=2(a-1)^2-4$，由于 $(a-1)^2≥0$，$a≤-\dfrac{1}{2}$，所以 a 越大，$(a-1)^2$ 越小，因此当 $a=-\dfrac{1}{2}$ 时 $\alpha^2+\beta^2$ 的最小值为 $\dfrac{1}{2}$，所以条件(1)充分；由条件(2)，$\alpha\beta=\dfrac{1}{4}$，由均值不等式，$\alpha^2+\beta^2≥2\alpha\beta=2×\dfrac{1}{4}=$ $\dfrac{1}{2}$，当且仅当 $\alpha=\beta=\dfrac{1}{2}$ 或 $\alpha=\beta=-\dfrac{1}{2}$ 时，$\alpha^2+\beta^2$ 可以取到最小值 $\dfrac{1}{2}$，所以条件(2)充分。

9.【考点】均值不等式

【答案】A

【解析】设三次食盐的价格分别为 a, b, c（单位：元/千克）。

由条件(1)，甲购买的平均价格是 $\dfrac{3}{\frac{1}{a}+\frac{1}{b}+\frac{1}{c}}$，乙购买的平均价格是 $\dfrac{a+b+c}{3}$，由均值不等式可得

$\dfrac{\frac{1}{a}+\frac{1}{b}+\frac{1}{c}}{3} \geq \sqrt[3]{\dfrac{1}{abc}}$，因为 a, b, c 均大于 0，则有 $\dfrac{3}{\frac{1}{a}+\frac{1}{b}+\frac{1}{c}} \leq \sqrt[3]{abc}$（不等式取倒数），因此可得

$\dfrac{3}{\frac{1}{a}+\frac{1}{b}+\frac{1}{c}} \leq \sqrt[3]{abc} \leq \dfrac{a+b+c}{3}$，甲购买的平均价格小于乙购买的平均价格，条件(1)充分；由条件(2)，

设甲三次分别购买 m, n, k 千克盐，甲购买的平均价格为 $\dfrac{ma+nb+kc}{m+n+k}$；设乙每次购买 t 千克盐，乙购买

的平均价格为 $\dfrac{t(a+b+c)}{3t}=\dfrac{a+b+c}{3}$；设 $m=1, n=2, k=3$，则 $\dfrac{a+2b+3c}{6}-\dfrac{a+b+c}{3}=\dfrac{c-a}{6}$，因为 a 与 c 的关系

不确定，所以 $\dfrac{c-a}{6}$ 的正负无法确定，条件(2)不充分。

10.【考点】绝对值不等式

【答案】D

【解析】$|x-1|^{2x+1}<1$ 等价于 $|x-1|^{2x+1}<|x-1|^{0}$，因此有

$$\begin{cases} |x-1|>1, \\ 2x+1<0 \end{cases} \text{或} \begin{cases} 0<|x-1|<1, \\ 2x+1>0, \end{cases}$$

即 $x\in\left(-\infty, -\dfrac{1}{2}\right)\cup(0,1)\cup(1,2)$，条件(1)和条件(2)都充分。

11.【考点】一元二次方程根的性质

【答案】B

【解析】设方程的两个根分别为 x_1, x_2，由韦达定理得

$$\begin{cases} x_1+x_2=-(a+2), \\ x_1x_2=\dfrac{3a}{2}, \end{cases}$$

则有

$$|x_1-x_2|=\sqrt{(x_1-x_2)^2}=\sqrt{(x_1+x_2)^2-4x_1x_2}=\sqrt{(a+2)^2-4\times\dfrac{3a}{2}}=\sqrt{a^2-2a+4},$$

若要求 $|x_1-x_2|=2$，则 $a^2-2a+4=4$，即 $a^2-2a=0$，所以 $a=0$ 或 $a=2$。所以条件(1)不充分，条件(2)充分。

第四章　　数　列

第一节　一般数列

一、定义

按照一定顺序排列的一列数称为数列。数列中的每一个数叫作这个数列的项,排在第一位的数称为这个数列的第 1 项(通常也叫作首项),排在第二位的数称为这个数列的第 2 项,……,排在第 n 位的数称为这个数列的第 n 项。所以,数列的一般形式可以写成 $a_1,a_2,\cdots,a_{n-1},a_n,\cdots$,简记为 $\{a_n\}$,其中 a_n 表示这个数列的通项。

二、分类

常见的数列有以下几类:

(1)递增数列:从第 2 项起,每一项都大于它的前一项的数列叫作递增数列,即 $a_n>a_{n-1}$。

(2)递减数列:从第 2 项起,每一项都小于它的前一项的数列叫作递减数列,即 $a_n<a_{n-1}$。

(3)常数列:各项相等的数列叫作常数列。例如:5,5,5,5,5,5,5,…。

(4)摆动数列:从第 2 项起,有些项大于它的前一项,有些项小于它的前一项的数列叫作摆动数列。例如:1,−1,1,−1,1,……。

(5)斐波那契数列:从第 3 项开始,每一项都等于前两项之和。例如:1,1,2,3,5,8,13,…。

三、通项公式与求和公式

如果数列中的第 n 项 a_n 与 n 的关系可以用一个公式来表示,即可以写成 $a_n=f(n)$ 的形式,则称这个公式为数列的通项公式。知道了数列的通项公式就可以求出数列中的每一项。

数列的前 n 项和记为 S_n,S_n 与项数 n 之间的函数关系,叫作求和公式,记为 $S_n=f(n)$。

通项公式与求和公式之间的转化关系 $a_n=\begin{cases}a_1(n=1),\\S_n-S_{n-1}(n\geq2)。\end{cases}$

【例题】已知数列 $\{a_n\}$ 的前 n 项和 $S_n=3n^2-4n$,则 $\{a_n\}$ 的通项公式 $a_n=($　　)

(A)$3n-4$　　　　(B)$4n-5$　　　　(C)$5n-6$　　　　(D)$6n-7$

(E)以上答案均不正确

【答案】D

【解析】本题考查数列通项公式与求和公式之间的转化。

$S_n=3n^2-4n$,$S_{n-1}=3(n-1)^2-4(n-1)=3n^2-10n+7$,$a_n=S_n-S_{n-1}=(3n^2-4n)-(3n^2-10n+7)=6n-7(n\geq2)$,将 $n=1$ 代入 $S_1=a_1$,故 $a_n=6n-7$。

第二节　等差数列

一、定义

如果一个数列从第 2 项起,后一项减去前一项等于同一个常数,那么这个数列就叫作等差数列,这个常数叫作等差数列的公差,通常用字母 d 来表示。

一般地,如果等差数列 $\{a_n\}$ 的首项是 a_1,公差是 d,根据等差数列的定义,我们可以得到等差数列的通项公式:$a_n=a_1+(n-1)d$。

二、性质与公式

(1)常数列 $c,c,\cdots c,\cdots$ 是公差 $d=0$ 的等差数列。

(2)等差数列的通项公式 $a_n=a_1+(n-1)d$。

(3)等差数列的前 n 项和公式 $S_n=\dfrac{n(a_1+a_n)}{2}=na_1+\dfrac{n(n-1)}{2}d$。

(4)a,b,c 成等差数列 $\Leftrightarrow b=\dfrac{a+c}{2}$。

(5)若 S_n 是等差数列的前 n 项和,则 $S_n,S_{2n}-S_n,S_{3n}-S_{2n},\cdots$ 仍成等差数列(公差为 n^2d)。

(6)若 $\{a_n\}$ 是等差数列,且 $m+n=s+t$,则有 $a_m+a_n=a_s+a_t$。

(7)若 $a_n=An+B$,则 $\{a_n\}$ 为等差数列,且 $\begin{cases} a_1=A+B, \\ d=A。 \end{cases}$

(8)若 $S_n=\alpha n^2+\beta n$,则 $\{a_n\}$ 为等差数列,且 $\begin{cases} a_1=\alpha+\beta, \\ d=2\alpha。 \end{cases}$

【例题1】已知一个等差数列 $\{a_n\}$ 的前 10 项和是 310,前 20 项和是 1 220。由这些条件能确定这个等差数列的前 n 项和公式吗?

【解析】由题意知 $S_{10}=310,S_{20}=1\,220$,将它们代入公式 $S_n=na_1+\dfrac{n(n-1)}{2}d$,得 $\begin{cases} 10a_1+45d=310, \\ 20a_1+190d=1\,220, \end{cases}$ 解这个关于 a_1 与 d 的方程组,得到 $a_1=4,d=6$,所以 $S_n=4n+\dfrac{n(n-1)}{2}\times6=3n^2+n$。

【例题2】已知数列 $\{a_n\}$ 的前 n 项和为 S_n,则下列数列中等差数列的个数为(　　)

①$a_n=1$;　　　②$a_n=n$;　　　③$a_n=5n+1$;

④$a_n=n^2+n$;　　⑤$S_n=2n^2+5n$;　　⑥$S_n=4n^2+3n+1$。

(A)0　　　　(B)1　　　　(C)2　　　　(D)3　　　　(E)4

【答案】E

【解析】根据等差数列通项公式、求和公式可知,满足 $a_n=An+B,S_n=\alpha n^2+\beta n$ 的数列为等差数列,①②③⑤满足,④多了二次项,⑥多了常数项,因此等差数列的个数为 4。

【注】当题目中出现 $a_n=An+B$ 或 $S_n=\alpha n^2+\beta n$ 时,此数列必为等差数列。

【例题3】若 $6,a,c$ 成等差数列,且 $36,a^2,-c^2$ 也成等差数列,则 $c=$(　　)

(A)-6　　　　(B)2　　　　(C)3 或-2　　　　(D)-6 或 2　　　　(E)以上结论都不正确

【答案】D

【解析】本题考查等差数列的中项公式。由题干可知 $\begin{cases} a=\dfrac{6+c}{2}, \\ a^2=\dfrac{36+(-c^2)}{2}, \end{cases}$ 从而 $\left(\dfrac{6+c}{2}\right)^2=\dfrac{36-c^2}{2}$，整理可

得 $c^2+4c-12=0$，解得 $c=-6$ 或 $c=2$。

【例题 4】已知数列 $\{a_n\}$ 是等差数列，$\{a_n\}$ 的前 n 项和为 S_n，若 $a_1=50$，$d=-0.6$，则使 S_n 取最大值的 n 为（　　）

(A)83 　　　　(B)84 　　　　(C)85 　　　　(D)86 　　　　(E)87

【答案】B

【解析】本题考查等差数列的求和公式。

$$S_n=na_1+\frac{n(n-1)}{2}d=50n-\frac{n(n-1)}{2}\times 0.6=-0.1(3n^2-503n)。$$

当 n 等于最接近二次函数对称轴的整数时，S_n 取得最大值。对称轴 $=\dfrac{503}{2\times 3}\approx 83.84$，最接近 83.84 的整数为 84，即 $n=84$ 时，S_n 取得最大值。

第三节　等比数列

一、定义

如果一个数列从第 2 项起，后一项除以前一项等于同一常数，那么这个数列就叫作等比数列。这个常数叫作等比数列的公比，通常用字母 $q(q\neq 0)$ 表示。

一般地，如果等比数列 $\{b_n\}$ 的首项是 b_1，公比是 q，根据等比数列的定义，可以得到等比数列通项公式：$b_n=b_1\cdot q^{n-1}$。例如：已知 $b_1=2$，$q=2$，则 $b_n=b_1\cdot q^{n-1}=2\times 2^{n-1}=2^n$。

由等比数列的定义可推出 $\dfrac{b_n}{b_m}=\dfrac{b_1\cdot q^{n-1}}{b_1\cdot q^{m-1}}=q^{n-m}$，变形可得 $b_n=b_m\cdot q^{n-m}(n>m)$。

二、性质与公式

(1)常数列 $c,c,\cdots,c,\cdots(c\neq 0)$ 是公比 $q=1$ 的等比数列。

(2)等比数列的通项公式 $b_n=b_1q^{n-1}$。

(3)等比数列的前 n 项和 $S_n=\begin{cases} nb_1, & q=1, \\ \dfrac{b_1(1-q^n)}{1-q}, & q\neq 1。 \end{cases}$

(4)若 a,b,c 成等比数列，则 $b^2=ac$。

(5)若 $\{b_n\}$ 是等比数列，则 $S_n,S_{2n}-S_n,S_{3n}-S_{2n},\cdots$ 也是等比数列(公比为 q^n)。

(6)若 $\{b_n\}$ 是等比数列，且 $m+n=s+t$，则有 $b_mb_n=b_sb_t$。

(7)若 $\begin{cases} S_n=\alpha k^n+\beta, \\ \alpha+\beta=0 \end{cases}(k\neq 0$ 且 $k\neq 1)$，则 $\{b_n\}$ 为等比数列，且 $\begin{cases} b_1=\alpha k+\beta, \\ q=k。 \end{cases}$

【例题 1】求下列等比数列前 8 项的和：

(1)$\dfrac{1}{2}$，$\dfrac{1}{4}$，$\dfrac{1}{8}$，$\cdots$；

(2)$b_1=27$，$b_9=\dfrac{1}{243}$，$q<0$。

【解析】(1)因为 $b_1=\dfrac{1}{2}$，$q=\dfrac{1}{2}$，所以当 $n=8$ 时，$S_8=\dfrac{\dfrac{1}{2}\left[1-\left(\dfrac{1}{2}\right)^8\right]}{1-\dfrac{1}{2}}=\dfrac{255}{256}$。

(2)由 $b_1=27$，$b_9=\dfrac{1}{243}$，可得 $\dfrac{1}{243}=27\cdot q^8$。又因为 $q<0$，因此可得 $q=-\dfrac{1}{3}$，于是当 $n=8$ 时，

$S_8=\dfrac{27\left[1-\left(-\dfrac{1}{3}\right)^8\right]}{1-\left(-\dfrac{1}{3}\right)}=\dfrac{3^8-1}{4\cdot 3^4}=\dfrac{1\,640}{81}$。

【例题2】一个等比数列的第3项和第4项分别是12和18，求它的第1项和第2项。

【解析】设这个等比数列的第1项是 b_1，公比是 q，那么 $\begin{cases}b_1q^2=12,\\b_1q^3=18,\end{cases}$ 解得 $q=\dfrac{3}{2}$，$b_1=\dfrac{16}{3}$。因此，$b_2=b_1q=\dfrac{16}{3}\times\dfrac{3}{2}=8$，则这个数列的第1项和第2项分别是 $\dfrac{16}{3}$ 和8。

【例题3】在 $\dfrac{8}{3}$ 和 $\dfrac{27}{2}$ 之间插入3个数，使这5个数成为一个等比数列，则插入的3个数的乘积为(　)

(A)36　　　　(B)−216　　　　(C)72　　　　(D)324　　　　(E)216

【答案】E

【解析】设插入的3个数为 b_1,b_2,b_3，则 $\dfrac{8}{3},b_1,b_2,b_3,\dfrac{27}{2}$ 构成一个等比数列，根据中项公式可得

$\begin{cases}b_2^2=b_1b_3=\dfrac{8}{3}\times\dfrac{27}{2}=36,\\b_1^2=\dfrac{8}{3}b_2\Rightarrow b_2>0,\end{cases}$ 则 $b_2=6$。所以插入的三个数的乘积为 $b_1b_2b_3=b_2^3=6^3=216$。

【例题4】等比数列 $\{b_n\}$ 中，b_3,b_8 是方程 $3x^2+2x-18=0$ 的两个根，则 $b_4b_7=(\ )$

(A)−9　　　　(B)−8　　　　(C)−6　　　　(D)6　　　　(E)8

【答案】C

【解析】由韦达定理可知 $b_3b_8=-\dfrac{18}{3}=-6$，再由等比数列的性质可知 $b_4b_7=b_3b_8=-6$。

第四节　习题精练

一、问题求解。下列每题给出的 A、B、C、D、E 五个选项中，只有一个选项是最符合题目要求的。

1.在 1 和 2 之间依次插入 n 个正数 $a_1,a_2,\cdots,a_n$，使这 $n+2$ 个数成等比数列，则 $a_1a_2\cdots a_n=(\ )$

(A)$2^{\frac{n}{2}}$　　　　(B)2^{n+1}　　　　(C)2^{n+2}　　　　(D)2^n　　　　(E)$2^{\frac{n+2}{2}}$

2.已知 $\{a_n\}$ 为等比数列，且 $a_2a_5a_8=-3$，则 $a_1a_2\cdots a_9=(\ )$

(A)−9　　　　(B)9　　　　(C)−27　　　　(D)27　　　　(E)81

3.若等比数列 $\{a_n\}$ 的各项均大于零，且 $a_{10}a_{11}+a_9a_{12}=2e^5$，则 $\ln a_1+\ln a_2+\cdots+\ln a_{20}=(\ )$

(A)5　　　　(B)e^5　　　　(C)10　　　　(D)e^{10}　　　　(E)50

4.在等差数列 $\{a_n\}$ 中,已知 $a_1+a_2+\cdots+a_{10}=p$,$a_{n-9}+a_{n-8}+\cdots+a_n=q$,则该数列的前 n 项和 S_n 等于( )

(A)$\dfrac{n}{12}(p+q)$ (B)$\dfrac{n}{18}(p+q)$ (C)$\dfrac{n}{20}(p+q)$ (D)$\dfrac{n}{24}(p+q)$ (E)$\dfrac{3n}{20}(p+q)$

5.设数列 $\{a_n\}$ 满足 $a_{n-1}-a_n=a_n a_{n-1}$,且 $a_1=\dfrac{1}{2}$,则数列 $\left\{\dfrac{a_n}{n}\right\}$ 的前 10 项之和为( )

(A)$\dfrac{9}{10}$ (B)$\dfrac{11}{10}$ (C)$\dfrac{10}{11}$ (D)1   (E)$\dfrac{12}{11}$

6.已知等差数列 $\{a_n\}$ 的前 n 项和为 S_n,若 $a_4=18-a_5$,则 $S_8=$( )

(A)9   (B)18   (C)27   (D)54   (E)72

7.已知等比数列 $\{a_n\}$ 的公比为正数,$a_2=1$,$a_3 a_9=2a_5^2$,则 a_1 的值是( )

(A)$\dfrac{1}{2}$ (B)$\dfrac{\sqrt{2}}{2}$ (C)1   (D)$\sqrt{2}$ (E)2

8.一个书架共有 10 个放书的方格,编号为 1~10,每个方格已有的书数量依次成等差数列,1 号方格里只有一本书,2 号方格里面书的数量是 1 号方格与 5 号方格里面书的数量的等比中项,则这个书架的 10 个方格中共有( )本书。

(A)95   (B)100   (C)145   (D)190   (E)200

9.等差数列 $\{a_n\}$ 的公差为 $d(d\neq 0)$,其前 n 项和为 S_n。若 a_6 是 a_5 与 a_9 的等比中项,$S_{10}=20$,则 $S_{12}=$( )

(A)20   (B)32   (C)48   (D)84   (E)132

10.等比数列 $\{a_n\}$ 的公比大于 0,$a_2=6$,$a_6=486$,则 $\{a_n\}$ 的前 5 项和为( )

(A)80   (B)162   (C)242   (D)486   (E)728

11.某公司去年 1 月到 9 月陆续招聘了新员工,且招聘的人数依次成等差数列。其中第 2,6,7 三个月招聘的新员工共 30 人,则该公司这 9 个月共招聘新员工( )

(A)18 人   (B)54 人   (C)90 人   (D)108 人   (E)180 人

二、条件充分性判断。要求判断每题给出的条件(1)和条件(2)能否充分支持题干所陈述的结论。A、B、C、D、E 五个选项为判断结果,只有一个选项是最符合题目要求的。

(A)条件(1)充分,但条件(2)不充分。

(B)条件(2)充分,但条件(1)不充分。

(C)条件(1)和条件(2)单独都不充分,但条件(1)和条件(2)联合起来充分。

(D)条件(1)充分,条件(2)也充分。

(E)条件(1)和条件(2)单独都不充分,条件(1)和条件(2)联合起来也不充分。

1.设 $\{a_n\}$ 是公比为 q 的等比数列,S_n 是它的前 n 项和。则 $\{S_n\}$ 是等差数列。

(1)$q^2=1$;

(2)$q>0$。

2.方程组 $\begin{cases} x+y=a, \\ y+z=8, \\ z+x=4。 \end{cases}$ 则 x,y,z 是等差数列。

(1)$a=0$;

(2)$a=1$。

3.各项均为正数的等比数列 $\{a_n\}$ 的前 n 项和为 S_n。则 S_{4n}=30。

(1) S_n=2；

(2) S_{3n}=14。

4.数列 $\{a_n\}$ 从第三项起每一项为前两项之和。则 $a_{2\,014}$ 能被 3 整除。

(1) a_1=0；

(2) a_2=3。

5.等差数列 $\{a_n\}$ 的前 13 项的和是 S_{13}=91。

(1) $a_2+2a_8-a_4$=14；

(2) a_4+a_9=13。

6.设数列 $\{a_n\}$ 为等比数列，$\{b_n\}$ 为等差数列，且 $a_1=b_1=1$。则 $b_2 \geqslant a_2$。

(1) $a_2 > 0$；

(2) $a_{10}=b_{10}$。

7.$\dfrac{mn}{m^2+n^2}=\dfrac{1}{2}$。

(1) $m^2,1,n^2$ 成等差数列；

(2) $\dfrac{1}{m},1,\dfrac{1}{n}$ 成等比数列。

8.有四个数，其中前三个数成等比数列，后三个数成等差数列。则这四个数中最大的是 24。

(1)前三个数其积为 512；

(2)后三个数其和为 48。

9.已知某等比数列 $\{a_n\}$，其中 $a_3+a_5+a_7$=4。则 $\log_2(a_6+a_8+a_{10})$=5。

(1) $\log_2 a_n - \log_2 a_{n+1}$=-1；

(2) $\dfrac{a_1+a_2+a_3}{a_1}$=3。

10.方程 $(x^2-2x+m)(x^2-2x+n)$=0。则 $|m-n|=\dfrac{1}{2}$。

(1)方程的 4 个根组成一个首项为 $\dfrac{1}{4}$ 的等差数列；

(2)方程的 4 个根组成一个公差为 $\dfrac{1}{2}$ 的等差数列。

11.已知等差数列 $\{a_n\}$ 的公差不为 0。则 $a_{1\,009}$=2 018。

(1) a_1=1；

(2) $S_3=a_5$。

第五节　答案及解析

问题求解

1.【考点】等比数列

【答案】A

【解析】因为 $a_n = a_1 q^{n-1}$，$2 = q^{n+1}$，且 $2 = a_n \cdot q$，所以 $a_n = \dfrac{q^{n+1}}{q} = q^n$，则

$$a_1 a_2 \cdots a_n = q \cdot q^2 \cdots q^n = q^{\frac{n(n+1)}{2}} = 2^{\frac{n}{2}} 。$$

2.【考点】等比中项

【答案】C

【解析】因 $\{a_n\}$ 为等比数列，所以 $a_2 a_8 = a_5^2$。由 $a_2 a_5 a_8 = -3$ 可知 $a_5^3 = -3$，从而 $a_1 a_2 \cdots a_9 = a_5^9 = (-3)^3 = -27$。

3.【考点】等比数列的性质

【答案】E

【解析】由数列 $\{a_n\}$ 是等比数列可知，$a_{10} a_{11} = a_9 a_{12} = e^5$，则

$$\ln a_1 + \ln a_2 + \cdots + \ln a_{20} = \ln a_1 a_2 \cdots a_{20} = \ln(a_{10} a_{11})^{10} = 50 。$$

4.【考点】等差数列的性质

【答案】C

【解析】$(a_1 + a_2 + \cdots + a_{10}) + (a_{n-9} + a_{n-8} + \cdots + a_n) = (a_1 + a_n) + (a_2 + a_{n-1}) + \cdots + (a_9 + a_{n-8}) + (a_{10} + a_{n-9}) = 10(a_1 + a_n)$，即 $a_1 + a_n = \dfrac{p+q}{10}$，故 $S_n = \dfrac{n(a_1 + a_n)}{2} = \dfrac{n}{20}(p+q)$。

5.【考点】等差数列求和

【答案】C

【解析】将 $a_{n-1} - a_n = a_n a_{n-1}$ 变形可得，$\dfrac{1}{a_n} - \dfrac{1}{a_{n-1}} = 1$，即数列 $\left\{\dfrac{1}{a_n}\right\}$ 是公差为 1，首项为 2 的等差数列，所以 $\dfrac{1}{a_n} = n+1$，则 $\dfrac{a_n}{n} = \dfrac{1}{n(n+1)} = \dfrac{1}{n} - \dfrac{1}{n+1}$，所以前 10 项之和为 $1 - \dfrac{1}{2} + \dfrac{1}{2} - \dfrac{1}{3} + \cdots + \dfrac{1}{10} - \dfrac{1}{11} = 1 - \dfrac{1}{11} = \dfrac{10}{11}$。

6.【考点】等差数列的性质

【答案】E

【解析】由等差数列的性质可知，$a_1 + a_8 = a_4 + a_5 = 18$，故 $S_8 = \dfrac{8(a_1 + a_8)}{2} = \dfrac{8 \times 18}{2} = 72$。

7.【考点】等比数列的性质

【答案】B

【解析】设等比数列 $\{a_n\}$ 的公比为 q，则根据 $a_3 a_9 = 2a_5^2$，有 $a_1 q^2 \cdot a_1 q^8 = 2(a_1 q^4)^2$，解得 $q^2 = 2$，由于公比为正数，则可知 $q = \sqrt{2}$，又已知 $a_2 = 1$，因此 $a_1 = \dfrac{a_2}{q} = \dfrac{\sqrt{2}}{2}$。

8.【考点】等差数列，等比数列

【答案】B

【解析】书架的方格里书的数量成等差数列，则 $a_1 = 1$，$a_2^2 = a_1 a_5$，即 $(a_1 + d)^2 = a_1 \cdot (a_1 + 4d)$，解得 $d = 2$，则前 10 项的和为 $S_{10} = na_1 + \dfrac{n(n-1)}{2}d = 10 + \dfrac{10 \times 9}{2} \times 2 = 100$。

9.【考点】等差数列，等比数列

【答案】C

【解析】根据 $a_6^2 = a_5 a_9$，可知 $(a_1 + 5d)^2 = (a_1 + 4d)(a_1 + 8d)$，化简得 $2a_1 = -7d$。根据 $S_{10} = 20$，可知 $S_{10} = 10a_1 + \dfrac{10 \times 9}{2}d = 20$，将 $2a_1 = -7d$ 代入可得 $d = 2$，$a_1 = -7$。因此 $S_{12} = 12a_1 + \dfrac{12 \times 11}{2}d = 12 \times (-7) + \dfrac{12 \times 11}{2} \times 2 = 48$。

10.【考点】等比数列求和

【答案】C

【解析】根据等比数列的通项公式 $a_2=a_1q=6$，$a_6=a_1q^5=486$，且 $q>0$，则 $q=3$，$a_1=2$。因此前 5 项和为 $\dfrac{a_1(1-q^5)}{1-q}=\dfrac{2(1-3^5)}{1-3}=242$。

11.【考点】等差数列求和

【答案】C

【解析】每月新招聘的员工数成等差数列 $\{a_n\}$，根据题意 $a_2+a_6+a_7=30$，即 $(a_1+d)+(a_1+5d)+(a_1+6d)=3a_1+12d=30$，则 $a_1+4d=a_5=10$，$S_9=9a_5=90$。

条件充分性判断

1.【考点】等比数列前 n 项和

【答案】C

【解析】由条件(1)得，$q=\pm1$，当 $q=-1$ 时，$\{a_n\}$ 是摆动数列，条件(1)不充分；由条件(2)得，当 $q=2>0$ 时，$S_n=(2^n-1)a_1$，条件(2)不充分；联合考虑条件(1)和条件(2)，则 $q=1$，即 $\{a_n\}$ 是非零常数列，故 $\{S_n\}$ 是等差数列，两条件联合充分。

2.【考点】等差中项

【答案】A

【解析】若要使 x,y,z 成等差数列，则有 $x+z=2y$，从而由第三个方程得 $y=2$，代入第二个方程得 $z=6$，再代入第三个方程得 $x=-2$，所以 $a=x+y=0$。所以条件(1)充分，条件(2)不充分。

3.【考点】等比数列的性质

【答案】C

【解析】显然，条件(1)和条件(2)单独都不充分，故联合考虑。由 $\{a_n\}$ 是等比数列，可知 $S_n,S_{2n}-S_n,S_{3n}-S_{2n},S_{4n}-S_{3n}$ 也是等比数列，所以 $(S_{2n}-S_n)^2=S_n(S_{3n}-S_{2n})$，即 $(S_{2n}-2)^2=2(14-S_{2n})$，解得 $S_{2n}=6$（因为等比数列各项均为正数，故 $S_{2n}=-4$ 舍去）。从而 $S_n=2$，$S_{2n}-S_n=4$，$S_{3n}-S_{2n}=8$，故 $S_{4n}-S_{3n}=16$，则 $S_{4n}=30$，两条件联合充分。

4.【考点】一般数列

【答案】B

【解析】由 $a_{n+1}=a_n+a_{n-1}=2a_{n-1}+a_{n-2}=3a_{n-2}+2a_{n-3}$ 可知，当且仅当 a_{n-3} 能被 3 整除时，a_{n+1} 就能被 3 整除，由此可以推出当 a_2 能被 3 整除时，$a_{2\,014}$ 能被 3 整除。所以条件(1)不充分，条件(2)充分。

5.【考点】等差数列求和公式

【答案】A

【解析】设等差数列 $\{a_n\}$ 的公差是 d，则其前 n 项和 $S_n=na_1+\dfrac{n(n-1)}{2}d$。当 $S_{13}=91$ 时，有 $13a_1+\dfrac{13\times12}{2}d=91$，即 $a_1+6d=7$。

对于条件(1)，由 $a_2+2a_8-a_4=14$ 可得 $a_1+6d=7$，条件(1)充分；对于条件(2)，由 $a_4+a_9=13$ 可得 $2a_1+11d=13$，条件(2)不充分。

6.【考点】等差、等比数列的通项公式

【答案】C

【解析】显然，条件(1)和条件(2)单独都不充分，联合考虑。设数列 $\{a_n\}$ 的公比为 q，$\{b_n\}$ 的公差为 d。由条件(1)可知，$q>0$，由条件(2)可知，$q^9=1+9d$，则由均值不等式可得 $b_2=1+d=\dfrac{q^9+8}{9}=\dfrac{q^9+1+\cdots+1}{9}\geqslant\sqrt[9]{q^9}=a_2$，即条件(1)和条件(2)联合充分。

7.【考点】等差数列,等比数列

【答案】C

【解析】由条件(1)可知,m^2,1,n^2 成等差数列,则 $m^2+n^2=2$,但是不知道 mn 的值,因此不能推出 $\dfrac{mn}{m^2+n^2}=\dfrac{1}{2}$,条件(1)不充分;由条件(2)可知,$\dfrac{1}{m}$,1,$\dfrac{1}{n}$ 成等比数列,则 $\sqrt{\dfrac{1}{m}\times\dfrac{1}{n}}=1$,即 $mn=1$,但不知道 m^2+n^2 的值,因此条件(2)也不充分;联合考虑可得 $\dfrac{mn}{m^2+n^2}=\dfrac{1}{2}$,因此条件(1)和条件(2)联合充分。

8.【考点】等差、等比数列的通项公式

【答案】C

【解析】显然条件(1)和条件(2)单独不充分,将条件(1)和条件(2)联合考虑。根据已知可设这四个数为 $\dfrac{a}{q}$,a,aq,$2aq-a$。则有 $\begin{cases}\dfrac{a}{q}\cdot a\cdot aq=512,\\ a+aq+(2aq-a)=48,\end{cases}$ 解得 $\begin{cases}a=8,\\ q=2,\end{cases}$ 所以这四个数为 4,8,16,24,其中最大的是 24,所以条件(1)和条件(2)联合充分。

9.【考点】等比数列通项公式与求和公式

【答案】A

【解析】根据条件(1),可得 $\dfrac{a_{n+1}}{a_n}=2$,即公比 $q=2$,$a_6+a_8+a_{10}=(a_3+a_5+a_7)q^3=2^2\times2^3=2^5$,$\log_2(a_6+a_8+a_{10})=\log_2 2^5=5$,条件(1)充分;根据条件(2),$\dfrac{a_1+a_2+a_3}{a_1}=\dfrac{\dfrac{a_1(1-q^3)}{1-q}}{a_1}=1+q+q^2=3$,所以 $q=-2$ 或 $q=1$,当 $q=-2$ 时,$a_6+a_8+a_{10}=(a_3+a_5+a_7)\cdot q^3=2^2\times(-2)^3=-2^5$,$\log_2(a_6+a_8+a_{10})$ 不存在,故条件(2)不充分。

10.【考点】等差数列的通项公式

【答案】D

【解析】设 $x^2-2x+m=0$ 和 $x^2-2x+n=0$ 的根依次是 x_1,x_2,x_3,x_4。由根与系数的关系可知 $x_1+x_2=x_3+x_4=2$。根据条件(1)可知,设首项 $x_1=\dfrac{1}{4}$,则 $x_2=\dfrac{7}{4}$,公差 $d=\dfrac{x_2-x_1}{3}=\dfrac{1}{2}$,$x_3,x_4$ 分别为 $\dfrac{3}{4}$,$\dfrac{5}{4}$。因此 $m=x_1x_2=\dfrac{7}{16}$,$n=x_3x_4=\dfrac{15}{16}$,则 $|m-n|=\dfrac{1}{2}$,条件(1)充分;条件(2)虽然只给出了公差,但是结合 $x_1+x_2=x_3+x_4=2$ 以及 $x_1+x_2+x_3+x_4=4$,同样可推出四个根的具体数值,其结果与条件(1)一样,因此条件(2)也充分。

11.【考点】等差数列通项公式与求和公式

【答案】E

【解析】条件(1)只给出了首项,没有公差,无法求出 $a_{1\,009}$,条件(1)不充分;根据条件(2)可知 $3a_1+3d=a_1+4d$,$d=2a_1$,无法求出 $a_{1\,009}$,条件(2)也不充分;现条件(1)和条件(2)联合考虑,$a_1=1$,则 $d=2a_1=2$,$a_{1\,009}=a_1+(1\,009-1)d=2\,017$,联合也不充分。

第五章　应用题

第一节　比和比例问题

两个数 a 与 b 相除称为 a 与 b 的比,记作 $a:b$,这里 $a:b=\dfrac{a}{b}$, a 为比的前项, b 为比的后项, $\dfrac{a}{b}$ 为比值。

两比相等称为比例,记作 $a:b=c:d$,其中 a,d 称为比例的外项, b,c 称为比例的内项,也记作 $\dfrac{a}{b}=\dfrac{c}{d}$。

一、利润问题

(1)售价=成本+利润。

(2)利润率=$\dfrac{\text{利润}}{\text{成本}}\times100\%$。

(3)售价=成本×(1+利润率)。

(4)打折后的价格=售价×折扣。

【例题1】某网店以高于进价10%的定价销售T恤,在售出 $\dfrac{2}{3}$ 后,以定价的8折将余下的T恤全部售出,该网店的预计盈利为成本的(　　)

(A)1.6%　　　　(B)2.7%　　　　(C)3.2%

(D)4.6%　　　　(E)不赚也不亏

【答案】B

【解析】设总成本为1,T恤的总件数也为1,则最终销售额为 $\dfrac{2}{3}\times(1+10\%)+\dfrac{1}{3}\times(1+10\%)\times80\%=\dfrac{3.08}{3}$,

则网店的预计盈利为成本的 $\dfrac{0.08}{3}=8\%\div3\approx2.7\%$。

点拨　题目中给出的条件关系、数比较少,出现分数、百分数时,应考虑使用特值法。

【例题2】一人去商店买某种商品,听说这种商品的进价降低了20%。于是,对老板说:“我给你我上次购买时一样的钱数,你比上次购买时多给我20个。这样你每个商品能赚的钱数是一样的,而利润率还能提高2.5个百分点。”问上次这个人购买的商品总数为(　　)

(A)80　　　　(B)90　　　　(C)100

(D)110　　　　(E)120

【答案】B

【解析】

要素	上次	这次
单个商品成本(设特值)	10	8
总售价(相等)	X	X
个数	a	$a+20$
单个商品利润(相等)	b	b
利润率=$\dfrac{利润}{成本}\times 100\%$	$\dfrac{b}{10}\times 100\%$	$\dfrac{b}{8}\times 100\%$

根据题目条件"利润率还能提高 2.5 个百分点"列方程:$\dfrac{b}{8}\times 100\%-\dfrac{b}{10}\times 100\%=2.5\%$,则 $b=1$。将 $b=1$ 代入上述表格。

根据两次商品总售价相等,列方程:$(10+1)\times a=(8+1)\times(a+20)$,解得 $a=90$。

点拨 本题涉及商品的成本、利润、售价等较多概念,并且出现"上次""本次"销售,因此选取列表的方法来解题,可将题目中各个量之间的关系较明朗地呈现出来,以方便寻找等量关系。

【例题 3】 某商品按定价出售,每个可以获得 45 元的利润,现在按定价的八五折出售 8 个,再按定价每个减价 35 元出售 12 个,所能获得的利润一样,则这种商品每个定价(　　)

(A)100 元　　　　(B)120 元　　　　(C)180 元　　　　(D)200 元　　　　(E)240 元

【答案】 D

【解析】 根据"利润=售价−成本",设定价为 x 元,按八五折出售 8 个的利润为 $[0.85x-(x-45)]\times 8$,每个减价 35 元出售 12 个获利润为 $(45-35)\times 12=120$(元),两种方式所能获得的利润一样,则有 $[0.85x-(x-45)]\times 8=120$,解得 $x=200$。

二、百分数问题

(1)$a(1+x\%)=A$,a 为原价,$x\%$ 为升幅,A 为新价。

(2)$b(1-x\%)=B$,b 为原价,$x\%$ 为降幅,B 为新价。

(3)甲比乙大 $x\%\Leftrightarrow\dfrac{甲-乙}{乙}=x\%$,甲是乙的 $x\%\Leftrightarrow$ 甲$=$乙$\times x\%$。

三、比例问题

解决这种应用题有两种方法:归一法和分数乘法。

(1)归一法:总数量÷总份数(把比的各项相加)=每份数。

每份数×各部分的份数=各部分的量。

(2)分数乘法:总数量×各部分的份数/总份数=各部分的量。

【例题 1】 在一块长 45、宽 20 的长方形菜地里种黄瓜、辣椒、西红柿三种作物,黄瓜、辣椒、西红柿种植面积的比是 5:7:8,则黄瓜种植面积是(　　)

(A)100　　　　(B)200　　　　(C)225　　　　(D)300　　　　(E)125

【答案】 C

【解析】 本题已知分配的比,但分配的总量没有直接给出。通过已知长方形地的长和宽,可以算出要分配的总量即长方形的面积,把长方形的面积按照 5:7:8 进行分配,其中黄瓜占总面积的 5/(5+7+8)。长方形的面积为 45×20=900,黄瓜的种植面积是 900×5/(5+7+8)=225。

【例题2】甲、乙两地相距270千米,客车、货车同时分别从两地相向开出,2.5小时相遇。已知客车和货车的速度比是5:4,求客车每小时行驶( )千米。

(A)80 (B)70 (C)90 (D)60 (E)100

【答案】D

【解析】要求客车每小时行驶多少千米,则要先求出客车、货车的速度和,再把速度和按5:4的比进行分配。客车、货车的速度和为270÷2.5=108(千米/时),客车的速度为108×5/(5+4)=108×5/9=60(千米/时)。

第二节 行程问题

研究路程、速度、时间以及这三者关系的一系列问题,叫行程问题。

路程=速度×时间,即 $s=v \times t$。

一、相遇问题

模型:甲、乙二人分别从 A,B 两地同时出发相向而行,经过一段时间 t 后二人在 A,B 途中 C 地相遇。甲、乙的速度分别用 $v_甲$,$v_乙$ 表示。

如图所示:

甲在 t 时间内行驶的路程为 AC(即 $s_甲$);

乙在 t 时间内行驶的路程为 BC(即 $s_乙$);

甲、乙二人在 t 时间内行驶的路程和为 AB,也就是相遇路程(即 $s_{相遇}$)。

相遇问题的常用公式:

$s_{相遇}=s_甲+s_乙=v_甲 \times t+v_乙 \times t=(v_甲+v_乙) \times t$,即 $s_{相遇}=(v_甲+v_乙) \times t$。

二、追及问题

模型:甲、乙二人分别从 A,B 两地同时出发同向而行,经过了一段时间 t 后乙在 C 处被甲追上了。甲、乙速度分别用 $v_甲$,$v_乙$ 表示,并且 $v_甲>v_乙$。

如图所示:

甲在 t 时间内行驶的路程为 AC(即 $s_甲$);

乙在 t 时间内行驶的路程为 BC(即 $s_乙$);

甲、乙二人在 t 时间内行驶的路程差为 AB,也就是追及路程(即 $s_{追及}$)。

追及问题的常用公式:

$s_{追及}=s_甲-s_乙=v_甲 \times t-v_乙 \times t=(v_甲-v_乙) \times t$,即 $s_{追及}=(v_甲-v_乙) \times t$。

【例题1】一人沿1路公交车路线匀速行走,每3分钟迎面过来一辆1路公交车,每6分钟从后面过来一辆1路公交车,假设每辆1路公交车发车间隔和行驶速度都一样。问:

(1)相邻两辆1路公交车之间的距离是否一样?

(2)迎面而来的公交车与人的间距和人的速度、车的速度、时间是什么关系?

(3)背面而来的公交车与人的间距和人的速度、车的速度、时间是什么关系?

【解析】(1)由路程=速度×时间,当匀速运动、时间间隔和行驶速度都相同时,间距必然相等。

(2)迎面而来的车和人是一个相遇问题,两者速度和乘以相遇时间等于间距。即

$$s_{间距}=s_{相遇}=(v_{车}+v_{人})\times3。$$

(3)背面而来的车和人是一个追及问题,两者速度差乘以追及时间等于间距。即

$$s_{间距}=s_{追及}=(v_{车}-v_{人})\times6。$$

【例题2】某环形跑道长4 000米,甲、乙二人同时同地沿跑道反向而行,20分钟后相遇;若他们同时同地同向而行,经过40分钟后,甲追上乙,问乙的速度是(   )米/分。

(A)25　　　　(B)50　　　　(C)100　　　　(D)120　　　　(E)150

【答案】B

【解析】设甲的速度为x米/分,乙的速度为y米/分,因为反向而行为相遇问题,20分钟后相遇,可列方程$(x+y)\times20=4\ 000$;同时同地同向而行为追及问题,若使甲能追上乙,则甲走的路程比乙走的路程多一圈,经过40分钟后,甲追上乙,可列方程$(x-y)\times40=4\ 000$,解得$y=50$。

三、流水行船问题

(1)基本量的含义:船在水中行驶,$v_{船}$,$v_{水}$,$v_{顺}$,$v_{逆}$表示的含义如下

$v_{船}$表示船在静水中的行驶速度;

$v_{水}$表示水流的速度(如果在静水中,$v_{水}=0$);

$v_{顺}$表示船在顺水中的行驶速度,即$v_{顺}=v_{船}+v_{水}$;

$v_{逆}$表示船在逆水中的行驶速度,即$v_{逆}=v_{船}-v_{水}$。

(2)常用公式:$s_{顺}=v_{顺}\times t_{顺}$,$s_{逆}=v_{逆}\times t_{逆}$,$v_{船}=\dfrac{v_{顺}+v_{逆}}{2}$,$v_{水}=\dfrac{v_{顺}-v_{逆}}{2}$。

【例题1】一客船往返于A,B两地,已知A,B相距36千米,客船一往一返分别需要2小时和3小时,假设水流速度保持不变,则水流速度及船速分别是(   )(单位:千米/时)

(A)5,13　　　　(B)4,14　　　　(C)3,15　　　　(D)2,16　　　　(E)1,17

【答案】C

【解析】设水速为x千米/时,船在静水中的速度为y千米/时,则可列方程组 $\begin{cases}\dfrac{36}{y+x}=2,\\ \dfrac{36}{y-x}=3,\end{cases}$ 解得 $\begin{cases}x=3,\\ y=15。\end{cases}$

【例题2】一艘轮船往返于甲、乙两码头之间,若船在静水中的速度不变,则当这条河的水流速度增加50%时,往返一次所需的时间比原来将(   )

(A)增加　　(B)减少半小时　　(C)不变　　(D)减少一小时　　(E)无法判断

【答案】A

【解析】根据题意可设两码头间的距离为s,船在静水中的速度为v,原水速为v_0,根据题意可知变化后的水速为$v_0(1+50\%)=1.5v_0$,则原来往返一次所需时间为$t_1=\dfrac{s}{v+v_0}+\dfrac{s}{v-v_0}=\dfrac{s(v-v_0)+s(v+v_0)}{(v+v_0)(v-v_0)}=\dfrac{2sv}{v^2-v_0^2}$;现在往返一次所需时间$t_2=\dfrac{s}{v+1.5v_0}+\dfrac{s}{v-1.5v_0}=\dfrac{s(v-1.5v_0)+s(v+1.5v_0)}{(v+1.5v_0)(v-1.5v_0)}=\dfrac{2sv}{v^2-2.25v_0^2}$,$t_1=\dfrac{2sv}{v^2-v_0^2}$与$\dfrac{2sv}{v^2-2.25v_0^2}$分子相同,分母$v^2-v_0^2>v^2-2.25v_0^2$,则$t_1<t_2$,故时间增加。

四、时钟问题

(1)含义:在研究时钟问题时,我们往往研究的是时针与分针分别的行走轨迹。在一个时钟里,时针和分针是同向而行,由于分针的速度比时针快,可将时针与分针看成环形追及问题。

(2)公式:在这里,时针与分针的速度是角速度,用 ω 表示,单位通常是度/分。

在一定时间 t 内,若分针比时钟多走过 α 度,那么满足公式 $(\omega_分-\omega_时)t=\alpha$。

时针每分钟走 0.5 度,分针每分钟走 6 度,所以 $\omega_分-\omega_时=6-0.5=5.5$(度/分)。

在一定时间 t 内,若分针比时针多走 α 度,那么满足公式 $5.5t=\alpha$。

【例题 1】从时钟指向 5 点整开始,到时针、分针正好第一次成直角,需要经历(   )分。

(A)10   (B)$10\frac{10}{11}$ (C)11   (D)$11\frac{10}{11}$ (E)12

【答案】B

【解析】5 点整,时针分针夹角 150 度,并且分针在后,时针在前,时针、分针第一次成直角,说明分针要比时针多跑 150-90=60(度),分针的速度为 6 度/分,时针的速度为 0.5 度/分,追及速度为 6-0.5=5.5(度/分)。因此追及所用的时间为 $\frac{60}{5.5}=10\frac{10}{11}$(分)。

【例题 2】某人 6 点到 7 点之间起床,刚好看到时针和分针重合,那么该时间是(   )

(A)6 点 31 分   (B)6 点 $32\frac{3}{11}$ 分

(C)6 点 33 分   (D)6 点 $32\frac{8}{11}$ 分

(E)6 点 35 分

【答案】D

【解析】6 点整时针与分针正好相差 180 度,分针在后,时针在前。时针和分针重合,说明分针要比时针多跑 180 度,分针的速度为 6 度/分,时针的速度为 0.5 度/分,追及速度为 6-0.5=5.5(度/分),因此追及所用的时间为 $\frac{180}{5.5}=32\frac{8}{11}$(分)。所以从 6 点整到时针、分针第一次重合时,需要用 $32\frac{8}{11}$ 分,所以此时的时间是 6 点 $32\frac{8}{11}$ 分。

第三节　工程问题

工程问题是研究工作总量、工作效率、工作时间以及这三者关系的一系列问题。

工作总量=工作效率×工作时间($I=p\times t$)。注意:休息不算工期。

【例题 1】有 20 人修筑一条公路,计划 15 天完成。动工 3 天后抽出 5 人植树,留下的人继续修路。如果每人工作效率不变,那么修完这段公路实际用(   )

(A)15 天   (B)16 天   (C)17 天   (D)18 天   (E)19 天

【答案】E

【解析】假设每人每天效率为 1,那么总工作量就是 20×15=300。动工 3 天,完成工作量为 20×3=60,那么还剩下 300-60=240。15 人修路,需用 240÷15=16(天),所以一共用了 3+16=19(天)。

点拨 特值法适用"已知某量求某量"题型。比如在行程问题中已知速度求平均速度,在溶液混合问题中已知浓度求浓度,……,本题已知时间求时间,特值法适用。

【例题2】甲、乙两个水管单独开,注满一池水,分别需要20小时、15小时。丙水管单独开,排一池水要12小时,若水池没水,同时打开甲、乙两个水管,4小时后,再打开排水管丙,则水池注满还需要( )

(A)10小时　　　　(B)12小时　　　　(C)15小时　　　　(D)16小时　　　　(E)18小时

【答案】D

【解析】设水池容量(工作总量)为20,15,12的最小公倍数60,则甲注水、乙注水、丙排水的效率分别为3,4,−5。4小时后水池中的水量为$(3+4) \times 4=28$,还剩32的工作量,三者合作效率为$3+4+(−5)=2$,还需要16小时。

【例题3】三个快递员进行一堆快件的分拣工作,乙和丙的效率都是甲的1.5倍,如果乙和丙一起分拣所有的快件,将能比甲和丙一起分拣提前36分钟完成,问如果甲、乙、丙三人一起工作,完成所有快件的分拣工作需要( )

(A)1小时30分　(B)1小时45分　(C)2小时　　　　(D)2小时15分　(E)2小时30分

【答案】D

【解析】由于乙和丙的效率都是甲的1.5倍,则甲、乙、丙三人的效率之比为2:3:3,那么设甲、乙、丙的工作效率分别为$2k,3k,3k$,工作总量为Q,则乙、丙二人合作的效率为$6k$,甲、丙合作的效率为$5k$。由题意可知,乙、丙合作比甲、丙合作少用时36分钟,则$\dfrac{Q}{5k} - \dfrac{Q}{6k} = \dfrac{Q}{30k} = 36$。甲、乙、丙三人合作的工作效率为$8k$,所用时间为$\dfrac{Q}{8k} = \dfrac{1}{8} \times 36 \times 30 = 135$(分),即2小时15分。

【例题4】某施工队承担了开凿一条长为2 400米隧道的工程,在掘进了400米后,由于改进了施工工艺,每天比原计划多掘进2米,最后提前50天完成了施工任务,则原计划施工工期为( )

(A)200天　　　　(B)240天　　　　(C)250天　　　　(D)300天　　　　(E)350天

【答案】D

【解析】设原计划每天掘进x米,则$\dfrac{2\,400}{x} - 50 = \dfrac{400}{x} + \dfrac{2\,000}{x+2}$,解出$x=8$($x=−10$舍去),则原计划施工工期为$\dfrac{2\,400}{x} = 300$(天)。

点拨 工程问题的重点在于用内在的时间作为等量关系,难点在于效率的变化对时间的影响。本题主要涉及效率的变化对工期的影响,其关键点在于求出效率变化前后所用工期的关系。

第四节　浓度问题

一、基本概念及公式

(1)研究溶液、溶质、浓度以及这三者关系的一系列问题叫浓度问题。

①溶液=溶质+溶剂;

②浓度$= \dfrac{溶质}{溶液} \times 100\% = \dfrac{溶质}{溶质+溶剂} \times 100\%$。

(2)重要定理:溶质守恒原则,溶质不会因为溶剂的增加(减少)而增加(减少)。

二、四种题型

(1)"稀释"问题:特点是增加溶剂,解题关键是找到始终不变的量(溶质)。

(2)"浓缩"问题:特点是减少溶剂,解题关键是找到始终不变的量(溶质)。

(3)"加浓"问题:特点是增加溶质,解题关键是找到始终不变的量(溶剂)。

(4)配制问题:两种或两种以上的不同浓度的溶液混合配制成新溶液(成品),解题关键是所取原溶液的溶质与成品溶质不变及溶液前后质量不变,找到两者的等量关系。

【例题】若用浓度为30%和20%的甲、乙两种食盐溶液配成浓度为24%的食盐溶液500克,则甲、乙两种溶液分别取(　　)

(A)180克,320克

(B)185克,315克

(C)190克,310克

(D)195克,305克

(E)200克,300克

【答案】E

【解析】方法一:列方程、代入排除。设取甲溶液 x 克,乙溶液 y 克,根据甲溶质+乙溶质=混合后溶质,列方程 $30\% \cdot x + 20\% \cdot y = 24\% \times 500$,化简为 $3x + 2y = 1\,200$,将各选项代入验证即可。

方法二:十字交叉法。

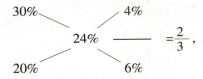

得出甲、乙两种溶液的质量比为2:3,所以取甲溶液200克,取乙溶液300克。

第五节　增长率问题

一、基本公式

某变量从 a 值增长到 b 值,则其增长率 $\beta = \dfrac{b-a}{a} = \dfrac{b}{a} - 1$,即 $b = a(1+\beta)$;若 $a > b$,则 β 为负值称为下降率或负增长率。

二、连续增长问题

某变量在 a 值基础上连续增长了 n 次,其各次增长率分别为 $\beta_1, \beta_2, \cdots, \beta_n$,则其终值 $b = a(1+\beta_1)(1+\beta_2)\cdots(1+\beta_n)$。

三、平均增长问题

某变量在 a 值基础上连续增长了 n 次,其各次增长率不变为 β,其终值 $b = a(1+\beta)^n$,则称 β 为平均增长率。平均增长率 $\beta = \sqrt[n]{(1+\beta_1)(1+\beta_2)\cdots(1+\beta_n)} - 1$ 或 $\beta = \sqrt[n]{\dfrac{b}{a}} - 1$,其中 $1+\beta$ 是 $(1+\beta_1)(1+\beta_2)\cdots(1+\beta_n)$ 的几何平均值。

第六节　容斥问题

一、基本概念

容斥问题是指根据集合间的相互关系计算集合中元素个数的问题，其描述的是集合与集合之间的计数问题。文氏图是解决容斥问题的主要方法。

【注】容斥问题的计算过程要做到不重不漏，每个数只计一次。

二、基本模型

1.两者容斥

如图所示，A，B 表示两个集合，$A=$①$+$②，$B=$②$+$③，则

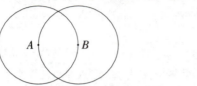

$A \cup B=A+B-A \cap B$，即①$+$②$+$③$=[($①$+$②$)+($②$+$③$)]-$②。

2.三者容斥

如图所示，A，B，C 表示三个集合，$A=$①$+$④$+$⑤$+$⑦，$B=$③$+$④$+$⑥$+$⑦，$C=$②$+$⑤$+$⑥$+$⑦，则

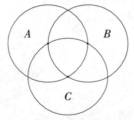 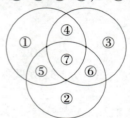

(1)$A \cup B \cup C=A+B+C-A \cap B-B \cap C-A \cap C+A \cap B \cap C$，即 $A \cup B \cup C=A+B+C-($④$+$⑦$)-($⑥$+$⑦$)-$($⑤$+$⑦$)+$⑦；

(2)$A \cup B \cup C=A+B+C-$仅两层相交$-2×$三层相交，即 $A \cup B \cup C=A+B+C-($④$+$⑤$+$⑥$)-2×$⑦。

第七节　最值问题

一、一元二次函数问题

基于一元二次函数的性质进行求解，熟记一元二次函数的对称轴及最值公式。

二、均值不等式问题

基于均值不等式的性质进行求解，注意均值不等式应用过程的"一正二定三相等"。

三、线性规划问题

可行域及目标函数的确定是该类最值问题求解的关键。

四、至多至少问题

(1)至多问题是指求某一部分至多，则应让其余部分尽量少；

(2)至少问题是指求某一部分至少,则应让其余部分尽量多。

五、不等关系问题

该类最值问题非常灵活且不具有普遍性,需要具体问题具体分析,一般通过极限思想下的不等关系进行求解。

第八节　习题精练

一、问题求解。下列每题给出的 A、B、C、D、E 五个选项中,只有一个选项是最符合题目要求的。

1.【2021 年联考】某便利店第一天售出 50 种商品,第二天售出 45 种商品,第三天售出 60 种商品。前两天售出的商品有 25 种相同,后两天售出的商品有 30 种相同。这三天售出的商品至少有(　　)

(A)70 种　　　　(B)75 种　　　　(C)80 种

(D)85 种　　　　(E)100 种

2.【2021 年联考】现有甲、乙两种浓度的酒精,已知用 10 升甲酒精和 12 升乙酒精可以配成浓度为 70%的酒精,用 20 升甲酒精和 8 升乙酒精可以配成浓度为 80%的酒精,则甲酒精的浓度为(　　)

(A)72%　　　　(B)80%　　　　(C)84%

(D)88%　　　　(E)91%

3.【2021 年联考】甲、乙两人相距 330 千米,他们驾车同时出发,经过 2 小时相遇。甲继续行驶 2 小时 24 分钟后到达乙的出发地,则乙的车速为(　　)千米/小时。

(A)70　　　　(B)75　　　　(C)80

(D)90　　　　(E)96

4.【2020 年联考】某产品去年涨价 10%,今年涨价 20%,则该产品这两年涨价(　　)

(A)15%　　　　(B)16%　　　　(C)30%

(D)32%　　　　(E)33%

5.【2020 年联考】一项考试的总成绩由甲、乙、丙三部分组成:

总成绩=甲成绩×30%+乙成绩×20%+丙成绩×50%。

考试通过的标准是:每部分成绩≥50 分,且总成绩≥60 分。已知某人甲成绩 70 分,乙成绩 75 分,且通过了这项考试,则此人丙成绩的分数至少是(　　)

(A)48　　　　(B)50　　　　(C)55

(D)60　　　　(E)62

6.【2020 年联考】甲、乙两人从一条长为 1 800 米的道路的两端同时出发,往返行走。已知甲每分钟走 100 米,乙每分钟走 80 米,则两人第三次相遇时,甲距其出发点(　　)

(A)600 米　　　　(B)900 米　　　　(C)1 000 米

(D)1 400 米　　　　(E)1 600 米

7.【2020 年联考】某网店对单价为 55 元、75 元、80 元的三种商品进行促销,促销策略是每单满 200 元减 m 元。如果每单减 m 元后实际售价均不低于原价的 8 折,那么 m 的最大值为(　　)

(A)40　　　　(B)41　　　　(C)43

(D)44　　　　(E)48

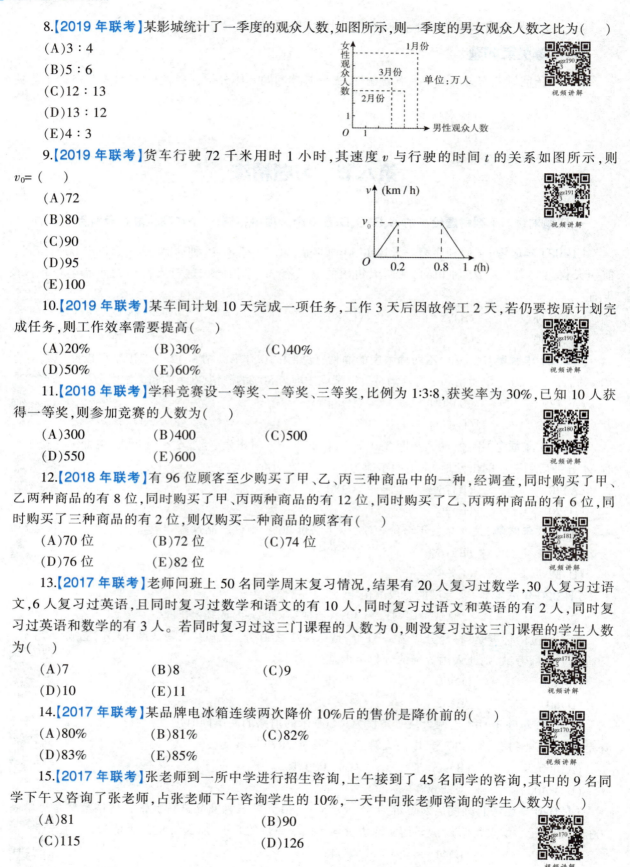

8.【2019年联考】某影城统计了一季度的观众人数,如图所示,则一季度的男女观众人数之比为（　　）

(A)3 : 4

(B)5 : 6

(C)12 : 13

(D)13 : 12

(E)4 : 3

9.【2019年联考】货车行驶72千米用时1小时,其速度v与行驶的时间t的关系如图所示,则v_0=（　　）

(A)72

(B)80

(C)90

(D)95

(E)100

10.【2019年联考】某车间计划10天完成一项任务,工作3天后因故停工2天,若仍要按原计划完成任务,则工作效率需要提高（　　）

(A)20%　　　　(B)30%　　　　(C)40%

(D)50%　　　　(E)60%

11.【2018年联考】学科竞赛设一等奖、二等奖、三等奖,比例为1:3:8,获奖率为30%,已知10人获得一等奖,则参加竞赛的人数为（　　）

(A)300　　　　(B)400　　　　(C)500

(D)550　　　　(E)600

12.【2018年联考】有96位顾客至少购买了甲、乙、丙三种商品中的一种,经调查,同时购买了甲、乙两种商品的有8位,同时购买了甲、丙两种商品的有12位,同时购买了乙、丙两种商品的有6位,同时购买了三种商品的有2位,则仅购买一种商品的顾客有（　　）

(A)70位　　　　(B)72位　　　　(C)74位

(D)76位　　　　(E)82位

13.【2017年联考】老师问班上50名同学周末复习情况,结果有20人复习过数学,30人复习过语文,6人复习过英语,且同时复习过数学和语文的有10人,同时复习过语文和英语的有2人,同时复习过英语和数学的有3人。若同时复习过这三门课程的人数为0,则没复习过这三门课程的学生人数为（　　）

(A)7　　　　(B)8　　　　(C)9

(D)10　　　　(E)11

14.【2017年联考】某品牌电冰箱连续两次降价10%后的售价是降价前的（　　）

(A)80%　　　　(B)81%　　　　(C)82%

(D)83%　　　　(E)85%

15.【2017年联考】张老师到一所中学进行招生咨询,上午接到了45名同学的咨询,其中的9名同学下午又咨询了张老师,占张老师下午咨询学生的10%,一天中向张老师咨询的学生人数为（　　）

(A)81　　　　　　　　(B)90

(C)115　　　　　　　　(D)126

(E)135

16.【2016 年联考】某家庭在一年总支出中,子女教育支出与生活资料支出的比为3:8,文化娱乐支出与子女教育支出的比为1:2。已知文化娱乐支出占家庭总支出的 10.5%,则生活资料支出占家庭总支出的(　　)

(A)40%　　　　　(B)42%　　　　　(C)48%

(D)56%　　　　　(E)64%

17.【2016 年联考】某商场将每台进价为 2 000 元的冰箱以 2 400 元销售时,每天销售 8 台,调研表明这种冰箱的售价每降低 50 元,每天就能多销售 4 台。若要每天销售利润最大,则该冰箱的定价应为(　　)

(A)2 200 元　　　　　　　(B)2 250 元

(C)2 300 元　　　　　　　(D)2 350 元

(E)2 400 元

18.【2016 年联考】上午 9 时一辆货车从甲地出发前往乙地,同时一辆客车从乙地出发前往甲地,中午 12 时两车相遇,已知货车和客车的时速分别为 90 千米/小时和 100 千米/小时,则当客车到达甲地时货车距乙地的距离是(　　)

(A)30 千米　　　　　　　(B)43 千米

(C)45 千米　　　　　　　(D)50 千米

(E)57 千米

19.【2016 年联考】如图,点 A,B,O 的坐标分别为 $(4,0),(0,3),(0,0)$。若 (x,y) 是 $\triangle AOB$ 中的点,则 $2x+3y$ 的最大值为(　　)

(A)6　　　　　　　　　(B)7

(C)8　　　　　　　　　(D)9

(E)12

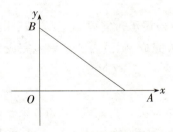

20.【2015 年联考】在某次考试中,甲、乙、丙三个班的平均成绩分别为 80,81 和 81.5,三个班的学生得分之和为 6 952,三个班共有学生(　　)

(A)85 名　　　　　(B)86 名　　　　　(C)87 名

(D)88 名　　　　　(E)89 名

21.【2015 年联考】某人驾车从 A 地赶往 B 地,前一半路程比计划多用时 45 分钟,平均速度只有计划速度的 80%。若后一半路程的平均速度为 120 千米/小时,此人还能按原定时间到达 B 地,则 A,B 两地相距(　　)

(A)450 千米　　　　　　　(B)480 千米

(C)520 千米　　　　　　　(D)540 千米

(E)600 千米

22.【2015年联考】一件工作,甲、乙合作要 2 天,人工费 2 900 元,乙、丙合作需 4 天,人工费 2 600 元,甲、丙合作 2 天完成了 $\frac{5}{6}$,人工费 2 400 元,甲单独做需要的时间和人工费分别为(   )

(A)3 天,3 000 元　　　　　　　(B)3 天,2 850 元
(C)3 天,2 700 元　　　　　　　(D)4 天,3 000 元
(E)4 天,2 900 元

23.【2015年联考】若 a,b,c 是三个实数,满足 $a:b:c=1:2:5$,且 $a+b+c=24$,则 $a^2+b^2+c^2=$(   )

(A)30　　　　　　　　　　　　(B)90
(C)120　　　　　　　　　　　(D)240
(E)270

24.【2015年联考】某新兴产业在 2005 年末至 2009 年末产值的年平均增长率为 q,在 2009 年末至 2013 年的年平均增长率比前四年下降了 40%,2013 年的产值约为 2005 年产值的 14.46 倍,则 q 约为(   )

(A)30%　　　　(B)35%　　　　(C)40%
(D)45%　　　　(E)50%

25.【2014年联考】某容器中装满了浓度为 90% 的酒精,倒出 1 升后用水将容器注满,搅拌均匀后又倒出 1 升,再用水将容器注满。已知此时的酒精浓度为 40%,则该容器的容积是(   )

(A)2.5 升　　　(B)3 升　　　　(C)3.5 升
(D)4 升　　　　(E)4.5 升

26.【2014年联考】甲、乙两人上午 8:00 分别自 A,B 出发相向而行,9:00 第一次相遇,之后速度均提高了 1.5 千米/小时,甲到 B,乙到 A 后都立刻沿原路返回。若两人在 10:30 第二次相遇,则 A,B 两地的距离为(   )千米。

(A)5.6　　　　(B)7　　　　　　(C)8
(D)9　　　　　(E)9.5

27.【2013年联考】某工程由甲公司承包需要 60 天完成,由甲、乙两公司共同承包需要 28 天完成,由乙、丙两公司共同承包需要 35 天完成,则由丙公司承包完成该工程所需的天数为(   )

(A)85　　　　　(B)90　　　　　(C)95
(D)100　　　　(E)105

28.【2013年联考】甲、乙两人同时从 A 点出发,沿 400 米跑道同向匀速行走,25 分钟后乙比甲少走了一圈。若乙行走一圈需要 8 分钟,则甲的速度是(   )(单位:米/分)

(A)62　　　　　(B)65　　　　　(C)66
(D)67　　　　　(E)69

29.【2012年联考】某商品的定价为 200 元,受金融危机的影响,连续两次降价 20% 后的售价为(   )元。

(A)114　　　　(B)120　　　　(C)128
(D)144　　　　(E)160

30.【2011年在职】某新鲜水果的含水量为 98%,一天后的含水量降为 97.5%。某商店以每千克 1 元的价格购进了 1 000 千克新鲜水果,预计当天能售出 60%,两天内售完。要使利润维持在 20%,则每千克水果的平均售价应定为(   )元。

(A)1.20　　　　(B)1.25　　　　(C)1.30
(D)1.35　　　　(E)1.40

31.【2011年在职】打印一份资料,若每分钟打30个字,需要若干小时打完。当打到此材料的 $\frac{2}{5}$ 时,打字效率提高了40%,结果提前半小时打完。这份材料的字数是( )

(A)4 650个 (B)4 800个 (C)4 950个 (D)5 100个 (E)5 250个

32.【2010年联考】某商品的成本为240元,若按该商品标价的8折出售,利润率是15%,则商品的标价为( )

(A)276元 (B)331元 (C)345元

(D)360元 (E)400元

33.【2010年在职】一件工程要在规定的时间内完成。若甲单独做要比规定的时间推迟4天,若乙单独做要比规定的时间提前2天完成。若甲、乙合作了3天,剩下的部分由甲单独做,恰好在规定时间内完成,则规定时间为( )

(A)19天 (B)20天 (C)21天 (D)22天 (E)24天

34.【2009年MBA联考】一家商店为回收资金把甲、乙两件商品均以480元一件卖出。已知甲商品赚了20%,乙商品亏了20%,则商店亏盈结果为( )

(A)不亏不赚 (B)亏了50元 (C)赚了50元 (D)赚了40元 (E)亏了40元

35.【2009年MBA联考】在某实验中,三个试管各盛水若干克。现将浓度为12%的盐水10克倒入A管中,混合后,取10克倒入B管中,混合后再取10克倒入C管中,结果A,B,C三个试管中盐水的浓度分别为6%,2%,0.5%,那么三个试管中原来盛水最多的试管及其盛水量各是( )

(A)A试管,10克 (B)B试管,20克 (C)C试管,30克 (D)B试管,40克 (E)C试管,50克

36.【2009年在职】甲、乙两商店某种商品的进货价格都是200元,甲店以高于进货价格20%的价格出售,乙店以高于进货价格15%的价格出售,结果乙店的售出件数是甲店的2倍。扣除营业税后乙店的利润比甲店多5 400元。若设营业税率是营业额的5%,那么甲、乙两店售出该商品各为( )

(A)450件,900件 (B)500件,1 000件

(C)550件,1 100件 (D)600件,1 200件

(E)650件,1 300件

37.【2009年在职】一艘小轮船上午8:00起航,逆流而上(设船速和水流速度一定),中途船上一块木板落入水中,直到8:50船员才发现这块重要的木板丢失,立即调转船头去追,最终于9:20追上木板。由上述数据可以算出木板落水的时间是( )

(A)8:35 (B)8:30 (C)8:25 (D)8:20 (E)8:15

38.【2009年在职】甲、乙两人在环形跑道上跑步,他们同时从起点出发,当方向相反时每隔48秒相遇一次,当方向相同时每隔10分钟相遇一次。若甲每分钟比乙快40米,则甲、乙两人的跑步速度分别是( )(单位:米/分)

(A)470,430 (B)380,340 (C)370,330 (D)280,240 (E)270,230

39.甲、乙、丙三人赛跑,同时从 A 地出发向 B 地跑,当甲跑到终点时,乙离 B 还有30米,丙离 B 还有70米,当乙跑到终点时,丙离 B 还有45米,则 A,B 两地相距( )

(A)200米 (B)220米 (C)250米 (D)270米 (E)300米

40.小张步行从甲村到乙村去,小李骑自行车从乙村往甲村去,他们同时出发,1小时后在途中相遇。他们分别继续前行,小李到达甲村后就立即返回,在第一次相遇后40分钟,小李追上了小张。他们又分别继续前进,当小李到达乙村后又马上折回,则追上后( )分钟,他们再次相遇。

(A)20 (B)40 (C)60 (D)80 (E)100

41.从装满水的杯子倒出$\frac{1}{3}$的水装入纯酒精,又倒出$\frac{1}{4}$的混合溶液装入纯酒精,再倒出$\frac{1}{5}$的混合溶液装入纯酒精,则现在杯子的酒精浓度是(　　)

    (A)60%   (B)36%   (C)50%   (D)40%   (E)24%

42.现有酒精浓度为18%的酒精溶液600克,加入若干克酒精浓度为23%的溶液,使其配制成浓度为20%的酒精溶液,则加入的浓度为23%的溶液为(　　)

    (A)600克   (B)550克   (C)450克   (D)400克   (E)300克

二、条件充分性判断。要求判断每题给出的条件(1)和条件(2)能否充分支持题干所陈述的结论。A、B、C、D、E五个选项为判断结果,只有一个选项是最符合题目要求的。

    (A)条件(1)充分,但条件(2)不充分。

    (B)条件(2)充分,但条件(1)不充分。

    (C)条件(1)和条件(2)单独都不充分,但条件(1)和条件(2)联合起来充分。

    (D)条件(1)充分,条件(2)也充分。

    (E)条件(1)和条件(2)单独都不充分,条件(1)和条件(2)联合起来也不充分。

1.【2021年联考】某单位进行投票表决,已知该单位的男、女员工人数之比为3:2。则能确定至少有50%的女员工参加了投票。

    (1)投赞成票的人数超过总人数的40%;

    (2)参加投票的女员工比男员工多。

视频讲解

2.【2021年联考】清理一块场地。则甲、乙、丙三人能在2天内完成。

    (1)甲、乙两人需要3天完成;

    (2)甲、丙两人需要4天完成。

3.【2021年联考】某人开车去上班,有一段路因维修限速通行。则可以算出此人上班的距离。

    (1)路上比平时多用了半小时;

    (2)已知维修路段的通行速度。

4.【2018年联考】已知点$P(m,0),A(1,3),B(2,1)$,点(x,y)在$\triangle PAB$上,则$x-y$的最小值与最大值分别为-2和1。

    (1)$m\le 1$;

    (2)$m\ge -2$。

5.【2018年联考】如果甲公司的年终奖总额增加25%,乙公司的年终奖总额减少10%,两者相等,则能确定两公司的员工人数之比。

    (1)甲公司的人均年终奖与乙公司的相同;

    (2)两公司的员工人数之比与两公司的年终奖总额之比相等。

6.【2017年联考】某人从A地出发,先乘时速为220千米的动车,后转乘时速为100千米的汽车到达B地,则A,B两地的距离为960千米。

    (1)乘动车的时间与乘汽车的时间相等;

    (2)乘动车的时间与乘汽车的时间之和为6小时。

视频讲解

7. 【2017年联考】某人需要处理若干份文件,第 1 小时处理了全部文件的 $\frac{1}{5}$,第二小时处理了剩余文件的 $\frac{1}{4}$,则此人需要处理的文件数为 25 份。

视频讲解

(1)前两小时处理了 10 份文件;

(2)第二小时处理了 5 份文件。

8. 【2017年联考】能确定某企业产值的月平均增长率。

视频讲解

(1)已知一月份的产值;

(2)已知全年的总产值。

9. 【2016年联考】将 2 升甲酒精和 1 升乙酒精混合得到丙酒精,则能确定甲、乙两种酒精的浓度。

视频讲解

(1)1 升甲酒精和 5 升乙酒精混合后的浓度是丙酒精浓度的 $\frac{1}{2}$;

(2)1 升甲酒精和 2 升乙酒精混合后的浓度是丙酒精浓度的 $\frac{2}{3}$。

10. 【2010年联考】售出一件甲商品比售出一件乙商品利润要高。

视频讲解

(1)售出 5 件甲商品,4 件乙商品共获利 50 元;

(2)售出 4 件甲商品,5 件乙商品共获利 47 元。

11. 【2008年在职】1 千克鸡肉的价格高于 1 千克牛肉的价格。

(1)一袋鸡肉的价格比一袋牛肉的价格高 30%;

(2)一袋鸡肉比一袋牛肉重 25%。

12. 某货船每日在 A 港与 B 港间往返,从 A 港到 B 港为顺流,从 B 港到 A 港为逆流。船在静水中的速度为 28 千米/时,水流的速度为 2 千米/时,则两地间相距 78 千米。

(1)从 A 港到 B 港所用时间为 3 小时;

(2)往返一次所用时间为 5.6 小时。

13. 汽车从甲地开往乙地,每小时行驶 32 千米,4 小时后,剩下的路程比全程的一半少 8 千米,加快速度后,则再行驶 2 个小时到达乙地。

(1)速度加快 75%;

(2)速度加快到 56 千米/时。

14. 容器中盛满纯药液 63 升,经过一系列操作以后,药液浓度约为 44%。

(1)先倒出 21 升纯药液,然后用水填满,再倒出 21 升药液后再用水填满;

(2)先倒出 50 升纯药液后再用浓度为 30% 的药液填满。

第九节　答案及解析

问题求解

1.【考点】容斥问题(三者容斥)

【答案】B

【解析】根据题意可设三天售出商品种类数分别为 A,B,C,$A \cap B \cap C = x$,仅两部分相同的商品种数分别为 $25-x$,$30-x$,y。三天售出商品种数的总和为 $A \cup B \cup C = A+B+C-A \cap B-A \cap C-B \cap C+A \cap B \cap C$,即 $A \cup B \cup C=50+45+60-$

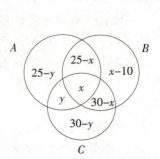

$25-(x+y)-30+x=100-y$，则 $\begin{cases}25-y\geqslant 0,\\30-y\geqslant 0\end{cases}\Rightarrow y\leqslant 25$，因此当 $y_{max}=25$ 时，$(A\cup B\cup C)_{min}=75$。

2.【考点】浓度问题(平均量混合问题)

【答案】E

【解析】方法一：根据题意可知，设甲酒精浓度为 a，乙酒精浓度为 b，采用十字交叉可得

$$\begin{matrix}\text{甲} & a & & 0.7-b\\ & & 70\% & \\ \text{乙} & b & & a-0.7\end{matrix}=\frac{10}{12},\qquad \begin{matrix}\text{甲} & a & & 0.8-b\\ & & 80\% & \\ \text{乙} & b & & a-0.8\end{matrix}=\frac{20}{8},$$

联立解得 $a=91\%$，$b=52.5\%$。

方法二：根据题意可知，设甲酒精浓度为 a，乙酒精浓度为 b，则 $\begin{cases}10a+12b=0.7\times(10+12),\\20a+8b=0.8\times(20+8),\end{cases}$ 联立解得 $a=91\%$，$b=52.5\%$。

3.【考点】行程问题

【答案】D

【解析】根据题意可设甲、乙的速度分别为 $V_甲$、$V_乙$，则有 $\begin{cases}(V_甲+V_乙)\times 2=330,\\V_甲\times\left(2+2\frac{2}{5}\right)=330\end{cases}\Rightarrow\begin{cases}V_甲+V_乙=165,\\V_甲=75,\end{cases}$ 解得 $V_乙=90$。

4.【考点】增长率问题

【答案】D

【解析】设该产品前年的价格为1，则今年的价格为 $1\times(1+10\%)(1+20\%)=1.32$，所以该产品这两年涨价 $\{\times 100\%=32\%$。

5.【考点】最值问题

【答案】B

【解析】设此人丙成绩的分数为 x，则其通过了该项考试必满足 $\begin{cases}x\geqslant 50,\\70\times 30\%+75\times 20\%+x\times 50\%\geqslant 60,\end{cases}$ 则有 $\begin{cases}x\geqslant 50,\\x\geqslant 48,\end{cases}$ 即 $x\geqslant 50$，所以此人丙成绩的分数至少是50。

6.【考点】行程问题(相遇)

【答案】D

【解析】两地相距 $s=1\,800$(米)，第三次相遇时，甲、乙走过的路程之和为 $(2\times 3-1)s=5s$，此时所用时间为 $\frac{5s}{100+80}=\frac{5\times 1\,800}{180}=50$(分钟)，甲走过的路程为 $100\times 50=5\,000$(米)，所以甲距其出发点的距离为 $5\,000-2s=5\,000-3\,600=1\,400$(米)。

注：(直线相遇问题)甲、乙分别自 A，B 两位置同时出发相向而行，两者之间的距离为 s，其速度分别为 v_1，v_2，到达 A，B 两位置时各自掉头继续前行，行驶时间为 t，则第 n 次相遇时共同行驶过的路程之和为 $(2n-1)s$，且 $(v_1+v_2)t=(2n-1)s$。

7.【考点】最值问题

【答案】B

【解析】设消费 $x(x\geqslant 200)$ 元，则有 $x-m\geqslant 0.8x$，即 $m\leqslant 0.2x$。依题意，三种商品进行促销，每单满200元(优惠前的价格)中最低的价格是 $55+75+75=205$(元)，要保证这一单减 m 元后不低于8折，要求

$m \leq 0.2 \times 205 = 41$。当每单价格大于205元时，$m$的取值上限将大于41。$m$的最大值决定于最低价格的"满减要求"，故$m$的最大值为41。

8.【考点】比与比例,图表

【答案】C

【解析】由图可知，一月份、二月份、三月份，男性观众人数分别为5,4,3,共为12;女性观众人数分别为6,3,4,共为13。则一季度男女观众人数之比为12:13。

9.【考点】行程问题,梯形

【答案】C

【解析】根据图像的几何意义可知图中梯形的面积等于路程，则$\frac{(0.6+1)v_0}{2} = 72$，解得$v_0 = 90$。

10.【考点】工程问题,增长率问题

【答案】C

【解析】假设车间每天的产量为1,任务总量为10。工作3天后剩余工作量为7,停工2天,要按原计划完成,剩余5天每天的产量应是7÷5=1.4,工作效率由1到1.4,提高40%。

11.【考点】比与比例

【答案】B

【解析】一等奖获奖人数为10人,一等奖、二等奖、三等奖获奖人数比例为1:3:8,则二等奖、三等奖获奖人数分别为30人、80人,获奖总人数为10+30+80=120。获奖率为获奖总人数占参加竞赛总人数的比例,则参加竞赛的人数为120÷30%=400。

12.【考点】容斥问题(三者容斥)

【答案】C

【解析】总人数=仅购买了一种商品的人数+仅购买了两种商品的人数+购买了三种商品的人数。仅购买了两种商品的人数=仅购买了甲、乙的人数+仅购买了甲、丙的人数+仅购买了乙、丙的人数=(8-2)+(12-2)+(6-2)=20,则仅购买了一种商品的人数=96-20-2=74。

13.【考点】容斥问题(三者容斥)

【答案】C

【解析】根据三个集合的容斥原理,至少复习过语文、数学、英语其中一门课程的学生人数为20+30+6-10-2-3+0=41,则没复习过这三门课程的学生人数为50-41=9。

14.【考点】增长率问题

【答案】B

【解析】连续两次降价10%,售价变成降价前的$(1-10\%)^2 = 81\%$。

15.【考点】比与比例

【答案】D

【解析】下午咨询的学生人数为9÷10%=90,其中有9名同学在上午咨询过一次,所以一天中咨询的学生人数为45+90-9=126。

16.【考点】比与比例

【答案】D

【解析】由题意可知,文化娱乐支出:子女教育支出:生活资料支出=3:6:16。设生活资料支出占家庭总支出的比例为x,则$\frac{3}{10.5\%} = \frac{16}{x}$,解得$x = 56\%$。

17.【考点】一元二次函数(最值问题)

【答案】B

【解析】方法一：直接代入各选项的定价计算可知，当定价为 2 250 元时，每台利润为 250 元，每天可售 8+4×3=20（台），总利润为 250×20=5 000（元），此时利润最大。

方法二：设定价为 $50x$，则每台利润为 $50x-2\,000$，每天可多卖 $\frac{2\,400-50x}{50}\times4=4(48-x)$，于是总利润 $y=(50x-2\,000)\times[8+4(48-x)]=200(x-40)(50-x)$，当 $x=\frac{40+50}{2}=45$ 时，总利润最大，此时定价 $50\times45=2\,250$（元）。

18.**【考点】**行程问题（相遇）

【答案】E

【解析】根据题干可知，甲、乙两地之间的距离为 (90+100)×(12−9)=570（千米），则当客车到达甲地时，货车到乙地的距离为 $570-\frac{570}{100}\times90=57$（千米）。

19.**【考点】**线性规划

【答案】D

【解析】$2x+3y$ 在固定区域的最值一定在边界点处达到，将已知的三点的坐标分别代入该式，可知点 (0,3) 使得 $2x+3y$ 取到最大值，且最大值为 9。

20.**【考点】**最值问题（不等关系）

【答案】B

【解析】根据题意，按照平均分 80 计算，可得三个班学生人数最多为 6 952÷80≈86.9；按照平均分 81.5 计算，可得三个班学生人数最少为 6 952÷81.5≈85.3。即学生人数 85.3<n<86.9，取整可得 n=86。

21.**【考点】**行程问题

【答案】D

【解析】前半段的计划速度与实际速度之比为 5:4，则计划时间与实际时间之比为 4:5，它们的时间差 1 份对应 45 分钟，则计划时间 4 份对应 180 分钟。由题干可知，后半段路程比计划时间少用 45 分钟，即实际用了 135 分钟。后半段计划时间与实际时间之比为 4:3，则计划速度与实际速度之比为 3:4。实际速度是 120 千米/小时对应 4 份，计划速度 3 份对应 90 千米/小时。全程计划时间 180 分钟×2=6（小时），全程=6×90=540（千米）。

22.**【考点】**工程问题

【答案】A

【解析】设总的工作量为 12，则 $V_甲+V_乙$=6，$V_乙+V_丙$=3，$V_甲+V_丙$=5，解得 $V_甲$=4，$V_乙$=2，$V_丙$=1，因此，甲单独做这项工作需要 12÷4=3（天）。

设甲一天收费为 x 元，乙一天收费为 y 元，丙一天收费为 z 元，则 $2(x+y)$=2 900，$4(y+z)$=2 600，$2(x+z)$=2 400。解得 x=1 000，y=450，z=200。甲一天收费为 1 000 元，干完整份工作需要 3 天，收费为 3 000 元。

23.**【考点】**比与比例

【答案】E

【解析】已知 $a:b:c$=1:2:5，设 $a=x$，则 $b=2x$，$c=5x$，则根据 $a+b+c$=24，解得 x=3，所以 a=3，则 b=6，c=15，那么 $a^2+b^2+c^2=3^2+6^2+15^2$=270。

24.**【考点】**增长率问题

【答案】E

【解析】设 2015 年末产值为 x，则根据题干，2009 年末产值 $y=(1+q)^4x$，2013 年末产值 $z=(1+0.6q)^4y$，那么 $z=(1+0.6q)^4\times(1+q)^4x=14.46x$。可代入排除，发现 $q=0.5$ 时成立。

25.【考点】浓度问题

【答案】B

【解析】不妨假设该容器的容积为 x 升，则容易知道第一次倒出 1 升，剩余的溶质为 $(x-1)\times90\%$，则再加入 1 升水后，溶液浓度为 $\dfrac{(x-1)\times90\%}{x}$，再倒出 1 升后，剩余的溶质为 $(x-1)\times\dfrac{(x-1)\times90\%}{x}$，加入 1 升水后溶液的浓度为 $(x-1)\times\dfrac{(x-1)\times90\%}{x}\div x$，根据题意，则有 $\dfrac{(x-1)^2\times90\%}{x^2}=40\%$，解得 $x=3$ 或 $x=\dfrac{3}{5}$（舍去）。

26.【考点】行程问题

【答案】D

【解析】如图所示，假设 A,B 两地的距离为 S，第一次相遇两人所走路程和为 S，从第一次相遇到第二次相遇两人所走的路程和为 $2S$，设甲、乙两人的速度和为 $V_和$，则根据题意有 $\begin{cases}\dfrac{S}{V_和}=1,\\[2mm]\dfrac{2S}{V_和+2\times1.5}=1.5,\end{cases}$ 解方程组得 $\begin{cases}V_和=9(千米/时)，\\ S=9(千米)。\end{cases}$

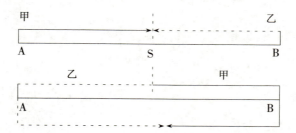

27.【考点】工程问题

【答案】E

【解析】设工程量为 1，乙完成该工程需要 x 天，丙需要 y 天，则甲、乙、丙公司工作效率分别为 $\dfrac{1}{60},\dfrac{1}{x},\dfrac{1}{y}$，故 $\begin{cases}\dfrac{1}{60}+\dfrac{1}{x}=\dfrac{1}{28},\\[2mm]\dfrac{1}{x}+\dfrac{1}{y}=\dfrac{1}{35},\end{cases}$ 解得 $y=105$。

28.【考点】行程问题

【答案】C

【解析】由题意易知乙行走的速度为 $400\div8=50$（米/分），则甲的行走速度为 $400\div25+50=66$（米/分）。

29.【考点】利润问题

【答案】C

【解析】某商品的定价为 200 元，第一次降价 20% 后的价格为 $200(1-20\%)$，第二次又降价 20% 后的价格是在第一次降价的基础上又降了 20%，即 $200(1-20\%)(1-20\%)=128$（元）。

30.【考点】利润问题

【答案】C

【解析】第一天售出 $1\,000\times60\%=600$（千克），还剩 $1\,000-600=400$（千克），干果质量为 $400(1-98\%)=8$，一天后，水果的水分流失，而干果质量不变。设第二天水果中的水的质量为 x，则 $\dfrac{x}{x+8}=97.5\%$，$x=312$，

所以第二天水果的总质量为312+8=320（千克），则每千克水果的平均售价应定为 $\frac{1\ 000\times(1+20\%)}{600+320}$＝1.30(元)。

31.【考点】工程问题(提高工效)

【答案】E

【解析】在完成剩下的 $\frac{3}{5}$ 材料过程中，打字效率提高40%，原速度:提速后速度=5:7，由于完成相同剩下的 $\frac{3}{5}$ 材料，即工作总量一定，因此所用时间比为7:5，时间减少2份所对应的时间为30分钟，即1份对应时间15分钟，原时间7份对应时间105分钟，即剩下的 $\frac{3}{5}$ 工作总量所用时间为105分钟。剩下的 $\frac{3}{5}$ 工作总量=效率×时间=30×105=3 150，那么所有工作总量=3 150× $\frac{5}{3}$ =5 250。

32.【考点】利润问题

【答案】C

【解析】设商品的标价为 x 元，则实际售价为0.8 x 元，由售价=成本×(1+利润率)可知，0.8 x=240(1+15%)，解得 x=345。

33.【考点】工程问题(合作完工)

【答案】B

【解析】设规定的时间为 x 天，工程总量为1，所以甲单独做需要 x+4 天，乙单独做需要 x−2 天，根据工作总量=工作效率×工作时间， $p_甲=\frac{1}{x+4}$ ，$p_乙=\frac{1}{x-2}$ ，又因为乙做了3天，甲做了 x 天，建立等量关系 $\frac{3}{x-2}+\frac{x}{x+4}=1$ ，解得 x=20。

34.【考点】利润问题

【答案】E

【解析】设甲件商品的成本为 x 元，乙件商品的成本为 y 元，甲商品售价为480元，利润率为20%，则由售价=成本×(1+利润率)，可得480=x(1+20%)，解得 x=400，则甲获得的利润为480−400=80(元)。

乙商品售价为480元，利润率为−20%，则由售价=成本×(1+利润率)，可得480=y(1−20%)，解得 y=600，则乙获得的利润为480−600=−120(元)。

所以，商店所获得的总利润为80+(−120)=−40(元)。

35.【考点】多步溶液混合问题

【答案】C

【解析】12%的盐水10克中含有1.2克的溶质(盐)与8.8克的溶液(水)。加入A管后变成浓度为6%的盐水，此过程中溶质的量不变，根据浓度=溶质/溶液，即溶液=溶质/浓度，则混合后A管里的溶液＝ $\frac{1.2}{6\%}$ =20(克)，则A管里原来盛有20−10=10(克)的水；同理，6%的盐水10克含有0.6克的盐与9.4克的水。加入B管后变成浓度为2%的盐水，则B管中原来盛有20克的水；由2%的盐水10克可知含有盐0.2克和水9.8克。加入C管后变成浓度为0.5%的盐水，则C管中原来盛有30克的水。

点拨 多步溶液混合问题，首先要明确在多步混合过程中什么是不变量，然后再根据溶度问题的基本公式和题干中的已知条件列出等式进行求解。

36.【考点】利润问题

【答案】D

【解析】设甲店售出 x 件,乙店售出 $2x$ 件,由题干可知,甲店的售价为 $200×(1+20\%)=240$(元),乙店的售价为 $200×(1+15\%)=230$(元)。因此甲店的营业额为 $240x$,乙店的营业额为 $230×2x=460x$。

故 $(0.95×460x-400x)-(0.95×240x-200x)=5\,400$,得出 $x=600$,$2x=1\,200$。

37.【考点】流水行船问题中的相遇与追及

【答案】D

【解析】设木板落入水中至船员发现木板丢失的时间间隔为 t,水流速度为 $V_水$,船速为 $V_船$。船员发现木板丢失时,船距离木板的距离为 $S_船+S_板=(V_船-V_水)·t+V_水·t=V_船·t$。由船调头之后半个小时就追上了遗失的木板,为追击过程,追击的路程为原先船与板之间的距离。故 $(V_船+V_水)×0.5-V_水×0.5=V_船·0.5=V_船·t$,解出 $t=0.5$(小时)。因此木板落水时间为 8:20。

中 公 巧 解

此题可以用极限讨论思想来简化计算,可以假设水流的速度为零,在这种极限情况下,船速就等于船在静水中的速度,此时木板掉入水中将停留在掉入的地方,因此船离开木板的时间与掉头追到木板的时间是一样的,故船掉头之后追到木板的时间为半小时,因此离开的时间也是半小时。

点拨 选择水流为参考系。

38.【考点】环形追及与相遇问题

【答案】E

【解析】设甲、乙的速度分别为 x,y,环形跑道的长度为 s,根据题干可知,$x-y=40$。同向行驶时每十分钟相遇一次,环形跑道上同向而行相遇一次意味着甲比乙多跑一圈,即 $s=(x-y)×t_1$,解出 $s=10(x-y)=10×40=400$。

反向行驶时每 48 秒相遇一次,环形跑道上反向而行每相遇一次意味着甲、乙两人合跑一圈,即 $s=(x+y)×t_2$,所以 $400=(x+y)×0.8$,解出 $x+y=500$。联立方程 $x-y=40$,可解得 $x=270$,$y=230$。

点拨 此题算出 $x+y=500$ 之后,可以结合选项迅速地选出答案,这提醒我们在做题的时候一定要先观察选项,从选项着手可以节约很多时间,提高做题效率。

39.【考点】比例,数形结合

【答案】D

【解析】行程图如图所示:

在相同时间内,当乙走了 30 米时,丙走了 25 米。$\dfrac{S_乙}{S_丙}=\dfrac{V_乙}{V_丙}=\dfrac{30}{25}=\dfrac{6}{5}$。

	乙	丙	乙-丙
V	6	5	1
S	6	5	1
实际值			40

所以 1 份对应 40 米,全程为乙跑的 6 份再加上余下的 30 米,即 S=6×40+30=270(米)。

中 公 巧 解

乙走 30 米,丙走 25 米。所以乙每走一个 30 米,就会与丙拉开 5 米的距离;当乙到达终点的时候,乙与丙拉开的距离为 45 米,$\frac{45}{5}$=9,所以乙得走 9×30=270(米),即全程距离为 270 米。

40.【考点】直线上的多次相遇问题

【答案】D

【解析】行程图如图所示:L 是全程

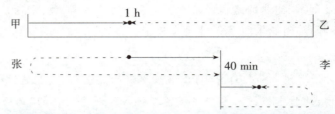

	$S_张$	$S_李$	$S_张 + S_李$	时间 T
第一次 $t_0 \sim t_1$	S_1	S_2	L	t
第二次 $t_0 \sim t_2$	$3S_1$	$3S_2$	$3L$	$3t$
第三次 $t_0 \sim t_3$	$5S_1$	$5S_2$	$5L$	$5t$
……	……	……	……	……
第 N 次 $t_0 \sim t_N$	$(2N-1)S_1$	$(2N-1)S_2$	$(2N-1)L$	$(2N-1)t$

所以第一次相遇用了 1 小时,那么从出发到第二次相遇需要用时 3 小时。而从出发到小李追上小张用时 1 小时 40 分钟,所以小李追上小张后(3 小时–1 小时 40 分钟)=80(分钟)后两人再次相遇。

点拨 多次相遇的各个路程、时间的比例关系要牢牢记住,才能快速解题。

41.【考点】多步溶液混合问题

【答案】A

【解析】假设杯子里共有水 60 份,倒出 $\frac{1}{3}$ 装入纯酒精,相当于装进 20 份纯酒精,又倒出 $\frac{1}{4}$ 装入纯酒精,倒出 $\frac{1}{4}$,相当于倒出 5 份纯酒精,倒进 $\frac{1}{4}$ 纯酒精,相当于倒进 15 份纯酒精,则杯子里现有 30 份纯酒精,再倒出 $\frac{1}{5}$ 装入纯酒精,则杯子里有 36 份纯酒精,故现在酒精浓度为 $\frac{36}{60}$×100%=60%。

中 公 巧 解

设一开始杯子里的水量为 1,在整个过程中水一直在减少,故水量最后剩余 $1 \times \frac{2}{3} \times \frac{3}{4} \times \frac{4}{5} = \frac{2}{5}$,一杯中除了水就是酒精,从而酒精浓度为 $1-\frac{2}{5}$=60%。

42.【考点】溶液问题

【答案】D

【解析】设加入的 23% 浓度的溶液为 x 千克,那么混合溶液的浓度为 $\frac{600 \times 18\% + 23\% \cdot x}{600 + x}$=20%,解得 x=400。

中　公　巧　解

用十字交叉法,设加入的23%浓度的溶液为 x 千克。

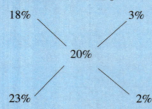

左边是混合前两部分溶液的浓度,与混合后溶液浓度分别作差,得到的两个新的数字之比,等于混合前溶液的质量之比,即 $\dfrac{3\%}{2\%}=\dfrac{600}{x}$,解得 $x=400$ 。

条件充分性判断

1.【考点】比和比例问题

【答案】C

【解析】条件(1),根据条件不能确定投赞成票的女员工占比,所以条件(1)不充分;条件(2),举反例,男员工有60人,女员工有40人,女员工有4人参加,男员工有3人参加,不满足结论,所以条件(2)不充分;两条件联合考虑,根据题意可知 $\begin{cases}\dfrac{\text{投票人数}}{\text{总人数}}>40\%,\\ \text{女投票人数}>\text{男投票人数,}\end{cases}$ 所以 $\dfrac{\text{女投票人数}}{\text{总人数}}>20\%$,又因为女员工人数=40%总人数,因此 $\dfrac{\text{女投票人数}}{\text{女员工人数}}>50\%$,所以条件(1)和(2)联合充分。

2.【考点】工程问题

【答案】E

【解析】根据题意可设工作总量为1,甲、乙、丙的效率分别为 a,b,c ,则 $a+b+c\geqslant\dfrac{1}{2}$ 。

条件(1),不知道丙工作时间,所以条件(1)不充分;条件(2),不知道乙工作时间,所以条件(2)不充分;两条件联合考虑可得 $\begin{cases}a+b=\dfrac{1}{3},\\ a+c=\dfrac{1}{4},\end{cases}$ 解得 $a+(a+b+c)=\dfrac{7}{12}$,举反例, $a=\dfrac{1}{6}$, $b=\dfrac{1}{6}$, $c=\dfrac{1}{12}$,此时 $a+b+c=\dfrac{5}{12}<\dfrac{1}{2}$,不能在2天内完成,所以条件(1)和(2)联合不充分。

3.【考点】行程问题

【答案】E

【解析】条件(1),根据条件只知道实际与平时上班用时之差,速度与时间均无法确定,所以条件(1)不充分;条件(2),根据条件只知道限速路段的速度,行驶时间不确定,所以条件(2)不充分;两条件联合考虑,只知道时间之差与维修路段的速度,无法确定维修路段与正常路段的行驶时间,所以联合也不充分。

4.【考点】线性规划

【答案】C

【解析】令 $z=x-y$, z 的最小值与最大值分别为-2和1,在平面直角坐标系中分别画出 $x-y=-2$ 和 $x-y=1$ 的图像,它们与 x 轴的交点分别为 $(-2,0)$ 、 $(1,0)$,且显然 A , B 两点分别位于两条直线上,如图所示。

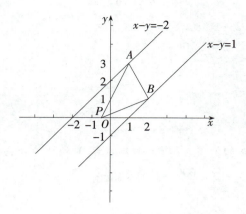

因为(x,y)在$\triangle PAB$上,则题干结论等价于$\triangle PAB$在两条直线及其之间的区域内,又因为P点在x轴上,则题干结论等价于$-2 \le m \le 1$。故条件(1)、条件(2)单独都不充分,两条件联合充分。

5.【考点】增长率问题

【答案】D

【解析】设甲公司的年终奖总额为a,乙公司的年终奖总额为b,则有$a(1+25\%)=b(1-10\%)$,化简得两公司年终奖总额之比$\dfrac{a}{b}=\dfrac{18}{25}$,结合条件(1),可得两公司员工人数之比与奖金总额之比相等,故条件(1)充分;条件(2)显然充分。

6.【考点】行程问题

【答案】C

【解析】根据已知条件,我们要得出两地距离,需要确定乘动车和乘汽车的时间,显然条件(1)、条件(2)单独均不充分;现联合考虑,则乘动车和乘汽车的时间均为3小时,两地距离为$220 \times 3 + 100 \times 3 = 960$(千米),联合充分。

7.【考点】列方程解应用题

【答案】D

【解析】本题考查比和比例。设此人需要处理的文件有x件,结合题意,由条件(1)可得$\dfrac{1}{5}x + \dfrac{4}{5}x \cdot \dfrac{1}{4} = 10$,解得$x=25$,条件(1)充分;由条件(2)可得$\dfrac{4}{5}x \cdot \dfrac{1}{4} = 5$,解得$x=25$,条件(2)也充分。

8.【考点】平均增长率问题

【答案】E

【解析】根据平均增长率公式$\beta = \sqrt[n]{\dfrac{b}{a}} - 1$(其中$a$为初始值,$b$为终值),可知平均增长率与初始值及终值有关。条件(1),仅能确定一月份的产值,即初始值,不能确定十二月份的产值,即终值,故无法确定该企业的月平均增长率,所以条件(1)不充分;条件(2),仅能确定全年的总产值,不能确定一月份的产值及十二月份的产值,即不能确定初始值及终值,故无法确定该企业的月平均增长率,所以条件(2)不充分;(1)+(2),两条件联合不能确定十二月份的产值,即不能确定终值,所以条件(1)和(2)联合不充分。

9.【考点】浓度问题

【答案】E

【解析】设甲、乙酒精的浓度分别为x和y。由条件(1)可得$\dfrac{x+5y}{6} = \dfrac{1}{2} \times \dfrac{2x+y}{3}$,不能得出$x$和$y$的具

体数值,条件(1)不充分;由条件(2)可得$\frac{x+2y}{3}=\frac{2}{3}\times\frac{2x+y}{3}$,也不能得出$x$和$y$的具体数值,条件(2)也不充分;联合考虑得出的是恒等式$x=4y$,仍然不能确定x和y的具体数值,所以条件(1)、条件(2)联合也不充分。

10.【考点】利润问题

【答案】C

【解析】设售出一件甲商品获利x元,售出一件乙商品获利y元,则由条件(1)可知$5x+4y=50$;由条件(2)可知$4x+5y=47$。单独条件(1)和条件(2)都为二元一次不定方程,不能确定x与y的大小,因此不能够推出题干,所以此时可以考虑联合,由条件(1)和条件(2)可知$x-y=3$,即$x>y$,即条件(1)和条件(2)联合可以推出题干。

11.【考点】利润问题

【答案】C

【解析】由条件(1)可知,一袋鸡肉的价格比一袋牛肉的价格高30%,因此设牛肉的价格为x,则鸡肉的价格为$x(1+30\%)=1.3x$。由条件(2)可知,一袋鸡肉比一袋牛肉重25%,因此设牛肉的重量为y,则鸡肉的重量为$y(1+25\%)=1.25y$。因此鸡肉每千克的价格为$\frac{1.3x}{1.25y}$,牛肉每千克的价格为$\frac{x}{y}$。显然,鸡肉的价格高于牛肉的价格。因此条件(1)和条件(2)联合可以推出题干。

12.【考点】流水行船问题

【答案】B

【解析】$v_顺=v_静+v_水$;$v_逆=v_静-v_水$;

由条件(1)可知$t_顺=3$(小时),则两地间距离$s=(v_静+v_水)\times t_顺=(28+2)\times3=90$(千米),所以条件(1)不充分;条件(2),顺流所用时间$t_顺=\frac{s}{v_静+v_水}=\frac{78}{28+2}=2.6$(小时),逆流所用时间$t_逆=\frac{s}{v_静-v_水}=\frac{78}{28-2}=3$(小时),所以往返一次需要5.6小时,条件(2)充分。

13.【考点】行程问题

【答案】D

【解析】由条件(1)可得,速度加快后变为$32\times(1+75\%)=56$(千米/时)。未加速行驶的路程为$32\times4=128$(千米)。剩下的路程比全程的一半少8千米,设全程为L,则$L-128=\frac{L}{2}-8$,求得$L=240$(千米)。所以剩下的路程有$240-128=112$(千米),所需时间为$\frac{112}{56}=2$(小时)。所以条件(1)充分;条件(2)其实与条件(1)为等价命题,所以条件(2)也充分。

14.【考点】溶液混合问题

【答案】D

【解析】条件(1)倒出21升纯药液后,容器中还剩$63-21=42$(升)纯药液,用水填满后药液容积仍为63升。

再倒出21升,相当于倒出了药液的$\frac{1}{3}$,所以最终药液浓度为$\frac{42\times\left(1-\frac{1}{3}\right)}{63}\approx44\%$;条件(2)倒出50升纯药液后,剩余13升纯药液,浓度为30%的药液中含纯药液$50\times30\%=15$,填满后现有溶液浓度为$\frac{13+15}{63}\approx44\%$。因此,由条件(1)与条件(2)都可以推出,经过一系列操作后,药液浓度约为44%。

第六章	平面几何与立体几何

第一节　平面几何

一、三角形

1.三角形的分类

(1)按边分类：

三角形 $\begin{cases} \text{不等边三角形：三条边均不相等} \\ \text{等腰三角形} \begin{cases} \text{一般等腰三角形：底边和腰不相等} \\ \text{等边三角形：底边和腰相等（三边相等）} \end{cases} \end{cases}$

(2)按角分类：

三角形 $\begin{cases} \text{直角三角形} \\ \text{斜三角形} \begin{cases} \text{锐角三角形} \\ \text{钝角三角形} \end{cases} \end{cases}$

2.三角形的边角定理

(1)三边关系定理：三角形任意两边之和大于第三边，任意两边之差小于第三边，即 $|a-b|<c<a+b$。

(2)内角和定理：三角形三个内角的和为 $180°$，即 $\angle A+\angle B+\angle C=180°$。

(3)三角形的一个外角等于与它不相邻的两个内角的和。

3.特殊的三角形

(1)直角三角形（如图所示）：

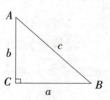

①$a^2+b^2=c^2$（勾股定理）。

两锐角互余：$\angle A+\angle B=90°$。

直角三角形斜边上的中线等于斜边的一半。

外接圆圆心为斜边中点，半径 R 等于斜边的一半；设内切圆半径为 r，则有 $a+b-c=2r$。

②特殊的直角三角形：

a.常见的三边均为整数的直角三角形，三边为$(3,4,5)$，$(6,8,10)$，$(5,12,13)$。

b.特殊角$(30°,45°,60°)$的直角三角形三边关系如图所示：

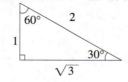

(2)等腰三角形：

等腰三角形的两个底角相等。

等腰三角形的顶角平分线、底边上的中线、底边上的高三线合一。

(3)等边三角形:

等边三角形三条边相等,三个角都是60°。

4.面积公式

(1)$S=\frac{1}{2}a\cdot h$(底乘以高除以2);

(2)$S=\sqrt{p(p-a)(p-b)(p-c)}$,其中$p=\frac{a+b+c}{2}$;

(3)$S=\frac{1}{2}ab\cdot\sin\angle C=\frac{1}{2}ac\cdot\sin\angle B=\frac{1}{2}bc\cdot\sin\angle A$。

5.三角形相似

对应角相等,对应边成比例的两个三角形叫作相似三角形。如图,已知$\triangle A_1B_1C_1\backsim\triangle A_2B_2C_2$,则$\frac{a_1}{a_2}=\frac{b_1}{b_2}=\frac{c_1}{c_2}$。

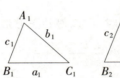

①相似三角形对应角相等,对应边成比例;

②相似三角形对应高的比,对应中线的比和对应角平分线的比都等于相似比;

③相似三角形周长的比等于相似比,相似三角形面积的比等于相似比的平方。

【例题1】已知等边三角形ABC的边长为2,则三角形ABC的面积为(　　)

(A)$\sqrt{3}$　　　　(B)$2\sqrt{3}$　　　　(C)$\frac{\sqrt{3}}{2}$

(D)4　　　　(E)$4\sqrt{3}$

【答案】A

【解析】根据等边三角形的面积公式,可知$S_{\triangle ABC}=\frac{1}{2}\times2\times\sqrt{3}=\sqrt{3}$。

【例题2】两个相似三角形的对应边的比为4:5,且周长之和为45,则这两个三角形的周长分别为(　　)

(A)5和20　　　(B)15和30　　　(C)20和25　　　(D)10和35　　　(E)5和40

【答案】C

【解析】相似三角形的周长之比等于对应边的比,所以两个三角形的周长之比为4:5,又已知周长之和为45,故两个三角形的周长分别为$45\times\frac{4}{4+5}=20,45\times\frac{5}{4+5}=25$。

二、四边形

1.平行四边形

(1)定义:

两组对边分别平行的四边形叫作平行四边形。平行四边形用符号"▱"表示,平行四边形$ABCD$记作"▱$ABCD$"。

(2)平行四边形的性质:

性质1:平行四边形的对角相等;

性质2:平行四边形的对边相等;

性质3:平行四边形的对角线互相平分;

推论:夹在两条平行线间的平行线段相等。

(3)周长和面积公式:

如图,平行四边形 $ABCD$ 的周长=2$(a+b)$;

平行四边形 $ABCD$ 的面积=ah。

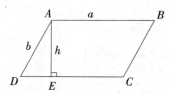

2.矩形

一个角是直角的平行四边形称为矩形,矩形的四个角均是直角,对角线相等。

如图,矩形 $ABCD$ 的周长=2$(a+b)$;

矩形 $ABCD$ 的面积 $S=ab$。(当 $a=b$ 时,可以得到正方形的相应公式。)

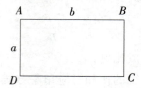

3.菱形

一组邻边相等的平行四边形称为菱形。菱形的四边都相等,对角线相互垂直,并且每一条对角线平分一组对角。

4.梯形

一组对边平行另一组对边不平行的四边形叫作梯形。

如图,梯形面积 $S=\frac{1}{2}(a+b)h$;

中位线 $FG=\frac{1}{2}(a+b)$。(F,G 分别为两腰中点。)

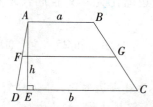

【例题】已知平行四边形 $ABCD$,$AB=10$,$BC=12$,$\angle B=30°$,则平行四边形 $ABCD$ 的面积为(　　)

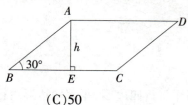

(A)30　　　　(B)40　　　　(C)50

(D)60　　　　(E)45

【答案】D

【解析】过 A 作 $AE\perp BC$,垂足为 E。在直角 $\triangle ABE$ 中,因为 $AB=10$,$\angle B=30°$,所以 $AE=\frac{1}{2}AB=5$,所

以 $S_{\square ABCD}=BC \times AE=12 \times 5=60$。

三、圆与扇形

1.圆

圆是轴对称图形,任何一条直径所在的直线都是它的对称轴;

圆是中心对称图形,圆心就是它的对称中心。

在半径是 r 的圆中,$n°$ 的圆心角所对的弧长为 $l=\dfrac{n\pi r}{180}$;圆的周长 $L=2\pi r$,面积 $S=\pi r^2$。

2.扇形

在半径为 r 的圆中,圆心角为 $n°$ 的扇形面积是 $S_{扇形}=\dfrac{n\pi r^2}{360}$。

常见的特殊扇形面积:

$n=45$ 时,$S_{扇形}=\dfrac{1}{8}S_{圆}$;$n=90$ 时,$S_{扇形}=\dfrac{1}{4}S_{圆}$;$n=180$ 时,$S_{扇形}=\dfrac{1}{2}S_{圆}$。

【例题】在圆 O 中,圆心角为 $90°$ 的角所对的弦长为 4,则圆 O 的面积为(　　)

(A)16π 　　　　　(B)8π 　　　　　(C)4π 　　　　　(D)10π 　　　　　(E)12π

【答案】B

【解析】如图所示:

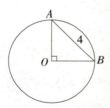

在直角 $\triangle OAB$ 中,由勾股定理得,$OA^2=OB^2=\dfrac{AB^2}{2}=8$,根据圆的面积公式,圆 O 的面积 $=\pi \cdot OA^2=8\pi$。

第二节　立体几何

一、长方体

设长方体的长、宽、高分别是 a,b,c,则长方体的体对角线长 $d=\sqrt{a^2+b^2+c^2}$。长方体的表面积 $S_{表}=2(ab+bc+ac)$,体积 $V=abc$。(当 $a=b=c$ 时,可以得到正方体的相应公式。)

长方体外接球的直径即体对角线长 d,正方体内切球直径即正方体棱长。

二、柱体

1.圆柱体

如图,以矩形的一边所在直线为旋转轴,其余三边旋转形成的曲面所围成的几何体叫作圆柱体。旋转轴叫作圆柱的轴;垂直于轴的边旋转而成的圆面叫作圆柱的底面;平行于轴的边旋转而成的曲面叫作圆柱的侧面;无论旋转到什么位置,不垂直于轴的边都叫作圆柱侧面的母线。

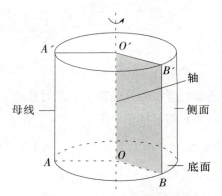

如果圆柱的底面半径为r,母线长为l,那么圆柱的上(下)底面面积为πr^2,侧面面积为$2\pi rl$,所以圆柱的表面积$S=2\pi r(r+l)$,体积$V=\pi r^2l$。

2.棱柱

有两个面互相平行,其余各面都是四边形,并且每相邻两个四边形的公共边都互相平行,由这些面所围成的多面体叫作棱柱。

棱柱的体积$V=Sh$,其中S为底面面积,h为棱柱的高。

三、球体

在空间中到定点的距离等于或小于定长的点的集合叫作球体,简称球。定点叫球的球心,定长叫球的半径。

半径为r的球的表面积$S_{\text{表}}=4\pi r^2$,体积$V=\dfrac{4}{3}\pi r^3$。

【例题1】已知长方体的长、宽、高分别为3,4,5,则它的体对角线长为(   )

(A)5   (B)$5\sqrt{2}$ (C)8   (D)10   (E)$10\sqrt{2}$

【答案】B

【解析】由长方体体对角线公式知$d=\sqrt{3^2+4^2+5^2}=5\sqrt{2}$。

【例题2】已知球的表面积为36π,则它的体积为(   )

(A)12π (B)18π (C)24π (D)30π (E)36π

【答案】E

【解析】由球的表面积公式知$4\pi r^2=36\pi$,因此$r=3$,故球的体积$V=\dfrac{4}{3}\pi r^3=\dfrac{4}{3}\pi\times3^3=36\pi$。

【例题3】已知圆柱的底面是一个半径为3的圆,它的体积为36π,则它的表面积为(   )

(A)24π (B)30π (C)36π (D)42π (E)48π

【答案】D

【解析】由圆柱的体积公式知高$h=\dfrac{V}{\pi r^2}=\dfrac{36\pi}{\pi\times3^2}=4$,因此圆柱的表面积$S=2\pi r(r+h)=2\pi\times3\times(3+4)=42\pi$。

第三节　习题精练

一、问题求解。下列每题给出的 A、B、C、D、E 五个选项中，只有一个选项是最符合题目要求的。

1.【2021 年联考】若球体的内接正方体的体积为 8m³，则该球体的表面积为（　　）

(A)4πm² 　　　　　　　　　　(B)6πm²

(C)8πm² 　　　　　　　　　　(D)12πm²

(E)24πm²

2.【2021 年联考】如图，正六边形边长为 1，分别以正六边形的顶点 O,P,Q 为圆心，以 1 为半径，作圆弧，则阴影部分面积为（　　）

(A)$\pi-\dfrac{3\sqrt{3}}{2}$ 　　　　　　(B)$\pi-\dfrac{3\sqrt{3}}{4}$

(C)$\dfrac{\pi}{2}-\dfrac{3\sqrt{3}}{2}$ 　　　　　　(D)$\dfrac{\pi}{2}-\dfrac{3\sqrt{3}}{8}$

(E)$2\pi-2\sqrt{3}$

3.【2020 年联考】如图，在△ABC 中，∠$ABC=30°$。将线段 AB 绕点 B 旋转至 DB，使∠$DBC=60°$，则△DBC 与△ABC 的面积之比为（　　）

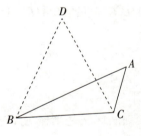

(A)1　　　　(B)$\sqrt{2}$　　　　(C)2　　　　(D)$\dfrac{\sqrt{3}}{2}$　　　　(E)$\sqrt{3}$

4.【2020 年联考】如图，圆 O 的内接△ABC 是等腰三角形，底边 $BC=6$，顶角为 $\dfrac{\pi}{4}$，则圆 O 的面积为（　　）

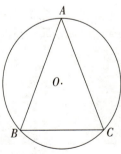

(A)12π 　　　　　　　　　　(B)16π

(C)18π 　　　　　　　　　　(D)32π

(E)36π

5.【2019年联考】如图所示,正方体位于半径为3的球内,且其一面位于球的大圆上,则正方体表面积最大为( )

(A)12

(B)18

(C)24

(D)30

(E)36

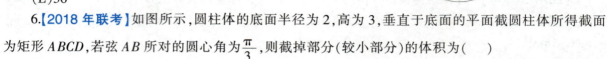

6.【2018年联考】如图所示,圆柱体的底面半径为2,高为3,垂直于底面的平面截圆柱体所得截面为矩形$ABCD$,若弦AB所对的圆心角为$\frac{\pi}{3}$,则截掉部分(较小部分)的体积为( )

(A)$\pi-3$ (B)$2\pi-6$

(C)$\pi-\frac{3\sqrt{3}}{2}$ (D)$2\pi-3\sqrt{3}$

(E)$\pi-\sqrt{3}$

7.【2018年联考】如图所示,圆O是三角形ABC的内切圆,若三角形ABC的面积与周长的大小之比为1:2,则圆O的面积为( )

(A)π (B)2π

(C)3π (D)4π

(E)5π

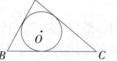

8.【2017年联考】已知$\triangle ABC$和$\triangle A'B'C'$满足$AB:A'B'=AC:A'C'=2:3$,$\angle A+\angle A'=\pi$,则$\triangle ABC$和$\triangle A'B'C'$的面积比为( )

(A)$\sqrt{2}:\sqrt{3}$ (B)$\sqrt{3}:\sqrt{5}$

(C)2:3   (D)2:5

(E)4:9

9.【2017年联考】某种机器人可搜索到的区域是半径为1米的圆,若该机器人沿直线行走10米,则其搜索出的区域的面积(单位:平方米)为( )

(A)$10+\frac{\pi}{2}$ (B)$10+\pi$

(C)$20+\frac{\pi}{2}$ (D)$20+\pi$

(E)10π

10.【2017年联考】如图,在扇形AOB中,$\angle AOB=\frac{\pi}{4}$,$OA=1$,$AC\perp OB$,则阴影部分的面积为( )

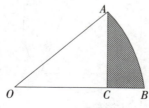

(A)$\frac{\pi}{8}-\frac{1}{4}$ (B)$\frac{\pi}{8}-\frac{1}{8}$ (C)$\frac{\pi}{4}-\frac{1}{2}$

(D)$\frac{\pi}{4}-\frac{1}{4}$ (E)$\frac{\pi}{4}-\frac{1}{8}$

11.【2016 年联考】如图所示,在四边形 $ABCD$ 中,$AB\parallel CD$,AB 与 CD 的边长分别为 4 和 8。若 $\triangle ABE$ 的面积为 4,则四边形 $ABCD$ 的面积为(　　)

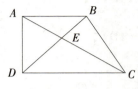

视频讲解

(A)24　　　　(B)30　　　　(C)32　　　　(D)36　　　　(E)40

12.【2016 年联考】如图所示,在半径为 10 厘米的球体上开一个底面半径是 6 厘米的圆柱形洞,则洞的内壁面积为(　　)(单位:平方厘米)

(A)48π

(B)288π

(C)96π

(D)576π

(E)192π

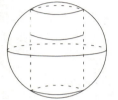

视频讲解

13.【2015 年联考】有一根圆柱形铁管,管壁厚度为 0.1 米,内径 1.8 米,长度 2 米。若该铁管熔化后浇铸成长方体,则该长方体体积为(　　)(单位:立方米;π=3.14)

(A)0.38　　　　(B)0.59　　　　(C)1.19

(D)5.09　　　　(E)6.28

视频讲解

14.【2015 年联考】如图所示,梯形 $ABCD$ 的上底与下底分别为 5,7,E 为 AC 和 BD 的交点,MN 过点 E 且平行于 AD,$MN=$(　　)

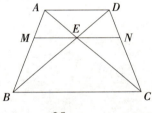

(A)$\dfrac{26}{5}$　　　(B)$\dfrac{11}{2}$　　　(C)$\dfrac{35}{6}$　　　(D)$\dfrac{36}{7}$　　　(E)$\dfrac{40}{7}$

视频讲解

15.【2015 年联考】如图所示,BC 是半圆直径且 $BC=4$,$\angle ABC=30°$,则图中阴影部分的面积为(　　)

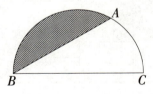

(A)$\dfrac{4\pi}{3}-\sqrt{3}$　　　　　　　(B)$\dfrac{4\pi}{3}-2\sqrt{3}$

(C)$\dfrac{2\pi}{3}+\sqrt{3}$　　　　　　　(D)$\dfrac{2\pi}{3}+2\sqrt{3}$

(E)$2\pi-2\sqrt{3}$

16.【2014 年联考】如图,已知 $AE=3AB$,$BF=2BC$。若 $\triangle ABC$ 的面积是 2,则 $\triangle AEF$ 的面积为(　　)

(A)14　　　　　　　(B)12

(C)10　　　　　　　(D)8

(E)6

视频讲解

17.【2014年联考】如图,圆 A 与圆 B 的半径均为1,则阴影部分的面积为( )

(A)$\dfrac{2}{3}\pi$ (B)$\dfrac{\sqrt{3}}{2}$

(C)$\dfrac{\pi}{3}-\dfrac{\sqrt{3}}{4}$ (D)$\dfrac{2}{3}\pi-\dfrac{\sqrt{3}}{4}$

(E)$\dfrac{2}{3}\pi-\dfrac{\sqrt{3}}{2}$

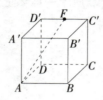

视频讲解

18.【2014年联考】如图,正方体 $ABCD—A'B'C'D'$ 的棱长为2,F 是棱 $C'D'$ 的中点,则 AF 的长为( )

(A)3 (B)5 (C)$\sqrt{5}$

(D)$2\sqrt{2}$ (E)$2\sqrt{3}$

视频讲解

19.【2013年联考】将体积为 4π 厘米³和 32π 厘米³的两个实心金属球熔化后铸成一个实心大球,则大球的表面积是( )

(A)32π 厘米² (B)36π 厘米²

(C)38π 厘米² (D)40π 厘米²

(E)42π 厘米²

视频讲解

20.【2013年联考】如图,在 Rt$\triangle ABC$ 中,$AC=4$,$BC=3$,$DE/\!/BC$。已知梯形 $BCED$ 的面积为3,则 DE 的长为( )

(A)$\sqrt{3}$ (B)$\sqrt{3}+1$

(C)$4\sqrt{3}-4$ (D)$\dfrac{3\sqrt{2}}{2}$

(E)$\sqrt{2}+1$

视频讲解

21.【2012年联考】如图,$\triangle ABC$ 是直角三角形,S_1,S_2,S_3 为正方形,已知 a,b,c 分别为 S_1,S_2,S_3 的边长,则( )

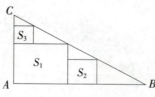

(A)$a=b+c$ (B)$a^2=b^2+c^2$

(C)$a^2=2b^2+2c^2$ (D)$a^3=b^3+c^3$

(E)$a^3=2b^3+2c^3$

视频讲解

22.【2012年联考】如图,一个储物罐的下半部分是底面直径与高均是20米的圆柱形,上半部分(顶部)是半球形,已知底面与顶部的造价是400元/米²,侧面的造价是300元/米²,该储物罐的造价是( )

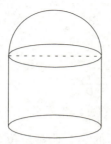

(A)56.52 万元   (B)62.8 万元

(C)75.36 万元   (D)87.92 万元

(E)100.48 万元

视频讲解

23.【2011 年联考】现有一个半径为 R 的球体,拟用刨床将其加工成正方体,则能加工成的最大正方体的体积是(　　)

(A)$\dfrac{8}{3}R^3$ (B)$\dfrac{8\sqrt{3}}{9}R^3$

(C)$\dfrac{4}{3}R^3$ (D)$\dfrac{1}{3}R^3$

(E)$\dfrac{\sqrt{3}}{9}R^3$

视频讲解

24.【2011 年在职】如图,一块面积为 400 平方米的正方形土地被分割成甲、乙、丙、丁四个小长方形作为不同的功能区域,它们的面积分别为 128,192,48 和 32 平方米。乙的左下角划出一块正方形区域(阴影)作为公共区域,这块小正方形的面积为(　　)

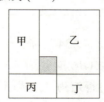

(A)16 平方米   (B)17 平方米

(C)18 平方米   (D)19 平方米

(E)20 平方米

25.【2010 年联考】如图,矩形 $ABCD$ 的长和宽分别为 8 厘米和 6 厘米,四边形 $OEFG$ 的面积是 4 厘米^2,则阴影部分的面积为(　　)

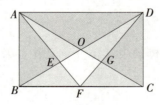

(A)30 厘米^2 (B)28 厘米^2

(C)24 厘米^2 (D)20 厘米^2

(E)16 厘米^2

视频讲解

26.【2010 年联考】如下图,在直角三角形 ABC 区域内部有座山,现计划从 BC 边上某点 D 开凿一条隧道到点 A,要求隧道长度最短,已知 AB 长为 5 千米,AC 长为 12 千米,则所开凿的隧道 AD 的

长度约为(　　)

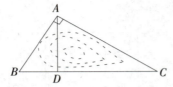

视频讲解

(A)4.12 千米　　(B)4.22 千米　　(C)4.42 千米　　(D)4.62 千米　　(E)4.92 千米

27.【2010 年在职】如图所示,小正方形的 $\frac{3}{4}$ 被阴影所覆盖,大正方形的 $\frac{6}{7}$ 被阴影所覆盖,则小、大正方形阴影部分面积之比为(　　)

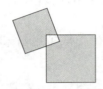

(A)$\frac{7}{8}$　　　　(B)$\frac{6}{7}$　　　　(C)$\frac{3}{4}$　　　　(D)$\frac{4}{7}$　　　　(E)$\frac{1}{2}$

28.【2010 年在职】如图,阴影甲的面积比阴影乙的面积多 28 厘米^2,AB=40 厘米,CB 垂直于 AB,则 BC 的长为(　　)($\pi \approx 3.14$)

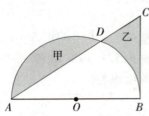

(A)30 厘米　　(B)32 厘米　　(C)34 厘米　　(D)36 厘米　　(E)40 厘米

29.【2009 年 MBA 联考】直角三角形 ABC 的斜边 AB=13 厘米,直角边 AC=5 厘米,把 AC 对折到 AB 上去与斜边相重合,点 C 与点 E 重合,折痕为 AD(如图),则图中阴影部分的面积为(　　)

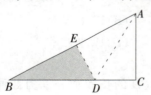

(A)20 厘米^2　　(B)$\frac{40}{3}$ 厘米^2　　(C)$\frac{38}{3}$ 厘米^2

(D)14 厘米^2　　(E)12 厘米^2

30.在正方体的 8 个顶点,12 条棱的中点,6 个面的中心及正方体的中心共 27 个点中,共线的三点组的个数是(　　)

(A)57　　　　(B)49　　　　(C)43　　　　(D)37　　　　(E)33

31.将一个棱长为 a 的正方体,切成 64 个全等的小正方体,那么表面积增加了(　　)

(A)$6a^2$　　　　(B)$12a^2$　　　　(C)$18a^2$　　　　(D)$24a^2$　　　　(E)$32a^2$

32.长方体的三个相邻面的面积分别为 2,3,6,这个长方体的顶点都在同一个球面上,则这个球面的表面积为(　　)

(A)28π　　　　(B)56π　　　　(C)14π　　　　(D)64π　　　　(E)80π

33.如果轴截面(经过圆柱的轴的截面)为正方形的圆柱的侧面积是4π,那么圆柱的体积等于(   )

(A)π (B)2π (C)4π (D)8π (E)16π

34.若两个球的表面积之差为48π,它们的大圆(过球心的截面)周长之和为12π,则这两个球的半径之差为(   )

(A)1   (B)2   (C)3   (D)4   (E)5

二、条件充分性判断。要求判断每题给出的条件(1)和条件(2)能否充分支持题干所陈述的结论。A、B、C、D、E五个选项为判断结果,只有一个选项是最符合题目要求的。

(A)条件(1)充分,但条件(2)不充分。

(B)条件(2)充分,但条件(1)不充分。

(C)条件(1)和条件(2)单独都不充分,但条件(1)和条件(2)联合起来充分。

(D)条件(1)充分,条件(2)也充分。

(E)条件(1)和条件(2)单独都不充分,条件(1)和条件(2)联合起来也不充分。

1.【2021年联考】给定两个直角三角形。则这两个直角三角形相似。

(1)每个直角三角形边长成等比数列;

(2)每个直角三角形边长成等差数列。

2.【2020年联考】在$\triangle ABC$中,$\angle B=60°$。则$\dfrac{c}{a}>2$。

(1)$\angle C<90°$;

(2)$\angle C>90°$。

3.【2020年联考】在长方体中,能确定长方体对角线的长度。

(1)已知其顶点的三个面的面积;

(2)已知其顶点的三个面的对角线长度。

4.【2019年联考】如图所示,已知正方形$ABCD$的面积,O为BC上一点,P为AO的中点,Q为OD上一点。则能确定三角形PQD的面积。

(1)O为BC的三等分点;

(2)Q为DO的三等分点。

5.【2018年联考】如图所示,在矩形$ABCD$中,$AE=FC$,则三角形AED与四边形$BCFE$能拼成一个直角三角形。

(1)$EB=2FC$;

(2)$ED=EF$。

6.【2017年联考】如图所示,一个铁球沉入水池中。则能确定铁球的体积。

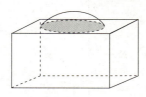

(1)已知铁球露出水面的高度;

(2)已知水深及铁球与水面交线的周长。

7.【2016年联考】如图所示,正方形$ABCD$由四个相同的长方形和一个小正方形拼成,则能确定小正方形的面积。

(1)已知正方形$ABCD$的面积;

(2)已知长方形的长、宽之比。

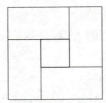

8.【2015年联考】底面半径为 r，高为 h 的圆柱表面积记为 S_1，半径为 R 的球体表面积记为 S_2，则 $S_1 \leqslant S_2$。

(1) $R \geqslant \dfrac{r+h}{2}$；

(2) $R \leqslant \dfrac{2h+r}{3}$。

视频讲解

9.【2014年联考】如图，O 是半圆的圆心，C 是半圆上的一点，$OD \perp AC$。则能确定 OD 长。

(1)已知 BC 的长；

(2)已知 AO 的长。

视频讲解

10.【2013年联考】$\triangle ABC$ 的边长分别是 a,b,c。则 $\triangle ABC$ 为直角三角形。

(1) $(c^2-a^2-b^2)(a^2-b^2)=0$；

(2) $\triangle ABC$ 的面积为 $\dfrac{1}{2}ab$。

视频讲解

11.【2011年联考】已知 $\triangle ABC$ 的三条边长分别为 a,b,c。则 $\triangle ABC$ 是等腰直角三角形。

(1) $(a-b)(c^2-a^2-b^2)=0$；

(2) $c=\sqrt{2}\,b$。

12.【2011年联考】如图，等腰梯形的上底与腰均为 x，下底为 $x+10$。则 $x=13$。

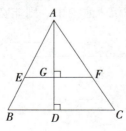

(1)该梯形的上底与下底之比为 13:23；

(2)该梯形的面积为 216。

13.【2010年联考】如图，在 $\triangle ABC$ 中，已知 $EF /\!/ BC$。则 $\triangle AEF$ 的面积等于梯形 $EBCF$ 的面积。

(1) $|AG|=2|GD|$；

(2) $|BC|=\sqrt{2}\,|EF|$。

视频讲解

14.【2009年在职】$\triangle ABC$ 是等边三角形。

(1) $\triangle ABC$ 的三边满足 $a^2+b^2+c^2=ab+ac+bc$；

(2)△ABC 的三边满足 $a^3-a^2b+ab^2+ac^2-b^3-bc^2=0$。

15.【2008 年在职】$PQ\cdot RS=12$。

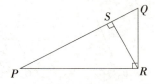

(1)如上图,$QR\cdot PR=12$;

(2)如上图,$PQ=5$。

16.三角形 ABC 是直角三角形。

(1)一条边上的中线为这条边长的一半;

(2)三角形的两边长分别对应方程 $x^2-7x+12=0$ 的两个根,另一条边长为 5。

第四节 答案及解析

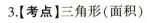

1.【考点】球,正方体

【答案】D

【解析】本题考查组合体的相关知识。如图所示,设正方体棱长为 a,则正方体体积为 $a^3=8$,解得 $a=2$。正方体体对角线为球的直径,设球半径为 R,则有 $\sqrt{3}a=2R$,解得 $R=\sqrt{3}$。所以球体的表面积 $S=4\pi R^2=12\pi$。

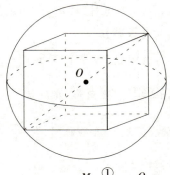

2.【考点】不规则 图形

【答案】A。

【解析】 根据题意可做辅助线如图所示,$S_① = S_{扇形QMN} - S_{\triangle QMN} = \frac{1}{6}\pi \times 1^2 - \frac{1}{2}\times 1\times \frac{\sqrt{3}}{2} = \frac{\pi}{6} - \frac{\sqrt{3}}{4}$,阴影部分的面积为 $S_{阴影} = 6S_① = \pi - \frac{3\sqrt{3}}{2}$。

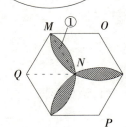

3.【考点】三角形(面积)

【答案】E

【解析】将线段 AB 绕点 B 旋转至 DB,则 $DB=AB$。由三角形的面积公式 $S=\frac{1}{2}ab\sin C$ 可得,$\frac{S_{\triangle DBC}}{S_{\triangle ABC}} = $

$\frac{\frac{1}{2}\times DB\times BC\times \sin\angle DBC}{\frac{1}{2}\times AB\times BC\times \sin\angle ABC} = \frac{\sin 60°}{\sin 30°} = \sqrt{3}$。

4.【考点】三角形,圆

【答案】C

【解析】如图,连接 OB 和 OC,其为圆 O 的半径,因为同弧所对的

圆心角是圆周角的 2 倍,所以 $\angle BOC = 2\angle BAC = \frac{\pi}{2}$。在 Rt$\triangle BOC$ 中,$OB=OC$,且 $OB^2+OC^2=BC^2=36$,所以 $OB^2=OC^2=18$,则圆 O 的面积为 $\pi OB^2 = \pi OC^2 = 18\pi$。

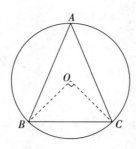

5.【考点】球,正方体

【答案】E

【解析】根据题意可知正方体内接于半球时,正方体体积、表面积最大,则可设正方体棱长为 a,可得 $\left(\dfrac{\sqrt{2}}{2}a\right)^{2}+a^{2}=3^{2}\Rightarrow a=\sqrt{6}\Rightarrow S_{表}=6a^{2}=36$。

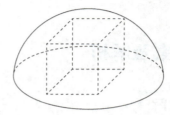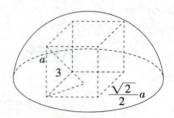

6.【考点】圆柱体,圆与扇形,三角形

【答案】D

【解析】设底面圆的圆心为 O,连接 CO 和 DO,$\angle COD=\dfrac{\pi}{3}$,扇形 COD 为圆柱底面积的 $\dfrac{1}{6}$,即 $\dfrac{1}{6}\times 4\pi=\dfrac{2\pi}{3}$。三角形 OCD 是边长为 2 的等边三角形,则其面积为 $\dfrac{1}{2}\times 2\times\sqrt{3}=\sqrt{3}$,弓形面积为扇形面积减去等边三角形面积,即 $\dfrac{2\pi}{3}-\sqrt{3}$。要求的几何体体积根据"底面积×高"进行计算,为 $\left(\dfrac{2\pi}{3}-\sqrt{3}\right)\times 3=2\pi-3\sqrt{3}$。

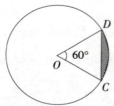

7.【考点】三角形(五线四心)

【答案】A

【解析】如图所示,M,N,P 分别为切点,由于圆 O 为内切圆,则 OM,ON,OP 分别垂直于三角形三边,设圆 O 半径为 r。

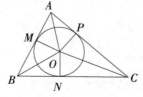

$$S_{\triangle ABC}=S_{\triangle AOB}+S_{\triangle BOC}+S_{\triangle COA}$$

$$=\dfrac{1}{2}AB\times OM+\dfrac{1}{2}BC\times ON+\dfrac{1}{2}AC\times OP=\dfrac{1}{2}(AB+BC+AC)r,$$

由题干,三角形 ABC 的面积与周长的大小之比为 1:2,则可知 $r=1$,所以圆 O 的面积为 $S=\pi r^2=\pi$。

8.【考点】三角形(面积)

【答案】E

【解析】$\triangle ABC$ 的面积为 $S=\frac{1}{2}AB \cdot AC \cdot \sin \angle A$,$\triangle A'B'C'$ 的面积为 $S'=\frac{1}{2}A'B' \cdot A'C' \cdot \sin \angle A'$。由 $\angle A+\angle A'=\pi$ 可得

$$\sin \angle A=\sin(\pi-\angle A)=\sin \angle A',$$

所以
$$\frac{S'}{S'}=\frac{\frac{1}{2}AB \cdot AC \cdot \sin \angle A}{\frac{1}{2}A'B' \cdot A'C' \cdot \sin \angle A'}=\frac{AB \cdot AC}{A'B' \cdot A'C'}=\frac{4}{9}。$$

9.【考点】圆与扇形,矩形(面积)

【答案】D

【解析】机器人能搜索出的区域如图所示

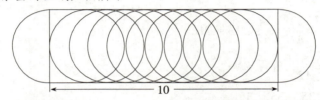

该区域为一个长方形加两个半圆,其中长方形的长、宽分别为 10 和 2,半圆的半径为 1,故其面积为 $10 \times 2+\pi=20+\pi$。

10.【考点】阴影面积的计算(扇形,三角形)

【答案】A

【解析】由 $\triangle AOB=\frac{\pi}{4}$ 可知,$\triangle ACO$ 为等腰直角三角形,再由斜边 $OA=1$ 可知其面积为 $\frac{1}{4}$。扇形 AOB 的面积占所在圆面积的 $\frac{1}{8}$,则其面积为 $\frac{\pi}{8}$,故阴影部分面积为 $\frac{\pi}{8}-\frac{1}{4}$。

11.【考点】三角形(相似),梯形(面积计算)

【答案】D

【解析】方法一:设 $\triangle ABE$ 的高为 h_1,$\triangle EDC$ 的高为 h_2,则 $\triangle ABE$ 的面积为 $\frac{1}{2} \times 4 \times h_1=4$,所以 $h_1=2$。

又因为 $AB//CD$,所以 $h_1:h_2=AB:CD=1:2$,故 $h_2=4$,则四边形 $ABCD$ 的面积为 $\frac{1}{2} \times (4+8) \times 6=36$。

方法二:因为 $AB//CD$,所以 $\frac{AB}{CD}=\frac{4}{8}=\frac{1}{2}$,且 $\triangle ABE$ 与 $\triangle CDE$ 相似。由相似三角形的面积比等于相似比的平方可知 $\triangle CDE$ 的面积为 16。注意到 $\triangle ABC$ 与 $\triangle CDB$ 底之比为 1:2,高相等,则 $\triangle ABC$ 与 $\triangle CDB$ 的面积比为 1:2,即 $(4+S_{\triangle BEC}):(16+S_{\triangle BEC})=1:2$,解得 $S_{\triangle BEC}=8$,同理可得 $S_{\triangle AED}=8$,所以四边形 $ABCD$ 面积为 $4+16+8+8=36$。

12.【考点】组合体(柱体,球体)

【答案】E

【解析】球体的半径为 10 厘米,圆柱形洞的底面半径是 6 厘米,则球心到圆柱形洞的底面的距离为 8 厘米,于是洞的内壁面积即为底面半径是 6 厘米、高是 16 厘米的圆柱体的侧面积,即 $2\pi \times 6 \times 16=192\pi$(平方厘米)。

13.【考点】圆柱体（体积）

【答案】C

【解析】长方体的体积与铁管体积相等，因此长方体的体积$=\pi\times(1^2-0.9^2)\times2=3.14\times0.19\times2\approx1.19($立方米$)$。

14.【考点】三角形（相似）

【答案】C

【解析】由于$MN\parallel AD\parallel BC$，且$AD=5$，$BC=7$，如图所示，则有$\dfrac{AD}{BC}=\dfrac{AE}{EC}=\dfrac{DE}{BE}=\dfrac{5}{7}$。

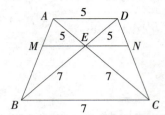

又$MN\parallel BC$，则$\dfrac{ME}{BC}=\dfrac{AE}{AC}=\dfrac{5}{12}$，解得$ME=\dfrac{35}{12}$。

同理，则$\dfrac{EN}{BC}=\dfrac{DE}{DB}=\dfrac{5}{12}$，解得$EN=\dfrac{35}{12}$。

因此，$MN=ME+EN=\dfrac{35}{12}+\dfrac{35}{12}=\dfrac{35}{6}$。

15.【考点】圆与扇形（阴影面积的计算）

【答案】A

【解析】连接圆心与点A，如图所示，则$S_{阴影}=S_{扇形AOB}-S_{\triangle AOB}$。因为$\angle AOB=120°$，故$S_{扇形AOB}=\dfrac{1}{3}S_{圆}=\dfrac{1}{3}\times\pi\times2^2=\dfrac{4}{3}\pi$。又$\angle ABC=30°$，$BO=AO=2$，则点$O$到$AB$边的高是$1$，$AB=2\sqrt{3}$，从而$S_{\triangle AOB}=\dfrac{1}{2}\times2\sqrt{3}\times1=\sqrt{3}$。因此，$S_{阴影}=S_{扇形AOB}-S_{\triangle AOB}=\dfrac{4}{3}\pi-\sqrt{3}$。

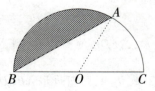

16.【考点】同底三角形面积

【答案】B

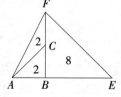

【解析】如图所示，利用等底同高的三角形面积相等，C为BF的中点可知$\triangle ACF$面积与$\triangle ABC$相等都为2，再根据$AE=3AB$，可知$BE=2AB$，即$\triangle BFE$的面积为$\triangle ABF$的面积的2倍，$\triangle ABF$的面积为4，因此$\triangle BFE$的面积为8，所以$\triangle AEF$面积为12。

点拨 解题的关键是想到利用三角形的相似求边长的关系。

17.【考点】面积转化问题

【答案】E

【解析】如图所示，连接O_1A，O_1B，O_2A，O_2B，因为圆A与圆B的半径均为1，则边AB为1，显然$\triangle ABO_1$与$\triangle ABO_2$均为边长为1的等边三角形，因此菱形AO_1BO_2的面积为$\dfrac{1}{2}\times1\times\sqrt{3}=\dfrac{\sqrt{3}}{2}$，且可求

得扇形 O_1AO_2 面积为 $\frac{120°}{360°}\times\pi\times1^2=\frac{\pi}{3}$，因此图中小阴影面积总和的一半为 $\frac{\pi}{3}-\frac{\sqrt{3}}{2}$，由此可知原题所求

的阴影部分面积为扇形面积与图中小阴影面积一半的和，则阴影面积为 $\frac{\pi}{3}+\left(\frac{\pi}{3}-\frac{\sqrt{3}}{2}\right)=\frac{2\pi}{3}-\frac{\sqrt{3}}{2}$。

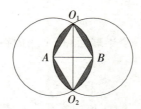

18.【考点】空间立方体某边长

【答案】A

【解析】过 F 点作 CC' 的平行线交 CD 于 E 点，连接 AE，如图所示，易得 $AE\perp EF$，所以 $AF=\sqrt{AE^2+EF^2}=\sqrt{AD^2+DE^2+EF^2}=\sqrt{2^2+1^2+2^2}=3$。

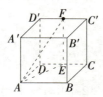

19.【考点】球体体积

【答案】B

【解析】由题意知，体积 $V_{大球}=(4+32)\pi=36\pi=\frac{4}{3}\pi R^3$，从而 $R=3$（厘米），于是表面积 $S=4\pi R^2=36\pi$（厘米^2）。

20.【考点】三角形的面积及三角形相似

【答案】D

【解析】由题意易知 $\triangle ABC$ 的面积为 $S_{\triangle ABC}=\frac{1}{2}\times BC\times AC=\frac{1}{2}\times3\times4=6$，则 $\triangle ADE$ 的面积为 $S_{\triangle ADE}=S_{\triangle ABC}-S_{梯形 BCED}=6-3=3$，又因 $DE/\!/BC$，因此 $\triangle ADE\sim\triangle ABC$，且 $S_{\triangle ADE}:S_{\triangle ABC}=1:2$，所以 $DE:BC=1:\sqrt{2}$，$DE=\frac{3\sqrt{2}}{2}$。

21.【考点】三角形相似

【答案】A

【解析】如图所示，由题意知 $JG=c$，$JE=a$，于是 $GE=JE-JG=a-c$，类似地，$HE=a-b$，由 $\triangle DGE\backsim\triangle EHF$ 知 $\frac{DG}{EH}=\frac{GE}{HF}$，即 $\frac{c}{a-b}=\frac{a-c}{b}$，从而解得 $a=b+c$。

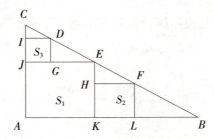

点拨 解题的关键是想到利用三角形的相似求边长的关系。

22.【考点】球、圆柱的体积

【答案】C

【解析】底面与顶部面积$=\frac{1}{2}\times4\pi\times10^2+\pi\times10^2=300\pi$，侧面积$=20\times20\pi=400\pi$，所以储物罐的造价$=300\times400\pi+400\times300\pi=240\ 000\pi=75.36$（万元）。

> **点拨** 注意此储物罐的表面积=一个半球面+一个底面+一个侧面。

23.【考点】正方体的外接球

【答案】B

【解析】已知球体为所求正方体的外接球，球的直径为正方体的体对角线，设正方体的棱长为a，故有$\sqrt{3}a=2R$，于是所求体积$V=a^3=\left(\frac{2}{\sqrt{3}}R\right)^3=\frac{8\sqrt{3}}{9}R^3$。

> **点拨** 正方体的外接球的直径为正方体的体对角线。

24.【考点】矩形的面积问题

【答案】A

【解析】大正方形的边长=20米，$\frac{S_甲}{S_乙}=\frac{128}{192}=\frac{2}{3}$，则甲的宽$=20\times\frac{2}{5}=8$（米），$\frac{S_丙}{S_丁}=\frac{48}{32}=\frac{3}{2}$，所以丙的长$=20\times\frac{3}{5}=12$（米），所以小正方形的面积$=(12-8)^2=16$（米^2）。

中 公 巧 解

求得的阴影正方形的边长应为整数，故直接选择A。

> **点拨** 解题的关键是将几个矩形的面积比转化为各边边长之比。

25.【考点】三角形和四边形的等积变换

【答案】B

【解析】$S_{阴影}=S_{矩形ABCD}-S_{空白}=S_{矩形ABCD}-(S_{\triangle BDF}+S_{\triangle AFC}-S_{四边形\ OEFG})$，而$S_{\triangle BDF}+S_{\triangle AFC}=\frac{1}{2}BF\cdot CD+\frac{1}{2}FC\cdot AB=\frac{1}{2}S_{矩形ABCD}$，所以$S_{阴影}=S_{矩形ABCD}-S_{空白}=\frac{1}{2}S_{矩形ABCD}+S_{四边形\ OEFG}=28$（厘米^2）。

> **点拨** 解题的关键是找到等式关系$S_{\triangle BDF}+S_{\triangle AFC}=\frac{1}{2}S_{矩形ABCD}$。

26.【考点】直角三角形的面积

【答案】D

【解析】隧道长度最短，即AD为BC边上的高，利用直角三角形勾股定理，可知$BC=13$，再根据直角三角形的面积公式$AB\cdot AC=BC\cdot AD$，所以$AD=\frac{12\times5}{13}\approx4.62$。

> **点拨** 要根据题意，将实际应用题转化为解直角三角形的问题。

27.【考点】面积转化问题

【答案】E

【解析】根据题意，可知$S_{空白}=\left(1-\frac{3}{4}\right)S_{小正}=\left(1-\frac{6}{7}\right)S_{大正}$，所以$S_{小正}=4S_{空白}$，$S_{大正}=7S_{空白}$，因此$\frac{S_{小阴影}}{S_{大阴影}}=\frac{3S_{空白}}{6S_{空白}}=\frac{1}{2}$。

用特值法,假设空白处面积为1,则小、大正方形的面积分别为4和7,所以两个阴影面积分别为3和6,故本题选E。

点拨 解题的关键是将条件"小(大)正方形的 $\frac{3}{4}\left(\frac{6}{7}\right)$ 被阴影所覆盖"转化为两个正方形面积与空白处面积的关系。

28.**【考点】**割补法解决面积问题

【答案】A

【解析】 $S_{\text{半圆}}-S_{\triangle ABC}=(S_{\text{甲}}+S_{\text{空白}})-(S_{\text{乙}}+S_{\text{空白}})=S_{\text{甲}}-S_{\text{乙}}=\frac{1}{2}\cdot\pi\cdot20^2-\frac{1}{2}\times40\cdot BC=28$,所以 $BC=30$。

点拨 甲和乙都是不规则图形,故可用割补法将已知条件变为两个规则图形的面积差,再利用面积公式求解。

29.**【考点】**三角形的相似

【答案】B

【解析】因为 $AB=13,AC=5$,所以 $BC=12$。由题干知 $AE=AC=5$,则 $BE=8$,又 $\triangle BDE\backsim\triangle BAC$,则 $\frac{BE}{BC}=\frac{DE}{AC}$,可得 $DE=\frac{10}{3}$,故 $S_{\text{阴影}}=\frac{1}{2}\cdot BE\cdot DE=\frac{40}{3}$。

由于 AD 是 $\angle BAC$ 的角平分线,由角平分线的性质可知, $\frac{AB}{AC}=\frac{BD}{DC}$,于是 $\frac{BD+DC}{DC}=\frac{AB+AC}{AC}$,即 $\frac{12}{DC}=\frac{13+5}{5}$,解得 $DC=\frac{10}{3}$,故 $S_{\text{阴影}}=S_{\triangle ABC}-2S_{\triangle ACD}=\frac{1}{2}\times12\times5-\frac{10}{3}\times5=\frac{40}{3}$。

点拨 在直角三角形中,经常用相似三角形的边之比来解决面积问题。

30.**【考点】**正方体中的点

【答案】B

【解析】8个顶点中无3点共线,故共线的三点中,中间的点必须有一个是棱中点或面中心或体中心。

(1)体中心为中点:4对顶点,6对棱中点,3对面中心,共13组;

(2)面中心为中点:4×6=24(组);

(3)棱中点为中点:12组;

因此,共49个。

点拨 根据三点组的中间点来分类,可以方便计数。

31.**【考点】**正方体的表面积

【答案】C

【解析】原正方体的表面积是 $6a^2$,体积是 a^3;切完后的每个小正方体的体积是 $\frac{a^3}{64}$,棱长为 $\sqrt[3]{\frac{a^3}{64}}=\frac{a}{4}$,表面积为 $6\times\left(\frac{a}{4}\right)^2=\frac{3}{8}a^2$,故总的表面积是 $64\times\frac{3}{8}a^2=24a^2$,所以表面积增加了 $18a^2$。

将一个大正方体平均切成64个小正方体，说明是将每条棱4等分的，说明在每条棱上切了3刀，故在前后、左右、上下3组面上一共切了3×3=9(刀)，而每切一刀，多出两个面，每个面的面积均为 a^2，故9刀后，表面积多了 $9×2a^2=18a^2$。

点拨 掌握巧解中的方法，可以解决所有类似的题目。

32.【考点】长方体的外接球

【答案】C

【解析】设长方体长、宽、高分别为 a,b,c，则 $ab=6,ac=3,bc=2$ 于是 $a=3,b=2,c=1$，题中的球体为长方体的外接球，则长方体的体对角线为此球的直径，即 $\sqrt{1^2+2^2+3^2}=2R,R=\frac{\sqrt{14}}{2}$，于是球体表面积 $S=4\pi R^2=14\pi$。

点拨 解题的关键是根据长方体各面的面积求出长方体的长、宽、高，再求出外接球的表面积。

33.【考点】圆柱的表面积、体积

【答案】B

【解析】设圆柱的高为 h，底面半径为 R，则由已知条件可得 $h=2R$ 和 $4\pi=h×2\pi R$，可解得 $h=2,R=1$，于是圆柱的体积 $V=S×h=\pi R^2×h=\pi×1^2×2=2\pi$。

点拨 解题的关键是将"轴截面为正方形"转化为圆柱的高和底面半径的关系。

34.【考点】球的表面积问题

【答案】B

【解析】设两个球的半径分别为 R_1,R_2，则有 $4\pi R_1^2-4\pi R_2^2=48\pi,2\pi R_1+2\pi R_2=12\pi$，联立解得 $R_1-R_2=2$。

点拨 一定要熟记球体的体积、表面积公式。

条件充分性判断

1.【考点】三角形相似，等差、等比数列

【答案】D

【解析】条件(1)，根据条件可设两个直角三角形的三边分别为 a,aq_1,aq_1^2 和 b,bq_2,bq_2^2，不妨设 $q_1>1,q_2>1$，根据勾股定理 $a^2+(aq_1)^2=(aq_1^2)^2,b^2+(bq_2)^2=(bq_2^2)^2$，解得 $q_1^2=\frac{1+\sqrt{5}}{2},q_2^2=\frac{1+\sqrt{5}}{2}$，即 $\frac{q_1}{q_2}=1$，则有 $\frac{a}{b}=\frac{aq_1}{bq_2}=\frac{aq_1^2}{bq_2^2}$，三边对应成比例，则两个直角三角形相似，所以条件(1)充分；条件(2)，根据条件可设两个直角三角形的三边分别为 $a,a+d_1,a+2d_1$ 和 $b,b+d_2,b+2d_2$，不妨设 $d_1>0,d_2>0$，根据勾股定理 $a^2+(a+d_1)^2=(a+2d_1)^2,b^2+(b+d_2)^2=(b+2d_2)^2$，解得 $a=3d_1,b=3d_2$，则两个三角形三边分别为 $3d_1,4d_1,5d_1$ 和 $3d_2,4d_2,5d_2$ 则 $\frac{3d_1}{3d_2}=\frac{4d_1}{4d_2}=\frac{5d_1}{5d_2}$，三边对应成比例，则两个直角三角形相似，所以条件(2)充分。

2.【考点】三角形

【答案】B

【解析】由题意知，$\angle B=60°$，当 $\angle ACB=90°$时，$\frac{c}{a}=\frac{AB}{BC}=2$。条件(1)，当 $\angle A_1CB<90°$ 时，$\frac{c}{a}=\frac{A_1B}{BC}<$

$\dfrac{AB}{BC}=2$，所以条件(1)不充分；条件(2)，当$\angle A_2CB>90°$时，$\dfrac{c}{a}=\dfrac{A_2B}{BC}>\dfrac{AB}{BC}=2$，所以条件(2)充分。

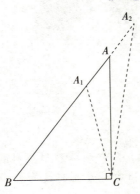

3.【考点】立体几何(长方形)

【答案】 D

【解析】 设长方体的长、宽、高分别为a,b,c。条件(1)，已知ab,ac,bc的值，不妨设$\begin{cases}ab=x,\\ac=y,\\bc=z,\end{cases}$则$abc=$

$\sqrt{xyz}$，因此$\begin{cases}a=\dfrac{\sqrt{xyz}}{z},\\b=\dfrac{\sqrt{xyz}}{y},\\c=\dfrac{\sqrt{xyz}}{x},\end{cases}$故$\sqrt{a^2+b^2+c^2}$的值可以确定，所以条件(1)充分；条件(2)，已知$\sqrt{a^2+b^2}$，

$\sqrt{a^2+c^2}$，$\sqrt{b^2+c^2}$的值，不妨设$\begin{cases}\sqrt{a^2+b^2}=x,\\\sqrt{a^2+c^2}=y,\\\sqrt{b^2+c^2}=z,\end{cases}$则$\begin{cases}a^2+b^2=x^2,\\a^2+c^2=y^2,\\b^2+c^2=z^2,\end{cases}$所以$\sqrt{a^2+b^2+c^2}=\sqrt{\dfrac{x^2+y^2+z^2}{2}}$，所以条件(2)

充分。

4.【考点】三角形

【答案】 B

【解析】 无论点O在BC上的什么位置，$\triangle AOD$的面积均为正方形$ABCD$面积的一半。已知P为AO的中点，则$\triangle PDO$的面积是$\triangle AOD$的面积的一半。$\triangle PDQ$与$\triangle PDO$的面积之比等于DQ与OD的长度之比。由以上分析可知，$\triangle PDO$的面积为定值，$\triangle PDQ$的面积决定于DQ与OD的长度之比。故条件(1)不充分，条件(2)充分。

5.【考点】三角形(全等)

【答案】 D

【解析】 如图所示，因为$AE=FC$，故将E与F重合，A与C重合，(D移至D')。在矩形中，$\angle A=\angle C=90°$，则B,C,D'将在同一条直线上，连接ED'与CF交于F'，若F与F'重合，则表明三角形AED与四边形$BCFE$可以拼成一个直角三角形。在三角形$D'BE$中，$CF//BE$，$BC=D'C$，则CF'为中位线，则$EB=2AF'$，$EF'=D'F'$。由图形的拼接过程可知，条件(1)和条件(2)，单独来看，都意味着F与F'重合，故条件(1)、条件(2)单独都充分。

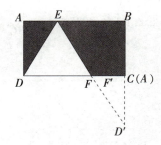

6.【考点】球体

【答案】B

【解析】设铁球的半径为 R。条件(1)，只知道球露出水面的高度，不能确定半径 R，因此不能确定球的体积，条件(1)不充分；条件(2)，已知球与水面交线的长，可知球与水面的截面圆的周长，由此可求出截面圆的半径 r，已知水深 h，则球心到水面的距离为 $h-R$，此时满足 $R^2=r^2+(h-R)^2$，可确定 R，能求出球的体积，条件(2)充分。

7.【考点】正方形(面积)

【答案】C

【解析】显然，条件(1)和条件(2)单独都不充分；联合考虑，设大正方形的边长为 m，长方形的长、宽分别为 ax 和 bx，则 $(a+b)x=m$，于是小正方形面积为 $[(a-b)x]^2=\dfrac{(a-b)^2m^2}{(a+b)^2}$，即两条件联合充分。

8.【考点】空间几何体(圆柱体,球体)

【答案】C

【解析】$S_1=2\pi r^2+2\pi rh$，$S_2=4\pi R^2$，若 $S_1\le S_2$，则需要 $2\pi r^2+2\pi rh\le 4\pi R^2$，可得 $R^2\ge\dfrac{r^2+rh}{2}$。条件(1)，假设 $r=4$，$h=2$，$R=3$，满足条件 $R\ge\dfrac{r+h}{2}$，但是不符合 $R^2\ge\dfrac{r^2+rh}{2}$，条件(1)不充分；条件(2)，若 $r=5$，$h=2$，$R=3$，满足 $R\le\dfrac{2h+r}{3}$，但是不符合 $R^2\ge\dfrac{r^2+rh}{2}$，条件(2)也不充分；条件(1)和条件(2)联合考虑，有 $\dfrac{r+h}{2}\le R\le\dfrac{2h+r}{3}$，则要有 $\dfrac{2h+r}{3}\ge\dfrac{r+h}{2}$ 成立，可解得 $h\ge r$。当 $h\ge r$ 时，有 $\left(\dfrac{r+h}{2}\right)^2\ge\dfrac{r^2+rh}{2}$ 成立，故可得出 $S_1\le S_2$，所以条件(1)和条件(2)联合充分。

9.【考点】三角形相似

【答案】A

【解析】由条件(1)知，由于 $\triangle ADO$ 与 $\triangle ACB$ 相似，则 $\dfrac{DO}{CB}=\dfrac{AO}{AB}=\dfrac{1}{2}$，故可求出 DO 长，因此条件(1)充分；条件(2)给出 AO 的长度，无法求出 DO 长，因此条件(2)不充分。

10.【考点】直角三角形的性质

【答案】B

【解析】由条件(1)可得 $c^2=a^2+b^2$ 或者 $a=b$，则 $\triangle ABC$ 为直角三角形或者等腰三角形，条件(1)不充分；对于条件(2)，由于 $S_{\triangle ABC}=\dfrac{ab}{2}\sin C=\dfrac{ab}{2}$，故 $\sin C=1$，即 $C=90°$，从而 $\triangle ABC$ 为直角三角形，条件(2)充分。

11.【考点】三角形三边的关系

【答案】C

【解析】由条件(1)知 $a=b$ 或 $c^2=a^2+b^2$，则 $\triangle ABC$ 为等腰三角形或直角三角形，条件(1)不充分；条件

(2)显然不充分；条件(1)和条件(2)联合考虑，得 $a=b$ 且 $c=\sqrt{2}\,b$ 或 $c^2=a^2+b^2$ 且 $c=\sqrt{2}\,b$，则 $\triangle ABC$ 为等腰直角三角形，条件(1)和条件(2)联合充分。

点拨 注意条件(1)等价于 $a=b$ 或 $c^2=a^2+b^2$，并非 $a=b$ 且 $c^2=a^2+b^2$。

12.【考点】梯形的面积

【答案】D

【解析】由条件(1)知 $\dfrac{x}{x+10}=\dfrac{13}{23}$，得 $x=13$，条件(1)充分；将梯形分割为如图所示的几个图形，

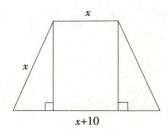

由条件(2)知 $\dfrac{(x+x+10)\times\sqrt{x^2-25}}{2}=216$，得 $x=13$，条件(2)充分。

点拨 解题的关键是将梯形进行分割，进而用 x 表示出梯形的面积。

13.【考点】相似三角形的面积问题

【答案】B

【解析】三角形面积等于梯形面积，即 $S_{\triangle AEF}=\dfrac{1}{2}S_{\triangle ABC}$。由条件(1)可知，$AG=\dfrac{2}{3}AD$，$EF=\dfrac{2}{3}BC$，故 $S_{\triangle AEF}=\dfrac{4}{9}S_{\triangle ABC}$，条件(1)不充分；由条件(2)可知，$EF=\dfrac{\sqrt{2}}{2}BC$，$AG=\dfrac{\sqrt{2}}{2}AD$，故 $S_{\triangle AEF}=\dfrac{1}{2}S_{\triangle ABC}$，条件(2)充分。

点拨 要注意，相似三角形高的比也等于相似比。

14.【考点】等式的求解和三角形三边关系

【答案】A

【解析】根据条件(1)，得到 $(a-b)^2+(b-c)^2+(a-c)^2=0$，由于完全平方的非负性，故有 $a=b=c$，故条件(1)充分；根据条件(2)，假设 $a=b$，等式已经成立，故无法判断是否有 $a=b=c$，故条件(2)不充分。

点拨 对于不好直接变形求解的等式，不妨将部分结论代入，看等式是否成立。

15.【考点】三角形面积问题

【答案】A

【解析】根据条件(1)，$QR\cdot PR=2S_{\triangle PQR}=PQ\cdot RS=12$，故条件(1)充分；而条件(2)显然不充分。

点拨 在直角三角形中，看到线段的乘积，就要想到三角形的面积公式和三角形的相似。

16.【考点】方程的根、直角三角形性质

【答案】D

【解析】由条件(1)知三角形 ABC 是直角三角形，此边即为斜边；对于条件(2)，可求得两根为 3 和 4，与 5 满足勾股定理，因此也能得到三角形 ABC 是直角三角形。

点拨 要牢记直角三角形"斜边中线等于斜边的一半"的性质。

第七章 解析几何

第一节 基本公式

一、两点间的距离

平面上两点 $P_1(x_1,y_1)$，$P_2(x_2,y_2)$ 之间的距离记为 P_1P_2，则有 $P_1P_2=\sqrt{(x_2-x_1)^2+(y_2-y_1)^2}$。

二、线段的定比分点坐标

$P_1(x_1,y_1)$ 和 $P_2(x_2,y_2)$ 是有向直线 l 上两点，则 l 上的点 $P(x,y)$ 将有向线段 $\overrightarrow{P_1P_2}$ 分成两条有向线段 $\overrightarrow{P_1P}$ 和 $\overrightarrow{PP_2}$，$\overrightarrow{P_1P}$ 和 $\overrightarrow{PP_2}$ 的长度比记为 λ，即 $\lambda=\dfrac{P_1P}{PP_2}$，点 P 叫作 $\overrightarrow{P_1P_2}$ 的定比分点，则有 $x=\dfrac{x_1+\lambda x_2}{1+\lambda}$，$y=\dfrac{y_1+\lambda y_2}{1+\lambda}$。

当 $\lambda=1$ 时，P 为 P_1P_2 的中点，此时 $x=\dfrac{x_1+x_2}{2}$，$y=\dfrac{y_1+y_2}{2}$。

三、过两点的直线的斜率公式

(1)设直线 l 过点 $P_1(x_1,y_1)$，$P_2(x_2,y_2)$，则 l 的斜率 $k=\dfrac{y_2-y_1}{x_2-x_1}$ $(x_2\neq x_1)$。

(2)若直线方程为 $Ax+By+C=0$ $(B\neq 0)$，则此直线的斜率为 $k=-\dfrac{A}{B}$。

四、点到直线的距离

设直线 l 的方程为 $Ax+By+C=0$，有一点 $P(x_0,y_0)$，则点 P 到直线 l 的距离为 $d=\dfrac{|Ax_0+By_0+C|}{\sqrt{A^2+B^2}}$。

【例题1】点 P_1 和 P_2 的坐标分别是 $(-1,-6)$ 和 $(3,0)$，点 P 的横坐标为 $-\dfrac{7}{3}$，则点 P 分 P_1P_2 所成的比 λ 和点 P 的纵坐标 y 分别是（　　）

(A) $-\dfrac{1}{4}$，-8　　　(B) 1，-2　　　(C) 2，0　　　(D) 3，3　　　(E) 5，8

【答案】A

【解析】$\lambda=\dfrac{x-x_1}{x_2-x}=\dfrac{-\dfrac{7}{3}-(-1)}{3-\left(-\dfrac{7}{3}\right)}=-\dfrac{1}{4}$，$y=\dfrac{y_1+\lambda y_2}{1+\lambda}=\dfrac{-6+\left(-\dfrac{1}{4}\right)\times 0}{1+\left(-\dfrac{1}{4}\right)}=-8$。

【例题2】点 $(0,5)$ 到直线 $y=2x$ 的距离是（　　）

(A) $\dfrac{5}{2}$　　　　(B) $\sqrt{5}$　　　　(C) 5　　　　(D) $\dfrac{\sqrt{5}}{2}$　　　　(E) $\dfrac{\sqrt{5}}{5}$

【答案】B

【解析】把直线方程化为一般形式为 $2x-y=0$，由点到直线的距离公式得

$$d=\frac{|2\times 0+(-1)\times 5|}{\sqrt{2^2+(-1)^2}}=\sqrt{5}。$$

【例题3】已知三角形的三个顶点坐标分别为 $A(2,1),B(2,4),C(5,4)$，则此三角形为（　）

(A)锐角三角形　　　　　　　(B)直角三角形

(C)等腰直角三角形　　　　　(D)等边三角形

(E)以上答案都不对

【答案】C

【解析】由两点间距离公式得

$$AB=\sqrt{(2-2)^2+(4-1)^2}=3,AC=\sqrt{(5-2)^2+(4-1)^2}=3\sqrt{2},BC=\sqrt{(5-2)^2+(4-4)^2}=3。$$

又因为 $AB^2+BC^2=AC^2$，则此三角形为等腰直角三角形。

第二节　直线

一、直线方程的几种形式

形式	图示
(1)一般式： 适用于所有直线，$Ax+By+C=0$（其中 A，B 不同时为 0）。	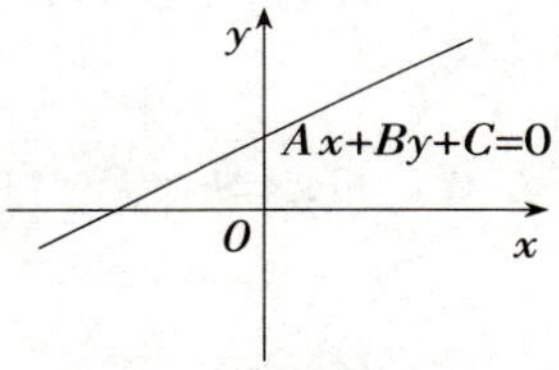
(2)点斜式： 已知直线上一点 $P(x_0,y_0)$，并且直线的斜率 k 存在，则直线可表示为 $y-y_0=k(x-x_0)$；当 k 不存在时，直线可表示为 $x=x_0$。	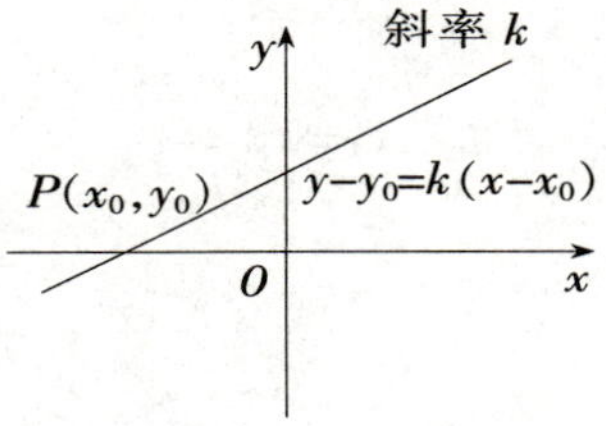
(3)斜截式： 在 y 轴上截距为 b，即过点 $(0,b)$，斜率为 k 的直线，由点斜式可得斜截式 $y=kx+b$；当直线的斜率不存在时，直线方程不能表示为斜截式。	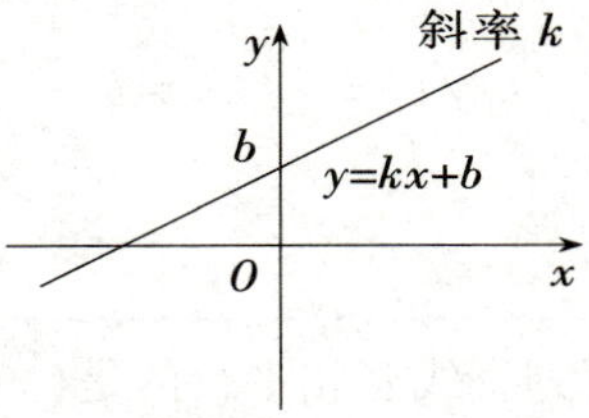
(4)截距式： 适用于与坐标轴不垂直的直线，已知直线与 x 轴交于点 $(a,0)$，与 y 轴交于点 $(0,b)$，则直线可表示为 $bx+ay-ab=0$。特别地，当 a,b 均不为 0 时，截距式可写为 $\frac{x}{a}+\frac{y}{b}=1$。	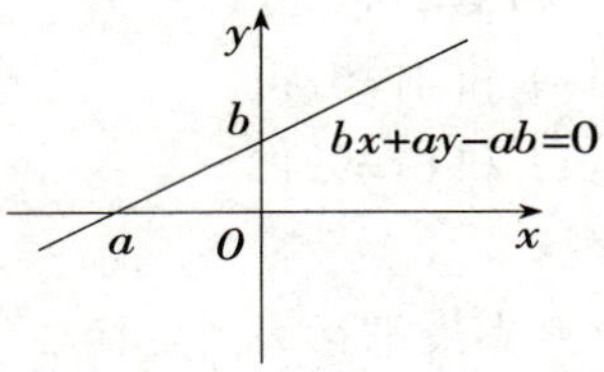

(续表)

形式	图示
(5)两点式： 设直线过 $A_1(x_1,y_1)$ 和 $A_2(x_2,y_2)$ $(x_1\neq x_2$ 且 $y_1\neq y_2)$，则直线的方程为 $\dfrac{y-y_1}{y_2-y_1}=\dfrac{x-x_1}{x_2-x_1}$。	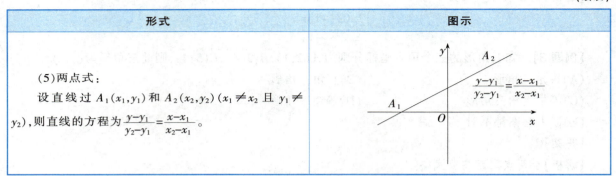

【例题】已知直线 L 过两点 $A(1,2)$ 和 $B(3,4)$，则直线 L 的方程为( )

(A) $y=x+1$ (B) $y=2x+1$ (C) $y=x-1$ (D) $y=2x+3$ (E) $y=2x+2$

【答案】A

【解析】运用两点式知直线的方程为 $\dfrac{y-2}{4-2}=\dfrac{x-1}{3-1}$，即 $y=x+1$，因此本题选 A；另外可以将 A 点和 B 点坐标代入选项也可知，本题选 A。

二、两条直线的位置关系

设直线 $L_1:y=k_1x+b_1$ 和直线 $L_2:y=k_2x+b_2$，则有

关系	图示
L_1 与 L_2 相交 $\Leftrightarrow k_1\neq k_2$	
$L_1\perp L_2\Leftrightarrow k_1k_2=-1$	
$L_1\parallel L_2\Leftrightarrow k_1=k_2,b_1\neq b_2$	

【例题】下列直线互相平行的是( )

(A) $y=x+1$ 和 $y=2x+1$ (B) $y=x+1$ 和 $y=3x+1$

(C) $2y=3x+1$ 和 $4y=6x+1$ (D) $y=x+1$ 和 $y=-x+1$

(E) $2y=3x+1$ 和 $6y=9x+3$

【答案】C

【解析】依照直线平行的判定标准 $(k_1=k_2,b_1\neq b_2)$ 可知，本题选 C。

第三节　圆

一、圆的方程的形式

1.标准方程

设圆的圆心为 $C(a,b)$，半径为 r，则圆的标准方程为 $(x-a)^2+(y-b)^2=r^2$。

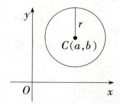

2.一般方程

当 $D^2+E^2-4F>0$ 时，方程 $x^2+y^2+Dx+Ey+F=0$ 叫作圆的一般方程，圆心 $C\left(-\dfrac{D}{2},-\dfrac{E}{2}\right)$，半径 $r=\sqrt{\dfrac{D^2+E^2-4F}{4}}$。

【例题】下列曲线方程表示圆的是(　　)

(A) $\dfrac{x^2}{2}+\dfrac{y^2}{3}=1$　　　(B) $\dfrac{x^2}{2}-\dfrac{y^2}{3}=1$　　　(C) $y^2=4x$　　　(D) $\dfrac{x^2}{2}+\dfrac{y^2}{2}=1$　　　(E) $y=x+1$

【答案】D

【解析】圆的方程中，x^2 和 y^2 前面的系数相等，因此本题选 D。实际上 A、B、C、E 四项分别代表椭圆、双曲线、抛物线、直线。

二、直线与圆的位置关系

直线 $L:Ax+By+C=0$，圆 $C:(x-a)^2+(y-b)^2=r^2$，则圆心 $C(a,b)$ 到直线 L 的距离 $d=\dfrac{|Aa+Bb+C|}{\sqrt{A^2+B^2}}$。

关系	图示
直线 L 与圆 C 相交 $\Longleftrightarrow d<r$	
直线 L 与圆 C 相切 $\Longleftrightarrow d=r$	

(续表)

关系	图示
直线 L 与圆 C 相离 $\Leftrightarrow d>r$	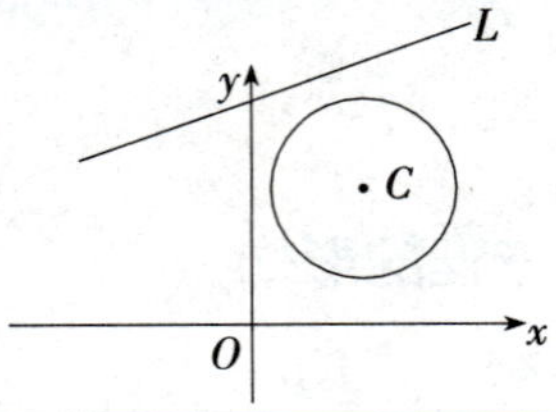

【例题】下列直线与圆相切的是(　　)

(A)$y=x+3$ 和 $x^2+y^2=1$ (B)$y=x+2$ 和 $x^2+y^2=1$

(C)$y=x+\sqrt{2}$ 和 $x^2+y^2=1$ (D)$y=x+1$ 和 $x^2+y^2=1$

(E)$y=x$ 和 $x^2+y^2=1$

【答案】C

【解析】A项中$d=\dfrac{|0+3-0|}{\sqrt{1^2+1^2}}=\dfrac{3}{2}\sqrt{2}$，$r=1$，$d>r$，相离；

B项中$d=\dfrac{|0+2-0|}{\sqrt{1^2+1^2}}=\sqrt{2}$，$r=1$，$d>r$，相离；

C项中$d=\dfrac{|0+\sqrt{2}-0|}{\sqrt{1^2+1^2}}=1$，$r=1$，$d=r$，相切；

D项中$d=\dfrac{|0+1-0|}{\sqrt{1^2+1^2}}=\dfrac{\sqrt{2}}{2}$，$r=1$，$d<r$，相交；

E项中$d=\dfrac{|0-0|}{\sqrt{1^2+1^2}}=0$，$r=1$，$d<r$，相交。

三、圆与圆的位置关系

圆 C_1:$(x-a_1)^2+(y-b_1)^2=r_1^2$，圆心 $C_1(a_1,b_1)$，半径为 r_1；圆 C_2:$(x-a_2)^2+(y-b_2)^2=r_2^2$，圆心 $C_2(a_2,b_2)$，半径为 r_2，圆心距 $d=\sqrt{(a_1-a_2)^2+(b_1-b_2)^2}$。

关系	图示
圆 C_1 与圆 C_2 外离 $\Leftrightarrow d>r_1+r_2$	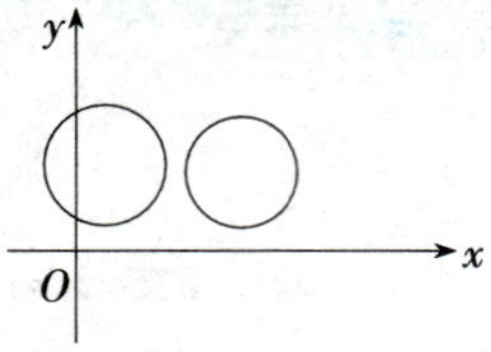
圆 C_1 与圆 C_2 外切 $\Leftrightarrow d=r_1+r_2$	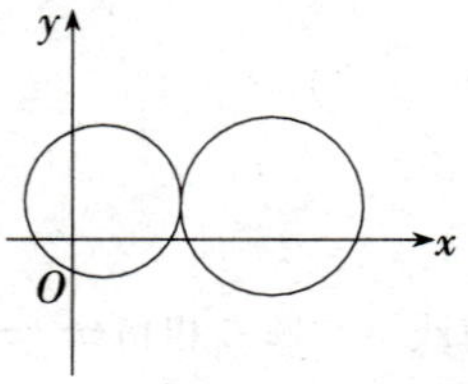
圆 C_1 与圆 C_2 相交 $\Leftrightarrow \|r_1-r_2\|<d<r_1+r_2$	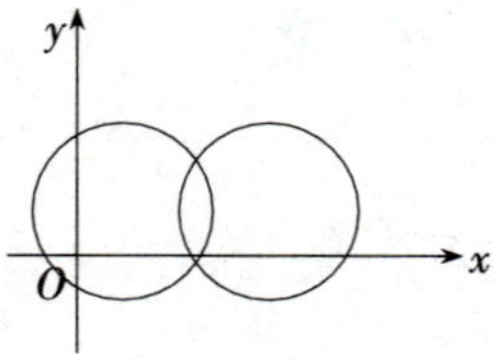

关系	图示
圆 C_1 与圆 C_2 内切 $\Leftrightarrow d=\lvert r_1-r_2 \rvert$	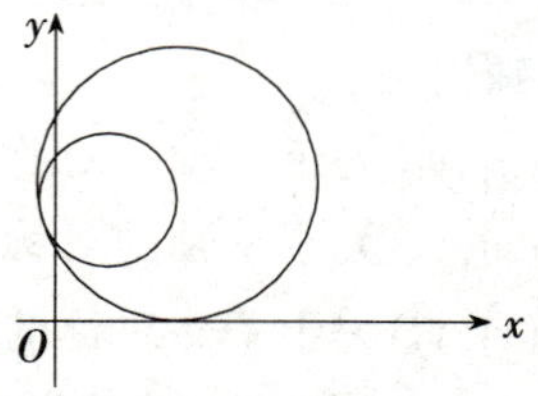
圆 C_1 与圆 C_2 内含 $\Leftrightarrow 0 \leqslant d < \lvert r_1-r_2 \rvert$	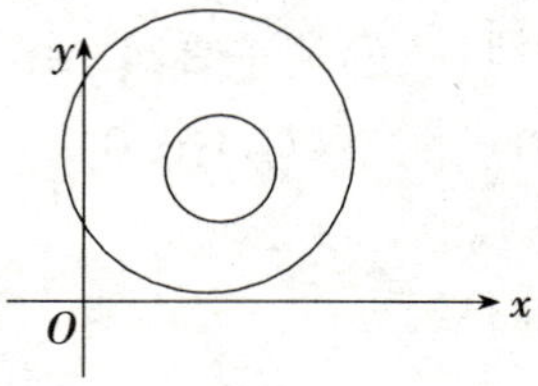

【例题】下列圆和圆相交的是（　　）

(A) $x^2+y^2=4$ 和 $(x-4)^2+y^2=1$　　(B) $x^2+y^2=4$ 和 $(x-3)^2+y^2=1$

(C) $x^2+y^2=4$ 和 $(x-2)^2+y^2=1$　　(D) $x^2+y^2=4$ 和 $(x-1)^2+y^2=1$

(E) $x^2+y^2=4$ 和 $x^2+y^2=1$

【答案】C

【解析】A项中，圆心分别为 $(0,0)$ 和 $(4,0)$，圆心距 $d=4$，$r_1+r_2=2+1=3$，$d>r_1+r_2$，外离；

B项中，圆心分别为 $(0,0)$ 和 $(3,0)$，圆心距 $d=3$，$r_1+r_2=2+1$，$d=r_1+r_2$，外切；

C项中，圆心分别为 $(0,0)$ 和 $(2,0)$，圆心距 $d=2$，$r_1+r_2=2+1=3$，$\lvert r_1-r_2 \rvert=2-1=1$，$\lvert r_1-r_2 \rvert<d<r_1+r_2$，相交；

D项中，圆心分别为 $(0,0)$ 和 $(1,0)$，圆心距 $d=\lvert r_1-r_2 \rvert=2-1=1$，内切；

E项中，圆心均为 $(0,0)$，圆心距 $d=0$，$\lvert r_1-r_2 \rvert=2-1=1$，$0 \leqslant d<\lvert r_1-r_2 \rvert$，内含。

第四节　对称问题

一、点关于点对称

(1) 点 $A_1(x_1,y_1)$ 关于 $A_2(x_2,y_2)$ 的对称点为 $A_3(2x_2-x_1,2y_2-y_1)$；

(2) 点 $A_1(x_1,y_1)$ 关于原点的对称点为 $A_1{}'(-x_1,-y_1)$；

(3) 已知两点 $A_1(x_1,y_1)$ 和 $A_2(x_2,y_2)$，则线段 A_1A_2 的中点 M 坐标为 $\left(\dfrac{x_1+x_2}{2}, \dfrac{y_1+y_2}{2} \right)$。

【例题】点 $A(1,2)$ 关于点 $B(3,4)$ 的对称点 C 的坐标为（　　）

(A)(4,6)　　　(B)(2,2)　　　(C)(2,3)　　　(D)(1,1)　　　(E)(5,6)

【答案】E

【解析】由点关于点对称的公式知 $C(3\times2-1,4\times2-2)$，即 $C(5,6)$。

二、点关于直线对称

1.一般求法

$A_1(x_1,y_1)$ 关于直线 $L:Ax+By+C=0$ 的对称点 $A_2(x_2,y_2)$ 满足：

(1)平分：A_1A_2 中点 M 在直线 L 上，即 $A\frac{x_1+x_2}{2}+B\frac{y_1+y_2}{2}+C=0$；

(2)垂直：直线 A_1A_2 垂直于 L。

2.几种特殊情况

(1)点 $A_1(x_1,y_1)$ 关于 x 轴的对称点为 $(x_1,-y_1)$；

(2)点 $A_1(x_1,y_1)$ 关于 y 轴的对称点为 $(-x_1,y_1)$；

(3)点 $A_1(x_1,y_1)$ 关于 $y=x$ 对称的点为 (y_1,x_1)；

(4)点 $A_1(x_1,y_1)$ 关于 $y=-x$ 对称的点为 $(-y_1,-x_1)$。

【例题】 点 $A(1,2)$ 关于直线 $y=x-1$ 的对称点为（　　）

(A)$(-1,0)$　　　　(B)$(0,0)$　　　　(C)$(1,0)$　　　　(D)$(2,0)$　　　　(E)$(3,0)$

【答案】 E

【解析】 设对称点为 $P(x_0,y_0)$，则 $\begin{cases}\frac{y_0+2}{2}=\frac{x_0+1}{2}-1,\\[2mm]\frac{y_0-2}{x_0-1}\times1=-1,\end{cases}$ 解得 $\begin{cases}x_0=3,\\y_0=0。\end{cases}$

三、直线关于直线对称

已知直线 $L_1:A_1x+B_1y+C_1=0$ 和 $L_2:A_2x+B_2y+C_2=0$，则求解 L_1 关于 L_2 的对称直线 L_3 的方法为：

(1)在 L_1 上任取点 $P(x_0,y_0)$，找到点 P 关于 L_2 的对称点 $P'(x',y')$；

(2)找到直线 L_1 与 L_2 的交点 $A_1(x_1,y_1)$（若 $L_1/\!/L_2$，则 L_3 与 L_1 和 L_2 的斜率都相等，由点斜式可得 L_3 的方程）；

(3)点 P' 和点 A_1 均在直线 L_3 上，写出 L_3 的两点式方程。

【例题】 直线 $y=2x$ 关于直线 $y=x-1$ 的对称直线为（　　）

(A)$x-2y-3=0$　　　(B)$x-2y+3=0$　　　(C)$x+2y-3=0$　　　(D)$x+2y+3=0$　　　(E)$x+2y-2=0$

【答案】 A

【解析】 首先求得两直线的交点 $B(-1,-2)$，在直线 $y=2x$ 上任取一点 $A(1,2)$，设点 A 关于直线 $y=x-1$ 的对称点为 $P(x_0,y_0)$，则 $\begin{cases}\frac{y_0+2}{2}=\frac{x_0+1}{2}-1,\\[2mm]\frac{y_0-2}{x_0-1}\times1=-1,\end{cases}$ 解得 $\begin{cases}x_0=3\\y_0=0\end{cases}$，即 $P(3,0)$。

由于所求直线过点 B 和点 P，因此由两点式可知所求直线的方程为 $\frac{y-0}{-2-0}=\frac{x-3}{-1-3}$，即 $x-2y-3=0$。

四、圆关于直线对称

圆关于直线对称的本质就是圆心关于直线对称，圆的半径没有发生改变。所以求解此类问题的一般步骤为：

(1)求出已知圆的圆心和半径；

(2)找到圆心关于直线的对称点；

(3)根据新的圆心和半径，写出所求圆的方程。

【例题】【条件充分性判断】 圆 C_1 是圆 $C_2:x^2+y^2-4x-6y+4=0$ 关于直线 $y=x$ 的对称圆。

(1)圆 $C_1:x^2+y^2+4x+6y-4=0$；

(2)圆 $C_1:x^2+y^2-6x-4y+4=0$。

要求判断本题给出的条件(1)和条件(2)能否充分支持题干所陈述的结论。A、B、C、D、E 五个选项为判断结果,请选择一项符合要求的判断。

(A)条件(1)充分,但条件(2)不充分。

(B)条件(2)充分,但条件(1)不充分。

(C)条件(1)和条件(2)单独都不充分,但条件(1)和条件(2)联合起来充分。

(D)条件(1)充分,条件(2)也充分。

(E)条件(1)和条件(2)单独都不充分,条件(1)和条件(2)联合起来也不充分。

【答案】B

【解析】要得到函数图像关于直线 $y=x$ 的对称图像,只需将函数方程中的 x 和 y 互换即可。对于条件(1),将方程中的 x 和 y 互换,得到 $x^2+y^2+4y+6x-4=0$,不是圆 C_2 的方程,因此条件(1)不充分;对于条件(2),将方程中的 x 和 y 互换,得到 $x^2+y^2-4x-6y+4=0$,是圆 C_2 的方程,因此条件(2)充分。

第五节　习题精练

一、问题求解。下列每题给出的 A、B、C、D、E 五个选项中,只有一个选项是最符合题目要求的。

1.过点 $(-2,0)$ 的直线 l 与圆 $x^2+y^2=2x$ 有两个交点,则直线 l 的斜率 k 的取值范围是(　　)

(A)$(-2\sqrt{2},2\sqrt{2})$　　　　(B)$(-\sqrt{2},\sqrt{2})$

(C)$\left(-\frac{\sqrt{2}}{4},\frac{\sqrt{2}}{4}\right)$　　　　(D)$\left(-\frac{1}{4},\frac{1}{4}\right)$

(E)$\left(-\frac{1}{8},\frac{1}{8}\right)$

2.圆 $x^2+y^2-2x-2y+1=0$ 上到直线 $y=x-\frac{\sqrt{2}}{2}$ 的距离等于 $\frac{1}{2}$ 的点的个数为(　　)

(A)0　　　(B)1　　　(C)2　　　(D)3　　　(E)4

3.圆 $O:x^2+y^2+2x-6y-14=0$ 关于直线 $y=x$ 对称的圆是(　　)

(A)$x^2+y^2-6x+2y-14=0$　　　(B)$x^2+y^2-2x-6y-14=0$

(C)$x^2+y^2+2x+6y-14=0$　　　(D)$x^2+y^2-2x+6y-14=0$

(E)$x^2+y^2-6x-2y-14=0$

4.设点 (x_0,y_0) 在圆 $O:x^2+y^2=1$ 的内部,则直线 $l:x_0x+y_0y=1$ 和圆 O(　　)

(A)不相交　　　　(B)有两个距离小于 2 的交点

(C)有两个距离大于 2 的交点　　　(D)有一个交点

(E)以上选项均不对

5.已知抛物线 $y=x^2-2x-1$ 的顶点为 C,直线 $y=x+3$ 与抛物线交于 A,B 两点,则三角形 ABC 的面积为(　　)

(A)30　　　(B)$30\sqrt{2}$　　　(C)24　　　(D)$15\sqrt{2}$　　　(E)15

6.圆 $x^2+y^2-2x+4y-20=0$ 被直线 $5x-12y+c=0$ 所截得的弦长为 8,则 c 的值是(　　)

(A)10　　　(B)10 或 -68　　　(C)5 或 -34　　　(D)-68　　　(E)-34

7.已知平面上有两点 $A(2,2)$ 和 $B(-2,3)$,则使直线 $y=kx-2$ 与线段 AB 有交点的 k 的取值范围是( )

(A)$k>2$ 或 $k<-\dfrac{5}{2}$

(B)$-\dfrac{5}{2}\leq k\leq 2$

(C)$k\geq 2$ 或 $k\leq-\dfrac{5}{2}$

(D)$-\dfrac{5}{2}<k<2$

(E)$k\geq 2$

8.过圆 $x^2+y^2+mx+2y=0$ 上一点 $P(1,1)$ 的圆的切线方程为( )

(A)$x+2y-3=0$ (B)$2x-y-1=0$ (C)$x-2y-1=0$ (D)$x-2y+1=0$ (E)$2x+y-3=0$

9.已知直线 $x-y+3=0$ 被圆 $(x-a)^2+(y-2)^2=4(a>0)$ 截得的弦长为 $2\sqrt{2}$ 时,则 a 的值为( )

(A)1 或 -3 (B)3 或 -5 (C)1 或 3 (D)3 (E)1

10.圆 $x^2+y^2-2x-2y+1=0$ 上的点到直线 $x-y=2$ 的距离的最小值是( )

(A)$\sqrt{2}$ (B)$1+\sqrt{2}$ (C)2 (D)$1+2\sqrt{2}$ (E)$\sqrt{2}-1$

11.已知圆方程 $(x-2)^2+(y-a)^2=25(a>0)$ 及直线方程 $x+y-4+3\sqrt{2}=0$。当直线被圆截得的弦长为 8 时,则 a 的值为( )

(A)2 (B)3 (C)4 (D)5 (E)6

二、条件充分性判断。要求判断每题给出的条件(1)和条件(2)能否充分支持题干所陈述的结论。A、B、C、D、E 五个选项为判断结果,只有一个选项是最符合题目要求的。

(A)条件(1)充分,但条件(2)不充分。

(B)条件(2)充分,但条件(1)不充分。

(C)条件(1)和条件(2)单独都不充分,但条件(1)和条件(2)联合起来充分。

(D)条件(1)充分,条件(2)也充分。

(E)条件(1)和条件(2)单独都不充分,条件(1)和条件(2)联合起来也不充分。

1.设圆 O 的方程是 $x^2+y^2=1$,则直线 $y=kx+b$ 与圆 O 恒有交点。

(1)$k\in\mathbf{R}$;

(2)$b\in[-1,1]$。

2.三条直线 $l_1:4x+y=4,l_2:mx+y=0,l_3:2x-3my=4$ 不能构成三角形。

(1)$m=2$;

(2)$m=-2$。

3.直线 $ax+y+6=0$ 与直线 $x+a(a+1)y+a-1=0$ 相互垂直。

(1)a 是方程 $\dfrac{x+2}{x}=0$ 的根;

(2)直线 $y=x+a$ 是圆 $(x-1)^2+(y-1)^2=1$ 的对称轴。

4.直线 $x-y+m=0$ 与圆 $x^2+y^2-2x-1=0$ 有两个不同的交点。

(1)$0<m<1$;

(2)$-3<m<1$。

5.$a=4,b=2$。

(1)点 $A(a+2,b+2)$ 与点 $B(b-4,a-6)$ 关于直线 $4x+3y-11=0$ 对称;

(2)直线 $y=ax+b$ 垂直于直线 $x+4y-1=0$,且在 x 轴上的截距为 -1。

6.直线 l 被圆 $x^2+y^2+4y-21=0$ 所截得的弦长为8。

(1) l : $y=3$;

(2) l : $x=3$ 。

7.直线 $y=kx+b$ 与圆 $x^2+y^2=1$ 只有一个公共点。

(1) $k^2=b^2-1$;

(2) $k=1$, $b=3$ 。

8.已知直线 $ax+2by-2=0$,则 $\dfrac{1}{a}+\dfrac{1}{b}$ 的最小值为 4。

(1) 直线 $ax+2by-2=0(a,b>0)$ 与直线 $y=x-2$ 垂直;

(2) 直线 $ax+2by-2=0(a,b>0)$ 始终平分圆 $x^2+y^2-4x-2y-8=0$ 。

9.圆 $x^2+y^2-4x-4y+4=0$ 的圆心为 O ,直线 $y=a$ 与圆交于 A , B 两点,则 $a=1$ 或 3。

(1) 三角形 OAB 是钝角三角形且其面积为 $\sqrt{3}$;

(2) 弦 AB 将圆周分成了 1:2 两部分。

10.直线 l 过点 $(-1,0)$,斜率为 k ,直线与圆 $x^2+y^2+4x-5=0$ 在第一象限有交点。

(1) $k=1$;

(2) $k=2$ 。

11. 如图所示,四边形 $ABCD$ 为正方形, A 点坐标为 $(-a,0)$, B 点坐标为 $(a,0)$, $a>0$,则直线 $ax+y-b=0$ 与正方形 $ABCD$ 的内切圆相交。

(1) $|a+b|<a\sqrt{1+a^2}$;

(2) $|a-b|<a\sqrt{1+a^2}$ 。

第六节　答案及解析

问题求解

1.【考点】直线与圆相交

【答案】C

【解析】根据题干,设直线为 $y=kx+2k$,和圆有两个交点,则有方程 $x^2+(kx+2k)^2=2x$,即 $(k^2+1)x^2+(4k^2-2)x+4k^2=0$ 有两个不同的实数根,则 $4(2k^2-1)^2-4\times4k^2(k^2+1)=4(1-8k^2)>0$,解得 $-\dfrac{\sqrt{2}}{4}<k<\dfrac{\sqrt{2}}{4}$ 。

2.【考点】直线与圆的位置关系

【答案】D

【解析】圆的标准方程为 $(x-1)^2+(y-1)^2=1$,即圆心 O_1 坐标为 $(1,1)$,半径 $r=1$ 。如图所示:

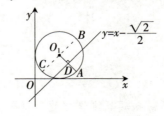

圆心到直线 $x-y-\frac{\sqrt{2}}{2}=0$ 的距离 $O_1D=\frac{\left|1-1-\frac{\sqrt{2}}{2}\right|}{\sqrt{2}}=\frac{1}{2}<1$，所以直线与圆相交，且 $DA=r-O_1D=$
$\frac{1}{2}$，故满足题干的点有且只有3个。

3.【考点】点关于直线对称

【答案】A

【解析】圆关于直线对称的本质是圆心关于直线对称，而圆的半径不变。要得到圆 O 关于直线 $y=x$ 对称的圆，只需将圆的方程中的 x 与 y 互换即可，即 $y^2+x^2+2y-6x-14=0$。

4.【考点】点到直线的距离

【答案】A

【解析】因点 (x_0,y_0) 在圆 $O:x^2+y^2=1$ 的内部，所以 $x_0^2+y_0^2<1$。圆 O 的半径为1，圆心坐标为 $(0,0)$，圆心到直线 l 的距离 $d=\frac{|-1|}{\sqrt{x_0^2+y_0^2}}=\frac{1}{\sqrt{x_0^2+y_0^2}}>1$。

5.【考点】抛物线与直线相交、点到直线的距离

【答案】E

【解析】联立 $y=x^2-2x-1$ 与 $y=x+3$，得 $x^2-3x-4=0$，解得 $x=-1$ 或 4，即 A、B 两点的坐标分别为 $(-1,2)$，$(4,7)$，则三角形 ABC 的底 $AB=\sqrt{(-1-4)^2+(2-7)^2}=5\sqrt{2}$。三角形底边 AB 上的高，即抛物线顶点 $(1,-2)$ 到直线 $x-y+3=0$ 的距离为 $\frac{|1+2+3|}{\sqrt{2}}=\frac{6}{\sqrt{2}}$，所以三角形 ABC 的面积为 $\frac{1}{2}\times5\sqrt{2}\times\frac{6}{\sqrt{2}}=15$。

6.【考点】圆与直线相交

【答案】B

【解析】圆 $x^2+y^2-2x+4y-20=0$ 的圆心为 $C(1,-2)$，半径为5。由圆被直线所截得的弦长为8，可知弦心距为 $\sqrt{5^2-4^2}=3$，即圆心到直线的距离是 $\frac{|5\times1-12\times(-2)+c|}{\sqrt{5^2+12^2}}=3$，解得 $c=10$ 或 $c=-68$。

7.【考点】直线间的位置关系

【答案】C

【解析】本题考查直线间的位置关系。如图所示，直线 $y=kx-2$ 恒过点 $C(0,-2)$，AC 斜率为2，BC 斜率为 $-\frac{5}{2}$。直线与线段 AB 的交点在第一象限时，有 $k\geqslant2$；直线与线段 AB 的交点在第二象限时，有 $k\leqslant-\frac{5}{2}$。故 k 的取值范围是 $k\geqslant2$ 或 $k\leqslant-\frac{5}{2}$。

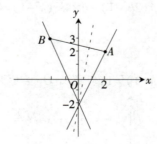

8.【考点】直线与圆相切

【答案】D

【解析】将 P 点坐标代入圆方程可得 $m=-4$，则圆方程可变为 $(x-2)^2+(y+1)^2=5$，圆心坐标 $O(2,-1)$，

直线 OP 斜率为 -2，过 P 的切线与 OP 垂直，因此切线斜率为 $\frac{1}{2}$，结合直线过 $P(1,1)$，可知该切线方程为 $x-2y+1=0$。

9.【考点】圆与直线的位置关系

【答案】E

【解析】本题主要考查圆与直线的位置关系及点到直线的距离公式。圆的圆心为 $(a,2)$，半径为 2。根据已知条件，半径、圆心到直线的垂线段以及弦的一半构成一个直角三角形，如图所示，则圆心到直线的距离为 $\sqrt{2}$。根据点到直线的距离公式有 $\frac{|a-2+3|}{\sqrt{2}}$，解得 $a=1$ 或 $a=-3$，由于已知 $a>0$，因此 $a=1$。

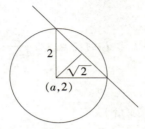

10.【考点】结合几何图形求点到直线的距离

【答案】E

【解析】圆的方程可化为 $(x-1)^2+(y-1)^2=1$，将圆与直线的图形画出，如图所示，结合图形可知圆上的点到直线的最短距离为 $\sqrt{2}-1$。

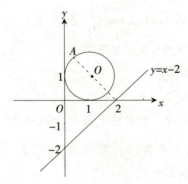

11.【考点】直线与圆相交

【答案】A

【解析】如图所示，圆的圆心为 $(2,a)$，半径为 5，弦长的一半为 4，根据勾股定理，圆心到直线的距离为 3，则 $\frac{|2+a-4+3\sqrt{2}|}{\sqrt{2}}=3$，则 $a=2$ 或 $a=2-6\sqrt{2}$，已知 $a>0$，因此 $a=2$。

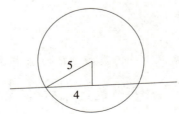

条件充分性判断

1.【考点】直线与圆相交

【答案】B

【解析】直线 $y=kx+b$ 过定点 $(0,b)$。当定点 $(0,b)$ 在圆盘 $x^2+y^2\leq1$ 上,即 $0^2+b^2\leq1$ 时,直线 $y=kx+b$ 与圆 O 恒有交点,此时直线与圆的交点情况与直线斜率 k 的取值无关,所以 $b\in[-1,1]$。故只有条件(2)充分。

2.【考点】直线与直线的位置关系

【答案】E

【解析】"三条直线不能构成三角形"等价于"三条直线交于一点或者至少有两条直线平行(或重合)"。

Ⅰ.当三条直线交于一点:

联立 $l_1:4x+y=4$ 和 $l_2:mx+y=0$,解得 l_1 和 l_2 的交点为 $\left(\dfrac{4}{4-m},-\dfrac{4m}{4-m}\right)(m\neq4)$,代入直线 $l_3:2x-3my=4$,得 $m=\dfrac{2}{3}$ 或 $m=-1$。

Ⅱ.当 l_1,l_2,l_3 中至少有两条平行(或重合):

若 $l_1/\!/l_2$,则 $m=4$;

若 $l_2/\!/l_3$,则 $m^2=-\dfrac{2}{3}$(舍);

若 $l_1/\!/l_3$,则 $m=-\dfrac{1}{6}$。

综上所述,当 $m=\dfrac{2}{3}$ 或 $m=-1$ 或 $m=4$ 或 $m=-\dfrac{1}{6}$ 时,三条直线不能构成三角形。

即条件(1)和条件(2)单独不充分,联合也不充分。

3.【考点】直线和直线的位置关系

【答案】D

【解析】对于条件(1),显然 $a=-2$。两直线分别为 $y=2x-6$ 和 $y=-\dfrac{1}{2}x+\dfrac{3}{2}$,两直线斜率相乘等于$-1$,故两直线垂直,条件(1)充分;对于条件(2),圆心 $(1,1)$ 在直线 $y=x+a$ 上,所以 $a=0$。两直线分别为 $y=-6$ 和 $x=1$,显然垂直,条件(2)也充分。

4.【考点】直线与圆相交

【答案】D

【解析】圆 $x^2+y^2-2x-1=0$ 的圆心为 $(1,0)$,半径为 $\sqrt{2}$。由直线与圆有两个交点,可知圆心到直线的距离 $d=\dfrac{|1-0+m|}{\sqrt{2}}<\sqrt{2}$,解得 $-3<m<1$,因此条件(1)和条件(2)单独都充分。

5.【考点】直线与直线的位置关系

【答案】A

【解析】对于条件(1),根据题意可知,线段 AB 与直线 $4x+3y-11=0$ 垂直,且 AB 的中点 $\left(\dfrac{a+b-2}{2},\dfrac{a+b-4}{2}\right)$ 在直线 $4x+3y-11=0$ 上,所以 $\dfrac{a-6-(b+2)}{b-4-(a+2)}\times\left(-\dfrac{4}{3}\right)=-1$,且 $4\times\dfrac{a+b-2}{2}+3\times\dfrac{a+b-4}{2}-11=0$,联立以上两式,解得 $a=4,b=2$,条件(1)充分;对于条件(2),根据题意可知,$a\times\left(-\dfrac{1}{4}\right)=-1$,且 $a\times(-1)+b=0$,解得 $a=4,b=4$,条件(2)不充分。

6.【考点】直线与圆的位置关系

【答案】B

【解析】已知圆的方程 $x^2+y^2+4y-21=0$ 可化为 $x^2+(y+2)^2=25$，圆的半径为5，圆心坐标为 $(0,-2)$。对于条件(1)，圆心到直线的距离为5，直线与圆相切，条件(1)不充分；对于条件(2)，圆心到直线的距离为3，圆半径为5，则截得的弦长为8，条件(2)充分。

7.【考点】直线与圆相切

【答案】A

【解析】直线与圆只有一个交点，等价于一元二次方程 $(kx+b)^2+x^2=1$ 只有一个实数根，即 $\Delta=(2kb)^2-4(k^2+1)(b^2-1)=0$，化简得 $k^2-b^2+1=0$。由此可见条件(1)充分，条件(2)不充分。

8.【考点】直线与直线、圆的位置关系

【答案】B

【解析】根据条件(1)，两直线垂直则斜率乘积为 -1，因此 $-\dfrac{a}{2b}=-1$，$a=2b$，则 $\dfrac{1}{2b}+\dfrac{1}{b}=\dfrac{3}{2b}$，不能确定其最小值，条件(1)不充分；条件(2)，圆方程可化为 $(x-2)^2+(y-1)^2=13$，圆心为 $(2,1)$，直线始终平分圆，则直线必过圆心，满足 $a+b=1$，则 $\left(\dfrac{1}{a}+\dfrac{1}{b}\right)(a+b)=2+\dfrac{a}{b}+\dfrac{b}{a}\geqslant 4(a,b>0)$，满足最小值为4，故条件(2)充分。

9.【考点】直线与圆相交

【答案】D

【解析】圆方程可化为 $(x-2)^2+(y-2)^2=4$。根据条件(1)，$OA=OB=2$，则钝角三角形 OAB 面积为 $\dfrac{1}{2}OA\times OB\times\sin\angle AOB=\sqrt{3}$，$\angle AOB=120°$，则 $O(2,2)$ 到直线 $y=a$ 距离为1，可得 $a=1$ 或3，条件(1)充分；根据条件(2)，弦 AB 将圆周分成了 $1:2$ 两部分，则弦 AB 对的圆心角为 $120°$，同样可以得出 $a=1$ 或 $a=3$，条件(2)也充分。

10.【考点】直线与圆的位置关系

【答案】D

【解析】圆方程可化为 $(x+2)^2+y^2=9$，圆心为 $(-2,0)$，半径为3，如图所示，圆与 y 轴正半轴交于 $(0,\sqrt{5})$，过 $(-1,0)$ 的直线与圆在第一象限有交点的条件为 $0<k<\sqrt{5}$，因此可见条件(1)和条件(2)单独都充分。

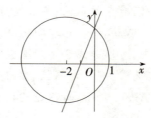

11.【考点】直线与圆的位置关系

【答案】A

【解析】由题意不难得到正方形 $ABCD$ 的内切圆的圆心为 $(0,-a)$，半径为 a。直线 $ax+y-b=0$ 与正方形 $ABCD$ 的内切圆相交等价于圆心到直线的距离小于圆的半径，则有 $\dfrac{|-a-b|}{\sqrt{a^2+1}}<a$，即 $|a+b|<a\sqrt{a^2+1}$，可见条件(1)充分，条件(2)不充分。

第八章　排列组合

第一节　定义及公式

一、计数原理

1.加法原理

完成一件事有 n 类不同方案,在第一类方案中有 m_1 种不同方法,在第二类方案中有 m_2 种不同方法,……,在第 n 类方案中有 m_n 种不同方法,那么完成这件事情共有 $N=m_1+m_2+\cdots+m_n$(种)不同方法。

2.乘法原理

完成一件事需要 n 个步骤,做第一步有 m_1 种不同方法,做第二步有 m_2 种不同方法,……,做第 n 步有 m_n 种不同方法,那么完成这件事情共有 $N=m_1\cdot m_2\cdots m_n$(种)不同方法。

3.加法原理与乘法原理的本质区别

如果完成一件事有 n 类方法,每类方法互相独立、互相排斥,并且不论使用哪类方法都能达到独立完成这件事的目的,那么求完成这件事的方法数就用加法原理。

如果完成一件事有 n 个步骤,每个步骤之间彼此相依、不可分割,并且只有依次完成所有步骤才能达到完成这件事情的目的,那么求完成这件事情的方法数就用乘法原理。

【例题】书架的第 1 层放有 4 本不同的计算机书,第 2 层放有 3 本不同的文艺书,第 3 层放有 2 本不同的体育书。

(1)从书架中任取 1 本书,有多少种不同取法?

(2)从书架的第 1,2,3 层各取 1 本书,有多少种不同取法?

【答案】(1)9;(2)24

【解析】(1)从书架上任取 1 本书,有 3 类取法:第 1 类方法是从第 1 层取 1 本计算机书,有 4 种取法;第 2 类方法是从第 2 层取 1 本文艺书,有 3 种取法;第 3 类方法是从第 3 层取 1 本体育书,有 2 种取法。根据加法原理,不同取法的种数为 $N=m_1+m_2+m_3=4+3+2=9$。

(2)从书架的第 1,2,3 层各取 1 本书,可以分成 3 个步骤完成:第 1 步从第 1 层取 1 本计算机书,有 4 种取法;第 2 步从第 2 层取 1 本文艺书,有 3 种取法;第 3 步从第 3 层取 1 本体育书,有 2 种取法。根据乘法原理,不同取法的种数为 $N=m_1\cdot m_2\cdot m_3=4\times3\times2=24$。

二、排列与排列数

1.定义

一般地,从 n 个不同的元素中取出 $m(m\leq n)$ 个元素,按照一定的顺序排成一列,叫作从 n 个不同元素中取出 m 个元素的一个排列。

从 n 个不同的元素中取出 $m(m\leq n)$ 个元素的所有不同排列的个数,叫作从 n 个不同的元素中取出 m 个元素的排列数,用符号 A_n^m 表示。

2.公式

(1) $A_n^m = \dfrac{n!}{(n-m)!} = n(n-1)(n-2)\cdots(n-m+1)$。例如：$A_5^3 = \dfrac{5!}{(5-3)!} = \dfrac{5\times4\times3\times2\times1}{2\times1} = 5\times4\times3 = 60$。

$n! = n\times(n-1)\times(n-2)\times\cdots\times3\times2\times1$。例如 $6! = 6\times5\times4\times3\times2\times1 = 720$。

排列数巧算：A_n^m＝从下角标 n 开始往下乘，连续乘上角标 m 个数。

例如：$A_8^5 = \underbrace{8\times7\times6\times5\times4}_{\text{连乘上角标的个数}=5}$。

(2) 当 $m=n$ 时，即 n 个不同的元素全部取出的一个排列，称为 n 个元素的全排列，记为 A_n^n。

$A_n^n = n! = n\times(n-1)\times(n-2)\times\cdots\times3\times2\times1$。

(3) $0! = 1$。

(4) 从 n 个不同元素中，任取 m 个元素(有放回地取)的排列数是 n^m(第一个元素有 n 种取法，第二个元素有 n 种取法，……，第 m 个元素有 n 种取法，所以任取 m 个元素的排列数= $\underbrace{n\cdot n\cdot n\cdots\cdot n}_{m\text{个}} = n^m$)。

【例题】某年全国足球甲级(A 组)联赛共有 14 个队参加，每队要与其余各队在主、客场分别比赛一次，则共进行多少场比赛？

【答案】182

【解析】任意两队间进行 1 次主场比赛与 1 次客场比赛，相当于从 14 个元素中任取 2 个元素，并且顺序有影响。因此，比赛的总场次是 $A_{14}^2 = 14\times13 = 182$。

三、组合与组合数

1.定义

一般地，从 n 个不同的元素中取出 $m(m\leqslant n)$ 个元素合成一组，叫作从 n 个不同元素中取出 m 个元素的一个组合。

从 n 个不同的元素中取出 $m(m\leqslant n)$ 个元素的所有不同组合的个数，叫作从 n 个不同元素中取出 m 个元素的组合数，用符号 C_n^m 表示。

2.公式

$$C_n^m = \dfrac{A_n^m}{A_m^m} = \dfrac{n!}{m!\ (n-m)!} = \dfrac{n(n-1)(n-2)\cdots(n-m+1)}{m!}。$$

例如：$C_5^3 = \dfrac{A_5^3}{A_3^3} = \dfrac{\frac{5!}{(5-3)!}}{3!} = \dfrac{5\times4\times3}{3\times2\times1} = 10$。

组合数巧算：$C_n^m = \dfrac{\text{从下角标 } n \text{ 开始往下乘，连续乘上角标 } m \text{ 个数}}{\text{从上角标 } m \text{ 开始往下乘，连续乘到 }1}$。

例如：$C_8^5 = \dfrac{8\times7\times6\times5\times4}{5\times4\times3\times2\times1}$。

拓展：$C_8^5 = \dfrac{8\times7\times6\times5\times4}{5\times4\times3\times2\times1} = \dfrac{8\times7\times6}{3\times2\times1} = C_8^3$。

若两个组合数，下角标相同，上角标相加等于下角标，则这两个组合数相等。

3.性质

(1) $C_n^m = C_n^{n-m}$；

(2) $C_{n+1}^m = C_n^m + C_n^{m-1}$;

(3) $C_n^{m+1} = \dfrac{n-m}{m+1} C_n^m$;

(4) $C_n^0 = 1$。

【例题1】从 5 名同学当中选出 3 人组成一个小组,则共有多少种方法?

【答案】10

【解析】组成一个小组,所取元素无顺序,采用组合数进行计算,则有 $C_5^3 = C_5^2 = \dfrac{5\times4}{2\times1} = 10$(种)方法。

【注】在求解计数问题时,有序用排列,无序用组合,排列数与组合数的关系为 $A_n^m = C_n^m A_m^m$。

【例题2】将 15 个相同的篮球分配到 3 个班级,则

(1)允许有的班级分不到,有多少种分法?

(2)每班至少分 1 个,有多少种分法?

(3)每班至少分 3 个,有多少种分法?

【答案】(1) C_{17}^2;(2) C_{14}^2;(3) C_8^2

【解析】(1)至少分 0 个,则有 $C_{15+3-1}^{3-1} = C_{17}^2$(种)分法;(2)至少分 1 个,则有 $C_{15-1}^{3-1} = C_{14}^2$(种)分法;(3)至少分 3 个,则有 $C_{15-3(3-1)-1}^{3-1} = C_8^2$(种)分法。

第二节　八种解题方法

一、分类分步法

分类分步法是最基本的解题方法,在解题时,首先需要明确完成题干的要求应该用哪几类方法,方法种数要求找全,保证无重复无遗漏;其次具体地找出每类方法需要多少步才能完成。前者需要用到加法原理,后者需要运用乘法原理。

【例题】某海港有四盏不同颜色的灯,每次使用一盏、两盏、三盏或四盏,并按一定的顺序挂在灯杆上表示信号,共可表示不同的信号种数为(　　)

(A)24　　　　　(B)48　　　　　(C)64　　　　　(D)72　　　　　(E)80

【答案】C

【解析】总情况分四类(1)挂一盏灯:有 $A_4^1 = 4$(种)信号;(2)挂两盏灯:有 $A_4^2 = 12$(种)信号;(3)挂三盏灯:有 $A_4^3 = 24$(种)信号;(4)挂四盏灯:有 $A_4^4 = 24$(种)信号。根据加法原理可知,共可表示 4+12+24+24=64(种)不同的信号。

二、特殊元素优先法

在排列组合的题目中,有些元素有特殊的位置要求。如某人必须在中间或某人不能在两端,这种情况下,应该优先考虑安排特殊元素。

【例题】某班级在安排 4×100 接力赛时,四名种子选手中小明不能跑第一棒,那么不同的上场方案共有(　　)

(A)12 种　　　　(B)16 种　　　　(C)18 种　　　　(D)20 种　　　　(E)24 种

【答案】C

【解析】方法一：这道题的特殊元素是小明，优先考虑小明的位置。小明在二、三、四棒中选一棒有3种选法，其余3个选手在3个位置全排列有$A_3^3=6$（种）排法，所以一共有3×6=18（种）上场方案。

方法二：如果考虑特殊位置，这道题特殊位置是第一棒，那么优先考虑第一棒的人选，从除去小明的3个人选一个跑第一棒即可，有3种选法；剩下的3个位置的排法有$A_3^3=6$（种）排法，所以一共有3×6=18（种）上场方案。

三、捆绑法

在做排列的题目时，经常会遇到题干要求两个或多个元素必须相邻。针对这类题型，可以把这几个相邻的元素捆绑在一起，作为一个整体来考虑。这类题目基本都是排列问题，需要注意捆绑后内部元素之间的排列。

【例题】某领导小组共7人合影留念，要求甲领导和乙领导必须站在一起，那么不同的排法共有（　　）

(A)200种　　　　(B)240种　　　　(C)360种　　　　(D)720种　　　　(E)1 440种

【答案】E

【解析】甲与乙必须站在一起，将甲和乙"捆绑"在一起，看作一个人，与剩下的5个人组成6个元素的全排列A_6^6，但要注意的是甲、乙两者之间的顺序，即甲在乙左边和甲乙右边是不同的排法，所以甲、乙内部有A_2^2种排法，所以一共有$A_6^6 A_2^2=1\,440$（种）不同的排法。

四、插空法

在排列问题中，如果要求两个或多个元素不相邻，可以先将其他没有限制的元素进行排列，再将不相邻的元素插到无限制元素之间或两端所形成的"空档"中。

【例题】某领导小组共7人合影留念，要求丙领导和丁领导不能站在一起，那么不同的排法共有（　　）

(A)1 200种　　　　(B)2 400种　　　　(C)3 600种　　　　(D)7 200种　　　　(E)14 400种

【答案】C

【解析】首先将除了丙、丁外其他5人全排列，有$A_5^5=120$（种）排法，再将丙、丁插到5人所形成的6个空中（包括首尾两端），有$A_6^2=30$（种）排法。根据乘法原理，不同的排法共有$A_5^5 A_6^2=120\times30=3\,600$（种）。具体如图所示：

5个圆代表除去丙、丁后剩下的5个人，6个三角代表丙、丁可以插进的位置，从6个三角选出2个放入丙、丁两人，即可保证丙、丁两人不相邻。

五、对立面考虑法

有的问题如果从正面考虑，情况种数比较多，比较麻烦，但是所求问题的对立面却只有一种或者两种情况。针对这种类型的题目，我们可以先求对立面的方法数，然后用总方法数减去对立面方法数即可得到所求的方法数。

【例题】从 10 名学生里面选出 6 名参加数学建模竞赛,其中小明和小刚不能同时参加此次竞赛,则不同的选法有(   )

(A)84 种   (B)98 种   (C)112 种   (D)140 种   (E)156 种

【答案】D

【解析】"小明和小刚不能同时参加此次竞赛"按照正面考虑,可以分成以下三类:

(1)小明参加,小刚不参加:从剩下的 8 名学生中选出 5 名。

(2)小刚参加,小明不参加:从剩下的 8 名学生中选出 5 名。

(3)小明、小刚都不参加:从剩下的 8 名学生中选出 6 名。

求出每一类中的不同方法数,最后将三类不同的方法数相加,就可以得出答案。

在这个解题过程中,分类种数比较多,考虑其对立面的情况,发现只有"小明、小刚同时参加"这一类,所以可以从对立面考虑。

总的情况数:从 10 名学生中任意选出 6 名学生,则有 C_{10}^6 种方法数。

对立面情况数:小明、小刚均参加,再从剩下的 8 名学生中任选 4 名,则有 C_8^4 种方法数。

所以正面情况数有 $C_{10}^6 - C_8^4 = 140$(种)。

六、隔板法

如果题干要求将相同元素进行分组,并且要求每组至少 1 个元素时,可以用比组数少 1 个的"挡板"插入这些元素之间形成的"空"中,将元素进行分组。比如把 5 个相同的球分组放入 3 个不同的盒子,每组至少一个球,问有多少种分法。具体如图所示:

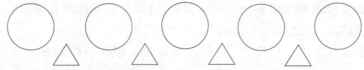

因为是将 5 个球分成 3 组,所以需要两个挡板,放在球与球之间的空档间,5 个球有 4 个位置可以放挡板,所以从 4 个位置选出 2 个放挡板,即可实现题干中要求的分组。

所以此题的不同的分组数有 $C_4^2 = 6$(种)。

用"隔板法"求解排列组合题有明显的题干特征:(1)相同元素;(2)至少 1 个或几个。当题目中出现这两个关键字眼的时候,优先考虑用"隔板法"。

【例题】圣诞节分苹果,将 10 个相同的苹果分给 5 个小朋友,每个小朋友至少有 1 个苹果,那么不同的分配方法有(   )

(A)126 种   (B)320 种   (C)3 024 种   (D)1 024 种   (E)512 种

【答案】A

【解析】10 个苹果排成一排,内部形成 9 个空,因为要分给 5 个小朋友,其实就是要分成 5 堆,只需要在这 9 个空中选出 4 个,放入 4 个挡板,就能把这 10 个苹果分成 5 堆。每种放法就对应着一种分配方法,所以一共有 $C_9^4 = 126$(种)分配方法。

七、归一法

如果题目要求某几个元素的位置相对确定,如甲必须在乙后面。遇到这种题目,我们只需要将这些元素与其他元素正常排列,然后除以这几个元素的全排列数即可。这里面的"归一法"是指,位置相对确定的元素排列以后,我们只取其中的一种。

【例题】a,b,c,d,e,f,g 七个字母排成一列,现在要求 d 只能在 e 后面在 b 前面,不同的排列方法有(　)

(A)210 种　　　　(B)420 种　　　　(C)840 种　　　　(D)1 680 种　　　　(E)3 360 种

【答案】C

【解析】首先将七个字母全排列,有 A_7^7 种排法。根据题干的要求,b,d,e 三者之间的排序已经确定为 e,d,b,而它们三者的全排列有 $A_3^3=6$(种)排法,只能取这 6 种排法中的 1 种。因此,满足题干要求的排法有 $\dfrac{A_7^7}{A_3^3}=\dfrac{7\times6\times5\times4\times3\times2\times1}{3\times2\times1}=840$(种)。

八、线排法

排列问题一般考查的是直线上的顺序排列,偶尔会遇到一些在环形上的顺序排列。直线上的顺序排列与环形上的顺序排列的区别:直线上有前后和首尾之分,而环线上没有。具体区别如图所示:

线形排列如图:

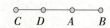

上图是 4 个不同的排列,虽然循环是 $A\to B\to C\to D\to A$,但是如果首字母不同,则排列不同。

环形排列如图:

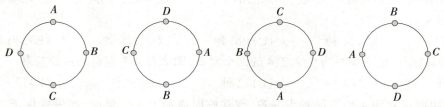

所以,遇到环形上的排列问题,只需要将其中的一个元素列为队首,这样就可以把环形问题转变成线形问题,若求 n 个元素的环形排列方法数,则有 A_{n-1}^{n-1} 种。

【例题】某旅行团共 7 人去内蒙古游玩,夜晚 7 个人围着篝火跳舞,不同的排序方法共有(　)

(A)120 种　　　　(B)240 种　　　　(C)360 种　　　　(D)480 种　　　　(E)720 种

【答案】E

【解析】7 个人围着篝火跳舞,与 7 个人坐成一排是不同的,因为坐成一个圆形是没有首尾之分的,因此可以把其中的一个人假设为队首,则变成了 6 个人的线形排列,所以不同的排序方法一共有 $A_6^6=720$(种)。

第三节　习题精练

一、问题求解。下列每题给出的 A、B、C、D、E 五个选项中,只有一个选项是最符合题目要求的。

1.从 6 人中选派 3 人到 10 个不同的交通岗的 3 个中参加交通协管工作,则不同的选派方法有(　)

(A)86 400 种　　　　(B)2 400 种　　　　(C)1 440 种　　　　(D)8 640 种　　　　(E)14 400 种

2.某沿海城市管辖 A,B,C,D,E,F,G 共 7 个县,这 7 个县的位置如图所示。现用红、黑、绿、蓝、紫五种颜色给这 7 个县染色,要求任意相邻的两个县染不同颜色,则不同的染色方法有( )

(A)4 320 种   (B)4 680 种   (C)4 700 种   (D)4 860 种   (E)4 960 种

3.从小于 15 的质数中选出两个数,可以得到的不同的积与不同的商的种数分别为( )

(A)15,30   (B)30,15   (C)20,10   (D)10,20   (E)15,20

4.有 8 人要在某学术报告会上做报告,其中甲和乙希望被安排在前三个做报告,丙希望最后一个做报告,丁不希望在前三个做报告,其他人没有要求。如果安排做报告的顺序时要满足所有人的要求,则不同的报告顺序共有( )

(A)288 种   (B)441 种   (C)484 种   (D)529 种   (E)576 种

5.某人欲从 5 种 A 股票和 4 种 B 股票中选购 3 种,则其中至少有 2 种 A 股票的买法有( )

(A)40 种   (B)50 种   (C)60 种   (D)65 种   (E)70 种

6.某公司的市场、产品、技术和行政四个部门均招人,现有甲、乙、丙、丁、戊应聘。甲可以胜任所有工作;乙和丙不懂技术,但能胜任其他三个部门的工作;丁和戊不能分到同一部门。现要求每个部分至少分一人,则分配方案共有( )

(A)66 种   (B)114 种   (C)120 种   (D)126 种   (E)240 种

7.四个不同的小球放入编号为 1,2,3,4 的四个盒中,则恰有一个空盒的放法共有( )

(A)288 种   (B)144 种   (C)72 种   (D)24 种   (E)12 种

8.某旅游团原定要到 4 个不同景点参观,现在临时添加了 2 个景点,如果要保证之前的 4 个景点被参观的相对顺序不变,则添加 2 个景点之后的参观顺序共有( )种不同的排列方法。

(A)24   (B)30   (C)60   (D)360   (E)720

9.设有编号为 A,B,C,D,E 的五封信和编号为 A,B,C,D,E 的五个邮筒,将五封信分别投入到五个邮筒里,至少有两封信和其邮筒的编号恰好相同的方法是( )种。

(A)10   (B)21   (C)30

(D)31   (E)50

10.将 4 名新入职的员工分到 3 个不同的组,每个组至少一名,则不同的分配方案有( )种。

(A)72   (B)36   (C)24

(D)12   (E)6

11.有一排信号灯共 10 个,每个灯能独立发出红和绿两种颜色的光,每次恰有 2 个信号灯亮起,但相邻的两个信号灯不能同时亮起,根据这两个亮起的信号灯的不同位置和不同颜色可以用来表示不同的信息,则这排信号灯共能表示( )种信息。

(A)36   (B)90   (C)144

(D)180   (E)288

12.某公司从 8 名员工中选派 4 名员工到 4 个分公司支援工作,每个分公司一人,其中 A 和 B 不同时被选中,A 和 C 同时被选或同时不被选,则不同的选派方案共有( )种。

(A)600   (B)480   (C)360

(D)240   (E)70

二、条件充分性判断。要求判断每题给出的条件(1)和条件(2)能否充分支持题干所陈述的结论。A、B、C、D、E 五个选项为判断结果,只有一个选项是最符合题目要求的。

(A)条件(1)充分,但条件(2)不充分。

(B)条件(2)充分,但条件(1)不充分。

(C)条件(1)和条件(2)单独都不充分,但条件(1)和条件(2)联合起来充分。

(D)条件(1)充分,条件(2)也充分。

(E)条件(1)和条件(2)单独都不充分,条件(1)和条件(2)联合起来也不充分。

1.现有男生 m 人,女生 n 人。从男生中挑选 2 人,女生中挑选 1 人分别参加网球、乒乓球、跑步三种比赛,则共能确定 180 种不同的选送方法。

(1)$m=4$,$n=5$;

(2)$m=5$,$n=3$。

2.如果在一周内(周一至周日)安排 3 所学校的学生参观某展览馆,则不同的安排方法有 120 种。

(1)每天最多只安排一所学校;

(2)要求甲学校连续参观两天,其余学校均只参观一天。

3.某学校举行晚会,定好了 6 个节目,由于节目较少,需要再添加 n 个团体节目,但要求先前已经排好的 6 个节目相对顺序不变,则所有不同的安排方法共有 504 种。

(1)$n=2$;

(2)$n=3$。

4.将 4 本书分给甲、乙、丙三人,则不同的分配方案有 36 种。

(1)每人至少分 1 本;

(2)甲只分到 1 本。

5.某个项目小组男、女员工共有 8 人,现在从女员工中挑选 1 人,从男员工中挑选 2 人,分别担任三个不同的工作,则不同的选取方法共有 90 种。

(1)该项目小组有男员工 3 人,女员工 5 人;

(2)该项目小组有男员工 5 人,女员工 3 人。

6.数学学院、英语学院、物理学院分别有 3,2,2 名校三好学生,从中选出 3 人到其他高校交流学习,则有 12 种安排方法。

(1)每个学院都有人入选,并到同一所高校交流学习;

(2)每个学院都有人入选,且数学学院和英语学院已确定人选,物理学院未确定人选,将 3 人安排到不同的高校交流学习。

7.某公司新入职 8 名新员工,平均分给 A,B 两个不同的部门,则不同的分配方法数为 36 种。

(1)其中 2 名技术人员必须分在同一个部门;

(2)其中 2 名技术人员不能分在同一个部门,另外 3 名数据分析人员也不能分在同一个部门。

8.某个活动安排了 2 男 3 女 5 名青年歌手表演节目,现在临时加了 1 名少年歌手,则本场活动的节目出场顺序有 288 种排列方法。

(1)要求少年歌手的前后 2 名歌手性别相同;

(2)要求少年歌手的前后 2 名歌手性别不同。

第四节　答案及解析

问题求解

1.【考点】排列组合的分步原理

【答案】E

【解析】第一步,从 6 人中选派 3 人,有 C_6^3=20(种);第二步,从 10 个岗中选 3 个进行排列,有 A_{10}^3=720(种)。因此总的选派方法有 20×720=14 400(种)。

2.【考点】乘法原理

【答案】D

【解析】根据各县的位置关系画图(相邻关系不改变)。

按照 A,B,C,D,E,F,G 的顺序,用红、黑、绿、蓝、紫五种颜色染色,根据乘法原理,共有 5×4×3×3×3×3×3=4 860(种)不同的染色方法。

3.【考点】取数先后对结果没影响属组合,有影响属排列

【答案】A

【解析】小于 15 的质数为 2,3,5,7,11,13,共 6 个。由于乘法满足交换律,所以是组合,共有 C_6^2 种;除法不满足交换律,即取数的先后对结果有影响,所以是排列,共有 A_6^2 种。

4.【考点】本题考查分步原理和全排列

【答案】E

【解析】先将丙安排在最后一个;然后在前三个位置安排两个给甲和乙,有 A_3^2 种;在 4~7 中选一个位置安排丁,有 C_4^1 种;剩下的四个人全排列,有 A_4^4 种,所以一共有 $A_3^2 \cdot C_4^1 \cdot A_4^4$=576(种)。

5.【考点】加法原理,分情况讨论后方法数相加

【答案】B

【解析】"至少有 2 种 A 股票"可分成两种情况:2 种 A 股票和 1 种 B 股票;3 种全是 A 股票。故共有 $C_5^2 C_4^1 + C_5^3$=50(种)买法。

6.【考点】加法原理和乘法原理的综合应用

【答案】B

【解析】当乙和丙被分在同一部门时,剩下的甲、丁、戊全排列,有 $C_3^1 \cdot A_3^3$=18(种)。当乙和丙被分在不同部门时,先分乙和丙(不能在技术部门),有 A_3^2 种,再考虑丁和戊:若丁和戊被分在剩下的两个部门,则有 A_2^2 种,甲此时可随机分在四个部门,有 C_4^1 种;若丁、戊其中一人与乙或丙同部门时,有 $C_2^1 C_2^1 C_2^1$ 种;根据乘法原理,此种情况共有 $A_3^2 (A_2^2 C_4^1 + C_2^1 C_2^1 C_2^1)$=96(种)。所以一共有 18+96=114(种)不同的分法。

7.【考点】捆绑法解决组合问题

【答案】B

【解析】第一步,取出两个小球(共C_4^2种取法)合成一个"元素",与另外两个球合成三个"元素";第二步,将3个元素放入4个盒中的3个盒子,每个盒子放一个元素,形成一个空盒(共A_4^3种放法),则恰有1个空盒的放法共有$C_4^2 \cdot A_4^3 = 144$(种)。

8.【考点】插空法解决组合问题

【答案】B

【解析】本题考查排列组合问题,运用插空法。将新加的第一个景点插入之前4个景点的5个空中,有5种情况,将新加的第二个景点插入5个景点形成的6个空中,有6种情况,一共有5×6=30(种)不同的排列方法。

9.【考点】本题属于分情况讨论种类数再相加的组合问题

【答案】D

【解析】题中问题可分三种情况:恰好有两封信和邮筒编码相同的种数是$C_5^3 \times 2 = 20$,有三封信和邮筒编号相同的种数为$C_5^3 \times 1 = 10$,五封信和邮筒对应编号均相同的只有1种,共31种。

10.【考点】分步原理,先组合后排列

【答案】B

【解析】首先将4名新员工分成三组,即其中两人一组,剩下每人一组,共有$C_4^2 = 6$(种),再将其分到三个不同的组里,则共有$C_4^2 A_3^3 = 36$(种)。

11.【考点】插空法和分步原理

【答案】C

【解析】用插空法解决。已知相邻的两个信号灯不能同时亮起,所以需要把2个亮起的信号灯插入未亮起的8个信号灯形成的9个空,共有$C_9^2 = 36$(种)方法。由于每个信号灯有两种不同颜色,因此这排信号灯能表示的信息数有36×2×2=144(种)。

12.【考点】本题属于分情况排列组合后再将各情况数相加

【答案】A

【解析】根据题意,可以分情况讨论:A和C都被选,则B不被选,有$C_5^2 A_4^4 = 240$(种);A和C都不被选,B被选,有$C_5^3 A_4^4 = 240$(种);A,B,C都不被选,有$A_5^4 = 120$(种),共有600种不同的选派方案。

条件充分性判断

1.【考点】分步原理,先组合再排列

【答案】D

【解析】条件(1),男生4人,女生5人,共有$C_4^2 C_5^1 A_3^3 = 180$(种)不同的选送方法,条件(1)充分;条件(2),男生5人,女生3人,共有$C_5^2 C_3^1 A_3^3 = 180$(种)不同的选送方法,条件(2)充分。

2.【考点】排列,采用分步乘法计数原理

【答案】C

【解析】对于条件(1),安排的方法数为$A_7^3 = 210$,条件(1)不充分;对于条件(2),安排的方法数为6×

7×7=294，因此条件(2)也不充分；现在两条件联合考虑，先安排甲学校的参观时间，一周内两天连排的方法一共有6种，甲任选其中的一种，然后在剩下的5天中任选2天有序地安排其余两所学校参观，按照分步乘法计数原理可知共有$6 \times A_5^2 = 120$(种)安排方法，因此条件(1)和条件(2)联合充分。

3.【考点】在原有顺序插入新元素，用插空法

【答案】B

【解析】由条件(1)，$n=2$时，有两种情况：若2个团体节目相邻，有$2! \times A_7^1 = 14$(种)；若2个团体节目不相邻，有$A_7^2 = 42$(种)。所有不同的安排方法有14+42=56(种)，条件(1)不充分。

由条件(2)，$n=3$时，有三种情况：若3个团体节目两两不相邻，有$A_7^3 = 210$(种)；若3个团体节目只有两个相邻，有$3 \times 2! \times A_7^2 = 252$(种)；若3个团体节目排在一起，有$3! \times A_7^1 = 42$(种)。所有不同的安排方法有210+252+42=504(种)，条件(2)充分。

4.【考点】题中含有"至少"一般采用分组捆绑法

【答案】A

【解析】根据条件(1)，每人至少分1本说明必有一人分到2本，其他两人各分1本，先将4本书分成3堆，再分给三个人，有$C_4^2 \cdot A_3^3 = 36$(种)方法，条件(1)充分；根据条件(2)，先给甲分1本，剩的3本分给乙、丙(分房问题)，共有$C_4^1 \cdot 2^3 = 32$(种)，条件(2)不充分。

5.【考点】利用分步乘法计数原理，先分组再排列

【答案】A

【解析】对于条件(1)，不同的选取方法有$C_3^2 \times C_5^1 \times A_3^3 = 90$(种)，条件(1)充分；对于条件(2)，不同的选取方法有$C_5^2 \times C_3^1 \times A_3^3 = 180$(种)，条件(2)不充分。

6.【考点】要求每个学校有人入选，无形中有了分组数

【答案】D

【解析】条件(1)，每个学院都有人入选，即每个学院选一人，到同一所高校交流学习，则其方法数为3×2×2=12，条件(1)充分；条件(2)，共有2种选人方法，因为到不同的高校交流学习，安排的方法数为$2 \times A_3^3 = 12$(种)，条件(2)充分。

7.【考点】捆绑法解决排列组合问题

【答案】B

【解析】条件(1)，2名技术人员作为一个整体，先从剩余6人中选出2人与这2名技术人员在一起，然后从两个部门中挑一个分配，方法数为$C_6^2 \times C_2^1 = 30$(种)，条件(1)不充分；条件(2)，先将2名技术人员分到两个部门，有2种方法，再将3名数据分析人员分成两组到两个部门，有$C_3^1 C_2^2$种方法，最后将其他3人分成两组，有C_3^1种方法，共有$2C_3^1 C_2^2 C_3^1 = 36$(种)，条件(2)充分。

8.【考点】先按要求用捆绑法分组，再进行全排列

【答案】B

【解析】根据条件(1)，前后歌手是男性的方法数为$2 \times A_4^4 = 48$(种)，前后歌手是女性的方法数为$C_3^2 \times A_2^2 \times A_4^4 = 144$，共有192种方法，条件(1)不充分；根据条件(2)，从男女歌手中各选一人然后再与剩余人做全排列，方法数为$C_2^1 \times C_3^1 \times A_2^2 \times A_4^4 = 288$，条件(2)充分。

第九章　　数据描述

第一节　定义及基本公式

一、平均值

设 $x_1,x_2,\cdots,x_n$ 为实数,则称 $\overline{x}=\dfrac{x_1+x_2+\cdots+x_n}{n}$ 为这 n 个数的算术平均值。

二、方差

一组数据中各个数据与这组数据平均数的差的平方再求平均数称为这组数据的方差,用 $D(x)$ 或 S^2 表示。

设一组数据 $x_1,x_2,\cdots,x_n$ 的平均数为 $\overline{x}$,则这组数据的方差计算公式为:

$$S^2=D(x)=\frac{1}{n}\left[(x_1-\overline{x})^2+(x_2-\overline{x})^2+\cdots+(x_n-\overline{x})^2\right]\text{或 } S^2=D(x)=\frac{x_1{}^2+x_2{}^2+\cdots+x_n{}^2}{n}-\overline{x}^2。$$

三、标准差

方差的算术平方根称为标准差,又称为均方差,用 $\sqrt{D(x)}$ 或 S 表示。

注:若 $x_1,x_2,\cdots,x_n$ 的平均值是 $\overline{x}$,方差是 S^2,标准差是 S,则 $ax_1+b,ax_2+b,\cdots,ax_n+b$ 的平均值是 $a\overline{x}+b$,方差是 a^2S^2,标准差是 $|a|S$。

四、方差和标准差的意义

方差和标准差均能反映一组数据偏离平均值的程度,是反映一组数据整体波动大小的特征量。方差和标准差越大,数据波动越大;方差和标准差越小,数据波动越小。

第二节　习题精练

一、问题求解。 下列每题给出的 A、B、C、D、E 五个选项中,只有一个选项是最符合题目要求的。

1.[2020 年联考]某人在同一观众群体中调查了对五部电影的看法,得到了如下数据:

电影	第一部	第二部	第三部	第四部	第五部
好评率	0.25	0.5	0.3	0.8	0.4
差评率	0.75	0.5	0.7	0.2	0.6

据此数据,观众意见分歧最大的前两部电影依次是( )

(A)第一部,第三部

(B)第二部,第三部

(C)第二部,第五部

(D)第四部,第一部

(E)第四部,第二部

2.【2019 年联考】10 名同学的语文和数学成绩如下表:

语文成绩	90	92	94	88	86	95	87	89	91	93
数学成绩	94	88	96	93	90	85	84	80	82	98

语文和数学成绩的均值分别记为 E_1 和 E_2,标准差分别记为 σ_1 和 σ_2,则( )

(A)$E_1 > E_2, \sigma_1 > \sigma_2$　　　　　　(B)$E_1 > E_2, \sigma_1 < \sigma_2$

(C)$E_1 > E_2, \sigma_1 = \sigma_2$　　　　　　(D)$E_1 < E_2, \sigma_1 > \sigma_2$

(E)$E_1 < E_2, \sigma_1 < \sigma_2$

3.【2018 年联考】为了解某公司员工的年龄结构,按男、女人数的比例进行了随机抽样,结果如下:

男员工年龄(岁)	23 26 28 30 32 34 36 38 41
女员工年龄(岁)	23 25 27 27 29 31

根据表中数据估计,该公司男员工的平均年龄与全体员工的平均年龄分别是( )(单位:岁)

(A)32,30　　　　　　(B)33,29.5

(C)32,27　　　　　　(D)30,27

(E)29.5,27

4.【2017 年联考】甲、乙、丙三人每轮各投篮 10 次,投了三轮,投中数如下表:

	第一轮	第二轮	第三轮
甲	2	5	8
乙	5	2	5
丙	8	4	9

记 $\sigma_1, \sigma_2, \sigma_3$ 分别为甲、乙、丙投中数的方差,则( )

(A)$\sigma_1 > \sigma_2 > \sigma_3$　　　　　　(B)$\sigma_1 > \sigma_3 > \sigma_2$

(C)$\sigma_2 > \sigma_1 > \sigma_3$　　　　　　(D)$\sigma_2 > \sigma_3 > \sigma_1$

(E)$\sigma_3 > \sigma_2 > \sigma_1$

5.【2017 年联考】在 1 到 100 之间,能被 9 整除的整数的平均值是( )

(A)27　　　　　　(B)36

(C)45　　　　　　(D)54

(E)63

6.【2010 年在职】某学生在军训时进行打靶测试,共射击 10 次。他的第 6,7,8,9 次射击分别射中 9.0 环、8.4 环、8.1 环、9.3 环,他的前 9 次射击的平均环数高于前 5 次的平均环数。若要使 10 次射击的平均环数超过 8.8 环,则他第 10 次射击至少应该射中( )(打靶成绩精确到 0.1 环)

(A)9.0 环　　　　　　(B)9.2 环

(C)9.4 环　　　　　　(D)9.5 环

(E)9.9 环

二、条件充分性判断。要求判断每题给出的条件(1)和条件(2)能否充分支持题干所陈述的结论。A、B、C、D、E 五个选项为判断结果,只有一个选项是最符合题目要求的。

(A)条件(1)充分,但条件(2)不充分。

(B)条件(2)充分,但条件(1)不充分。

(C)条件(1)和条件(2)单独都不充分,但条件(1)和条件(2)联合起来充分。

(D)条件(1)充分,条件(2)也充分。

(E)条件(1)和条件(2)单独都不充分,条件(1)和条件(2)联合起来也不充分。

1.【2021年联考】某班增加两名同学,则该班同学的平均身高增加了。

(1)增加的两名同学的平均身高与原来男同学的平均身高相同;

(2)原来男同学的平均身高大于女同学的平均身高。

视频讲解

2.【2016年联考】已知某公司男员工的平均年龄和女员工的平均年龄,则能确定该公司员工的平均年龄。

(1)已知该公司员工的人数;

(2)已知该公司男、女员工的人数之比。

视频讲解

3.【2016年联考】设有两组数据 S_1:3,4,5,6,7 和 S_2:4,5,6,7,a,则能确定 a 的值。

(1)S_1 与 S_2 的均值相等;

(2)S_1 与 S_2 的方差相等。

视频讲解

4.【2015年联考】已知 x_1,x_2,x_3 为实数,$\bar{x}$ 是 x_1,x_2,x_3 的平均值,则 $|x_k-\bar{x}|\leq 1$,$k=1,2,3$。

(1)$|x_k|\leq 1$,$k=1,2,3$;

(2)$x_1=0$。

视频讲解

5.【2014年联考】已知 $M=\{a,b,c,d,e\}$ 是一个整数集合,则能确定集合 M。

(1)a,b,c,d,e 的平均值为 10;

(2)a,b,c,d,e 的方差为 2。

6.【2007年在职】三个实数 x_1,x_2,x_3 的算术平均数为 4。

(1)x_1+6,x_2-2,x_3+5 的算术平均数为 4;

(2)x_2 为 x_1 和 x_3 的等差中项,且 $x_2=4$。

第三节　答案及解析

问题求解

1.【考点】数据分析

【答案】C

【解析】意见分歧越大,好评率与差评率越接近,即好评率与差评率的差值(绝对值)越小。由题意可知,这五部电影的好评率与差评率的差值的绝对值依次为 0.5,0,0.4,0.6,0.2,所以观众对这五部电影的意见分歧由大到小为第二部、第五部、第三部、第一部、第四部。

2.【考点】均值与方差

【答案】B

【解析】语文成绩从小到大排序,86,87,88,89,90,91,92,93,94,95,为连续自然数,均值 $E_1=\frac{86+95}{2}=90.5$;数学成绩从小到大排序,80,82,84,85,88,90,93,94,96,98,前后对应位置两个数之和都相等,均值 $E_2=\frac{80+98}{2}=89$。因此 $E_1>E_2$。标准差为方差的开方,方差表示一列数据的离散程度,显然数学成绩的离散程度要更大,$\sigma_1^2<\sigma_2^2$,即 $\sigma_1<\sigma_2$。

3.【考点】平均数

【答案】A

【解析】观察男员工年龄,中间数字为32,对称位置的两个数字之和都是64(二者平均数为32),则男员工年龄的平均数为32,只有 A、C 两项符合。同理,可得出女员工年龄的平均数为27,则全体员工的平均年龄应大于27。

4.【考点】方差

【答案】B

【解析】甲、乙、丙投中数的平均数分别为5,4,7,则

$$\sigma_1=\frac{1}{3}[(2-5)^2+(5-5)^2+(8-5)^2]=6,$$

$$\sigma_2=\frac{1}{3}[(5-4)^2+(2-4)^2+(5-4)^2]=2,$$

$$\sigma_3=\frac{1}{3}[(8-7)^2+(4-7)^2+(9-7)^2]=\frac{14}{3},$$

所以 $\sigma_1>\sigma_3>\sigma_2$。

5.【考点】整除,平均数

【答案】D

【解析】1 到 100 之间能被 9 整除的最小数是 9,最大数是 99,这些数组成公差为 9 的等差数列,一共有(99−9)÷9+1=11 项,所以它们的平均值为 $\frac{(9+99)\times11}{2}\div11=54$。

6.【考点】平均数,最值问题

【答案】E

【解析】第 6,7,8,9 次射击的平均环数为 $\frac{9+8.4+8.1+9.3}{4}=8.7$(环),而 10 次射击的平均环数超过 8.8 环,则总环数至少为 8.8×10+0.1,则前 9 次射击的总环数至多为 8.7×9−0.1,则第 10 次射击至少为 (8.8×10+0.1)−(8.7×9−0.1)=9.9(环)。

条件充分性判断

1.【考点】平均值问题

【答案】C

【解析】结论等价转化,增加两名同学则全班平均身高增加,说明这两名同学的平均身高大于班级原来平均身高。

条件(1)和条件(2),均不能确定增加的两名同学的平均身高与班级原平均身高的关系,所以条件(1)和条件(2)单独均不充分;两条件联合考虑,男生平均身高>女生平均身高,增加了两名学生的平均身高=男生平均身高,所以增加同学的平均身高大于班级原平均身高,所以条件(1)和(2)联合充分。

2.【考点】平均值问题

【答案】B

【解析】显然条件(1)不充分;对于条件(2),设男、女员工的平均年龄分别为 m 和 n,男、女员工的人数之比为 $a:b$,则该公司员工的平均年龄为 $\dfrac{ma+nb}{a+b}$,条件(2)充分。

3.【考点】均值,方差

【答案】A

【解析】对于条件(1),3+4+5+6+7=4+5+6+7+a,解得 $a=3$,条件(1)充分;对于条件(2),S_1 的方差为 2,设 S_2 的均值 $k=\dfrac{4+5+6+7+a}{5}$,则 $(4-k)^2+(5-k)^2+(6-k)^2+(7-k)^2+(a-k)^2=10$,解得 $a=3$ 或 $a=8$,即不能确定 a 的值,条件(2)不充分。

4.【考点】均值

【答案】C

【解析】条件(1),假设 $x_1=-1,x_2=1,x_3=1$,则 $\bar{x}=\dfrac{1}{3}$,$|x_1-\bar{x}|=\dfrac{4}{3}>1$,条件(1)不充分;条件(2),假设 $x_2=10,x_3=8$,则 $\bar{x}=6$,$|x_1-\bar{x}|=6>1$,(2)不充分;联合考虑,$\bar{x}=\dfrac{x_2+x_3}{3}$,$|x_2-\bar{x}|=\left|x_2-\dfrac{x_2+x_3}{3}\right|=\left|\dfrac{2x_2-x_3}{3}\right|\leqslant1$,同理可证 $|x_3-\bar{x}|\leqslant1$,$|x_1-\bar{x}|\leqslant1$,因此联合充分。

5.【考点】均值,方差

【答案】C

【解析】显然,条件(1)和(2)单独都不充分,考虑联合,由集合 M 的方差为 2 可得 $(a-10)^2+(b-10)^2+(c-10)^2+(d-10)^2+(e-10)^2=2\times5=10$,由于集合 M 为整数集合,所以 a,b,c,d,e 皆为整数,且其分别与 10 的差的平方和为 10,所以这五个整数范围为 $7\leqslant(a,b,c,d,e)\leqslant13$,当其中有某个数为 7 或 13 时,另四个数与 10 的差的平方和为 1,无法满足其五个数都是整数这一条件,故这五个整数范围应为 $8\leqslant(a,b,c,d,e)\leqslant12$,经验证只有一组数 8,9,10,11,12 符合题干要求,故集合 M 确定,因此条件(1)、条件(2)联合充分。

6.【考点】算术平均数

【答案】B

【解析】由已知得 $\dfrac{1}{3}(x_1+x_2+x_3)=4\Leftrightarrow x_1+x_2+x_3=12$。条件(1)$\Leftrightarrow\dfrac{1}{3}(x_1+6+x_2-2+x_3+5)=4\Leftrightarrow x_1+x_2+x_3=3$,条件(1)不充分;条件(2)$\Rightarrow x_1+x_2+x_3=3x_2=12$,条件(2)充分。故选 B。

第十章　概　率

第一节　基本概念及性质

一、样本空间和事件的概念

(1)样本空间:一个特定试验的每个可能发生的基本结果称为该试验的样本点。所有样本点的集合称为试验的样本空间,记作 Ω。

(2)随机事件:样本空间的一个子集称为随机事件,随机事件 A 发生,当且仅当 A 中的一个样本发生,由样本空间 Ω 中的一个样本点组成的单点集合称为基本事件,基本事件是最简单的随机事件。样本空间 Ω 自身和空集 $\varnothing$ 是 Ω 的两个特殊子集,分别称为必然事件和不可能事件。

二、事件间的关系及运算

1.包含关系

设事件 A 与事件 B,如果 A 发生,那么 B 必然发生,则事件 B 包含事件 A,记作 $A \subset B$ 或 $B \supset A$。

包含事件

2.相等关系

对于事件 A 与事件 B,如果 $A \subset B$ 且 $B \subset A$,则称事件 A 与事件 B 相等,记作 $A=B$。

相等事件

3.互斥事件

互斥事件:不可能同时发生的两个事件,叫作互斥事件。

一般地,如果事件中 $A_1,A_2,\cdots,A_n$,任意两个都是互斥事件,那么说 $A_1,A_2,\cdots,A_n$ 两两互斥。

例如:在一个抽屉里,有 5 块糖,其中有 3 块是水果糖,1 块是巧克力糖,1 块是牛奶糖。小明从中任取 1 块糖,假设:"取到水果糖"记为事件 A,"取到巧克力糖"记为事件 B,"取到牛奶糖"记作事件 C。这里的事件 A 与 B,B 与 C,A 与 C 在一次随机事件中,是不可能同时发生的两个事件,因此为互斥事件。

4.对立事件

事件 $\Omega-A$ 称为事件 A 的对立事件,即由样本空间中所有不属于 A 的样本点组成的集合,记作 $\overline{A}$。

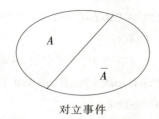

对立事件

【例题】某人射击了两次。问：两弹都击中与两弹都未击中；两弹都未击中与至少有一次击中，这两对是互斥事件还是对立事件？

【解析】前者两个事件不能同时发生，且"两弹都击中"没有发生不能得出"两弹都未击中"一定发生，所以前者是互斥事件；后者两个事件不仅不能同时发生，并且如果"两弹都未击中"事件没有发生的话，"至少有一次击中"事件一定发生，所以后者既是互斥事件也是对立事件。

5.独立事件

事件 A（或事件 B）是否发生对事件 B（或事件 A）发生的概率没有影响，这样的两个事件叫作相互独立事件。例如，小王在上班的途中会遇到 1 个红绿灯，假设"第一天遇到红灯"记为事件 A，"第二天遇到红灯"记为事件 B，"第三天遇到绿灯"记为事件 C。这里面的事件 A,B,C 对彼此发生的概率没有影响，则这三个事件互为独立事件。

6.事件的差

事件 A 发生而事件 B 不发生，这个事件称为事件 A 与事件 B 的差，它是由属于 A 而不属于 B 的样本点构成的集合，记作 $A-B$。

三、概率的加法公式

如果事件 A,B 互斥，那么 $P(A+B)=P(A)+P(B)$。

推广到 n 个事件，如果事件 $A_1,A_2,A_3,\cdots,A_n$ 两两互斥，那么 $P(A_1+A_2+\cdots+A_n)=P(A_1)+P(A_2)+\cdots+P(A_n)$。

如果两个事件 A 与 B 不互斥，那么 $P(A+B)=P(A)+P(B)-P(AB)$。

如果事件 A,B 是对立事件，则有 $P(A)+P(B)=1$。

【例题】将一个骰子投掷 1 次，向上的点数是 1 或 2 的概率为（　　）

(A) $\dfrac{1}{3}$　　　　(B) $\dfrac{1}{9}$　　　　(C) $\dfrac{1}{18}$　　　　(D) $\dfrac{1}{27}$　　　　(E)以上答案均不对

【答案】A

【解析】一个骰子投掷 1 次，向上点数为 1 的概率为 $\dfrac{1}{6}$，向上点数为 2 的概率为 $\dfrac{1}{6}$，投掷一次不可能同时出现点数 1 与点数 2，点数为 1 与点数为 2 是互斥事件，运用加法公式，因此投掷一次向上数为 1 或 2 的概率为 $\dfrac{1}{6}+\dfrac{1}{6}=\dfrac{1}{3}$。

四、概率的乘法公式

如果事件 A,B 相互独立，那么 $P(A\cap B)=P(A)P(B)$。一般地说，如果事件 $A_1,A_2,A_3,\cdots,A_n$ 相互独立，那么这 n 个事件都发生的概率等于每个发生的概率的积，即 $P(A_1\cap A_2\cap\cdots\cap A_n)=P(A_1)\cdot P(A_2)\cdot\cdots\cdot P(A_n)$。

【例题】甲、乙两名射手在同样条件下击中目标的概率分别为 0.6 和 0.7，每人射击一次，

(1)求甲、乙都击中目标的概率；

(2)求甲、乙都没击中目标的概率；

(3)求甲击中，乙没击中目标的概率；

(4)"甲、乙至少有一人击中目标的概率 $P=0.6+0.7=1.3$",这句话对不对?为什么?

【答案】(1)0.42;(2)0.12;(3)0.18;(4)不对

【解析】假设甲击中为事件 A,乙击中为事件 B,且事件 A 与事件 B 为相互独立。

问题一求 $P(AB)$,根据乘法公式,$P(AB)=P(A)P(B)=0.6×0.7=0.42$。

问题二求 $P(\bar{A}\bar{B})=P(\bar{A})P(\bar{B})=0.4×0.3=0.12$。

问题三求 $P(A\bar{B})=P(A)P(\bar{B})=0.6×0.3=0.18$。

问题四求甲、乙至少有一人击中,其实是在求 $P(A+B)$,$P(A+B)=P(A)+P(B)-P(AB)$,由于 A,B 是独立事件但不是互斥事件,所以不能套用加法公式 $P(A+B)=P(A)+P(B)$。

第二节　古典概型

一、定义

如果随机试验满足:

(1)每次试验的基本事件数是有限的;

(2)每个基本事件数的发生是等可能的,

则称该试验为古典概型。

二、概率计算公式

古典概率的计算问题可以转化为计数问题。若样本空间中的基本事件(样本点)总数为 n,事件 A 包含的基本事件数为 m,则

$$P(A)=\frac{A\text{ 包含的基本事件数}}{\text{基本事件总数}}=\frac{m}{n}。$$

1.摸球问题

【例题1】箱子里面放了 a 个红球和 b 个黄球,红球和黄球形状完全相同。

问:①从箱子中任取 $c+d$ 个球,求所取的球恰好含有 c 个红球和 d 个黄球的概率?$(c\leqslant a,d\leqslant b)$

②从箱子中任意连续取出 $k+1(k+1\leqslant a+b)$ 个球,如果每个球被取出后不放回,试求最后取出的球是红球的概率?

【解析】①从 $a+b$ 个球中取出 $c+d$ 个球,这种取法总共有 C_{a+b}^{c+d} 种,设 $A=\{$恰好取出 c 个红球,d 个黄球$\}$,则 A 中含有的样本点数为 $C_a^c C_b^d$,从而所求事件 A 的概率为

$$P(A)=\frac{C_a^c C_b^d}{C_{a+b}^{c+d}}。$$

②从 $a+b$ 个球中接连不放回地取出 $k+1$ 个球,由于注意到了次序,所以应该考虑排列,因此这样的取法共 A_{a+b}^{k+1} 种。设 $B=\{$第 $k+1$ 个球为红球$\}$,则 B 中所含的样本点数可以通过乘法原理来计算。先从 a 个红球中选一个作为取出的第 $k+1$ 个球,有 a 种取法;而其余的 k 个球在剩下的 $a+b-1$ 个球中任取,有 A_{a+b-1}^k 种取法,则所求事件 B 的概率为

$$P(B)=\frac{aA_{a+b-1}^k}{A_{a+b}^{k+1}}=\frac{a}{a+b}。$$

注意事项：

①在计算样本点数及事件所含的样本点的数目时,必须在同一确定的样本空间中考虑,如果一个考虑了顺序,则另一个的计算也必须按照同样的方法考虑顺序。

②如果我们将"红球""黄球"换成"合格品""次品"等,就得到了各种各样的摸球问题,这就是摸球问题的典型模型。

③在给出的题目中,我们采取的是不放回抽样的方式,即每次取出球后不放回。如果我们采取有放回地取样,即每次摸出球后仍放回袋中,则答案变为

$$P(A)=C_{c+d}^c\left(\frac{a}{a+b}\right)^c\left(\frac{b}{a+b}\right)^d, P(B)=\frac{a}{a+b}。$$

2.分房问题

【例题2】将 n 个人等可能地分配到 $N(n\leq N)$ 间房中去,试求下列事件的概率：

$A=\{$某指定的 n 间房中各有 1 人$\}$；

$B=\{$恰有 n 间房各有 1 人$\}$；

$C=\{$某指定的房中有 $m(m\leq n)$ 人$\}$。

【解析】将 n 个人等可能地分配到 N 间房中的每一间去,共有 N^n 种分法。

对固定的某 n 间房,第 1 个人可分配到其中的任一间,因而有 n 种分法,第 2 个人分配到余下的 $n-1$ 间中的任一间,有 $n-1$ 种分法,依次类推,得到事件 A 包含的基本事件数为 $n!$,则有 $P(A)=\frac{n!}{N^n}$。

对于事件 B,由于有"恰有 n 间房"可从 n 个人中任意选出,并不是指定的,因此有

$$P(B)=\frac{n!\,C_N^n}{N^n}。$$

对于事件 C,指定的房间有 m 人,而其余 $n-m$ 个人可以任意分配到其余 $N-1$ 间房中,因此有 $(N-1)^{n-m}$ 种分法,因此事件 C 包含的基本事件数为 $C_n^m(N-1)^{n-m}$。因此有

$$P(C)=\frac{C_n^m(N-1)^{n-m}}{N^n}=C_n^m\left(\frac{1}{N}\right)^m\left(1-\frac{1}{N}\right)^{n-m}。$$

注意事项：n 个人的生日问题,n 封信寄给 n 个人(配对问题)等古典概型可归入"分房问题"来处理,考生在处理这类问题时,一定要区分开什么是"人",什么是"房"。

3.随机取数问题

【例题3】从 $0,1,2,\cdots,9$ 这十个数字中任意选出三个不同的数字,试求下列事件的概率：

$A=\{$三个数字中不含 6 和 7$\}$；

$B=\{$三个数字中不含 2 或 4$\}$。

【解析】本题考查古典概型。该试验的样本空间所含的样本点总数为 C_{10}^3,对于事件 A,由于不含 6 和 7,所以可以在剩下的八个数字中,任取三个不同的数,共有 C_8^3 种选择,因此有

$$P(A)=\frac{C_8^3}{C_{10}^3}=\frac{7}{15}。$$

对于事件 B,令事件 B_1 为"三个数字中不含 2",事件 B_2 为"三个数字不含 4",因此有

$$P(B)=P(B_1)+P(B_2)-P(B_1B_2)=\frac{C_9^3}{C_{10}^3}+\frac{C_9^3}{C_{10}^3}-\frac{C_8^3}{C_{10}^3}=\frac{84}{120}+\frac{84}{120}-\frac{56}{120}=\frac{14}{15}。$$

第三节　伯努利概型

一、定义

若随机试验满足：

(1)各次试验相互独立，即某一次的试验结果对其他次均无影响；

(2)试验在相同条件下重复进行了 n 次；

(3)每次试验结果仅有两个，即 A 和 $\bar{A}$ ，

则称该试验为伯努利概型。

二、概率计算公式

(1)如果在一次试验中事件 A 发生的概率为 p ，不发生的概率为 $q=1-p$ ，则在 n 次伯努利试验中事件 A 恰好发生 k 次的概率为 $p_n(k)=C_n^k p^k(1-p)^{n-k}, k=0,1,2,\cdots,n$ 。

(2)做 n 次伯努利试验，直到第 n 次，才成功 k 次的概率为 $p_n(k)=C_{n-1}^{k-1}p^{k-1}(1-p)^{n-k}p$ 。

(3)在伯努利试验中，直到第 k 次事件 A 才发生的概率为 $p_k=q^{k-1}p$ 。

【例题 1】一头病牛服用某种药品后被治愈的可能性为 95% ，则服用这种药的 4 头病牛至少有 3 头被治愈的概率为(　　)

(A)0.79　　　　　(B)0.89　　　　　(C)0.99　　　　　(D)0.19　　　　　(E)以上答案均不对

【答案】C

【解析】设事件 A 为 4 头病牛至少有 3 头被治愈，则 $P(A)=C_4^3(0.95)^3\times0.05+C_4^4(0.95)^4=(0.95)^3\times(0.2+0.95)\approx0.99$ 。

【例题 2】【2008 年 MBA 联考】某乒乓球男子单打决赛在甲、乙两名选手间进行，赛制为 7 局 4 胜制。已知每局比赛甲选手战胜乙选手的概率为 0.7，则甲选手以 4:1 战胜乙选手的概率为(　　)

(A) $C_5^4\times0.7^4\times0.3$ 　　　　　　(B) $C_4^3\times0.7^3\times0.3\times0.7$

(C) $0.7^4\times0.3$ 　　　　　　　　(D) $0.7^3\times0.3$

(E) $0.7^3\times0.3\times0.4$

【答案】B

【解析】总共打 5 局，第 5 局甲胜乙，前 4 局甲只需胜 3 局就可以 4:1 战胜乙，故所求概率为 $C_4^3\times0.7^3\times0.3\times0.7$ 。

第四节　习题精练

一、问题求解。下列每题给出的 A、B、C、D、E 五个选项中，只有一个选项是最符合题目要求的。

1.在一个均匀陀螺的圆周上均匀地刻上 $[0,4)$ 上的所有实数，旋转陀螺，则陀螺停下来后，圆周与桌面的接触点位于 $[0.5,1]$ 上的概率是(　　)

(A) $\dfrac{1}{4}$ 　　　　　(B) $\dfrac{1}{5}$ 　　　　　(C) $\dfrac{1}{6}$ 　　　　　(D) $\dfrac{1}{7}$ 　　　　　(E) $\dfrac{1}{8}$

2.掷一枚质地均匀的骰子2次,点数之和能被3整除的概率是(　　)

(A)$\dfrac{1}{6}$　　　　(B)$\dfrac{1}{4}$　　　　(C)$\dfrac{1}{3}$　　　　(D)$\dfrac{1}{2}$　　　　(E)$\dfrac{2}{3}$

3.从1~10中任取7个数,取出的7个数的中位数是6的概率为(　　)

(A)$\dfrac{1}{10}$　　　(B)$\dfrac{1}{7}$　　　　(C)$\dfrac{1}{6}$　　　　(D)$\dfrac{1}{3}$　　　　(E)$\dfrac{1}{2}$

4.从0,1,2,…,9这十个数字中任意选取三个不同的数字,则三个数字中不含0或5的概率为(　　)

(A)$\dfrac{1}{15}$　　　(B)$\dfrac{7}{15}$　　　(C)$\dfrac{8}{15}$　　　(D)$\dfrac{14}{15}$　　　(E)$\dfrac{3}{10}$

5.将三个质地均匀的骰子同时抛出,最上面出现的数字分别为a,b,c,则a,b,c正好是某直角三角形三条边的概率为(　　)

(A)$\dfrac{1}{216}$　　(B)$\dfrac{1}{72}$　　　(C)$\dfrac{1}{36}$　　　(D)$\dfrac{1}{12}$　　　(E)$\dfrac{1}{6}$

6.袋中装有35个球,每个球上都标记有从1到35其中的一个数。假设n号球的重量为$\left(\dfrac{n^2}{3}-5n+25\right)$克,这些球等可能地(不受重量的影响)从袋中被取出。如果同时任意取出两个球,重量相等的概率为(　　)

(A)$\dfrac{1}{35}$　　　(B)$\dfrac{2}{35}$　　　(C)$\dfrac{1}{85}$　　　(D)$\dfrac{1}{70}$　　　(E)$\dfrac{1}{595}$

7.一个部门有6女3男9名员工,现在从他们中随机抽调3人去支援别的部门工作,则至少抽调2名男员工的概率为(　　)

(A)$\dfrac{1}{3}$　　　　(B)$\dfrac{3}{14}$　　　(C)$\dfrac{65}{84}$　　　(D)$\dfrac{19}{84}$　　　(E)$\dfrac{1}{84}$

8.甲、乙两个人各投篮一次,甲投篮命中的概率为$\dfrac{2}{3}$,乙投篮命中的概率为$\dfrac{4}{5}$,设投篮命中的人数为X,则X的期望为(　　)

(A)$\dfrac{1}{15}$　　　(B)$\dfrac{2}{5}$　　　　(C)$\dfrac{3}{5}$　　　　(D)$\dfrac{8}{15}$　　　(E)$\dfrac{22}{15}$

9.甲、乙两组各派3个人进行对抗比赛,每一位甲队队员与每一位乙队队员比赛时,甲队队员获胜的概率都是0.55。现规定三场比赛必须进行完毕,以得胜人数多的一方为胜,则乙队获胜的概率为(　　)

(A)$C_3^0(0.55)^0(0.45)^3$

(B)$C_3^1(0.45)^1(0.55)^2$

(C)$C_3^0(0.55)^0(0.45)^3+C_3^1(0.55)^1(0.45)^2$　　(D)$C_3^0(0.45)^0(0.55)^3+C_3^1(0.45)^1(0.55)^2$

(E)$C_3^1(0.45)^1(0.55)^2$

10.一个盒子中有3个白球4个黑球,现甲、乙两人从中轮流摸球,每球被摸出的机会均等,每次只能拿一个,且拿出后不放回。规定甲先取,乙后取,然后甲再取,……,直到有一人取到白球终止,则甲取到白球的概率为(　　)

(A)$\dfrac{3}{7}$　　　　(B)$\dfrac{1}{35}$　　　(C)$\dfrac{6}{35}$　　　(D)$\dfrac{13}{35}$　　　(E)$\dfrac{22}{35}$

11.现有数学书4本,政治书3本,英语书4本。将这些书摆放在书架上,则数学书全部相邻且政治书全部相邻的概率为(　　)

(A)$\dfrac{1}{14}$　　　(B)$\dfrac{1}{28}$　　　(C)$\dfrac{1}{140}$　　　(D)$\dfrac{1}{168}$　　　(E)$\dfrac{1}{385}$

12. 某车从 A 地到 B 地途经 6 个十字路口。在每一个十字路口遇到红灯的概率为 $\frac{1}{2}$，则该车从 A 地到 B 地最多遇到 3 次红灯的概率为（　　）

(A) $\frac{1}{8}$　　　　(B) $\frac{7}{8}$　　　　(C) $\frac{5}{16}$　　　　(D) $\frac{21}{32}$　　　　(E) $\frac{41}{64}$

13. 某部门有 12 名员工，其中男员工有 7 人，女员工有 5 人。现在从中任意挑选 2 名员工参加专业技能培训，则参加培训的员工都是男员工或都是女员工的概率为（　　）

(A) $\frac{35}{66}$　　　　(B) $\frac{5}{33}$　　　　(C) $\frac{31}{66}$　　　　(D) $\frac{7}{22}$　　　　(E) $\frac{1}{6}$

二、条件充分性判断。要求判断每题给出的条件(1)和条件(2)能否充分支持题干所陈述的结论。A、B、C、D、E 五个选项为判断结果，只有一个选项是最符合题目要求的。

(A)条件(1)充分，但条件(2)不充分。

(B)条件(2)充分，但条件(1)不充分。

(C)条件(1)和条件(2)单独都不充分，但条件(1)和条件(2)联合起来充分。

(D)条件(1)充分，条件(2)也充分。

(E)条件(1)和条件(2)单独都不充分，条件(1)和条件(2)联合起来也不充分。

1. $p = \frac{2}{3}$。

(1)从数字 1，2，3，4，5，6 中任取 2 个不同的数字构成一个两位数，这个数大于 30 的概率为 p；

(2)一批货物中有 6 件正品 4 件次品，从中任取 2 件，至少有 1 件次品的概率为 p。

2.小球有三种颜色，其中 5 颗红色，4 颗黄色，3 颗白色。两次都取到同一种颜色的概率为 p，则 $p = \frac{25}{72}$。

(1)有放回地取小球；

(2)不放回地取小球。

3.甲、乙两人轮流掷一枚硬币，谁先掷出反面谁赢，则甲获胜的概率是乙获胜的概率的 2 倍。

(1)甲先掷硬币；

(2)乙先掷硬币。

4.某工厂新招了一批员工，经领导协商要实行"老带新"政策，现有 7 名新员工(其中有小张和小王)和 3 名老师傅，老师傅分别能带新员工的数目为 3，2，2，则分完组后满足条件的概率大于 $\frac{1}{21}$。

(1)小张、小王分在同一组；

(2)小张、小王分在人数为 2 的同一组。

5.甲、乙两名篮球选手各独立罚篮一次，甲每次罚篮命中率为 70%，乙每次罚篮命中率为 80%，则条件中情况发生的概率小于 50%。

(1)两人都投中；

(2)两人总共投中不多于一球。

6.已知袋中有 15 个球，其中有红球 m 个，白球 n 个，其余全是黑球，从中任取 3 个，则取出 2 个红球 1 个白球的概率为 $\frac{6}{91}$。

(1)$m=5,n=3$;

(2)$m=4,n=5$。

7.从一批进口奶粉中任取一罐,质量在[2.1 千克,2.3 千克]范围内的概率是 0.05。

(1)任取一罐其质量不超过 2.3 千克的概率为 0.37;

(2)任取一罐其质量小于 2.1 千克的概率为 0.32。

8.一个箱子里装有黑白两种颜色的球,从里面取出 2 个球,则颜色相同的概率是 $\dfrac{1}{2}$。

(1)随便取出一个球,是黑球的概率为 $\dfrac{7}{12}$;

(2)箱子里有黑色球 21 个,白色球 15 个。

9.两位运动员进行交替投篮比赛,一共进行 3 次,谁先投中则谁赢得比赛,在每次投篮中甲的命中概率为 p,乙的命中概率为 q,由甲先开始投篮,则甲赢的概率小于乙。

(1)$p<q$;

(2)$p<1-q$。

10.一名学生参加英语、语文、数学三科考试,每科是否优秀是相互独立的(超过 85 分为优秀),则此学生三科均优秀的概率为 0.064。

(1)每科达到优秀的概率为 0.4;

(2)英语、语文、数学达到优秀分数的概率分别为 0.8,0.4,0.2。

第五节　答案及解析

问题求解

1.【考点】古典概型

【答案】E

【解析】由于陀螺及刻度的均匀性,它停下来时其圆周上的各点与桌面接触的可能性相等,且接触点可能有无穷多个,故 $P(A)=\dfrac{\text{区间}[0.5,1]\text{的长度}}{\text{区间}[0,4]\text{的长度}}=\dfrac{1}{8}$。

2.【考点】古典概型

【答案】C

【解析】两枚骰子点数之和最大是 12,最小是 2,能被 3 整除的是 3,6,9,12,对应的样本点为 (1,2),(2,1),(1,5),(2,4),(3,3),(4,2),(5,1),(3,6),(4,5),(5,4),(6,3),(6,6),共有 12 种情况,故点数之和能被 3 整除的概率是 $\dfrac{12}{36}=\dfrac{1}{3}$。

3.【考点】排列组合求概率

【答案】D

【解析】取出的 7 个数的中位数是 6,说明要从 6 的左右两边各取出 3 个数,根据排列组合原理可知,$P=\dfrac{C_5^3 C_4^3}{C_{10}^7}=\dfrac{1}{3}$。

4.【考点】分步分类法

【答案】D

【解析】记事件 $A=\{$三个数字中不含0或5$\}$，事件 $C_1=\{$三个数字中不含0$\}$，事件 $C_2=\{$三个数字中不含5$\}$，则 $A=C_1\cup C_2$。于是 $P(A)=P(C_1\cup C_2)=P(C_1)+P(C_2)-P(C_1C_2)=\dfrac{C_9^3}{C_{10}^3}+\dfrac{C_9^3}{C_{10}^3}-\dfrac{C_8^3}{C_{10}^3}=\dfrac{14}{15}$。

5.**【考点】**古典概型

【答案】C

【解析】三个数字出现的所有情况有 $6^3=216$（种），能组成直角三角形的三条边长只能是 3,4,5，一共有 $A_3^3=6$ 种，则所求的概率为 $\dfrac{6}{216}=\dfrac{1}{36}$。

6.**【考点】**古典概型

【答案】C

【解析】设 n 号球和 m 号球的重量相等，且 $n<m$，则 $\dfrac{n^2}{3}-5n+25=\dfrac{m^2}{3}-5m+25$，化简得 $(n-m)(n+m-15)=0$，即 $n+m=15$，所以 (n,m) 可取 $(1,14),(2,13),\cdots,(7,8)$ 共 7 种情况。从 35 个球中任取两个球共有 C_{35}^2 种取法，则取出的两球重量相等的概率为 $\dfrac{7}{C_{35}^2}=\dfrac{1}{85}$。

7.**【考点】**分类分步法

【答案】D

【解析】本题考查概率问题。3 人中至少 2 名男员工的情况包括 2 男 1 女和 3 男两种情况，因此所求概率为 $\dfrac{C_3^2C_6^1+C_3^3}{C_9^3}=\dfrac{19}{84}$。

8.**【考点】**分步法

【答案】E

【解析】$x=0$ 的概率为 $\left(1-\dfrac{2}{3}\right)\left(1-\dfrac{4}{5}\right)=\dfrac{1}{15}$；$x=1$ 的概率为 $\left(1-\dfrac{2}{3}\right)\times\dfrac{4}{5}+\dfrac{2}{3}\times\left(1-\dfrac{4}{5}\right)=\dfrac{2}{5}$；$x=2$ 的概率为 $\dfrac{2}{3}\times\dfrac{4}{5}=\dfrac{8}{15}$。所以投篮命中人数 X 的期望为 $1\times\dfrac{2}{5}+2\times\dfrac{8}{15}=\dfrac{22}{15}$。

9.**【考点】**分类分步法

【答案】C

【解析】因为每次比赛结果只有两种，要么甲队成员胜，要么乙队成员胜。且每场比赛相互独立，则乙队获胜的情况为乙队 3 人都获胜或乙队有两人获胜。因此乙队获胜的概率为 $C_3^0(0.55)^0(0.45)^3+C_3^1(0.55)^1(0.45)^2$。

10.**【考点】**分步法

【答案】E

【解析】盒子中一共有 3 个白球 4 个黑球，则甲第 1 次取到白球的概率为 $\dfrac{3}{7}$，甲第 2 次取到白球的概率为 $\dfrac{4}{7}\times\dfrac{3}{6}\times\dfrac{3}{5}=\dfrac{6}{35}$，甲第 3 次取到白球的概率为 $\dfrac{4}{7}\times\dfrac{3}{6}\times\dfrac{2}{5}\times\dfrac{1}{4}\times1=\dfrac{1}{35}$，则甲取到白球的概率为 $\dfrac{3}{7}+\dfrac{6}{35}+\dfrac{1}{35}=\dfrac{22}{35}$。

11.**【考点】**捆绑法

【答案】E

【解析】第一步将数学书捆绑在一起的方法数为 A_4^4，第二步将政治书捆绑在一起的方法数为 A_3^3，第三步将捆绑后的数学书、政治书均视为 1 本书与剩余的 4 本英语书做全排列，不同的方法数为 A_6^6，共有 $A_4^4 \times A_3^3 \times A_6^6$ 种，则所求概率为 $\dfrac{A_4^4 \times A_3^3 \times A_6^6}{A_{11}^{11}} = \dfrac{1}{385}$。

12.**【考点】**伯努利概型

【答案】D

【解析】过十字路口遇到红灯的概率为 $\dfrac{1}{2}$，则不遇到红灯的概率 $1 - \dfrac{1}{2} = \dfrac{1}{2}$。最多遇到 3 次红灯有四种情况，分别为遇到 0 次、1 次、2 次、3 次，则所求概率为 $C_6^3\left(\dfrac{1}{2}\right)^3\left(\dfrac{1}{2}\right)^3 + C_6^2\left(\dfrac{1}{2}\right)^2\left(\dfrac{1}{2}\right)^4 + C_6^1 \times \left(\dfrac{1}{2}\right) \times \left(\dfrac{1}{2}\right)^5 + C_6^0\left(\dfrac{1}{2}\right)^6 = \dfrac{21}{32}$。

13.**【考点】**古典概型

【答案】C

【解析】都是男员工的选取方法数为 $C_7^2 = 21$（种），都是女员工的选取方法数为 $C_5^2 = 10$（种），从 12 名员工中任意挑选 2 名的方法数为 $C_{12}^2 = 66$（种），所求概率为 $\dfrac{C_7^2 + C_5^2}{C_{12}^2} = \dfrac{31}{66}$。

条件充分性判断

1.**【考点】**分步法

【答案】D

【解析】条件(1)，先选十位数，则有 C_4^1 种；再选个位数，则有 C_5^1 种。因此 $p = \dfrac{C_4^1 C_5^1}{A_6^2} = \dfrac{2}{3}$，条件(1)充分。

条件(2)，"至少有 1 件次品"的反面是"两件都是正品"，因此 $p = 1 - \dfrac{C_6^4}{C_{10}^2} = \dfrac{2}{3}$，条件(2)也充分。

2.**【考点】**分步法

【答案】A

【解析】条件(1)，$p = \dfrac{5^2 + 4^2 + 3^2}{12^2} = \dfrac{25}{72}$，充分；条件(2)，$p = \dfrac{5 \times 4 + 4 \times 3 + 3 \times 2}{12 \times 11} = \dfrac{19}{66}$，条件(2)不充分。

3.**【考点】**分步法

【答案】A

【解析】不妨设甲先掷硬币，则甲只可能在奇数次时赢，甲赢的概率为 $0.5 + 0.5^3 + 0.5^5 + \cdots = \dfrac{2}{3}$。因为甲、乙两人的胜率之和为 1，所以乙赢的概率为 $\dfrac{1}{3}$，这说明先掷的人获胜的概率是后掷的人获胜的概率的 2 倍。故条件(1)充分，条件(2)不充分。

4.**【考点】**分类分步法

【答案】D

【解析】总情况数为 $C_7^3C_4^2$ 种。对于条件(1)，小张、小王分在同一组，用捆绑法，分两种情况：两人在3人组里，则选出一人与他们一组，剩下的人再选出两人成为一组，最后剩下的人为一组，情况数为 $C_5^1C_4^2$ 种；两人在2人组里有两种情况，然后剩下的人分组，情况数为 $2C_5^3$ 种，所以总概率为 $\dfrac{C_5^1C_4^2+2C_5^3}{C_7^3C_4^2}=\dfrac{5}{21}$，条件(1)充分。对于条件(2)，小张、小王分在同一个2人组的概率是 $\dfrac{2C_5^3}{C_7^3C_4^2}=\dfrac{2}{21}$，条件(2)充分。

5.**【考点】**分类分步法

【答案】B

【解析】对于条件(1)，两人都投中的概率为70%×80%=56%>50%，条件(1)不充分。对于条件(2)，两人共投中不多于一球(即两人都投中的反面)的概率为1-70%×80%=44%<50%，条件(2)充分。

6.**【考点】**分步法

【答案】D

【解析】从15个球中任取3个共有 C_{15}^3 种取法。对于条件(1)，取出2个红球1个白球有 $C_5^2C_3^1=30$(种)方法，对于条件(2)，取出2个红球1个白球有 $C_4^2C_5^1=30$(种)方法，所以两种情况下取出2个红球1个白球的概率均为 $\dfrac{30}{C_{15}^3}=\dfrac{6}{91}$，条件(1)和条件(2)均单独充分。

7.**【考点】**古典概型

【答案】C

【解析】显然条件(1)和条件(2)单独均不充分，现联合考虑，不超过2.3千克的概率为0.37，小于2.1千克的概率为0.32，则在[2.1千克,2.3千克]范围内的概率为0.37-0.32=0.05，条件(1)和条件(2)联合充分。

8.**【考点】**分类分步法

【答案】B

【解析】条件(1)可得黑球白球个数比为7:5，但不知道具体数目，无法确定取出两球颜色相同的概率，条件(1)不充分；条件(2)可得任取两球颜色相同的概率为 $\dfrac{C_{21}^2+C_{15}^2}{C_{36}^2}=\dfrac{1}{2}$，条件(2)充分。

9.**【考点】**分类分步法

【答案】E

【解析】甲赢有第一次投中、第三次投中两种情况，甲赢的概率为 $p+(1-p)(1-q)p$；乙赢的情况只有一种，即第二次投中,$(1-p)q$。现用举反例法说明，令 $p=0.4,q=0.5$，则甲赢的概率为0.52，乙赢的概率为0.3，所以甲赢的概率大于乙。因为 $p=0.4,q=0.5$ 既满足条件(1)，又满足条件(2)，所以条件(1)和条件(2)无论单独还是联合均推不出甲赢的概率小于乙。

10.**【考点】**分类分步法

【答案】D

【解析】此题的题干已知三科是否优秀相互独立，因此根据相互独立事件概率求法，只要知道每科优秀的概率即可。对于条件(1)，三科均优秀的概率应为0.4×0.4×0.4=0.064，条件(1)充分；对于条件(2)，三科均优秀的概率为0.8×0.4×0.2=0.064，条件(2)也充分。

第二部分 高频考点专题练习

第一章 函数与不等式

一、本章概述

考点解读

在历年的考试真题中,函数部分主要针对一次函数、二次函数、指数函数以及对数函数这几方面内容进行考查。不等式主要有绝对值不等式、一元一次不等式、二元一次不等式、一元二次不等式等,不等式与函数往往结合在一起考查,解不等式可以利用函数的图像和性质。

历年考试情况

利用函数图像解不等式是常见的考查方式,例如 2017 年的真题中的第 10 题考查了利用函数图像解绝对值不等式;2018 年的真题中的第 11 题和第 19 题考查了数形结合解不等式的思想,第 25 题考查了二次函数的性质;2020 年的真题中的第 20 题考查了方程与不等式,第 23 题考查了二次函数,第 24 题和第 25 题考查了均值不等式;2021 年的真题第 5 题考查了二次函数;2022 年真题的第 25 题考查了绝对值三角不等式。

二、经典例题

(一)问题求解。下列每题给出的 A、B、C、D、E 五个选项中,只有一个选项是最符合题目要求的。

1.【2021 年联考】设二次函数 $f(x)=ax^2+bx+c$,且 $f(2)=f(0)$,则 $\dfrac{f(3)-f(2)}{f(2)-f(1)}=$(　　)

(A)2　　　　　　　　　　(B)3

(C)4　　　　　　　　　　(D)5

(E)6

视频讲解

2.【2021 年联考】函数 $f(x)=x^2-4x-2|x-2|$ 的最小值为(　　)

(A)−4　　　　　　　　　(B)−5

(C)−6　　　　　　　　　(D)−7

(E)−8

视频讲解

3.【2020 年联考】设集合 $A=\{x\mid |x-a|<1,x\in \mathbf{R}\}$，$B=\{x\mid |x-b|<2,x\in \mathbf{R}\}$，则 $A\subset B$ 的充分必要条件是（　　）

(A) $|a-b|\leqslant 1$

(B) $|a-b|\geqslant 1$

(C) $|a-b|<1$

(D) $|a-b|>1$

(E) $|a-b|=1$

4.【2019 年联考】设函数 $f(x)=2x+\dfrac{a}{x^2}(a>0)$ 在 $(0,+\infty)$ 内的最小值为 $f(x_0)=12$，则 $x_0=$（　　）

(A) 5　　　　　　　　　　(B) 4

(C) 3　　　　　　　　　　(D) 2

(E) 1

5.【2017 年联考】不等式 $|x-1|+x\leqslant 2$ 的解集为（　　）

(A) $(-\infty,1]$　　　　　　　(B) $\left(-\infty,\dfrac{3}{2}\right]$

(C) $\left[1,\dfrac{3}{2}\right]$　　　　　　　(D) $[1,+\infty)$

(E) $\left[\dfrac{3}{2},+\infty\right)$

6.【2016 年联考】设抛物线 $y=x^2+2ax+b$ 与 x 轴相交于 A，B 两点，点 C 的坐标为 $(0,2)$，若 $\triangle ABC$ 的面积等于 6，则（　　）

(A) $a^2-b=9$　　　　　　　(B) $a^2+b=9$

(C) $a^2-b=36$　　　　　　　(D) $a^2+b=36$

(E) $a^2-4b=9$

7.【2015 年联考】已知 x_1，x_2 是 $x^2+ax-1=0$ 的两个实根，则 $x_1^2+x_2^2=$（　　）

(A) a^2+2　　　　　　　(B) a^2+1

(C) a^2-1　　　　　　　(D) a^2-2

(E) $a+2$

8.【2015 年联考】设 $A(0,2)$，$B(1,0)$，在线段 AB 上取一点 $M(x,y)(0<x<1)$，则以 x，y 为两边长的矩形面积最大值为（　　）

(A) $\dfrac{5}{8}$　　　　(B) $\dfrac{1}{2}$　　　　(C) $\dfrac{3}{8}$　　　　(D) $\dfrac{1}{4}$　　　　(E) $\dfrac{1}{8}$

9.【2010 年联考】甲商店销售某种商品，该商品的进价每件 90 元，若每件定价 100 元，则一天内能售出 500 件，在此基础上，定价每增加 1 元，一天少售出 10 件，甲商店要想获得最大利润，则该商品的定价应为（　　）

(A) 115 元　　　　(B) 120 元　　　　(C) 125 元

(D) 130 元　　　　(E) 135 元

10.【2007 年在职】二次函数 $y=x(1-x)$ 的最大值为（　　）

(A) 0.05　　　(B) 0.10　　　(C) 0.15　　　(D) 0.20　　　(E) 0.25

11.二次函数 $y=x^2+x-2$ 的图像与 x 轴交点的横坐标是（　　）

(A) 2 和 -1　　　　　　　(B) -2 和 1

(C) 2 和 1　　　　　　　(D) -2 和 -1

(E)−2 和 1 或 2 和−1

12.【2008 年 MBA 联考】直角边之和为 12 的直角三角形面积的最大值等于(　　)

(A)16　　　　　　　(B)18　　　　　　　(C)20

(D)22　　　　　　　(E)不能确定

13.【2008 年在职】若 $y^2-2\left(\sqrt{x}+\dfrac{1}{\sqrt{x}}\right)y+3<0$,在 $x\in(0,+\infty)$ 上恒成立,则 y 的取值范围是(　　)

(A)$1<y<3$　　　(B)$2<y<4$　　　(C)$1<y<4$　　　(D)$3<y<5$　　　(E)$2<y<5$

14.若不等式组 $\begin{cases} x-a>0, \\ b-2x>0 \end{cases}$ 的解集是 $-1<x<1$,则 $(a+b)^{2006}=$(　　)

(A)0　　　　(B)1　　　　(C)2　　　　(D)3　　　　(E)4

15.若关于 x 的不等式组 $\begin{cases} x-3(x-2)<2, \\ \dfrac{a+2x}{4}>x \end{cases}$ 有解,则实数 a 的取值范围是(　　)

(A)$a<4$　　　(B)$a>4$　　　(C)$a=4$　　　(D)$a<-4$　　　(E)$a>-4$

16.已知 $p>0,q>0,p,q$ 的等差中项为 $\dfrac{1}{2}$,且 $x=p+\dfrac{1}{p}$,$y=q+\dfrac{1}{q}$,则 $x+y$ 最小值为(　　)

(A)6　　　　(B)5　　　　(C)4　　　　(D)3　　　　(E)2

(二)条件充分性判断。要求判断每题给出的条件(1)和条件(2)能否充分支持题干所陈述的结论。A、B、C、D、E 五个选项为判断结果,只有一个选项是最符合题目要求的。

(A)条件(1)充分,但条件(2)不充分。

(B)条件(2)充分,但条件(1)不充分。

(C)条件(1)和条件(2)单独都不充分,但条件(1)和条件(2)联合起来充分。

(D)条件(1)充分,条件(2)也充分。

(E)条件(1)和条件(2)单独都不充分,条件(1)和条件(2)联合起来也不充分。

1.【2020 年联考】设函数 $f(x)=(ax-1)(x-4)$。则在 $x=4$ 左侧附近有 $f(x)<0$。

(1)$a>\dfrac{1}{4}$;

(2)$a<4$。

视频讲解

2.【2020 年联考】设 a,b 是正实数。则 $\dfrac{1}{a}+\dfrac{1}{b}$ 存在最小值。

(1)已知 ab 的值;

(2)已知 a,b 是方程 $x^2-(a+b)x+2=0$ 的不同实根。

视频讲解

3.【2020 年联考】设 a,b,c,d 是正实数。则 $\sqrt{a}+\sqrt{d}\leqslant\sqrt{2(b+c)}$。

(1)$a+d=b+c$;

(2)$ad=bc$。

视频讲解

4.【2019 年联考】关于 x 的方程 $x^2+ax+b-1=0$ 有实根。

(1)$a+b=0$;

(2)$a-b=0$。

视频讲解

5.【2018 年联考】设 x,y 是实数,则 $|x+y|\leqslant2$。

(1)$x^2+y^2\leqslant2$;

(2)$xy\leqslant1$。

视频讲解

6.【2017年联考】直线 $y=ax+b$ 与抛物线 $y=x^2$ 有两个交点。

(1)$a^2>4b$；

(2)$b>0$。

7.【2017年联考】设 a,b 是两个不相等的实数,则函数 $f(x)=x^2+2ax+b$ 的最小值小于零。

(1)1,a,b 成等差数列；

(2)1,a,b 成等比数列。

8.【2016年联考】已知 $f(x)=x^2+ax+b$,则 $0\leq f(1)\leq 1$。

(1)$f(x)$ 在区间 $[0,1]$ 中有两个零点；

(2)$f(x)$ 在区间 $[1,2]$ 中有两个零点。

9.【2016年联考】设 x,y 是实数,则 $x\leq 6,y\leq 4$。

(1)$x\leq y+2$；

(2)$2y\leq x+2$。

10.【2015年联考】几个朋友外出郊游,购买了一些瓶装水,则能确定购买的瓶装水数量。

(1)若每人分3瓶,则剩余30瓶；

(2)若每人分10瓶,则只有一人不够。

11.【2014年联考】不等式 $|x^2+2x+a|\leq 1$ 的解集为空集。

(1)$a<0$；

(2)$a>2$。

12.【2014年联考】已知 x,y 为实数,则 $x^2+y^2\geq 1$。

(1)$4y-3x\geq 5$；

(2)$(x-1)^2+(y-1)^2\geq 5$。

13.【2013年联考】已知 a,b 是实数,则 $|a|\leq 1,|b|\leq 1$。

(1)$|a+b|\leq 1$；

(2)$|a-b|\leq 1$。

14.【2012年联考】已知 a,b 是实数,则 $a>b$。

(1)$a^2>b^2$；

(2)$a^2>b$。

15.【2012年联考】建一个长方形羊栏,该羊栏面积大于 500 平方米。

(1)该羊栏周长为 120 米；

(2)该羊栏对角线的长不超过 50 米。

16.【2011年联考】已知实数 a,b,c,d 满足 $a^2+b^2=1,c^2+d^2=1$,则 $|ac+bd|<1$。

(1)直线 $ax+by=1$ 与 $cx+dy=1$ 仅有一个交点；

(2)$a\neq c,b\neq d$。

17.【2011年在职】已知 $g(x)=\begin{cases}1,x>0,\\-1,x<0,\end{cases}$ $f(x)=|x-1|-g(x)|x+1|+|x-2|+|x+2|$,则 $f(x)$ 是与 x 无关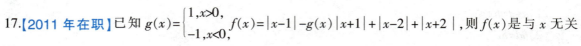

的常数。

(1)$-1<x<0$；

(2)$1<x<2$。

18.【2009年MBA联考】$|\log_a x|>1$。

(1)$x\in[2,4]$,$\frac{1}{2}<a<1$；

(2)$x\in[4,6]$,$1<a<2$。

19.【2008 年 MBA 联考】$f(x)$有最小值 2。

(1)$f(x)=\left|x-\dfrac{5}{12}\right|+\left|x-\dfrac{1}{12}\right|$;

(2)$f(x)=|x-2|+|4-x|$。

20.【2008 年 MBA 联考】$a>b$。

(1)a,b 为实数,且 $a^2>b^2$;

(2)a,b 为实数,且 $\left(\dfrac{1}{2}\right)^a<\left(\dfrac{1}{2}\right)^b$。

21.【2010 年在职】不等式 $3ax-\dfrac{5}{2}\le2a$ 的解集为 $x\le\dfrac{3}{2}$。

(1)直线 $\dfrac{x}{a}+\dfrac{y}{b}=1$ 与 x 轴的交点是 $(1,0)$;

(2)方程 $\dfrac{3x+1}{2}-a=\dfrac{1-a}{3}$ 的根为 $x=1$。

三、答案及解析

问题求解

1.【考点】一元二次函数

【答案】B

【解析】方法一：根据题意可知 $f(2)=f(0)$,即 $4a+2b+c=c$,解得 $4a=-2b\Rightarrow b=-2a$,又因为 $\dfrac{f(3)-f(2)}{f(2)-f(1)}=$

$\dfrac{9a+3b+c-(4a+2b+c)}{4a+2b+c-(a+b+c)}=\dfrac{5a+b}{3a+b}$,将 $b=-2a$ 代入可得原式$=\dfrac{5a+b}{3a+b}=\dfrac{5a-2a}{3a-2a}=3$。

方法二：根据 $f(2)=f(0)$ 可知 $f(x)$ 关于 $x=1$ 对称,不妨设 $f(x)=(x-1)^2=x^2-2x+1$,则 $\dfrac{f(3)-f(2)}{f(2)-f(1)}=\dfrac{4-1}{1-0}=3$。

2.【考点】一元二次函数

【答案】B

【解析】根据题意可知 $f(x)=x^2-4x-2|x-2|=(x^2-4x+4)-2|x-2|-4=(x-2)^2-2|x-2|-4=|x-2|^2-2|x-2|-4=$

$(|x-2|^2-2|x-2|+1)-5=(|x-2|-1)^2-5\ge-5$,因此 $f(x)$ 最小值为 -5。

3.【考点】集合相关知识

【答案】A

【解析】$A=\{x\mid|x-a|<1,x\in\mathbf{R}\}=\{x\mid a-1<x<a+1,x\in\mathbf{R}\}$,$B=\{x\mid|x-b|<2,x\in\mathbf{R}\}=\{x\mid b-2<x<b+2,x\in\mathbf{R}\}$。

因为 $A\subset B$,则 $\begin{cases}b-2\le a-1,\\a+1\le b+2,\end{cases}$ 解得 $-1\le a-b\le1$,即 $|a-b|\le1$。

4.【考点】均值不等式

【答案】B

【解析】由于 $x>0,a>0$,则 $f(x)$ 的表达式各项均大于 0,考虑运用均值不等式分析其最小值。

$$f(x)=2x+\dfrac{a}{x^2}=x+x+\dfrac{a}{x^2}\ge3\sqrt[3]{x\cdot x\cdot\dfrac{a}{x^2}}=3\sqrt[3]{a}=12,$$

则 $a=64$,当且仅当 $x=\dfrac{64}{x^2}$,即 $x=4$ 时取等号。

5.【考点】绝对值不等式

【答案】B

【解析】方法一：数形结合。将不等式$|x-1|+x\leq2$变形为$|x-1|\leq2-x$，在平面直角坐标系中，画出$y=|x-1|$和$y=2-x$的图像，如图所示，可知原不等式的解集为$\left(-\infty,\dfrac{3}{2}\right]$。

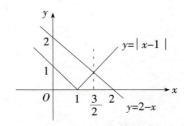

方法二：去绝对值。当$x\geq1$时，原不等式变为$x-1+x\leq2$，解得$x\leq\dfrac{3}{2}$，则$1\leq x\leq\dfrac{3}{2}$；当$x<1$时，原不等式变为$1-x+x\leq2$，即$1\leq2$，它是恒成立的。所以不等式的解集为$\left(-\infty,\dfrac{3}{2}\right]$。

6.【考点】一元二次方程(韦达定理)

【答案】A

【解析】设抛物线与x轴的两个交点分别为$(x_1,0),(x_2,0)$，则x_1,x_2是方程$x^2+2ax+b=0$的两个不同的实根。由韦达定理得，$x_1+x_2=-2a,x_1x_2=b$。因为$\triangle ABC$的面积等于6，所以$|x_1-x_2|=6$，即$36=(x_1-x_2)^2=(x_1+x_2)^2-4x_1x_2=4a^2-4b$，化简得$a^2-b=9$。

7.【考点】一元二次方程(韦达定理)

【答案】A

【解析】根据韦达定理，有$x_1+x_2=-a,x_1x_2=-1$，则$x_1^2+x_2^2=(x_1+x_2)^2-2x_1x_2=a^2+2$。

8.【考点】均值不等式，直线方程

【答案】B

【解析】设点M所在的直线为$y=kx+b$，则将A,B两点坐标代入直线方程可得$b=2,k=-2$。所以点M所在的直线为$y=-2x+2$，即$2x+y=2$。根据均值不等式，当$2x=y=1$，即$x=\dfrac{1}{2},y=1$时，矩形面积最大，为$\dfrac{1}{2}\times1=\dfrac{1}{2}$。

9.【考点】二次函数求最值问题

【答案】B

【解析】设定价为x元，利润为y元，则有$y=(x-90)[500-10(x-100)]=10(x-90)(150-x)$，则当$x=\dfrac{90+150}{2}=120$时利润最大。

点拨 函数求最值问题关键在于根据题干条件列出函数方程，由定义域的取值范围来确定值域的最值。

10.【考点】二次函数求最值问题

【答案】E

【解析】$y=x(1-x)$，当$x=\dfrac{1}{2}$时y取最大值，此时$y=\dfrac{1}{2}\times\dfrac{1}{2}=\dfrac{1}{4}$。

点拨 二次函数开口向下，故在对称轴处，函数取到最大值。

11.【考点】二次函数图像问题

【答案】B

【解析】因题目要求解图像与 x 轴交点的横坐标,则令 $y=0$,得 $x^2+x-2=0$,解得 $x=-2$ 或 $x=1$。

12.【考点】均值不等式

【答案】B

【解析】设直角三角形的两个直角边的边长分别为 a,b,则 $a+b=12$,直角三角形的面积为 $\frac{1}{2}ab$。求面积的最大值,即求 $\frac{1}{2}ab$ 的最大值,由均值不等式可知,当两个直角边相等时,即 $a=b=6$ 时,三角形的面积最大,所以面积最大为 $\frac{1}{2}\times6\times6=18$。

> **点拨** 利用均值不等式进行求解 $\frac{a+b}{2}\geq\sqrt{ab}$,当且仅当 $a=b$ 时,等号成立。

13.【考点】均值不等式

【答案】A

【解析】由选项可知,$y>0$。将已知不等式化为 $\frac{y^2+3}{2y}<\sqrt{x}+\frac{1}{\sqrt{x}}$,该不等式对一切实数 x 恒成立,则 $\frac{y^2+3}{2y}$ 小于 $\sqrt{x}+\frac{1}{\sqrt{x}}$ 的最小值。由均值不等式可知,$\sqrt{x}+\frac{1}{\sqrt{x}}\geq2$,所以 $\frac{y^2+3}{2y}<2$,则 $y^2-4y+3<0$,即 $(y-1)(y-3)<0$,解得 $1<y<3$。

14.【考点】不等式组求解

【答案】B

【解析】解不等式组可得 $a<x<\frac{b}{2}$,因此 $a=-1,b=2$,故 $(a+b)^{2006}=(-1+2)^{2006}=1$。

15.【考点】不等式组求解

【答案】B

【解析】整理不等式组得 $\begin{cases}x>2,\\x<\frac{a}{2},\end{cases}$ 因为 x 有解,所以可得 $\frac{a}{2}>2$,即 $a>4$。

16.【考点】均值不等式

【答案】B

【解析】由于 p,q 的等差中项为 $\frac{1}{2}$,则 $p+q=1$,$x+y=p+\frac{1}{p}+q+\frac{1}{q}=1+\frac{p+q}{pq}=1+\frac{1}{pq}$,由均值不等式可知 $\frac{p+q}{2}\geq\sqrt{pq}$,得 $pq\leq\frac{1}{4}(p+q)^2=\frac{1}{4}$,即 $\frac{1}{pq}\geq4$,则 $x+y=1+\frac{1}{pq}\geq1+4=5$,即 $x+y\geq5$,故 $x+y$ 的最小值为 5。

> **点拨** 等差数列的中项公式:已知等差数列 $\{a_n\}$ 中的任意三项 a,b,c,且满足 $b-a=c-b$。那么 b 叫作 a,c 的等差中项,且 $b=\frac{a+c}{2}$。

条件充分性判断

1.【考点】二次函数

【答案】A

【解析】条件(1),$a>\frac{1}{4}$,此时函数 $f(x)$ 为二次函数,函数开口向上,有两个零点 $x=4$ 和 $x=$

$\frac{1}{a}$，又因为 $\frac{1}{a}<4$，所以在 $x=4$ 左侧附近有 $f(x)<0$，条件（1）充分；条件（2），举反例，当 $a=0$ 时，$f(x)=-(x-4)=4-x$，在 $x=4$ 左侧附近有 $f(x)>0$，所以条件（2）不充分。

2.【考点】均值不等式，一元二次方程（根的判别式）

【答案】A

【解析】条件（1），因为 a,b 是正实数，则 $\frac{1}{a}+\frac{1}{b}\geqslant 2\sqrt{\frac{1}{ab}}$，当 $a=b$ 时，$\frac{1}{a}+\frac{1}{b}$ 取到最小值，所以条件（1）充分；条件（2），因为 a,b 是方程的不同实根，所以 $\begin{cases}\Delta=(a+b)^2-8>0,\\ ab=2,\end{cases}$ 且 a,b 是正实数，则有 $\begin{cases}a+b>2\sqrt{2},\\ ab=2,\end{cases}$，因此 $\frac{1}{a}+\frac{1}{b}=\frac{a+b}{ab}=\frac{a+b}{2}>\sqrt{2}$，无最小值，所以条件（2）不充分。

3.【考点】均值不等式

【答案】A

【解析】由题意可知，a,b,c,d 是正实数，则对结论进行等价转换，两边同时平方可得 $a+d+2\sqrt{ad}\leqslant 2(b+c)$。条件（1），$a+d=b+c$，$a+d\geqslant 2\sqrt{ad}$，则 $b+c\geqslant 2\sqrt{ad}$，故 $a+d+2\sqrt{ad}\leqslant 2(b+c)$，所以条件（1）充分；条件（2），举反例，$a=4,b=c=2,d=1$，$\sqrt{4}+\sqrt{1}>\sqrt{2(2+2)}$，所以条件（2）不充分。

4.【考点】一元二次方程（根的判别式）

【答案】D

【解析】方程若有实根，则 $\Delta=a^2-4(b-1)=a^2-4b+4\geqslant 0$。条件（1），根据条件可知 $b=-a$，则 $\Delta=a^2-4b+4=a^2+4a+4=(a+2)^2\geqslant 0$，方程有实数根，所以条件（1）充分；条件（2），根据条件可知 $b=a$，则 $\Delta=a^2-4b+4=a^2-4a+4=(a-2)^2\geqslant 0$，方程有实数根，所以条件（2）也充分。

5.【考点】不等式，绝对值，解析几何

【答案】A

【解析】如图所示，$|x+y|\leqslant 2$ 表示的区域为两条平行直线间的区域，$x^2+y^2\leqslant 2$ 表示的区域为圆及其内部，$xy\leqslant 1$ 表示两支双曲线间的区域，显然条件（1）充分，条件（2）不充分。

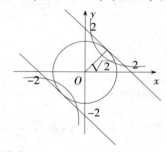

6.【考点】一元二次方程（根的判别式）

【答案】B

【解析】直线 $y=ax+b$ 与抛物线 $y=x^2$ 有两个交点，等价于一元二次方程 $x^2=ax+b$ 有两个不相等的实根，即 $\Delta=a^2+4b>0$。条件（1）显然不充分；条件（2），$b>0$ 时，$a^2+4b>0$ 恒成立，条件（2）充分。

7.【考点】一元二次方程（根的判别式），等差数列，等比数列

【答案】A

【解析】二次函数 $f(x)=x^2+2ax+b$ 的图形开口向上，且其对称轴为 $x=-a$，所以它的最小值为 $f(-a)=b-a^2$。对于条件（1），由 $1,a,b$ 成等差数列可得 $2a=b+1$，则 $f(-a)=2a-1-a^2=-(a-1)^2$，注意 a,b 是两个不相等的实数，故 $a\neq 1$（否则，$a=b=1$，产生矛盾），所以最小值 $-(a-1)^2<0$，条件（1）充分；对于条件（2），由

1,a,b 成等比数列可得 $a^2=b$,此时最小值 $f(-a)=b-a^2=0$ 恒成立,条件(2)不充分。

8.【考点】一元二次方程(根的判别式)

【答案】D

【解析】对于条件(1),可得 $f(0)=b\geq0,0\leq-\dfrac{a}{2}\leq1,f(1)=a+b+1\geq0,\Delta=a^2-4b>0$,因此 $0\leq a+2\leq2,b<\dfrac{a^2}{4}$,于是 $f(1)=a+b+1<a+\dfrac{a^2}{4}+1=\dfrac{1}{4}(a+2)^2\leq1$,所以 $0\leq f(1)\leq1$,条件(1)充分;对于条件(2),可得 $f(0)=b\geq0,1\leq-\dfrac{a}{2}\leq2,f(1)=a+b+1\geq0,\Delta=a^2-4b>0$,因此 $-2\leq a+2\leq0,b<\dfrac{a^2}{4}$,于是 $f(1)=a+b+1\leq1$,所以 $0\leq f(1)\leq1$,条件(2)也充分。

9.【考点】不等式的性质(同向可加性)

【答案】C

【解析】显然,条件(1)和条件(2)单独均不充分;条件(1)、条件(2)联合考虑,两个不等式联立可得 $2y-2\leq x\leq y+2$,为使 x 有取值,需 $2y-2\leq y+2$,解得 $y\leq4$,于是 $x\leq6$,则联合充分。

10.【考点】不等关系问题

【答案】C

【解析】因为不知道人数故条件(1)、条件(2)单独均不充分;联合考虑,假设共有 x 人,根据条件(1)、条件(2)可知,水量$=3x+30$,并且 $10(x-1)\leq3x+30\leq10x$,解得 $x=5$,故总共买水 $3\times5+30=45$(瓶),故条件(1)、条件(2)联合充分。

11.【考点】绝对值不等式

【答案】B

【解析】由题干 $|x^2+2x+a|\leq1$ 化简可得 $-1\leq x^2+2x+a\leq1$,于是 $-a\leq(x+1)^2\leq2-a$。条件(1),当 $a<0$ 时,$-a>0,2-a>2$,且 $2-a>-a$,故不等式有解,故条件(1)不充分;条件(2),当 $a>2$ 时,$-a<-2,2-a<0$,而 $(x+1)^2\geq0$,故不等式无解,因此条件(2)充分。

12.【考点】利用图形解不等式

【答案】A

【解析】根据条件(1)作图,可知条件(1)中 x,y 的范围为直线左上区域,$x^2+y^2\geq1$ 的范围为以 $(0,0)$ 点为圆心,半径为 1 的圆外部区域,故条件(1)可以推出题干;根据条件(2)作图,可知条件(2)中 x,y 的范围为以 $(1,1)$ 点为圆心,半径为 $\sqrt{5}$ 的圆外部区域,经过计算两圆交点为 $(-1,0)$ 和 $(0,-1)$,故条件(2)不能推出题干。

13.【考点】不等式组

【答案】C

【解析】显然条件(1)和条件(2)单独均不充分,条件(1)和条件(2)联合考虑,$\begin{cases}|a+b|\leq1,\\|a-b|\leq1\end{cases}\Rightarrow$ $\begin{cases}-1\leq a\leq1,\\-1\leq b\leq1\end{cases}\Rightarrow\begin{cases}|a|\leq1,\\|b|\leq1,\end{cases}$即条件(1)和条件(2)联合充分。

14.【考点】不等式

【答案】E

【解析】由条件(1)$a^2>b^2$ 无法得到 $a>b$,因为当 a 为负数时,b 为正数时,条件(1)不充分;同理,由条件(2)$a^2>b$ 也无法得到 $a>b$,条件(2)也不充分;且联合条件(1)和条件(2)也不充分。

15.【考点】不等式的应用

【答案】C

【解析】显然条件(1)与条件(2)单独都不充分,考虑联合,设长方形羊栏的长为 x 米,宽为 y 米,则 $\begin{cases} x+y=60 \\ x^2+y^2 \le 2\,500 \end{cases} \Rightarrow (x+y)^2-2xy \le 2\,500$,则 $xy \ge \dfrac{1\,100}{2}=550>500$,则条件(1)和条件(2)联合充分。

16.【考点】均值不等式

【答案】A

【解析】由条件(1)知直线 $ax+by=1$ 与 $cx+dy=1$ 仅有一个交点,故两条直线是相交的,不是平行的,所以 $ad \ne bc$,结合已知条件 $a^2+b^2=1$,$c^2+d^2=1$ 和 $|ac+bd|<1$ 可知,$(ac+bd)^2<(a^2+b^2)(c^2+d^2)$,则 $2abcd<a^2d^2+b^2c^2$,则 $(ad-bc)^2>0$,即当 $ad \ne bc$ 时,$(ad-bc)^2>0$ 成立,即 $|ac+bd|<1$ 成立,故条件(1)充分;由条件(2)知 $a \ne c$,$b \ne d$,无法得出 $ad \ne bc$,故条件(2)不充分。

17.【考点】分段函数结合绝对值问题

【答案】D

【解析】由条件(1)得 $f(x)=-(x-1)+x+1-(x-2)+x+2=6$,所以 $f(x)$ 是与 x 无关的常数,条件(1)充分;由条件(2)得 $f(x)=x-1-(x+1)-(x-2)+x+2=2$,所以条件(2)也充分。

18.【考点】对数函数单调性问题

【答案】D

【解析】条件(1),$x \in [2,4]$,$\dfrac{1}{2}<a<1$,由对数函数单调性的性质得出 $\log_a x<\log_{\frac{1}{2}}2=-1$,故条件(1)充分;条件(2)由 $x \in [4,6]$,$1<a<2$ 得出 $\log_a x>\log_2 4=2$,故条件(2)也充分。

19.【考点】绝对值函数求最值问题

【答案】B

【解析】由条件(1)得,当 $\dfrac{1}{12} \le x \le \dfrac{5}{12}$ 时,$f(x)$ 取得最小值为 $\dfrac{1}{3}$,所以条件(1)不充分;由条件(2)得,当 $2 \le x \le 4$ 时,$f(x)$ 取得最小值为 2,所以条件(2)充分。

> **点拨** 绝对值函数关键在于理解绝对值的几何意义,$|x-a|$ 表示数轴上的点到 a 的距离;$y=|x-a|+|x-b|$ 表示数轴上的点到 a 和 b 的距离之和,显然当 x 在 a 和 b 中间时距离和最小,最小距离为 $|b-a|$。

20.【考点】指数函数比较大小问题

【答案】B

【解析】由条件(1),因为不知道 a,b 正负,所以无法判断,所以条件(1)不充分;由条件(2),单调递减的指数函数,可以得到 $a>b$,所以条件(2)充分。

21.【考点】含参不等式求解

【答案】A

【解析】条件(1),由直线 $\dfrac{x}{a}+\dfrac{y}{b}=1$ 与 x 轴的交点是 $(1,0)$ 可知,$(1,0)$ 在直线 $\dfrac{x}{a}+\dfrac{y}{b}=1$ 上,所以将 $(1,0)$ 代入直线方程可得 $a=1$,将 $a=1$ 代入 $3ax-\dfrac{5}{2} \le 2a$ 中,解得 $x \le \dfrac{3}{2}$,条件(1)充分;条件(2),方程 $\dfrac{3x+1}{2}-a=\dfrac{1-a}{3}$ 的根为 $x=1$,则可求出 $a=\dfrac{5}{2}$,将 $a=\dfrac{5}{2}$ 代入 $3ax-\dfrac{5}{2} \le 2a$ 中解得 $x \le 1$,条件(2)不充分。

第二章　数　列

一、本章概述

考点解读

在历年考试真题中数列部分主要从一般数列、等差数列以及等比数列三大方面来进行考查。主要考查一般数列如何得出其通项公式以及前 n 项的和,等差数列与等比数列主要从其通项公式、中项公式以及求和公式来对考生进行考查。尤其在中项公式中,经常结合韦达定理来命题。在等差数列通项公式中 a_n 可看成一次函数,d 可看成直线的斜率;S_n 为恒过原点的二次函数,d 的正负决定了开口方向。

历年考试情况

数列部分主要考查等差、等比数列性质的应用。每年考查量较大且分布平均,考查题目的难度基本持平。考生要熟练掌握等差与等比数列各个公式的含义与用法,清楚什么时候该用什么公式,如何去用,还要注意有时难度较高的题目往往会从特殊数列来命题和考查,这就要求考生掌握如何求解特殊数列的通项公式。

二、经典例题

(一)问题求解。下列每题给出的A、B、C、D、E五个选项中,只有一个选项是最符合题目要求的。

1.【2021年联考】三位年轻人的年龄成等差数列,且最大与最小的两人年龄差的10倍是另一人的年龄,则三人年龄最大的是(　　)

(A)19　　　　　　　　　　(B)20

(C)21　　　　　　　　　　(D)22

(E)23

2.【2020年联考】若等差数列 $\{a_n\}$ 满足 $a_1=8$,且 $a_2+a_4=a_1$,则 $\{a_n\}$ 前 n 项和的最大值为(　　)

(A)16　　　　　　　　　　(B)17

(C)18　　　　　　　　　　(D)19

(E)20

3.【2020年联考】已知数列 $\{a_n\}$ 满足 $a_1=1$,$a_2=2$,且 $a_{n+2}=a_{n+1}-a_n(n=1,2,3,\cdots)$,则 $a_{100}=($　　$)$

(A)1　　　　　　　　　　(B)-1

(C)2　　　　　　　　　　(D)-2

(E)0

4.【2019年联考】设数列 $\{a_n\}$ 满足 $a_1=0$,$a_{n+1}-2a_n=1$,则 $a_{100}=($　　$)$

(A)$2^{99}-1$　　　　(B)2^{99}　　　　(C)$2^{99}+1$

(D)$2^{100}-1$　　　　(E)$2^{100}+1$

视频讲解

5.【2018年联考】如图,四边形 $A_1B_1C_1D_1$ 是平行四边形,A_2,B_2,C_2,D_2 分别是 $A_1B_1C_1D_1$ 四边的中点,A_3,B_3,C_3,D_3 是四边形 $A_2B_2C_2D_2$ 四边的中点,依次下去,得到四边形序列 $A_nB_nC_nD_n(n=1,2,3,\cdots)$。设 $A_nB_nC_nD_n$ 的面积为 S_n,且 $S_1=12$,则 $S_1+S_2+S_3+\cdots=($　　)

(A)16

(B)20

(C)24

(D)28

(E)30

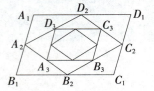

6.【2017年联考】甲、乙、丙三种货车载重量成等差数列,2辆甲种车和1辆乙种车的载重量为95吨,1辆甲种车和3辆丙种车载重量为150吨,则甲、乙、丙分别各1辆车一次最多运送货物为(　　)

(A)125吨　　　　　　　　　　(B)120吨

(C)115吨　　　　　　　　　　(D)110吨

(E)105吨

7.【2016年联考】某公司以分期付款方式购买一套定价为1 100万元的设备,首期付款100万元,之后每月付款50万元,并支付上期余款的利息,月利率为1%。该公司共为此设备支付了(　　)

(A)1 195万元　　　　　　　　(B)1 200万元

(C)1 205万元　　　　　　　　(D)1 215万元

(E)1 300万元

8.【2014年联考】已知 $\{a_n\}$ 为等差数列,且 $a_2-a_5+a_8=9$,则 $a_1+a_2+\cdots+a_9=($　　)

(A)27　　　　(B)45　　　　(C)54

(D)81　　　　(E)162

9.【2013年联考】已知 $\{a_n\}$ 为等差数列,若 a_2 与 a_{10} 是方程 $x^2-10x-9=0$ 的两个根,则 $a_5+a_7=($　　)

(A)−10　　　(B)−9　　　(C)9　　　(D)10　　　(E)12

10.【2012年联考】某人在保险柜中存放了 M 元现金,第一天取出它的 $\dfrac{2}{3}$,以后每天取出前一天所取的 $\dfrac{1}{3}$,共取了7天,保险柜中剩余的现金为(　　)

(A)$\dfrac{M}{3^7}$　　　　　　　　　　(B)$\dfrac{M}{3^6}$

(C)$\dfrac{2M}{3^6}$　　　　　　　　　(D)$\left[1-\left(\dfrac{2}{3}\right)^7\right]M$

(E)$\left[1-7\times\left(\dfrac{2}{3}\right)^7\right]M$

11.【2011年联考】一所四年制大学每年的毕业生七月份离校,新生九月份入学,该校2001年招生2 000名,之后每年比上一年多招200名,则该校2007年九月底的在校学生有(　　)

(A)14 000名　　　　　　　　(B)11 600名

(C)9 000名　　　　　　　　　(D)6 200名

(E)3 200名

12.【2011年在职】若等比数列 $\{a_n\}$ 满足 $a_2a_4+2a_3a_5+a_2a_8=25$,且 $a_1>0$,则 $a_3+a_5=($　　)

(A)8　　　(B)5　　　(C)2　　　(D)−2　　　(E)−5

13.【2010年在职】某地震灾区现居民住房的总面积为 a 平方米,当地政府计划每年以 10% 的住房增长率建设新房,并决定每年拆除固定数量的危旧房。如果 10 年后该地的住房总面积正好比现有住房面积增加一倍,那么,每年应该拆除危旧房的面积是(   )(注:$1.1^9≈2.4,1.1^{10}≈2.6,1.1^{11}≈2.9$ 精确到小数点后一位)

(A)$\frac{1}{80}a$ 平方米   (B)$\frac{1}{40}a$ 平方米   (C)$\frac{3}{80}a$ 平方米

(D)$\frac{1}{20}a$ 平方米   (E)以上结论都不正确

14.【2010年在职】等比数列 $\{a_n\}$ 中,a_3,a_8 是方程 $3x^2+2x-18=0$ 的两个根,则 $a_4a_7=$(   )

(A)−9   (B)−8   (C)−6   (D)6   (E)8

15.【2009年MBA联考】若数列 $\{a_n\}$ 中,$a_n≠0(n≥1)$,$a_1=\frac{1}{2}$,前 n 项和 S_n 满足 $a_n=\frac{2S_n^2}{2S_n-1}(n≥2)$,则 $\left\{\frac{1}{S_n}\right\}$ 是(   )

(A)首项为 2,公比为 $\frac{1}{2}$ 的等比数列   (B)首项为 2,公比为 2 的等比数列

(C)既非等差也非等比数列   (D)首项为 2,公差为 $\frac{1}{2}$ 的等差数列

(E)首项为 2,公差为 2 的等差数列

16.【2009年在职】一个球从 100 米高处自由落下,每次着地后又跳回前一次高度的一半再落下。当它第 10 次着地时,共经过的路程约是(   )(精确到 1 米且不计任何阻力)

(A)300 米   (B)250 米   (C)200 米   (D)150 米   (E)100 米

17.【2008年MBA联考】如果数列 $\{a_n\}$ 的前 n 项和 $S_n=\frac{3}{2}a_n-3$,那么这个数列的通项公式是(   )

(A)$a_n=2(n^2+n+1)$ (B)$a_n=3×2^n$ (C)$a_n=3^n×1$ (D)$a_n=2×3^n$ (E)以上结果均不对

18.【2008年在职】下列通项公式表示的数列为等差数列的是(   )

(A)$a_n=\frac{n}{n-1}$ (B)$a_n=n^2-1$ (C)$a_n=5n+(-1)^n$ (D)$a_n=3n-1$ (E)$a_n=\sqrt{n}-\sqrt[3]{n}$

(二)条件充分性判断。要求判断每题给出的条件(1)和条件(2)能否充分支持题干所陈述的结论。A、B、C、D、E 五个选项为判断结果,只有一个选项是最符合题目要求的。

(A)条件(1)充分,但条件(2)不充分。

(B)条件(2)充分,但条件(1)不充分。

(C)条件(1)和条件(2)单独都不充分,但条件(1)和条件(2)联合起来充分。

(D)条件(1)充分,条件(2)也充分。

(E)条件(1)和条件(2)单独都不充分,条件(1)和条件(2)联合起来也不充分。

1.【2021年联考】已知数列 $\{a_n\}$。则数列 $\{a_n\}$ 为等比数列。

(1)$a_na_{n+1}>0$;

(2)$a_{n+1}^2-2a_n^2-a_{n+1}a_n=0$。

2.【2019年联考】甲、乙、丙三人各自拥有不超过 10 本图书,甲再购入 2 本图书后,他们拥有图书的数量能构成等比数列。则能确定甲拥有图书的数量。

(1)已知乙拥有图书的数量;

(2)已知丙拥有图书的数量。

视频讲解

3.【2019年联考】设数列 $\{a_n\}$ 的前 n 项和为 S_n。则数列 $\{a_n\}$ 是等差数列。

(1) $S_n=n^2+2n$，$n=1,2,3,\cdots$；

(2) $S_n=n^2+2n+1$，$n=1,2,3,\cdots$。

视频讲解

4.【2018年联考】设 $\{a_n\}$ 为等差数列，则能确定 $a_1+a_2+\cdots+a_9$ 的值。

(1) 已知 a_1 的值；

(2) 已知 a_5 的值。

视频讲解

5.【2018年联考】甲、乙、丙三人的年收入成等比数列，则能确定乙的年收入的最大值。

(1) 已知甲、丙两人的年收入之和；

(2) 已知甲、丙两人的年收入之积。

视频讲解

6.【2016年联考】已知数列 $a_1,a_2,a_3,\cdots,a_{10}$，则 $a_1-a_2+a_3-\cdots+a_9-a_{10}\geqslant 0$。

(1) $a_n\geqslant a_{n+1}$，$n=1,2,\cdots,9$；

(2) $a_n^2\geqslant a_{n+1}^2$，$n=1,2,\cdots,9$。

视频讲解

7.【2015年联考】$\{a_n\}$ 是等差数列，则能确定数列 $\{a_n\}$。

(1) $a_1+a_6=0$；

(2) $a_1a_6=-1$。

视频讲解

8.【2015年联考】已知数列 $\{a_n\}$ 是公差大于零的等差数列，S_n 是 $\{a_n\}$ 的前 n 项和，则 $S_n\geqslant S_{10}$，$n=1,2,3,\cdots$。

(1) $a_{10}=0$；

(2) $a_{10}a_{11}<0$。

视频讲解

9.【2015年联考】已知 $M=(a_1+a_2+\cdots+a_{n-1})(a_2+a_3+\cdots+a_n)$，$N=(a_1+a_2+\cdots+a_n)(a_2+a_3+\cdots+a_{n-1})$，则 $M>N$。

(1) $a_1>0$；

(2) $a_1a_n>0$。

视频讲解

10.【2014年联考】甲、乙、丙三人的年龄相同。

(1) 甲、乙、丙的年龄成等差数列；

(2) 甲、乙、丙的年龄成等比数列。

视频讲解

11.【2013年联考】设 $a_1=1$，$a_2=k$，$a_{n+1}=|a_n-a_{n-1}|(n\geqslant 2)$，则 $a_{100}+a_{101}+a_{102}=2$。

(1) $k=2$；

(2) k 是小于20的正整数。

视频讲解

12.【2012年联考】两个数列 $\{a_n\}$，$\{b_n\}$，$\{a_n\}$ 为等比数列，$\{b_n\}$ 为等差数列，$a_1=b_1=1$，则 $b_2\geqslant a_2$。

(1) $a_2>0$；

(2) $a_{10}=b_{10}$。

视频讲解

13.【2011年联考】实数 a,b,c 成等差数列。

(1) e^a,e^b,e^c 成等比数列；

(2) $\ln a,\ln b,\ln c$ 成等差数列。

视频讲解

14.【2011年联考】已知 $\{a_n\}$ 为等差数列，则该数列的公差为零。

(1) 对任何正整数 n，都有 $a_1+a_2+\cdots+a_n\leqslant n$；

(2) $a_2\geqslant a_1$。

视频讲解

15.【2011年在职】已知数列 $\{a_n\}$ 满足 $a_{n+1}=\dfrac{a_n+2}{a_n+1}$（$n=1,2,\cdots$），则 $a_2=a_3=a_4$。

(1) $a_1=\sqrt{2}$；

(2) $a_1=-\sqrt{2}$。

16.【2010年联考】甲企业一年的总产值为 $\dfrac{a}{p}\left[(1+p)^{12}-1\right]$。

视频讲解

(1) 甲企业一月份的产值为 a，以后每月产值的增长率为 p；

(2) 甲企业一月份的产值为 $\dfrac{a}{2}$，以后每月产值的增长率为 $2p$。

17.【2009年MBA联考】$a_1{}^2+a_2{}^2+a_3{}^2+\cdots+a_n{}^2=\dfrac{1}{3}(4^n-1)$。

(1) 数列 $\{a_n\}$ 的通项公式为 $a_n=2^n$；

(2) 在数列 $\{a_n\}$ 中，对任意正整数 n，有 $a_1+a_2+a_3+\cdots+a_n=2^n-1$。

18.【2009年MBA联考】$\{a_n\}$ 的前 n 项和 S_n 与 $\{b_n\}$ 的前 n 项和 T_n 满足 $S_{19}:T_{19}=3:2$。

(1) $\{a_n\}$ 和 $\{b_n\}$ 是等差数列；

(2) $a_{10}:b_{10}=3:2$。

19.【2009年在职】等差数列 $\{a_n\}$ 的前 18 项和 $S_{18}=\dfrac{19}{2}$。

(1) $a_3=\dfrac{1}{6}$，$a_6=\dfrac{1}{3}$；

(2) $a_3=\dfrac{1}{4}$，$a_6=\dfrac{1}{2}$。

20.【2008年MBA联考】$S_2+S_5=2S_8$。

(1) 等比数列前 n 项的和为 S_n，且公比 $q=-\dfrac{\sqrt[3]{4}}{2}$；

(2) 等比数列前 n 项的和为 S_n，且公比 $q=\dfrac{1}{\sqrt[3]{2}}$。

21.【2008年在职】$a_1=\dfrac{1}{3}$。

(1) 在数列 $\{a_n\}$ 中，$a_3=2$；

(2) 在数列 $\{a_n\}$ 中，$a_2=2a_1$，$a_3=3a_2$。

22.【2008年在职】$a_1a_8<a_4a_5$。
(1) $\{a_n\}$ 为等差数列，且 $a_1>0$；
(2) $\{a_n\}$ 为等差数列，且公差 $d\neq0$。

三、答案及解析

问题求解

1.【考点】等差数列
【答案】C

【解析】根据题意可设三人年龄从小到大依次分别为 a,b,c，因此 $\begin{cases}2b=a+c,\\10(c-a)=b,\end{cases}$ 解得 $\dfrac{a}{c}=\dfrac{19}{21}$，年龄

只能为正整数，c 为 21 的倍数，结合题干可知 $c=21$。

2.【考点】等差数列

【答案】E

【解析】根据题意可知，$a_1=8$，$a_2+a_4=a_1$，解得 $d=-2$。所以 $a_n=8+(n-1)(-2)=-2n+10$，令 $-2n+10=0$，解得 $n=5$，则数列前 n 项和的最大值在第四项与第五项取得，即 $S_{max}=\dfrac{(8+0)\times5}{2}=20$。

注：本题在求得等差数列公差后也可利用列举法快速得到答案。因为 $a_1=8$，$d=-2$，所以数列 $\{a_n\}$ 的项依次为 $8,6,4,2,0,-2,-4,\cdots$，则 $\{a_n\}$ 前 n 项和的最大值为 $8+6+4+2=20$。

3.【考点】周期数列

【答案】B

【解析】由题意可得，$a_1=1$，$a_2=2$，$a_3=1$，$a_4=-1$，$a_5=-2$，$a_6=-1$，$a_7=1$，$a_8=2$，$a_9=1$，$a_{10}=-1$，$\cdots$，依次列举发现，每 6 项进行一次循环，故可判定该数列为周期数列，周期为 6。$100\div6=16\cdots4$，所以 $a_{100}=a_4=-1$。

4.【考点】等比数列

【答案】A

【解析】先根据题干条件，求出数列通项。由 $a_{n+1}-2a_n=1$，变形可得 $a_{n+1}+1=2(a_n+1)$，则 $\{a_n+1\}$ 是首项为 $a_1+1=1$，公比为 2 的等比数列，故 $\{a_n+1\}$ 的通项为 2^{n-1}，则数列 $\{a_n\}$ 的通项为 $2^{n-1}-1$，$a_{100}=2^{99}-1$。

5.【考点】等比数列(求和公式)，四边形(性质)

【答案】C

【解析】连接平行四边形各边中点所得的四边形仍为平行四边形，面积为原四边形面积的一半。$S_1=12$，则 $S_2=6$，$S_3=3$，$\cdots$，所以 $\{S_n\}$ 是首项为 12、公比为 $\dfrac{1}{2}$ 的等比数列，等比数列前 n 项和的极限为 $\dfrac{S_1}{1-q}=\dfrac{12}{1-\frac{1}{2}}=24$。

6.【考点】等差数列(等差中项)

【答案】E

【解析】设甲、乙、丙三种货车的载重量分别为 a,b,c，根据题意可得 $\begin{cases}2b=a+c,\\2a+b=95,\\a+3c=150,\end{cases}$ 解得 $a=30$，$b=35$，$c=40$。最大运货量是三辆车载重量之和为 $30+35+40=105$(吨)。

7.【考点】等差数列(求和公式)

【答案】C

【解析】根据题意，该公司为此设备共支付

$$1\,100+(1\,000+950+\cdots+50)\times1\%=1\,100+50\times\dfrac{(20+1)\times20}{2}\times1\%=1\,205(万元)。$$

8.【考点】等差数列中项公式的应用

【答案】D

【解析】因为 $\{a_n\}$ 为等差数列，所以 $a_2+a_8=2a_5$，故 $a_2-a_5+a_8=2a_5-a_5=a_5=9$，$a_1+a_2+\cdots+a_9=9a_5=81$。

9.【考点】等差数列的性质

【答案】D

【解析】利用韦达定理，有 $a_2+a_{10}=a_5+a_7=10$。

10.【考点】等比数列求和公式

【答案】A

【解析】通过题干条件可知,此题是求等比数列前 n 项和的问题,第一天取走 $\frac{2}{3}M$ 的现金,共取了 7

天就可看成是首项为 $\frac{2}{3}M$,公比为 $\frac{1}{3}$ 的等比数列的前 7 项的和。7 天取出的钱 $=\frac{2}{3}M\dfrac{\left[1-\left(\frac{1}{3}\right)^7\right]}{1-\frac{1}{3}}$,剩下的

钱为 $M-M\left[1-\left(\frac{1}{3}\right)^7\right]=\dfrac{M}{3^7}$。

点拨 分析题干,清楚题干给出的是何种数列,运用数列中的哪种公式去求解。

11.【考点】等差数列的求和公式

【答案】B

【解析】2007 年九月底在校的学生为 2004 届、2005 届、2006 届、2007 届的学生,由题干可知招生人数为首项是 2 000,公差为 200 的等差数列,则可得 2004 年为 2 600 人;2005 年为 2 800 人;2006 年为 3 000 人;2007 年为 3 200 人,所以 2007 年九月底在校学生为 2 600+2 800+3 000+3 200=11 600 名。

12.【考点】等比数列中项公式

【答案】B

【解析】因为 $\{a_n\}$ 是等比数列,利用中项公式可得 $a_2a_4=a_3^2$,$a_2a_8=a_5^2$。所以已知方程可写为 $(a_3+a_5)^2=25$,又因为 $a_1>0$,当公比为正数时,$a_3>0,a_5>0$;当公比为负数时,数项正负交叉,同样 $a_3>0,a_5>0$,所以 $a_3+a_5=5$。

13.【考点】等比数列求和公式

【答案】C

【解析】设每年拆除的危房面积为 x 平方米,则第一年后住房总面积为 $a(1+0.1)-x$;第二年后为 $[a(1+0.1)-x](1+0.1)-x$,依此类推,则第十年后为 $1.1^{10}a-1.1^9x-1.1^8x-\cdots-1.1x-x=2a$,得 $1.1^{10}a-\dfrac{1-1.1^{10}}{1-1.1}x=2a$,

解得 $2.6a-16x=2a$,得 $x=\dfrac{3}{80}a$。

14.【考点】等比数列替换公式在韦达定理的应用

【答案】C

【解析】因为项数 4+7=3+8 且 a_3,a_4,a_7,a_8 为等比数列中的项,所以 $a_4a_7=a_3a_8=\dfrac{c}{a}=\dfrac{-18}{3}=-6$。

15.【考点】给出未知数列前 n 项和与通项的关系求变形数列

【答案】E

【解析】因为 $a_n=S_n-S_{n-1}$ 且 $a_n=\dfrac{2S_n^2}{2S_n-1}(n\geqslant2)$,所以可得到:$a_n=S_n-S_{n-1}=\dfrac{2S_n^2}{2S_n-1}\Rightarrow2S_n^2-S_n-2S_nS_{n-1}+S_{n-1}=2S_n^2$,

得 $-S_n-2S_nS_{n-1}+S_{n-1}=0$,等式两边除以 $S_{n-1}S_n$,可得 $\dfrac{1}{S_n}-\dfrac{1}{S_{n-1}}=2$,所以 $\left\{\dfrac{1}{S_n}\right\}$ 是以首项为 2,公差为 2 的等差数列。

点拨 此题解题的突破口在于把题干中的已知条件转化成含有 $\dfrac{1}{S_n}$ 的等式。

16.【考点】等比数列求和公式

【答案】A

【解析】小球从 100 米高处落下,完成第一次着地;小球弹起距离 50 米,下落距离 50 米,完成第二次着地;小球再次弹起 25 米,下落 25 米,完成第三次着地……直到完成第十次着地,每次下落的过程

可看成是 $q=\dfrac{1}{2}$, $a_1=100$, $n=10$ 的等比数列,第 10 次着地时,共经过的路程 $S_{下落}=\dfrac{100\left[1-\left(\dfrac{1}{2}\right)^{10}\right]}{1-\dfrac{1}{2}}=$

$200\left[1-\left(\dfrac{1}{2}\right)^{10}\right]\approx200$(米)。而每次弹起的过程可看成是 $q=\dfrac{1}{2}$, $a_1=50$, $n=9$ 的等比数列,第 9 次弹起时,共

经过的路程 $S_{弹起}=\dfrac{50\left[1-\left(\dfrac{1}{2}\right)^{9}\right]}{1-\dfrac{1}{2}}=100\left[1-\left(\dfrac{1}{2}\right)^{9}\right]\approx100$(米)。所以总共经过的路程约为 100+200=300(米)。

点拨 可以根据题干的描述在纸上画出球的运动轨迹,有助于更迅速地列出求和公式。

17.【考点】已知数列和的公式求通项公式

【答案】D

【解析】题干中没有给出已知数列是否为等差数列或者等比数列,但我们可知当 $n\geq2$ 时,$a_n=S_n-S_{n-1}$ 必定成立,所以由 $a_n=S_n-S_{n-1}=\dfrac{3}{2}a_n-3-\left(\dfrac{3}{2}a_{n-1}-3\right)=\dfrac{3}{2}a_n-\dfrac{3}{2}a_{n-1}$,解得 $a_n=3a_{n-1}$,由 $S_n=\dfrac{3}{2}a_n-3$,知 $a_1=6$,故 $a_n=6\times3^{n-1}=2\times3^n$。

点拨 当题目中给出数列和的公式求其通项公式时,运用 $a_n=S_n-S_{n-1}$ 的方法进行求解。

18.【考点】等差数列的通项公式

【答案】D

【解析】由等差数列通项公式 $a_n=a_1+(n-1)d$ 可知,等差数列通项公式为 n 的一次函数。选项中只有 D 选项是 n 的一次函数。

条件充分性判断

1.【考点】等比数列,因式分解

【答案】C

【解析】条件(1),条件 a_n 与 a_{n+1} 同号,无法判断数列 $\{a_n\}$ 为等比数列,所以条件(1)不充分;条件(2),根据条件可得 $a_{n+1}^2-2a_n^2-a_na_{n+1}=0$,举反例,当 $a_n=0$ 时,不满足等比数列,所以条件(2)不充分;两条件联合考虑,条件(2)因式分解可得 $(a_{n+1}-2a_n)(a_{n+1}+a_n)=0$,则 $a_{n+1}=2a_n$ 或 $a_{n+1}=-a_n$,又因为 a_n 与 a_{n+1} 同号,因此数列中每项均同号,则 $a_{n+1}=2a_n$,该数列为等比数列,所以联合充分。

2.【考点】等比数列

【答案】C

【解析】开始时三人图书数量都不超过 10,甲加上 2 本书之后,三人图书数量都不超过 12。考虑三个不超过 12 的正整数构成等比数列。除公比为 1 的情形外,另有 (1,2,4)、(2,4,8)、(3,6,12)、(1,3,9)、(4,6,9)几种情况。不难发现,单独知道乙或丙,不能确定甲;同时知道乙和丙,就可确定甲。即条件(1)、(2)单独均不充分,联合起来充分。

3.【考点】等差数列(求和公式)

【答案】A

【解析】方法一:条件(1),$a_1=S_1=3$,$a_n=S_n-S_{n-1}=n^2+2n-(n-1)^2-2(n-1)=2n+1(n>1)$,可见 $\{a_n\}$ 是首项为 3,公差为 2 的等差数列,条件(1)充分;条件(2),$a_1=S_1=4$,$a_n=S_n-S_{n-1}=2n+1(n>1)$,由于首项不满足 $n>1$ 时的通项公式,故 $\{a_n\}$ 不是等差数列,条件(2)不充分。

方法二：根据等差数列求和公式可得 $S_n=na_1+\dfrac{n(n-1)}{2}d=\dfrac{d}{2}n^2+\dfrac{2a_1-d}{2}n=an^2+bn$，可知等差数列前 n 项和公式可整理成关于 n 的二次函数形式且不含常数项。反过来，已知数列前 n 项和为 $S_n=an^2+bn$，则 $a_1=a+b$，$n>1$ 时，$a_n=S_n-S_{n-1}=an^2+bn-a(n-1)^2-b(n-1)=2an-a+b=a+b+(n-1)2a$，可知原数列是首项为 $a+b$，公差为 $2a$ 的等差数列。

由以上分析可知，条件(1)充分，条件(2)不充分。

4.【考点】等差数列(性质)

【答案】B

【解析】条件(1)仅知道首项，还需要其他条件来确定公差，才能最终确定等差数列前 n 项之和，故条件(1)不充分；条件(2)，根据等差数列中项求和公式 $S_n=na_{\frac{n+1}{2}}$，$a_1+a_2+\cdots+a_9=9a_5$，条件(2)充分。

5.【考点】均值不等式，等比数列

【答案】D

【解析】甲、乙、丙三人的年收入成等比数列，依次设为 $\dfrac{x}{q}$，x，xq，其中 $q>0$ 为等比数列公比。条件(1)，可设 $\dfrac{x}{q}+xq=M$ 为定值，$x=\dfrac{M}{q+\dfrac{1}{q}}$，根据均值不等式 $q+\dfrac{1}{q}\geq 2$，则 $x\leq\dfrac{M}{2}$，即乙的年收入的最大值为甲、丙年收入之和的一半，故条件(1)充分；条件(2)，甲、丙年收入之积为 x^2，已知甲、丙年收入之积，则可确定乙的年收入，故条件(2)充分。

6.【考点】不等式的性质(同向可加性)

【答案】A

【解析】对于条件(1)，$a_1-a_2+a_3-a_4+\cdots+a_9-a_{10}=(a_1-a_2)+(a_3-a_4)+\cdots+(a_9-a_{10})\geq 0$，条件(1)充分；对于条件(2)，假设数列 $\{a_n\}$ 的奇数项均为负数，偶数项均为正数，且满足 $a_n^2\geq a_{n+1}^2$，$n=1,2,\cdots,9$，则 $a_1-a_2+a_3-\cdots+a_9-a_{10}<0$，条件(2)不充分。

7.【考点】等差数列

【答案】C

【解析】显然条件(1)和条件(2)单独无法推出题干，联合可得出 $\begin{cases}a_1=1,\\a_6=-1,\end{cases}$ 或 $\begin{cases}a_1=-1,\\a_6=1,\end{cases}$ 即 $d=-0.4$ 或 0.4，$a_n=0.4n-1.4$ 或 $a_n=-0.4n+1.4$，故联合充分。

8.【考点】等差数列(最值)

【答案】D

【解析】条件(1)，$a_{10}=0$，又公差大于 0，可知前 9 项均小于 0，从第 10 项开始，每一项都大于 0，所以前 10 项和最小，及 $S_n\geq S_{10}$，条件(1)充分；条件(2)，$a_{11}a_{10}<0$，结合公差大于 0，可得 $a_{11}>0$，$a_{10}<0$，所以前 10 项和最小，也能够推出 $S_n\geq S_{10}$，条件(2)也充分。

9.【考点】多项式的运算

【答案】B

【解析】将已知化简，$M=S_{n-1}(S_n-a_1)=S_{n-1}S_n-S_{n-1}a_1$，$N=S_n(S_{n-1}-a_1)=S_{n-1}S_n-S_na_1$，$M-N=a_1a_n$，很显然，条件(1)不充分，条件(2)是充分的。

10.【考点】等差数列，等比数列

【答案】C

【解析】条件(1)和条件(2)单独考虑显然都不充分；现在联合考虑，若假设甲、乙、丙三人年龄分别

为 x,y,z，根据三人年龄既为等差数列又为等比数列，可得方程组 $\begin{cases} 2y=x+z, \\ y^2=xz, \end{cases}$ 解得 $x=y=z$，故条件(1)和条件(2)联合起来充分。

11.【考点】一般数列

【答案】D

【解析】由条件(1)可知，$a_1=1,a_2=2,a_3=1,a_4=1,a_5=0,a_6=1,a_7=1,a_8=0,a_9=1,a_{10}=1,a_{11}=0,\cdots$ 从 a_4 开始任意相邻的三项之和均为 2，故 $a_{100}+a_{101}+a_{102}=2$，条件(1)充分；原数列为 $1,k,k-1,1,k-2,k-3,1,k-4,k-5,1,\cdots,k-k,1,1,0,1,1,0,1,1,0,\cdots$ 由条件(2)可知，由于 $k<20$，故至少从第 28 项开始，相邻的三项之和均为 2，故 $a_{100}+a_{101}+a_{102}=2$，条件(2)也充分。

12.【考点】等差与等比数列

【答案】C

【解析】显然，条件(1)和条件(2)单独都不充分，考虑两条件联合。设等比数列 $\{a_n\}$ 的公比为 q，等差数列 $\{b_n\}$ 的公差为 d。由条件(1)可得 $q>0$，由条件(2)可得 $q^9=1+9d$，则 $b_2=1+d=1+\dfrac{q^9-1}{9}=\dfrac{q^9+1+1+1+1+1+1+1+1}{9}\geq$

$\sqrt[9]{q^9}=q=a_2$，即条件(1)和条件(2)联合充分。

13.【考点】等差数列中项公式

【答案】A

【解析】由条件(1)知 $e^{2b}=e^a \cdot e^c=e^{a+c}$，得 $2b=a+c$，条件(1)充分；由条件(2)知 $2\ln b=\ln a+\ln c$，得 $b^2=ac$，条件(2)不充分。

【点拨】熟练运用指数函数与对数函数的运算法则。

14.【考点】等差数列的公差

【答案】C

【解析】由条件(1)可得数列的公差 $d\leq 0$，由条件(2)可得数列的公差 $d\geq 0$，显然条件(1)和条件(2)单独均不充分；联合两个条件，可得 $d=0$，两个条件联合充分。

15.【考点】一般数列的通项

【答案】D

【解析】由条件(1)得 $a_2=\dfrac{\sqrt{2}+2}{\sqrt{2}+1}=\sqrt{2}$，同理 $a_3=a_4=\sqrt{2}$，所以条件(1)充分；由条件(2)得 $a_2=$

$\dfrac{-\sqrt{2}+2}{-\sqrt{2}+1}=-\sqrt{2}$，同理 $a_3=a_4=-\sqrt{2}$，所以条件(2)也充分。

16.【考点】等比数列求和公式

【答案】A

【解析】条件(1)，1月为 a，2月为 $a(1+p)$，$\cdots$，12月为 $a(1+p)^{11}$，则总产值为 $a+a(1+p)+\cdots+a(1+p)^{11}=$

$\dfrac{a[(1+p)^{12}-1]}{1+p-1}=\dfrac{a}{p}[(1+p)^{12}-1]$，条件(1)充分；条件(2)，1月为 $\dfrac{a}{2}$，2月为 $\dfrac{a}{2}(1+2p)$，$\cdots$，12月 $\dfrac{a}{2}(1+2p)^{11}$，

则总产值为 $\dfrac{a}{2}+\dfrac{a}{2}(1+2p)+\cdots+\dfrac{a}{2}(1+2p)^{11}=\dfrac{\dfrac{a}{2}[(1+2p)^{12}-1]}{1+2p-1}=\dfrac{a}{4p}[(1+2p)^{12}-1]$，条件(2)不充分。

17.【考点】数列通项公式

【答案】B

【解析】由条件(1)可得 $a_n^2=2^{2n}=4^n$，代入后可得 $a_1^2+a_2^2+\cdots+a_n^2=\dfrac{4}{3}(4^n-1)$，故条件(1)不充分；由条件(2)可知，$S_n=a_1+a_2+a_3+\cdots+a_n=2^n-1$，故 $a_n=S_n-S_{n-1}=2^n-1-(2^{n-1}-1)=2^{n-1}$，所以 $a_n^2=2^{2n-2}=4^{n-1}$，代入等式成立。

18.【考点】等差数列中项公式

【答案】C

【解析】单独看条件(1)与条件(2)均不能满足 $S_{19}:T_{19}=3:2$ 的要求，所以需要联合考虑两个条件，由等差数列中项公式可得 $\dfrac{S_{2k-1}}{T_{2k-1}}=\dfrac{a_k}{b_k}$，其中 $\{a_n\}$，$\{b_n\}$ 均为等差数列，$\dfrac{S_{19}}{T_{19}}=\dfrac{a_{10}}{b_{10}}=\dfrac{3}{2}$，故条件(1)和条件(2)联合充分。

> **点拨** 掌握等差数列中项公式，当等差数列有奇数项时，$a_{\frac{n+1}{2}}=\dfrac{S_n}{n}$（$n$ 表示项数）。

19.【考点】等差数列求和公式

【答案】A

【解析】由条件(1)可得 $d=\dfrac{\frac{1}{3}-\frac{1}{6}}{6-3}=\dfrac{1}{18}$，$a_1=a_3-2d=\dfrac{1}{18}$，所以 $S_{18}=18a_1+\dfrac{18\times17}{2}\times\dfrac{1}{18}=\dfrac{19}{2}$，条件(1)充分；条件(2)，$d=\dfrac{\frac{1}{2}-\frac{1}{4}}{6-3}=\dfrac{1}{12}$，$a_1=a_3-2d=\dfrac{1}{12}$，所以 $S_{18}=18\times\dfrac{1}{12}+\dfrac{18\times17}{2}\times\dfrac{1}{12}=\dfrac{57}{4}$，所以条件(2)不充分。

20.【考点】等比数列求和公式

【答案】A

【解析】由题干得到 $1-q^2+1-q^5=2(1-q^8)$，即 $1+q^3=2q^6$；由条件(1)可得 $1+\left(-\dfrac{\sqrt[3]{4}}{2}\right)^3=2\left(-\dfrac{\sqrt[3]{4}}{2}\right)^6$，条件(1)充分；由条件(2)可得 $1+\left(\dfrac{1}{\sqrt[3]{2}}\right)^3\neq2\left(\dfrac{1}{\sqrt[3]{2}}\right)^6$，条件(2)不充分。

> **点拨** 当已知 $S_m+S_n=2S_p$ 时，因等比数列和的公式中分母相同可消掉，所以可得到 $1-q^m+1-q^n=2(1-q^p)$，再去公因式进行求解。

21.【考点】求解数列的项

【答案】C

【解析】单独看条件(1)与条件(2)均不能得到 $a_1=\dfrac{1}{3}$，需要联合两条件，$a_3=2$，$a_2=\dfrac{a_3}{3}=\dfrac{2}{3}$，$a_1=\dfrac{a_2}{2}=\dfrac{2}{3}\times\dfrac{1}{2}=\dfrac{1}{3}$，所以条件(1)与条件(2)联合才充分。

22.【考点】等差数列项与项之间的关系

【答案】B

【解析】条件(1)存在 $d=0$ 的情况，所以条件(1)不充分；条件(2)给出 $d\neq0$，由等差数列通项公式得出，$a_1a_8=a_1(a_1+7d)=a_1^2+7da_1$，$a_4a_5=(a_1+3d)(a_1+4d)=a_1^2+7da_1+12d^2$，所以 $a_1a_8<a_4a_5$，条件(2)充分。

第三章	解析几何

一、本章概述

考点解读

解析几何是几何学中十分重要的一个分支,它着重强调在平面直角坐标系中运用代数的方法解决几何的问题,常见的考点包括点的坐标、直线和圆锥曲线的方程和性质等,考生在学习这部分知识的时候,注意利用数形结合,在图形中解决问题。

历年考试情况

历年解析几何部分的试题主要考查在平面直角坐标系中点的坐标、直线和圆的方程、直线与直线的位置关系、直线与圆的位置关系、圆和圆的位置关系以及线性规划。解析几何是每年必考的内容。2016年真题在问题求解中考查了点到圆的最远距离和线性规划。2017年真题的第18题、2018年真题的第9题和第21题、2019年真题的第18题、2020年真题的第17题、2021年真题的第19题均考查了直线与圆的位置关系。

二、经典例题

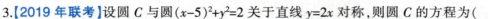

(一)问题求解。下列每题给出的A、B、C、D、E五个选项中,只有一个选项是最符合题目要求的。

1.【2021年联考】已知$ABCD$是圆$x^2+y^2=25$的内接四边形。若A,C是直线$x=3$与圆$x^2+y^2=25$的交点,则四边形$ABCD$面积的最大值为(　　)

(A)20　　　　　　　　　　(B)24

(C)40　　　　　　　　　　(D)48

(E)80

视频讲解

2.【2020年联考】设实数x,y满足$|x-2|+|y-2|\leq2$,则x^2+y^2的取值范围是(　　)

(A)$[2,18]$　　　　　　　　(B)$[2,20]$

(C)$[2,36]$　　　　　　　　(D)$[4,18]$

(E)$[4,20]$

视频讲解

3.【2019年联考】设圆C与圆$(x-5)^2+y^2=2$关于直线$y=2x$对称,则圆C的方程为(　　)

(A)$(x-3)^2+(y-4)^2=2$　　　　　　(B)$(x+4)^2+(y-3)^2=2$

(C)$(x-3)^2+(y+4)^2=2$　　　　　　(D)$(x+3)^2+(y+4)^2=2$

(E)$(x+3)^2+(y-4)^2=2$

视频讲解

4.【2018年联考】已知圆$C:x^2+(y-a)^2=b$,若圆C在点$(1,2)$处的切线与y轴的交点为$(0,3)$,则$ab=$(　　)

(A)-2　　　　　　　　　　(B)-1

(C)0　　　　　　　　　　　(D)1

视频讲解

(E)2

5.【2016年联考】圆 $x^2+y^2-6x+4y=0$ 上到原点距离最远的点是(　)

(A)(-3,2) 　　　　　　　　　　(B)(3,-2)

(C)(6,4) 　　　　　　　　　　(D)(-6,4)

(E)(6,-4)

6.【2014年联考】已知直线 l 是圆 $x^2+y^2=5$ 在点(1,2)外的切线,则 l 在 y 轴上的截距为(　)

(A)$\dfrac{2}{5}$ 　　　　(B)$\dfrac{2}{3}$ 　　　　(C)$\dfrac{3}{2}$ 　　　　(D)$\dfrac{5}{2}$ 　　　　(E)5

7.【2013年联考】点(0,4)关于直线 $2x+y+1=0$ 的对称点为(　)

(A)(2,0) 　　　　(B)(-3,0) 　　　　(C)(-6,1)

(D)(4,2) 　　　　(E)(-4,2)

8.【2011年联考】设 P 是圆 $x^2+y^2=2$ 上的一点,该圆在点 P 的切线平行于直线 $x+y+2=0$,则点 P 的坐标为(　)

(A)(-1,1) 　　　(B)(1,-1) 　　　(C)(0,$\sqrt{2}$) 　　　(D)($\sqrt{2}$,0) 　　　(E)(1,1)

9.【2011年在职】已知直线 $y=kx$ 与圆 $x^2+y^2=2y$ 有两个交点 A,B。若 $AB>\sqrt{2}$,则 k 的取值范围是(　)

(A)$(-\infty,-1)$ 　　　　　　(B)$(-1,0)$

(C)$(0,1)$ 　　　　　　　　(D)$(1,+\infty)$

(E)$(-\infty,-1)\cup(1,+\infty)$

10.【2010年联考】已知直线 $ax-by+3=0(a>0,b>0)$ 过圆 $x^2+4x+y^2-2y+1=0$ 的圆心,则 ab 的最大值为(　)

(A)$\dfrac{16}{9}$ 　　　(B)$\dfrac{11}{6}$ 　　　(C)$\dfrac{3}{4}$ 　　　(D)$\dfrac{9}{8}$ 　　　(E)$\dfrac{9}{4}$

11.【2010年在职】直线 l 与圆 $x^2+y^2=4$ 相交于 A,B 两点,且 A,B 两点中点的坐标为(1,1),则直线 l 的方程为(　)

(A)$y-x=1$ 　　(B)$y-x=2$ 　　(C)$y+x=1$ 　　(D)$y+x=2$ 　　(E)$2y-3x=1$

12.【2010年在职】若圆的方程是 $x^2+y^2=1$,则它的右半圆(在第一象限和第四象限内的部分)的方程是(　)

(A)$y-\sqrt{1-x^2}=0$ 　　　　　　(B)$x-\sqrt{1-y^2}=0$

(C)$y+\sqrt{1-x^2}=0$ 　　　　　　(D)$x+\sqrt{1-y^2}=0$

(E)$x^2+y^2=\dfrac{1}{2}$

13.【2009年MBA联考】若圆 $C:(x+1)^2+(y-1)^2=1$ 与 x 轴交于 A 点、与 y 轴交于 B 点,则与此圆相切于劣弧 AB 中点 M(注:小于半圆的弧称为劣弧)的切线方程是(　)

(A)$y=x+2-\sqrt{2}$ 　　　　　　(B)$y=x+1-\dfrac{1}{\sqrt{2}}$

(C)$y=x-1+\dfrac{1}{\sqrt{2}}$ 　　　　　　(D)$y=x-2+\sqrt{2}$

(E)$y=x+1-\sqrt{2}$

14.【2009年在职】曲线 $|xy|+1=|x|+|y|$ 所围成的图形的面积为(　)

(A)$\dfrac{1}{4}$ 　　　(B)$\dfrac{1}{2}$ 　　　(C)1 　　　(D)2 　　　(E)4

15.【2009年在职】曲线 $x^2-2x+y^2=0$ 上的点到直线 $3x+4y-12=0$ 的最短距离是( )

(A) $\dfrac{3}{5}$　　　　(B) $\dfrac{4}{5}$　　　　(C)1　　　　(D) $\dfrac{4}{3}$　　　　(E) $\sqrt{2}$

16.【2008年MBA联考】以直线 $y+x=0$ 为对称轴且与直线 $y-3x=2$ 对称的直线方程为( )

(A) $y=\dfrac{x}{3}+\dfrac{2}{3}$　　(B) $y=-\dfrac{x}{3}+\dfrac{2}{3}$　　(C) $y=-3x-2$　　(D) $y=-3x+2$　　(E)以上都不是

17.【2007年在职】点 $P_0(2,3)$ 关于直线 $x+y=0$ 的对称点是( )

(A)(4,3)　　　　(B)(−2,−3)　　　　(C)(−3,−2)　　　　(D)(−2,3)　　　　(E)(−4,−3)

18.【2007年在职】圆 $x^2+(y-1)^2=4$ 与 x 轴的两个交点是( )

(A) $(-\sqrt{5},0),(\sqrt{5},0)$　　　　　　　(B)(−2,0),(2,0)

(C) $(0,\sqrt{5}),(0,-\sqrt{5})$　　　　　　　(D) $(-\sqrt{3},0),(\sqrt{3},0)$

(E) $(-\sqrt{2},-\sqrt{3}),(\sqrt{2},\sqrt{3})$

19.直线 $l:ax+y-2-a=0$ 在 x 轴和 y 轴上的截距相等,则 a 的值是( )

(A)1　　　　(B)−1　　　　(C)−2 或−1　　　　(D)−2 或1　　　　(E)以上都不是

20.已知直线 $l_1:ax-y+2a+1=0$ 和 $l_2:2x-(a-1)y+2=0(a\in\mathbf{R})$,则 $l_1\perp l_2$ 的充要条件是 $a=$( )

(A) $\dfrac{1}{2}$　　　　(B) $\dfrac{2}{3}$　　　　(C) $\dfrac{1}{4}$　　　　(D) $\dfrac{3}{4}$　　　　(E) $\dfrac{1}{3}$

21.若直线 $ax+by+c=0$ 经过第一、二、三象限,则( )

(A) $ab>0$ 且 $bc>0$　　　　　　(B) $ab>0$ 且 $bc<0$

(C) $ab<0$ 且 $bc<0$　　　　　　(D) $ab<0$ 且 $bc>0$

(E)以上都不是

22.过点 $M(1,-2)$ 的直线与 x 轴、y 轴分别交于 P,Q 两点,若 M 恰为线段 PQ 的中点,则直线 PQ 的方程为( )

(A) $2x+y=0$　　(B) $2x-y-4=0$　　(C) $x+2y+3=0$　　(D) $x-2y-5=0$　　(E)以上都不是

23.正方形 $ABCD$ 的一条边在直线 $y=2x-17$ 上,另外两个顶点在 $y=x^2$ 上,则正方形面积的最小值为( )

(A)20　　　　(B)40　　　　(C)60　　　　(D)80　　　　(E)100

24.若实数 x,y 满足 $(x+5)^2+(y-12)^2=14^2$,则 x^2+y^2 的最小值为( )

(A)2　　　　(B)1　　　　(C) $\sqrt{3}$　　　　(D) $\sqrt{2}$　　　　(E)3

25.若直线 l 与直线 $y=1,x=7$ 分别交于点 P,Q,且线段 PQ 的中点坐标为(1,−1),则直线 l 的斜率为( )

(A) $\dfrac{1}{3}$　　　　(B)−$\dfrac{1}{3}$　　　　(C)−$\dfrac{3}{2}$　　　　(D) $\dfrac{2}{3}$　　　　(E)−$\dfrac{2}{3}$

26.过点 $P(1,2)$,在 x 轴、y 轴上截距相等的直线方程为( )

(A) $y=2x$　　　　　　　　　(B) $x+y-3=0$

(C) $y=2x$ 或 $x+y-3=0$　　　　(D) $y=3x$ 或 $x-y+3=0$

(E)以上都不是

27.过点(−1,−2)的直线 l 被圆 $C:x^2+y^2-2x-2y+1=0$ 截得的弦长为 $\sqrt{2}$,则直线 l 的方程为( )

(A) $x-y-1=0$　　　　　　　　(B) $17x-7y+3=0$

(C) $x-y+1=0$　　　　　　　　(D) $17x-7y-3=0$

(E) $x-y-1=0$ 或 $17x-7y+3=0$

28.若直线 $3x+y+a=0$ 过圆 $x^2+y^2+2x-4y=0$ 的圆心,则 a 的值为(　　)

(A)−1　　　　　(B)1　　　　　(C)3　　　　　(D)−3　　　　　(E)0

29.已知直线 $l:y=x+m,m∈\mathbf{R}$,若以点 $M(2,0)$ 为圆心的圆与直线 l 相切于点 P,且点 P 在 y 轴上,则该圆的方程为(　　)

(A)$(x-2)^2+y^2=8$ 　　　　　(B)$(x-2)^2+y^2=4$

(C)$x^2+(y-2)^2=8$ 　　　　　(D)$(x-2)^2+y^2=16$

(E)以上说法均不正确

30.在平面直角坐标系中,已知圆心在直线 $y=x+4$ 上,半径为 $2\sqrt{2}$ 的圆 C 经过原点 O,则经过点 $(0,2)$ 且被圆 C 所截得弦长为 4 的直线方程为(　　)

(A)$x=0$ 　　　　(B)$x=1$ 　　　　(C)$x=2$ 　　　　(D)$x=3$ 　　　　(E)$x=4$

(二)条件充分性判断。要求判断每题给出的条件(1)和条件(2)能否充分支持题干所陈述的结论。A、B、C、D、E 五个选项为判断结果,只有一个选项是最符合题目要求的。

(A)条件(1)充分,但条件(2)不充分。

(B)条件(2)充分,但条件(1)不充分。

(C)条件(1)和条件(2)单独都不充分,但条件(1)和条件(2)联合起来充分。

(D)条件(1)充分,条件(2)也充分。

(E)条件(1)和条件(2)单独都不充分,条件(1)和条件(2)联合起来也不充分。

1.【2021 年联考】设 a 为实数,圆 $C:x^2+y^2=ax+ay$。则能确定圆 C 的方程。

(1)直线 $x+y=1$ 与圆 C 相切;

(2)直线 $x-y=1$ 与圆 C 相切。

2.【2021 年联考】设 x,y 为实数。则能确定 $x≤y$。

(1)$x^2≤y-1$;

(2)$x^2+(y-2)^2≤2$。

3.【2020 年联考】圆 $x^2+y^2=2x+2y$ 上的点到直线 $ax+by+\sqrt{2}=0$ 距离的最小值大于 1。

(1)$a^2+b^2=1$;

(2)$a>0,b>0$。

4.【2019 年联考】直线 $y=kx$ 与圆 $x^2+y^2-4x+3=0$ 有两个交点。

(1)$-\dfrac{\sqrt{3}}{3}<k<0$;

(2)$0<k<\dfrac{\sqrt{2}}{2}$。

5.【2018 年联考】设 a,b 为实数,则圆 $x^2+y^2=2y$ 与直线 $x+ay=b$ 不相交。

(1)$|a-b|>\sqrt{1+a^2}$;

(2)$|a+b|>\sqrt{1+a^2}$。

6.【2017 年联考】$x^2+y^2-ax-by+c=0$ 与 x 轴相切,则能确定 c 的值。

(1)已知 a 的值;

(2)已知 b 的值。

7.【2015 年联考】圆 $x^2+y^2≤2(x+y)$ 被直线 l 分成面积相等的两部分。

(1)$l:x+y=2$;

(2)$l:2x-y=1$。

8.【2014年联考】已知曲线 $l:y=a+bx-6x^2+x^3$,则 $(a+b-5)(a-b-5)=0$。

(1)曲线 l 过点 $(1,0)$;

(2)曲线 l 过点 $(-1,0)$。

视频讲解

9.【2014年联考】已知 x,y 为实数,则 $x^2+y^2\geqslant 1$。

(1)$4y-3x\geqslant 5$;

(2)$(x-1)^2+(y-1)^2\geqslant 5$。

视频讲解

10.【2012年联考】直线 $y=ax+b$ 过第二象限。

(1)$a=-1,b=1$;

(2)$a=1,b=-1$。

视频讲解

11.【2012年联考】直线 $y=x+b$ 是抛物线 $y=x^2+a$ 的切线。

(1)$y=x+b$ 与 $y=x^2+a$ 有且仅有一个交点;

(2)$x^2-x\geqslant b-a(x\in\mathbf{R})$。

视频讲解

12.【2011年联考】直线 $ax+by+3=0$ 被圆 $(x-2)^2+(y-1)^2=4$ 截得的线段长为 $2\sqrt{3}$。

(1)$a=0,b=-1$;

(2)$a=-1,b=0$。

视频讲解

13.【2011年在职】抛物线 $y=x^2+(a+2)x+2a$ 与 x 轴相切。

(1)$a>0$;

(2)$a^2+a-6=0$。

14.【2011年在职】直线 l 是圆 $x^2-2x+y^2+4y=0$ 的一条切线。

(1)$l:x-2y=0$;

(2)$l:2x-y=0$。

15.【2010年在职】直线 $y=ax+b$ 经过第一、二、四象限。

(1)$a<0$;

(2)$b>0$。

16.【2010年在职】如图所示,在直角坐标系 xOy 中,矩形 $OABC$ 的顶点 B 的坐标是 $(6,4)$,则直线 l 将矩形 $OABC$ 分成了面积相等的两部分。

(1)$l:x-y-1=0$;

(2)$l:x-3y+3=0$。

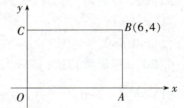

17.【2010年在职】圆 $(x-3)^2+(y-4)^2=25$ 与圆 $(x-1)^2+(y-2)^2=r^2(r>0)$ 相切。

(1)$r=5+2\sqrt{3}$;

(2)$r=5\pm 2\sqrt{2}$。

18.【2010年在职】直线 $y=k(x+2)$ 是圆 $x^2+y^2=1$ 的一条切线。

(1)$k=-\dfrac{\sqrt{3}}{3}$;

(2)$k=\dfrac{\sqrt{3}}{3}$。

19.【2009年MBA联考】圆 $(x-1)^2+(y-2)^2=4$ 和直线 $l:(1+2\lambda)x+(1-\lambda)y-3-3\lambda=0$ 相交于两点。

(1)$\lambda=\dfrac{2\sqrt{3}}{5}$；

(2)$\lambda=\dfrac{5\sqrt{3}}{3}$。

20.【2008年MBA联考】两直线$y=x+1$，$y=ax+7$与x轴所围成的面积是$\dfrac{27}{4}$。

(1)$a=-3$；

(2)$a=-2$。

21.【2008年MBA联考】动点(x,y)的轨迹是圆。

(1)$|x-1|+|y|=4$；

(2)$3(x^2+y^2)+6x-9y+1=0$。

22.【2008年MBA联考】$a=-4$。

(1)点$A(1,0)$关于直线$x-y+1=0$的对称点是$A'\left(\dfrac{a}{4},-\dfrac{a}{2}\right)$；

(2)直线l_1：$(2+a)x+5y=1$与直线l_2：$ax+(2+a)y=2$垂直。

23.【2008年MBA联考】圆C_1：$\left(x-\dfrac{3}{2}\right)^2+(y-2)^2=r^2$与圆$C_2$：$x^2-6x+y^2-8y=0$有交点。

(1)$0<r<\dfrac{5}{2}$；

(2)$r>\dfrac{15}{2}$。

三、答案及解析

问题求解

1.【考点】解析几何的综合应用

【答案】C

【解析】由题意可得$\begin{cases}x^2+y^2=25,\\x=3\end{cases}\Rightarrow\begin{cases}x=3,\\y=\pm4,\end{cases}$则$A(3,-4)$，$C(3,4)$，$|AC|=8$。由题意画图，则四边形

$ABCD$可分为三角形ABC和三角形ACD，则$S_{ABCD}=S_{\triangle ABC}+S_{\triangle ACD}=\dfrac{1}{2}\times|AC|\times h_1+\dfrac{1}{2}\times|AC|\times h_2=4(h_1+h_2)$，

其中h_1和h_2分别是点B到AC和点D到AC的垂线段的长度(高)。

当h_1+h_2最大时，四边形面积最大，且h_1+h_2最大为圆的直径，此时四边形面积最大为$S_{ABCD}=4(h_1+h_2)=40$。

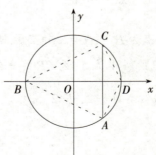

2.【考点】解析几何(数形结合)

【答案】B

【解析】$|x-2|+|y-2|\leq2$ 表示如图所示的四条直线围成的正方形区域(包含边界),x^2+y^2 表示正方形区域的动点 (x,y) 到定点 $(0,0)$ 距离的平方。由图可知 $(x^2+y^2)_{\min}=OE^2=(\sqrt{2})^2=2$,$(x^2+y^2)_{\max}=OD^2=OC^2=4^2+2^2=20$。所以 x^2+y^2 的取值范围是 $[2,20]$。

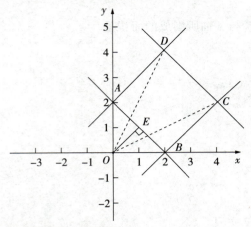

AB 所在直线方程为 $2-x+2-y=2$,即 $y=-x+2$。
BC 所在直线方程为 $x-2+2-y=2$,即 $y=x-2$。
CD 所在直线方程为 $x-2+y-2=2$,即 $y=-x+6$。
DA 所在直线方程为 $2-x+y-2=2$,即 $y=x+2$。

3.【考点】圆与圆的位置关系

【答案】E

【解析】方法一(图形法):圆 $(x-5)^2+y^2=2$ 的圆心为 $(5,0)$,其关于直线 $y=2x$ 的对称点为圆 C 的圆心。画草图可知,圆 C 圆心应在第二象限,且横坐标绝对值应小于纵坐标绝对值。结合选项来看,可确定本题答案为 E。

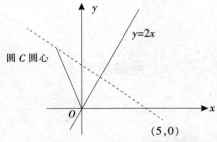

方法二(计算法):两圆圆心关于直线 $y=2x$ 对称,即两点连线的中点在 $y=2x$ 上,两点连线与 $y=2x$ 垂直。设圆 C 的圆心为 (a,b),则满足方程组 $\begin{cases} 2\times\dfrac{5+a}{2}=\dfrac{0+b}{2}, \\ 2\times\dfrac{b-0}{a-5}=-1, \end{cases}$ 解得 $\begin{cases} a=-3, \\ b=4, \end{cases}$ 即圆 C 的圆心为 $(-3,4)$,半径与已知圆半径相等,所以圆 C 的方程为 $(x+3)^2+(y-4)^2=2$。

4.【考点】直线与圆的位置关系(圆上一点的切线)

【答案】E

【解析】如图所示,圆心 $C(0,a)$,切点为 P,切线与 y 轴交于 M。切线过 $(0,3)$、$(1,2)$ 两点,切线斜率为 $\dfrac{3-2}{0-1}=-1$,因为 $CP\perp MP$,则直线 CP 的斜率为 1,过 CP 的直线方程为 $y-2=x-1$,可得 C 点坐标为 $(0,1)$,则 $a=1$,$CP=\sqrt{(2-1)^2+(1-0)^2}=\sqrt{2}$,则 $b=2$,$ab=2$。

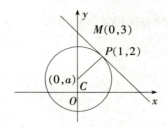

5.【考点】点与圆的位置关系

【答案】E

【解析】圆的方程可写成$(x-3)^2+(y+2)^2=13$,观察各选项可知只有点$(6,-4)$位于圆上。点(x,y)到原点的距离为$\sqrt{x^2+y^2}$,故选 E。

6.【考点】直线与圆的位置关系及直线方程

【答案】D

【解析】设直线l的斜率为k,又知过点$(1,2)$,则此直线方程为$y-2=k(x-1)$,整理得$kx-y+2-k=0$。由圆的方程$x^2+y^2=5$可知,圆心为原点,半径为$\sqrt{5}$,且与直线l相切,所以原点到直线l的距离为$\sqrt{5}$,即$\dfrac{|2-k|}{\sqrt{k^2+1}}=\sqrt{5}$,解得$k=-\dfrac{1}{2}$,故直线方程为$\dfrac{1}{2}x+y-\dfrac{5}{2}=0$。令$x=0$,则此直线在$y$轴上的截距为$y=\dfrac{5}{2}$。

点拨 先用直线与圆的位置关系解出直线斜率,求直线方程后再求截距。

7.【考点】点关于直线对称

【答案】E

【解析】设点$(0,4)$关于直线$2x+y+1=0$的对称点为(x_0,y_0),则点$(0,4)$与点(x_0,y_0)确定的直线与直线$2x+y+1=0$垂直,且两点连线的中点在直线$2x+y+1=0$上,故有$\begin{cases}\dfrac{y_0-4}{x_0-0}\times(-2)=-1,\\ \dfrac{x_0+0}{2}\times2+\dfrac{y_0+4}{2}+1=0,\end{cases}$解得$\begin{cases}x_0=-4,\\ y_0=2,\end{cases}$即对称点为$(-4,2)$。

8.【考点】直线与圆的位置关系

【答案】E

【解析】设点P的坐标为$P(x,y)$,设过点P的切线为l,l平行于直线$x+y+2=0$,故l的斜率也为-1,而$OP\perp l$,故OP的斜率为1,即$\dfrac{y-0}{x-0}=1$,即$x=y$。

中 公 巧 解

根据题干做出图像,如下图所示:

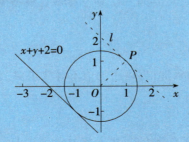

可知P点的坐标只可能是 E 项。

点拨 本题可以采用数形结合的方法快速找出答案。

9.【考点】直线与圆的位置关系

【答案】E

【解析】如图所示：

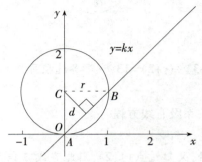

由题干可知,圆的标准方程为 $x^2+(y-1)^2=1$,则圆心为 $C(0,1)$,半径为 $r=1$,圆心到直线 $y=kx$ 的距离 $d=\dfrac{1}{\sqrt{k^2+1}}$,由 $d^2+\left(\dfrac{AB}{2}\right)^2=r^2=1$,$AB>\sqrt{2}$ 可知,$d<\dfrac{\sqrt{2}}{2}$,即 $\dfrac{1}{\sqrt{k^2+1}}<\dfrac{\sqrt{2}}{2}$,从而 $k^2>1$,即 $k>1$ 或 $k<-1$。

中 公 巧 解

如图所示,直线 OM 和 ON 分别为两条临界直线,$k_{OM}=1$,$k_{ON}=-1$,$OM=ON=\sqrt{2}$,在上半圆弧 MN 上任取一点 P,则 $|k_{OP}|>1$ 且 $OP>\sqrt{2}$,因此 k 的取值范围是 $(-\infty,-1)\cup(1,+\infty)$。

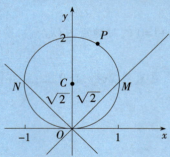

点拨 此题充分说明了画图的重要性,从图像中能直观地看出 k 的取值范围。因此在做解析几何题目的时候,根据题干的条件画出图像,结合图像解决问题,可以简化复杂计算。

10.【考点】解析几何与不等式相结合

【答案】D

【解析】直线过圆心 $(-2,1)$,于是 $-2a-b+3=0$,即 $2a+b=3$,根据均值不等式,$2ab\leqslant\left(\dfrac{2a+b}{2}\right)^2=\dfrac{9}{4}$,即 $ab\leqslant\dfrac{9}{8}$。

点拨 分析题干,找到相应的条件,再运用均值不等式求解。

11.【考点】直线与圆的相交问题

【答案】D

【解析】A,B 中点 $(1,1)$ 也应该在直线 l 上,代入选项验证得 D。

点拨　直线和圆相交,交点的中点也应在直线上,因此使用代入排除法即可。

12.【考点】圆的方程

【答案】B

【解析】由 $x^2+y^2=1$ 得 $x=\pm\sqrt{1-y^2}$,右半圆为 $x\geqslant0$,则 $x-\sqrt{1-y^2}=0$。

中 公 巧 解

画出图像可知,它的右半圆部分就是 $x\geqslant0$ 部分,即方程中的 x 也必须满足 $x\geqslant0$,故选B。

点拨　对于 $x^2+y^2=a(a>0)$ 而言,右半圆 $x\geqslant0$,左半圆 $x\leqslant0$,上半圆 $y\geqslant0$,下半圆 $y\leqslant0$。

13.【考点】直线与圆的位置关系

【答案】A

【解析】如图所示:

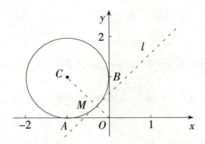

易知点 O,M,C 三点共线,连接 OC,设所求切线为 l,圆心 $C(-1,1)$ 到原点 O 的距离为 $\sqrt{2}$,故 $OM=CO-CM=\sqrt{2}-1$,由于 $OC\perp l$,且直线 OC 斜率为 -1,因此切线 l 斜率为1,即倾斜角为 $45°$,由 $OM=\sqrt{2}-1$,可知切线 l 在 y 轴上的截距是 $(\sqrt{2}-1)\times\sqrt{2}=2-\sqrt{2}$,且斜率为1,故直线方程为 $y=x+2-\sqrt{2}$。

点拨　画出图像后,利用直角三角形的边角关系找到直线的截距,进而求出直线方程。

14.【考点】直线相交所围成的图形的面积

【答案】E

【解析】移项提取公因式 $(|x|-1)(|y|-1)=0$,即 $x=\pm1,y=\pm1$,如图所示:

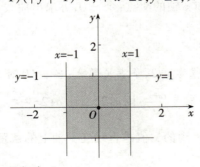

曲线围成一个边长为 2 的正方形,面积为 4。

点拨　本题主要考查图形的面积。将方程变形后,画出所围的图形,进而确定图形的形状为正方形,找到边长,求出面积。

15.【考点】距离最值问题

【答案】B

【解析】如图所示:

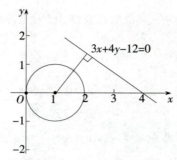

将曲线方程化为 $(x-1)^2+y^2=1$，知此曲线为圆，且圆心为 $(1,0)$，半径 $r=1$。圆心到直线 $3x+4y-12=0$ 的距离 $d=\dfrac{|3\times1+4\times0-12|}{\sqrt{3^2+4^2}}=\dfrac{9}{5}$，所以最短距离为 $d-r=\dfrac{4}{5}$。

点拨 圆上的点到直线距离的最值问题可以转化为圆心到直线距离的最值问题。

16.【考点】直线关于直线的对称问题

【答案】A

【解析】根据直线对称的原理，令 $x=-y,y=-x$，则原方程变为 $-x+3y=2$，故所求方程为 $y=\dfrac{x}{3}+\dfrac{2}{3}$。

点拨 将点的横、纵坐标互换，并变为原来的相反数（即 $x=-y,y=-x$），就得到了此点关于直线 $y+x=0$ 的对称点。

17.【考点】点关于直线的对称问题

【答案】C

【解析】将点 $P_0(2,3)$ 的横、纵坐标互换并变为原来的相反数（即令 $x=-y,y=-x$），就得到了点 P_0 关于直线 $y+x=0$ 的对称点 $(-3,-2)$。

点拨 熟练掌握点关于直线 $y+x=0$ 的对称点的求法。

18.【考点】直线与圆相交的问题

【答案】D

【解析】与 x 轴交点的纵坐标为 0，即 $y=0$，代入圆方程得 $x^2+1=4$，解得 $x=\pm\sqrt{3}$。

点拨 令 $y=0$，可求出曲线和 x 轴的交点；令 $x=0$，可求出曲线和 y 轴的交点。

19.【考点】直线的截距式

【答案】D

【解析】当 $a=0$ 时，直线 l 的方程为 $y=2$，不满足题意；当 $a\neq0$ 时，分别令方程中的 y 和 x 等于 0，得到直线 l 在 x 轴和 y 轴上的截距分别为 $\dfrac{a+2}{a}$ 和 $a+2$，因此 $a+2=\dfrac{a+2}{a}$，解得 $a=-2$ 或 $a=1$。

点拨 当方程中的 $y=0$ 时，得到的 x 值是直线在 x 轴上的截距；当 $x=0$ 时，得到的 y 值是直线在 y 轴上的截距。

20.【考点】直线相互垂直的判定

【答案】E

【解析】当 $a=1$ 时，直线 l_1 的斜率是 1，直线 l_2 的斜率不存在，故此时两直线不垂直；当 $a\neq1$ 时，直线 l_1 的斜率是 a，直线 l_2 的斜率是 $\dfrac{2}{a-1}$，$l_1\perp l_2\Leftrightarrow a\times\dfrac{2}{a-1}=-1$，解得 $a=\dfrac{1}{3}$。

点拨 两直线互相垂直⇔斜率之积为-1(注意斜率不存在的情况)。

21.【考点】直线过象限问题

【答案】C

【解析】当 $b=0$ 时,直线方程为 $x=-\dfrac{c}{a}$,不满足题意;当 $b\neq0$ 时,直线方程为 $y=-\dfrac{a}{b}x-\dfrac{c}{b}$,若直线过

一、二、三象限,应有斜率 $-\dfrac{a}{b}>0$,且直线在 y 轴上的截距 $-\dfrac{c}{b}>0$,因此 $ab<0$ 且 $bc<0$。

中　公　巧　解

利用特值法,取直线为 $x-y+1=0$,则直线过一、二、三象限且 $\begin{cases}ab<0,\\bc<0,\end{cases}$ 故本题选C。

点拨 对于直线过象限的问题,注意数形结合,通过图像来解决。

22.【考点】直线与坐标轴相交问题

【答案】B

【解析】设 $P(x_0,0)$,$Q(0,y_0)$,由于 $M(1,-2)$ 为线段 PQ 中点,由线段中点的坐标公式,可知 $\begin{cases}x_0=2,\\y_0=-4,\end{cases}$

因此直线 PQ 的截距式方程为 $\dfrac{x}{2}+\dfrac{y}{-4}=1$,即 $2x-y-4=0$。

点拨 根据中点的坐标,找到直线与坐标轴的交点,再写出直线的截距式方程。

23.【考点】直线与抛物线相交问题

【答案】D

【解析】设正方形的边 AB 在直线 $y=2x-17$ 上,而位于抛物线上的两个顶点坐标为 $C(x_1,y_1)$,$D(x_2,y_2)$,CD 所在直线 l 的方程为 $y=2x+b$,将直线 l 的方程与抛物线方程联立,得 $x^2=2x+b$,$x_{1,2}=1\pm\sqrt{b+1}$,令正方形边长为 a,则

$$a^2=(x_1-x_2)^2+(y_1-y_2)^2=5(x_1-x_2)^2=20(b+1),\qquad①$$

在 $y=2x-17$ 上任取一点 $(6,-5)$,它到直线 $y=2x+b$ 的距离为

$$a=\dfrac{|17+b|}{\sqrt{5}},\qquad②$$

联立①②解得 $b_1=3$,$b_2=63$,故 $a^2=80$ 或 $a^2=1\,280$,因此最小面积为80。

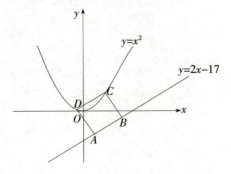

点拨 直线与抛物线相交,联立得到方程,再运用求根公式求解。

24.【考点】动点到定点距离的最值

【答案】B

【解析】如图所示：

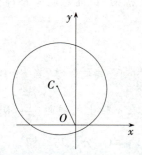

由题意知圆心坐标为 $C(-5,12)$，圆的半径为 14，圆心到原点的距离 $d=\sqrt{(-5)^2+12^2}=13$，因此所求最小距离为 $|d-r|=|13-14|=1$，故 $(x^2+y^2)_{min}=|d-r|^2=1$。

点拨 求解关于圆上的点到定点、定直线距离的问题时，通常需要结合图像，将其转化为圆心到定点、定直线的距离，再加减半径。

25.**【考点】**线段的中点坐标公式

【答案】B

【解析】依题干，设点 $P(a,1),Q(7,b)$，根据线段中点的坐标公式，有 $\begin{cases} a+7=2, \\ b+1=-2, \end{cases}$ 解得 $\begin{cases} a=-5, \\ b=-3, \end{cases}$ 可知直线 l 的斜率为 $\dfrac{-3-1}{7+5}=-\dfrac{1}{3}$。

点拨 中点是解析几何中考查较多的一个知识点，应多加注意。

26.**【考点】**直线在坐标轴上的截距问题

【答案】C

【解析】设所求直线 l 在 x 轴，y 轴上的截距均为 a。若 $a=0$，即 l 过点 $(0,0)$ 和 $(1,2)$，l 方程为 $y=2x$；若 $a\neq0$，设 l 方程为 $x+y=a$，则 $a=1+2=3$，l 方程为 $x+y-3=0$。

点拨 直线在坐标轴上的截距问题是考查重点，需要多加注意。

27.**【考点】**直线与圆相交的问题

【答案】E

【解析】根据题干，画出图像，如图所示：

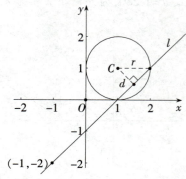

可知该直线与圆相交时，斜率一定存在，不妨设斜率为 k，则直线 l 的方程为 $y+2=k(x+1)$，即 $kx-y+k-2=0$，圆的方程为 $(x-1)^2+(y-1)^2=1$，圆心 $C(1,1)$，半径 $r=1$，所以圆心到直线的距离 $d=\dfrac{|k-1+k-2|}{\sqrt{1+k^2}}=$

$\sqrt{1-\left(\frac{\sqrt{2}}{2}\right)^2}=\frac{\sqrt{2}}{2}$，解得 $k=1$ 或 $k=\frac{17}{7}$，相应的直线方程为 $x-y-1=0$ 或 $17x-7y+3=0$。

中 公 巧 解

过点 $P(-1,-2)$ 的直线 l 被圆截得的弦长为 $\sqrt{2}$，小于圆的直径2，所以这样的直线必有两条，故选 E。

点拨 直线和圆相交时，圆心到直线的距离、半弦长和半径满足勾股定理，这也是这类题目考查的核心。

28.**【考点】**圆的一般方程和标准方程间的转化

【答案】B

【解析】圆的方程 $x^2+y^2+2x-4y=0$ 可变形为 $(x+1)^2+(y-2)^2=5$，所以圆心为 $(-1,2)$，代入直线 $3x+y+a=0$，得 $a=1$。

点拨 将圆的一般方程化为标准方程，找到圆心的坐标，求出 a 的值。

29.**【考点】**直线与圆的位置关系

【答案】A

【解析】如图所示：

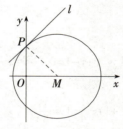

依题干，点 P 的坐标为 $(0,m)$，因为 $MP \perp l$，所以这两条直线斜率乘积为 -1，即 $\frac{0-m}{2-0}\times1=-1$，解得 $m=2$，即点 P 的坐标为 $(0,2)$，从而圆的半径 $r=MP=\sqrt{(2-0)^2+(0-2)^2}=2\sqrt{2}$，故所求圆的标准方程为 $(x-2)^2+y^2=8$。

中 公 巧 解

如图所示,当直线 l 斜率为1时,点 M 关于 y 轴的对称点为 A 点,由对称性知 $A(-2,0)$,$OA=OP=OM=2$,故 $r=MP=2\sqrt{2}$,圆的方程为 $(x-2)^2+y^2=8$。

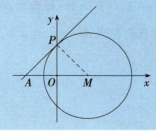

点拨 已知圆心，要求出圆的方程，只需找到半径即可。

30.**【考点】**直线与圆相交的问题

【答案】A

【解析】如图所示：

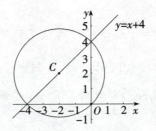

设圆心 C 的坐标为 (a,b)，则 $b=a+4$，且圆经过原点 O，故 $\sqrt{a^2+b^2}=2\sqrt{2}$，联立解得 $a=-2$，$b=2$，故圆的方程为 $(x+2)^2+(y-2)^2=8$。当所求直线的斜率不存在时，y 轴（即 $x=0$）与圆的两个交点为 $(0,4)$、$(0,0)$，弦长为 4，符合题干，故所求直线方程为 $x=0$。

点拨 在根据题干画出图像后，可通过数形结合的方法，直接从图中找出答案。

条件充分性判断

1.**【考点】**直线与圆的位置关系

【答案】A

【解析】根据题意可知圆的标准方程为 $\left(x-\dfrac{a}{2}\right)^2+\left(y-\dfrac{a}{2}\right)^2=\dfrac{a^2}{2}$，则圆心 C 的坐标为 $\left(\dfrac{a}{2},\dfrac{a}{2}\right)$，半径 $r=\dfrac{|a|}{\sqrt{2}}$。

条件（1），根据条件可知直线方程为 $x+y-1=0$，圆心到直线的距离 $d=\dfrac{\left|\dfrac{a}{2}+\dfrac{a}{2}-1\right|}{\sqrt{1^2+1^2}}=\dfrac{|a-1|}{\sqrt{2}}=$

$\dfrac{|a|}{\sqrt{2}}$，解得 $a=\dfrac{1}{2}$，则圆的方程为 $\left(x-\dfrac{1}{4}\right)^2+\left(y-\dfrac{1}{4}\right)^2=\dfrac{1}{8}$，所以条件（1）充分；条件（2），根据条件可知直

线方程为 $x-y-1=0$，圆心到直线的距离 $d=\dfrac{\left|\dfrac{a}{2}-\dfrac{a}{2}-1\right|}{\sqrt{1^2+1^2}}=\dfrac{|-1|}{\sqrt{2}}=\dfrac{|a|}{\sqrt{2}}$，解得 $a=\pm1$，因此圆 C 方程无法

唯一确定，条件（2）不充分。

2.**【考点】**解析几何的综合应用

【答案】D

【解析】条件（1），根据条件可作图，将 $y=x^2+1$ 与 $y=x$ 联立得 $x^2-x+1=0$，方程无解，即两个函数图像无交点，因此所有 $x^2\leq y-1$ 的点都满足 $x\leq y$，所以条件（1）充分；条件（2），根据条件可作图，$x^2+(y-2)^2=2$ 圆心为 $(0,2)$，半径为 $r=\sqrt{2}$，圆心到直线的距离 $d=\dfrac{2}{\sqrt{2}}=\sqrt{2}$，即该圆与 $y=x$ 相切，因此所有 $x^2+(y-2)^2\leq2$ 的点都满足 $x\leq y$，所以条件（2）充分。

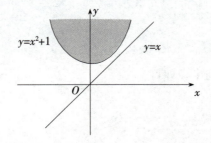

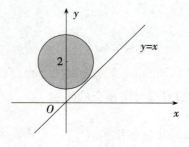

3.【考点】直线与圆的位置关系

【答案】C

【解析】根据题意可将圆化为标准方程$(x-1)^2+(y-1)^2=2$,圆心为$(1,1)$,半径为$\sqrt{2}$,圆心到直线的距离为$d=\dfrac{|a+b+\sqrt{2}|}{\sqrt{a^2+b^2}}$。

条件(1),举反例,当$a=b=-\dfrac{\sqrt{2}}{2}$时,圆心到直线的距离为$d=\dfrac{\left|-\dfrac{\sqrt{2}}{2}-\dfrac{\sqrt{2}}{2}+\sqrt{2}\right|}{1}=0$,直线与圆相交,最小距离为0,所以条件(1)不充分;条件(2),举反例,当$a=b=1$时,圆心到直线的距离为$d=\dfrac{|1+1+\sqrt{2}|}{\sqrt{2}}=\sqrt{2}+1$,即圆上的点到直线的最短距离为$d-r=\sqrt{2}+1-\sqrt{2}=1$,所以条件(2)不充分;

两条件联合考虑,圆心到直线的距离为$d=\dfrac{|a+b+\sqrt{2}|}{1}=|a+b+\sqrt{2}|$,由于$a>0,b>0$时,圆上的点到直线的最小距离为$d-r=a+b+\sqrt{2}-\sqrt{2}=a+b$,又因为$(a+b)^2=a^2+b^2+2ab=1+2ab>1$,则$a+b>1$,即圆上的点到直线距离的最小值大于1,所以两条件联合充分。

4.【考点】直线与圆的位置关系

【答案】A

【解析】方法一:将圆的方程化为$(x-2)^2+y^2=1$,圆心为$(2,0)$,半径为1。直线$y=kx$过定点$(0,0)$。如图,当直线与圆相切时,直线的倾斜角为30°或150°,直线斜率对应为$\dfrac{\sqrt{3}}{3}$和$-\dfrac{\sqrt{3}}{3}$。故直线$y=kx$与$(x-2)^2+y^2=1$有两个交点等价于$-\dfrac{\sqrt{3}}{3}<k<\dfrac{\sqrt{3}}{3}$。由此可见,条件(1)充分,条件(2)不充分。

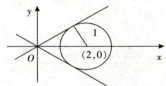

方法二:直线与圆有两个交点,则圆心到直线的距离小于圆的半径。圆心到直线的距离$d=\dfrac{|2k|}{\sqrt{k^2+(-1)^2}}<1$,解得$-\dfrac{\sqrt{3}}{3}<k<\dfrac{\sqrt{3}}{3}$。所以条件(1)充分,条件(2)不充分。

5.【考点】直线与圆的位置关系(相交)

【答案】A

【解析】圆方程化为$x^2+(y-1)^2=1$,圆心为$(0,1)$,半径为1。直线与圆相交等价于圆心到直线的距离小于圆的半径,不相交则是等价于圆心到直线的距离大于圆的半径(严格来说应包含相等的情况),根据点到直线的距离公式,$\dfrac{|a-b|}{\sqrt{1+a^2}}>1$,即$|a-b|>\sqrt{1+a^2}$,可见条件(1)充分,条件(2)不充分。

注:点(x_0,y_0)到直线$ax+by+c=0$的距离为$\dfrac{|ax_0+by_0+c|}{\sqrt{a^2+b^2}}$。

6.【考点】直线与圆的位置关系(相切)

【答案】A

【解析】将圆转换为标准方程:$\left(x-\dfrac{a}{2}\right)^2+\left(y-\dfrac{b}{2}\right)^2=\dfrac{a^2+b^2-4c}{4}$,圆心为$\left(\dfrac{a}{2},\dfrac{b}{2}\right)$,半径为$\dfrac{\sqrt{a^2+b^2-4c}}{2}$。

由于圆与 x 轴相切,所以 $\left|\dfrac{b}{2}\right|=\dfrac{\sqrt{a^2+b^2-4c}}{2}$,化简可得 $c=\dfrac{a^2}{4}$。

条件(1),已知 a 的值,可确定 c 的值,条件(1)充分;条件(2),已知 b 的值,不能确定 c 的值,条件(2)不充分。

7.【考点】直线与圆的位置关系(过圆心)

【答案】D

【解析】圆的方程可化为 $(x-1)^2+(y-1)^2\leqslant(\sqrt{2})^2$,圆心坐标为 $(1,1)$,只要直线过圆心均能将圆分成面积相等的两部分。条件(1)和条件(2)两条直线均过圆心,故两个条件单独都充分。

8.【考点】曲线方程

【答案】A

【解析】条件(1),当曲线 l 过 $(1,0)$ 点时,代入曲线方程可得 $0=a+b-6+1=a+b-5$,能够推出 $(a+b-5)(a-b-5)=0$,因此条件(1)充分;条件(2),当曲线 l 过 $(-1,0)$ 点时,代入曲线方程可得 $0=a-b-6-1=a-b-7$,不能推出 $(a+b-5)(a-b-5)=0$,因此条件(2)不充分。

9.【考点】直线与圆的位置关系

【答案】A

【解析】根据条件(1)作图,可知条件(1)中 x,y 的范围为直线左上区域,$x^2+y^2\geqslant1$ 的范围为以 $(0,0)$ 点为圆心,半径为 1 的圆外部区域,故条件(1)可以推出题干结论,条件(1)充分;根据条件(2)作图,可知条件(2)中 x,y 的范围为以 $(1,1)$ 点为圆心,半径为 $\sqrt{5}$ 的圆外部区域,经过计算两圆交点分别为 $(-1,0)$ 和 $(0,-1)$,故条件(2)不能推出题干,条件(2)不充分。

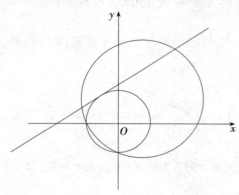

10.【考点】直线过象限的问题

【答案】A

【解析】画出直线的图像如下,可知条件(1)充分而条件(2)不充分。

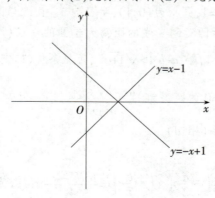

点拨 结合图像解决问题。

11.【考点】直线与抛物线的位置关系

【答案】A

【解析】显然条件(1)充分,由条件(2)得 $x^2+a \geq x+b$,当取大于号时是两者不相交的情况,所以条件(2)不充分。

点拨 直线和圆锥曲线(通常考圆、抛物线)的位置关系一直是历年真题考查的重点,每年都会有几道题目。本题中的相切关系其实也就是联立二者方程,得到的判别式恒为 0;有些平行于 y 轴的直线,也可能会与抛物线形成一个交点,但此时不属于相切。

12.【考点】直线与圆的位置关系

【答案】B

【解析】圆心 $C(2,1)$ 到直线距离 $d=\dfrac{|2a+b+3|}{\sqrt{a^2+b^2}}=\sqrt{4-\left(\dfrac{2\sqrt{3}}{2}\right)^2}=1 \Leftrightarrow (2a+b+3)^2=a^2+b^2$;分别将条件(1)和条件(2)代入,发现条件(1)不满足而条件(2)满足,从而条件(1)不充分而条件(2)充分。

中公巧解

数形结合:在坐标系中将圆画出,将条件(1)代入,很明显与圆相切,不满足条件;将条件(2)代入,构建直角三角形,则刚好满足条件,所以条件(2)充分。

点拨 直线和圆相交时,圆心和直线的距离、半弦长和半径构成直角三角形的三边,满足勾股定理,这是求解此类问题的核心思路。

13.【考点】直线与抛物线的位置关系

【答案】C

【解析】当 $\Delta=0$ 时,抛物线与 x 轴相切,$\Delta=\sqrt{(a+2)^2-4\times 2a}=0$,解得 $a=2$,条件(1)不充分;条件(2),$a=2$ 或 $a=-3$,条件(1)不充分;条件(1)和条件(2)联合起来时 $a=2$,联合充分。

点拨 直线与抛物线相切 $\Leftrightarrow$ 联立后方程的 $\Delta=0$。

14.【考点】直线与圆的位置关系

【答案】A

【解析】圆的方程化简为 $(x-1)^2+(y+2)^2=5$,观察条件(1)与条件(2),求出过原点 $(0,0)$ 的切线方程,圆心为 $C(1,-2)$,圆心与原点所在直线的斜率为 -2,则切线的斜率为 $\dfrac{1}{2}$,所以切线方程为 $x-2y=0$,所以条件(1)充分而条件(2)不充分。

中公巧解

圆的方程化简为 $(x-1)^2+(y+2)^2=5$,圆心 $C(1,-2)$ 到条件(1)中直线的距离 $d_1=\dfrac{|1+2\times 2|}{\sqrt{1^2+2^2}}=\sqrt{5}=r$,条件(1)充分;圆心 $C(1,-2)$ 到条件(2)中直线的距离 $d_2=\dfrac{|1\times 2+2|}{\sqrt{2^2+1^2}}=\dfrac{4\sqrt{5}}{5}<r=\sqrt{5}$,条件(2)不充分。

点拨 直线与圆相切 $\Leftrightarrow$ 圆心到直线的距离=圆的半径。

15.【考点】直线经过象限的问题

【答案】C

【解析】显然条件(1)与条件(2)单独均不充分,联合充分。

16.【考点】矩形的面积

【答案】D

【解析】平分矩形的面积⟺过矩形的中心,矩形的中心为(3,2),由于条件(1)和条件(2)中的直线都过中心,因此条件(1)和条件(2)都充分。

> 点拨 平分矩形的面积⟺过矩形的中心,这样的性质在很多题目中都能用到。

17.【考点】圆和圆的位置关系

【答案】B

【解析】两圆的圆心距为 $\sqrt{(3-1)^2+(4-2)^2}=2\sqrt{2}$,其中一个圆的半径为5,显然当 $|r-5|=2\sqrt{2}$,即 $r=5\pm2\sqrt{2}$ 时两圆相切,所以条件(2)充分。

> 点拨 圆和圆的五种位置关系以及相应的判定方法需要熟练记忆。

18.【考点】直线与圆的位置关系

【答案】D

【解析】由 $d=\dfrac{|0-k(0+2)|}{\sqrt{1+k^2}}=1$,得 $k=\pm\dfrac{\sqrt{3}}{3}$,于是条件(1)和条件(2)单独均充分。

> 点拨 直线与圆的三种位置关系以及相应的判定方法需要熟练记忆。

19.【考点】直线与圆的位置关系

【答案】D

【解析】圆与直线相交于两点时,圆心到直线的距离小于半径,圆心 $C(1,2)$ 到直线距离 $d=\dfrac{|1\times(1+2\lambda)+2\times(1-\lambda)-3-3\lambda|}{\sqrt{(1+2\lambda)^2+(1-\lambda)^2}}=\dfrac{|3\lambda|}{\sqrt{5\lambda^2+2\lambda+2}}<2=r$,则对于一切 $\lambda\in\mathbf{R}$ 恒成立,故条件(1)和条件(2)均充分。

中 公 巧 解

题干中的直线过定点(2,1),而点(2,1)在圆内,所以无论λ取何值,直线与圆总有两个交点。

> 点拨 本题的一般思路是找到圆心到直线的距离,进而比较距离和半径的关系。

20.【考点】三角形面积与解析几何相结合的问题

【答案】B

【解析】如图所示:

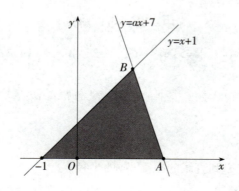

由条件(1)得到点 $A\left(\dfrac{7}{3},0\right)$、点 $B\left(\dfrac{3}{2},\dfrac{5}{2}\right)$，故面积 $S=\dfrac{1}{2}\times\dfrac{10}{3}\times\dfrac{5}{2}=\dfrac{25}{6}$，条件(1)不充分；由条件(2)得到点 $A\left(\dfrac{7}{2},0\right)$、点 $B(2,3)$，故面积 $S=\dfrac{1}{2}\times\dfrac{9}{2}\times3=\dfrac{27}{4}$，条件(2)充分。

点拨 根据直线方程，确定直线的交点，进而求出三角形的面积。

21.**【考点】**点的轨迹问题

【答案】B

【解析】由条件(1)知，将绝对值展开，得到四条相互垂直的直线，且相互垂直相交得到的四边形每条边长都相等，因此该四边形是正方形，即点的轨迹为正方形，条件(1)不充分；由条件(2)知，$3(x+1)^2+3(y-\dfrac{3}{2})^2=\left(\dfrac{\sqrt{35}}{2}\right)^2$，从而点的轨迹为圆，条件(2)充分。

中　公　巧　解

方程 $|x-a|+|x-b|=c(c>0)$ 代表的是正方形，其中心点为 (a,b)、边长为 $\sqrt{2}\,c$、面积为 $2c^2$；条件(2)的方程中，x^2,y^2 的系数相等，且可以化为 $(x-a)^2+(y-b)^2=r^2$ 的形式(此时不必求出 a,b,r 的具体数值)，故条件(2)中的点的轨迹必然是圆。

点拨 对于常见曲线的方程应熟练记忆。

22.**【考点】**点关于直线的对称问题和直线间位置关系的判定

【答案】A

【解析】点 $A(1,0)$ 关于直线 $x-y+1=0$ 的对称点为 $(0-1,1+1)$，即 $A'(-1,2)$，所以 $a=-4$，故条件(1)充分；观察直线方程，两条直线互相垂直，则利用斜率关系，可知 $a=-2$ 或 $a=-5$，故条件(2)不充分。

点拨 在求点 $A(x_1,y_1)$ 关于直线 l 的对称点 $A'(x_2,y_2)$ 时，若直线 l 的斜率为 ±1，则将 x_1,y_1 分别代入直线的方程，反解出的解为 y_2,x_2 的值。

23.**【考点】**圆和圆的位置关系

【答案】E

【解析】题干中 C_2 可转化为 $(x-3)^2+(y-4)^2=5^2$，两圆圆心距 $d=\sqrt{\left(\dfrac{3}{2}\right)^2+4}=\dfrac{5}{2}$，两圆有交点，说明圆心距应该大于两圆半径之差(大圆减小圆)、小于两圆半径之和，所以当 $|r-5|<\dfrac{5}{2}$，即 $\dfrac{5}{2}<r<\dfrac{15}{2}$ 时，两圆有交点；故条件(1)和条件(2)单独都不充分，两条件联合也不充分。

点拨 圆和圆有五种位置关系，相应的判定方法需要熟练掌握。

第四章	排列组合

一、本章概述

考点解读

排列组合问题是数学中独立的一个分支,其思维方式和其他的数学分支有很大的差别,研究的是随机的、不确定的问题,是历年考试中常考题型。解答排列组合问题,考生必须认真审题,明确是属于排列问题还是组合问题,或者属于排列与组合的混合问题;考生不但要抓住问题的本质特征,还要能灵活运用基本原理和公式进行分析,更要注意运用一些策略和方法技巧。

历年考试情况

历年试题主要考查的是加法原理、乘法原理两个基本原理的应用,以及排列数、组合数的计算问题。单独考查计数原理的题目很少,一般原理的考查会结合后面的排列与组合知识点;排列与组合考点在近几年的考试中,每年至少出现一道,所以是考试中的重点。考生在复习时需要分清什么时候用"排列",什么时候用"组合",在"顺序"上两者存在区别,顺序对结果有影响的时候用"排列",顺序对结果无影响的时候用"组合"。解决排列组合问题基本思路:先分类再分步,要求全面无重复无遗漏。对于特殊元素要优先处理,对于相邻问题首先想到捆绑法,对于不相邻问题首先想到插空法,适当的时候可以考虑穷举法。2014 年真题第 14 题,2015 真题第 15 题,2016 年真题第 6 题和第 14 题,2017 年真题第 3 题,2018 年真题第 6 题、第 12 题和第 13 题,2019 年真题第 14 题,2020 年真题第 15 题,2021 年真题的第 8 题,2022 年真题第 10 题、第 11 题和第 15 题均考查了排列组合。

二、经典例题

(一)问题求解。下列每题给出的 A、B、C、D、E 五个选项中,只有一个选项是最符合题目要求的。

1.【2021 年联考】甲、乙两组同学中,甲组有 3 名男同学,3 名女同学;乙组有 4 名男同学,2 名女同学。从甲、乙两组中各选出 2 名同学,这 4 人中恰有 1 名女同学的选法有(　　)

(A)26 种　　　　　　　　　　(B)54 种

(C)70 种　　　　　　　　　　(D)78 种

(E)105 种

视频讲解

2.【2020 年联考】某科室有 4 名男职员、2 名女职员。若将这 6 名职员分为 3 组,每组 2 人,且女职员不同组,则不同的分组方式有(　　)

(A)4

(B)6

(C)9

(D)12

(E)15

视频讲解

3.【2019年联考】某中学的5个学科各推荐2名教师作为支教候选人,若从中选派来自不同学科的2人参加支教工作,则不同的选派方案有(   )

  (A)20种   (B)24种   (C)30种

  (D)40种   (E)45种

4.【2018年联考】将6张不同的卡片2张一组分别装入甲、乙、丙3个袋中,若指定的2张卡片要在同一组,则不同的装法有(   )

  (A)12种   (B)18种   (C)24种

  (D)30种   (E)36种

5.【2018年联考】羽毛球队有4名男运动员和3名女运动员,从中选出两对参加混双比赛,则不同的选择方式有(   )

  (A)9种   (B)18种   (C)24种

  (D)36种   (E)72种

6.【2016年联考】某学生要在4门不同的课程中选修2门课程,这4门课程中的2门各开设一个班,另外2门各开设2个班。该学生不同的选课方式共有(   )

  (A)6种   (B)8种   (C)10种

  (D)13种   (E)15种

7.【2015年联考】平面上有五条平行直线与另一组 n 条直线垂直。若两组平行线共构成280个矩形,则 $n=$ (   )

  (A)5   (B)6   (C)7

  (D)8   (E)9

8.【2014年联考】某单位决定对4个部门的经理进行轮岗,要求每位经理必须轮换到4个部门中的其他部门任职,则不同的轮岗方案数有(   )

  (A)3种   (B)6种   (C)8种

  (D)9种   (E)10种

9.【2013年联考】确定两人从 A 地出发经过 B,C,沿逆时针方向行走一圈回到 A 地的方案。若从 A 地出发时每人均可选大路或山道,经过 B,C 时,至多有一人可以更改道路,则不同的方案有(   )

  (A)16种   (B)24种   (C)36种   (D)48种   (E)64种

10.【2012年联考】在两队进行的羽毛球对抗赛中,每队派出3男2女共5名运动员进行5局单打比赛,如果女子比赛安排在第二局和第四局进行,则每队队员的不同出场顺序有(   )

  (A)12种   (B)10种   (C)8种

  (D)6种   (E)4种

11.【2011年联考】3个三口之家一起观看演出,他们购买了同一排的9张连座票,则每一家的人都坐在一起的不同坐法有(   )

  (A)$(3!)^2$种   (B)$(3!)^3$种   (C)$3\times(3!)^3$种

  (D)$(3!)^4$种   (E)9!种

12.【2011年在职】在8名志愿者中,只能做英语翻译的有4人,只能做法语翻译的有3人,既能做英语翻译又能做法语翻译的有1人。现从这些志愿者中选取3人做翻译工作,确保英语和法语都有翻译的不同选法共有(　　)

(A)12 种　　　　(B)18 种　　　　(C)21 种　　　　(D)30 种　　　　(E)51 种

13.【2010年联考】某大学派出5名志愿者到西部4所中学支教,若每所中学至少有1名志愿者,则不同的分配方案共有(　　)

(A)240 种　　　　(B)144 种　　　　(C)120 种

(D)60 种　　　　(E)24 种

14.【2009年MBA联考】湖中有四个小岛,它们的位置恰好构成正方形的四个顶点。若要修建三座桥将这四个小岛连接起来,则不同的建桥方案有(　　)

(A)12 种　　　　(B)16 种　　　　(C)13 种　　　　(D)20 种　　　　(E)24 种

15.【2009年在职】若将10只相同的球随机放入编号为1,2,3,4的四个盒子中,则每个盒子不空的投放方法有(　　)

(A)72 种　　　　(B)84 种　　　　(C)96 种　　　　(D)108 种　　　　(E)120 种

16.【2008年在职】某公司员工义务献血,在体检合格的人中O型血的有10人,A型血的有5人,B型血的有8人,AB型血的有3人。若从四种血型的人中各选1人去献血,则不同的选法种数共有(　　)

(A)1 200　　　　(B)600　　　　(C)400　　　　(D)300　　　　(E)26

17.从北京出发,有3列动车直达上海,另有6列火车经阜阳再到上海,又有8列航班经过济南再到上海,则从北京到达上海的方式共有(　　)

(A)18 种　　　　(B)17 种　　　　(C)16 种　　　　(D)15 种　　　　(E)144 种

18.乘积$(a_1+a_2+a_3)(b_1+b_2+b_3+b_4)(c_1+c_2+c_3+c_4+c_5)$展开后共有(　　)

(A)17 项　　　　(B)23 项　　　　(C)12 项　　　　(D)30 项　　　　(E)60 项

19.某运动会组委会要从小张、小赵、小李、小罗、小刘五名志愿者中选派四人分别从事翻译、导游、礼仪、司机四项不同工作,若其中小张和小赵只能从事前两项工作,其余三人均能从事这四项工作,则不同的选派方案共有(　　)

(A)48 种　　　　(B)12 种　　　　(C)18 种　　　　(D)36 种　　　　(E)32 种

20.将20份相同的文件放入编号分别为1,2,3,4的四个文件夹中,规定每个文件夹中的文件数不小于它的编号数,则方法总数为(　　)

(A)969　　　　(B)286　　　　(C)260　　　　(D)279　　　　(E)296

21.从长度为3,5,7,9,11的五条线段中,取出三条作三角形,共能做成的不同三角形个数为(　　)

(A)4　　　　(B)5　　　　(C)6

(D)7　　　　(E)8

22.设三位数$n=abc$,若以a,b,c为三条边长可以构成一个等腰(含等边)三角形,则这样的三位数有(　　)

(A)45 个　　　　(B)81 个　　　　(C)165 个

(D)216 个　　　　(E)288 个

23.有卡片9张,将0,1,2,…,8这9个数分别写在每张卡片上,现从中任取3张排成一个三位数,若6可当9用,则可组成不同的三位数(　　)

(A)602 个　　　　(B)603 个　　　　(C)604 个

(D)605 个　　　　(E)606 个

(二)条件充分性判断。要求判断每题给出的条件(1)和条件(2)能否充分支持题干所陈述的结论。A、B、C、D、E五个选项为判断结果,只有一个选项是最符合题目要求的。

(A)条件(1)充分,但条件(2)不充分。

(B)条件(2)充分,但条件(1)不充分。

(C)条件(1)和条件(2)单独都不充分,但条件(1)和条件(2)联合起来充分。

(D)条件(1)充分,条件(2)也充分。

(E)条件(1)和条件(2)单独都不充分,条件(1)和条件(2)联合起来也不充分。

1.【2013年联考】三个科室的人数分别为6,3和2,因工作需要,每晚要安排3人值班,则在两个月中,可以使每晚的值班人员不完全相同。

(1)值班人员不能来自同一科室;

(2)值班人员来自三个不同科室。

视频讲解

视频讲解

2.【2011年联考】现有3名男生和2名女生参加面试,则面试的排序法有24种。

(1)第一位面试的是女生;

(2)第二位面试的是指定的某位男生。

3.【2008年MBA联考】公路AB上各站之间共有90种不同的车票。

(1)公路AB上有10个车站,每两站之间都有往返车票;

(2)公路AB上有9个车站,每两站之间都有往返车票。

4.A市派出5队参加篮球比赛,B市也派出5队,共有10队参加比赛。共赛了90场。

(1)每两队比赛一次;

(2)每两个队在主、客场分别比赛一次。

5.$N=64$。

(1)有4本不同的书,从中选出3本送给3名同学,每人一本,共有N种不同的送法;

(2)书店里有4种不同的书,买3本送给3名同学,每人一本,共有N种不同的送法。

6.将10个相同的小球随机放入编号为1,2,3,4的四个盒子中,则共有84种不同的方法。

(1)每个盒子不空;

(2)1,2号盒子每个至少放1个小球,3,4号盒子每个至少放2个小球。

三、答案及解析

问题求解

1.【考点】加法原理

【答案】D

【解析】根据题意可知,4人中恰有1女包含两种情况:①该女生来自甲,则甲选1男1女,乙选2男,为$C_3^1 C_3^1 C_4^2=54$;②该女生来自乙,则甲选2男,乙选1男1女,为$C_3^2 C_4^1 C_2^1=24$;总的方法数为54+24=78。

2.【考点】不同元素的分组问题

【答案】D

【解析】根据题意可知,先从4名男职工中挑选2名组成1组,有$C_4^2=6$(种)方法;剩余2名男职工与2名女职工,分别男女搭配组成2组,有2种方法,所以共有6×2=12(种)不同的分组情况。

3.【考点】计数问题

【答案】D

【解析】**方法一**：一共有5×2=10(位)支教候选人，从中选择2人，共有C_{10}^2=45(种)，其中所选2人来自同一学科的选法有5种，故选择2人来自不同学科的选法共有45-5=40(种)。

方法二：从5个学科里面选2个，再从每个学科的2位候选人中选一人，则总的方法数为$C_5^2C_2^1C_2^1$=40(种)。

4.【考点】不同元素的分组(均匀分组)

【答案】B

【解析】本题为排列组合问题。要完成的事情可以分步进行。第一步，选择1个袋子装入指定的2张卡片，有3种情况；第二步，将4张卡片平均分配到余下的2个袋子，根据平均分配问题公式，有$C_4^2C_2^2$=6(种)。根据乘法原理，不同的装法有3×6=18(种)。

5.【考点】计数原理(人员分配问题)

【答案】D

【解析】要完成的事情可以分步进行。第一步，选择2名男运动员，有C_4^2=6(种)；第二步，选择2名女运动员，有C_3^2=3(种)；第三步，将4名运动员分为两队，每队男女各1名，有2种方法。根据乘法原理，不同的选择方式有6×3×2=36(种)。

6.【考点】计数问题(计数原理)

【答案】D

【解析】若该学生选只开设1个班的课程2门，则有1种选择方式；若该学生选开设1个班和开设2个班的课程各1门，则有$2×C_2^1×C_2^1$=8(种)选择方式；若该学生选开设2个班的课程2门，则有$C_2^1×C_2^1$=4(种)选择方式。因此该学生不同的选课方式共有1+8+4=13(种)。

7.【考点】平面几何,组合与组合数

【答案】D

【解析】在5条平行线中任选两条,n条平行线中任选两条即可构成一个长方形,即$C_5^2×C_n^2$=280,则n=8。

8.【考点】错位重排

【答案】D

【解析】由错位重排可知,4个数的错位重排结果为9,而此题相当于4个经理与4个部门的错位重排,故不同的轮岗方案有9种。

9.【考点】乘法原理——分步思想

【答案】C

【解析】一共分为三步：

第一步$A→B$:甲、乙两人各有两种方案,因此完成$A→B$有4种方法；

第二步$B→C$:完成这一步的方法有1(不变线路)+2(两人中有一人改变线路)=3(种)；

第三步$C→A$:完成这一步的方法有3种。

因此总共有4×3×3=36(种)方案。

10.【考点】分步思想

【答案】A

【解析】先从2女中选出1人参加第二局比赛,则有C_2^1种方法,剩下1女只能参加第四局比赛。再把剩下的 3 男安排到 1,3,5 局中,顺序影响结果,所以是排列问题。共有 $C_2^1 A_3^3 = 12$(种)出场顺序。

点拨 特殊元素要优先考虑。

11.【考点】乘法原理——分步思想

【答案】D

【解析】每家有 3 个人,3 人捆绑在一起变为 1 组,则变成 3 组全排列,其中每组还有 3 人,所以每组内部还各有 1 个 3 人的全排列。所以答案为 $(3!) \times (3!)^3 = (3!)^4$。

点拨 捆绑后的小组内的全排列不能忘记。

12.【考点】先分类再分步思想

【答案】E

【解析】一共可以分为三类:

包含既能做英语翻译又能做法语翻译的志愿者,则只需要从剩下的 7 人中选出 2 人即可,则有 $C_7^2 = 21$(种)选法。

不含既能做英语翻译又能做法语翻译的志愿者,则从只能做英语翻译的 4 个志愿者中选出 1 人,从只能做法语翻译的 3 个志愿者中选出 2 人,则有 $C_4^1 C_3^2 = 12$(种)选法。

不含既能做英语翻译又能做法语翻译的志愿者,则从只能做英语翻译的 4 个志愿者中选出 2 人,从只能做法语翻译的 3 个志愿者中选出 1 人,则有 $C_4^2 C_3^1 = 18$(种)。

所以不同选法一共有 $21 + 12 + 18 = 51$(种)。

点拨 特殊元素优先考虑,分类注意要全面无重复。

13.【考点】组合+排列

【答案】A

【解析】有一所中学来了 2 名志愿者,从 5 名选出 2 名捆绑成一组,与剩下的 3 个人形成 4 的全排列。所以分配方案有 $C_5^2 A_4^4 = 240$(种)。

14.【考点】组合+几何

【答案】B

【解析】四个点可以构成 $C_4^2 = 6$ 条线,从中任取 3 条修桥,则有 $C_6^3 = 20$(种)方法,其中有 4 种情况不能将四个岛连接(即形成孤岛),如图所示,共有 $C_6^3 - 4 = 16$(种)。

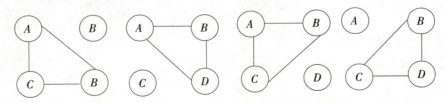

点拨 此题是将简单的几何图形与排列组合相结合进行考查的问题,比较抽象。需要具备三方面的能力:根据题干画出几何图形;能够发现此题是考查排列组合;根据排列组合分类的思想剔除不符合题干的情况。

15.【考点】隔板法

【答案】B

【解析】要保证盒子不空,其实只要把 10 个球分成 4 堆即可,10 个球中除去首尾共有 9 个空档,在这

9 个空档中选出 3 个插进 3 个板子,即可分为 4 堆。所以共有方法数 C_9^3=84(种)。

点拨 隔板法的适用环境为"相同"+"至少有一个"。

16.【考点】乘法原理

【答案】A

【解析】因为题干要求"各选一个",所以需要选择一个 A 型血的人,选择一个 B 型血的人,选一个 O 型血的人,选一个 AB 型血的人才算完成任务,所以这是一个分步过程,运用乘法计数原理得 10×5×8×3=1 200。

点拨 若改成从中选择 1 人去献血,则需要运用加法原理,N=10+5+8+3=26(种)。

17.【考点】加法计数原理

【答案】B

【解析】三种途径都能达到从北京到上海的目的,所以要分类相加,N=3+6+8=17。

点拨 运用加法计数原理一定要看有没有完成事情。

18.【考点】乘法计数原理

【答案】E

【解析】求项的个数,第一个乘积项中有 3 项,第二个乘积中有 4 项,第三个乘积项中有 5 项。

$(a_1+a_2+a_3)(b_1+b_2+b_3+b_4)(c_1+c_2+c_3+c_4+c_5)$ 要展开需要经过三步,第一步要含有 a,有 3 种选法,第二步要含有 b,有 4 种选法,第三步要含有 c,有 5 种选法,所以需要运用乘法计数原理有 $(a_1+a_2+a_3)(b_1+b_2+b_3+b_4)(c_1+c_2+c_3+c_4+c_5)$ 展开后共有 3×4×5=60(项)。

19.【考点】分类相加思想

【答案】D

【解析】先进行分类,第一种情况:小张和小赵均被选中,则有 $A_2^2A_3^2$ 种选法;第二种情况:小张和小赵中只有一人被选中,则方法数为 $C_2^1C_2^1A_3^3$ 种。所以,选派方案有 $A_2^2A_3^2+C_2^1C_2^1A_3^3$=36(种)。

中 公 巧 解

5 个人选 4 个人去做四项不同的工作,则必有一个人落选。此时我们可以虚拟一个职位,虚拟职位没有任何要求,则 5 个人对应 5 个职位。第一步:小张和小赵可以在翻译、导游和虚拟职位中选择,则有 A_3^2 种方法;第二步:剩下三个人选择剩下的三个职位,没有要求,则有 A_3^3 种方法。所以总的方法数有 $A_3^2A_3^3$=36(种)。

点拨 选择简单的分类方式。

20.【考点】隔板法

【答案】B

【解析】先在编号为 1,2,3,4 的文件夹中分别放入 0,1,2,3 份文件,要满足每个文件夹中的文件数不少于它的编号数,那么现在要将剩下的 14 份文件放入四个文件夹,且每个文件夹中至少有一份文件,利用隔板法,将 14 份文件分成 4 份,需要在 13 个间隔中插入 3 个板子,方法数为 C_{13}^3=286。

点拨 当题干中出现"相同""至少"等字眼的时候,要想到灵活运用"隔板法"。

21.【考点】分类相加思想

【答案】D

【解析】分情况讨论：

如果最长边是 11,则另外两条边可以为 3 和 9,5 和 9,7 和 9,7 和 5,共四个。

如果最长边为 9,则另外两边可为 3 和 7,5 和 7,共两个。

如果最长边是 7,另外两条边只能是 3 和 5,只有一个。

因此,可构成不同的三角形个数为 1+2+4=7（个）。

点拨 枚举法,注意全面无重复无遗漏。

22.【考点】加法原理+组合

【答案】C

【解析】a,b,c 要能构成三角形的边长,显然均不为 0,即 $a,b,c \in \{1,2,\cdots,9\}$。

若构成等腰三角形,有两种情况：

①等边三角形：说明三位数中三个数码都相同,边的长度有 9 种选择,所以这样的三位数有 9 个。

②不等边的等腰三角形：从 a,b,c 中选出一个作底边,有 3 种选择；从 9 个数字选出一个作底边,再从剩下 8 个数字选出一个作腰,共有 3×9×8=216（种）选择。

大数为底时,必须满足一个腰长度<底边长度<两个腰长度之和。此时,不能构成三角形的有：

底边	9	8	7	6	5	4	3	2	1
腰	4,3 2,1	4,3 2,1	3,2 1	3,2 1	1,2	1,2	1	1	0

共 20 种情况。同样,从 a,b,c 中选出一个作底边,有 3 种选择,所以不能构成三角形的三位数有 3×20=60（个）。

综上,共有 9+216−60=165（个）。

点拨 此题有一定的难度,要求能够选取恰当的分类方式,结合枚举法,枚举法要保证不重不漏。

23.【考点】加法原理,乘法原理

【答案】A

【解析】因为 6 可以当成 9 用,是个特殊情况,所以三位数按是否含有 6 进行分类,共有以下两种情况：

不含 6 的三位数：百位数字在 9 个数字中选择,要去掉 0 和 6,有 7 种选择,十位数字有 7 种选择,个位数字有 6 种选择,所以满足此条件的三位数共有 7×7×6=294（个）。

含 6 的三位数有三种情况：

①6 在百位：十位数字有 8 种选择,个位数字有 7 种选择,同时 6 可以当 9 用,所以方法数应该再乘以 2,因此满足此条件的三位数有 8×7×2=112（个）。

②6 在十位：百位有 7 种选择,个位有 7 种选择,6 可以当成 9 用,所以满足此条件的三位数有 7×7×2=98（个）。

③6 在个位：百位有 7 种选择,十位有 7 种选择,6 可以当成 9 用,所以满足此条件的三位数有 7×7×2=98（个）。

上述情况都能满足题干条件的要求,所以运用加法原理,共有 294+112+98+98=602（个）三位数满足题干条件。

点拨 此题难度较大,要求做到分类全面无重复。

条件充分性判断

1.【考点】组合问题

【答案】A

【解析】要使在两个月中,可以使每晚的值班人员不完全相同,则需要值班的方法数大于62。由条件(1),值班的方法有 $C_{11}^3 - C_6^3 - C_3^3 = 144 > 62$(种),则条件(1)充分;由条件(2),值班的方法有 $C_6^1 C_3^1 C_2^1 = 36 < 62$(种),则条件(2)不充分。

2.【考点】排列问题

【答案】B

【解析】由条件(1)可知,$N = C_2^1 A_4^4 = 48$,条件(1)不充分;由条件(2)知,$N = A_4^4 = 24$,条件(2)充分。

点拨 题干中条件不足,只能从条件向题干推导。

3.【考点】排列数与组合数的区别

【答案】A

【解析】根据条件(1),可得车票的种数为 $2 \times C_{10}^2 = 90$(种),所以条件(1)充分;而根据条件(2),可得车票的种数为 $2 \times C_9^2 = 72$(种),所以条件(2)不充分。

点拨 要注意往返车票虽票价相同,但是票的种类是不同的。

4.【考点】组合+排列

【答案】B

【解析】根据条件(1),即有多少个组合就有多少场比赛,则比赛场数为 $C_{10}^2 = 45$,所以条件(1)不充分;根据条件(2),在主、客场各比赛一次,顺序对结果有影响,所以场数为 $A_{10}^2 = 90$,所以条件(2)充分。

5.【考点】古典概型的分房问题

【答案】B

【解析】根据条件(1),先从4本选出3本,再进行3本的全排列,则 $N = C_4^3 A_3^3 = 24$(种)送法,所以条件(1)不充分;根据条件(2),每人必须送一本书且只能送一本书,但同一种书可以送给多个人,此类问题可以归纳为分房问题,这里人是"人",书是"房",因此有 $N = 4^3 = 64$(种)送法,条件(2)充分。

点拨 分房问题一定要把"人"和"房"区分清楚。

6.【考点】排列组合问题

【答案】A

【解析】条件(1),10个球排成一排,中间形成9个空,任选3个空放入隔板,共有 $C_9^3 = 84$(种)放法,所以条件(1)充分;条件(2),先从10个球中选2个,3,4号盒子各放1个,余下的8个球排成一排,中间形成7个空,任选3个空放入隔板,共有 $C_7^3 = 35$(种)放法,所以条件(2)不充分。

第五章 概 率

一、本章概述

考点解读

概率问题是计数问题中的重要题型之一,其思维方式与排列组合一样,研究的是不确定的随机问题。在考试中主要考查的是"古典概型"和"伯努利概型"。在"古典概型"中通常利用频率代替概率,因此只需要找出样本空间的大小和满足某一条件的样本量,再计算后者与前者的比值即可。而样本空间的大小、样本量的计算需要考生能够灵活运用加法原理、乘法原理、排列和组合的相关知识点,所以,在概率部分如果想要做到不失分,需要在掌握好排列组合的基础上,灵活运用本节的知识点,因为这两个章节的知识紧密联系,考试中经常把多个知识点综合起来进行考查。

历年考试情况

从近几年的考试中可以看出,与概率相关的试题每年都会考查,至少出现一道。2014 年 1 月真题在问题求解与条件充分性判断中均考查了概率的知识。2015 年真题的第 14 题和第 18 题,2016 年真题的第 4 题和第 7 题,2017 年真题第 12 题和第 24 题,2018 年真题的第 8 题和第 15 题,2019 年真题的第 7 题,2020 年真题的第 4、第 14 题和第 19 题,2021 年真题的第 6 题、第 13 题和第 14 题,2022 年真题第 5 题和第 13 题都是对概率的考查。

二、经典例题

(一)问题求解。下列每题给出的 A、B、C、D、E 五个选项中,只有一个选项是最符合题目要求的。

1.【2021 年联考】如图由 P 到 Q 的电路中有三个元件,分别标有 T_1,T_2,T_3,电流能通过 T_1,T_2,T_3 的概率分别为 0.9,0.9,0.99,假设电流能否通过三个元件相互独立,则电流能在 P,Q 之间通过的概率是( )

(A)0.801 9
(B)0.998 9
(C)0.999
(D)0.999 9
(E)0.999 99

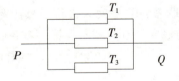

视频讲解

2.【2021 年联考】从装有 1 个红球、2 个白球、3 个黑球的袋中随机取出 3 个球,则这 3 个球的颜色至多有 2 种的概率为( )

(A)0.3
(B)0.4
(C)0.5
(D)0.6
(E)0.7

视频讲解

3.【2021 年联考】某商场利用抽奖方式促销，100 个奖券中设有 3 个一等奖、7 个二等奖，则一等奖先于二等奖抽完的概率为（　　）

(A)0.3　　(B)0.5

(C)0.6　　(D)0.7

(E)0.73

视频讲解

4.【2020 年联考】从 1 至 10 这 10 个整数中任取 3 个数，恰有 1 个质数的概率是（　　）

(A)$\frac{2}{3}$　　(B)$\frac{1}{2}$

(C)$\frac{5}{12}$　　(D)$\frac{2}{5}$

(E)$\frac{1}{120}$

视频讲解

5.【2020 年联考】如图，节点 A,B,C,D 两两相连。从一个节点沿线段到另一个节点当作 1 步。若机器人从节点 A 出发，随机走了 3 步，则机器人未到达过节点 C 的概率为（　　）

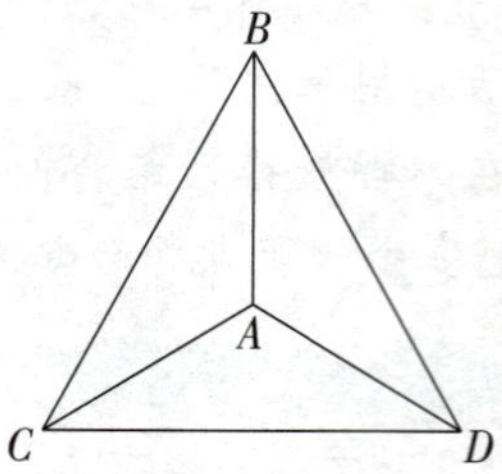

(A)$\frac{4}{9}$　　(B)$\frac{11}{27}$　　(C)$\frac{10}{27}$　　(D)$\frac{19}{27}$　　(E)$\frac{8}{27}$

视频讲解

6.【2019 年联考】在分别标记了数字 1,2,3,4,5,6 的 6 张卡片中，甲随机抽取 1 张后，乙从余下的卡片中再随机抽取 2 张，乙的卡片数字之和大于甲的卡片数字的概率为（　　）

(A)$\frac{11}{60}$　　(B)$\frac{13}{60}$　　(C)$\frac{43}{60}$　　(D)$\frac{47}{60}$　　(E)$\frac{49}{60}$

视频讲解

7.【2018 年联考】从标号为 1 到 10 的 10 张卡片中随机抽取 2 张，它们的标号之和可以被 5 整除的概率为（　　）

(A)$\frac{1}{5}$　　(B)$\frac{1}{9}$　　(C)$\frac{2}{9}$

(D)$\frac{2}{15}$　　(E)$\frac{7}{45}$

视频讲解

8.【2018 年联考】甲、乙两人进行围棋比赛，约定先胜 2 盘者赢得比赛，已知每盘棋甲获胜的概率是 0.6，乙获胜的概率是 0.4，若乙在第一盘获胜，则甲赢得比赛的概率为（　　）

(A)0.144　　(B)0.288　　(C)0.36

(D)0.4　　(E)0.6

视频讲解

9.【2017 年联考】甲从 1,2,3 中抽取一个数，记为 a；乙从 1,2,3,4 中抽取一个数，记为 b；规定当 $a>b$ 或者 $a+1<b$ 时甲获胜，则甲取胜的概率是（　　）

(A)$\frac{1}{6}$　　(B)$\frac{1}{4}$　　(C)$\frac{1}{3}$

(D)$\frac{5}{12}$　　(E)$\frac{1}{2}$

视频讲解

10.【2017 年联考】某试卷由 15 道选择题组成,每道题有 4 个选项,只有一项是符合试题要求的,甲有 6 道题能确定正确选项,有 5 道能排除 2 个错误选项,有 4 道能排除 1 个错误选项,若从每题排除后剩余的选项中选一个作为答案,则甲得满分的概率为（   ）

视频讲解

(A)$\dfrac{1}{2^4}\cdot\dfrac{1}{3^5}$ (B)$\dfrac{1}{2^5}\cdot\dfrac{1}{3^4}$

(C)$\dfrac{1}{2^5}+\dfrac{1}{3^4}$ (D)$\dfrac{1}{2^4}\cdot\left(\dfrac{3}{4}\right)^5$

(E)$\dfrac{1}{2^4}+\left(\dfrac{3}{4}\right)^5$

11.【2016 年联考】在分别标记了数字 1,2,3,4,5,6 的 6 张卡片中随机取 3 张,其上数字之和等于 10 的概率为（   ）

视频讲解

(A)0.05 (B)0.1 (C)0.15

(D)0.2 (E)0.25

12.【2016 年联考】从 1 到 100 的整数中任取一个数,则该数能被 5 或 7 整除的概率为（   ）

视频讲解

(A)0.02 (B)0.14

(C)0.2 (D)0.32

(E)0.34

13.【2015 年联考】某次网球比赛四强,甲对乙、丙对丁,两场比赛的胜者争夺冠军,各队之间相互获胜的概率如下表:

	甲	乙	丙	丁
甲获胜的概率		0.3	0.3	0.8
乙获胜的概率	0.7		0.6	0.3
丙获胜的概率	0.7	0.4		0.5
丁获胜的概率	0.2	0.7	0.5	

视频讲解

则甲获得冠军的概率为（   ）

(A)0.165 (B)0.245

(C)0.275 (D)0.315

(E)0.330

14.【2014 年联考】掷一枚均匀的硬币若干次,当正面向上次数大于反面向上次数时停止,则在 4 次之内停止的概率为（   ）

视频讲解

(A)$\dfrac{1}{8}$ (B)$\dfrac{3}{8}$ (C)$\dfrac{5}{8}$ (D)$\dfrac{3}{16}$ (E)$\dfrac{5}{16}$

15.【2014 年联考】某项活动中,将 3 男 3 女 6 名志愿者随机地分成甲、乙、丙三组,每组 2 人,则每组志愿者都是异性的概率为（   ）

视频讲解

(A)$\dfrac{1}{90}$ (B)$\dfrac{1}{15}$ (C)$\dfrac{1}{10}$ (D)$\dfrac{1}{5}$ (E)$\dfrac{2}{5}$

16.【2013 年联考】已知 10 件产品中有 4 件一等品。从中任取 2 件,则至少有 1 件一等品的概率为（   ）

视频讲解

(A)$\dfrac{1}{3}$ (B)$\dfrac{2}{3}$ (C)$\dfrac{2}{15}$ (D)$\dfrac{8}{15}$ (E)$\dfrac{13}{15}$

17.【2011年联考】现从 5 名管理专业, 4 名经济专业和 1 名财会专业的学生中随机派出一个 3 人小组, 则该小组中 3 个专业各有 1 名学生的概率为(   )

(A)$\frac{1}{2}$ (B)$\frac{1}{3}$ (C)$\frac{1}{4}$ (D)$\frac{1}{5}$ (E)$\frac{1}{6}$

18.【2011年联考】将 2 个红球与 1 个白球随机放入甲、乙、丙三个盒子中, 则乙盒中至少有 1 个红球的概率为(   )

(A)$\frac{1}{8}$ (B)$\frac{8}{27}$ (C)$\frac{4}{9}$ (D)$\frac{5}{9}$ (E)$\frac{17}{27}$

19.【2011年在职】10 名网球选手中有 2 名种子选手。现将他们分成两组, 每组 5 人, 则 2 名种子选手不在同一组的概率为(   )

(A)$\frac{5}{18}$ (B)$\frac{4}{9}$ (C)$\frac{5}{9}$ (D)$\frac{1}{2}$ (E)$\frac{2}{3}$

20.【2010年联考】某商店举行店庆活动, 顾客消费达到一定数量后, 可以在 4 种赠品中随机选取两件不同的赠品, 任意两位顾客所选的赠品中, 恰有一件品种相同的概率是(   )

(A)$\frac{1}{6}$ (B)$\frac{1}{4}$ (C)$\frac{1}{3}$ (D)$\frac{1}{2}$ (E)$\frac{2}{3}$

21.【2010年联考】某装置的启动密码是由 0–9 中的 3 个不同数字组成的, 连续 3 次输入错误密码, 就会导致该装置永久关闭, 一个仅记得密码是由 3 个不同数字组成的人能够启动此装置的概率为(   )

(A)$\frac{1}{120}$ (B)$\frac{1}{168}$ (C)$\frac{1}{240}$ (D)$\frac{1}{720}$ (E)$\frac{3}{1\,000}$

22.【2010年联考】在一次竞猜活动中, 设有 5 关, 如果连续通过 2 关就算闯关成功, 小王通过每关的概率都是 $\frac{1}{2}$, 他闯关成功的概率为(   )

(A)$\frac{1}{8}$ (B)$\frac{1}{4}$ (C)$\frac{3}{8}$ (D)$\frac{4}{8}$ (E)$\frac{19}{32}$

23.【2010年在职】某公司有 9 名工程师, 张三是其中之一。从中任意抽调 4 人组成攻关小组, 包括张三的概率是(   )

(A)$\frac{2}{9}$ (B)$\frac{2}{5}$ (C)$\frac{1}{3}$ (D)$\frac{4}{9}$ (E)$\frac{5}{9}$

24.【2010年在职】在 10 道备选试题中, 甲能答对 8 题, 乙能答对 6 题。若某次考试从这 10 道备选题中随机抽出 3 道作为考题, 至少答对 2 题才算合格, 则甲、乙两人考试都合格的概率是(   )

(A)$\frac{28}{45}$ (B)$\frac{2}{3}$ (C)$\frac{14}{15}$ (D)$\frac{26}{45}$ (E)$\frac{8}{15}$

25.【2009年MBA联考】在 36 人中, 血型情况如下:A 型 12 人, B 型 10 人, AB 型 8 人, O 型 6 人。若从中随机选出 2 人, 则 2 人血型相同的概率是(   )

(A)$\frac{77}{315}$ (B)$\frac{44}{315}$ (C)$\frac{33}{315}$ (D)$\frac{9}{122}$ (E)以上结论均不正确

26.【2009年在职】若以连续两次掷骰子得到的点数 a 和 b 作为点 P 的坐标, 则点 $P(a,b)$ 落在直线 $x+y=6$ 和两坐标轴围成的三角形内的概率为(   )

(A)$\frac{1}{6}$ (B)$\frac{7}{36}$ (C)$\frac{2}{9}$ (D)$\frac{1}{4}$ (E)$\frac{5}{18}$

27.【2008 年 MBA 联考】若从原点出发的质点 M 向 x 轴的正向移动一个和两个坐标单位的概率分别是 $\dfrac{2}{3}$ 和 $\dfrac{1}{3}$，则该质点能够到达 $x=3$ 的概率是（　　）

(A) $\dfrac{19}{27}$ (B) $\dfrac{20}{27}$ (C) $\dfrac{7}{9}$

(D) $\dfrac{22}{27}$ (E) $\dfrac{23}{27}$

28.【2008 年在职】若以连续掷两枚骰子分别得到的点数 a 与 b 作为点 M 的坐标，则点 M 落入圆 $x^2+y^2=18$ 内（不含圆周）的概率是（　　）

(A) $\dfrac{7}{36}$ (B) $\dfrac{2}{9}$ (C) $\dfrac{1}{4}$

(D) $\dfrac{5}{18}$ (E) $\dfrac{11}{36}$

29.袋内有 8 个白球和 2 个红球，每次从中随机取出一个球，然后放回 1 个白球，则第 4 次恰好取完所有红球的概率为（　　）

(A) 0.041 9   (B) 0.042 4   (C) 0.042 9

(D) 0.043 4   (E) 0.043 9

30. 5 个学生排成一列，甲不在第一排且乙不在第二排的概率是（　　）

(A) $\dfrac{8}{15}$ (B) $\dfrac{3}{5}$ (C) $\dfrac{7}{10}$ (D) $\dfrac{13}{20}$ (E) $\dfrac{31}{60}$

31.两人轮流投掷骰子，每人每次投掷两颗，谁先让两颗骰子点数和大于 6，谁就获胜，问先投掷的人获胜的概率为（　　）

(A) $\dfrac{9}{17}$ (B) $\dfrac{10}{17}$ (C) $\dfrac{11}{17}$ (D) $\dfrac{12}{17}$ (E) $\dfrac{13}{17}$

32. A,B,C,D 4 人参加围棋比赛。任意两人对弈，每人获胜的概率相等。现将 4 人分成两组进行比赛，每组获胜的 2 人再比赛一场，则 A 和 B 两人对弈的概率为（　　）

(A) $\dfrac{1}{6}$ (B) $\dfrac{1}{4}$ (C) $\dfrac{1}{3}$ (D) $\dfrac{1}{2}$ (E) $\dfrac{2}{3}$

33.甲箱中有 3 个红球和 4 个黑球，乙箱中有 2 个红球和 3 个黑球。现从甲箱中取出 2 个球放入乙箱中，再从乙箱中任取 2 个球，则从乙箱中取出的这 2 个球都是黑球的概率为（　　）

(A) $\dfrac{1}{49}$ (B) $\dfrac{8}{49}$ (C) $\dfrac{20}{147}$ (D) $\dfrac{47}{147}$ (E) $\dfrac{100}{147}$

34. 用 1 到 9 的数字组成一个 8 位数的密码，密码数字不可重复，则密码数字能被 3 整除的概率为（　　）

(A) $\dfrac{1}{6}$ (B) $\dfrac{1}{5}$ (C) $\dfrac{1}{4}$ (D) $\dfrac{1}{3}$ (E) $\dfrac{1}{2}$

35.在一次竞猜活动中设有 5 关，如果连续通过 2 关就算成功，小王通过每关的概率都是 $\dfrac{1}{2}$，他闯关成功的概率为（　　）

(A) $\dfrac{1}{8}$ (B) $\dfrac{1}{4}$ (C) $\dfrac{3}{8}$ (D) $\dfrac{4}{8}$ (E) $\dfrac{19}{32}$

36.在一次产品质量抽查中，某批次产品被抽出 10 件样品（样品互不相同）进行检验，其中恰有两件不合格品，如果对这 10 件样品逐件进行检验，则这两件不合格品恰好在第五次被全部检出的概率

是( )

(A) $\dfrac{4}{45}$ (B) $\dfrac{2}{45}$ (C) $\dfrac{1}{45}$ (D) $\dfrac{1}{90}$ (E) $\dfrac{7}{45}$

(二)条件充分性判断。 要求判断每题给出的条件(1)和条件(2)能否充分支持题干所陈述的结论。A、B、C、D、E 五个选项为判断结果,只有一个选项是最符合题目要求的。

(A)条件(1)充分,但条件(2)不充分。

(B)条件(2)充分,但条件(1)不充分。

(C)条件(1)和条件(2)单独都不充分,但条件(1)和条件(2)联合起来充分。

(D)条件(1)充分,条件(2)也充分。

(E)条件(1)和条件(2)单独都不充分,条件(1)和条件(2)联合起来也不充分。

1.**【2020年联考】**某商场甲、乙两种品牌的手机共20部,任取2部,恰有1部甲品牌的概率为 P。则 $P>\dfrac{1}{2}$。

(1)甲品牌手机不少于 8 部;

(2)乙品牌的手机多于 7 部。

2.**【2019年联考】**有甲、乙两袋奖券,获奖率分别为 p 和 q,某人从两袋中各随机抽取 1 张奖券。则此人获奖的概率不小于 $\dfrac{3}{4}$。

(1)已知 $p+q=1$;

(2)已知 $pq=\dfrac{1}{4}$。

3.**【2017年联考】**某人参加资格考试,有 A 类和 B 类选择,A 类的合格标准是抽 3 道题至少会做 2 道,B 类的合格标准是抽 2 道题需都会做。则此人参加 A 类合格的机会大。

(1)此人 A 类题中有 60% 会做;

(2)此人 B 类题中有 80% 会做。

4.**【2015年联考】**信封中有 10 张奖券,只有一张有奖,从信封中同时抽取 2 张奖券,中奖的概率为 P,从信封中每次抽取 1 张后放回,如此重复抽取 n 次,中奖的概率为 Q,则 $P<Q$。

(1)$n=2$;

(2)$n=3$。

5.**【2014年联考】**已知袋中装有红、黑、白三种颜色的球若干个,则红球最多。

(1)随机取出的一球是白球的概率为 $\dfrac{2}{5}$;

(2)随机取出的两球中至少有一个黑球的概率小于 $\dfrac{1}{5}$。

6.**【2013年联考】**档案馆在一个库房中安装了 n 个烟火感应报警器,每个报警器遇到烟火成功报警的概率为 p,则该库房遇烟火发出警报的概率达到 0.999。

(1)$n=3,p=0.9$;

(2)$n=2,p=0.97$。

7.**【2012年联考】**某产品需经过两道工序才能加工完成,每道工序合格概率相等,则产品合格概率大于 0.8。

(1)该产品每道工序合格概率均为 0.81;

(2)该产品每道工序合格概率均为 0.9。

8.【2012年联考】在某次考试中,3 道题中答对 2 道即为及格。假设某人答对各题的概率相同,则此人及格的概率是 $\dfrac{20}{27}$。

视频讲解

(1)答对各题的概率均为 $\dfrac{2}{3}$;

(2)3 道题全部答错的概率为 $\dfrac{1}{27}$。

9.【2011年联考】在一次英语考试中,某班的及格率为 80%。

视频讲解

(1)男生及格率为 70%,女生及格率为 90%;

(2)男生的平均分与女生的平均分相等。

10.【2011年在职】某种流感在流行,从人群中任意找出 3 人,其中至少有 1 人患该种流感的概率为0.271。

(1)该流感的发病率为 0.3;

(2)该流感的发病率为 0.1。

11.【2009年MBA联考】s,t 是连续掷一枚骰子两次所得到的点数,点 (s,t) 落入圆 $(x-a)^2+(y-a)^2=a^2$ 的概率是 $\dfrac{1}{4}$。

(1)$a=3$;

(2)$a=2$。

12.【2009年在职】命中来犯敌机的概率是 99%。

(1)每枚导弹命中率为 0.6;

(2)至多同时向来犯敌机发射 4 枚导弹。

13.【2008年在职】张三以卧姿射击 10 次,命中靶子 7 次的概率是 $\dfrac{15}{128}$。

(1)张三以卧姿打靶的命中率是 0.2;

(2)张三以卧姿打靶的命中率是 0.5。

14. $\min\{P(A),P(B)\}=0$。

(1)事件 A,B 相互独立;

(2)事件 A,B 互不相容。

15.申请驾驶执照时,必须参加理论考试和路考,且两种考试都通过才能领取驾照。若在同一批学员中有 70% 的人通过了理论考试,80% 的人通过了路考,则最后领到驾照的人有 60%。

(1)10% 的人两种考试都没有通过;

(2)20% 的人仅通过路考。

16.某射手每次射击击中目标的概率是 $\dfrac{2}{3}$,且各次射击的结果互不影响,则 $P=\dfrac{8}{81}$。

(1)共射击5次,恰有3次击中目标的概率是 P;

(2)共射击5次,有3次连续击中目标,另外2次未击中目标的概率是 P。

三、答案及解析

问题求解

1.【考点】伯努利概型

【答案】D

【解析】由题意可知,电流能在 P,Q 之间通过,则电流能在 T_1,T_2,T_3 至少有一个通过。采用正难则反的思想,三个元件均不通过的概率为 $(1-0.9)\times(1-0.9)\times(1-0.99)=0.000\,1$。综上,所求概率为 $1-0.000\,1=0.999\,9$。

2.【考点】古典概型

【答案】E

【解析】根据题意可知采用正难则反思想,6个球中任选3个的情况数为 C_6^3 种,反面情况为选出 3 个不同颜色的小球,有 $C_1^1 C_2^1 C_3^1$ 种,则 $P=1-\dfrac{C_1^1 C_2^1 C_3^1}{C_6^3}=\dfrac{7}{10}$。

3.【考点】古典概型

【答案】D

【解析】根据题意可知有奖的奖券共计10张,10张奖券全排列为 A_{10}^{10}。只需最后 1 张抽出的是二等奖,即可保证一等奖先抽完,即 7 张二等奖选出 1 张放最后一位,其余全排列为 $C_7^1 A_9^9$,则所求概率为 $\dfrac{C_7^1 A_9^9}{A_{10}^{10}}=0.7$。

4.【考点】古典概型

【答案】B

【解析】10 以内的质数有 2,3,5,7。从 10 个整数中任取 3 个数的取法有 $C_{10}^3=120$（种）,任取的 3 个数中恰有 1 个质数的取法有 $C_4^1 C_6^2=60$（种）,则所求概率为 $\dfrac{60}{120}=\dfrac{1}{2}$。

5.【考点】古典概型

【答案】E

【解析】机器人每走一步,均有 3 种选择,则随机走 3 步,总的可能的方法数为 $3^3=27$;不过节点 C,机器人每走一步,均有 2 种选择,则共有 $2^3=8$（种）可能的走法,故所求概率为 $\dfrac{8}{27}$。

6.【考点】古典概型

【答案】D

【解析】甲先抽取到每一个数字的概率均为 $\dfrac{1}{6}$。乙从剩下的卡片中抽取两张,不同的情况总数均为 $C_5^2=10$,其中有一些情况不满足大于甲所抽取的卡片数字。如图表所示:

甲	1	2	3	4	5	6
乙>甲	全部满足	全部满足	(1-2)不满足,其他满足。共9种	(1-2),(1-3) 不满足,其他满足。共8种	(1-2),(1-3),(1-4),(2-3)不满足,其他满足。共6种	(1-2),(1-3),(1-4),(1-5),(2-3),(2-4)不满足,其他满足。共4种
概率	$\dfrac{1}{6}$	$\dfrac{1}{6}$	$\dfrac{1}{6}\times\dfrac{9}{10}=\dfrac{9}{60}$	$\dfrac{1}{6}\times\dfrac{8}{10}=\dfrac{8}{60}$	$\dfrac{1}{6}\times\dfrac{6}{10}=\dfrac{6}{60}$	$\dfrac{1}{6}\times\dfrac{4}{10}=\dfrac{4}{60}$

所求事件概率为 $\dfrac{1}{6}+\dfrac{1}{6}+\dfrac{9}{60}+\dfrac{8}{60}+\dfrac{6}{60}+\dfrac{4}{60}=\dfrac{47}{60}$。

7.【考点】古典概型

【答案】A

【解析】从 10 张卡片中任意选出 2 张的方法数为 $C_{10}^2=45$（种）。要求从 10 张卡片中随机抽取 2 张的标号之和可以被 5 整除,则两张卡片上的数的和可以是 5,10,15（根据题意两张卡片之和不超过 19）。和为 5 的有 $\{1,4\}$,$\{2,3\}$,和为 10 的有 $\{1,9\}$,$\{2,8\}$,$\{3,7\}$,$\{4,6\}$,和为 15 的有 $\{5,10\}$,$\{6,9\}$,$\{7,8\}$,

一共有 2+4+3=9(种)，故所求概率为 $\dfrac{9}{45}=\dfrac{1}{5}$。

8.【考点】分步事件的概率问题

【答案】C

【解析】根据题意，甲要赢得比赛，必须连胜两盘，每盘取胜的概率都是 0.6，根据乘法原理，赢得比赛的概率为 0.6×0.6=0.36。

9.【考点】古典概型

【答案】E

【解析】甲、乙各取一个数，共有 3×4=12(种)取法。甲获胜的对立面是甲不获胜，即 a 和 b 满足不等式 $b-1\le a\le b$。满足该不等式的 (a,b) 取值可能的情况有 (1,1)、(1,2)、(2,2)、(2,3)、(3,3)、(3,4)，共 6 种。所以甲获胜的概率为 $1-\dfrac{6}{12}=\dfrac{1}{2}$。

10.【考点】伯努利概型

【答案】B

【解析】排除 2 个选项的每道题答对的概率为 $\dfrac{1}{2}$，这 5 道全答对的概率为 $\dfrac{1}{2^5}$；排除 1 个选项的每道题答对的概率为 $\dfrac{1}{3}$，这 4 道全答对的概率为 $\dfrac{1}{3^4}$，则全部答对的概率为 $\dfrac{1}{2^5}\cdot\dfrac{1}{3^4}$。

11.【考点】古典概型

【答案】C

【解析】从 6 张卡片中随机取 3 张，共有 C_6^3=20(种)取法，10 可以分成 1,3,6 或 1,4,5 或 2,3,5 的和，则数字之和等于 10 的概率为 $\dfrac{3}{20}$=0.15。

12.【考点】古典概型

【答案】D

【解析】1 到 100 的整数中能被 5 整除的有 20 个，能被 7 整除的有 14 个，能同时被 5 和 7 整除的数有 2 个(即 35 和 70)，则所求概率为 $\dfrac{20+14-2}{100}$=0.32。

13.【考点】加法原理、乘法原理

【答案】A

【解析】甲获胜的情况可分为两类。第一类：甲胜乙，丙胜丁，甲胜丙；其概率为 0.3×0.5×0.3=0.045。第二类：甲胜乙，丁胜丙，甲胜丁；其概率为 0.3×0.5×0.8=0.12，则甲获胜的概率为 0.045+0.12=0.165。

14.【考点】古典概型

【答案】C

【解析】由于题干要求当正面向上次数大于反面向上次数时即停止，因此在四次内停止的情况包括两种：(1)第一次投掷正面向上；(2)第一次反面向上，第二、三次正面向上。因此，四次内停止的概率为 $\dfrac{1}{2}+\dfrac{1}{2}\times\dfrac{1}{2}\times\dfrac{1}{2}=\dfrac{5}{8}$。

15.【考点】排列组合求概率

【答案】E

【解析】6 名志愿者随机分到甲、乙、丙三组，每组 2 人，则共有 $C_6^2C_4^2C_2^2$=90(种)分法，每组志愿者都是异性的分法有 $A_3^3A_3^3$=36(种)，所求的概率为 $\dfrac{36}{90}=\dfrac{2}{5}$。

16.【考点】对立事件求概率

【答案】B

【解析】从 10 件产品中任取 2 件的情况有 C_{10}^2 种，所选的 2 件产品均不是一等品的情况有 C_6^2 种，则至少有 1 件是一等品的概率为 $1 - \dfrac{C_6^2}{C_{10}^2} = \dfrac{2}{3}$。

17.【考点】分步思想+组合数

【答案】E

【解析】设"小组中 3 个专业各有 1 名学生"为事件 A，则 A 的方法数共有 $C_5^1 C_4^1 C_1^1$，而该事件的总方法数有 C_{10}^3 种，所以 $P(A) = \dfrac{C_5^1 C_4^1 C_1^1}{C_{10}^3} = \dfrac{1}{6}$。

点拨 此题是一道简单的概率问题，只需要运用排列组合思想准确找到样本空间和符合条件的样本点数即可。

18.【考点】对立面转化法

【答案】D

【解析】"乙盒至少有 1 个红球"设为事件 B，事件 B 的情况数比较多，所以可以求其对立面。"乙盒中一个红球也没有"设为事件 A，一个红球也没有，意味着第一个红球可以放在甲、丙两个盒子里，有两种选择，第二个红球也可以放在甲、丙两个盒子中，也有两种选择，而白球放在甲、乙、丙三个盒子里都能满足条件，有三种选择，所以 A 事件数有 $C_3^1 \times 2^2$，而总事件数有 $3^3 = 27$（种）。

所以 $P(A) = \dfrac{C_3^1 \times 2^2}{3^3} = \dfrac{4}{9}$，则 $P(B) = 1 - P(A) = \dfrac{5}{9}$。

点拨 题干中出现"至少"字眼，直接求比较繁琐，则考虑其对立面。

19.【考点】对立面转化法,排列组合

【答案】C

【解析】"两名种子选手不在同一组里"设为事件 A，"两名种子选手在同一组里"设为事件 B，A，B 互为对立事件，所以 $P(A) = 1 - P(B)$。两名种子选手在同一组：选一个组放 2 名种子选手，然后从剩下的 8 人中再选出 3 人与 2 名种子选手并成一组，则剩下的 5 个人自成一组，整个过程顺序没有影响，所以是组合，需要除以两者的全排列。所以方法数有 $\dfrac{C_2^1 C_8^3 C_5^5}{A_2^2}$ 种。总的方法数有 $\dfrac{C_{10}^5 C_5^5}{A_2^2}$，即从 10 人中选出 5 人构成一组，剩下 5 人自成一组，组与组没区别，顺序对结果无影响，所以是组合，要除以两者的全排列。所以事件的概率为 $P = 1 - \dfrac{\dfrac{C_2^1 C_8^3 C_5^5}{A_2^2}}{\dfrac{C_{10}^5 C_5^5}{A_2^2}} = 1 - \dfrac{4}{9} = \dfrac{5}{9}$。

点拨 当一道题正面考虑有很多种情况并且情况复杂的时候，可以转换思路，考虑从其对立面入手解题。

20.【考点】组合+分步思想

【答案】E

【解析】设"恰有一件品种相同"为事件 A，则事件 A 的方法数有 $C_4^1 C_3^1 C_2^1=24$；而总事件的方法数有 $C_4^2 C_4^2=36$，所以事件 A 发生的概率为 $P(A)=\dfrac{24}{36}=\dfrac{2}{3}$。

点拨 简单的概率问题，只需要准确计算出方法数即可。

21.【考点】 分类分步思想

【答案】 C

【解析】 启动装置有三类方法：第一次输入正确；第一次错误，第二次输入正确；第一次、第二次均错误，第三次输入正确。所以答案为

$$P=P_1+P_2+P_3=\frac{1}{A_{10}^3}+\frac{A_{10}^3-1}{A_{10}^3}\times\frac{1}{A_{10}^3-1}+\frac{A_{10}^3-1}{A_{10}^3}\times\frac{A_{10}^3-2}{A_{10}^3-1}\times\frac{1}{A_{10}^3-2}=3\times\frac{1}{A_{10}^3}=\frac{1}{240}。$$

点拨 此题比较简单，运用到加法公式和乘法公式，但是要求能够准确列出每步的概率，知道第一次用错的密码不会再用，才能消去因式进行简化运算。

22.【考点】 分类分步思想

【答案】 E

【解析】 闯关情况如下表所示，√表示成功，×表示失败。

	第一关	第二关	第三关	第四关	第五关
情况1	√	√	—	—	—
情况2	×	√	√	—	—
情况3	×	×	√	√	—
情况4	√	×	√	√	—
情况5	×	×	×	√	√
情况6	√	×	×	√	√
情况7	×	√	×	√	√

所以闯关成功的概率为 $P=\dfrac{1}{2}\times\dfrac{1}{2}+\dfrac{1}{2}\times\dfrac{1}{2}\times\dfrac{1}{2}+2\times\dfrac{1}{2}\times\dfrac{1}{2}\times\dfrac{1}{2}+3\times\dfrac{1}{2}\times\dfrac{1}{2}\times\dfrac{1}{2}\times\dfrac{1}{2}=\dfrac{19}{32}$。

点拨 此题难度在于读懂"闯关成功"，要求能够全面无重复地找出哪些情况能够闯关成功。

23.【考点】 组合+概率

【答案】 D

【解析】 攻关小组有张三的情况数为 C_8^3，总情况数为 C_9^4，所求概率为 $P=\dfrac{C_8^3}{C_9^4}=\dfrac{4}{9}$。

点拨 简单的概率题，找出样本空间和符合条件的样本数即可。

24.【考点】 乘法公式+对立面转化法

【答案】 A

【解析】 想要考试合格，至少要答对两道题，包含两种情况：答对两道答错一道；三道题全部答对。

甲考试合格的概率为 $P_1=1-\dfrac{C_8^1 C_2^2}{C_{10}^3}=\dfrac{14}{15}$，$C_8^1 C_2^2$ 表示甲答错的两道题全部被选中，再从8道能够答

对的题中选出一道即表示甲考试不合格的情况。乙考试合格的概率为 $P_2=1-\dfrac{C_4^3+C_4^2 C_6^1}{C_{10}^3}=1-\dfrac{1}{3}=\dfrac{2}{3}$，$C_4^3$ 表

示选的三道题全部是乙答错的;$C_4^2C_6^1$表示选了两道乙答错的,一道能答对的。

因此甲、乙都合格的概率为$P=P_1 \times P_2=\dfrac{14}{15} \times \dfrac{2}{3}=\dfrac{28}{45}$。

点拨 此题比较简单,关键是要求出乘法公式中各个独立事件的概率。

25.【考点】先分类再分步

【答案】A

【解析】血型相同,可以同为 A 型或同为 B 型或同为 O 型或同为 AB 型。总的方法数有C_{36}^2,满足条件的方法数有$C_{12}^2+C_{10}^2+C_8^2+C_6^2$,所以所求情况的概率为$P=\dfrac{C_{12}^2+C_{10}^2+C_8^2+C_6^2}{C_{36}^2}=\dfrac{77}{315}$。

点拨 此题比较简单,运用排列组合思想找全方法数即可。

26.【考点】点与直线的位置关系

【答案】E

【解析】分母为 6×6=36;分子为落入三角形内的点数,有(1,1),(1,2),(1,3),(1,4),…,(4,1)共10 个,具体如图所示:

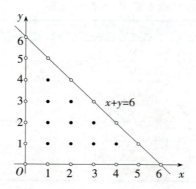

所以满足条件的概率为$\dfrac{10}{36}=\dfrac{5}{18}$。

点拨 数形结合。

27.【考点】分类分步思想

【答案】B

【解析】分情况讨论:

移动 3 步到达 $x=3$ 的概率设为 P_1,通过移动 3 步到达,则要求每步移动一个坐标单位,移动一个坐标单位的概率为$\dfrac{2}{3}$,所以 $P_1=\left(\dfrac{2}{3}\right)^3$。

移动 2 步到达 $x=3$ 的概率设为 P_2,通过移动 2 步到达,则要求其中一步移动一个坐标单位,另一步移动两个坐标单位,移动一个坐标单位的概率为$\dfrac{2}{3}$,移动两个坐标单位的概率为$\dfrac{1}{3}$,所以 $P_2=C_2^1 \times \dfrac{1}{3} \times \dfrac{2}{3}=\dfrac{4}{9}$。

所以到达 $x=3$ 的概率为$P=P_1+P_2=\dfrac{8}{27}+\dfrac{4}{9}=\dfrac{20}{27}$。

点拨 要找全能够到达 $x=3$ 的各种途径,再求出每条途径的概率,运用加法公式即可。

28.【考点】加法公式,点和圆的位置关系

【答案】D

【解析】点 M 的坐标为 (a,b),总情况数共有 $6\times6=36$(种),而满足条件的情况需要分情况讨论:

当 $a=1$ 时,$b=1,2,3,4$,有四种情况;

当 $a=2$ 时,$b=1,2,3$,有三种情况;

当 $a=3$ 时,$b=1,2$,有两种情况;

当 $a=4$ 时,$b=1$,有一种情况;

所以,所求概率为 $P=\dfrac{4+3+2+1}{36}=\dfrac{5}{18}$。

点拨　要能利用"两点之间距离公式"判断某点是否在圆内,再分类求出各个满足条件的情况数,最终运用加法公式得出总概率。

29.【考点】分步思想

【答案】D

【解析】完成的情况如图表所示:

	第一种情况	第二种情况	第三种情况
第一步	红	白	白
第二步	白	红	白
第三步	白	白	红
第四步	红	红	红

则第 4 次恰好取完所有红球的概率为 $\dfrac{2}{10}\times\left(\dfrac{9}{10}\right)^2\times\dfrac{1}{10}+\dfrac{8}{10}\times\dfrac{2}{10}\times\dfrac{9}{10}\times\dfrac{1}{10}+\left(\dfrac{8}{10}\right)^2\times\dfrac{2}{10}\times\dfrac{1}{10}=$ 0.043 4。

点拨　分类全面后,根据题干准确计算各步的概率后,运用加法公式和乘法公式得出答案。

30.【考点】运算规律

【答案】D

【解析】设事件 A 为甲在第一排,B 为乙在第二排,则 AB 为甲在第一排且乙在第二排,$\overline{A}\,\overline{B}$ 为甲不在第一排且乙不在第二排。由题干可知,$P(A)=\dfrac{A_4^4}{A_5^5}$,$P(B)=\dfrac{A_4^4}{A_5^5}$,$P(AB)=\dfrac{A_3^3}{A_5^5}$,故 $P(\overline{A}\,\overline{B})=1-P(A\cup B)=1-P(A)-P(B)+P(AB)=\dfrac{13}{20}$。

中　公　巧　解

可以分成两种情况:

甲在第二排,则有 $1\times4\times A_3^3=24$(种);甲不在第二排,则有 $3\times3\times A_3^3=54$(种)。所以满足条件数有 $24+54=78$(种),总的排列方法数有 $A_5^5=120$(种),所以甲不在第一排且乙不在第二排的概率是 $\dfrac{78}{120}=\dfrac{13}{20}$。

点拨　在面对复杂的排列组合的概率问题时,学会用运算规律去解决。

31.【考点】分步思想+独立重复试验

【答案】D

【解析】首先要先求出同时投掷两颗骰子点数和大于 6 的概率:列举出来发现有 21 种,所以此概

率是 $\frac{21}{36}=\frac{7}{12}$，而先投掷人要获胜情况如表所示：

获胜情况	先	后	先	后	先	后	先
第一种情况	√						
第二种情况	×	×	√				
第三种情况	×	×	×	×	√		
第四种情况	×	×	×	×	×	×	√
……							

从而先投掷人的获胜概率为 $\frac{7}{12}+\left(\frac{5}{12}\right)^2\times\frac{7}{12}+\left(\frac{5}{12}\right)^4\times\frac{7}{12}+\cdots=\frac{7}{12}\times\frac{1}{1-\frac{25}{144}}=\frac{12}{17}$。

点拨 获胜的情况要搞清楚，一定是在奇数次上投出大于6的点数，如此构成了一个首项为 $\frac{7}{12}$，公比为 $\left(\frac{5}{12}\right)^2$ 的无穷项等比数列,求其极限和。

32.【考点】分类思想

【答案】D

【解析】 A 和 B 两人对弈的情况有两种,一种是分组时两人被分到同一组,另一种是两人被分到两个组且均战胜了对手。将4人分为2组时,对其中任何一人而言,与其他三人分到同一组的概率均相等,则 A 和 B 被分到同一组的概率为 $\frac{1}{3}$；A 和 B 没有被分到同一组且两人分别战胜了各自的对手的概率为 $\frac{2}{3}\times\frac{1}{2}\times\frac{1}{2}=\frac{1}{6}$。出现 A 和 B 两人对弈的概率为 $\frac{1}{3}+\frac{1}{6}=\frac{1}{2}$。

33.【考点】先分类再分步

【答案】D

【解析】 从甲箱中取出两个球,这两个球的颜色有三种不同的情况,分别计算这三种情况下,最后从乙箱中取出的两个球都是黑球的概率。如果从甲箱放入乙箱的是两个红球,则最后取出的两个都是黑球的概率为 $\frac{C_3^2}{C_7^2}\times\frac{C_3^2}{C_7^2}=\frac{1}{49}$；如果从甲箱放入乙箱的是一个红球和一个黑球,则最后取出的两个球都是黑球的概率为 $\frac{C_3^1 C_4^1}{C_7^2}\times\frac{C_4^2}{C_7^2}=\frac{8}{49}$；如果从甲箱放入乙箱的是两个黑球,则最后取出的两个球都是黑球的概率为 $\frac{C_4^2}{C_7^2}\times\frac{C_5^2}{C_7^2}=\frac{20}{147}$。因此所求概率为 $\frac{1}{49}+\frac{8}{49}+\frac{20}{147}=\frac{47}{147}$。

34.【考点】对立面转化法

【答案】D

【解析】 能被3整除的数的各位数字之和是3的倍数,这9个数的和为 1+2+3+4+5+6+7+8+9=45,其能被3整除。从这9个数中选择8个数,数字和是3的倍数,即要求未被选择的数字能被3整除,所以未被选择的一个数字可以是3,6,9。从9个数中选择8个排列成一个8位数,有 $A_9^8=9A_8^8$（个）,不含3,6或9的8位数有 $3A_8^8$ 个,则本题所求概率为 $\frac{3A_8^8}{9A_8^8}=\frac{1}{3}$。

35.【考点】相互独立事件

【答案】E

【解析】根据题意可知小王通过每关的概率都是 $\frac{1}{2}$，则其不通过的概率为 $1-\frac{1}{2}=\frac{1}{2}$，小王若想闯关成功，共分七种情况，如图所示，⊘⊘、⊗⊘⊘、⊘⊗⊘⊘、⊗⊗⊘⊘、⊘⊘⊘、⊘⊗⊘⊘、⊗⊘⊗⊘⊘，设小王闯关成功的概率为 P，则

$$P=\left(\frac{1}{2}\right)^2+\frac{1}{2}\times\left(\frac{1}{2}\right)^2+\left(\frac{1}{2}\right)^2\left(\frac{1}{2}\right)^2+\left(\frac{1}{2}\right)^3\left(\frac{1}{2}\right)^2+\frac{1}{2}\times\frac{1}{2}\times\left(\frac{1}{2}\right)^2+\frac{1}{2}\times\left(\frac{1}{2}\right)^2\left(\frac{1}{2}\right)^2+\frac{1}{2}\times\frac{1}{2}\times\frac{1}{2}\times\left(\frac{1}{2}\right)^2=\frac{19}{32}。$$

36.【考点】古典概型

【答案】A

【解析】根据题意可知第五次抽到的一定是不合格品，前四次抽到三件合格品和一件不合格品，由古典概型概率计算公式得 $P=\dfrac{C_8^3 C_2^1 A_4^4}{A_{10}^5}=\dfrac{4}{45}。$

条件充分性判断

1.【考点】古典概型

【答案】C

【解析】设有甲品牌手机 x 部，则乙品牌手机有 $20-x$ 部，从 20 部手机中任取 2 部，恰有 1 部甲的概率为 $P=\dfrac{C_x^1 C_{20-x}^2}{C_{20}^2}=\dfrac{x(20-x)}{190}=\dfrac{-(x-10)^2+100}{190}$。若 $P>\dfrac{1}{2}$，则有 $\dfrac{-(x-10)^2+100}{190}>\dfrac{1}{2}$，即 $(x-10)^2<5$，所以 $10-\sqrt{5}<x<10+\sqrt{5}$。又因为 x 为正整数，所以 x 的取值为 $8,9,10,11,12$。条件（1）和条件（2）单独均不充分，两条件联合可得 $\begin{cases} x\geqslant 8, \\ 20-x>7, \end{cases}$ 所以 $8\leqslant x<13$，联合充分。

2.【考点】独立事件，均值不等式

【答案】D

【解析】根据题意可知甲袋获奖概率为 p，乙袋获奖概率为 q，此人获奖的概率为 $P=p+q-pq$。条件（1），$p+q=1$，又因为 $0<p<1,0<q<1$，而 $2\sqrt{pq}\leqslant p+q\Rightarrow pq\leqslant\dfrac{1}{4}$，则 $P=p+q-pq\geqslant\dfrac{3}{4}$，所以条件（1）充分；条件（2），$pq=\dfrac{1}{4}$，又因为 $0<p<1,0<q<1$，而 $p+q\geqslant 2\sqrt{pq}=1$，则 $P=p+q-pq\geqslant\dfrac{3}{4}$，所以条件（2）也充分。

3.【考点】伯努利概型

【答案】C

【解析】对于条件（1），抽取 3 道题至少做对 2 道有两种情况，3 道全对，对 2 道错 1 道，其概率为 $(60\%)^3+C_3^2\times(60\%)^2(1-60\%)=0.216+0.432=0.648$；对于条件（2），抽取的 2 道题都会做的概率为 $(80\%)^2=0.64$。显然条件（1）和条件（2）单独不充分；联合考虑，则 $0.648>0.64$，联合充分。

4.【考点】古典概型，伯努利概型

【答案】B

【解析】同时抽出 2 张时，中奖概率 $P=\dfrac{C_9^1}{C_{10}^2}=\dfrac{1}{5}=0.2$，如果每次抽取一张后放回，则每次不中奖的概率均为 0.9。条件（1），$n=2$ 时，$Q=1-(0.9)^2=0.19$，显然 $P>Q$，条件（1）不充分；条件（2），$n=3$ 时，$Q=1-(0.9)^3=0.271$，$P<Q$，条件（2）充分。

5.【考点】随机事件的概率

【答案】C

【解析】由条件(1)可知随机取出的一个球是白球的概率为$\frac{2}{5}$,那么随机取出的一个球是红球或黑球的概率是$\frac{3}{5}$,不能确定红球最多,所以条件(1)不充分;由条件(2)可知随机取出的两个球中一个黑球也没有的概率大于$\frac{4}{5}$,不能确定红球最多,所以条件(2)不充分;如果条件(1)和条件(2)联合,即随机取出一个球是白球的概率为$\frac{2}{5}$,随机取出的两个球一个黑球也没有的概率大于$\frac{4}{5}$。设随机取出的一个球是红球的概率为x,那么取出的两个球一个黑球也没有的情况有三种:

(Ⅰ)两个球都是红球,概率为x^2;

(Ⅱ)一个红球一个白球,概率为$2\times\frac{2}{5}x=\frac{4}{5}x$;

(Ⅲ)两个都是白球,概率为$\left(\frac{2}{5}\right)^2=\frac{4}{25}$;

则$x^2+\frac{4}{5}x+\frac{4}{25}>\frac{4}{5}$,解得$x>\frac{2\sqrt{5}-2}{5}>\frac{2}{5}$,即是红球的概率大于$\frac{2}{5}$,那么可以推出红球最多,所以条件(1)和条件(2)联合充分。

6.【考点】对立事件求概率

【答案】D

【解析】由条件(1),该库房遇烟火发出报警的概率$p=1-(1-0.9)^3=0.999$,则条件(1)充分;由条件(2),该库房遇烟火发出报警的概率$p=1-(1-0.97)^2=0.9991$,则条件(2)也充分。

7.【考点】乘法公式

【答案】B

【解析】产品合格,则必须两道工序都合格,每道工序合格概率若为P,则产品合格率为P^2,由条件(1),$0.81^2=0.6561<0.8$,所以条件(1)不充分;而由条件(2),$0.9^2=0.81>0.8$,所以条件(2)充分。

> **点拨** 当几个事件相互独立的时候,求几个事件同时发生的概率,想到用乘法公式。

8.【考点】加法公式+乘法公式

【答案】D

【解析】由条件(1)得,及格的概率$P=C_3^2\times\left(\frac{2}{3}\right)^2\times\frac{1}{3}+\left(\frac{2}{3}\right)^3=\frac{20}{27}$,所以条件(1)充分;由条件(2)可得,每道题答错的概率为$\frac{1}{3}$,答对的概率为$\frac{2}{3}$,等价于条件(1),所以条件(2)也充分。

> **点拨** 要得出及格的概率,必须要知道答对每道题的概率,然后才能用加法公式和乘法公式得出及格概率。

9.【考点】概率问题,平均数问题

【答案】E

【解析】条件(1)和条件(2)单独均不充分,因为平均分与人数有关,与及格率没有任何关系,仅给出部分及格率是不能推出整体及格率的,而男、女分别的及格率加上平均分也不能得出总体及格率,因此两条件联合也不充分。

10.【考点】概率的对立面转化法

【答案】B

【解析】据给出的条件,很明显,答案会出现在 A、B、E 三项中。题干中问"至少有一人",情况数比较多,我们可以转化为其对立面,即"一个人也没有"的情况设为事件 A,则所求概率 $p=1-P(A)$。抽出三个人没有一个发病,则根据乘法公式 $P(A)=(1-p)^3$,p 代表发病率。根据条件(1)可以得出 $p=1-0.7\times0.7\times0.7=0.657$,所以条件(1)不充分;而根据条件(2)可以得出 $p=1-0.9\times0.9\times0.9=0.271$,所以条件(2)充分。

点拨　从题干向条件分析;出现"至少"字眼,要想到对立面转化法。

11.【考点】概率,解析几何

【答案】B

【解析】条件(1),$a=3$,s,t 落入圆内的概率为 $1-\dfrac{11}{36}=\dfrac{25}{36}$,故条件(1)不充分;如图所示:

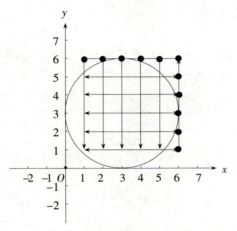

条件(2),$a=2$,满足条件则要求两枚骰子均不大于3,故落入圆内概率为 $\dfrac{9}{36}=\dfrac{1}{4}$,故条件(2)充分。

点拨　此题潜在排除了 C、D。两个互斥事件不能同时发生。

12.【考点】分类分步思想

【答案】E

【解析】很明显,单独给出的两个条件都不能得出题干的结论;考虑两条件联合,如果有 4 枚导弹,则击中敌机可以分成三种情况:

	第一枚导弹	第二枚导弹	第三枚导弹	第四枚导弹
第一种情况	击中			
第二种情况	未击中	击中		
第三种情况	未击中	未击中	击中	
第四种情况	未击中	未击中	未击中	击中

运用加法公式和乘法公式会发现 $0.6+0.4\times0.6+0.4^2\times0.6+0.4^3\times0.6=0.97<99\%$,所以条件(1)和条件(2)联合也不充分。

点拨　这道题其实已经潜在排除掉 A、B、D 三项,因为单独给出的任何一个条件都不可能得出题干中的结论。所以,要么两条件联合充分,要么联合也不充分。

13.【考点】伯努利概型

【答案】B

【解析】由条件(1)可得$P=C_{10}^7 \times 0.2^7 \times 0.8^3 \neq \dfrac{15}{128}$,条件(1)不充分;而由条件(2)可得$P=C_{10}^7 \times 0.5^7 \times$

$0.5^3=\dfrac{15}{128}$,条件(2)充分。

点拨 此题是简单的独立重复事件,记住伯努利概型,灵活套用公式即可迎刃而解。

14.【考点】独立事件的定义,乘法公式

【答案】C

【解析】条件(1),$P(AB)=P(A)P(B)$,而由条件(2),可得$AB=\varnothing$,即$P(AB)=0$,条件(1)和条件(2)单独都不充分;条件(1)与条件(2)联合考虑,则知$P(AB)=P(A)P(B)=0$,故$P(A)$,$P(B)$中至少有一个为0,即$\min\{P(A),P(B)\}=0$,所以两条件联合充分。

点拨 注意相互独立与互不相容的区别。

15.【考点】加法公式,乘法公式

【答案】D

【解析】设A表示通过理论考试的人,B表示通过路考的人,$A\bar{B}$表示通过理论考试未通过路考的人;$\bar{A}B$表示通过路考未通过理论考试的人;AB表示通过理论考试也通过路考的人;$\bar{A}\bar{B}$表示既未通过路考也没通过理论考试的人。全体学员考试情况分为如图所示的四类:

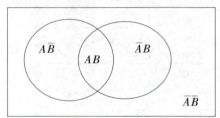

由题干可知$P(A)=0.7$,$P(B)=0.8$,则题干要求能够推出$P(AB)=0.6$。根据条件(1)可得$P(\bar{A}\bar{B})=0.1$,则$1-P(A)-P(B)+P(AB)=0.1$,将已知条件代入可得,$1-0.7-0.8+P(AB)=0.1$,所以能够推出$P(AB)=0.6$,所以条件(1)是充分的;而由条件(2)可得$P(\bar{A}B)=P(B-A)=P(B)-P(AB)=0.2$,亦可求得$P(AB)=0.6$,所以条件(2)也是充分的。

中 公 巧 解

特值法,假设一共有100名学员,则70人通过理论,80人通过路考,根据条件(1),则有10个人两种考试都没通过,设领到驾照的人有x个,所以有$100=70+80+10-x \Rightarrow x=60$,所以条件(1)充分;根据条件(2),20个只通过路考,所以既通过路考又通过理论考试的有$80-20=60$(人),所以条件(2)也充分。

点拨 本题是将概率问题与文氏图结合,要求对与文氏图结合的概率事件充分理解并能熟练运用加法公式和乘法公式。

16.【知识点】伯努利概型

【答案】B

【解析】条件(1),根据伯努利公式得$P=C_5^3\left(\dfrac{2}{3}\right)^3\left(\dfrac{1}{3}\right)^2=\dfrac{80}{243}$,所以条件(1)不充分;条件(2),根据条件得$P=\left(\dfrac{2}{3}\right)^3\left(\dfrac{1}{3}\right)^2+\left(\dfrac{1}{3}\right)\left(\dfrac{2}{3}\right)^3\left(\dfrac{1}{3}\right)+\left(\dfrac{1}{3}\right)^2\left(\dfrac{2}{3}\right)^3=\dfrac{8}{81}$,所以条件(2)充分。

第二篇
逻　辑

逻辑历年真题分析及命题趋势聚焦

管理类专业学位联考综合能力考试大纲指出:"综合能力考试中的逻辑推理部分主要考查考生对各种信息的理解、分析和综合,以及相应的判断、推理、论证等逻辑思维能力,不考查逻辑学的专业知识。试题题材涉及自然、社会和人文等各个领域,但不考查相关领域的专业知识"。其考查内容如下表所示:

知识体系	考查内容				
一、概念	1.概念的种类	2.概念之间的关系	3.定义	4.划分	
二、判断	1.判断的种类	2.判断之间的关系			
三、推理	1.演绎推理	2.归纳推理	3.类比推理	4.综合推理	
四、论证	1.论证方式分析				
	2.论证评价	(1)加强 (2)削弱 (3)解释 (4)其他			
	3.谬误识别	(1)混淆概念 (2)转移论题 (3)自相矛盾 (4)模棱两可 (5)不当类比 (6)以偏概全 (7)其他谬误			

从考试大纲来看:

(1)逻辑考试的目的,实际上是考查考生的批判性思维和分析性论证的能力,其实质是一种能力考试。它要求考生在尽可能短的时间内,摆脱繁琐细节和无关信息的干扰,理清问题的逻辑思路,找到问题所在。

(2)逻辑推理部分的考查内容主要包括概念、判断、推理和论证四大部分。根据推理的有效性,也可以将逻辑推理系统地分为必然性推理和可能性推理。其中,概念和判断部分属于必然性推理,推理和论证部分属于可能性推理。

(3)必然性推理部分的技巧性较强,要求考生熟悉一定的逻辑学基础知识,掌握一定的方法,具体可分为直言命题、复言命题、模态命题、朴素逻辑四种题型。

(4)可能性推理部分的技巧性相对较弱,主要考查对各种推理形式的论证分析,具体可分为削弱型、加强型、解释型、评价型、结论型五种题型。

一、历年真题分析

从 2010 年实行联考以来,逻辑推理部分的题量稳定在 30 道,每小题 2 分,共 60 分,在数学部分之后,写作部分之前。

(一)题型分布特点分析

(1)可能性推理和必然性推理在题目数量上相差不大。

(2)必然性推理中,朴素逻辑和复言命题考查较多,模态命题考查较少。

(3)可能性推理中,削弱型题目和加强型题目是考查的重点。

(二)题目特点分析

1.题目阅读量大

逻辑推理部分的试题题目阅读量大,历年真题的总字数均在 7 500 字以上,平均每题 250 字。而理论上的考试时间最多只有 60 分钟,平均每题 2 分钟,考生需在这 2 分钟内读完题目并选出正确答案,这对考生的阅读分析能力要求很高。

题目阅读量大主要体现在出题者会把题干设置得较长,在题干中增加了许多修饰语,有用的信息较少,这是对考生记忆和推理能力的一个考验,需要考生具备提炼核心信息的能力。

2.题干材料内容广泛

逻辑推理部分试题的题干材料内容广泛,既包括自然科学,如生物学、生理学、心理学、数学等学科知识。虽然逻辑试题涉及的内容较为广泛,但并不需要考生掌握试题所涉及内容或学科的专业知识,试题只是借助这样的背景而已,所以解题时只需要运用逻辑常识和思维能力。具体来说,就是要求考生在理解题目内容的基础上,着重关注这些内容之间的逻辑关系,或者是它们所体现、所承载的逻辑形式,并对这些逻辑关系或逻辑形式做出思考、评价和选择。

3.提问方式灵活多变

通过统计历年真题可以发现,逻辑考题的提问方式多种多样:有的从正面提问,有的从反面提问;有的针对推理结构,有的针对题干中论证或结论与选项的逻辑关系等等。例如同是削弱型题目,就有"最能削弱""最不能削弱""以下选项都能削弱以上反对者的观点,除了……"等不同的问法,只有读懂问题,才能找到正确的思维推理的方向。关于每类题目的问法总结,本篇第一部分"问法详解"有详细介绍。

4.试题难度稳中有升

通过分析近几年管理类专业学位联考逻辑推理真题可以发现,试题难度是稳中有升的。

通过上述分析可见,逻辑考题是有一定规律的,考生需要多总结规律,实现逻辑部分的科学备考。

二、命题趋势聚焦

结合历年管理类专业学位联考逻辑推理真题的特点,可预估 2023 年试题的基本趋势如下:

(1)题量与分值保持稳定。预计 2023 年逻辑推理部分在综合能力科目中仍将保持 30 道小题,总分 60 分。

(2)必然性推理题目以朴素逻辑和复言命题为重点。近几年真题中,必然性推理题目中复言命题和朴素逻辑的考查相对较多,预计 2023 年仍将保持这一趋势。

(3)可能性推理题目以削弱型和加强型为重点。近几年真题中,可能性推理题目中削弱型和加强型是主要的考查对象,预计 2023 年仍会延续这一趋势,考生应熟练掌握削弱和加强题干的不同方法。

(4)继续保持较大的阅读量。随着考生人数的递增以及考生对逻辑推理题型的熟悉,提高阅读量是加大考试区分度的一个重要方法,其目的是进一步在逻辑推理部分拉开考生的差距,从而更有利于选拔优秀人才。因此,预计 2023 年的逻辑推理真题仍将保持较大的阅读量,每一题将保持一定的篇幅,出现只有一行题干的可能性较小,这需要考生在复习中注意训练自己的阅读理解能力。

(5)继续保持广泛的试题素材。预计 2023 年逻辑推理真题的题干材料仍将包罗万象,容易出现一些冷门学科、生僻的专有名词和考生不熟悉的情景等,干扰考生正常的思维。考生要有意识地训练自己,注意克服阅读生涩名词或短语给自己带来的心理障碍。当然,一般来说,没有这些学科的专业知识也不影响解题,但考生如果有较宽的知识面会大大有助于解题,至少从心理上对答对题目更有信心。

(6)提问方式将更加灵活多变。预计 2023 年的真题仍将通过各种提问方式,为考生的推理思路设置障碍,进一步增大考生的适应难度。

第一部分 逻辑问法详解

第一章 　　　　　必然性推理问法分析

我们将必然性推理试题依据选项的真假性及问法的侧重点不同进行了如下分类:按照最终选项的真假性分为确定为真型、确定为假型、不确定型三大类型;按照提问的侧重点不同又分为直白型、推出型等八小类。

第一节　确定为真型

一、直白型

问法释义

在确定为真型题目中,最为常见的问法就是直接要求结合题干选出确定为真的选项,称为直白型。所谓直白型,就是要从题干本身的论述或假设中得出结论。简而言之,此类问法是结合题干结论,对选项给出限定要求。解答此类题目,重点在于把握选项中哪些是符合题干观点、结论和论证的,所选项必须是确定为真的。还要注意,选且只能选择结合题干一定成立的选项,对于可能成立的选项应视作干扰项。

例如:题干说"我肚子饿得咕咕叫"。问:以下哪项一定为真?

(A)我肚子饿了。

(B)我要吃饭。

(C)我想吃北京烤鸭。

(D)我需要看医生。

(E)吃饭时间到了。

通过题干我们能得到一定为真的信息就是 A 项"我肚子饿了";D 项"我需要看医生"属于过度推断,是我们直接能够排除的;而选项中出现的"我要吃饭""我想吃北京烤鸭"和"吃饭时间到了"均属于干扰项,通过题干是不能确定真假的,也要排除。

难 点 把 握

作为最基础的"确定为真型"问法,直白型问法需要考生注意:对于没有明确指出题干为真的题目,我们都默认题干本身的陈述为真。所选项一定是题干观点论述的前提下确定为真的选项。

▌问法归纳▐

(1)以下哪项描述正确？

(2)根据上述实验（陈述），以下哪项一定为真？

(3)如果上述断定（陈述、实验）为真（假），则以下哪项一定为真（假）？

(4)已知题干中有的预测（断定）正确（为真、为假），以下哪项为真（为假）？

▌问法举例▐

如果2014年冬奥会在索契举办，那么2022年冬奥会一定是在北京举办。结合以上陈述，则以下哪项一定为真？

(A)只要2014的冬奥会在索契举办，2022年冬奥会就一定在北京举办。

(B)2014年冬奥会没有在索契举办。

【答案】A

【解析】这是一道典型的"直白型"问法题目，上文已经介绍过，遇到这类问法，我们需要选择基于题干一定成立的选项。很明显A项与题干表达的意思完全一致，都在说假设"2014年冬奥会在索契举办"这个前提成立，"2022年冬奥会在北京举办"这个结论也一定成立。所以A项是基于题干一定为真的选项。而"2014年冬奥会是否在索契举办"则是通过题干无法直接判断出来的，所以B项不能判断出真假。

二、推出型

▌问法释义▐

推出型问法要求从选项中选出能被题干论述所推出的结论。题干是论述观点的充分条件，而所选项是建立在题干成立的基础上一定成立的必要条件。当我们默认题干为真时，那么所选项一定为真。

例如：宝岛眼镜店是最好的眼镜店。问：以下哪项可以作为结论从上述断定中推出？

(A)大光明眼镜店也很好。

(B)没有比宝岛眼镜店更好的眼镜店了。

(C)我的眼镜就是在宝岛眼镜店配的。

(D)北京市有宝岛眼镜店。

(E)宝岛眼镜店也会配出不好的眼镜。

在这道题目中，题干中"宝岛眼镜店是最好的眼镜店"这一判断在现实生活中或许是不准确的，但是出现在题目中，我们就要默认它是真的。从这一点出发，能推出的结论就是B项"没有比宝岛眼镜店更好的眼镜店了"，其余各项均为干扰项。

▌问法归纳▐

(1)以下哪项作为结论可以从上述断定（陈述）中推出？

(2)如果两种断定只有一种为真，可以推出以下哪项结论？

(3)基于以上断定（陈述、统计）能恰当地（逻辑地）推出（得出）以下哪项结论？

▌问法举例▐

公司给小超下了最后通牒，如果这一季度仍然不能完成销售任务，他就要接受降级的处分。基于以上陈述，可以得出以下哪项结论？

(A)小超这一季度的销售任务没有完成，他降级了。

(B)如果小超在下一季度的级别仍然没有改变,说明他成功完成了销售任务。

【答案】B

【解析】这是一道典型的"推出型"问法题目,本题的考点是在题干陈述的基础上推出一个一定为真的结论。推出的选项一定是完全贴合题干所表达的含义的,所以本题应该选择的是B,凡是问法中提到"结论""推出"等关键词时,均应选择推出的确定为真项。

三、符合型

通过以上内容,相信大家对"确定为真型"问法的题目解答已经有了初步的了解,那让我们再来看一道题:

近期某小区组织安全知识讲座,一般的社区居民都可以参加。虽然并不是所有的居民都有时间参加,但是居委会仍提出建议,老人、儿童等弱势群体要参加。

以上陈述为真,以下哪项符合题干的意思?

(A)弱势群体要参加安全知识讲座。

(B)有的居民需参加安全知识讲座。

(C)有的居民不参加安全知识讲座。

(D)并非有的居民不参加安全知识讲座。

(E)并非所有居民都不参加安全知识讲座。

点拨 在这道试题中,出现了一个新名词"符合",当试题问法中出现了"符合"这一类词语时,题目应该怎么做?接下来我们继续学习"确定为真型"问法第三类"符合型"。

问法释义

符合型问法,是确定为真型题目中较特殊的一种。此种问法意在强调所选项必须符合题干的写作意图和观点陈述,选项与题干意思应完全一致。从题干来看,符合型是一种偏向于语义理解的题型。在假设题干提供的事实、结论为真的前提下,要选出符合作者观点的、确定为真的选项。解答此类习题时,应该避免的是推断过度或推断不足,应把握的是题干与选项间的内在逻辑关系。

综上所述,以上例题的问法"符合题干意思",这就要求我们选择跟上述陈述完全一致的选项。上述陈述中,小区举办讲座,社区居民可以参加,但是不是所有居民都有时间参加,居委会提出了建议,都是真的,关键在于"老人、儿童等弱势群体参加"是居委会提出的建议内容,真假性不定,所以A、B两项的真假性是判断不了的。C项中,有的居民不参加安全知识讲座,与题干中"不是所有居民都有时间参加"是一样的意思,是符合题干意思的。D项"并非有的居民不参加安全知识讲座",是"所有居民都参加"的意思,不符合题干。E项"并非所有居民都不参加"的意思"有的居民参加",与B项的意思一致,真假不定。所以完全符合题干意思的选项,就只能选择C项了。

问法归纳

(1)以下哪项符合题干的意思(预测)?

(2)以下哪项与题干的意思最为接近?

(3)以下哪项正确地(最能准确地)表达上述断定?

(4)以下哪项最可能是题干中的断定所蕴含的意思?

问法举例

每一次成功必然伴随着失败,但并不是每一次失败都能带来成功的喜悦。以下哪项符合题干的意思?

(A)有些人成功前经历了失败,有些人失败后就一定能成功。

(B)有些人失败后经历了成功,有些人失败后也没能成功。

【答案】B

【解析】作为"符合型"问法的题目,本题应该选择B。结合题干同义转换可知,所有成功前一定会失败,不是所有失败后都会成功。上文问法可替换为"意思最接近""表达了蕴含的意思""表达上述的断定"。

习题精练

1.【2021年联考】M大学社会学学院的老师都曾经对甲县某些乡镇进行家庭收支情况调研,N大学历史学院的老师都曾经到甲县的所有乡镇进行历史考察。赵若兮曾经对甲县所有乡镇家庭收支情况进行调研,但未曾到项郢镇进行历史考察;陈北鱼曾经到梅河乡进行历史考察,但从未对甲县家庭收支情况进行调研。

根据以上信息,可以得出以下哪项?

(A)陈北鱼是M大学社会学学院的老师,且梅河乡是甲县的。

(B)若赵若兮是N大学历史学院的老师,则项郢镇不是甲县的。

(C)对甲县的家庭收支情况调研,也会涉及相关的历史考察。

(D)陈北鱼是N大学的老师。

(E)赵若兮是M大学的老师。

视频讲解

2.【2021年联考】某俱乐部共有甲、乙、丙、丁、戊、己、庚、辛、壬、癸10名职业运动员,他们来自5个不同的国家(不存在双重国籍的情况)。已知:

(1)该俱乐部的外援刚好占一半,他们是乙、戊、丁、庚、辛;

(2)乙、丁、辛3人来自两个国家。

根据以上信息,可以得出以下哪项?

(A)甲、丙来自不同国家。

(B)乙、辛来自不同国家。

(C)乙、庚来自不同国家。

(D)丁、辛来自相同国家。

(E)戊、庚来自相同国家。

视频讲解

3.【2020年联考】领导干部对于各种批评意见应采取有则改之、无则加勉的态度,营造言者无罪、闻者足戒的氛围。只有这样,人们才能知无不言、言无不尽。领导干部只有从谏如流并为说真话者撑腰,才能做到"兼听则明"或作出科学决策;只有乐于和善于听取各种不同意见,才能营造风清气正的政治生态。

根据以上信息,可以得出以下哪项?

(A)领导干部必须善待批评、从谏如流,为说真话者撑腰。

(B)大多数领导干部对于批评意见能够采取有则改之、无则加勉的态度。

(C)领导干部如果不能从谏如流,就不能作出科学决策。

(D)只有营造言者无罪、闻者足戒的氛围,才能形成风清气正的政治生态。

(E)领导干部只有乐于和善于听取各种不同意见,人们才能知无不言、言无不尽。

视频讲解

4.不是所有证人都说实话。

如果上述命题是真的,则以下哪个命题一定为真?

(A)所有证人都说实话。　　　　(B)有的证人说实话。

(C)有的证人不说实话。　　　　(D)刑事案件的证人都说实话。

(E)刑事案件的证人都不说实话。

5.小昕的父亲是山东人,母亲是黑龙江人,在春节回哪里过年的问题上,父母意见不统一。父亲说:黑龙江和山东都回,各住几天。母亲说:我不同意。

以下哪项符合母亲的意思?

(A)回黑龙江,不回山东。

(B)回山东,不回黑龙江。

(C)黑龙江和山东都不回。

(D)除非不回黑龙江,否则不回山东。

(E)要么不回黑龙江,要么不回山东。

6.【2017年联考】爱书成痴注定会藏书。大多数藏书家也会读一些自己收藏的书;但有些藏书家却因喜爱书的价值和精致装帧而购书收藏,至于阅读则放到了自己以后闲暇的时间,而一旦他们这样想,这些新购的书就很可能不被阅读了。但是,这些受到"冷遇"的书只要被友人借去一本,藏书家就会失魂落魄,整日心神不安。

根据上述信息,可以得出以下哪项?

(A)有些藏书家将自己的藏书当作友人。

(B)有些藏书家喜欢闲暇时读自己的藏书。

(C)有些藏书家会读遍自己收藏的书。

(D)有些藏书家不会立即读自己新购的书。

(E)有些藏书家从不读自己收藏的书。

视频讲解

答案与解析

1.【考点】"推出型"题目。

【答案】B

【解析】第一步,题型判定。题干和选项中出现逻辑关联词"若……则……"。因此,本题属于翻译推理。

第二步,解题思路。(1)题干翻译:①(M且有的甲县乡镇)→收支调研;②(N且甲县乡镇)→历史考察;③赵到甲县所有乡镇进行收支调研且赵没到项郢镇进行历史考察;④陈到梅河乡历史考察且陈没到甲县收支调研。(2)找切入点:条件③和④为确定结果,从③④出发结合①②进行推理。(3)解析过程:由③赵非项郢镇历史考察以及②根据否后必否前、德摩根律可得,赵不是N或项郢镇不是甲县的。根据假言选言等价可得,赵是N→项郢镇不是甲县的。故B项为正确答案。

2.【考点】"推出型"题目。

【答案】C

【解析】第一步,题型判定。(1)题干有主体——10名运动员,主体信息——国籍以及限制条件。选项给出主体与信息之间的匹配关系。因此,本题属于分析推理。(2)五个选项主体不相同。因此,本题属于题干信息充分的分析推理。

第二步,解题思路。(1)找解题切入点:"该俱乐部的外援刚好占一半,他们是乙、戊、丁、庚、辛"是特殊信息。(2)整合题干信息:由"该俱乐部的外援刚好占一半,他们是乙、戊、丁、庚、辛"可知,其余的五位职业运动员属于同一个国家。因此,"乙、戊、丁、庚、辛"来自 4 个不同的国家。再由"乙、丁、辛 3 人来自两个国家"可知,戊和庚分别来自两个不同的国家。因此,乙、庚来自不同国家。故 C 项为正确答案。

3.【考点】"推出型"题目。

【答案】C

【解析】第一步,题型判定。

题干和选项中出现逻辑关联词"只有,才"。因此,本题属于翻译推理。

第二步,解题思路。

(1)题干翻译:①知无不言→氛围;②(兼听或决策)→(从谏且撑腰);③生态→听取意见。

(2)找切入点:题干没有确定结果,从选项出发进行推理。

(3)解析过程:

A 项不正确,题干断定的都是条件关系,无法得到"领导干部必须善待批评、从谏如流,为说真话者撑腰"。

B 项不正确,题干断定"领导干部应采取有则改之、无则加勉的态度",无法得到"大多数领导干部能够采取有则改之、无则加勉的态度"。

C 项正确,如果不能从谏,则否定了"从谏且撑腰"。再由②根据否后必否前可得,非兼听且非决策。故 C 项为正确答案。

D 项不正确,"听取不同意见"与"知无不言、言无不尽"不同,无法建立生态与氛围的关系。

E 项不正确,题干无法建立"知无不言、言无不尽"与"听取不同意见"的关系。

4.【考点】"直白型"题目。

【答案】C

【解析】"不是所有证人都说实话"是指"所有证人都说实话"这种情况是不存在的,也就是有些证人不说实话。所以正确答案选 C。A 项是典型的"为假"项。"不是所有证人都说实话"意味着可能有一部分人说实话,一部分人不说实话,也可能所有人都不说实话。所以 B 项"有的证人说实话"不能从题干中得出,即不确定选项。D、E 两项把题干内容具体到"刑事案件"中,均属于不确定选项。

5.【考点】"符合型"题目。

【答案】D

【解析】本题的问法是选择"符合母亲意思"的选项,母亲不同意父亲的意见,即不同意两家都回,那么有三种可能,只回黑龙江,只回山东,两个地方都不回。显然,A、B、C 三项都只是母亲意思的一种,都是不全面的理解。D 项"除非不回黑龙江,否则不回山东",意思就是"只有不回黑龙江,才回山东","如果回山东,那么不回黑龙江",此话在母亲不同意都回的前提下,又加上一个条件"回山东",那么不回黑龙江肯定就是母亲的意思。E 项是说在两个地方中只能选择一个地方不回,事实上我们刚才也说了,可以都不回,所以 E 项也不是母亲的意思。

6.【考点】"推出型"题目。

【答案】D

【解析】本题主要考查递推规则。由"但有些藏书家却因喜爱书的价值和精致装帧而购书收藏,至于阅读则放到了自己以后闲暇的时间,而一旦他们这样想,这些新购的书就很可能不被阅读了",可以得出 D 项正确。A 项将藏书当作友人在文中并未提及,因此不能推出;B 项是否在闲暇时阅读自己的藏书这一点也没有提及;C 项和 E 项文中也没有提及也不能推出。

第二节 确定为假型

问法释义

确定为假型,即选出基于题干能确定为假的选项,也就是需要排除选项中"确定为真"和"不能确定真假"的选项。此类问法同样需要我们默认题干的论述为真。

例如:小娜新买的宝马车不是白色的。以下各项陈述与题干不相符的是:

(A)小娜新买的宝马车是黑色的。

(B)小娜新买的宝马车是绿色的。

(C)小娜新买的宝马车是白色的。

(D)小娜新买的宝马车是红色的。

(E)我不知道小娜新买的宝马车是什么颜色。

这道题目的问法是"不相符",也就是要求我们选出一项跟题干意思不一致的、能够确定为假的选项。题干说"小娜新买的宝马车不是白色的",只有 C 项"是白色"是与之相冲突的。其余各项均是有可能出现的情况,虽然不能确定为真,但是也不能确定为假。故选 C。

问法归纳

(1)以下除哪项外,均可能为真?

(2)除哪项外,都可能不为假?

(3)以下哪项陈述是最不可能发生(存在)的?

(4)如果上述断定(命题)为真,则以下哪项不可能为真?

(5)如果上述断定(预测、陈述)为真,则以下哪项一定为假?

(6)以下各项陈述与题干不相符的是:

问法举例

中国足球或者更加沉沦或者触底反弹,总之戴上红领巾后要有一个新样子。除哪项外,都可能为真?

(A)中国足球不可能比现在更坏,但也不可能比现在更好。

(B)中国足球正朝着好的趋势发展。

【答案】A

【解析】本题是"确定为假型"题目,在题干论述的基础上,考生应重点分析哪项是与题干论述完全相悖的。本题正确答案为 A 项,A 项违背题干论述的"更加沉沦或者触底反弹"。当然本题的 B 项也不是完全符合题意的,作为题干论述的一种情况,其真假性无法判断。

习题精练

1.【2017 年联考】任何结果都不可能凭空出现,它们的背后都是有原因的;任何背后有原因的事物均可以被人认识,而可以被人认识的事物都必然不是毫无规律的。

根据以上陈述,以下哪项一定为假?

(A)人有可能认识所有事物。

(B)有些结果的出现可能毫无规律。

视频讲解

(C)那些可以被人认识的事物,必然有规律。

(D)任何结果出现的背后都是有原因的。

(E)任何结果都可以被人认识。

2.公司年会上,李院长为大家表演了一段郭德纲的相声,有些人笑了。

如果以上陈述为真,以下哪项与题干意思不相符?

(A)所有人都笑了。   (B)小迪笑了。

(C)男员工都被逗笑了。   (D)所有女员工都没有笑。

(E)公司所有人都没有笑。

3.小超一家三口对于家庭年终旅游计划的态度如下:爸爸要出去旅游,哪里都可以;妈妈可以不去旅游,要去就在国内旅游;小超可以不去旅游,要旅游就要出国旅游。他们根据自己的态度对以下意见表示自己的看法:

Ⅰ.不去旅游。

Ⅱ.国内旅游。

Ⅲ.出国旅游。

以下哪项是不可能成立的?

(A)爸爸不同意Ⅰ。   (B)爸爸和妈妈都同意Ⅱ。

(C)小超同意Ⅰ和Ⅲ。   (D)每个意见至少有两个人同意。

(E)有一个人同意全部意见。

答案与解析

1.【考点】这是一道典型的“确定为假型”题目。

【答案】B

【解析】本题考查直言命题。由“任何结果都不可能凭空出现,它们的背后都是有原因的”可以得出“任何结果出现的背后都是有原因的”,即 D 项正确;由“任何背后有原因的事物均可以被人认识”,可以得出“任何结果都可以被人认识”,即 E 项正确;由“可以被人认识的事物必然不是毫无规律的”,可以得出“任何结果必然不是毫无规律的”,即“任何结果的出现都不可能是毫无规律的”,因此 B 项错误;由“可以被人认识的事物都必然不是毫无规律的”,可以得出 C 项正确;A 项,关于人是否有可能认识所有事物,题干中没有论述,有可能为真。

2.【考点】这是一道典型的“确定为假型”题目。

【答案】E

【解析】通过问法可知,所选项应该是通过题干可以断定为假的。题干说“有些人笑了”也就是至少有一个人笑了。A 项“所有人都笑了”不能判断真假,有可能为真。B 项“小迪笑了”,也不能判断真假,但有可能为真。C、D 两项均为有可能出现的情况,但不能确定其一定出现或一定不出现,所以不能判断真假。E 项“所有人都没笑”与题干“有些人笑了”冲突。题干为真,则 E 项一定为假。

3.【考点】这是一道典型的“确定为假型”题目。

【答案】E

【解析】题目的问法是选择“不可能成立的”选项,也就是选择必然不成立的,排除必然成立和不确定的选项。父亲是同意要出去旅游的,所以他肯定不会同意不出去旅游,A 项是必然成立的。爸爸去哪旅游都可以,妈妈要在国内旅游,所以 B 项也成立。小超的意见有两种,要么不去旅游,要么出国旅游,所以不去和出国都是他同意的,C 项也是成立的。不去旅游,妈妈和小超同意,国内旅游,爸爸和妈妈同意,出国旅游,爸爸和小超同意,所以 D 项也成立,每个意见至少有两个人同意。但是,每个人表达的意见都只有两种,没有人同意全部三种意见,故 E 项一定为假。

第三节　不确定型

一、不确定为真型

【问法释义】

不确定为真型在"不确定型"问法中是比较常见的。"不确定为真"型,要求考生能够排除选项中"确定为真"的选项。这与我们前面介绍过的"确定为真型"问法恰好相反,需要选择的是"不能确定"的,"推不出"的和"确定为假"的。

难 点 把 握

此类问法的重点是要了解,哪些提问方式是要让我们排除"确定为真"的选项。常见的关键词是"除了",意在排除所有根据题干能够推出的"确定为真"的选项。

例如:小昕喜欢吃除菠萝以外的所有水果。以下各项都符合题干的断定,除了:

(A)小昕喜欢吃西瓜。　　　　　　(B)小昕喜欢吃肯德基。

(C)小昕喜欢吃芒果。　　　　　　(D)小昕喜欢吃樱桃。

(E)小昕喜欢吃草莓。

这道题的问法是"以下各项都符合题干的断定,除了"就是要我们排除所有能够通过题干信息确定为真的选项,选出为假或者不确定的选项。A、C、D、E 四项都是说小昕喜欢吃除了菠萝以外的水果,符合题干的断定,故应排除。B 项是说小昕喜欢吃肯德基,不能通过题干所给信息判断其真假,符合题干问法。

【问法归纳】

(1)以下哪项判断不真?

(2)以下哪项不能从上述前提中得出?

(3)以下各项都符合题干的断定,除了:

(4)以下各项假设均能使上述推理成立,除了:

(5)以下各项都能从题干的断定中推出,除了:

(6)如果题干陈述为真,则以下哪项不一定为真?

【问法举例】

好孩子都不会离家出走,有些离家出走的是坏孩子,小昕离家出走了。

若上述断定为真,则以下哪项一定为真,除了:

(A)小昕不是好孩子。

(B)小昕不是坏孩子。

【答案】B

【解析】本题为"不确定为真型"题目,从选项角度来看考生往往容易被迷惑。本题需要注意的是"不是好孩子"和"不是坏孩子"并不是非此即彼的关系。题干论述是离家出走的有些是坏孩子,小昕离家出走了那么小昕不一定是坏孩子,但他一定不是一个好孩子。所以基于题干论述可以得出"小昕不是好孩子"的结论,排除确定为真项。

二、不确定为假型

问法释义

不确定为假型,就是排除"确定为假"的选项。与我们之前介绍的确定为假的问法相反,"不确定为假"型的问法需要排除所有"确定为假"的选项,我们选择的选项应该是:确定为真项或未知真假项。

例如:所有的中国人都是爱国的。

如果上述陈述为真,下列所述情况有可能为真的是?

Ⅰ.小昕是北京大学的学生,所以小昕是爱国的。

Ⅱ.我们公司所有人都是爱国的。

Ⅲ.没有一个中国人不爱国。

Ⅳ.小超是中国人,但是小超不爱国。

(A)仅Ⅰ。   (B)Ⅰ和Ⅱ。

(C)仅Ⅲ。   (D)Ⅰ、Ⅱ、Ⅲ。

(E)仅Ⅳ。

这道题目的问法是"有可能为真",题干信息为"所有的中国人都是爱国的",Ⅰ、Ⅱ两项中提到的"小昕"和"我们公司的员工"都不能确定其是否是中国人,也就是不能断定这两项的真假,所以很多同学会果断排除这两项。很遗憾,这些同学是错误的。我们在问法释义中强调,这类问法,要排除的只能是"确定为假"项,"确定为真"和"未知真假"项都是可选的。Ⅲ项跟题干一致,是"确定为真项";Ⅳ项与题干相冲突,是"确定为假"项。故答案选择Ⅰ、Ⅱ、Ⅲ,即D项。

问法归纳

(1)以下各项都不符合题干的条件,除了:

(2)如果上述陈述为真,最可能推出以下哪项?

(3)如果以上陈述为真,则以下哪项可能为真?

问法举例

好孩子是不会离家出走的,有些离家出走的是坏孩子,小昕离家出走了。

若上述陈述为真,则以下选项一定不可能为真,除了:

(A)小昕是好孩子。

(B)小昕不是坏孩子。

【答案】B

【解析】本题为"不确定真假型"中"不确定为假型"题目。根据题干可以知道,好孩子都是不会离家出走的,小昕离家出走了那么他一定不是好孩子。所以"小昕是好孩子"就一定为假,排除掉确定为假的选项。

三、未知真假型

问法释义

这种问法相对我们之前介绍的若干类问法来说难度较大。所谓未知真假型,是基于题干的论述,把选项中所有能断定出真假的选项都予以排除。从某种程度上说,在此类题目的选项中应该排除所有的"必然项",优先选择"可能项"。

例如:所有做翻译的外语都很好。

如果上述断定为真,则以下哪项断定不能确定真假?

(A)小雯是做翻译的,外语很好。

(B)小昕是做翻译的,外语不好。

(C)小娜不是做翻译的,外语不好。

(D)如果小超外语不好,那么他一定不是做翻译的。

(E)如果小袁是做翻译的,他的外语一定很好。

这道题目的问法是"以下哪项断定不能确定真假"也就是要排除一切能"确定为真"和"确定为假"的选项。根据题干所给信息,A项能确定为真,B项能确定为假,D项和E项也是"确定为真"项。只有C项是不确定选项。

▌问法归纳▐

(1)如果上述断定为真,则以下哪项断定不能确定真假?

(2)如果已知上述第一个断定真,第二个断定假,则以下哪项据此不能确定真假?

▌问法举例▐

所有的中国人都是热爱和平的,有些日本人也是热爱和平的。如果已知上述第一个断定为真,第二个断定为假,则以下哪项据此不能确定真假?

(A)所有在中国居住的日本人都不热爱和平。

(B)所有的日本人都热衷于发动战争。

【答案】B

【解析】本题是典型的"未知真假型"题目。根据问法要求本题应选择不能判断真假的选项,由题干"所有中国人都是热爱和平的"为真和"有些日本人热爱和平"为假可得出结论"所有中国人热爱和平,并且所有的日本人不热爱和平"。但是"不热爱和平"并不等同于发动战争,所以B项是无法确定真假的,而A项确定为真。

四、补充前提型

▌问法释义▐

补充前提型,作为不确定真假型题目,指题干的论述本身不能有力地支持所推出的结论,因而在论述的过程中往往缺乏支持结论必然产生的充分条件。之所以是无从判断真假,更多的是因为在此类问法中,作答时考生无需关心选项自身的真假,只要所选项能保证成为题干成立的充分条件即可。

例如:有些南京人不爱吃辣椒,那么有些南京人肯定爱吃甜食。

以下哪项能保证上述推理成立?

(A)有些南京人爱吃辣椒。

(B)有些南京人不爱吃甜食。

(C)所有不爱吃辣椒的人都不爱吃甜食。

(D)所有不爱吃辣椒的人都爱吃甜食。

(E)所有南京人都不爱吃辣椒。

本题考查的问法是补充前提型。题干通过"有些南京人不爱吃辣椒"推出"有些南京人肯定爱吃甜食"并且需要在不爱吃辣椒的人和爱吃甜食的人之间建立联系,故排除A、B、E,代入C项,得出结论是有些南京人不爱吃甜食,代入 D 项,符合题干。

难 点 把 握

此类问法着重考查的是所选项与题干间的充分必要关系,应当首选对题干提供必然支持的条件项。

▌问法归纳▌

(1)以下哪项可以使上述论证成立?

(2)以下哪项是上述论证所假设的?

(3)基于以下哪项可以得出该人士的上述结论?

(4)以下哪项如果为真,最能加强(支持)上述观点?

(5)以下哪项如果为真,说明上述断定(决定)不成立?

(6)以下哪项如果为真,最可能使题干的断言不成立?

(7)以下哪项如果为真,能最有力地削弱(反驳)上述结论(论证、观点)?

▌问法举例▌

如果所有的猴子都是狗,那么所有的猴子生活在拉丁美洲。

以下哪项可以使上述论述成立?

(A)所有的狗都生活在拉丁美洲。

(B)所有的猴子都生活在北美洲。

【答案】A

【解析】本题为补充前提型题目。很明显,无论是题干还是选项,按生活常识来说都是经不起考量的。但是它们的真假性对于考生选择并没有指导意义,此时就要结合内在逻辑关系进行选择。本题中若想使题干成立,则需要补充 A 项为前提条件。

■ 习题精练

1.【2021 年联考】艺术活动是人类标志性的创造性劳动。在艺术家的心灵世界里,审美需求和情感表达是创造性劳动不可或缺的重要引擎;而人工智能没有自我意识,人工智能艺术作品的本质是模仿。因此,人工智能永远不能取代艺术家的创造性劳动。

以下哪项最可能是以上论述的假设?

(A)人工智能可以作为艺术创作的辅助工具。

(B)只有具备自我意识,才能具有审美需求和情感表达。

(C)大多数人工智能作品缺乏创造性。

(D)没有艺术家的创作,就不可能有人工智能艺术品。

(E)模仿的作品很少能表达情感。

2.【2020 年联考】有学校提出,将效仿免费师范生制度,提供减免学费等优惠条件以吸引成绩优秀的调剂生,提高医学人才培养质量。有专家对此提出反对意见:医生是既崇高又辛苦的职业,要有足够的爱心和兴趣才能做好,因此,宁可招不满,也不要招收调剂生。

以下哪项最可能是上述专家论断的假设?

(A)没有奉献精神,就无法学好医学。

(B)如果缺乏爱心,就不能从事医生这一崇高的职业。

视频讲解

(C)调剂生往往对医学缺乏兴趣。

(D)因优惠条件而报考医学的学生往往缺乏奉献精神。

(E)有爱心并对医学有兴趣的学生不会在意是否收费。

3.【2020年联考】黄土高原以前植被丰富,长满大树,而现在千沟万壑,不见树木,这是植被遭破坏后水流冲刷大地造成的惨痛结果。有专家进一步分析认为,现在黄土高原不长植物,是因为这里的黄土其实都是生土。

以下哪项最可能是上述专家推断的假设?

(A)生土不长庄稼,只有通过土壤改造等手段才适宜种植粮食作物。

(B)因缺少应有的投入,生土无人愿意耕种,无人耕种的土地瘠薄。

(C)生土是水土流失造成的恶果,缺乏植物生长所需要的营养成分。

(D)东北的黑土地中含有较厚的腐殖层,这种腐殖层适合植物的生长。

(E)植物的生长依赖熟土,而熟土的存续依赖人类对植被的保护。

视频讲解

4.【2014年联考】长期以来,人们认为地球是已知唯一能支持生命存在的星球,不过这一情况开始出现改观。科学家近期指出,在其他恒星周围,可能还存在着更加宜居的行星。他们尝试用崭新的方法开展地外生命搜索,即搜寻放射性元素钍和铀。行星内部含有这些元素越多,其内部温度就会越高,这在一定程度上有助于行星的板块运动,而板块运动有助于维系行星表面的水体,因此板块运动可被视为行星存在宜居环境的标志之一。

以下哪项最可能是科学家的假设?

(A)虽然尚未证实,但地外生命一定存在。

(B)没有水的行星也可能存在生命。

(C)行星内部温度越高,越有助于它的板块运动。

(D)行星板块运动都是由放射性元素钍和铀驱动的。

(E)行星如能维系水体,就可能存在生命。

视频讲解

5.丈夫和妻子讨论孩子上哪所小学为好。丈夫称:根据当地教育局最新的教学质量评估报告,青山小学教学质量不高,教育局的评估报告是可信的。

如果上述断定为真,下列情况中可能发生的是:

Ⅰ.青山小学虽然教学质量不高,但位置很便利。

Ⅱ.评估报告不能说明问题,青山小学的教学质量很高。

Ⅲ.青山小学教学质量不高,硬件设施也很落后。

(A)仅Ⅰ。　　　　　　　　　　(B)仅Ⅱ。

(C)仅Ⅲ。　　　　　　　　　　(D)Ⅰ和Ⅲ。

(E)Ⅱ和Ⅲ。

6.某服装公司,所有职员都交了医疗保障险。文秘张珊没有交生育险。

通过上述信息,下列对该公司交保险的情况都能判断真假,除了:

(A)文秘张珊没有交医疗保障险。　　　(B)所有职员都交了生育险。

(C)张珊交了医疗保障险。　　　　　　(D)董事长没交生育险。

(E)有些职员没交生育险。

7.苏格拉底是人,因此,苏格拉底也是要死的。

为使上述论证成立,以下哪项必须为真?

(A)苏格拉底已经死了。　　　　　　　(B)苏格拉底还活着。

(C)所有人都是要死的。　　　　　　(D)有些人会死。

(E)有些人不会死。

答案与解析

1.【考点】"不确定为真"型题目。

【答案】B

【解析】第一步,题型判定。提问中要求找题干结论的假设。由此,本题属于加强支持。

第二步,解题思路。(1)梳理论证结构。论点:人工智能永远不能取代艺术家的创造性劳动。论据:①审美需求和情感表达在艺术家的创造性劳动中是不可或缺的;②人工智能没有自我意识且作品的本质是模仿。推理过程:由"人工智能没有自我意识以及艺术家的创造性劳动需要审美需求和情感表达"到"人工智能永远不能取代艺术家的创造性劳动"。(2)分析辨别选项。A项不正确,人工智能是辅助工具,说明不可以取代艺术家的创造性劳动,虽然可以加强题干的结论但不是上述论证的假设。B项正确,补充该项之后,建立了论据与论据之间的关系。艺术家的创造性劳动需要审美需求和情感表达,有审美需求和情感表达就有自我意识。即艺术家的创造性劳动有自我意识,而人工智能没有自我意识,自然不能取代艺术家的创造性劳动。故B项为正确答案。C项不正确,大多数人工智能作品缺乏创造性,而艺术活动是创造性劳动,虽然在一定程度上可以加强题干结论,但不是上述论证的假设。D项不正确,只是谈到艺术家创作对于人工智能艺术品的必要性。E项不正确,很少表达情感并不意味着不表达情感。

2.【考点】"不确定为真"型题目。

【答案】C

【解析】第一步,题型判定。

提问中要求找专家论断的假设。因此,本题属于加强支持。

第二步:解题思路。

(1)梳理论证结构。论点:调剂生做不好医生。论据:做好医生→有爱心且有兴趣。推理过程:由"做好医生→有爱心且有兴趣"到"调剂生做不好医生"。

(2)分析辨别选项。

A项不正确,无法建立论据与论点之间的关系,其表达的意思与专家表述相似。

B项不正确,无法建立论据与论点之间的关系,"不能从事医生职业"与题干中"招收医学调剂生"也不同,有偷换概念的嫌疑。

C项正确,补充"调剂生缺乏爱心、调剂生对医学缺乏兴趣"都可以使上述论证成立。故C项为正确答案。

D项不正确,"因优惠条件而报考医学的学生"不等同于"医学调剂生",有偷换概念的嫌疑。

E项不正确,有爱心并对医学有兴趣的学生不会在意是否收费,与论题"学校是否要招收医学调剂生"无关。

3.【考点】"不确定为真"型题目。

【答案】C

【解析】第一步,题型判定。

提问中要求找上述专家推断的假设。因此,本题属于加强支持。

第二步,解题思路。

(1)梳理论证结构。论点:现在黄土高原不长植物。论据:黄土高原的黄土其实都是生土。推理过程:由"生土"到"不长植物"。

(2)分析辨别选项:

A项不正确,"植物"与"庄稼"显然不同,有偷换概念的嫌疑。

B项不正确,在谈生土贫瘠的原因,未建立论点与论据的关系。

C项正确,生土缺乏营养成分导致黄土高原不长植物,建立了论点与论据的关系。故C项为正确答案。

D项不正确,东北的黑土地与论证无关。

E项不正确,植物的生长依赖熟土并不意味着生土就不长植物,未建立与论点、论据的关系。

4.【考点】"不确定为真"型题目。

【答案】E

【解析】本题考查可能性推理。题干结论是板块运动可被视为行星存在宜居环境的标志之一,论据是行星板块运动有助于维系行星表面的水体。E项"行星如能维系水体,就可能存在生命",是题干结论成立所必需的假设,

5.【考点】"不确定为假"型题目。

【答案】D

【解析】本题设问的是"可能发生"的,也就是选择确定为真和不确定真假的。题干断定报告可信并且青山小学教学质量不高,因此,Ⅱ与题干冲突,为假。Ⅰ、Ⅲ不能确定真假。

6.【考点】"未知真假"型题目。

【答案】D

【解析】本题问法是选择不能够判断真假的选项。根据题干,所有职员都交了医疗险,张珊也交了医疗险。因此A项为假,C项为真。题干所述,张珊没有交生育险,因此B项为假,E项为真,而其他人生育险的交险情况无法确定,因此,D项无法确定真假。

7.【考点】"补充前提型"题目。

【答案】C

【解析】考生在解答此题时应注意,此"苏格拉底"非彼"苏格拉底",题目中出现的人物不能从常识角度去认知。要使题干中"苏格拉底也是要死的"成立,需补充一个前提,即"所有人都是要死的",答案选C。A、B两项是在阐述苏格拉底是否死了,属于无关选项。D项有些人会死,不一定能确定苏格拉底会死,是不确定项。E项有些人不会死,不能推出苏格拉底会死。

第二章　可能性推理问法归纳

看过了必然性推理的问法,大家应该对问法的重要性有了深刻的理解,可能性推理中同样存在着不同的问法,这些问法的区别同样影响着解题的结果,接下来我们就作出具体的分析。

可能性推理,又称为"或然性推理"。这部分试题逻辑性相对较弱,不要求掌握太多逻辑学专业知识,但掌握相关的归纳、类比、求同、求异、语义分析及排列组合等方法有助于考生快速解题。通过对这部分试题的问法进行分析,可将其分为:削弱、加强、解释、评价及结论型试题。下面针对不同类型试题的问法进行区分和解读。

第一节　削弱型

▌问法释义▐

削弱型试题的特点是题干中给出一个完整的论证或者表达某种观点,要求从备选项中寻找到最能反驳或者削弱题干论证的选项。针对题干论证的选项类型有削弱、加强和无关项。因此常见的削弱型问法分为两类:最能削弱型和最不能削弱型。最能削弱型试题要求选择对题干论证有较强削弱作用的选项;而最不能削弱型试题,要求我们排除削弱选项,选择没有削弱作用的。当剩余选项中存在加强型和无关型两种选项时,加强型最不能削弱。

▌问法归纳▐

1.最能削弱型

以下哪项如果为真,最能削弱/质疑/反驳/弱化上述题干论证/建议/结论/推理?

……,最能对该实验者的结论构成质疑?

……,最能减弱上述担心/顾虑?

……,最可能使该提议/计划无法取得预期效果?

2.最不能削弱型

以下各项如果为真,都能削弱/质疑/反驳/弱化上述论证,除了……

以下哪项最不能削弱上述论证/建议/结论/推理?

▌问法举例▐

1.**【2021年联考】**某医学专家提出一种简单的手指自我检测法:将双手放在眼前,把两个食指的指甲那一面贴在一起,正常情况下,应该看到两个指甲床之间有一个菱形的空间;如果看不到这个空间,则说明手指出现了杵状改变,这是患有某种心脏或肺部疾病的迹象。该专家认为,人们通过手指自我检测能快速判断自己是否患有心脏或肺部疾病。

以下哪项如果为真,最能质疑上述专家的论断?

(A)杵状改变可能由多种肺部疾病引起,如肺纤维化、支气管扩张等,而且这种病变需要经历较长的一段过程。

(B)杵状改变不是癌症的明确标志,仅有不足 40%的肺癌患者有杵状改变。

(C)杵状改变检测只能作为一种参考,不能用来替代医生的专业判断。

(D)杵状改变有两个发展阶段,第一个阶段的畸变不是很明显,不足以判断人体是否有病变。

(E)杵状改变是手指末端软组织积液造成,而积液是由于过量血液注入该区域导致,其内在机理仍然不明。

【考点】可能性推理中的"最能削弱型"。

【答案】E

【解析】第一步,题型判定。提问中要求质疑专家的论断。因此,本题属于削弱质疑。

第二步,解题思路。(1)梳理论证结构。论点:手指自我检测能快速判断自己是否患有心脏或肺部疾病。论据:出现杵状改变表明患有某种心脏或肺部疾病。推理过程:由"出现杵状改变表明患有某种心脏或肺部疾病"到"手指自我检测能快速判断自己是否患有心脏或肺部疾病"。(2)分析辨别选项。A项不能削弱,肯定了杵状改变与肺部疾病之间的关系,属于加强项。B项不能削弱,虽然不是明显标志,但并不妨碍手指自我检测成为判断方法。C项不能削弱,不能替代医生的判断并不代表不能作为自我快速判断的方法。D项不能削弱,不明显不能说明不能成为自我判断的方法。E项能削弱,说明出现杵状改变的原因还不明确,无法用以判断是否患心脏或肺部疾病。故 E 项为正确答案。

2.[2020 年联考]移动支付如今正在北京、上海等大中城市迅速普及。但是,并非所有中国人都熟悉这种新的支付方式,很多老年人仍然习惯传统的现金交易。有专家因此断言,移动支付的迅速普及会将老年人阻挡在消费经济之外,从而影响他们晚年的生活质量。

以下哪项如果为真,最能质疑上述专家的论断?

(A)到 2030 年,中国 60 岁以上人口将增至 3.2 亿,老年人的生活质量将进一步引起社会关注。

(B)有许多老年人因年事已高,基本不直接进行购物消费,所需物品一般由儿女或者社会提供,他们的晚年生活很幸福。

(C)国家有关部门近年来出台多项政策指出,消费者在使用现金支付被拒时可以投诉,但仍有不少商家我行我素。

(D)许多老年人已在家中或者社区活动中心学会移动支付的方法以及防范网络诈骗的技巧。

(E)有些老年人视力不好,看不清手机屏幕;有些老年人记忆力不好,记不住手机支付密码。

【考点】可能性推理中的"最能削弱型"

【答案】B

【解析】第一步,题型判定。

提问中要求质疑专家的论断。因此,本题属于削弱质疑。

第二步,解题思路。

(1)梳理论证结构。论点:移动支付的普及会影响老年人晚年的生活质量。论据:很多老年人习惯现金交易。推理过程:由"很多老年人习惯现金交易"到"影响生活质量"。

(2)分析辨别选项:

A项不能削弱,与论题"移动支付的普及会不会影响老年人晚年的生活质量"无关。

B项能削弱,上述论证要成立需要假设:老年人必须直接进行购物消费。该项对这一假设进行了否定。故 B 项为正确答案。

C 项不能削弱，与论题"移动支付的普及会不会影响老年人晚年的生活质量"无关。

D 项不能削弱，学会了移动支付的方法，也并非会使用。

E 项不能削弱，说明移动支付对老年人来说存在弊端，属于加强项。

3.【2019 年联考】 某研究机构以约 2 万名 65 岁以上的老人为对象，调查了笑的频率与健康的关系。结果显示，在不苟言笑的老人中，认为自身现在的健康状态"不怎么好"和"不好"的比例分别是几乎每天都笑的老人的 1.5 倍和 1.8 倍。爱笑的老人对自我健康状态的评价往往较高。他们由此认为，爱笑的老人更健康。

以下哪项如果为真，最能质疑上述调查者的观点？

视频讲解

(A)病痛的折磨使得部分老人对自我健康状态的评价不高。

(B)良好的家庭氛围使得老年人生活更乐观，身体更健康。

(C)身体健康的老年人中，女性爱笑的比例比男性高 10 个百分点。

(D)老年人的自我健康评价往往和他们实际的健康状况之间存在一定的差距。

(E)乐观的老年人比悲观的老年人更长寿。

【考点】可能性推理中的"最能削弱型"。

【答案】D

【解析】本题属于削弱质疑。论点：爱笑的老人更健康。论据：爱笑的老人对自我健康状态的评价往往较高。在上述论证中，不清楚自我评价高与健康之间是什么关系，D 项说明老年人的自我评价不等同于实际健康状况，可以削弱；A 项不正确，其谈论的是部分老人自我评价不高的原因；B 项不正确，良好的家庭氛围能让老人更健康，并不能说明爱笑就不可以让老人更健康；C 项不正确，题干不涉及男女比较的问题；E 项不正确，乐观不一定爱笑，更长寿不一定更健康。

4. 赵青一定是一位出类拔萃的教练。她调到我们大学执教女排才一年，球队的成绩突飞猛进。

以下哪项如果为真，最有可能削弱上述论证？

(A)赵青以前曾经入选过国家青年女排，后来因为伤病提前退役。

(B)赵青之前的教练一直是男性，对于女运动员的运动生理和心理了解不够。

(C)调到大学担任女排教练之后，赵青在学校领导那里立下了军令状，一定要拿全国大学生联赛的冠军，结果只得了一个铜牌。

(D)女排队员尽管是学生，但是对于赵青教练的指导都非常佩服，并自觉地加强训练。

(E)大学准备建设高水平的体育代表队，因此，从去年开始，就陆续招收一些职业队的退役队员，女排只招到了一个二传手。

【考点】可能性推理中的"最能削弱型"。

【答案】E

【解析】E 项指出，球队成绩突飞猛进的原因不是赵青教练的执教，而是招收到了一些职业队的退役队员的结果，尽管只招到了一个二传手，但也说明了这个问题。A、B、C 三项都无法削弱题干论证；D 项说明球队的成绩突飞猛进是与赵青教练有关的，支持了题干。

5. 加拿大的一位运动医学研究人员报告说，利用放松体操和机能反馈疗法，有助于对头痛进行治疗。研究人员抽选出 95 名慢性牵张性头痛患者和 75 名周期性偏头痛患者，教他们放松头部、颈部和肩部的肌肉，以及用机能反馈疗法对压力和紧张程度加以控制。其结果，前者有四分之三、后者中有一半人报告说，他们头痛的次数和剧烈程度有所下降。

以下哪项如果为真,最不能削弱上述论证的结论?

(A)参加者接受了高度的治疗有效的暗示,同时,对病情改善的希望亦起到推波助澜的作用。

(B)参加者有意迎合研究人员,即使不合事实,也会说感觉变好。

(C)多数参加者志愿合作,虽然他们的生活蒙受着巨大的压力。在研究过程中,他们会感觉到生活压力有所减轻。

(D)参加实验的人中,慢性牵张性头痛患者和周期性偏头痛患者人数选择不均等,实验设计需要进行调整。

(E)放松体操和机能反馈疗法的锻炼,减少了这些头痛患者的工作时间,使得他们对于自己病情的感觉有所改善。

【考点】可能性推理中的"最不能削弱型"。

【答案】D

【解析】题干中的结论是:"利用放松体操和机能反馈疗法,有助于对头痛进行治疗"。首先需要将能够削弱此结论的选项一一排除掉。B项说的是"参加者因为有意迎合而说感觉变好,其实事实并非如此",这就说明了"利用放松体操和机能反馈疗法"并不"有助于对头痛进行治疗"。A项说是"参加者接受了高度的治疗有效的暗示以及对病情改善的希望",而不是"利用放松体操和机能反馈疗法"使患者头痛得到缓解的。C项说是由于"感觉到生活压力有所减轻"而使病情得到缓解的。E项则说是由于这种做法"减少了这些头痛患者的工作时间"才使他们感觉到病情有所改善的。因此,A、B、C、E四项都能削弱题干论证的结论。只有D项不能削弱题干论证的结论,因为"慢性牵张性头痛患者和周期性偏头痛患者人数选择不均等"并不会影响实验的科学性。

6.【2015年联考】有人认为,任何一个机构都包括不同的职位等级或层级,每个人都隶属于其中的一个层级。如果某人在原来级别岗位上干得出色,就会被提拔,而被提拔者得到重用后却碌碌无为,这会造成机构效率低下、人浮于事。

以下哪项如果为真,最能质疑上述观点?

(A)不同岗位的工作方法是不同的,对新岗位要有一个适应过程。

(B)部门经理王先生业绩出众,被提拔为公司总经理后工作依然出色。

(C)个人晋升常常在一定程度上影响所在机构的发展。

(D)李明的体育运动成绩并不理想,但他进入管理层后却干得得心应手。

(E)王副教授教学科研能力都很强,而晋升为正教授后却表现平平。

视频讲解

【考点】可能性推理中的"最能削弱型"。

【答案】B

【解析】本题是削弱型题目。题干观点认为事情发展的前后关系是:出色→提拔→碌碌无为,B项直接举反例反驳,削弱程度最强。A项有适应过程不代表不会碌碌无为,不能削弱;C、E两项加强了题干观点;D项否前否后也不能削弱题干观点。

第二节　加强型

问法释义

加强型试题是在题干中给出一个推理或者论证,但由于前提条件不足以推出结论,或者由于论证的论据不充足,由此需要某个选项去补充其前提或者论据,使推理或论证成立的可能性增大。常见的问法为:最能加强型,最不能加强型和前提假设型。最能加强型的选项对于题干论证可以是充分的,必要的,也可以是非充分又非必要的,只要放在题干论证中,对论证成立有支持作用,使之成立的可能性增大就是能够加强的;最不能加强的,是在排除加强选项后,选择对论证可能性没有影响的无关项,但若有削弱项,削弱选项是最不能加强的选项。前提假设型,要求从备选项中找到前提或假设将论证补充完整。其特点是:一方面需要在论据 A 和结论 B 间建立其联系;另一方面,一般来说前提是论证的必要条件,若如果论证没有该前提,那么这个论证就是必然不成立的。

■ 问法归纳 ■

1.最能加强型

以下哪项如果为真,最能加强/支持题干的论证?

以下哪项如果为真,最能加强/支持上述的观点?

2.最不能加强型

以下除哪项外,均能支持上述论证/结论/推理/看法?

以下各项都有助于得出上述结论,除了:

3.前提假设型

以下哪项最可能是上述论证所假设/预设的?

为使上述论证有说服力,以下哪项是必须假设的?

上述论证依赖于以下哪项假设?

■ 问法举例 ■

1.**【2020 年联考】**小王:在这次年终考评中,女员工的绩效都比男员工高。

小李:这么说,新入职员工中绩效最好的还不如绩效最差的女员工。

以下哪项如果为真,最能支持小李的上述论断?

(A)男员工都是新入职的。

(B)新入职的员工有些是女性。

(C)新入职的员工都是男性。

(D)部分新入职的女员工没有参与绩效考评。

(E)女员工更乐意加班,而加班绩效翻倍计算。

视频讲解

【考点】可能性推理中的"最能支持型"。

【答案】C

【解析】第一步,题型判定。

提问中要求支持小李的论断。因此,本题属于加强支持。

第二步,解题思路。

(1)梳理论证结构。论点:绩效最差女员工的绩效高于新入职员工中最好的绩效。论据:女员工绩效都比男员工高。推理过程:由"女员工绩效都比男员工高"到"绩效最差的女员工的绩效高于新入职员工中最好的绩效"。

(2)分析辨别选项。

A 项不能加强,由"男员工都是新入职的"和"女员工绩效都比男员工高"只能得到"女员工绩效高于部分新入职的",无法得到"女员工绩效都比新入职的高"。

B项不能加强，其无法在男员工与新入职员工之间建立关系。

C项能加强，当新入职的员工都是男性时，由于女员工绩效都比男员工高，不管新员工绩效多高，都会低于女员工的绩效。故C项为正确答案。

D项不能加强，新入职员工是否参与考评与题干论证无关。

E项不能加强，其只在说明女员工绩效高的原因，与题干论证无关。

2.[2019年联考] 据碳14检测，卡皮瓦拉山岩画的创作时间最早可追溯到3万年前。在文字尚未出现的时代，岩画是人类沟通交流、传递信息、记录日常生活的主要方式。于是今天的我们可以在这些岩画中看到：一位母亲将孩子举起嬉戏，一家人在仰望并试图碰触头上的星空……动物是岩画的另一个主角，比如巨型犰狳、马鹿、螃蟹等。在许多画面中，人们手持长矛，追逐着前方的猎物。由此可以推断，此时的人类已经居于食物链的顶端。

以下哪项如果为真，最能支持上述推断？

(A)能够使用工具使人类可以猎杀其他动物，而不是相反。

视频讲解

(B)对星空的敬畏是人类脱离动物、产生宗教的动因之一。

(C)岩画中出现的动物一般是当时人类捕猎的对象。

(D)3万年前，人类需要避免自己被虎豹等大型食肉动物猎杀。

(E)有了岩画，人类可以将生活经验保留下来供后代学习，这极大地提高了人类的生存能力。

【考点】 可能性推理中的"最能支持型"。

【答案】 A

【解析】 本题属于加强支持。论点：当时的人类居于食物链的顶端。论据：岩画中出现人们手持长矛，追逐着前方的猎物的景象。A项说明人们手持长矛是在使用工具猎杀其他动物，进而说明当时的人类居于食物链顶端，建立了论据与论点之间的关系，可以加强；B项不正确，其谈论的是宗教产生的原因；C项不正确，其仅指出岩画中的动物是当时人类的捕猎对象，并不足以证明当时的人类居于食物链顶端；D项不正确，人类需要避免被猎杀，显然不在食物链顶端，属于削弱项；E项不正确，其谈论的是岩画的价值。

3. 抚仙湖虫是泥盆纪直虾动物群中的一种，属于真节肢动物中比较原始的类型，成虫长10厘米，有31个体节，外骨骼分为头、胸、腹三部分，它的背、腹分节数目不一致。泥盆纪直虾是现代昆虫的祖先，抚仙湖虫化石与直虾类化石类似，这间接表明了抚仙湖虫是昆虫的远祖。研究者还发现，抚仙湖虫的消化道充满泥沙，这表明它是食泥的动物。

以下除了哪项外，均能支持上述论证？

(A)昆虫的远祖也有不食泥的生物。

(B)泥盆纪直虾的外骨骼分为头、胸、腹三部分。

(C)凡是与泥盆纪直虾类似的生物都是昆虫的远祖。

(D)昆虫是由真节肢动物中比较原始的生物进化而来的。

(E)抚仙湖虫消化道中的泥沙不是在化石形成过程中由外界渗透进去的。

【考点】 可能性推理中的"最不能加强型"。

【答案】 A

【解析】 题干的论点是：抚仙湖虫是昆虫远祖。A项削弱了这个论点，其他选项均支持了题干。题干的主要论证是：泥盆纪直虾是现代昆虫的远祖，抚仙湖虫化石与直虾类化石类似，所以，抚仙湖虫是现代昆虫的远祖。B项说"泥盆纪直虾的外骨骼分为头、胸、腹三部分"，与题干陈述"抚仙湖虫的外骨骼分为头、胸、腹三部分"一致，支持了题干；C项显然与题干论证一致；D项说"昆虫是由真节肢动物中比较原始的生物进化而来的",与题干陈述"抚仙湖虫属于真节肢动物中比较原始的类型"一致,支持了题干论证;E项说"抚仙湖虫消化道中的泥沙不是在化石形成过程中由外界渗透进去的",与题干陈述"抚仙湖虫是食泥的动物"相一致,支持了题干。

4.当前的大学教育在传授基本技能上是失败的。有人对若干大公司人事部门负责人进行了一次调查,发现很大一部分新上岗的工作人员中都没有很好掌握基本的写作、数量和逻辑技能。

上述论证是以下列哪项为前提的?

(A)现在的大学里没有基本技能方面的课程。

(B)新上岗人员中极少有大学生。

(C)写作、数量和逻辑方面的基本技能对胜任工作很重要。

(D)大公司的新上岗人员基本代表了当前大学毕业生的水平。

(E)过去的大学生比现在的大学生接受了更多的基本技能教育。

【考点】可能性推理中的"前提假设型"。

【答案】D

【解析】题干中从"若干大公司很大一部分新上岗的工作人员都没有很好掌握基本的写作、数量和逻辑技能"要推出"当前的大学教育在传授基本技能上是失败的"的结论,还需要假设一个大前提"大公司的新上岗人员基本代表了当前大学毕业生的水平",即要找到一个能够把题干中的小前提和结论联结起来的选项。B、C两项都与题干不相关,A、E两项都只是讲了当前教育中存在的问题,而没有能够把这个问题与"大公司的新上岗人员"的情况联系起来,故都不能起到保证题干论证能够成立的作用。

第三节 解释型

问法释义

解释型试题的一般特征是,题干给出关于某些事实或现象的客观描述,通常是给出一个似乎矛盾而实际上并不矛盾的现象,要求从备选项中寻找能够解释的选项。按照问法可分为最能解释型和最不能解释型。前者要求透过现象看本质,给出实际不矛盾的原因。后者要求先将能够解释题干的选项排除掉,最后剩余的就是不能解释题干的。

问法归纳

1.最能解释型

以下哪项如果为真,最能够/有助于解释上述的现象/矛盾/差异?

以下哪项如果为真,最能解释上述所得到的不同结果?

2.最不能解释型

以下除哪项外,都可能是上述现象的原因?

以下哪项如果属实,最无助于/最不可能解释上述的现象?

以下除哪项外,都有助于解释上述分析与实际情况的不一致?

问法举例

1.【2021年联考】气象台的实测气温与人实际的冷暖感受常常存在一定的差异。在同样的低温条件下,如果是阴雨天,人会感到特别冷,即通常说的"阴冷";如果同时赶上刮大风,人会感到寒风刺骨。

以下哪项如果为真,最能解释上述现象?

(A)人的体感温度除了受气温的影响外,还受风速与空气湿度的影响。

(B)低温情况下,如果风力不大、阳光充足,人不会感到特别寒冷。

(C)即使天气寒冷,若进行适当锻炼,人也不会感到太冷。

(D)即使室内外温度一致,但是走到有阳光的室外,人会感到温暖。

(E)炎热的夏日,电风扇转动时,尽管不改变环境温度,但人依然感到凉快。

【考点】可能性推理中的"最能解释型"。

【答案】A

【解析】第一步,题型判定。提问中要求解释题干的现象。因此,本题属于原因解释。

第二步,解题思路。(1)明确解释对象:解释对象——实测气温与体感温度有差异。同样低温,阴雨天感受到"阴冷",大风天感受到寒风刺骨。(2)分析辨别选项。A项能解释,指出影响体感温度的因素有很多,比如风速、空气湿度。故A项为正确答案。B项不能解释,风力不大、阳光充足无助于说明阴雨天、刮大风时体感温度与实测温度的差异。C项不能解释,谈论的是缓解寒冷的方式,与题干无关。D项不能解释,有阳光温暖无助于说明阴雨天、刮大风时体感温度与实测温度的差异。E项不能解释,说明了风对体感温度的影响,但无助于说明阴雨天体感温度与实测温度的差异。

2.**【2016年联考】**某公司办公室茶水间提供自助式收费饮料。职员拿完饮料后,自己把钱放到特设的收款箱中。研究者为了判断职员在无人监督时,其自律水平会受哪些因素的影响,特地在收款箱上方贴了一张装饰图片,每周一换。装饰图片有时是一些花朵,有时是一双眼睛。一个有趣的现象出现了:贴着"眼睛"的那一周,收款箱里的钱远远超过贴其他图片的情形。

以下哪项如果为真,最能解释上述实验现象?

(A)该公司职员看到"眼睛"图片时,就能联想到背后可能有人看着他们。

(B)在该公司工作的职员,其自律能力超过社会中的其他人。

(C)该公司职员看着"花朵"图片时,心情容易变得愉快。

(D)眼睛是心灵的窗口,该公司职员看到"眼睛"图片时会有一种莫名的感动。

(E)在无人监督的情况下,大部分人缺乏自律能力。

【考点】可能性推理中的"最能解释型"。

【答案】A

【解析】题干要求解释的现象是:与收款箱上放置其他图片相比,放置"眼睛"图片的那一周收款箱里钱多许多。A项指出当职员看到"眼睛"图片时,便以为有人在看着他们,从而把钱放入收款箱,即相比其他图片,"眼睛"有特别的含义,很好地解释了题干现象。其余几项均属于无关项。

3.某市一项对健身爱好者的调查表明,那些称自己每周固定进行二至三次健身锻炼的人近两年来由28%增加到35%,而对该市大多数健身房的调查则显示,近两年来去健身房的人数明显下降。

以下各项如果为真,都有助于解释上述看来矛盾的断定,除了:

(A)进行健身锻炼没什么规律的人在数量上明显减少。

(B)健身房出于非正常的考虑,往往少报光顾人数。

(C)由于简易健身器的出现,家庭健身活动成为可能并逐渐流行。

(D)为了吸引更多的顾客,该市健身房普遍调低了营业价格。

(E)受调查的健身锻炼爱好者只占全市健身锻炼爱好者的10%。

【考点】可能性推理中的"最不能解释型"。

【答案】D

【解析】A项指出,虽然每周固定进行二至三次健身锻炼的人在增加,但是由于进行健身锻炼没什么规律的人在数量上明显减少,所以,近两年来去健身房的人数明显下降了,能够解释题干。B项指出,是健身房没有说真话,能够解释题干。C项指出,虽然每周固定进行二至三次健身锻炼的人在增加,但是,由于家庭健身活动逐渐流行,使得近两年来去健身房的人数明显下降了,也能够解释题干。D项加深了题干中的矛盾,如果该市健身房普遍调低了营业价格,近两年来去健身房的人数就应该增加,怎么还会下降了呢?E项能对题干中的矛盾作出一定的解释,即如果受调查的健身锻炼爱好者相对全市健身爱好者来说不具有代表性,则解释了题干中的表面性矛盾。所以,只有D项最不能解释题干中的矛盾。

4.以优惠价出售日常家用小商品的零售商通常有上千雇员,其中大多数只能领取最低工资。随着国家法定的最低工资额的提高,零售商的人力成本也随之大幅度提高。但是零售商的利润非但没有降低,反而提高了。

以下哪项如果为真,最有助于解释上述看来矛盾的现象?

(A)上述零售商的基本顾客,是领最低工资的人。

(B)人力成本只占零售商的经营成本的一半。

(C)在国家提高最低工资额的法令实施后,除了人力成本以外,零售商的其他经营成本也有所提高。

(D)零售商的雇员有一部分来自农村,他们基本都拿最低工资。

(E)在国家提高最低工资额的法令实施后,零售商降低了某些高薪雇员的工资。

【考点】可能性推理中的"最能解释型"。

【答案】A

【解析】A项指出,上述零售商的基本顾客是领取最低工资的人,这些人工资提高了,他们相应地就有更多的钱来购买零售商的商品,所以,虽然零售商的人力成本会增加一些,但是所售出商品获得的收益更多,利润也就增加了。注意不要选E,因为个别情况不能解释一般,即使这些零售商降低了某些高薪雇员的工资,但从根本上解释不了因成本增加所带来的利润减少问题。所以,E项虽然在解释题干,但不够清楚。

第四节 评价型

问法释义

评价型试题要求对题干的论证效果、论证方式和方法、论证意图和目的、论证中可能出现的逻辑错误等进行评价和说明。核心问题是评价题干论证的有效性,可分为:评价结构类似、评价逻辑漏洞、评价论证方法和评价论证焦点。

问法归纳

1.评价类似结构型

以下哪项与题干的论证/推理最为类似?

上述议论的结构和以下哪项的结构最不类似?

2.评价逻辑漏洞型

以下哪项最为恰当地指出(概括)了上述论证(反驳、推理)中的漏洞?

235

上述论证中的逻辑漏洞,与以下哪项中出现的最为类似?

为了评价上述论证,回答以下哪个问题最不重要?

以下除哪项外,均与上述论证中出现的谬误相似?

上述的论证推理最容易受到以下哪项的批评?

3.评价论证焦点型

以下哪项最为准确地概括了上述争议/讨论的焦点/问题?

以下哪项最为恰当地概括了上述争论?

以下哪项最有助于解释上述两者的分歧?

4.评价论证方法型

以下哪项与题干的论证方法(方式)最为类似?

以下哪项最为准确地概括了上述论证(反驳、质疑)所使用的方法?

以下哪项对上述论证(断定)的评价最为恰当?

以下除哪项外,均与上述推理的形式类似?

【问法举例】

1.**【2020年联考】**考生若考试通过并且体检合格,则将被录取。因此,如果李铭考试通过,但未被录取,那么他一定体检不合格。

以下哪项与以上论证方式最为相似?

(A)若明天是节假日并且天气晴朗,则小吴将去爬山。因此,如果小吴未去爬山,那么第二天一定不是节假日或者天气不好。

视频讲解

(B)一个数若能被3整除且能被5整除,则这个数能被15整除。因此,一个数若能被3整除但不能被5整除,则这个数一定不能被15整除。

(C)甲单位员工若去广州出差并且是单人前往,则均乘坐高铁。因此,甲单位小吴如果去广州出差,但未乘坐高铁,那么他一定不是单人前往。

(D)若现在是春天并且雨水充沛,则这里野草丰美。因此,如果这里野草丰美,但雨水不充沛,那么现在一定不是春天。

(E)一壶茶若水质良好且温度适中,则一定茶香四溢。因此,如果这壶茶水质良好且茶香四溢,那么一定温度适中。

【考点】可能性推理中的"评价论证方法型"。

【答案】C

【解析】第一步,题型判定。

提问中要求找论证方式最为相似的。因此,本题属于相似比较,并且是结构相似。

第二步,解题思路。

(1)梳理论证结构。题干的结构:(A且B)→C。因此,(A且非C)→非B。

(2)分析辨别选项。

A项不相似,其结构:(节假日且天气晴朗)→爬山。因此,非爬山→(非假日或天气不好)。

B项不相似,其结构:(被3整除且被5整除)→被15整除。因此,(被3整除且不被5整除)→不被15整除。

C项相似,其结构:(出差且单人)→高铁。因此,(出差且非高铁)→非单人。故C项为正确答案。

D 项不相似,其结构:(春天且雨水充沛)→野草丰美。因此,(野草丰美且雨水不充沛)→非春天。

E 项不相似,其结构:(水质好且温度适中)→茶香四溢。因此,(水质好且茶香四溢)→温度适中。

2.【2020 年联考】学问的本来意义与人的生命、生活有关。但是,如果学问成为口号或教条,就会失去其本来的意义。因此,任何学问都不应该成为口号或教条。

以下哪项与上述论证方式最为相似?

(A)椎间盘是没有血液循环的组织。但是,如果要确保其功能正常运转,就需依靠其周围流过的血液提供养分。因此,培养功能正常运转的人工椎间盘应该很困难。

(B)大脑会改编现实经历。但是,如果大脑只是储存现实经历的"文件柜",就不会对其进行改编。因此,大脑不应该只是储存现实经历的"文件柜"。

(C)人工智能应该可以判断黑猫和白猫都是猫。但是,如果人工智能不预先"消化"大量照片,就无从判断黑猫和白猫都是猫。因此,人工智能必须预先"消化"大量照片。

(D)机器人没有人类的弱点和偏见。但是,只有数据得到正确采集和分析,机器人才不会"主观臆断"。因此,机器人应该也有类似的弱点和偏见。

(E)历史包含必然性。但是,如果坚信历史只包含必然性,就会阻止我们用不断积累的历史数据去证实或证伪它。因此,历史不应该只包含必然性。

【考点】可能性推理中的"评价论证方法型"。

【答案】B

【解析】第一步,题型判定。

提问中要求找论证方式最相似的。因此,本题属于相似比较。由于出现"如果,就"这样的逻辑关联词,所以本题可以归属结构相似。

第二步,解题思路。

(1)梳理论证结构:题干的结构:A,B→非 A,所以,不应该 B。

(2)分析辨别选项:

A 项不相似,椎间盘是没有血液的组织,正常运转→养分,所以,培养功能正常运转的人工椎间盘应该很困难。

B 项相似,大脑会改编现实经历,只储存经历→不会改编,所以,不应该只是储存经历。故 B 项为正确答案。

C 项不相似,人工智能应该可以判断,不预先"消化"→无从判断,所以,必须预先"消化"。与题干不同,题干为"应该"。

D 项不相似,机器人没有偏见,机器人不会臆断→正确分析数据,所以,机器人应该有偏见。

E 项不相似,历史包含必然性,坚信历史包含必然性→阻止我们去证实或证伪,所以,历史不应该只包含必然性。

3.【2019 年联考】作为一名环保爱好者,赵博士提倡低碳生活,积极宣传节能减排。但我不赞同他的做法,因为作为一名大学老师,他这样做,占用了大量科研时间,到现在连副教授都没评上,他的观点怎么能令人信服呢?

以下哪项论证中的错误和上述论证方式最为相似?

(A)张某提出要同工同酬,主张在质量相同的情况下,不分年龄、级别,一律按件计酬,他这样说话不就是因为他年轻、级别低吗?其实他是在为自己谋利益。

(B)公司的绩效奖励制度是为了充分调动广大员工的积极性,它对所有员工都是公平的。如果有人对此有不同意见,则说明他反对公平。

(C)最近听说你对单位的管理制度提了不少意见,这真是令人难以置信!单位领导对你差吗?你这样做,分明是和单位领导过不去。

(D)单位任命李某担任信息科科长,听说你对此有意见。大家都没有提意见,只有你一个人有意见,看来你是有问题的。

(E)有一种观点认为,只有直接看到的事物才能确信其存在。但是没有人可以看到质子、电子,而这些都被科学证明是客观存在的。所以,该观点是错误的。

【考点】可能性推理中的"评价论证方法型"。

【答案】A

【解析】本题属于相似比较。题干的错误为诉诸人身,即以攻击对方身份的方式来质疑对方的观点。A项也是通过质疑张某的身份——年轻、级别低来质疑张某的观点,与题干错误类似;B项不相似,将对绩效制度的不同意见理解成反对公平,存在偷换概念的问题;C项不相似,由领导对其好得不到不能提意见,不存在诉诸人身的情况;D项不相似,不能由大家没意见就断定你有意见是因为你有问题,有诉诸众人的嫌疑,与题干错误不同;E项不相似,认为质子、电子不存在,否认了客观事实,与题干错误不同。

4.【2012年联考】我国著名的地质学家李四光,在对东北的地质结构进行了长期、深入的调查研究后发现,松辽平原的地质结构与中亚细亚极其相似,他推断,既然中亚细亚蕴藏大量的石油,那么松辽平原很可能也蕴藏着大量石油。后来大庆油田的开发证明了李四光的推断是正确的。

以下哪项与李四光的推理方式最为相似?

(A)他山之石,可以攻玉。

(B)邻居买彩票中了大奖,小张深受启发,也去买了体育彩票,结果没有中奖。

(C)某乡镇领导在考察了荷兰等国的花卉市场后认为要大力发展规模经济,回来后组织全乡镇种大葱,结果导致大葱严重滞销。

(D)每到炎热的夏季,许多商店腾出一大块地方卖羊毛衫、长袖衬衣、冬靴等冬令商品,进行反季节销售,结果都很有市场。小王受此启发,决定在冬季种植西瓜。

(E)乌兹别克地区盛产长绒棉。新疆塔里木河流域与乌兹别克地区在日照情况、霜期长短、气温高低、降雨量等方面均相似,科研人员受其启发,将长绒棉移植到塔里木河流域,果然获得了成功。

【考点】可能性推理中的"评价类似结构型"。

【答案】E

【解析】本题考查可能性推理评价题型的相似推理。题干推理是类比推理论证方式,由松辽平原和中亚细亚的结构相似,推断松辽平原也有石油。E项由新疆和乌兹别克的自然地理条件的类别得出结论,和题干都是正确地运用了类比推理。D项虽然也运用了类比推理,但却是错误地进行了类比,存在"机械类比"的错误。

5.张先生买了块新手表。他把新手表与家中的挂钟对照,发现手表比挂钟一天之内慢了三分钟;后来他又把家中的挂钟与电台的标准时对照,发现挂钟比电台标准时间一天之内快了三分钟。张先生因此推断:他的手表是准确的。

以下哪项是对张先生推断的正确评价?

(A)张先生的推断是正确的,因为手表比挂钟慢三分钟,挂钟比标准时快三分种,这说明手表准时。

(B)张先生的推断是错误的,因为他不应该把手表和挂钟比,应该是直接和标准时比。

(C)张先生的推断是错误的,因为挂钟比标准时快三分钟,是标准的三分钟;手表比挂钟慢三分钟,是不标准的三分钟。

(D)张先生的推断既无法断定为正确,也无法断定为错误。

(E)张先生的推断是正确的,因为他的手表是新的。

【考点】可能性推理中的"评价论证方法型"。

【答案】C

【解析】由题干可知,张先生把手表与家中的挂钟比,一天慢了三分钟的"三分钟"是"不标准的三分钟",而张先生后来把家中的挂钟和电台的标准时比,一天快了三分钟的"三分钟"是"标准的三分钟"。两个"三分钟",虽然语词是一个,但前后却表达了不同的概念。张先生的推断违反了同一律,犯了"偷换概念"的逻辑错误。对于张先生的推断,A项认为是正确的,显然不对,D项认为不能断定其为正确还是错误,也不对。B项虽然指出了张先生的推断是错误的,但是关于错误原因的说明却不正确。

6.甲:"你认为《末代皇帝》拍得好吗?"

乙:"我认为不算好。"

甲:"那就是说,你认为坏了?"

乙:"不,我并没有说坏。"

甲:"说不好就是坏!"

下面哪个选项不可能是对甲、乙对话的正确评价?

(A)甲问话的用意是要求乙作出一个肯定的、明确的答案。

(B)乙的回答前后矛盾。

(C)甲没有把握乙两次回答的真谛。

(D)在乙看来,《末代皇帝》拍得一般。

(E)甲对事物评判一般是采取好与坏两个判定。

【考点】可能性推理中的"评价论证方法型"。

【答案】B

【解析】在好与坏之间还存在着中间的情况,即既不好也不坏的"一般"情况。乙的回答谈不上是前后矛盾,因此,B项不可能是对甲、乙对话的正确评价。而甲在对话中采取了"好"与"坏"必有一个为真的标准,犯了"非黑即白"的逻辑错误。

7.我国的戏剧工作者中,在全国30多个艺术家协会中任职的只有很小的比例。这说明,在我国的艺术家协会中,戏剧艺术方面缺少应有的代表性。

以下哪项是对上述论证最为恰当的评价?

(A)上述论证是成立的。

(B)上述论证不能成立,因为它没有提供准确的比例数字。

(C)上述论证缺乏说服力,因为一个戏剧工作者在艺术家协会中任职,并不意味着他就一定在其中有效地体现戏剧艺术的代表性。

(D)上述论证有漏洞,因为我国的戏剧工作者中,只有很少比例的人在全国艺术家协会中任职,并不意味着其他艺术种类的工作者中有较高的比例在我国艺术家协会中任职。

(E)上述论证有漏洞,因为我国的戏剧工作者中,只有很少比例的人在全国30多个艺术家协会中任职,并不意味着在我国艺术家协会中戏剧工作者只占很少的比例。

【考点】可能性推理中的"评价逻辑漏洞型"。

【答案】E

【解析】本题题干论证存在"数据不可比"的错误。因为很可能我国的戏剧工作者数量很多,而艺术家协会的会员很少,这样在我国的艺术家协会中,戏剧艺术方面就并不缺少应有的代表性。比如,戏剧工作者有 10 万人,而艺术家协会只有 2 000 人。如果戏剧工作者中的 1% 即 1 000 人在艺术家协会中任职,就已经不能说缺乏代表性了。

8.和平基金会决定中止对 S 研究所的资助,理由是这种资助可能被部分地用于武器研究。对此,S 研究所承诺:和平基金会的全部资助,都不会用于任何与武器相关的研究。和平基金会因此撤销了上述决定,并得出结论:只要 S 研究所遵循承诺,和平基金会的上述资助就不再会有利于武器研究。

以下哪项最为恰当的概括了和平基金会上述结论中的漏洞?

(A)忽视了这种可能性:S 研究所并不遵守承诺。

(B)忽视了这种可能性:S 研究所可以用其他来源的资金进行武器研究。

(C)忽视了这种可能性:和平基金会的资助使 S 研究所有能力把其他资金改用于武器研究。

(D)忽视了这种可能性:武器研究不一定危害和平。

(E)忽视了这种可能性:和平基金会的上述资助额度有限,对武器研究没有实质性的意义。

【考点】可能性推理中的"评价逻辑漏洞型"。

【答案】C

【解析】题干断定了 S 研究所遵守承诺是和平基金会的资助不再会有利于武器研究的充分条件。C项则指出了这一条件关系并不能成立。

9.**[2010 年联考]**陈先生:未经许可侵入别人电脑,就好像开偷来的汽车撞伤了人,这些都是犯罪行为。但后者性质更严重,因为它既侵占了有形财产,又造成了人身伤害;而前者只是在虚拟世界中捣乱。

林女士:我不同意。例如,非法侵入医院的电脑,有可能扰乱医疗数据,甚至危及病人的生命。因此,非法侵入电脑同样会造成人身伤害。

以下哪项最为准确地概括了两人争论的焦点?

(A)非法侵入别人电脑和开偷来的汽车是否同样地危及人的生命?

(B)非法侵入别人电脑与开偷来的汽车伤人是否都构成犯罪?

(C)非法侵入别人电脑和开偷来的汽车伤人是否是同样性质的犯罪?

(D)非法侵入别人电脑的犯罪是否和开偷来的汽车伤人一样严重?

(E)是否只有侵占有形财产才构成犯罪?

视频讲解

【考点】可能性推理中的"评价论证焦点型"。

【答案】D

【解析】本题为评价型题目中的争论焦点题。题干中两人的论战集中于论点上。非法侵入别人电脑和开偷来的汽车伤人这两种行为,在陈先生看来后者更严重,因为它会造成人身伤害,但前者不会;但林女士却认为前者同样也会造成人身伤害,所以,这两种行为的犯罪一样严重。D项准确地概括了这一点。C项不准确,因为陈先生并不认为二者的犯罪性质就不同,只是程度不同罢了。A项也不准确,因为该项只说"开偷来的汽车",没有说"伤人"。

第五节　结论型

问法释义

结论型试题是在题干中给出前提,要求推出结论的试题。这种试题可以是严格的逻辑推论,也可以是一般的抽象和概括。

■ **问法归纳**

1. 推出结论型

上述断定/信息/数据最有可能得出/支持以下哪项结论?

以下哪项最为准确地概括了题干所要论证的结论?

以下哪项叙述符合题干的断定?

2. 语义分析型

以下哪项最为恰当地概括了题干所要表达的意思/结论?

从上述陈述可以得出以下哪项结论?

以下哪项作为上述的后续最为恰当?

3. 朴素逻辑型

如果上述断定是真的,以下哪项也一定是真的?

如果上述断定是真的,那么除了以下哪项,其余的断定也必定是真的?

■ **问法举例**

1.**[2020年联考]**某公司为员工免费提供菊花、绿茶、红茶、咖啡和大麦茶5种饮品。现有甲、乙、丙、丁、戊5位员工,他们每人都只喜欢其中的2种饮品,且每种饮品都只有2人喜欢。已知:

(1)甲和乙喜欢菊花,且分别喜欢绿茶和红茶中的一种;

(2)丙和戊分别喜欢咖啡和大麦茶中的一种。

根据上述信息,可以得出以下哪项?

(A)甲喜欢菊花和绿茶。　　(B)乙喜欢菊花和红茶。

(C)丙喜欢红茶和咖啡。　　(D)丁喜欢咖啡和大麦茶。

(E)戊喜欢绿茶和大麦茶。

视频讲解

【考点】结论型试题的"语义分析型"。

【答案】D

【解析】第一步,题型判定。

(1)题干有主体——5位员工,主体信息——5种饮品以及主体的喜好情况。选项给出主体与信息之间的匹配关系。因此,本题属于分析推理。

(2)五个选项主体不相同。因此,本题属于题干信息充分的分析推理。

第二步,解题思路。

(1)找解题切入点:"每人都只喜欢其中的2种饮品,每种饮品都只有2人喜欢,甲和乙喜欢菊花"是特殊信息。

(2)整合题干信息:由①结合"每人都只喜欢2种饮品"可知,甲、乙不喜欢咖啡和大麦茶。又由"每种饮品都只有2人喜欢"可知,喜欢咖啡和大麦茶的人只能在丙、丁、戊中。再结合②可知,丁喜欢咖啡和大麦茶。故D项为正确答案。

2.在西方经济发展的萧条期,消费需求的萎缩导致许多企业解雇职工甚至倒闭。在萧条期,被解雇的职工很难找到新的工作,这就增加了失业人数。萧条之后的复苏,是指消费需求的增加和社会投资能力的扩张。这种扩张需要增加劳动力。但是经历了萧条之后的企业主大都丧失了经商的自信,他们尽可能地推迟雇用新的职工。

上述断定如果为真,最能支持以下哪项结论?

(A)经济复苏不一定能迅速减少失业人数。

(B)萧条之后的复苏至少需要两三年。

(C)萧条期的失业大军主要由倒闭企业的职工组成。

(D)萧条通常是由企业主丧失经商自信引起的。

(E)在西方经济发展中出现萧条是解雇职工造成的。

【考点】结论型试题的"推出结论型"。

【答案】A

【解析】由题干可知,题干重点在最后一句话,题干重点说的是萧条之后的复苏期的事情,所以,C、D、E三项都是讲的萧条期的事情,故都不是结论。从题干最后一句话看,本题着重强调在萧条之后的复苏期,就业人数不会快速增加,失业人数不会快速减少的问题,这个问题只有A项在讲。

3.【2014年联考】孙先生的所有朋友都声称,他们知道某人每天抽烟至少两盒,而且持续了40年,但身体一直不错。不过可以确信的是,孙先生并不知道有这样的人,在他的朋友中也有像孙先生这样不知情的。

根据以上信息,可以得出以下哪项?

(A)孙先生的每位朋友知道的烟民一定不是同一个人。

(B)孙先生的朋友中有人没有说真话。

(C)朋友之间的交流可能会夸张,但没有人想故意说谎。

(D)抽烟的多少和身体健康与否无直接关系。

(E)孙先生的大多数朋友没有说真话。

视频讲解

【考点】结论型试题的"语义分析型"。

【答案】B

【解析】本题为结论型题目。题干中由孙先生的所有朋友称"他们知道某人每天抽至少两盒,而且持续了40年,但身体一直不错",又由"孙先生并不知道有这样的人,在他的朋友中也有像孙先生这样不知情的",说明必然孙先生的朋友中有人明明不知道是否有这样的人,但是说自己认识这样的人,即说了假话。

4.在一盘扑克牌游戏中,某个人的手中有这样一副牌:

Ⅰ.正好有13张牌。

Ⅱ.每种花色至少有1张。

Ⅲ.每种花色的张数不同。

Ⅳ.红心和方块总共5张。

Ⅴ.红心和黑桃总共6张。

Ⅵ.属于"王牌"花色的有2张。

请问:红心、黑桃、方块和梅花这四种花色中,哪一种是"王牌"花色?

(A)红心。　　　　　　　　　　(B)黑桃。

(C)方块。　　　　　　　　　　(D)梅花。

(E)无法推出。

【考点】结论型试题的"朴素逻辑型"。

【答案】B

【解析】该题可以采用代入法。如果红心是"王牌"花色,则据条件Ⅵ可知红心有2张,据条件Ⅴ知黑桃有4张,据条件Ⅳ知方块有3张。根据条件(Ⅰ),得梅花有4张。这样,梅花和黑桃都有4张,与条件Ⅲ发生矛盾。所以,红心不是"王牌"花色。同样,可以确定,方块和梅花也都不是"王牌"花色。将黑桃作为"王牌"花色代入题干,不会出现矛盾。所以,"王牌"花色应该是黑桃。

第二部分　概念与判断

第一章　　　　　　　　　　概　念

第一节　概念简述

概念是反映事物的范围和本质属性的思维形式。人类在认识过程中,从感性认识上升到理性认识,把所感知的事物的共同本质特点抽象出来,加以概括,就成为概念。

一、概念与语词

概念是组成命题的最小单位,表达语句的思想内容。而逻辑中的语词是一种符号,它是用来表示、标志某个对象且符号本身是没有意义的,是概念的形式外壳。一个单词或词组都可以表达一个概念。一个语词表达一个概念,如"家""法""车""药"等,也有用词组表达一个概念的,如"甄嬛体""律师"等。

语词包含两层意思:①只有当我们规定了符号所指代的对象以后,符号才变得有意义。②从表示、标志事物这个意义上来讲,语词与其他的图形、符号甚至是颜色、手势等没有任何区别。

例如:我们可以用一个"字母"来表示一个人,也可以用一个"十字"来表示一种动物。街道上的交通标志是用来表示通行、等待或者禁止通行等规范的,在潜水时是用手语进行交流的。

概念和语词是有区别的。

首先,同一个概念可以用不同的语词来表达。如"偷"和"窃","西红柿"和"番茄"。

例如:"儿子、令郎、犬子"都表示儿子的意思,而语词表达却不相同。"妻子、拙荆、令闻"都是对妻子的描述,语词表达形式不同。"医生""大夫""郎中"都是医生这个职业的不同称呼。

其次,并非所有语词都表达概念,一般只有实词才表达概念,虚词一般不表达概念,但有时,虚词和实词结合也可表达概念,如"当家的"。

最后,同一语词在不同的场合下使用可以表达不同的概念。

例如:"粉丝"既有我们日常生活中的意思,现今又引申为狂热、热爱之意,为影迷、追星族等对明星崇拜的人。

二、概念的内涵和外延

(一)定义

逻辑学中概念研究的问题是反映某一类事物或现象所包含的范围,同时也反映其本质或特征的思维形式,主要是对概念内涵和外延的研究讨论。

内涵和外延是概念的两大重要的逻辑特征。

概念的内涵就是该概念所反映的事物对象所特有的属性。

例如:"商品是用来交换的劳动产品"。"用来交换的劳动产品"就是概念"商品"的内涵。

再如:"国家"这一概念的内涵包括:它是阶级社会中所特有的政治实体,是阶级矛盾不可调和的产物,是统治阶级统治、压迫被统治阶级的工具,是由军队、警察、监狱、法庭、立法机构和行政机构组成的暴力统治机器等。

概念的外延就是该概念所反映的事物对象的数量或范围。

例如:"森林包括防护林、用材林、经济林、薪炭林、特殊用途林",这就是从外延角度说明"森林"的概念。

概念的内涵明确反映事物"是什么",概念的内涵有多有少;概念的外延明确反映事物"有哪些",概念的外延有大有小。

例如:中国人 vs 人。

"中国人"这个概念比"人"这个概念的内涵要多,因为"中国人"除了具有"人"的本质属性以外,还具有中国国籍等属性。而"人"这个概念的外延,比"中国人"这个概念的外延要大。因为人包括了古今中外一切的人,外延极大;"中国人"却只包括具有中国国籍的人,外延比"人"小得多。

再如:"人是懂得使用劳动工具的温血哺乳动物"就是概念的内涵。"人包括男人和女人"。这就是概念的外延。

(二)概念的内涵和外延的关系

概念的内涵和外延具有反变关系,即一个概念的内涵多,外延越小;外延大,内涵越少。反变关系不是数学中的反比例关系,它只是一种大致相反的变化趋势,没有精确的数量关系。

内涵和外延反变关系应用:通过了解概念的内涵和外延间的反变关系,我们就可以对某个概念加以一定的限制(在名词前面加定语,动词、形容词前加状语等),从而使概念的内涵增加、外延缩小。相反,去掉了对某些概念起限制作用的词语,就可以减少概念的内涵,扩大它的外延。

例如:党员→共产党员→中国共产党员→中国模范共产党员(内涵增多,外延缩小)

自然数→整数→有理数→实数→数(内涵减少,外延扩大)

再如:指出下列不合逻辑之处

(1)清晨,温暖又惬意的阳光从地平线冉冉升起。

(2)我从小就喜欢艺术,学过舞蹈、拉丁舞和孔雀舞。

解析:(1)"冉冉升起"的内涵不适用于说明"阳光",用来说明"太阳"是可以的。

(2)"舞蹈"的概念外延大,已经包括了"拉丁舞"和"孔雀舞",三者不能并列。

三、概念的种类

概念按其具体内容可分为许多种类,如"经济学概念""哲学概念""法学概念"等,这些都不是逻辑学研究的内容。逻辑学根据概念内涵与外延的一般特征,将概念分为若干种类,有助于理解概念的内涵和外延。

(一)肯定概念和否定概念

根据概念所反映的对象是否具有某种属性,概念可以分为肯定概念和否定概念。

反映对象具有某种属性的概念叫肯定概念,如"结婚""立法者""正义战争""善良"等。反映对象不具有某种属性的概念叫否定概念,如"未婚""无罪""不善良""非正义战争"等。

从言语的角度看,语词带有"无""非""未"等字样的词语通常表达否定概念,但是带有"无""非""未"等字样的语词表达的不都是否定概念,如"非常""非洲"等,重点要看是否把"无""非""未"等语词当作否定词来用。

(二)集合概念和非集合概念

根据概念所反映的对象是否为集合体,分为集合概念和非集合概念。

集合概念就是以事物的群体为反映对象的概念,例如"建筑群""代表团""森林"等都是集合概念。集合概念涉及的属性适用于所反映的群体,而不适用于该群体内的个体。

例如:人是宇宙间最宝贵的动物。

根据语义,例子中的"人"是集合概念。此时"人"指的是"人类",而"宇宙间最宝贵的动物"这个属性只适用于群体,不能因为张三或者李四是人,就说张三是"宇宙间最宝贵的动物",因为集合概念的属性只适用于群体,而非群体里的个体。

非集合概念是不以事物的群体为反映对象的概念。例如"树""书""代表"都是非集合概念。非集合概念既可适用于它所反映的类,也适用于该类中的每一个个体。

例如:干部是为人民服务的。

其中干部是非集合概念,那么"为人民服务"的属性就可以适用于所有的干部。

在确定一个概念是否是集合概念时,要注意两点:一是具体语境;二是集合概念反映的对象是集合体事物,而不反映一类事物。

注意同一个语词在不同的语境中,有的表达集合概念,有的表达非集合概念。

例如:中国人是黄种人。在这个语境中,"中国人"反映一个类的所有个体都具有"是黄种人"这种属性。所以"中国人"表示非集合概念。

中国人是勤劳勇敢的。在这个语境中,"中国人"反映的集合体的所有个体不一定具有"勤劳勇敢"这个属性。我是中国人,我不一定是勤劳勇敢的。所以"中国人"表示集合概念。

第二节　概念间的关系

依照概念间关系的不同,我们把概念间的关系分成全同、包含(于)、交叉、全异四大类型。表示概念间的关系,我们可以采用两种方法,一是文氏图,二是逻辑语言描述。

所谓文氏图,也叫维恩图,就是用封闭曲线直观地表示集合与集合之间关系,其所直观展示出来的内容就是概念间的各种关系。

所谓逻辑语言,就是用"所有""有些""某个"等量项以及"是""非"等联项组成的语言句。

一、全同关系

(一)含义

全同关系亦称为同一关系。对于任意两个概念 A、B,如果它们的外延完全相同(即所有的 A 是 B,并且所有的 B 是 A),那么,概念 A 与概念 B 之间就具有全同关系。

例如:"鲁迅"与"《狂人日记》的作者","中国"与"当今世界人口最多的国家"就具有全同关系。

(二)文氏图

如图:两个概念 A、B 的所有外延完全相同。

(三)逻辑语言描述

所有 A 是 B,所有 B 是 A。并且,有些 A 是 B,有些 B 是 A 也可以用此图示表明。

(四)全同关系分类

两个概念具有全同关系,只是指它们的外延相同,而内涵却可以相同,也可以不同。

1.外延相同,内涵不完全相同

例如:珠穆朗玛峰 vs 世界最高峰。

解释:因为"珠穆朗玛峰"除了是"世界最高峰"之外,还有许多其他的内涵。

2.外延与内涵都相同

如果内涵与外延均相同,那就是同一个概念了。

例如:番茄 vs 西红柿;诉讼 vs 打官司。

解释:外延相同,内涵也相同,是同一个概念,只是用来表达的语词不同罢了。

二、包含(于)关系

(一)含义

包含关系亦称属种关系。对任意的两个概念 A、B,如果 B 的外延完全在 A 的外延之中,而 A 的外延只有部分与 B 的外延相同(即所有的 B 是 A,而且有些 A 是 B,有些 A 不是 B),就称概念 A 与概念 B 之间具有包含关系;概念 B 包含于概念 A。

(二)文氏图

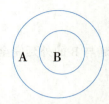

如图:两个概念 A、B 的外延不相同,B 的外延包含在 A 的外延中。

(三)逻辑语言描述

所有 B 是 A,有些 A 非 B。有些 A 是 B,有些 B 是 A 也可以用此图示表示。

例如:学生 vs 大学生。

解释:概念"学生"包含"大学生",因为所有的大学生都是学生,而且,有的学生是大学生,有的学生不是大学生。因此,"学生"包含"大学生","大学生"包含于"学生"(称"学生"为属概念,"大学生"为种概念)。

三、交叉关系

(一)含义

对任意的两个概念 A、B,如果 A 的部分外延与 B 的部分外延相同,B 的部分外延与 A 的部分外延相同,A 的部分外延与 B 的外延不相同,B 的部分外延与 A 的部分外延不相同(即有些 A 是 B,有些 B 是 A,有些 A 非 B,有些 B 非 A),就称 A 和 B 之间具有交叉关系。

(二)文氏图

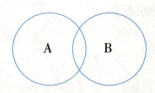

如图:A、B 的外延不相同,A 与 B 的外延有重合的部分。

(三)逻辑语言描述

有些 A 是 B,有些 A 非 B,有些 B 非 A。(注意:"有些 A 是 B"等价于"有些 B 是 A",两个逻辑语句表示概念 A,B 有交集,类似于"你中有我,我中有你"的含义。)

例如:中国人 vs 知识分子。

解释:"中国人"与"知识分子"之间具有交叉关系。因为有的中国人是知识分子,有的中国人不是知识分子,有的知识分子不是中国人。

四、全异关系

(一)含义

对任意的两个概念 A、B,如果 A 的外延与 B 的外延完全不相同(即所有 A 非 B,所有 B 非 A),就称 A 和 B 之间具有全异关系。

(二)文氏图

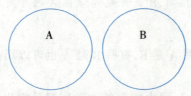

如图:A、B 的外延不相同,A 与 B 的外延没有重合的部分。

(三)逻辑语言描述

所有 A 非 B 或所有 B 非 A(注意:"所有 A 非 B"等价于"所有 B 非 A",都表示两者没有交集)并且,有些 A 非 B,有些 B 非 A 也可用此图示表示。

例如:奇数 vs 偶数;牛 vs 马;集合概念 vs 非集合概念。

解释:"奇数"与"偶数"是全异关系,因为对于任意一个数来说,它是奇数,就不是偶数。这也就是说,所有的奇数都不是偶数,所有的偶数都不是奇数。

同理:"牛"和"马"是全异关系。对于任意一匹马都不能说它既是马又是牛。

"集合概念"与"非集合概念"也是全异关系,两者的外延部分没有任何交集。

【例 1】判断下列两词间的关系并画文氏图。

邓稼先:两弹元勋

手机:iPhone 11

玉米:农作物

鼠标:茶杯

演员:歌手

【考点】文氏图解题方法在题目中的运用。

【解析】①全同关系:"两弹元勋"是赋予邓稼先的荣誉。

②③包含关系:iPhone 11 是手机中的一种,手机包含 iPhone 11 的关系。

玉米属于农作物中的一种,农作物包含玉米。

④全异关系：鼠标和茶杯在外延上没有任何交叉，是全异关系。

⑤交叉关系：存在既可以从事演员工作又可以从事歌手工作的人。演员和歌手间是交叉关系。

【例2】判断下列句子中划线词句的关系。

①莫言,原名管谟业,中国当代著名<u>文学家</u>、<u>剧作家</u>。现任中国艺术研究院文学院院长。2012年10月11日获得2012年诺贝尔文学奖,成为首位获此奖项的中国籍作家。

②<u>昆虫</u>是地球上种类最多的<u>动物</u>。

③《西游记》是中国的<u>小说</u>,也是<u>古代小说</u>,但不是<u>武侠小说</u>。

【考点】文氏图法在解题中的运用。

【解析】①交叉关系。存在既是文学家又是剧作家的可能。

②包含关系。昆虫属于动物中的一种,动物包含昆虫。

③小说与古代小说、武侠小说是包含关系。

武侠小说和古代小说是交叉关系。

【例3】某宿舍住着若干个研究生。其中,一个是黑龙江人,两个是北方人,一个是云南人,两个人这学期只选修了逻辑哲学,三个人这学期只选修了古典音乐欣赏。假设以上的介绍涉及了这寝室中所有的人,那么,寝室中最少可能是几个人? 最多可能是几个人?

(A)最少可能是3人,最多可能是8人。

(B)最少可能是5人,最多可能是8人。

(C)最少可能是5人,最多可能是9人。

(D)最少可能是3人,最多可能是9人。

(E)最少可能是4人,最多可能是8人。

【考点】利用概念之间的关系来解概念之间容斥关系。

【答案】B

【解析】通过分析题干可得,有2个人只选修逻辑,3个人只选修了古典音乐欣赏,属于全异关系,最少要5人;此外,关键要把握黑龙江人属于北方人,那么最多不可能为9人,只能为8人。

【例4】某大学某寝室中住着若干个学生,其中,一个是吉林人,两个是北方人,一个是广东人,两个研究哲学,三个研究历史。因此,该寝室中恰好有8人。

以下各项关于该寝室的断定是真的,都能加强上述论证,除了:

(A)题干中的介绍涉及了寝室中的所有的人。

(B)广东学生在研究哲学。

(C)吉林学生在财经系。

(D)研究历史的都是南方人。

(E)没有北方的学生在研究哲学。

【考点】利用概念之间的关系来解概念之间容斥关系。

【答案】B

【解析】由题干可知:(1)找必然包含的关系:两个北方人必然包含一个吉林人,因此这两个概念确定的就是2个人;(2)找必然全异的关系:两个北方人(其中包含一个吉林人)和一个广东人必然全异,所以已经确定了3个人;(3)此时两个研究哲学、三个研究历史不能确定关系。本题已经告诉我们学生一共有8人,那么我们就知道两个研究哲学的和三个研究历史的关系全异且和前面确定的三个人也是全异。而B项出现两个概念重合了,所以B项与题干矛盾。

习题精练

1.概念 A 与概念 B 有交叉关系,当且仅当

(1)存在对象 X,X 既属于 A 又属于 B。

(2)存在对象 Y,Y 属于 A 但不属于 B。

(3)存在对象 Z,Z 属于 B 但不属于 A。

根据上述定义,以下哪项画横线的词语之间有交叉关系?

(A)国画按题材分为人物画、花鸟画、山水画;按技法分为工笔画、写意画等等。

(B)《盗梦空间》除了是最佳影片的有力争夺者外,它在技术类奖项中也将有所收获。

(C)阳光小学 30 岁的食堂总经理为改善伙食,在食堂放了意见本,征求学生们的意见。

(D)在微波炉清洁剂中加入漂白剂,就会释放氯气。

(E)高校教师包括教授、副教授、讲师和助教等。

2.参加某国际学术研讨会的 60 名学者中,亚裔学者 31 人,博士 33 人,非亚裔学者无博士学位的 4 人。

根据上述陈述,参加此次国际研讨会的亚裔博士有几人?

(A)1 人。　　　　(B)2 人。　　　　(C)4 人。

(D)7 人。　　　　(E)8 人。

答案与解析

1.【考点】利用概念之间的关系来求解容斥关系。

【答案】A

【解析】本题考查概念之间关系。题干是关于交叉关系的严格定义。A 项中"人物画"和"工笔画"两个概念之间存在的是交叉关系。B 项中,"盗梦空间"与"最佳影片"之间是真包含于关系。C 项中,"阳光小学 30 岁的食堂总经理"与"学生们"之间是全异关系。D 项中,"微波炉清洁剂"与"氯气"之间是全异关系。E 项中,"高校教师"和"教授"之间是真包含关系。

2.【考点】概念之间的关系和计算法。

【答案】E

【解析】亚裔学者 31 人,博士 33 人,非亚裔学者中无博士学位 4 人,这三者加起来是 68 人,但实际总人数只有 60 人。亚裔学者和博士两个概念之间为交叉关系,这两个概念和非亚裔学者中无博士学位者之间都是全异关系。这说明,既是亚裔学者又是博士即亚裔博士有 8 人。也可以通过运用计算

法来求解。设亚裔博士有 x 人，则可列方程如下：$31+33-x+4=60$，解这个方程，可得：$x=8$。

知 识 点 拨

"偷换概念"的问题。

含义：偷换概念是将一些貌似一样的概念进行偷换，实际上改变了概念的修饰语、适用范围、所指对象等具体内涵。

偷换概念是一个歪曲对手言论的逻辑谬误。犯下此谬误者会把对方的言论重新塑造成一个容易推翻的立场，然后再对此立场加以攻击。偷换概念可以是修辞学的技巧，也可以用来对人们作出游说，但事实上，这只是误导人的谬误，因为对方真正的论据并没有被推翻。

例如：J.K.罗琳是当代著名的魔幻小说家，她的著作不是一天能读完的，《哈利·波特与魔法石》是 J.K.罗琳的著作，因此，《哈利·波特与魔法石》不是一天能读完的。

题干犯了偷换概念的错误。"J.K.罗琳的著作不是一天能读完的"中"J.K.罗琳的著作"是一个集合概念，泛指 J.K.罗琳所写的所有书籍，而"《哈利·波特与魔法石》是 J.K.罗琳的著作"中的"J.K.罗琳的著作"是个体概念，两者的外延不同。

本章内容之所以要着重讲解集合与非集合概念之间的区别，就是为了使大家能通过掌握本章内容避免"偷换概念"的错误。

第二章　命题(判断)

考生们,在过去的生活中,你们一定听说过"命题",也许是在数学课堂上,也许是在某次考试中。你可能曾经纠结过命题的真假性,也可能曾经忙碌于各种命题的关系转换。但是,你是否认真地了解过命题,是否认真地思考过命题?

命题究竟是只存在于书本中,还是也存在于生活中?

人们日常所说的话,到底有多少是命题?

命题到底有多少种?

原命题、负命题、逆否命题存在着怎样的关系?

直言命题、复言命题、模态命题究竟都是什么?

所有的疑问,待学完本章,将一一明了。你一定会对命题,对逻辑产生全新的认知。

第一节　命题概述

命题,也称判断,它与我们的日常生活是息息相关的。它不仅存在于书本中,更是生活中不可缺少的部分。当然,命题与我们日常所说的话又不是完全等同的。语句不一定都是命题,但是命题一定是语句的一类。

一、含义及形式

(一)含义

在逻辑学中,命题就是表示判断或断定的语句,命题的特点是具有真假性。

例如:"我是谁?""今年的管理类联考综合能力考试难不难?"这都不能称之为命题。

(二)命题形式

命题通常会以三种形式出现:陈述句、感叹句、反问句。祈使句、疑问句因其无法做出一定的判断而不能成为命题。

例如:"我是一个幸福的人。"　　　　　陈述句

"我是一个幸福的人啊!"　　　　　　感叹句

"难道我不是一个幸福的人吗?"　　　反问句

"让我成为一个幸福的人吧!"　　　　祈使句

"我是一个幸福的人吗?"　　　　　　疑问句

前三句陈述句、感叹句、反问句均表示一种判断,属于命题,而后两句祈使句、疑问句则没有判断,不能称之为命题。因此,区分命题语句与非命题语句最简单的方法就是看它是不是表示一种判断。

(三)表达方式

一个命题可以用不同的语句表达。

例如:任何人都是要呼吸的。没有人是不呼吸的。不呼吸的人是没有的。难道有不呼吸的人吗?

命题是逻辑推理的基础。接下来,我们先来从宏观上了解一下命题间的几种关系。

二、命题间关系

(一)逆否关系

对于一个已经给出的命题,我们将之称为原命题,通过演变可得其逆命题、否命题和逆否命题。

1.几种命题

原命题:指命题本身。

示例:若 A,则 B;A→B。

逆命题:将原命题的条件变成新命题的结论,原命题的结论变成新命题的条件。

示例:若 B,则 A;B→A。

否命题:对原命题的条件与结论分别予以否定。

示例:若非 A,则非 B。非 A→非 B。

逆否命题:在原命题基础上,先分别对原命题的条件与结论予以否定,而后将否定后的条件变成新命题的结论,否定后的结论作为新命题的条件。

示例:若非 B,则非 A。非 B→非 A。

2.条件

不是所有的命题都可以进行逆否命题的转换。那么,在什么情况下,我们能对命题进行逆否转换呢?

(1)在命题中含有"A 是 B"的判定(A 周延,如所有 A、某个 A 等);

(2)在命题中存在 A、B 间的推出关系。

例如:"所有的研究生都有大学学历"(所有 A 是 B)

"朱德将军是我国的开国元勋"(某个 A 是 B)

"如果你去看电影,那么我也去看电影。(A 推出 B)"

"只有全心全意为人民服务,才是合格的共产党员。(B 推出 A)"

在这几种命题之间,命题之间的关系是我们最需要重视的,也是最需要掌握的,它主要涉及两个难度,一种是各命题之间的相互转换,一种是各命题间的真假关系。

3.命题间推理规则

(1)两个命题互为逆否命题,它们有相同的真假性。

(2)两个命题为互逆命题或互否命题,它们没有必然的真假性。

换句话讲:原命题与逆否命题同真同假,逆命题与否命题同真同假。

"我是中国人"	原命题	真
"中国人是我"	逆命题	无法判断
"不是我就不是中国人"	否命题	无法判断
"不是中国人就不是我"	逆否命题	真

此时若原命题为真,则可以判断逆否命题也为真,但其否命题和逆命题的真假性则需要结合具体情况来判断。

(二)矛盾关系

"矛盾"是我们生活中常用的词语,提起矛盾,大家都会自然地想到历史上著名的故事"自相矛盾",讲述的就是世界上最锋利的矛和世界上最坚固的盾不可能同时存在。这样的例子在我们生活中比比皆是。

那么我们首先来通过例子,直观地感受一下生活中的矛盾。

范进在参加京试之前,向丈人胡屠户借盘费,遭到胡屠户的一顿臭骂:"这些中举的老爷们都是天上的'文曲星',你不看见城里张府上那些老爷,都有万贯家私,一个个方面大耳,像你这尖嘴猴腮,也该撒泡尿自己照照!"后来,范进中举后,胡屠户判若两人。他不仅恭维范进是"天上的星宿",而且说:"我这贤婿,才学又高,品貌又好,就是城里张府、周府这些老爷,也没有我女婿这样一个体面的相貌。"

在这则故事当中,胡屠户前后针对范进的两种评价,出现了截然不同的状况,这两种不同的评价,在生活中就被称之为矛盾的两种说法。

生活中,我们称为矛盾的两种事物,通常就表示二者是不同的。那么,如果将这种思维代入到逻辑当中,会不会完全一致呢?我们再来看个故事。

有一天,毛拉碰到阿凡提说:"女人的话任何时候都听不得。"阿凡提说:"这可怎么办呢?今早我女人说要把两只肥羊送给你,现在不送了吧!"毛拉愣了半天说:"有时候可以听。"

这时候大家可以想一想,"有时候可以听"和"任何时候都听不得"是什么关系?

如果你认为是矛盾的话,那么如果毛拉此时说的话变成以下这两句:

(1)任何时候都得听。

(2)有时候可以不听。

这两句话和"任何时候都听不得"又是什么关系呢?

1.矛盾的定义

以上小故事讲述了生活中的矛盾关系,即情况不同的两种事物就可称之为矛盾,那么逻辑上呢?在逻辑学上,对矛盾的定义比生活中更为严格,要求更多。

逻辑学上的矛盾,是指对于同一个事物的描述只分为A、B两种情况,而且A和B不能同时发生,那么A和B就是互为矛盾的。如图所示:

图中A和B相加涵盖了事物发生的全部可能,但是又没有交集,是非此即彼的关系。即 $A \cup B = \Omega$;$A \cap B = \varnothing$。

在日常生活中矛盾的例子很多。

例如:

"死"&"不死",

"下雨"&"不下雨",

"红色"&"非红色",

"说谎"&"没说谎",

"考试达线"&"考试没达线",

"每个恋曲都有美好回忆"&"不是每个恋曲都有美好回忆",

"班上所有同学都吃了早饭"&"并非班上所有同学都吃了早饭"。

仔细观察上述例子,大家会发现,"死"和"不死"互为矛盾,二者的区别在于后者加上了"不"字,"下雨"和"不下雨"互为矛盾命题,区别同样在于"不"字……

以上每个例子,无论是概念,还是命题,在寻找其矛盾的过程中,都做了一样的转换,即在这个概念或命题前,加上表示否定的词语,如"不""没"等,这些否定的词语,我们都可以用"并非"来代替。由此得出:对 A 进行矛盾转换,只需在 A 前加上"并非"即可。值得注意的是,"并非"表示对整个概念或命题的否定。

了解了矛盾转换的方法,我们再来看个例子。

例如:"并非每个孩子都有快乐的童年"。

对其进行矛盾转换,在原命题前加上"并非"二字,即为"并非'并非每个孩子都有快乐的童年'",双重否定等于肯定,那么两个"并非"就可以抵消,命题变为:

"每个孩子都有快乐的童年"。

观察这两个命题发现:已经含有"并非"的命题进行矛盾转换,只需将其句前的"并非"去掉即可。

点拨 矛盾的转换方法,一种是在原命题不变的情况下,直接在句首加上"并非"即可。一种是在原命题已经包含"并非"等词语的情况下,直接去掉"并非"即可。

【例】写出以下句子的矛盾命题。

(1)小昕会做蛋糕。

(2)小雯拿了老师的教案。

(3)并非小超是近视眼。

(4)并非所有的动物都食肉。

【考点】矛盾的转换方法。

【答案】

(1)并非小昕会做蛋糕。

(2)并非小雯拿了老师的教案。

(3)小超是近视眼。

(4)所有的动物都食肉。

【解析】以上 4 个题目中,前两个命题不含有"并非",在命题前加"并非"即可,后两个命题含有"并非",去掉并非即可。

2.矛盾的性质

通过上节内容,我们学会了寻找命题的矛盾命题,那么原命题和矛盾命题之间,有什么关系?我们一起来探讨一下。

例如:"小雯是优秀员工"&"并非小雯是优秀员工"。

以上两个命题互为矛盾命题,如果"小雯是优秀员工"为真,那么后者肯定为假,如果"并非小雯是优秀员工"为真,那么小雯就一定不可能是优秀员工。两个命题一真一假。

又如:"我国所有的城市空气污染都很严重。"&"并非我国所有的城市空气污染都很严重。"

这两个命题也是互为矛盾命题。如果"所有的城市空气污染都很严重"为真,那么后者说并非是此情况,就一定为假。如果"并非我国所有的城市空气污染都很严重"为真,也就是说"至少有一个城市空气污染不严重",那么前者"所有的城市空气污染都很严重"的说法就必然为假。

据此,我们可以看出,矛盾具有一个非常重要的性质,即:互为矛盾的两个命题,必有一真一假。

当然,要想进一步深入了解矛盾的性质,在逻辑学当中就还有一些我们不得不说的基本原理,这些基本原理包括:同一律、矛盾律、排中律和充足理由律等。我们首先来介绍一下这些原理。

3.基本原理

(1)同一律。同一律是指,在同一思维过程中, 每一思想与其自身同一。即每一概念、命题和其他思维形式,都保持一贯性和确定性。违反同一律的逻辑错误中,较为常见的是混淆或偷换概念。

例如：群众是真正的英雄。我是群众。所以，我是真正的英雄。

在这个推理中，两个前提中的群众不是同一概念，第一个"群众"是集合概念，第二个"群众"是非集合概念。

(2)矛盾律。矛盾律是指，在同一思维过程中，某个事物不可能在同一方面既是这样，又不是这样。也可以表述为：在同一思维过程中，两个互相矛盾的命题，不能同真。

矛盾律要求：不能同时肯定两个互相矛盾的命题，必须否定其中之一。违反这一要求的逻辑错误，会"自相矛盾"。

例如："自相矛盾"这个成语中，贩卖人的话：我的矛能够刺穿所有的盾；且我的盾能够防御所有的矛。因为前后话语的内容是相互矛盾的，所以不能同时成立。

(3)排中律。排中律是指，在同一思维过程中，对同一事物互为矛盾关系的两种描述，必有一真，不能同时为假。即互为矛盾的两个命题不能同假，必有一真。

排中律要求：不能同时否定互为矛盾关系的两个命题，必须肯定其中之一。违反排中律的逻辑错误，成为"矛盾两不可"，即对两个矛盾命题都否定。

例如：A:亚里士多德是一个智者。

B:这么说是错的。

A:那么亚里士多德不是一个智者了？

B:这么说也不对。

上述对话中所犯的逻辑错误就是违反了排中律，同时否定了互相矛盾的两个命题。排中律的基本要求就是：不存在中间状态。

了解了这些基本原理之后，我们再来深入理解一下矛盾的性质，前文已经提到过，矛盾的性质是"互为矛盾的两个命题必有一真一假"，我们就来作具体讲解。

4.矛盾的推理原则

互为矛盾的两命题必有一真一假。

首先，根据矛盾律规定：两个互相矛盾的命题不能同真，必有一假，因为互为矛盾的两个命题彼此之间是不相交的，没有重合的部分。否则，就会犯"自相矛盾"的逻辑错误。

我们在日常说话、写文章时不太注意思想的一贯性，就会出现此种逻辑矛盾。

例如：(1)今天会下雨，但是也可能不下。

(2)实践固然是检验真理的唯一标准，但马列主义也是检验真理的标准。

例子中前后两句话互为矛盾命题，但放在一句中试图使其都真，犯了"自相矛盾"的错误，是不可行的。

其次，根据排中律规定：两个互相矛盾的命题不能同假，必有一真。因为互为矛盾的两个命题加起来涵盖了事物发生的所有情况，不可能两种都不是。否则会犯"两不可"的错误。

例如：考试前小明去小卖铺买文具，让售货员帮他拿一支笔。

售货员问道："你要的是红笔吗？"

小明："不，我不要红笔。"

售货员："那你不要红笔了？"

小明："也不是，我复习还是要用红笔的。"

例子中"要红笔"和"不要红笔"互为矛盾命题，小明试图同时否定二者，犯了"两不可"的错误，是不可行的。

总的来说，矛盾律和排中律共同要求了互为矛盾的两个命题既要必有一真，也要必有一假，因此互为矛盾的两命题必有一真一假。

【例】"并非小袁穿的是黑色的衬衫"。

如果以上陈述为真，那么以下哪个选项一定为假？

(A)小袁穿的是白色的衬衫。

(B)小袁穿的是黑色的衬衫。

(C)小袁穿的是黑色的毛衣。

(D)小袁穿的是白色的毛衣。

(E)小袁没穿衬衫。

【答案】B

【解析】从问法看，题干为真，找为假的选项，根据互为矛盾的两命题必有一真一假，因此，此题目考查的就是矛盾的转换。题干"并非小袁穿的是黑色的衬衫"已经含有"并非"，那么，只需将其去掉，就可得到矛盾命题，选择B。而其余的选项均可真可假。

（三）上反对关系

本章开始的时候，我们给大家讲了胡屠户对范进的两种评价，当时我们提到，这两种截然不同的评价，在生活中被称之为矛盾，而事实上它又不符合逻辑上的矛盾。那么这两种评价之间到底是什么关系呢？其实，大家在生活中经常认为的矛盾关系，有很大一部分就是上反对关系。

1.定义

在逻辑学中，上反对关系是指对于同一个事物的描述 A 与 B 不包含事物可能发生的所有情况，并且 A 和 B 不能同时发生。如阴天和晴天，二者不能包含所有的天气情况，且又不可能同时发生，就为上反对关系。如图所示：

图中，A 和 B 相加不能涵盖事物发生的全部可能，且又没有交集，不可能同时成立。即 $A \cup B \neq \Omega$，$A \cap B = \varnothing$。

生活中常见的上反对关系也有很多。

例如：

"高"&"矮"，

"漂亮"&"丑陋"，

"黑色"&"白色"，

"咖啡"&"红茶"，

"黎明"&"黄昏"，

"小孩"&"老人"。

仔细观察上述例子，"高"和"矮"并不能概括身高的所有情况，还有中等身高的人群存在，但是"高"和"矮"又是两种完全不同的情况，二者不是矛盾关系，只能称之为"上反对"。同样，"漂亮"和"丑陋"只是长相中两种不同的情况，但不涵盖所有长相。以上各例中前后两项之间，均为上反对关系。

2.上反对的性质

我们已经知道"黑色"和"白色"互为上反对关系，那么上反对关系有什么样的性质呢？

"黑色"和"白色"作为颜色中的两种，并不涵盖所有的颜色，且两种颜色是不能共存的。一个物体的颜色，若"黑色"为真，则"白色"为假；若"白色"为真，则黑色为假；若物体是除黑色和白色外的其他颜色，那么这个物体是黑和白的两种情况就都为假了。

再比如说，对人群的分类，若一个人是"小孩"，那么就一定不是"老人"，若他是"老人"，那么就一定不是"小孩"，如果他是"中年人"，那么就既不是"老人"，也不是"小孩"，所以"老人"和"小孩"中，必定有一种情况是假的，还可能同假。

通过以上两个例子，我们可以得出：若 A、B 互为上反对关系，则二者必有一假，可以同假，但不能同真。

（四）下反对关系

1.定义

逻辑学中，下反对关系是指对同一个事物的描述 A 与 B 涵盖了事物可能发生的所有情况，且 A 与 B 可以同时发生。如图所示：

图中，A 和 B 相加涵盖了事物发生的全部可能，并且出现了交叉部分。即 $A \cup B = \Omega$，$A \cap B \neq \varnothing$。

在生活中，学好下反对关系同样也很重要。我们来看个例子。

例如：全班 100 个同学都去参加今年的管理硕士考试。小雯和小袁对小玲所考的名次进行猜测。小雯说："小玲能考我们班前 80 名。"小袁说："小玲能考我们班后 80 名。"

这两种说法之间，就是下反对关系。因为小雯和小袁的猜测，涵盖了所有的 100 个名次，并且两种猜测中出现了重合部分。

2.下反对的性质

下反对同上反对一样，也存在着一些特殊的性质。我们从前边提到的例子讲起。

"小玲能考前 80 名"和"小玲能考后 80 名"是下反对关系，那么当小玲考前 20 名时，小雯的说法对，小袁的说法错；当小玲考后 20 名时，小袁的说法对，小雯的说法错；当小玲考中间的 60 个名次的时候，小雯和小袁的说法就都对了。

由此我们可以看出，无论小玲考哪个名次，小雯和小袁的说法始终有一个人是对的，并且有可能都对。所以，我们得出下反对的性质：

若 A、B 互为下反对关系，则二者必有一真，可以同真，但不能同假。

第二节　命题的分类

关于命题的分类，根据是否包含"可能""必然"等模态词，命题可分为模态命题和非模态命题。非模态命题可分为直言命题和复言命题。复言命题又分为联言命题、选言命题和假言命题。具体可用以下框架图表示：

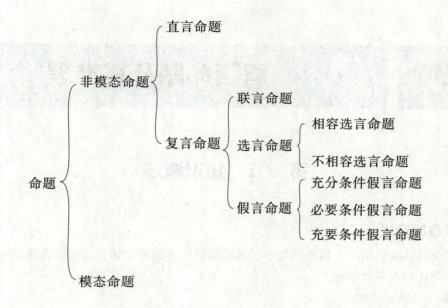

第三章　直言命题及其推理

第一节　知识概述

一、直言命题定义

所谓直言命题就是表示一个判断的句子。其在结构上不能再分解出其他的命题。

例如:"科学证明水可以导电。"

"有些老师光荣地成了党员。"

"所有的猴子都是动物。"

"所有的考生都不真正懂逻辑。"

以上这些句子均表示一个判断,属于直言命题。

注:这里"所有 & 有些"需要引起我们的注意。

"所有"的解释和生活中的理解是一致的,即全部、一个不落;

"有些"的解释和生活有所差别。比如我说,"有些学员是男生",这句话包含三层含义:①表示有一部分是男生;②表示所有人都是男生;③某一个是男生。其实,"有些"应该解释为"至少有一个",就是"有"的意思,至于有多少,题干没说,那就存在不同的可能性。

二、直言命题结构

以"所有的猴子都是动物"为例。在这里我们称主语"猴子"为主项,宾语"动物"为谓项。联结主项和谓项,并表示判断的"是"称为直言命题的联项。命题中对主项在数量上进行定性的"所有"称为直言命题的量项。

当然,在直言命题的结构中,联项除了表肯定的"是",还有表否定的"非"。而量项除了"所有",还有"有些""某个"。

下面我们来解释一下什么是主项、谓项、联项和量项。

主项:命题中反映断定的对象的概念。

例如:"科学技术是生产力"中的"科学技术"就是主项。

谓项:命题中表示事物的性质或事物之间的关系的概念。

例如:"按劳分配是社会主义的分配原则"中的"社会主义的分配原则"就是谓项。

量项:对主项的范围大小进行限定的词语。

例如:所有恋爱中的人都是真诚的。其中"所有"就是对主项"恋爱中的人"在数量上进行限制,是量项。

联项:连接主项和谓项的判断性词语。逻辑中常用词汇为:"是""非"。

综上所述,一个直言的命题结构大致可以分解为以下几部分:

量 项	+	主 项	+	联 项	+	谓 项
例如: 所有的		猴子		是		动物
所有的		人类		不是		天生善良的
有 些		蝙蝠		是		能飞的
有 些		蘑菇		不是		可以食用的
某 个		孩子		是		调皮的
某 个		学生		不是		认真听讲的

由上述例子不难发现,能充当主项和谓项的词语是无穷无尽的,且主项谓项并不能决定该命题的类型;相反,量项和联项才是决定命题种类的关键。因此,这里我们重点把握的就是直言命题的量项和联项,并且能够在众多不同类型的命题中快速识别出此类命题就是直言命题。

根据以上所提到的三个量项"所有""有些"和"某个",以及两个联项"是"和"非",直言命题可以分为六种形式。

三、直言命题分类

直言命题按照量项、联项的组合可以分为以下六种:

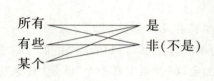

所有 A 是 B;
所有 A 非 B;
有些 A 是 B;
有些 A 非 B;
某个 A 是 B;
某个 A 非 B。

所有 A 是 B:表示所有主项都具备谓项描述的性质或关系。

例如:所有的中国人都是炎黄子孙。

所有 A 非 B:表示所有主项都不具备谓项描述的性质或关系。

例如:全世界人民都不希望战争。

有些 A 是 B:表示至少有一个主项具备谓项所描述的性质或关系。

例如:有些日本人妄图篡改历史。

有些 A 非 B:表示至少有一个主项不具备谓项所描述的性质或关系。

例如:有些大学生没有参加考试。

某个 A 是 B:表示某个主项具备谓项所描述的性质或关系。

例如:彼得·汉德克是 2019 年度诺贝尔文学奖获得者。

某个 A 非 B:表示某个主项不具备谓项所描述的性质或关系。

例如:鲁迅并不是一位政治家。

【例】判断下列命题的基本形式。

1.全班同学都没参加毕业晚会。　＿＿＿＿＿＿＿＿＿

2.公司有人没通过考核。　＿＿＿＿＿＿＿＿＿

3.中国人大部分是汉族人。　＿＿＿＿＿＿＿＿＿

4.所有的公务员都信仰马列主义。　＿＿＿＿＿＿＿＿＿

5.运动员张杨是国家的骄傲。　＿＿＿＿＿＿＿＿＿

6.小明不是三好学生。　＿＿＿＿＿＿＿＿＿

【考点】对命题形式的判断。

【答案】1.所有 A 非 B;2.有些 A 非 B;3.有些 A 是 B;4.所有 A 是 B;5.某个 A 是 B;6.某个 A 非 B。

第二节　直言命题的推理

一、直言命题的矛盾关系

在"命题"的章节中,我们曾提到过命题的矛盾关系,其中重点讲到了矛盾的转换方法,即加"并非",那么在直言命题的六种形式当中,又存在着怎样的矛盾关系呢,我们一起来探讨。

(一)三大矛盾关系

1."所有 A 是 B"和"有些 A 非 B"

对"所有 A 是 B"进行矛盾转换,首先加"并非",变为"并非所有 A 是 B","并非所有 A 是 B"的意思就是"至少有一个 A 非 B",前边章节中讲到过,"至少有一个"就是"有些"的意思,那么"至少有一个 A 非 B",就是说"有些 A 非 B"。这样,我们就得到:

"所有 A 是 B"和"有些 A 非 B"互为矛盾。

例如:"所有代表都参加了会议。"&"有些代表没有参加会议。"

求"所有代表都参加了会议"的矛盾,最简单的方法,即在句前加"并非",即"并非所有的代表都参加了会议"。也就是说"至少有一位代表没参加会议","至少有一个"就是"有些",所以就是"有些代表没参加会议"。故"所有代表都参加了会议"的矛盾可表示成"有些代表没参加会议"。

> **点拨** 从这个例子中,我们可以得知,"所有 A 都是 B"求矛盾,不仅可以给这个命题加上"并非",还有另外一种方法,将"所有"变"有些","是"变"非"。接着再看另外两组矛盾关系。

2."所有 A 非 B"和"有些 A 是 B"

同样,对"所有 A 非 B"进行矛盾转换,首先加"并非",变为"并非所有 A 非 B","并非所有 A 非 B"的意思就是"至少有一个 A 是 B","至少有一个"就是"有些"的意思,那么"至少有一个 A 是 B",就是说"有些 A 是 B"。这样,我们就得到:

"所有 A 非 B"和"有些 A 是 B"互为矛盾。

例如:"所有人都不是彻底无私的。"&"有些人是彻底无私的。"

求"所有人都不是彻底无私的"的矛盾,最简单的方法,即在句前加"并非",即"并非所有人都不是彻底无私的"。也就是说"至少有一个人是彻底无私的","至少有一个"就是"有些",所以就是"有些人是彻底无私的"。故"所有人都不是彻底无私的"的矛盾可表示成"有些人是彻底无私的"。

3."某个 A 是 B"和"某个 A 非 B"

"某个 A 是 B"的矛盾,就是"并非某个 A 是 B",即"某个 A 不是 B"。

例如:"王群获得了此次年度峰会的发言权。"&"王群没有获得此次年度峰会的发言权。"

"王群获得了此次年度峰会的发言权",矛盾为"并非王群获得了此次年度峰会的发言权"。即"王群没有获得此次年度峰会的发言权"。

(二)二次矛盾

在直言命题的矛盾关系中,除了对直言命题进行一次矛盾转换外,我们往往还会碰到求"等价命题"的问法。如,"求与已知陈述意思相同的选项","根据以上表述下列理解正确的是","以上论述为真,以下哪项也一定为真"等。这就涉及了求直言命题的等价命题,我们往往采用"二次矛盾"的方法,即"对原命题进行两次矛盾转换,得到的命题与原命题等价"。

前边的章节中,我们曾讲过如果 A 和 B 互为矛盾命题,那么 A 的矛盾即为 B,这时,若再对 B 进行矛盾转换,即为 A,又变回了本身。所以我们得出"二次矛盾即为本身"的结论。

例如:所有的猴子都是灵活的。

对其进行矛盾转换主要有两种形式:

(1)并非所有的猴子都是灵活的。

(2)有些猴子不是灵活的。

要寻找其等值命题,就必须进行二次矛盾的转换。即将两种矛盾转换方式同时应用于一个命题。所以,得到"并非有些猴子不是灵活的"与原命题等价。

再如:并非所有的植物都是自由移动的。

进行矛盾转换有两种方式,一种是去掉"并非",一种是将"所有是"变为"有些非"。求等值命题,就需要先后进行两次矛盾转换,得到"有些植物不能自由移动"即为等值命题。

(三)矛盾关系应用

通过以上内容,我们对直言命题矛盾关系的基本知识有了一定的掌握,然而仅有这些理论知识是不够的,更重要的是要学会应用矛盾的性质解题。

对矛盾性质应用最多的,就是"通过一次矛盾或者二次矛盾得推论"的问题,下面我们就通过例题,从这两个方面来学习具体题目的解法。

1.一次矛盾的应用——直言命题三大矛盾关系的应用

【例 1】若"无商不奸"为假,则以下哪项一定为真?

(A)所有商人都是奸商。 (B)所有商人都不是奸商。

(C)并非有些商人不是奸商。 (D)并非有些商人是奸商。

(E)有些商人不是奸商。

【答案】E

【解析】由题干可知,已知陈述为假,求真,这里就需要运用到"直言命题的矛盾关系"。"无商不奸"即"所有的商人都是奸商",将"所有是"变成"有些非",得"有些商人不是奸商"。

【例 2】明光路社区发现有保姆未办暂住证。

如果上述断定为真,则以下哪项不可能为真?

Ⅰ.明光路社区所有保姆都未办暂住证。

Ⅱ.明光路社区所有保姆都办了暂住证。

Ⅲ.明光路社区有保姆办了暂住证。

Ⅳ.明光路社区的保姆陈蓝英办了暂住证。

(A)仅仅Ⅰ。 (B)仅仅Ⅱ。

(C)仅仅Ⅰ和Ⅲ。 (D)仅仅Ⅱ和Ⅲ。

(E)仅仅Ⅱ、Ⅲ和Ⅳ。

【答案】B

【解析】题干求"不可能为真"其实就是求"一定为假",即求原命题的矛盾命题。根据题干"有保姆未办暂住证"为真,由矛盾的性质可得它的矛盾命题"所有保姆都办了暂住证"确定为假,其他的都无法确定推出,真假不确定。

2.一次矛盾的应用——真假话问题

【例3】小李、小王、小白和小孙是同班同学。针对一次考试,四人进行了如下预测:

小李说:"我们班同学考试都及格了。"

小王说:"小孙考试没及格。"

小白说:"我们班有人考试没及格。"

小孙说:"小王考试也没及格。"

已知只有一人说假话,则可推断以下哪项断定是真的?

(A)说假话的是小李,小王考试没及格。

(B)说假话的是小王,小白考试没及格。

(C)说假话的是小白,小孙考试没及格。

(D)说假话的是小孙,小王考试及格了。

(E)说假话的是小李,小白考试没及格。

【答案】A

【解析】该题就是属于典型的真假对错类问题。由题干可知,小李和小白的话矛盾,必有一假。所以小王和小孙的话都是真话。这样可以推出"小孙没有及格,小王没有及格"的信息,所以,小李说的话是假话。

【总结】分析此类问题,通常需要注意三个步骤:一是发现矛盾,即哪两个命题之间具有矛盾关系;二是绕开矛盾,即只要知道矛盾在哪里就可以了,一定不要首先去考虑矛盾之间到底谁真谁假,不能首先陷入矛盾之中;三是超越矛盾,即从矛盾之外的命题的真或假来进行推理。

3.二次矛盾的应用

【例4】假设"并非无商不奸"为真,则以下哪项一定为真?

(A)所有商人都是奸商。　　　　　　(B)所有商人都不是奸商。

(C)并非有些商人不是奸商。　　　　(D)并非有些商人是奸商。

(E)有些商人不是奸商。

【答案】E

【解析】已知陈述为真,求真,这里就需要运用到"二次矛盾得本身"的性质。去掉题干中句首的"并非"为第一次矛盾,"无商不奸"即"所有的商人都是奸商",再次将"所有是"变成"有些非",为第二次矛盾,得"有商人不是奸商"。

【总结】值得注意的是,在真题中考查矛盾这一知识点时,都不会直接以"题干的矛盾是什么"这样的问法出现,而会通过不同的问法进行同义转换,如问"已知题干论述为真,以下哪项确定为假""如果上述判断为假,以下哪项判断必然为真"等等,此时是"已知真,求假"或"已知假,求真"这类问法,也就是说在提问方式中体现出了真假、对错、是非的,往往是求题干语句中的矛盾命题;如问"若以上陈述为真,据此可推断出以下哪项为真""假设题干论述为真,以下哪项断定成立""已知……是正确的,由此可见"等等,则是"已知真,求真"或"已知假,求假"的一类真假、对错、是非问题,此类题大都是求与题干意思相同的,需要通过二次矛盾去转化。大家要学会总结归纳,互相变通。

▍习题精练

1.某金库发生了失窃案,公安机关侦查确定,这是一起典型的内盗案,可以断定金库管理员甲、乙、丙、丁四人中至少有一人是作案者。办案人员对四人进行了询问,四人的回答如下:

甲:"如果乙不是窃贼,我也不是窃贼。"

乙："我不是窃贼,丙是窃贼。"

丙："甲或者乙是窃贼。"

丁："乙或者丙是窃贼。"

后来事实表明,他们四人中只有一人说了真话。

根据以上表述,以下哪项一定为假?

(A)乙不是窃贼。　　　　　　　(B)丙不是窃贼。

(C)甲说的是真话。　　　　　　(D)丙说的是真话。

(E)丁说的是真话。

视频讲解

2.莎士比亚在《威尼斯商人》中,写富家少女鲍西娅品貌双全,贵族子弟、公子王孙纷纷向她求婚。鲍西娅按照其父遗嘱,由求婚者猜盒子订婚。鲍西娅有金、银、铅三个盒子,分别刻有三句话,其中只有一个盒子放有鲍西娅的肖像。求婚者谁通过这三句话,最先猜中鲍西娅的肖像放在哪只盒子里,谁就可以娶到鲍西娅。

金盒子上说:"肖像不在此盒中。"

银盒子上说:"肖像在铅盒中。"

铅盒子上说:"肖像不在此盒中。"

鲍西娅告诉求婚者,上述三句话中,最多只有一句话是真的。

如果你是一位求婚者,如何尽快猜中鲍西娅的肖像究竟放在哪一个盒子里?

(A)金盒子。　　　　　　　　　(B)银盒子。

(C)铅盒子。　　　　　　　　　(D)金盒子和银盒子都有可能。

(E)不能确定。

3.在向北方雪灾受灾地区的捐款活动中,某慈善机构收到一笔10 000元的匿名捐款,该机构经过调查,发现是甲、乙、丙、丁四个人当中的某一个捐的。慈善机构成员对他们进行求证时,发现他们的说法相互矛盾:

甲说:对不起,这钱不是我捐的。

乙说:我估计这钱肯定是丁捐的。

丙说:乙的收入最高,肯定是乙捐的。

丁说:乙的说法没有任何根据。

假定四人中只有一个说了真话,那么到底谁是真正的捐款者?

(A)甲。　　　　　　　　　　　(B)乙。

(C)丙。　　　　　　　　　　　(D)丁。

(E)无法判断。

答案与解析

1.【考点】直言命题矛盾关系。

【答案】E

【解析】解析:本题为典型的真假对错类推理问题,四句话都是复合命题,较为复杂。"四人中只有一人说了真话",首选矛盾法解题。由于甲的话为一句假言命题,不易与联言命题、选言命题比较真假性,我们统一写出四人陈述的矛盾,则以下这四句话只有一句为假:

①并非甲:"非乙"且甲;

②并非乙:乙或"非丙";

③并非丙："非甲"且"非乙"；

④并非丁："非乙"且"非丙"。

观察会发现，由于"甲"与"非甲"肯定有一个为假，则①③中有一句为假，推出②④均为真，也即乙和丁的话均为假。

2.【考点】直言命题矛盾关系。

【答案】A

【解析】银盒子和铅盒子的话互相矛盾，真话必然在二者之中。所以金盒子上的话一定是假话。从金盒子上的话为假，可以推出结论：肖像就在金盒子中。

3.【考点】直言命题矛盾关系。

【答案】A

【解析】题干中乙和丁说的话互相矛盾，则必有一真一假，根据题意只有一个人说了真话，抛开乙和丁，则甲和丙说的都是假话，得出甲是捐款者。

二、直言命题的上反对关系

命题的章节中，我们讲过，互为上反对关系的两个命题，不能涵盖事物的所有情况，且二者不重合。上反对关系的命题之间，必有一假，可以同假，但不能同真。那么我们就来看看直言命题的六大形式之间有什么样的上反对关系。

（一）最常考的上反对关系

"所有 A 是 B"和"所有 A 非 B"

"所有 A 是 B"和"所有 A 非 B"只涵盖了 A 和 B 关系中的两种，二者既没有涵盖 A 与 B 的所有关系，也没有重合部分。因此，必有一假，可以同假，但不能同真，是上反对关系。

如图所示：

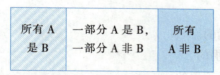

例如："所有同学是党员"&"所有同学不是党员"。

这两个命题仅描述了同学和党员之间的两种关系，一种是"所有是"，一种是"所有非"，还存在某个或某些同学是党员的情况，如下图所示：

所有同学是党员	一部分同学是党员，一部分不是党员	所有同学不是党员

因此，两个命题中，一定有一个是假的，若此时班里出现一部分同学是党员，一部分不是党员的情况，两个命题就都假了。

"所有 A 是 B"和"所有 A 非 B"是最常考的上反对关系。

（二）上反对关系的应用

对于最常考的"所有是"和"所有非"之间的关系，其考查的主要形式同样也是"真假话问题"。我们来看真题中是如何考查的。

【例1】今年春运对全市中巴客运车进行安全检查后，甲、乙、丙三名交警有如下结论：

甲：所有中巴客运车都存在超载问题。

乙：所有中巴客运车都不存在超载问题。

丙：如意公司的中巴客运车和吉祥公司的中巴客运车都存在超载问题。

如果上述三个结论只有一个错误，则以下哪项一定为真？

(A)如意公司的中巴客运车和吉祥公司的中巴客运车都不存在超载问题。

(B)如意公司的中巴客运车和吉祥公司的中巴客运车都存在超载问题。

(C)如意公司的中巴客运车存在超载问题，但吉祥公司的中巴客运车不存在超载问题。

(D)如意公司的中巴客运不存在超载问题，但吉祥公司的中巴客运车存在超载问题。

(E)如意公司的中巴客运车和吉祥公司的中巴客运车至少有一个不存在超载问题。

【答案】B

【解析】由题干可知，甲和乙的结论互为上反对关系，不能同真，至少一假。又因"三个结论只有一个错误"，故错误的结论必在甲和乙之间，丙为真。由丙为真可知：如意公司的中巴客运车和吉祥公司的中巴客运车都存在超载问题，则乙所说都不存在就为假，甲所说为真。

【例2】在华康公司全部的30名高管中，假设下列三句话中只有一句为假：

(1)华康公司所有的高管都懂俄语。

(2)华康公司的小王不懂俄语，小王也是一名高管。

(3)华康公司所有的高管都不懂俄语。

则以下哪项必然为真？

(A)华康公司的董事长一定懂俄语。

(B)华康公司的部分员工懂俄语。

(C)华康公司的总经理不懂俄语。

(D)华康公司的高管里只有小王不懂俄语。

(E)无法确定该公司高管整体对俄语的掌握情况。

【答案】C

【解析】由题干可知，命题(1)和命题(3)之间具有上反对关系，二者必有一假。既然三句话中只有一句为假，故这句假话必定在(1)和(3)之中，则命题(2)必然为真，即华康公司的高管之一，小王不懂俄语。由"小王不懂俄语"可以推出命题(1)"华康公司所有的高管都懂俄语"为假。根据题干"三句话中只有一句为假"的已知条件，可推出命题(3)必然为真，即"华康公司所有的高管都不懂俄语"为真，进而推出：华康公司的总经理不懂俄语。

三、直言命题的下反对关系

命题的章节中，我们讲过，互为下反对关系的两个命题，涵盖了事物的所有情况，且二者有重合。下反对关系的命题之间，必有一真，可以同真，但不能同假。那么我们就来看看直言命题的六大形式之间有什么样的下反对关系。

(一)最常考的下反对关系

"有些A是B"和"有些A非B"

"有些A是B"和"有些A非B"是下反对关系，二者涵盖了事物发生的所有情况，并且有交叉，因此必有一真，可以同真，但不能同假。

如图所示：

例如："有些歌唱家是教授"&"有些歌唱家不是教授"。

这两个直言命题中，歌唱家要么是教授，要么不是教授，必定有一种说法是真的。若歌唱家中正好有些是教授，有些不是教授，那么这两个直言命题就都为真。

如图所示：

"有些 A 是 B"和"有些 A 非 B"是常考的下反对关系。

(二)下反对关系的应用

对于最常考的"有些是"和"有些非"之间的关系，考查的形式主要是"真假话问题"。

【例1】在一次对全市重工业企业年末的突击检查后，甲、乙、丙三人有如下结论：

甲：有企业存在违规排污的问题。

乙：有企业不存在违规排污的问题。

丙：钢铁一厂和钢铁二厂都没有违规排污的情况。

如果上述三个结论只有一个正确，则以下哪项一定为真？

(A)钢铁一厂和钢铁二厂都存在违规排污的情况。

(B)钢铁一厂和钢铁二厂都不存在违规排污的情况。

(C)钢铁一厂存在违规排污的情况，但钢铁二厂不存在。

(D)钢铁一厂不存在违规排污的情况，但钢铁二厂存在。

(E)钢铁一厂和钢铁二厂要么都存在违规排污的情况，要么都不存在。

【答案】A

【解析】甲和乙的话分别为"有些 A 是 B"和"有些 A 非 B"的结构，互为下反对关系，则必有一真。又由题干中只有一个正确，则丙的话必然为假，则钢铁一厂和钢铁二厂至少有一个有违规排污的情况，则又可推出甲的话为真，而乙的话为假，接着可推出所有的重工业企业都存在违规排污的问题。因此钢铁一厂和钢铁二厂都存在违规排污的问题。

【例2】一批人报考电影学院，其中，

(1)有些考生通过了初试。

(2)有些考生没有通过初试。

(3)何梅与方宁没有通过初试。

如果上述三个断定中有一个为真，以下哪项关于这批考生的断定一定为真？

(A)所有考生都通过了初试。　　　　(B)所有考生都没有通过初试。

(C)何梅通过了初试，但方宁没通过。　　(D)方宁通过了初试，但何梅没有通过。

(E)以上各选项都不一定为真。

【答案】A

【解析】本题考查的知识点是直言命题的反对关系推理。按照解题步骤，①找反对关系，(1)"有些……

通过……"和(2)"有些……没通过……"是一对下反对关系,二者至少一真。②绕开反对,又题目中有一句真的,此真话必定在(1)和(2)中间,那么(3)就是假话。"何梅与方宁没有通过初试"为假,那么它的矛盾命题"何梅或方宁通过考试"为真。③找到所有真命题,判断出"何梅或方宁通过初试"→"有考生通过了初试"为真,又(1)和(2)只有一句真话,所以(1)真,(2)假。再由(2)为假判断出的事实:"所有考生都通过了初试"。④解决问题,判断选项:由"所有考生都通过了初试",即为A项的表述,正确。B项与A项是一对上反对关系,"至少一假",B项必假。D项和C项只是"何梅或方宁通过初试"的两种情况,但事实不能确定。

四、直言命题的推出关系

(一)直言命题的推理规则

在直言命题中,有一些非常重要的推理规则,需要大家掌握。

1.所有A是B→有些B是A

"所有A是B"表示A和B的关系有两种,一种全同,一种是A包含于B,在这两种情况下,我们都可以推出,至少有一个B是属于A的,也就是"有些B是A"。

例如:"所有涨价的房子都是别墅"推出"有些别墅在涨价"。

在上述例子中,涨价的房子无论有多少,都是别墅,那么,别墅中至少有一个是在涨价,因此可以推出"有些别墅在涨价"。

2.所有A非B↔所有B非A

"所有A非B"表示A和B之间是全异的关系,而"所有B非A"也表示A和B之间是全异的关系,二者表示的是同一关系,因此是等价的。

例如:"北京的旅游景点不是一天能够逛完的"和"能够一天逛完的不是北京的旅游景点"。

"一天逛完"和"北京的旅游景点"是全异的关系,因此两命题是等价的。

3.有些A是B↔有些B是A

"有些A是B"表示至少有一个A是B,那么在B中就至少有一个B是A,就是"有些B是A",因此,二者是等价的。

例如:"有些闪光的东西是金子"和"有些金子是闪光的"。

说明至少有一个闪光的东西是金子,那么在金子中,肯定至少有一个是闪光的,得出"有些金子是闪光的"。

【例1】在中唐公司的中层干部中,王宜获得了由董事会颁发的特别奖。

如果上述断定为真,则以下哪项断定不能确定真假?

Ⅰ.中唐公司的中层干部都获得了特别奖。

Ⅱ.中唐公司的中层干部都没有获得特别奖。

Ⅲ.中唐公司的中层干部中,有人获得了特别奖。

Ⅳ.中唐公司的中层干部中,有人没获得特别奖。

(A)只有Ⅰ。　　　　　　　　　　(B)只有Ⅲ和Ⅳ。

(C)只有Ⅱ和Ⅲ。　　　　　　　　(D)只有Ⅰ和Ⅳ。

(E)Ⅰ、Ⅱ和Ⅲ。

【考点】本题考查的知识点是直言命题的推出关系。

【答案】D

【解析】由"中唐公司的中层干部王宜获得了特别奖",("某个是")为真→"中唐公司的中层干部中有人获得了特别奖",("有些是")为真→"中唐公司的中层干部都没有获得特别奖"("所有非")为假。"有些是"不能推出"所有是",即 Ⅰ "中唐公司的中层干部都获得了特别奖"("所有是")不能确定真假,"有些是"不能推出"有些非",即 Ⅳ "中唐公司的中层干部中有人没有获得特别奖"不能确定真假。所以不能确定真假的是 Ⅰ 和 Ⅳ。

【例2】近期国际金融危机对毕业生的就业影响非常大,某高校就业中心的陈老师希望广大同学能够调整自己的心态和预期,他在一次就业指导会上提到,有些同学对自己的职业定位还不够准确。

如果陈老师的陈述为真,则以下哪项不一定为真?

Ⅰ.不是所有的人对自己的职业定位都准确。

Ⅱ.不是所有的人对自己的职业定位都不够准确。

Ⅲ.有些人对自己的职业定位准确。

Ⅳ.所有人对自己的职业定位都不准确。

(A)仅Ⅱ和Ⅳ。　　　　　　　　(B)仅Ⅲ和Ⅳ。

(C)仅Ⅱ和Ⅲ。　　　　　　　　(D)仅Ⅰ、Ⅱ和Ⅲ。

(E)仅Ⅱ、Ⅲ和Ⅳ。

视频讲解

【考点】直言命题的推理。

【答案】E

【解析】题干断定"有些同学对自己的职业定位还不够准确",即"有些同学对自己的职业定位不准确"。所以,Ⅰ句"不是所有的人对自己的职业定位都准确"意为有些同学对自己的职业定位是不准确的,也是我们前面讲过的二次矛盾正确。Ⅱ句"不是所有的人对自己的职业定位都不准确"意为"有些同学对自己的职业定位准确",这是不清楚的,所以Ⅱ和Ⅲ句不确定。"所有同学对自己的职业定位都不够准确"也不确定。综上,Ⅱ、Ⅲ和Ⅳ均不一定为真。

(二)直言命题的三段推理

1.含义

直言命题的三段推理是必然性推理中最基本也是最严谨的推理形式,是由三个直言命题构成的推理形式。也是最难被大家掌握的推理形式,所以将在以下内容中重点为大家介绍。

三段推理也叫三段论,它满足以下三个条件:第一,这三个直言命题,包含且只包含三个不同的概念。第二,每个概念,在任意一个命题中至多出现一次,但在这三个命题中共出现两次。第三,以其中两个命题为前提,以第三个命题为结论。

例如:所有金属都是导电的;

铜是金属;

所以铜能导电。

这是一个标准的三段论,出现了"金属""导电""铜"三个概念,并且每个出现两次。我们把直言命题中的主项和谓项统称为项,由三段论的结构我们会发现,一个三段论总共包括三个不同的项,结论中的谓项我们叫大项,如例子中的"导电";结论中的主项我们叫小项,如"铜";两个前提中都出现,但在结论中不出现的项,叫中项,比如"金属"。

2.三段论的常见推理形式

在考试中常考查的是三个概念之间的相互关系。当然,三段论的题目用文氏图的方法是可以解决的,但是若熟练掌握了三段论的推理形式,解决一类特殊题目,不仅可以拓宽解题思维,还有助于快速解题。那么,常见的三段论的推理形式有哪些呢?我们来具体看一下:

(1)所有 A 是 B + 所有 B 是 C→所有 A 是 C。

在概念的章节中,我们已经讲过文氏图的画法,那么我们首先用文氏图来表示推理规则。

"所有 A 是 B"说明所有的 A 都包含在 B 里,A 和 B 可以全同。

表示如下:

"所有 B 是 C"说明所有的 B 都包含在 C 里,B 和 C 可以全同。

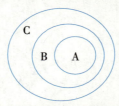

根据上图所示,我们可以清晰地看出三个概念间的关系,由已知 A 包含于 B,B 包含于 C,得出 A 包含于 C。

例如:所有的菠菜都是绿叶植物,所有的绿叶植物都是富含维生素的→所有的菠菜都是富含维生素的。

(2)有些 A 是 B + 所有 B 是 C→有些 A 是 C。

"所有 B 是 C"用文氏图可以表示如下:

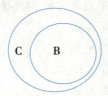

"有些 A 是 B",进一步可以表示如下:

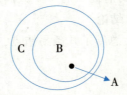

所以,从上图,可以直观地看出,有些 A 是 C 的。

例如:有些自然物品是艺术品,所有的艺术品都有审美价值→有些自然物品有审美价值。

(3)所有 A 是 B + 所有 B 非 C→所有 A 非 C。

"所有 A 是 B"的文氏图表示如下:

同时,"所有 B 非 C"的文氏图表示如下:

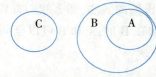

由上图,可以看出 A 和 C 之间是全异的关系,即"所有 A 非 C"。

例如:所有的党员都是无神论者,所有的无神论者都不是唯心主义者→所有的党员的都不是唯心主义者。

(4)有些 A 是 B + 所有 B 非 C→有些 A 非 C。

"有些 A 是 B"用文氏图可以表示如下:

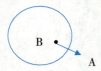

同时,"所有 B 非 C"可以如下所示:

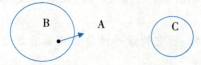

由上图,可以看出 A 和 C 之间的关系,是"有些 A 非 C"。

例如:有些管理者是 MBA 学者,所有 MBA 学者都不是本科毕业的→有些管理者不是本科毕业的。

综上,我们已通过文氏图得出了三段论最常见的四种推理形式:

① 所有 A 是 B + 所有 B 是 C —→所有 A 是 C;

② 有些 A 是 B + 所有 B 是 C —→有些 A 是 C;

③ 所有 A 是 B + 所有 B 非 C —→所有 A 非 C;

④ 有些 A 是 B + 所有 B 非 C —→有些 A 非 C。

观察之后发现,三段论推理是要借助前提中的一个共同的中项作为媒介,中项为 B,把"是 B"和"所有 B"两个前提联系在一起,推出一个结论。

依据三段论的特点,我们为广大考生总结了几条易错点,有助于理解和熟练运用三段论的推理规则解题。

3.三段论的推论

要想得出正确的三段论推理,就必须遵守一定的规则,总结出以下七条规则:

(1)一个三段论有且只有三个项。一个三段论中有且只有三个项,并且每个项只重复出现两次。

如果只有大项和小项,没有起传导作用的中项,就推不出结论,所以这种情况不可能出现。

如果一个三段论中含有四个不同的项(即同一语词指代不同的概念),那么就有可能大项、小项分别对应两个不同的项,找不到有共同关系的项。这就是混淆"集合概念"和"非集合概念"间关系的逻辑错误,称为"四词项"错误。对于含有五个或六个不同的项,那就更不是三段论了。

例如:人类是宇宙间最珍贵的物种,我是人,所以我是最珍贵的物种。

这是一个错误的三段论,"人类"指的是一个集合,而"我是人"中的"人"是个体,此时,"人类"和"人"就不是同一个概念,犯了混淆集合和个体的逻辑错误,即这个三段论含有四个概念,推出的结论是不正确的。

再如:张三是北大的学生,北大的学生学习了很多门科目;所以,张三学了很多门科目。

这也是一个错误的三段论。第一个"北大学生"指的是北大学生中的一员,第二个"北大学生"指代的是北大学生这个群体,显然不是同一个概念,推理犯了"四词项"的错误。

(2)中项在前提中至少周延一次。什么是周延?判断本身直接或间接地对其主项(或谓项)的全部外延作了断定,就称这个判断的主项(或谓项)是周延的,反之不周延。

例如:所有的女生都是爱美的。

这个判断对主项"女生"的全部外延(即所有的对象)作了判断,那么就说"女生"是周延的。而对谓项"爱美的"全部外延没有做出判定,既没有说"爱美的"的全部是什么,也没有说"爱美的"的全部不是什么,此时,我们就说它的谓项"爱美的"是不周延的。

再如:有些男生是大方的。

这个判断它只断定了主项"男生"的部分外延(至少有一个),并未说全部是什么,因此,主项"男生"不周延。对谓项"大方的"的全部对象没有做出断定(没有说"大方的"都是什么,也没有说"大方的"都不是什么),所以,谓项"大方的"也不周延。

如何判断主项、谓项周延与否:

① 由"所有""某个"表示的主项都周延。

② 由"有些"表示的主项不周延。

③ 肯定判断的谓项都不周延。

④ 否定判断的谓项都周延。

例如:故意犯罪都不是过失犯罪。

这里的"都"意为"所有",那么主项的"故意犯罪"是周延的;谓项的"不是过失犯罪"为否定判断,那么谓项是周延的。

又如:有些学员不是武汉人。

主项"学员"是用"有些"表示的——不周延;"不是武汉人"是否定判断的谓项——周延。

再如:有些聪明人能看见这件衣服。

主项"聪明人"是用"有些"表示的——不周延;"能看见这件衣服"是肯定判断的谓项——不周延。

三段论前提中的中项至少周延一次。如果中项在前提中,一次也没有周延,这时前提的大项、小项都分别与中项的一部分外延发生联系,那么中项不起传导作用,就不能找到大项与小项确定的联系,所得的结论也是不必然的。

例如:一切金属都是可塑的,塑料是可塑的,所以,塑料是金属。

这是个错误的三段论,"可塑的"是中项,都为表示肯定断定的谓项,不周延。因而,不能确定"塑料"和"金属"的关系,所以无法得出必然的确定结论。

(3)前提中的项不周延,结论也不周延。题中常出现的逻辑错误:"小项不当周延","大项不当周延"。

例如:运动员是有耐力的,运动员是经过专业培训的,所以凡经过培训的都是有耐力的。

在这个三段论推理中,前提的小项"经过专业培训的"前面是"肯定的",所以是不周延的;而在结论中,小项"经过专业培训"前面是"凡",即为"所有",就是周延的。因此,推出的结论不是必然的,这个三段论犯了"小项不当周延的错误"。

再如:运动员是经过专业培训的,我不是运动员,所以我没有经过专业培训。

在这个三段论推理中,前提的大项"经过专业培训"前面是"肯定的",所以是不周延;而在结论中,大项"经过专业培训"前面变成了"否定的",所以是周延的。因此,推出的结论不是必然的,这个三段论犯了"大项不当周延的错误"。

(4)两个否定命题作前提推不出结论。如果三段论的两个前提都是否定的,那么小项和大项都与中项相排斥,中项起不到连接大、小项的作用,推出的结论无效。

例如:所有的人都不会飞,猴子不是人,所以猴子会飞。

这是一个无效的三段论,前提不能推出必然的结论,只知道所有人不会飞,其他物种会不会飞不确定。结论猴子可能会飞,也可能不会飞,推出的结论无效。

(5)两个前提中如果有一个否定的,那么结论是否定的;如果结论是否定的,那么必有一个前提是否定的。如果两个前提中有一个是否定的,那么大项和小项中必有一个与中项相排斥,一个与中项有关,一个与中项无关,那么结论中的大项和小项必然是相排斥的,结论必然是否定的。反之,我们如果看到结论是否定的,代表大项和小项相互排斥,因此,在前提中大项和小项之一必然与中项相排斥,所以前提中必然有一个是否定的。

例如:所有的红薯都是高产作物,所有高产作物都不是非人工种植的,因此所有红薯都不是非人工种植的。

在这个三段论推理中,"红薯"包含在"高产作物"中,"高产作物"和"非人工种植"是相排斥的,所以,"红薯"和"非人工种植"一定是相排斥的。

(6)两个特称命题推不出结论。特称命题是指含有特称量项的命题,常见的特称量项一般用"有,有些"表示。

两个特称命题作为前提,组合情况可以分为三种:

①两个前提都是特称肯定命题;

例如:有些数学教师是教授,有些教授是优秀的教师,所以,有些数学教师是优秀的教师。

这里的中项"教授"是没有周延的,所以得到的"数学教师"和"优秀教师"的关系不确定,所以结论是不必然的。

②两个前提都是特称否定命题;

犯的逻辑错误同(4),必然推不出结论。

③两个前提中,一个是特称肯定命题,一个是特称否定命题。

这三种情况都不能推出必然结论。

例如:有些人是南方人,有些人是诚实的。所以,有些南方人是诚实的。

这里的两个前提就是特称判断,中项"人"是不周延的,不能由此得出"有些南方人是诚实的"的结论。

(7)如果前提中一个是特称的,那么结论也必须是特称的。根据(6)前提有一个是特称的,那么另一个一定是全称的(即"所有"),分为两种情况:

两个前提是肯定的命题,则前提中只有一个周延,必为中项。根据(3),大、小项在结论中不能周延,所以结论是特殊的。

两个前提有一个是肯定的命题,一个为否定命题,则前提中有两个周延,除中项,大、小项至多有一个周延。根据(3),结论至多有一个项是周延的。

【例1】请将以下三段论补充完整。

(1)(　　),柏拉图是人,因此柏拉图也是要死的。

(2)成功人士全都是专心工作者,(　　),因此,所有心猿意马者都不是成功人士。

(3)(　　),有些胜利者是强壮的,所以有些勇者是强壮的。

(4)(　　),有些运动员是长寿的,有些健康的是长寿的。

【考点】三段论推理规则。

【答案】(1)所有人都是要死的;

(2)专心工作者都不是心猿意马者；

(3)所有的胜利者是勇者；

(4)所有的运动员是健康的。

【解析】完整三段论的特点：每个概念出现 2 次；前提中出现 2 次的概念，结论中没有；只有出现"是 B+所有 B"，才可以抵消掉。

4.三段论推理应用

(1)结论型题目：题型特点是已知多个直言命题，利用三段论推理规则选出符合或不符合推理规则的结论。

解题方法是文氏图法(注意文氏图的画法及顺序)

【例 2】所有与甲型 H1N1 流感患者接触的人都被隔离了。所有被隔离的人都与徐海华接触过。

假设上述命题为真，则下面哪一个命题也是真的？

(A)可能有人没有接触过甲型 H1N1 流感患者，但接触过徐海华。

(B)徐海华是甲型 H1N1 流感患者。

(C)所有与徐海华接触过的人都被隔离了。

(D)所有甲型 H1N1 流感患者都与徐海华接触过。

(E)所有被隔离的人都接触过甲型 H1N1 流感患者。

【考点】三段论推理。

【答案】A

【解析】用文氏图法解题，根据题干的条件，画出文氏图如下：

判断选项：所有"与甲型 H1N1 接触的人"都与徐海华接触过，而没接触 H1N1 且接触过徐的人是可能存在的，即 A 区域可能不为空。所以 A 项正确。B 项徐海华是否是"甲型 H1N1 的患者"，未提及，排除 B 项；所有"被隔离的人"都与徐海华接触过，如图所示，C 项描述主谓项倒置，排除 C；D 选项中 H1N1 流感患者与徐海华有无接触，题干中并没提及；E 项与 C 项同样问题，排除。因此，必然为真的是 A。

【例 3】有些具有优良效果的护肤化妆品是诺亚公司生产的。所有诺亚公司生产的护肤化妆品都价格昂贵，而价格昂贵的护肤化妆品无一例外地受到女士们的信任。

以下各项都能从题干的断定中推出，除了：

(A)有些效果优良的化妆品受到女士们的信任。

(B)受到女士们信任的护肤化妆品中，有些实际效果并不优良。

(C)所有诺亚公司生产的护肤化妆品都受到女士们的信任。

(D)有些价格昂贵的护肤化妆品是效果优良的。

(E)所有不被女士们信任的护肤化妆品价格都便宜。

【考点】三段论推理。

【答案】B

【解析】文氏图法，根据条件，图示如下：

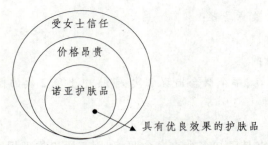

此题选择与题干相矛盾的选项,A项代入,如图,有些"具有优良效果的护肤品"在"受女士信任"里,符合题意;只知道"有些具有优良效果的护肤品是受女士信任的",但对于"有些效果实际并不优良"不清楚,所以得不到B项的结论,C、D两项可以通过文氏图得出。E项较复杂一点,"所有不被女士们信任的护肤化妆品价格都便宜"理解为"所有不被女士们信任的护肤化妆品价格都不昂贵",运用逆否命题"昂贵的护肤化妆品都被女士们信任",如图所示,符合题意。所以只有B项不符合题意。

【例4】所有河南来京打工人员都办理了暂住证,所有办暂住证的人员都获得了就业许可证,有些河南来京的打工人员当上了门卫,有些武术学校的学员当上了门卫,所有的武术学校的学员都未获得就业许可证。

如果上述情况是真的,无法断定为真的选项是:

(A)所有河南来京打工人员都获得了就业许可证。

(B)有些河南来京打工人员是武术学校的学员。

(C)有些获得就业许可证的有来自河南的打工人员。

(D)有些门卫有就业许可证。

(E)有些门卫没有就业许可证。

【考点】三段论推理。

【答案】B

【解析】文氏图法,根据条件,图示如下:

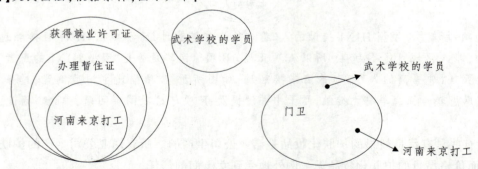

此题选择"无法断定为真的"的选项,即排除确定为真的选项。将选项代入,A项"所有河南来京打工人员"都在"获得就业许可证"中,即都获得了就业许可证,A项是真的;C项由A项可以推出,"有些"包含"所有"的情况,C项是真的;"有些武术学校的学员当了门卫"+"所有武术学校的学员都未获得许可证"→"有些门卫没有就业许可证",E项是真的;"有些河南来京打工人员当了门卫"+"所有河南来京打工人员都获得了许可证"→"有些门卫有就业许可证",D项是真的,"河南来京打工人员"与"武术学校的学员"全异。所以只有B项的"有些河南来京打工人员是武术学校的学员"是假的,"无法断定为真"。

(2)前提型题目:题型特点是补充三段论结构的题目。

有些A是B+_____,推出有些A是C;

所有B是C+_____,推出所有A是C。

解题方法是特征法。根据三段论的推理规则(4)-(7)条,快速排除一些选项,得出答案。

注意解题时先代包含"所有"的选项。

【例5】有些通信网络维护涉及个人信息安全,因而不是所有通信网络的维护都可以外包。以下哪项可以让上述论证成立?

视频讲解

(A)所有涉及个人信息安全的都不可以外包。

(B)有些涉及个人信息安全的不可以外包。

(C)有些涉及个人信息安全的可以外包。

(D)所有涉及国家信息安全的都不可以外包。

(E)有些通信网络维护涉及国家信息安全。

【考点】三段论补充前提型题目。

【答案】A

【解析】此题需要加入一个前提,恰好是前提型的题目。

方法一(常规方法),看前提,看结论,判断哪个是中项,即结论没有出现,前提有的概念,一般情况下就是中项。这里结论"不是所有通信网络的维护都可以外包"等价于"有些通信网络的维护不可以外包",那么涉及的概念是"通信网络的维护"和"外包",而在前提中又出现了一个"个人信息安全",由此判断出"个人信息安全"即为中项。通过"是B+所有B"的结构,连接"通信网络的维护"和"外包",需加入"个人信息安全"和"外包"的关系。前提已有"是B"的前提,所以只需加入带"所有B"的前提即可。只有A项符合。

方法二,根据判断词,排除选项。结论中"通信网络的维护"和"外包"相排斥,是否定的判断,又已知的前提是肯定的,根据三段论的特点"肯定+否定→否定",马上知道选项应该选择带有否定的判断,C、E两项排除。又D项的"国家信息安全"这个概念,题干没有提及,加入即犯"四概念"错误。

【例6】在本届运动会上,所有参加4×100米比赛的田径运动员都参加了100米比赛。再加上以下哪项陈述,可以合乎逻辑地推出"有些参加200米比赛的田径运动员没有参加4×100米比赛"?

(A)有些参加200米比赛的田径运动员也参加了100米比赛。

(B)有些参加4×100米比赛的田径运动员没有参加200米比赛。

(C)有些没有参加100米比赛的田径运动员参加了200米比赛。

(D)有些没有参加200米比赛的田径运动员也没有参加100米比赛。

(E)有些没参加200米比赛的田径运动运员参加了100米比赛。

【考点】三段论。

【答案】C

【解析】题干叙述较复杂,提炼信息是关键。前提:"所有4×100米参加100米",结论"有些200米没参加4×100米",由此判断需要加"100米"和"200米"间的关系,且是否定的,又"100米"是中项,已知参加"100米"(即"是B")不周延,所以应加一个周延的"100米",也就是带"所有参加100米"或"没参加100米"的选项,所有参加"100米没参加200米"或"有些没参加100米参加200米"。D项和E项错在"没参加200米"的"200米"是周延,而结论"有些参加200米"的"200米"是不周延的。

这是一个非常经典的题目,真正的考查了三段论的推理规则,熟练掌握三段论的特点,解决这种问题就不觉得难了。

(3)相似推理:题型特点是题干给一个完整推理过程,选项给一些推理过程,问:选项中哪一个推理过程和题干是一模一样的。这里强调一模一样,题干也许是错的,也许是对的,这并不重要,重要的是题干有的推理规则,选项与它一模一样。

解题时主要考虑以下几个相似:

① 位置相似:位置相似即每句话中每个概念出现的位置是相似的,位置颠倒即不符合。

例如:有 A 非 C,所有 B 是 A,则有 C 非 B。

选项:有 E 非 F,所有 G 是 E,则有 G 非 F(错误)。

这里的 A—E,C—F,B—G,所以 G 和 F 位置颠倒,换为"有 F 非 G"就和题干一样了。

② 逻辑词相似:例如"是""非""所有""凡""有些""每一个"等。

③ 比较词相似:例如"比""越……越……"。

【例 7】所有重点大学的学生都是聪明的学生,有些聪明的学生喜欢逃学。小杨不喜欢逃学,所以小杨不是重点大学的学生。

以下除哪项外,均与上述推理的形式类似?

(A)所有经济学家都懂经济学,有些懂经济学的爱投资企业。你不爱投资企业,所以,你不是经济学家。

(B)所有的鹅都吃青菜,有些吃青菜的也吃鱼。兔子不吃鱼,所以兔子不是鹅。

(C)所有的人都是爱美的,有些爱美的还研究科学。亚里士多德不是普通人,所以亚里士多德不研究科学。

(D)所有被高校录取的学生都是超过录取分数线的,有些超过录取分数线的是大龄考生。小张不是大龄考生,所以小张没有被高校录取。

(E)所有想当外交官的都需要学外语,有些学外语的重视人际交往。小王不重视人际交往,所以小王不想当外交官。

【考点】三段论推理结构类似。

【答案】C

【解析】相似推理题目,考查的知识点是简单句的结构类似比较。对照先寻找位置的相似。C 项,与题干对照,第三句话应该是对"研究科学"的否定——"亚里士多德不研究科学",结论也应为第三句的主项对第一句主项的否定,即"亚里士多德不是人",从而与题干推理结构不同。其他选项均与题干推理结构相同,均为"所有 A 是 B,有些 B 是 C,D 非 C,所以 D 非 A。"

【例 8】"人的认识能力是无限的,张某是人,因此张某的认识能力是无限的。"

以下哪项的逻辑错误与上述推理的错误最为相似?

(A)人是宇宙间最宝贵的,我是人,因此,我是宇宙间最宝贵的。

(B)人贵有自知之明,你没有自知之明,因此你不是人。

(C)干部应起带头作用,我不是干部,所以我不应起带头作用。

(D)干部应为人民服务,我是干部,所以我应为人民服务。

(E)法警是在法院工作的,小王不是法警,所以小王不在法院工作。

【考点】三段论推理结构类似。

【答案】A

【解析】本题为典型的相似推理题目,首先看题干没有比较词,第二问的是:哪一个逻辑错误与上述推理最为相似的?题干错在"集合概念和个体概念"的混淆,A 项的两个"人",前者代表群体,后者代表个人,和题干所犯的逻辑错误一样。D、E 两项是迷惑选项,它们都是正确的推理。

讲到这儿,关于三段论的题型和知识点已全部呈现出来,这里的知识点固定,较容易掌握,但是题目复杂多样,希望同学们在求解这部分题目的时候,注意积累,灵活运用方法。

第四章　复言命题及其推理

复言命题是相对于直言命题而言的,较为复杂一些,它是直言命题通过逻辑联结词(如:"并且""如果……那么……""……或者……")所构成的命题。例如,"武松没打老虎,并且老虎没吃武松。"根据逻辑联结词的不同,复言命题大体可分为联言命题、选言命题和假言命题三大类。

在管理类联考的逻辑考查中,经常会考查复言命题的矛盾、推理及其变形,其中假言命题在管理类逻辑考试中考查的最多,因此掌握复言命题的矛盾和推理规则对于学好逻辑部分是很重要的。

第一节　联言命题及其推理

一、知识概述

(一)定义

联言命题是表示两种事物、情况(可以是两种以上,考试中以两种为主)同时成立的复言命题,它的标准形式是"A 且 B",其中 A、B 可以是词,也可以是直言命题。

例如:"鲁迅先生是文学家,鲁迅先生是思想家"就可以表示成"鲁迅先生是文学家且是思想家"。

再如:"小李考上了 MBA,但小张没有考上"就可以表示成"小李考上 MBA 且小张没考上"。

(二)判断依据

一个命题能否称之为联言命题,关键要看构成此命题的两个直言命题是否同时成立。

在实际中,什么情况下能够表示两个命题同时成立呢? 我们总结有以下几种关系:

并列关系:提拔王丽为经理,同时提拔李然为总监。

递进关系:不仅提拔王丽为经理,而且提拔李然为总监。

转折关系:虽然提拔王丽为经理,但是不提拔李然为总监。

因果关系:因为提拔王丽为经理,所以提拔李然为总监。

综上,不管是并列关系、递进关系、转折关系还是因果关系,它们所包含的两个直言命题都是同时成立的,就是联言命题。

二、联言命题的矛盾

前面我们提到过,矛盾是贯穿命题始终的,那么联言命题的矛盾是什么呢? 我们一起来看一下。

联言命题要求两个直言命题必须同时成立,故要求联言命题的矛盾,只要否定其中至少一部分即可。结合求矛盾的基本方法,可得:

"A 且 B"的矛盾是"非 A 或非 B"。

"A 且 B"的矛盾是"并非 A 且 B","并非 A 且 B"的意思就是"A、B 至少有一个不发生"即"非 A 或非 B",所以"A 且 B"的矛盾是"非 A 或非 B"。

例如:"此次选举小王和小周都能当选"的矛盾就是"此次选举小王不能当选或小周不能当选"。

解析:求"此次选举小王和小周都能当选"的矛盾,基本方法是在句前加"并非",得"并非此次选举小王和小周都能当选",意思就是"小王和小周至少有一个不能当选",即"此次选举小王不能当选或者小周不能当选"。

【例 1】李老师说"并非丽丽考上了清华大学且明明没有考上南京大学"。

如果李老师的说法是对的,则以下哪项可能为真?

Ⅰ.丽丽考上了清华大学,明明考上了南京大学。

Ⅱ.丽丽没考上清华大学,明明没考上南京大学。

Ⅲ.丽丽没考上清华大学,明明考上了南京大学。

Ⅳ.丽丽考上了清华大学,明明没考上南京大学。

(A)仅Ⅰ和Ⅱ。　　　　　　　　(B)仅Ⅱ和Ⅲ。

(C)仅Ⅱ、Ⅲ和Ⅳ。　　　　　　(D)Ⅰ、Ⅱ、Ⅲ和Ⅳ。

(E)仅Ⅰ、Ⅱ和Ⅲ。

【考点】联言命题的矛盾的求法。

【答案】E

【解析】已知"并非丽丽考上了清华大学且明明没有考上南京大学"为真,故它的矛盾命题"丽丽考上清华大学且明明没有考上南京大学"必然为假,断定Ⅳ必然错误,其他情况皆有可能为真。

点拨 已知题干为真,求可能为真选项,考查的是一次矛盾的求法。

【例 2】并非本届世界服装节既成功又节俭。

如果上述断定是真的,则以下哪项一定为真?

(A)本届世界服装节成功但不节俭。

(B)本届世界服装节节俭但不成功。

(C)本届世界服装节既不节俭也不成功。

(D)如果本届世界服装节不节俭,则一定成功。

(E)如果本届世界服装节节俭,则一定不成功。

【考点】二次矛盾以及联言命题的矛盾的求法。

【答案】E

【解析】本题是典型的运用"二次矛盾"求等值命题的题型。根据二次矛盾的求法,原命题为真,去"并非"后再进行一次矛盾转换,得"不成功或者不节俭"。注意问法,求的是"一定为真",A、B、C 三项都只是其中的一种可能性。D 项则不符合联言命题推理的要求(详见"推理"部分)。

点拨 本题考查到了"二次矛盾"的求法,大家一定要牢记矛盾的两种转换方式。

三、联言命题的推理

联言命题的推理是以联言判断为前提的一种推理。主要考查形式是:给定"A 且 B"的真假,据此确定 A、B 的真假。如:已知 A 且 B 为真,判断 A、B 的真假性。

例如:王林喜欢姚明并且喜欢林丹。

对于这个命题的真假性,有如下情况:

喜欢姚明(A)	喜欢林丹(B)	喜欢姚明且林丹(A 且 B)
真	真	真
真	假	假
假	真	假
假	假	假

也就是说,联言命题"王林喜欢姚明并且喜欢林丹",只有在"喜欢姚明""喜欢林丹"都真的情况下才为真,在其余情况下都是假的,即"全真才真,一假即假"。

进一步,我们可以得到联言命题的推理规则:

"A 且 B"为真→"A"和"B"均为真。

"A 且 B"为假→"A"和"B"至少有一个为假。这个时候 A、B 两个命题的真假性是很难判断的,一般情况下,题干中会给出另外的条件,如:

若"A 且 B"为假,"A"为真→"B"为假;

若"A 且 B"为假,"A"为假→"B"不确定。

这就是联言命题的肯定式推理原则,即在已知联言命题为假的前提下,肯定其中的一个,另外一个必定为假。联言命题的推理形式非常简单,简言之,"肯一推一",在管理类逻辑考试中通常与选言、假言的推理规则结合考核。

【例】已知"凤凰花开是最浪漫的季节,栀子花开是最纯真的岁月"为假,并且事实上栀子花开确实是最纯真的岁月,则以下判断必然为真的是:

(A)凤凰花开是最浪漫的季节。

(B)凤凰花开不是最浪漫的季节。

(C)凤凰花不具有浪漫的气息。

(D)栀子花开和凤凰花开不都是最浪漫的季节。

(E)栀子花开和凤凰花开都不是最浪漫的季节。

【考点】联言命题的肯定式推理规则。

【答案】B

【解析】此题考查的是联言命题的肯定式推理规则,题目中给出的联言命题是假的,可知构成此命题的 2 个直言命题至少有一假。又知"栀子花开是最纯真的岁月"是真的,那"凤凰花开是最浪漫的季节"必定为假,那它的矛盾(详见"矛盾"一章)"凤凰花开不是最浪漫的季节"必定为真。

第二节 选言命题及其推理

一、知识概述

(一)定义

选言命题是在两种事物、情况(可以是两种以上,考试中以两种为主)中至少选择一种使其成立的复言命题。由两个或两个以上直言命题和选言命题关联词组成。

根据逻辑联结词的不同,选言命题主要分为两大类:相容选言命题和不相容选言命题,它的标准形式对应也分两种:"A 或 B""要么 A,要么 B",A、B 都是构成选言命题的直言命题。

例如:"姚明会说汉语或英语","平面内的两条线,要么平行,要么相交"。

(二)选言命题分类

(1)相容选言命题:在组成选言命题的直言命题中至少有一个为真,可以同时为真的选言命题叫相容选言命题,用联结词"或"来联结。

例如:吃肯德基或者麦当劳。

(2)不相容选言命题:在组成选言命题的直言命题中,有且只能有一个为真,这样的选言命题叫作不相容选言命题,用联结词"要么……要么……"来联结。

例如:要么复习逻辑,要么复习数学。

二、选言命题的矛盾

提到命题就不得不提一下矛盾,接下来我们就一起来看一下选言命题的矛盾应该如何来求,用什么形式来表示。

(一)相容选言命题"A 或 B"的矛盾关系

相容选言命题要求只要有任意一个成立,该选言命题即成立,故求相容选言命题的矛盾,须将每一个部分都否定。结合矛盾的基本求法可得:

"A 或 B"的矛盾是"非 A 且非 B"。

"A 或 B"的矛盾是"并非 A 或 B",又因为"A 或 B"包括三种情况:"A 且 B,A 且非 B,非 A 且 B",所以"并非 A 或 B"的意思就是"A、B 均不发生",即"非 A 且非 B"。故"A 或 B"的矛盾是"非 A 且非 B"。

例如:"我们今天晚上或者吃拉面或者吃饺子"与"我们今天晚上不吃拉面并且不吃饺子"互为矛盾。

解析:求"我们今天晚上或者吃拉面或者吃饺子"的矛盾,基本方法是在句前加"并非",得"并非我们今天晚上或者吃拉面或者吃饺子",即"我们今天晚上不吃拉面并且不吃饺子"。

【例】在潮湿的气候中仙人掌很难成活;在寒冷的气候中柑橘很难生长。在某省的大部分地区,仙人掌和柑橘至少有一种不难成活生长。

如果上述断定为真,则以下哪项一定为假?

(A)该省的一半地区既潮湿又寒冷。

(B)该省的大部分地区炎热。

(C)该省的大部分地区潮湿。

(D)该省的某些地区既不寒冷也不潮湿。

(E)柑橘在该省的所有地区都无法生长。

【考点】相容选言命题的矛盾。

【答案】A

【解析】题目为已知真求假,即求题干命题的矛盾。"大部分地区仙人掌和柑橘至少有一种不难成活生长"即"大部分地区仙人掌不难成活生长或者柑橘不难成活生长"的意思,对应气候是"非潮湿或非寒冷"为真,它的矛盾"潮湿且寒冷"必然为假。进而可知 A 项"该省的一半地区潮湿且寒冷"必然为假。

点拨 相容选言命题的矛盾,是联言命题,请大家牢记!

(二)不相容选言命题"要么 A,要么 B"的矛盾

不相容选言命题要求在若干事物、情况中有且只有一个成立,该选言命题才成立,故求不相容选

言命题的矛盾,须将除"只选一个"之外的每种可能都涵盖进去。于是可得:

"要么 A,要么 B"的矛盾是:"要么'非 A 且非 B';要么'A 且 B'"。

"要么 A,要么 B"的矛盾是"并非'要么 A,要么 B'",即只要不是只选 A、B 当中的一个就行,逻辑表示就是"要么'非 A 且非 B';要么'A 且 B'"。

例如:"任一自然数要么是偶数,要么是奇数"的矛盾就是"任一自然数要么既是偶数又是奇数,要么既不是偶数又不是奇数"。

解析:求"任一自然数要么是偶数,要么是奇数"的矛盾,基本方法是在句前加"并非",得"并非任一自然数要么是偶数,要么是奇数"。即"不是在偶数和奇数之间择其一",意思就是要么"既是偶数又是奇数",要么"既不是偶数也不是奇数"。

【例】某个体户严重违反了经营条例,执法人员向他宣布:"要么罚款,要么停业,两者必居其一"。他说:"我不同意。"

如果他坚持自己意见的话,以下哪项断定是他在逻辑上必须同意的:

(A)罚款但不停业。 (B)停业但不罚款。

(C)既罚款又停业。 (D)既不罚款又不停业。

(E)如果既不罚款又不停业办不到的话,就必须接受既罚款又停业。

【考点】不相容选言命题的矛盾。

【答案】E

【解析】不同意"要么罚款,要么停业",那么个体户必须同意"要么罚款,要么停业"的矛盾。根据不相容选言命题的矛盾求法,"要么停业,要么罚款"的矛盾即是"要么既罚款且停业,要么既不罚款且不停业"。选项中只有 E 项符合。

三、选言命题的推理

选言命题的推理是以选言判断为前提的一种推理。主要考查形式是:给定一个选言命题的真假,据此判断构成它的两个直言命题的真假。如:已知 A 或 B 为真,判断 A、B 的真假性。

根据选言命题的不同分类,我们也从两个方面来研究它的推理规则。

(一)相容选言命题推理规则

例如:"怕上火,或者喝加多宝,或者喝王老吉"。

对于这个命题的真假性,有如下情况:

喝加多宝(A)	喝王老吉(B)	喝加多宝或王老吉(A 或 B)
真	真	真
真	假	真
假	真	真
假	假	假

也就是说,上述相容选言命题只有当"喝加多宝"和"喝王老吉"同时为假时才为假,在其余情况下都是真的,即"全假才假,一真即真"。

进一步,我们可以得到相容选言命题的推理规则:

"A 或 B"为假→"A"和"B"均为假。

"A 或 B"为真→"A"和"B"至少一个为真。为了进一步确定 A、B 的真假,一般题干会给出其他的条件,如:

"A 或 B"为真,"B"为假→"A"真。

"A 或 B"为真,"B"为真→"A"真假不确定。

这就是相容选言命题的否定式推理规则,即在已知相容选言命题为真的前提下,否定其中的一个,另外一个必定为真,简言之,"否一推一"。

(二)不相容选言命题的推理规则

不相容选言命题的代表式是"要么 A,要么 B",即 A、B 中有且只有一个是真的。它的推理规则相对于相容选言命题来讲比较简单,我们通过一个例子来看一下:

例如:"要么罚款、要么停业,二者必居其一。"

对于这个命题的真假性,有如下情况:

罚款(A)	停业(B)	要么罚款要么停业(要么 A,要么 B)
真	真	假
真	假	真
假	真	真
假	假	假

也就是说,不相容选言命题只有当"罚款"和"停业"不同时成立时才为真,其他均为假。

进一步,我们可以看出不相容选言命题的推理规则:

"要么 A,要么 B"为假→"A"和"B"同真或同假。

"要么 A,要么 B"为真→"A"和"B"必一真一假。为了确定"罚款"和"停业"谁真谁假,必须确定其中的一个,才能推出另外一个。

简言之,当不相容选言命题为真时,肯定一个可以推出另外一个,否定一个也可以推出另外一个,即"肯一否一"和"否一肯一"推理规则对于不相容选言命题为真时都有效。

【例1】若"李宁能考上 MBA,或者王路能考上 MPA"为真,且李宁没考上 MBA。那么下面哪项判断为真?

(A)王路考上了 MPA。 　　　　　　(B)王路没有考上 MPA。

(C)两人都没考上。 　　　　　　　(D)两人都考上了。

(E)不能确定。

【考点】相容选言命题的否定式推理规则。

【答案】A

【解析】利用选言命题的推出关系解题。"李宁能考上 MBA,或者王路能考上 MPA"为真,那么二人中至少有一人考上了,而李宁没考上,那么王路一定考上了。

【例2】【2012 年联考】王涛和周波是理科 1 班同学,他们是无话不说的好朋友,他们发现班里每一个人或者喜欢物理,或者喜欢化学,王涛喜欢物理,周波不喜欢化学。

根据以上陈述,以下哪项必定为真?

Ⅰ.周波喜欢物理。

Ⅱ.王涛不喜欢化学。

Ⅲ.理科 1 班不喜欢物理的人喜欢化学。

Ⅳ.理科 1 班一半喜欢物理,一半喜欢化学。

(A)仅Ⅰ。 　　　　　　　　　　　(B)仅Ⅲ。

(C)仅Ⅰ、Ⅱ。 　　　　　　　　　(D)仅Ⅰ、Ⅲ。

(E)仅Ⅱ、Ⅲ、Ⅳ。

视频讲解

【考点】相容选言命题的否定式推理规则。

【答案】D

【解析】该题考查复言推理中的相容选言推理。由"班里每一个人或者喜欢物理或者喜欢化学"和"周波不喜欢化学",根据否定式的相容选言推理可得Ⅰ项:周波喜欢物理。但由"王涛喜欢物理",不能推出Ⅱ项"王涛不喜欢化学",因为相容选言推理的肯定式是无效的,还可能都喜欢。Ⅲ项"理科1班不喜欢物理的人喜欢化学"也可以推出来。据相容选言推理的肯定式推理规则,Ⅳ项推不出来。所以,只有Ⅰ、Ⅲ两项能推出来。

【例3】[2020年联考]某街道的综合部、建设部、平安部和民生部4个部门,需要负责街道的秩序、安全、环境、协调四项工作。每个部门只负责其中的一项工作,且各部门负责的工作各不相同。已知:

(1)如果建设部负责环境或秩序,则综合部负责协调或秩序;

(2)如果平安部负责环境或协调,则民生部负责协调或秩序。

根据以上信息,以下哪项工作安排是可能的?

(A)建设部负责环境,平安部负责协调。

(B)建设部负责秩序,民生部负责协调。

(C)综合部负责安全,民生部负责协调。

(D)民生部负责安全,综合部负责秩序。

(E)平安部负责安全,建设部负责秩序。

视频讲解

【考点】相容选言命题的否定式推理规则。

【答案】E

【解析】第一步,题型判定。

(1)题干有主体——四个部门,主体信息——四项工作以及分配条件。选项给出主体与信息之间的匹配关系。因此,本题属于分析推理。

(2)五个选项主体不相同。因此,本题属于题干信息充分的分析推理。

第二步,解题思路。

(1)找解题切入点:题干没有确定结果,因此,需要假设。

(2)整合题干信息:

a.由于要找可能的情况,因此,可以从选项出发进行假设。

b.假设A项为真,即建设负责环境,平安负责协调。由建设负责环境,结合①根据肯前必肯后可得,综合负责协调或综合负责秩序。由平安负责协调,结合②根据肯前必肯后可得,民生负责协调或民生负责秩序。又由平安负责协调以及"各部门负责的工作各不相同"可知,综合不负责协调,民生不负责协调。因此,根据或的推理规则可得,综合负责秩序,民生负责秩序。与"各部门负责的工作各不相同"矛盾。因此,A项不可能。

c.假设B项为真,即建设负责秩序,民生负责协调。由建设负责秩序,结合①根据肯前必肯后可得,综合负责协调或综合负责秩序,与假设矛盾。因此,B项不可能。

d.假设C项为真,即综合负责安全,民生负责协调。由综合负责安全,结合①根据否后必否前以及德摩根律可得,建设不负责环境且建设不负责秩序,即建设没有可负责的工作。与"每个部门只负责其中的一项工作"矛盾。因此,C项不可能。

e.假设D项为真,即民生负责安全,综合负责秩序。由民生负责安全,结合②根据否后必否前以及德摩根律可得,平安不负责环境且平安不负责协调,即平安没有负责的工作。与"每个部门只负责其中的一项工作"矛盾。因此,D项不可能。

f.假设 E 项为真,即平安负责安全,建设负责秩序。由建设负责秩序,结合①,根据肯前必肯后及"各部门负责的工作各不相同"可得,综合负责协调,再根据平安负责安全,可得民生负责环境,与题干不冲突。故 E 项为正确答案。

第三节　假言命题及其推理

一、知识概述

(一)定义

假言命题不同于联言命题和选言命题,联言和选言都是以事实为依据,而假言则是在假设的基础上得出结论的复言命题。即假定某一条件存在,从而推出某一结果存在的命题。它的标准形式是"充分→必要",比如"如果黄河水变清了,野鸭就会飞回来"就可以表示成"水变清→野鸭回"。

(二)条件充要性

按条件间的关系可以有三种情况:充分条件、必要条件、充要条件。

(1)如果有事物、情况 A,则必然有事物、情况 B;如果没有事物、情况 A,但未必没有事物、情况 B,A 就是 B 的充分而不必要的条件,简称充分条件。

(2)如果没有事物、情况 C,则必然没有事物、情况 D;如果有事物、情况 C 而未必有事物、情况 D,C 就是 D 的必要而不充分的条件,简称必要条件。

(3)如果有事物、情况 E,则必然有事物、情况 F;如果没有事物、情况 E,则必然没有事物、情况 F,E 就是 F 的充分必要条件,简称充要条件。

例如:1.A 儿子/B 父亲(A 是 B 的充分条件);2.C 年满 18 周岁/D 有选举权(C 是 D 的必要条件);3.E 三角形等边/F 三角形等角(E 是 F 的充分必要条件)。

(三)假言命题的分类

根据充分条件、必要条件所在的位置的不同,假言命题大体可以分为三类:充分条件假言命题、必要条件假言命题和充要条件假言命题。

1.充分条件假言命题

在一个假言命题中,如果前面一个条件是产生后面结论的充分条件,那么这个假言命题就是充分条件假言命题。充分条件就是产生某一结果的充分的、足够的条件。有了它就一定会产生某种结果。

充分条件假言命题有两个特点:一是有前面的条件一定得出后面的结果,二是没前面的前提不一定没有后面的结论。

充分条件假言命题的常见联结词有:如果 A 那么 B、若 A 则 B、只要 A 就 B 等。

例如:如果把结论当作教条,那么只能束缚思想。

只要认真复习逻辑,就一定能通过管理类联考综合能力考试。

2.必要条件假言命题

在一个假言命题中,如果前面的条件是产生后面结论的必要条件,那么此命题就是必要条件假言命题。必要条件就是产生某一结果所必需的、不可缺少的条件。缺少这个条件不可能产生这个结果。

必要条件假言命题有两个特点:一是无此条件一定无此结果,二是有此条件也不一定有此结果。

必要条件假言命题联结词有:只有 C 才 D、除非 C 否则 D。

例如：只有认真学习,才能取得理想的成绩。

除非有中国的资金支持,否则美国不可能完好地渡过金融危机。

3.充要条件假言命题

在一个假言命题中,如果前面的条件是后面结论的充分且必要条件,那么这个假言命题就是充分必要的假言命题,简称充要条件假言命题。充要条件就是前面的条件既是后面结论的充分条件,又是结论的必要条件。

充分必要假言命题有两个特点:一是前提是结论的充分条件且是必要条件,二是二者一定是互相推出的关系。

例如:人不犯我,我不犯人;人若犯我,我必犯人。

【例1】指出下列命题各自的命题形式。

①枫叶红了或者芭蕉绿了;_____

②当且仅当 $x=-8$ 时,$x+8=0$;_____

③只有淡泊,才能明志;_____

④周总理是睿智且包容的人;_____

⑤除非太阳从西边升起,否则长江不会倒流;_____

⑥要么一语成谶,要么信口雌黄;_____

【答案】①相容选言命题;②充要条件假言命题;③必要条件假言命题;④联言命题;⑤必要条件假言命题;⑥不相容选言命题。

【例2】指出下列命题中,哪些是充分条件,哪些是必要条件?

①如果给我一个杠杆,那么我能撬起地球。

_____

②只有中国经济才能在全球次贷危机中发挥中流砥柱的作用。

_____

③除非真正喜欢管理,否则读了 MBA 也是无用的。

_____

【答案】①充分条件:给我一个杠杆;必要条件:我能撬起地球;

②充分条件:能在全球次贷危机中发挥中流砥柱的作用;必要条件:中国经济;

③充分条件:读 MBA 有用,必要条件:喜欢管理;或充分条件:不喜欢管理,必要条件:读 MBA 无用。

二、假言命题的矛盾

不论是哪一种假言命题,都可以形式化为"充分→必要"。由于假言命题是陈述事物、情况之间条件关系的命题,是一种假设的命题,因此,只能用事实来否定它,即充分条件成立,且必要条件不成立,故可得:

"A→B"的矛盾是"A 且非 B"。

例如:"如果你有登上诺亚方舟的船票,我就跟你走"的矛盾就是"你有登上诺亚方舟的船票,但是我没有跟你走"。

解析:"如果……就……"引导的是一个充分条件假言命题,形式化后可得"你有登上诺亚方舟的船票→我跟你走",只有当前提条件满足,而结论没发生时,我们才可以说此命题不成立,即"你有登上诺亚方舟的船票,但是我没有跟你走"。由此可得"A→B"与"A 且非 B"互为矛盾。牢记"假言命题的矛盾是联言命题,当且仅当满足前提但结论不成立时,此假言命题不成立"。排除掉矛盾命题以外的其他情况都有可能发生,都不可推翻假言命题,是比较难的考法。

再如:"只有收到正式邀请,张先生才会出席晚宴"与"张先生出席了晚宴,并且没有收到正式邀请"互为矛盾。

解析:"只有……才……"引导的是一个必要条件假言命题,必要条件前置,故此命题中充分条件 A 为"张先生会出席晚宴",必要条件 B 为"收到正式邀请","A 且非 B"为"张先生出席了晚宴,并且没有收到正式邀请",注意与充分条件假言命题的区别和联系。

【例 1】小张是某公司营销部员工,公司经理对他说:"如果你争取到这个项目,我就奖励你一台笔记本电脑或者给你项目提成。"

以下哪项如果为真,说明该经理没有兑现承诺?

(A)小张争取到这个项目,该经理没有给他项目提成,但送了他一台笔记本电脑。

(B)小张没争取到这个项目,该经理没有奖励他笔记本电脑,也没有给他项目提成。

(C)小张争取到这个项目,该经理给他项目提成,但是并未奖励他笔记本电脑。

(D)小张争取到这个项目,该经理奖励他一台笔记本电脑并给他三天假期。

(E)小张争取到这个项目,该经理未给他项目提成,但是奖励他一台台式电脑。

【考点】充分条件假言命题的矛盾。

【答案】E

【解析】结合问法"哪项说明该经理没有兑现承诺"明显也是一个"已知真,求假"的问法,要想到利用矛盾的性质去求解。经理的话中的"如果……就……"引导的是一个典型的充分条件假言命题,将该命题形式化后可得"小张争取到这个项目(A 项)→奖励一台笔记本电脑或者给项目提成(B 项)",求矛盾即为"A 且非 B"。需要注意的是,题干中的必要条件(B 项)又是一个相容的选言命题,只有同时否定每一个肢命题(组成复言命题的每一个直言命题都可以叫作肢命题)时才能得到非 B。E 项断定,该经理未给他项目提成但奖励了他一台台式电脑。这里,奖励他一台台式电脑,也就否定了奖励他一台笔记本电脑。争取到了项目,但既没给项目提成,也没给笔记本电脑,为原题干的矛盾。

【例 2】某煤矿发生了一起瓦斯爆炸事故,煤矿工人有以下断定:

值班主任:造成事故的原因是操作问题。

矿工 1:确实有人违反了安全规程,但造成事故的原因不是操作问题。

矿工 2:如果造成事故的原因是操作问题,则有人违反了安全规程。

安全员:造成事故的原因是操作问题,但没有人违反了安全规程。

如果以上断定中只有一个人的断定为真,则以下哪一句可能为真?

(A)值班主任的断定为真。

(B)安全员的断定为真,没有人违反了安全规程。

(C)矿工 1 的断定为真。

(D)矿工 2 的断定为真,没有人违反了安全规程。

(E)矿工 2 的断定为真,确实有人违反了安全规程。

【考点】充分条件假言命题的矛盾及选言命题的推理规则。

【答案】D

【解析】提炼题干信息后会发现,矿工 2 和安全员的话是互为矛盾的两个命题,必有一真一假。因此值班主任、矿工 1 的话都是假的。根据值班主任的话可以推断出:造成事故的原因不是操作问题。据此,可以推断出安全员为假,矿工 2 为真。又根据矿工 1 的话为假,可知"没有人违反了安全规程,或造成事故的原因是操作问题"为真。根据相容选言命题的否定式推理规则,在"造成事故的原因是操作问题"为假时,"没有人违反了安全规程"为真。故矿工 2 的话为真,没有人违反安全规程。

三、假言命题的推理

假言命题的推理是以假言判断为前提的推理。主要考查形式是:给定一个假言命题,据此判断选项中与它等值的命题。例如:"如果天晴,明天我就出去玩"为真,则以下判断必然为真的是?

假言命题的推理相对选言和联言来说复杂一些,在管理类考试中考查的也比较多,需要大家慎重对待。

(一)充分条件假言推理

充分条件假言命题是表示前提是产生结论的充分条件的假言命题,前提存在,则结论必然发生;前提不存在,结论的发生与否不确定。

充分条件的假言推理就是前提中有一个充分条件的假言命题,并且根据前提和结论之间的充分关系所进行的一种推理。如:"如果下雨,那么地湿",它的逻辑含义是"天下雨时,地一定会湿;天不下雨时,地不一定不湿"。那"如果地没湿,天一定没下雨"。

所以,"下雨"就是"地湿"的充分条件,它的推出关系就是"下雨→地湿";

"地没湿"是"不下雨"的充分条件,它的推出关系是"地没湿"→"不下雨"。

也就是说如果有 A 前提,则必定会有 B 结论发生,即 A→B;

如果没有 B 结论,一定没有 A 前提,即"非 B→非 A"。

简言之,充分条件假言命题的有效推理规则就是"肯前推肯后,否后推否前"(注:"前"代表充分条件,"后"代表必要条件。)

接下来我们来通过几个小例子练习一下:

例:如果努力,我就一定能通过 MBA 考试。

肯前推肯后:努力→通过 MBA 考试

否后推否前:没通过 MBA 考试→没努力

例:只要我学好逻辑,我就一定能通过 MBA 考试。

肯前推肯后:学好逻辑→通过 MBA 考试

否后推否前:没通过 MBA 考试→没学好逻辑

例:若无关紧要的小事填满你的生活,你就永远没法腾出时间来处理重要的事。

肯前推肯后:小事填满生活→没时间处理重要的事

否后推否前:有时间处理重要的事→小事没填满生活

例:如果不顾客户的利益擅自修改规则,即便是马云,也会遭遇信任危机。

肯前推肯后:不顾客户利益→遭遇信任危机

否后推否前:没遭遇信任危机→关注客户利益

【例 1】如果月球表面曾经是岩浆海洋,那么许多元素的分布就应该是连续的。岩浆海洋掌握着解开月亮诞生之谜的钥匙。如果岩浆海洋的存在得到确认,那么"巨型冲击假说"将成为最有力的月亮起源说。

由此可以推出:

(A)如果月球表面不曾是岩浆海洋,那么月球表面的元素分布就不是连续的。

(B)如果"巨型冲击假说"没有成为最有力的月亮起源说,那么表明月球表面的元素分布都不是连续的。

(C)如果月球表面的元素分布不是连续的,那么月球表面不曾是岩浆海洋。

(D)如果月球表面的元素分布是连续的,那么月球表面曾经是岩浆海洋。

(E)如果月球表面的元素分布是连续的,那么"巨型冲击假说"将成为最有力的月亮起源说。

【考点】考查充分条件假言命题的推理规则。

【答案】C

【解析】题干的逻辑关系为:①月球表面曾经是岩浆海洋→许多元素的分布就应该是连续的;②岩浆海洋的存在得到确认→"巨型冲击假说"将成为最有力的月亮起源说。A项根据条件①,否定前件不能推出否定后件,因此错误;B项由条件②否定后件则否定前件,则可推出岩浆海洋的存在没有得到确认,再根据①,否定前件不能否定后件,因此B项错误;C项由条件①,否定后件则否定前件,正确;D项由条件①,肯定后件不能推出肯定前件。E项由条件①,肯定后件不能肯定前件,因此不能进行有效推理。

【例2】如果一个人在A城市乱扔垃圾就会被认为没有道德;一个人如果没有道德,A城市里就没有人和他做朋友;一个人如果在A城市没有朋友就寸步难行,无法继续留在这里。

从上述叙述中,可以推出以下哪项结论?

(A)一个人在B城市乱扔垃圾但是仍然可以留在A城市。

(B)如果一个人道德修养很高,那么他就能留在A城市。

(C)生活在A城市的小李在过马路时将西瓜皮扔在地上,那么他将难以再留在A城市。

(D)小王没有朋友说明他在A市乱扔垃圾。

(E)小王没有留在A城市说明他缺乏道德修养。

【考点】充分条件假言命题的推出关系。

【答案】C

【解析】题干推理为:在A城市乱扔垃圾→没有道德→没有朋友→无法继续留在A城市。C项由这个推理可以推出。A项B城市与此无关;否前不能否后,B项错误;肯后不能肯前,D、E两项错误。

【例3】只要不起雾,飞机就按时起飞。

以下哪项如果为真,说明上述断定不成立?

Ⅰ.没起雾,但飞机没按时起飞。

Ⅱ.起雾,但飞机仍然按时起飞。

Ⅲ.起雾,飞机航班延期。

(A)只有Ⅰ。 　　　　　　　　　　(B)只有Ⅱ。

(C)只有Ⅲ。 　　　　　　　　　　(D)只有Ⅱ和Ⅲ。

(E)Ⅰ、Ⅱ和Ⅲ。

【考点】复言命题的性质及其推理。

【答案】A

【解析】题干断定"不起雾"是"飞机按时起飞"的充分条件。充分条件命题要假,必须前件为真而后件为假。前件为真就是"不起雾",后件为假就是"飞机不按时起飞"。只有Ⅰ满足了这个条件。Ⅱ和Ⅲ都说"起雾",意味着前件为假,而充分条件假言命题在前件为假时肯定是真的。

【例4】 [A] [B] [4] [7]

以上四张卡片,一面是大写英文字母,另一面是阿拉伯数字。

主持人断定,如果一面是A,则另一面是4。

如果试图推翻主持人的断定,但只允许翻动以上的两张卡片,正确的选择是:

(A)翻动A和4。 　　　　　　　　(B)翻动A和7。

(C)翻动A和B。 　　　　　　　　(D)翻动B和7。

(E)翻动 B 和 4。

【考点】复言命题的推出关系。

【答案】B

【解析】主持人的断定是一个充分条件的命题:如果一面是 A,则另一面是 4。要推翻这个断定就是要让该命题为假。一个充分条件命题为假,则其前件为真而后件为假。如果翻动 A,另一面不是 4,则推翻了主持人的断定。但翻动 B 和 4 都不能推翻主持人的断定。例如翻动 B,这是意味着主持人断定的前件为假,不管另一面是什么都不能推翻主持人的断定,因为主持人的断定在前件为假的情况下,不管后件真还是假,整个命题都是真的。

【例5】【2011年在职】如果欧洲部分国家的财政危机可以平稳度过,世界经济今年就会走出低谷。以下哪项最能准确地表达上述断定?

Ⅰ.如果世界经济今年走出低谷,则西方国家的财政危机可以平稳度过。

Ⅱ.如果世界经济今年未能走出低谷,则有的西方国家财政危机没能平稳度过。

(A)只有Ⅰ。　　　　　　　　　　　(B)只有Ⅱ。

(C)Ⅰ和Ⅱ。　　　　　　　　　　　(D)Ⅰ或Ⅱ。

(E)Ⅰ和Ⅱ都不对。

【考点】充分条件假言命题的推理规则。

【答案】B

【解析】分析题干可知,选项Ⅰ不能推出,因为充分条件肯定后件不能因此肯定前件。选项Ⅱ可以推出,因为充分条件假言推理否定后件可以否定前件。

(二)必要条件假言推理

必要条件假言命题是前提是结论的必要条件的假言命题,前提存在,结论不一定发生;但结论发生了,前提一定是存在的。

必要条件的假言推理就是前提中有一个必要条件的假言命题,并且根据前提和结论之间的必要关系进行的一种推理。如:"只有年满18周岁,才有选举权","除非年满18周岁,否则没有选举权",针对它的表述形式的不同,必要条件假言推理我们也分成两类来介绍。

1.只有……才……

例:"只有年满18周岁,才有选举权"。它的逻辑含义是"没年满18周岁,一定没有选举权;年满18周岁,不一定有选举权"。

所以,"年满18周岁"就是有"选举权"的必要条件,它的推出关系就是"年满18周岁←选举权"。

"没年满18周岁"是"没有选举权"的充分条件,它的推出关系是"没年满18周岁→没有选举权"。

也就是说,B 结论发生了,A 前提一定存在,即 A←B;

没 A 前提,B 结论一定不发生,即非 A→非 B;

简言之,"只有……才……"形式的假言命题,它的有效推理规则:"肯后推肯前,否前推否后"(注:"前"代表必要条件,"后"充分条件)。

2.除非……否则……

例:除非受到正式邀请,否则胡先生不会出席会议。它的逻辑含义是"没受到正式邀请,胡先生不会出席会议;胡先生出席了会议,说明受到了正式邀请。"

所以,"受到了正式邀请"是"胡先生出席会议"的必要条件,它的推出关系是"胡出席会议→受到了正式邀请";

"胡先生不出席会议"是"没受到正式邀请"的必要条件,它的推出关系是"没受到正式邀请→胡不出席会议"。

也就是说,有 A 前提,则非 B 不一定发生;

非 B 发生了,一定能推出 A 前提的存在,即"非 B→A"。

如果 A 前提不存在,B 一定发生,即"非 A→B"。

简言之,"除非……否则……"形式的假言命题的有效推理规则就四个字"否一推肯一"。

例:只有买票,才能进电影院看电影。

肯后推肯前:能看电影→买票。

否前推否后:没买票→不能看电影。

例:只有学好逻辑,才能通过这次考试。

肯后推肯前:通过这次考试→学好逻辑。

否前推否后:没学好逻辑→没通过这次考试。

例:只有努力工作,才能实现自己的价值。

肯后推肯前:实现自己的价值→努力工作。

否前推否后:没努力工作→没能实现自己的价值。

例:除非吃药,否则病好不了。

否一推肯一:病好→吃药。

不吃药→病好不了。

例:除非住在新加坡,否则不知道什么叫作物价贵。

否一推肯一:知道什么叫作物价贵→住在新加坡。

不住在新加坡→不知道什么叫物价贵。

【例 1】千万不能因为近期物价有所回落,就减少对农产品经营的关注。要保证农产品价格不涨,功夫恰恰要下在其价格最低的时候,只有在这个时候保护农民的积极性,让农民不退出生产,才能使农产品价格保持稳定。

据此,可以推断:

(A)如果农民退出生产,农产品价格就不能保持稳定。

(B)只有让农民不退出生产,才能保护农民的生产积极性。

(C)只要关注农产品的生产经营,就能保证农民不退出生产。

(D)只有保护农民的积极性,才能让农民不退出生产。

(E)只有在农产品价格最低的时候,保护农民的生产积极性才最有效。

【考点】必要条件假言命题的推理规则。

【答案】A

【解析】题干"只有在农产品价格最低时保护农民的积极性,让农民不退出生产,才能使农产品价格保持稳定"是一个必要条件假言命题,否定前件则否定后件,A 项正确;"农民退出生产"和"保护农民的生产积极性"都是前提条件,二者是并列关系,不能推出 B、D 两项;C、E 两项无法由题干内容推出。

【例 2】食品安全的实现,必须有政府的有效管理。只有政府各部门之间相互协调配合,才能确保政府进行有效的管理。但是,如果没有健全的监督制约机制,是不可能实现政府各部门之间协调配合的。

由此可以推出:

(A)要想有健全的监督制约机制,必须有政府的有效管理。

(B)没有健全的监督制约机制,不可能实现食品安全。

(C)有了政府各部门之间的相互协调配合,就能实现食品安全。

(D)一个不能进行有效管理的政府,即是没有建立起健全的监督制约机制的政府。

(E)如果食品安全没实现,那一定是政府没有进行有效的管理。

【考点】假言命题的推理规则。

【答案】B

【解析】题干给出的条件为:①政府有效管理←食品安全的实现;②政府各部门之间的协调配合←政府进行有效的管理;③没有健全的监督制约机制→不可能实现政府各部门之间协调配合。

可组成一个必要条件假言连锁推理:健全的监督制约机制←政府各部门之间的协调配合←政府进行有效的管理←食品安全的实现。代入验证选项,发现只有 B 项"无健全的监督制约机制不可能实现食品安全"符合题干的推理规则。

【例3】除非调查,否则就没有发言权。以下各项都符合题干的断定,除了:

(A)如果调查,就一定有发言权。　　(B)只有调查,才有发言权。

(C)没有调查,就没有发言权。　　(D)如果有发言权,则一定做过调查。

(E)或者调查,或者没有发言权。

【考点】假言命题的推理规则。

【答案】A

【解析】题干"除非调查,否则就没有发言权"是一个必要条件假言命题,它的推理规则是"否一推肯一",即"有发言权→调查①;没调查→没发言权②。"代入选项验证,发现只有 A 项"调查→发言权",不符合题干的推理规则,因为肯前推不出肯后。

其中 B、D 两项,符合①。C 项符合②;E 项,调查或无发言权,这是选言命题,只需要其中一个成立就能保证整个命题的成立,根据推理规则可以发现,调查或发言权必定有一个会成立的,所以,E 项也符合题干。

【例4】某花店的进货价只有低于正常价格时,才能以低于市场的价格卖花而获利;除非该花店的销售量很大,否则不能从花农那里购得低于正常价格的花;要想有大的销售量,该花店就要满足消费者个人兴趣或者拥有特定品种的独家销售权。如果上述断定为真,则以下哪项必定为真?

(A)如果该花店从花农那里购得低于正常价格的花,那么就会以低于市场的价格卖花获利。

(B)如果该花店没有以低于市场的价格卖花而获利,则一定没有从花农那里购得低于正常价格的花。

(C)该花店不仅满足了消费者的个人兴趣,而且拥有特定品种独家销售权,但仍然不能以低于市场价格卖花而获利。

(D)如果该花店以低于市场价格卖花而获利,那么进货价一定低于正常价格。

(E)如果该花店有很大的销售量,那一定是从花农手里购得低于正常价格的花。

【考点】假言命题的推理规则。

【答案】D

【解析】题干的推出关系是"获利→低于正常价格→销量很大→满足消费者的个人兴趣或拥有特定独家销售权"。A、B、C、E 四项均得不出结论。

(三)充要条件假言推理

充要条件的假言推理就是前提中有一个充要条件的假言命题,并且根据前提和结论之间的充要关系进行的一种推理,常见形式是"当且仅当……才……"。

例："当且仅当一个数被 2 整除,这个数才是偶数。"

它的逻辑含义是"一个数被 2 整除,此数一定是偶数;一个数是偶数,此数一定能被 2 整除"。所以,"被 2 整除",既是"偶数"的充分条件又是"偶数"的必要条件,它的推出关系就是"被 2 整除↔偶数"。

也就是说有 A 前提,必定会有 B 结论发生,即 A→B;

有 B 结论发生,也一定能推出 A 前提,A←B,

综合起来就是 A↔B。

所以,充要条件的推理规则有两条:"肯前肯后,否后否前","肯后肯前,否前否后",简单来说就是,"肯一推一,否一推一"。

例:当且仅当人类爱护环境的时候,生态系统的稳定性才不会被破坏。

肯一推一:爱护环境↔生态系统的稳定性不会被破坏。

否一推一:不爱护环境↔生态系统的稳定性被破坏。

充要条件的假言推理规则是三种假言命题中最简单的一种,考试中涉及也较少,因此,考生不必在此花费过多的精力。

其实不管是充分条件假言命题、必要条件假言命题还是充要条件假言命题,其实它们的推理规则都只有一个,就是"充分→必要;否必要→否充分",所以考生在做题的时候要注意找准题干中的充分条件和必要条件,然后写成标准的推出形式就可以快速准确锁定正确答案了。

复言命题知识点

关键词	联言命题	选言命题		假言命题(充分→必要)			
		相容	不相容	充分	必要		充要
代表词	且	或	要么,要么	如果 A 那么 B 只要 A 就 B 若 A 则 B	只有 A 才 B	除非 A 否则 B	当且仅当……才
表示形式	A 且 B	A 或 B	要么 A,要么 B	A→B	A←B	A←非 B	A↔B
矛盾	非 A 或非 B	非 A 且非 B	A 且 B; 非 A 非 B	A 且非 B	非 A 且 B	非 A 且非 B	A 且非 B; 非 A 且 B
推理规则	肯定式推理	否定式推理	否一肯一; 肯一否一	非 A←非 B	非 A→非 B	非 A→非 B	—

第四节　二难推理

二难推理,也称假言选言推理。它是由两个假言命题(假设)和一个选言命题(事实)作为前提,推出结论的推理形式。它常常使人陷入左右为难、进退维谷的境地,故又称"二难推理"。常见的二难推理主要有四种形式。

一、简单构成式

简单构成式,是指前提中两个假言命题(假设情况)的前件不同,后件相同,选言命题(实际情况)肯定不同的前件,得到相同结论的推理。它的推理公式是:

如果 A,那么 C;

如果 B,那么 C;

事实:A 或 B 发生;

推出:C一定发生。

解析:它的逻辑含义是:A→C,B→C;A或B。A或B发生包括三种情况:A发生B不发生、A不发生B发生、A、B均发生。不管是哪一种情况,A、B当中都至少有一个发生,这个时候C是一定发生的。

例如:如果莫言的小说思想性好,那它一定是一部好作品。

如果莫言的小说艺术性高,那它一定是一部好作品。

莫言的小说思想性好或者艺术性高。

推出:它一定是一部好作品。

再如:如果上帝能够创造一块他自己也举不起来的石头,那么上帝不是全能的。

如果上帝不能够创造一块他自己也举不起来的石头,那么上帝也不是全能的。

上帝或者能够创造一块连他自己也举不起来的石头或者不能创造一块这样的石头。

推出:上帝不是全能的。

上例实际上是二难推理构成式的一种最简单形式,它的两个假言命题的前提是相互矛盾的,它的选言前提则构成一个逻辑真理,即"A或非A",包括了事物的全部情况。

这也就是说,如果两个互为矛盾的命题都可以推出同一个结论B,那么结论B就必然成立。

简单表示如下:如果A,那么B;

如果非A,那么B;

推出:B恒成立。

即A→B;非A→B。推出:B恒成立。

二、简单破坏式

简单破坏式,是指前提中的两个假言命题的前件相同,后件不同,选言命题否定不同的后件,得出相同的结论的推理。它的推理公式是:

如果A,那么B;

如果A,那么C;

"非B或非C"发生;

推出:"非A"一定发生。

解析:它的逻辑含义是:A→B,A→C,非B或非C。选言命题给定的事实是"非B或非C",题干中给出的是B、C,这个时候就要考虑到原命题和逆否命题之间的等值转化,这时候题干的推出形式就变成:非B→非A,非C→非A。非B、非C只要有一个发生,那么非A恒成立。

例如:如果他是一个好人,那他一定很善良。

如果他是一个好人,那他一定很勇敢。

他不善良或不勇敢。

推出:他不是一个好人。

再如:如果有足够的勇气和智慧,那么就没有办不到的事。

如果有足够的勇气和智慧,那么也有办不到的事。

没有办不到的事或有办不到的事。

推出:没有足够的勇气和智慧。

上例实际上是二难推理破坏式的一种最简单形式,它的两个假言命题的结论是相互矛盾的,它的选言命题构成了一个逻辑真理,即"B或非B",包含了事物的全部情况。

也就是说,如果同一个前提推出了两个互为矛盾的结论,那么这个前提就必然不存在,对应的非

A 就恒成立。

简单表示如下：如果 A，那么 B；

　　　　　　　如果 A，那么非 B；

　　　　　　　推出：非 A 恒成立。

即："A→B,A→非 B"，它等价于"非 B→非 A,B→非 A"，可以推出"非 A 恒成立"。

三、复杂构成式

复杂构成式是相对于简单构成式而言的，它是指前提中两个假言命题的前件不同，后件也不同，选言命题肯定不同的前件，结论则以选言命题的形式肯定不同的后件的推理。它的推理公式是：

如果 A，那么 B；

如果 C，那么 D；

事实：A 或 C 发生；

推出：B 或 D 发生。

解析：它的逻辑含义是："A→B,C→D,A 或 C"，即 A 存在，那么 B 一定发生，同理，C 存在，D 一定发生。也就说，只要 A、C 至少有一个存在，那么 B、D 也至少有一个发生。

例如：如果你说真话，那么富人恨你；

如果你说假话，那么穷人恨你；

"你说真话"或者"你说假话"；

推出："富人恨你"或"穷人恨你"。

再如：如果企业有足够的资金和技术人才，那么一个企业的产品就能拥有高科技含量；

如果企业能够不断更新产品和技术，那么企业才能长期稳定地占领市场；

"企业具有足够的资金和技术人才"或"企业能够不断更新产品和技术"；

推出："产品拥有高科技含量"或"企业能长期稳定地占领市场"。

四、复杂破坏式

复杂破坏式是相对于简单破坏式而言的，是指前提中两个假言命题的前件不同，后件也不同，选言命题否定不同的后件，结论则以选言命题的形式否定不同的前件。其实复杂破坏式就是复杂构成式在逆否命题基础上的推理。

它的推理公式是：

如果 A，那么 B；

如果 C，那么 D；

事实："非 B 或非 D"发生；

推出："非 A 或非 C"发生。

解析：它的逻辑含义是："A→B,C→D,非 B 或非 D"，事实中给定的是非 B、非 D，题干中给定的是 B、D，这时候就要考虑到原命题和逆否命题之间的等值转化，即"非 B→非 A,非 D→非 C"，"非 B 或非 D"至少一个发生，那"非 A 或非 C"一定至少有一个发生。

例如：如果上帝不能阻止罪恶，那么上帝不是全能的；

如果上帝不想阻止罪恶，那么上帝不是全善的；

"上帝是全能的"或"上帝是全善的"。

推出："上帝能阻止罪恶"或"上帝想阻止罪恶"。

简言之，简单的二难推理其实就是由两个不同的前提推出一个共同的结论，从而陷入两难境地的推理,即"不同"→"相同"。如果前件不同,后件相同,就考虑如何"前件→后件";如果前件相同,后件不同,就考虑原命题和其逆否命题的等值转化,即"否后件→否前件"。所以,在考试中遇到二难推理时,考生只需要把前提中的假言命题写成标准的"充分→必要",然后看是前件相同还是后件相同,再依据"不同→相同"的二难推理方法,就可以快速解题。

【例1】要是不学习二胡演奏,徐平就做不了民乐理论研究。如果他喜欢民族乐器,那么他会选择学习二胡演奏作为专业。如果他不喜欢民族乐器,那么他会做民乐理论研究。由此可推出徐平将:

(A)研究民乐理论。　　　　　　　　(B)不研究民乐理论。

(C)学习二胡演奏。　　　　　　　　(D)不学二胡演奏。

(E)学习二胡,并研究民乐。

【考点】二难推理的简单构成式。

【答案】C

【解析】题干由三个充分条件假言命题组成,具体如下:①不学习二胡演奏→做不了民乐理论研究;②喜欢民族乐器→学习二胡演奏;③不喜欢民族乐器→选择民乐理论研究。③和①组成连锁推理:④不喜欢民族乐器→选择民乐理论研究→学习二胡演奏。由"或者徐平喜欢民族乐器,或者不喜欢民族乐器",则与④和②构成二难推理的最简单构成式,可得:徐平要学习二胡演奏。

【例2】某市要建花园或修池塘,有下列4种假设:修了池塘要架桥;架了桥就不能建花园;建花园必须植树;植树必须架桥。据此不可能推出的是:

(A)最后有池塘。　　　　　　　　　(B)最后一定有桥。

(C)最后一定没建花园。　　　　　　(D)最后可能有花园。

(E)池塘和花园不能同时存在。

【考点】二难推理题。

【答案】D

【解析】题干的逻辑关系如下:①修池塘→架桥→不建花园;②建花园→植树→架桥。由①,否定后件就能否定前件,可知,建花园→不架桥;与②建花园→架桥构成一个二难推理的简单破坏式,由于或者架桥或者不架桥,所以可推出一定不建花园。故不可能推出的是D项。故选D。

【例3】滨海市政府决定上马一项园林绿化工程,政府有关部门在调研论证的基础上,就特色树种的选择问题形成如下几项决定:

(1)樟树、柳树至少选择一样;

(2)如果不种桂树,那么就要种雪松;

(3)如果种柳树,那么就要种桃树;

(4)桃树、雪松至少要舍弃一样。

据此,可以推出该市应选择的特色树种是:

(A)柳树或者桃树。　　　　　　　　(B)桃树或者桂树。

(C)雪松或者柳树。　　　　　　　　(D)雪松或者樟树。

(E)樟树或者桂树。

【考点】二难推理的复杂破坏式。

【答案】E

【解析】题干给出了以下四项决定:(1)种樟树或种柳树;(2)不种桂树→种雪松;(3)种柳树→种桃树;(4)不种桃树或不种雪松。(2)、(3)和(4)构成一个二难推理的复杂破坏式,可推出"种桂树或不种柳树",又由(1),不种柳树→种樟树,故可知,种桂树或种樟树。

【例4】某发展中国家所面临的问题是,要维持它的经济发展,必须不断加强国内企业的竞争力;要保持社会稳定,必须不断建立健全养老、医疗、失业等社会保障体系。而要建立健全社会保障体系,则需要企业每年为职工缴纳一定比例的社会保险费。如果企业每年为职工缴纳这样比例的社会保险费,则会降低企业的竞争力。

以下哪项结论可以从上面的陈述中推出?

(A)这个国家或者可以维持它的经济发展,或者可以保持它的社会稳定。

(B)这个国家无法维持它的经济发展,或者不能保持它的社会稳定。

(C)如果降低企业每年为职工缴纳社会保险费的比例,则可以保持企业的竞争力量。

(D)这个国家的经济发展会受到一定影响。

(E)这个国家的经济发展或社会稳定必然会受到影响。

【考点】二难推理的复杂破坏式。

【答案】B

【解析】题干包含四个充分条件假言命题,后三个命题又可形成假言连锁推理,故题干命题可整理如下:①维持经济发展→加强企业竞争力;②保持社会稳定→建立健全社会保障体系→企业每年为职工缴纳一定比例的社会保险费→降低企业竞争力。

由于加强企业竞争力和降低企业竞争力不可能同时实现,与①和②构成二难推理的复杂破坏式得,或者不能维持经济发展,或者不能保持社会稳定。

【例5】某中药配方有如下要求:(1)如果有甲药材,那么也要有乙药材;(2)如果没有丙药材,那么必须有丁药材;(3)人参和天麻不能都有;(4)如果没有甲药材而有丙药材,则需要有人参。

如果含有天麻,则关于该配方的断定哪项为真?

(A)含有甲药材。　　　　　　　(B)含有丙药材。

(C)没有丙药材。　　　　　　　(D)没有乙药材和丁药材。

(E)含有乙药材或丁药材。

视频讲解

【考点】二难推理。

【答案】E

【解析】由"含有天麻"和(3)"人参和天麻不能都有"可得:没有人参。再考虑(4)"如果没有甲药材而有丙药材,则需要有人参"可得:有甲药材或者没有丙药材。再根据(1)"如果有甲药材,那么也要有乙药材"和(2)"如果没有丙药材,那么必须有丁药材",可以构成二难推理的复杂构成式如下:

如果有甲药材,那么也要有乙药材。

如果没有丙药材,那么必须有丁药材。

有甲药材或者没有丙药材。

推出:有乙药材或者丁药材。

第五章　模态命题及其推理

前文提到,无论是直言命题,还是复言命题,都是表达明确判断的句子。然而在现实情况中这样并不能解决所有的问题,有时还会出现谈论事件发生可能性的情况。

例如:今天早上堵车。

表达的就是一种判断,是直言命题。但是,今天早上堵车的可能性到底有多大呢?是有可能会堵车呢?还是一定会堵车呢?

为了探讨这种可能性,就要引入我们模态命题这一部分的学习。

第一节　知识概述

一、定义

模态命题是指包含模态词的命题,反映事物发生的可能性或必然性。

例如:(1)今年中国房价可能会降。

(2)钓鱼岛必然是中国的领土。

注意:辨别模态命题和非模态命题的关键就是看这个命题中是否包含模态词,如果包含模态词就是模态命题。

二、模态词

常见的模态词有必然、可能等。如:①明天必然要下雨。②明天可能下雨。这些都是模态命题,①反映了明天下雨的必然性,②反映了明天下雨的可能性。

必然:一定、肯定、必须、必定等。

可能:大概、也许等。

注:其中"必然""可能"是最为常见也是考试中经常涉及的模态词。"一定""肯定""必须""大概"等与必然和可能表达的含义相同。考生需重点理解并把握"必然""可能"。

三、模态命题的分类

既然是命题,就表示某种判断,所以,根据模态词和判断词的不同,模态命题大致可以分为四种:必然 P("P"是非模态命题),必然非 P,可能 P,可能非 P。

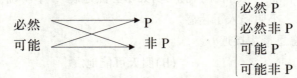

必然 P：P 一定存在或发生。例如：今年房价必然会降。

必然非 P：非 P 一定存在或发生。例如：今年房价必然不会降。

可能 P：P 可能存在或发生。例如：今年房价可能会降。

可能非 P：非 P 可能存在或发生。例如：今年房价可能不会降。

四、模态命题的矛盾

（一）一次矛盾

在模态命题中，互为矛盾关系的有两对："必然 P"和"可能非 P""必然非 P"和"可能 P"。根据矛盾的"一真一假"性，其中，一个为真，另一个必然为假；一个为假，另一个必然为真。

解析："必然 P"的矛盾是"并非必然 P"，即"可能非 P"。

"必然非 P"的矛盾是"并非必然非 P"，即"可能 P"。

例如："明年上市公司的数量必然会猛增"的矛盾是"明年上市公司的数量可能不会猛增"。

"明天股市必然不上涨"的矛盾是"明天股市可能上涨"。

从以上例子，我们可以得知，模态命题的矛盾求法，除了在前面加上"并非/不"，还有另外一种方法，即将命题中的"必然"变"可能"，"可能"变"必然""是"变"非"。

（二）二次矛盾

等价关系是模态命题中最为重要的考点，考生需要重点把握。主要还是运用我们"直言命题"一章中说过的"二次矛盾"求等价的方法，即对一个命题连续求两次矛盾得到的命题一定与原命题等价。

求一个模态命题的等价命题，考生可利用下面的变换公式：

1."必然 P"="不可能非 P"

解析："必然 P"的矛盾是"可能非 P"，"可能非 P"的矛盾是"并非可能非 P"="不可能非 P"。所以，"必然 P"="不可能非 P"。

2."可能 P"="不必然非 P"

解析："可能 P"的矛盾是"必然非 P"，"必然非 P"的矛盾是"并非必然非 P"="不必然非 P"。所以"可能 P"="不必然非 P"。

例如："巴西队必然进入世界杯决赛"等价于"巴西队不可能不进入世界杯决赛"。

"中国队可能会踢进世界杯"等价于"中国队不必然不会踢进世界杯"。

求矛盾的方法有两种：①是增减"并非/不"，②是将命题中的"必然"变"可能"，"可能"变"必然""是"变"非"。要寻找其等值命题，就必须进行二次矛盾的转换。即将两种矛盾转换方式同时应用于一个命题。

所以，要求一个模态命题的等值命题，首先看题干中有没有"并非/不"，若有，先去除"并非/不"，然后再依据②的矛盾求法求矛盾，从而得到原命题的等值命题；若没有"并非/不"，则先依据②的矛盾求矛盾，然后再在求得的命题前加"并非/不"即可，这就是模态命题中两种常用的求等值命题的方法。

【例】最近一段时期，有关要发生地震的传言很多。一天傍晚，小明问在院里乘凉的爷爷："爷爷，他们都说明天要地震了。"爷爷说："根据我的观察，明天不必然地震"。小明说，"那您的意思是明天肯定不会地震了。"爷爷说不对。小明陷入了迷惑。

以下哪句话与爷爷的意思最为接近？

(A)明天必然不地震。　　　　　　　　(B)明天可能地震。

(C)明天可能不地震。　　　　　　　　(D)明天不可能地震。

(E)明天不可能不地震。

【考点】模态命题的等值命题。

【答案】C

【解析】根据"二次矛盾"求等值命题的方法,只需要将爷爷的话进行二次矛盾转换即可。"明天不必然地震"第一次变矛盾为"明天必然地震",第二次变矛盾为"明天可能不地震",此命题与爷爷的话等价。所以 C 项与爷爷的意思最为接近。

第二节 模态命题的推理

一、定义

模态命题的推理,就是以模态判断为前提的推理,即可以从一个模态命题为真,推出其他的模态命题的真假。例如:明天必然会下雨→明天可能下雨(后面会详解)。

在这里,我们主要从模态命题的反对关系、推出关系以及和非模态命题之间的关系来研究模态命题的推理规则。

二、推理规则

(一)反对关系

1.上反对关系

具有上反对关系的两个命题至少有一假,可以同假,不能同真。因此,可以从一个模态命题为真,推出与其具有上反对关系的另一模态命题必定为假。

在模态命题里,具有上反对关系的有:必然 P& 必然非 P。其中,一个为真,另一个必然为假;一个为假,另一个则真假不定。

(1)"必然 P"为真时,它的推出关系就是:必然 P→并非必然非 P。

解析:"必然 P"为真→"必然非 P"为假→"并非必然非 P"为真("必然非 P"和"并非必然非 P"互为矛盾命题)。

例如:明天股市必然上涨→并非明天股市必然不上涨。

(2)"必然非 P"为真时,它的推出关系就是:必然非 P→并非必然 P。

解析:"必然非 P"为真→"必然 P"为假→"并非必然 P"为真(注:"必然 P"和"并非必然 P"互为矛盾命题)。

例如:南沙群岛必然不是菲律宾的→并非南沙群岛必然是菲律宾的。

2.下反对关系

具有下反对关系的两个命题至少有一真,可以同真,不能同假。因此,可以从一个模态命题为假,推出与其具有下反对关系的另一模态命题必定为真。

在模态命题里,具有下反对关系的有:可能 P& 可能非 P。其中一个为假,另一个必然为真;一个为真,另一个则真假不定。

(1)"可能 P"为假时,它的推出关系是:"必然非 P"→可能非 P。

解析:"可能 P"为假时,"必然非 P"为真→"可能非 P"为真(注:"必然—可能"详见"从属关系")。

例如:"中国一线城市的房价可能会降"为假时,"中国一线城市的房价必然不会降"为真→"中国一线城市的房价可能不会降"为真。

(2)"可能非 P"为假时,它的推出关系是:"必然 P"→"可能 P"。

解析:"可能非 P"为假时,"必然 P"为真→"可能 P"为真。

例如:"人民币可能不会升值"为假时,"人民币必然会升值"为真→"人民币可能会升值"为真。

(二)从属关系

1.模态命题间的推出关系

对于模态命题从属关系的推理规则,主要是研究两个命题所表示含义的范围大小,"小范围→大范围"的推理规则有效。

必然是 P→可能是 P(第一章概念中提到过"可能"包含"必然")。

例如:侵略战争必然是非正义战争→侵略战争可能是非正义战争。

必然非 P→可能非 P。

例如:男女必然不是平等的→男女可能不是平等的。

不可能 P→不必然 P。

"不可能 P"="必然非 P"→可能非 P="不必然 P"。所以,不可能 P→不必然 P。

例如:明年房价不可能会降→明年房价不必然会降。

不可能非 P→不必然非 P。

"不可能非 P"="必然是 P"→可能是 P="不必然非 P"。所以,不可能非 P→不必然非 P。

例如:中国队不可能进不了世界杯→中国不必然进不了世界杯。

注:其实它的记忆方法很简单,"可能"+"不可能"=1("1"代表全部情况),"必然"+"不必然"=1,"可能"的范围大于"必然"的范围,即"可能">"必然",所以"不必然">"不可能"。它的推出关系就是"必然"→"可能","不可能"→"不必然",即"小范围的情况→大范围的情况"。

2.与非模态命题之间的推出关系

必然是 P→是 P→可能是 P("是"只表示某一事物存在这一状态)。

例如:地球必然是圆的→地球是圆的→地球可能是圆的。

解析:从"地球是必然是圆的"可以推出"地球是圆的"这一状态存在过,从"地球是圆的"这一状态可以推出"地球可能是圆的"这一可能性。

必然非 P→非 P→可能非 P。

例如:钓鱼岛必然不是日本的→钓鱼岛不是日本的→钓鱼岛可能不是日本的。

解析:"钓鱼岛必然不是日本的"可以推出"钓鱼岛不是日本的"这一状态存在过,从"钓鱼岛不是日本的"这一状态可以推出"钓鱼岛可能不是日本的"这一可能性。

综上所述,整个模态命题的知识点可以用下图来表示:

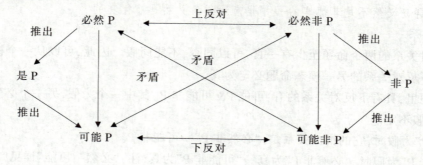

【例1】从"多门之屋生风,多嘴之人生祸"出发,必然能推出:

(A)多门之屋可能生风,多嘴之人可能生祸。

(B)多门之屋必然生风,多嘴之人必然生祸。

(C)多门之屋可能不生风,多嘴之人可能不生祸。

(D)多门之屋必然不生风,多嘴之人必然不生祸。

(E)多门之屋不可能不生风,多嘴之人不可能不生祸。

【考点】模态命题和非模态命题之间的推理关系。

【答案】A

【解析】已知有"P"可以推出"可能P",即由"多门之屋生风,多嘴之人生祸"可以推出"多门之屋可能生风,多嘴之人可能生祸"即A项,B、C、D、E四项都不必然推出。

【例2】小王、小李、小张准备去爬山。天气预报说,今天可能下雨。围绕天气预报,三个人开始争论。

小王:"今天可能下雨,那并不排斥今天也可能不下雨,我们还是去爬山吧。"

小李:"今天可能下雨,那就表明今天要下雨,我们还是不去爬山了吧。"

小张:"今天可能下雨,只是表明今天不下雨不具有必然性,去不去爬山由你们决定。"

对天气预报的理解,三个人中:

(A)小王正确,小李和小张不正确。

(B)小李正确,小王和小张不正确。

(C)小王和小张正确,小李不正确。

(D)小王、小李和小张都正确。

(E)只有小张正确。

【考点】模态命题的推出关系和等价关系。

【答案】C

【解析】天气预报说"今天可能下雨",根据模态命题和非模态命题之间的推出关系,"必然P→P→可能P",但是反过来推是不成立的。因此,由"今天可能下雨"推不出"今天下雨",故小李的话是不正确的。"可能下雨"表示下雨有一定的可能性,当然"不下雨"也有一定的可能性,所以,小王的说法是正确的。"可能=不必然不","可能下雨=不必然不下雨",即说明今天不下雨不具有必然性,所以,小张的说法是正确的。所以,小王和小张正确,小李不正确。

【例3】人都不可能不犯错误,不一定所有人都会犯严重错误。

如果上述断定为真,则以下哪项一定为真?

(A)人都可能会犯错误,但有的人可能不犯严重错误。

(B)人都可能会犯错误,但所有的人都可能不犯严重错误。

(C)人都一定会犯错误,但有的人可能不犯严重错误。

(D)人都一定会犯错误,但所有的人都可能不犯严重错误。

(E)人都可能会犯错误,但有的人一定不犯严重错误。

【考点】模态命题的等价关系。

【答案】C

【解析】题干中"人不可能不犯错误"的逻辑含义是"不可能非P"等价于"必然P",即"人一定会犯错误";"不一定所有人都会犯严重错误"的逻辑含义是"并非一定P"等价于"可能非P",即"可能有些人不会犯严重错误"。

【例4】林肯说过:"最高明的骗子,可能在某个时刻欺骗所有的人,也可能在所有时刻欺骗某些人,但不可能在所有时刻欺骗所有的人。"

如果上述断定为真,那么下述断定必然为假的是:

(A)人可能在任何时刻都不受骗。

(B)骗子也可能在某个时刻受骗。

(C)不存在某一时刻有人可能不受骗。

(D)不存在某个时刻所有的人都必然不受骗。

(E)不存在某一时刻,所有人都不受骗。

【考点】模态命题的矛盾关系。

【答案】C

【解析】由"可能在某个时刻欺骗所有的人"→"一个人可能在某时受骗"与"骗人的也可能在某个时刻受骗"。题干中给出的都是可能,所以"一个人可能在任何时刻都不受骗"的表述也是可能为真的,即 A、B 两项可能为真。

"可能在某个时刻欺骗所有的人",它的逻辑含义是"可能 P"="不必然非 P",即"不存在某个时刻所有的人都必然不受骗"→"不存在某个时刻所有的人都不受骗"(必然非 P→非 P)。所以 D、E 也是可能为真的。

"不存在某一时刻有人可能不受骗"的逻辑含义是"必然在所有时刻所有人都受骗"与题干"不可能在所有时刻欺骗所有的人"相矛盾,因此 C 项必然为假。A、B、D、E 四项都可能为真。(注意:本题是选择必然为假的一项)。

第六章	朴素推理

第一节 知识概述

朴素推理,实际上也是必然性推理的一种。往往题目会给出各种条件如人物、地点、事件和数据等等,要求考生根据相互联系的各种条件进行适当的推理,回答相关的问题。但与前几章所讲的不同,该类题型的解答过程不需要运用专门的逻辑知识,主要考查的是一种思维能力。放眼近年管理类联考试题,无论是国内的各类入学考试还是国外的名校入学考试,都会经常考查此类题型。有些考试甚至以此类试题为主,因此有必要引起大家的重视。

但是,有些人可能会想当然地认为:这类试题都很简单,而且不考查专门的逻辑知识,我都会做,根本就不需要学习。然而根据目前考试的情况,"会做"不是目的,快速的解答才是我们追求的目标,因此,本章我们将重点介绍几种常用的解题方法,如代入法、排除法、假设法、找突破口法、排序法和图表法等,以帮助大家实现快速作答的目标。

第二节 常用方法

1.排除法

排除法就是通过排除不符合题意的选项来得到正确选项。排除法是最常用的一种方法,在整个解题过程中都可使用。尤其当题干选项涉及元素较多,选项的长度较长时,使用排除法能快速解题。

2.代入法

代入法就是将选项代入题干进行验证的方法。当选项比较简单,易于代入时,可使用代入法。代入法有正向代入和反向代入两种。

正向代入就是直接将选项代入题干,如果不会产生矛盾,则该选项正确;反之则该选项错误。需要注意的是,当存在"不能确定"的选项时,该方法慎用。

反向代入就是将选项的否定代入题干,如果产生矛盾,则该选项一定成立。当正向代入无法使用时适用。

3.假设法

假设法就是假设某个条件正确,根据假设来进一步推导的方法。如果假设不能推导出矛盾,则假设正确;反之,则假设错误。当题干条件存在多种情况,不能直接推理时,可针对这几种进行假设。有些能使用假设法的题目也能使用代入法。

4.找突破口法

找突破口法就是快速找到解题切入点的方法。通常题干存在某个比较特殊的条件或者存在某个对象(条件)被反复提及的时候,这个(些)条件往往就是解题的突破口。

5.排序法

排序法是指题干给出的元素有某种顺序特征，这种顺序可以是时间上的先后关系也可以是空间上的前后关系。在用排序法解题时，关键是要列出题干中所给出的元素之间的顺序，然后根据已知条件将题干所给出的元素中从比较确定到不太确定的先后顺序填入元素的顺序中。

6.图表法

图表法就是通过表格或图将元素之间的关系表示出来的方法。当主要元素只有两类时，通常可以用表格表示；而当主要元素超过两类或者需要表现出位置关系时，通常可以画图表示。

习题精练

1.【2021年联考】王、陆、田3人拟到甲、乙、丙、丁、戊、己6个景点结伴游览。关于游览的顺序,3人意见如下:

(1)王:1甲、2丁、3己、4乙、5戊、6丙;

(2)陆:1丁、2己、3戊、4甲、5乙、6丙;

(3)田:1己、2乙、3丙、4甲、5戊、6丁。

实际游览时,各人意见中都恰有一半的景点序号是正确的。

根据以上信息,他们实际游览的前3个景点分别是下列哪项?

(A)己、丁、丙。

(B)丁、乙、己。

(C)甲、乙、己。

(D)乙、己、丙。

(E)丙、丁、己。

2.【2020年联考】因业务需要,某公司欲将甲、乙、丙、丁、戊、己、庚7个部门合并到丑、寅、卯3个子公司。已知:

(1)一个部门只能合并到一个子公司;

(2)若丁和丙中至少有一个未合并到丑公司,则戊和甲均合并到丑公司;

(3)若甲、己、庚中至少有一个未合并到卯公司,则戊合并到寅公司且丙合并到卯公司。

根据上述信息,可以得出以下哪项?

(A)甲、丁均合并到丑公司。

(B)乙、戊均合并到寅公司。

(C)乙、丙均合并到寅公司。

(D)丁、丙均合并到丑公司。

(E)庚、戊均合并到卯公司。

3.【2014年联考】某单位有负责网络、文秘以及后勤的三名办公人员:文珊、孔瑞和姚薇,为了培养年轻干部,领导决定她们三人在这三个岗位之间实行轮岗,并将她们原来的工作间110室、111室和112室也进行了轮换。结果,原本负责后勤的文珊接替了孔瑞的文秘工作,由110室调到了111室。

根据以上信息,可以得出以下哪项?

(A)姚薇接替孔瑞的工作。

(B)孔瑞接替文珊的工作。

(C)孔瑞被调到了110室。

(D)孔瑞被调到了112室。

(E)姚薇被调到了112室。

4.某市为了减少交通堵塞,采取如下限行措施:周一到周五的工作日,非商用车按尾号0、5、1、6、2、7、3、8、4、9分五组顺序分别限行一天,双休日和法定假日不限行。对违反规定者要罚款。

关于该市居民出行的以下描述中,除哪项外,都可能不违反限行规定?

(A)赵一开着一辆尾数为1的商用车,每天都在路上跑。

(B)钱二有两台私家车,尾号都不相同,每天都开车。

(C)张三与邻居共有三台私家车,尾号都不相同,他们合作每天有两台车开。

(D)李四张三与邻居共有五台私家车,尾号都不相同,他们合作每天有四台车开。

(E)王五与邻居共有六台私家车,尾号都不相同,他们合作每天有五台车开。

5.某登山旅游小组成员互相帮助,建立了深厚的友谊。后加入的李佳已经获得其他成员多次救助,但是他尚未救助过任何人,救助过李佳的人均曾被王玥救助过,赵欣救助过小组的所有成员,王玥救助过的人也曾被陈蕃救助过。

根据以上陈述,可以得出以下哪项结论?

(A)陈蕃救助过赵欣。

(B)王玥救助过李佳。

(C)王玥救助过陈蕃。

(D)陈蕃救助过李佳。

(E)王玥没有救助过李佳。

6.公历某月某日与那天是星期几是随年份变化的。例如,你去年生日那天是星期日,但今年的生日就不是星期日了。如果约定:每年的1月1日是星期日,全年有52个完整的周,共364天;普通年的最后一天和闰年的最后两天都不属于任何一周。

根据上述约定,则以下哪项一定为真?

Ⅰ.如果某人结婚的那天是星期日,则他的结婚纪念日都是星期日。

Ⅱ.如果某人的第一个公休日是星期日,并且必须连续工作六天后休息一天,则他的每个公休日都是星期日。

Ⅲ.如果某人的第一个公休日是星期日,并且必须连续工作六天后休息一天,则他的每个公休日都不是星期日。

(A)只有Ⅰ。　　　　　　　　　　　(B)只有Ⅱ。

(C)只有Ⅲ。　　　　　　　　　　　(D)只有Ⅰ和Ⅱ。

(E)只有Ⅰ和Ⅲ。

答案与解析

1.【考点】分析推理问题。

【答案】B

【解析】第一步,题型判定。(1)题干中有主体——景点的顺序。主体信息——甲、乙、丙、丁、戊、己六个景点。选项给出景点与顺序之间的匹配关系。因此,本题属于分析推理。(2)五个选项主体相同,都是第一、第二、第三。因此,本题属于选项信息充分的分析推理。

第二步,解题思路。(1)题干没有确定信息:只要保证每个人的意见有一半正确即可。(2)选项代入题干排除:A项不正确,如果前三个是己、丁、丙,陆不可能对一半。B项正确,如果前三个是丁、乙、己,王可能对3己、5戊、6丙;陆可能对1丁、4甲、6丙;田可能对2乙、4甲、5戊。故B项为正确答案。C、D、E项均不正确,都无法保证每个人的意见有一半正确。

2.【考点】分析推理问题。

【答案】D

【解析】第一步,题型判定。

(1)题干有主体——7个部门,主体信息——3个子公司以及合并条件。因此,本题属于分析推理。

(2)五个选项主体不相同。因此,本题属于题干信息充分的分析推理。

第二步,解题思路。

(1)找解题切入点:题干信息没有确定结果,因此,需要假设。

(2)整合题干信息:

a.②和③都是条件句,因此可以从②和③出发进行假设。

b.假设丁和丙至少有一个未合并到丑公司,由②根据肯前必肯后可得,戊合并到丑公司且甲合并到丑公司。由甲合并到丑公司可得,甲没有合并到卯公司,即满足③的条件,根据肯前必肯后可得,戊合并到寅公司,与①矛盾。因此,假设不成立,即丁和丙都合并到丑公司。故 D 项为正确答案。

3.【考点】朴素逻辑的对应关系。

【答案】D

【解析】由题干可知,未轮岗之前,对应关系为:后勤,文珊,110 室;网络,姚薇,112 室;文秘,孔瑞,111 室。现在文珊接替孔瑞,因为他们三个人在这三个岗位及三个工作间轮换,因此,孔瑞接替姚薇,姚薇接替文珊。

4.【考点】数据分析问题。

【答案】E

【解析】根据题干可知,非商用车按尾号 0、5,1、6,2、7,3、8,4、9 分五组从周一到周五的工作日分别限行一天,即总共 10 个数字,每两个一组,全部覆盖周一至周五。根据 E 项,如果有六台车,尾号不同,即有 6 个不同的尾号数字,按规定周一到周五每天都要禁止两个数字的尾号,而 6 个不同的尾号数字至少有一天会禁止其中的 2 个号码,即至少有一天最多有 4 辆车可以开。所以,他们要合作每天都有五台车开,会违反限行的规定。注意,A 项讲的商用车,而题干限行的是非商用车,所以不会违反限行的规定。其他选项都可能不违反限行规定。

5.【考点】关系推理问题。

【答案】A

【解析】根据"赵欣救助过小组所有人",可知赵欣救助过李佳,又根据"救助过李佳的人曾被王玥救助过",可知王玥救助过赵欣。再由"王玥救助过的人陈蕃也救助过",可得:陈蕃救助过赵欣。

6.【考点】语义理解。

【答案】A

【解析】根据题干的约定,某月某日与那天是星期几不随年份变化,因此,Ⅰ一定为真。Ⅱ一定假。因为虽然每年的最后一天和闰年所附加的天数不属于任何一周,但它们还是实实在在的天数,所以,如果某人的第一个公休日是 12 月的最后一个星期日,并且连续工作六天后,则他的下一个公休日就不是星期日了。Ⅲ显然假。

第三部分 推理与论证

第一章　推理与论证概述

第一节　推理概述

推理同样与我们的生活息息相关,思维活动主要表现为推理活动。所谓思维艺术、技巧的问题,其实主要表现为正确运用推理的能力问题。那么,在逻辑学上,推理又是怎样的含义,又包括哪些内容呢?

一、推理的含义

在逻辑学中,推理是指由一个或几个已知的命题(前提),推导出一个未知的结论的思维过程。

推理作为一种思维活动的过程,从内容上看,它的进行涉及具体的知识背景、智力能力、个性倾向、心理因素等多方面的问题;从形式上看,它的形成总是表现为一定的命题的联结。正确运用各种推理形式是正确推理的必要条件,是思维保持正确性的前提。

二、推理的特征和作用

推理从形式上表现命题与命题的联结,在语言表达上,推理常用"因为……所以……"或"……因此……"等表达出来。

例1:只有劳动者不符合录用条件,用人单位才可以在试用期间解除劳动合同;

现在用人单位在试用期间解除了劳动合同;

所以,该劳动者不符合录用条件。

例2:金受热后体积膨胀;

银受热后体积膨胀;

铜受热后体积膨胀;

金、银、铜都是金属;

所以,所有金属受热后体积都膨胀。

上述两个结论都是依靠一些命题以及这些命题间的某一种联结方式得出的。作为推理依据的命题,称为推理的前提,由前提推导出来的命题称为推理的结论。如上例中,"只有劳动者不符合录用条件,用人单位才可以在试用期间解除劳动合同;现在用人单位在试用期间解除了劳动合同"就是前提,"该劳动者不符合录用条件"为结论。"金受热后体积膨胀;银受热后体积膨胀;铜受热后体积膨胀;金、银、铜都是金属"是前提,"所有金属受热后体积都膨胀"是结论。推理都是由前提和结论两部分组成的。

推理虽然是由命题组合而成,但一定的命题作为前提只能得出某一命题作为结论。作为前提的命题和作为结论的命题之间总是存在某一种特定的联系,这就是推理的逻辑性。无论具体的命题内容是什么,如果作为前提的命题之间在形式上存在这种联结,那么得出某一命题作为结论就是确定的。命题间的这种逻辑关系也就构成了推理形式。例1中,两个前提并不是随意的组合,第一个前提是断定了"劳动者不符合录用条件"和"用人单位在试用期间解除劳动合同"之间存在必要条件关系;而第二个前提恰恰断定的是"现在用人单位在试用期间解除了劳动合同"这一事实的存在,所以根据必要条件关系的逻辑特性,可以推导出"该劳动者不符合录用条件"这个结论。它的推理形式可以表达为:

$$只有 p,才 q$$
$$q$$
$$所以,p$$

推理形式,也称推理的逻辑形式,它表达构成推理的判断的结构形式,上例中的"p""q"被称为逻辑变项,它可以代入具体内容的命题,也由它来具体反映思维的内容。不同内容的思维可以借助同一推理形式来从一个(或一些)命题推出新的命题。逻辑学就是研究这些由前提到结论的推理形式。

推理具有从已知推出未知的特点,它是人们间接获取知识、增长知识的重要手段。人们获取知识不外乎三种途径:一是亲身经历直接获得关于事物的知识,此为"亲知";二是从别人的经验中获得知识,此为"闻知";三是按照一定的逻辑规则,从已有的知识推出新的知识,此为"推知"。人们对未来无法事先亲知,却可以作出一定程度的预测,这就是推知;对有些已经过去的事情也无法重演、再现,但人们可以根据已有的知识和材料来推断历史,这也是推知。可以说,只要人们的思维在活动着,就离不开推理。因此,掌握各种推理形式及其规则,是推理具有有效性、合乎逻辑的保证。

当然,这里要注意把推理形式的正确性和推理结论的真实性区分开来。推理形式的正确性,也可称为推理形式的有效性、推理的逻辑性,是指推理的前提和结论之间联系的必然性,它与推理结论的真实性是不同的问题。推理结论的真实性是基于事实的断定,是思维结论与客观事实的一致性。推理形式的正确性不等于推理结论的真实性,错误的推理(前提不真实或推理形式不正确)仍有可能得出正确的结论。

例1:所有的哺乳动物都能呼吸;

鱼是哺乳动物;

所以,鱼能呼吸。

例2:有的能呼吸的是哺乳动物;

大熊猫是哺乳动物;

所以,大熊猫能呼吸。

例3:所有能呼吸的都是哺乳动物;

鱼是哺乳动物;

所以,鱼能呼吸。

上面三个推理的结论都是正确的,但它们都不是正确的推理。例1的推理形式是有效的,但其前提有一个是虚假的;例2的前提都是真实的,但推理形式不正确;例3的前提和推理形式都不正确。可见,结论正确与推理正确并不是一回事。在演绎推理中,只有推理的前提真实,并且推理的形式也正确,推理的结论才必然真实。

三、推理的分类

推理的种类可以按照不同的标准来划分。按照思维的进程和推理结论是否具有必然性,可将推理分为演绎推理和非演绎推理。

所谓演绎推理,就是从关于对象的一般性的认识出发,通过推导即"演绎",得出关于个别对象情况的认识。其结论具有必然性,因此也被称作必然性推理。演绎推理根据所依据的前提命题的不同类型,又可分为直言命题推理和复言命题推理。直言推理可以是由一个直言命题直接推出另一直言命题,也可以是两个直言命题间接地推出另一个直言命题,从而可分为直接推理和三段论这两种主要的形式;复言命题推理则因为作为前提的复言命题的类型不同,可分为联言推理、选言推理、假言推理和二难推理。演绎推理的具体分类如下图所示:

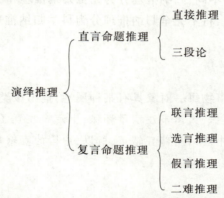

非演绎推理是除演绎推理以外其他一切推理的统称,如归纳推理、类比推理和溯因推理等,将在本书第三部分《可能性推理知识点》进行讲解。

第二节　推理与论证

一个简单的论证就是一个推理,论据相当于推理的前提,论点相当于推理的结论,论证方式相当于推理的形式。

实际上,任何论证都要借助于推理才能进行。推理是论证的工具,论证是推理的应用,二者有密切的联系。一个复杂的论证则是由一连串不同的推理构成的。同时两者有着实质性的区别:推理并不要求前提真,而论证中作为支撑论点的论据必须为真。

例如:所有的人都不会死,苏格拉底是人,所以苏格拉底不会死。

这句话是推理但并不是论证,因为"所有的人都不会死"这句话是假的。在考试中,解答可能性推理时,有一种情况就是通过证明论据虚假来反驳题干论点,因此,我们讲论证而不是推理,但大家也不需要太过纠结,除了这一点以外,两者并无太多区别。

第二章　题干论证方式分析

第一节　归纳推理

根据前提所考查对象范围的不同,归纳推理分为完全归纳推理和不完全归纳推理。根据前提是否揭示对象与其属性间的因果联系,将不完全归纳推理分为科学归纳推理和简单枚举归纳推理(包括统计推理)。

一、完全归纳推理

完全归纳推理,是根据某类事物每一对象具有某种属性,推出该类对象都具有某种属性的推理。

例如:"已知北京市注意了环保,天津市注意了环保,上海市注意了环保,重庆市注意了环保,而北京市、天津市、上海市、重庆市是中国的全部直辖市,所以,中国的直辖市都注意了环保。"

其形式如下:

A_1 是 B;

A_2 是 B;

……

A_n 是 B;

$A_1,A_2,……,A_n$ 是 A 类的全部对象;

所以,所有 A 都是 B。

完全归纳推理的特点是:前提中考查了一类事物的全部对象,结论断定的知识范围没有超出前提。完全归纳推理的前提和结论间的联系是必然的,如果前提真实,则结论真实。

运用完全归纳推理要获得正确结论,必须满足以下两点:

(1)前提中每一命题都是真实的。如果有一前提虚假,则结论虚假。

(2)前提必须完全考查一类事物的全部对象。

完全归纳推理有两方面的作用:

1.认识作用

完全归纳推理的前提是关于个别性知识的论断,结论是关于一般性知识的论断,是对某类中一切个别认识的概括,整个推理能使人们的认识从个别上升到一般。

例如:已知某厂的三个车间中,一车间提前完成了本季度生产任务,二车间提前完成了本季度生产任务,三车间提前完成了本季度生产任务,则该厂所有车间都提前完成了本季度生产任务。

2.论证作用

完全归纳推理的前提和结论间的联系是必然的,常用于论证。

例如:三角形的面积等于$\frac{1}{2}ah$(a表示三角形的底边,h表示三角形的高)。论证:直角三角形的面积等于$\frac{1}{2}ah$,钝角三角形的面积等于$\frac{1}{2}ah$,锐角三角形的面积等于$\frac{1}{2}ah$,直角三角形、钝角三角形、锐角三角形是三角形的全部对象,所以,三角形的面积等于$\frac{1}{2}ah$。

完全归纳推理的局限性是:前提是数量有限的个别事实性命题,结论是实然的全称命题,其主项是有限的普遍概念,只适用于分子数量有限的一类事物。当考察的事物数量甚大,甚至是数量无限的时候,无法使用完全归纳推理,而需要运用不完全归纳推理。

二、不完全归纳推理

不完全归纳推理,是根据一类事物中的部分对象具有某种属性,推出该类对象都具有某种属性的推理。

例如:已如某市甲公司实行与利润挂钩的工资制度以后效益提高了,乙公司实行与利润挂钩的工资制度以后效益提高了,丙公司实行与利润挂钩的工资制度以后效益提高了⋯⋯所以,该市所有实行与利润挂钩的工资制度的公司,其效益都提高了。

不完全归纳推理的特点是:前提中只是断定了一类事物的部分对象具有某种属性,结论却是断定该类事物的全部对象都具有某种属性,结论所断定的知识范围超出了前提。不完全归纳推理的前提与结论间的联系是或然的,结论也是或然的。

三、简单枚举归纳推理

(一)定义

简单枚举归纳推理,又叫简单枚举法。它是依据某种属性,在部分同类对象中不断重复,没有遇到反例,而推出该类所有对象都具有某种属性的归纳推理。

例如:已知某市个体企业甲经济效益好,个体企业乙经济效益好,个体企业丙经济效益好,个体企业甲、乙、丙是某市私营企业中的部分对象,并且考察中没有遇到反例,因此,得出结论:某市所有私营企业的经济效益都好。

(二)形式

简单枚举归纳推理的逻辑形式如下:

A_1 是 B;

A_2 是 B;

⋯⋯

A_n 是 B;

A_1,A_2,⋯⋯,A_n 是 A 类的部分对象,并且不存在 A_i(i=1,2 ,⋯,n)不是 B;

所以,所有 A 都是 B。

(三)特点

简单枚举归纳推理的特点是:结论是或然的。因为简单枚举归纳推理是根据某种属性在部分同类对象中的不断反复,并且在考察中没有遇到反例,从而推出结论。但是,在考察中没有遇到反例,并不等于反例不存在。很可能反例就存在于尚未被考察的同类事例中。一旦出现反例,结论就会被推翻。

例如:当初根据观察欧洲、非洲、亚洲、美洲的天鹅都是白的,断言"所有天鹅都是白的",但后来在澳洲发现了黑色的天鹅,于是,原来的结论就被推翻。

数学家华罗庚在《数学归纳法》中,对简单枚举归纳推理的或然性,做了通俗说明:

从一个袋子里摸出来的第一个是红玻璃球,第二个是红玻璃球,甚至第三个、第四个、第五个都是红玻璃球的时候,我们立刻会出现一种猜想:"是不是这个袋子里的东西全部都是红玻璃球?"但是,当我们有一次摸出一个白玻璃球的时候,这个猜想失败了。这时,我们会出现另一种猜想:"是不是袋子里的东西都是玻璃球?"但是,当有一次摸出来的是一个木球的时候,这个猜想又失败了。那时,我们又会出现第三个猜想:"是不是袋子里的东西都是球?"这个猜想对不对,还必须加以检验,要把袋子里的东西全部摸出来,才能见分晓。

(四)注意事项

要提高简单枚举归纳推理结论的可靠性,必须注意以下两点:

第一,前提中被考察的对象数量越多,结论的可靠性程度就越大。如果掌握的事例越多,漏掉相反情况的可能性就越小,推理的根据就越充分,因而结论的可靠性程度就越大。反之,如果考察的对象很少,漏掉相反情况的可能性就越大,因而结论的可靠性程度就越小。

第二,注意收集可能出现的反面事例。简单枚举归纳推理只要在前提中发现一个反面事例,结论便被推翻。因此,一定要注意考察有无反面事例。如果在一些最容易出现相反情况的场合,都没有遇到例外情况,那就说明某类对象遇到例外情形的可能性不大,因而结论的可靠性程度就越大。

在运用简单枚举归纳推理时,如果不注意以上两条要求,而只是根据粗略考察的少量事实,又不注意研究可能出现的反面事例,就得出一般性结论,往往易犯"以偏概全"或"轻率概括"的逻辑错误。

例如:某老师偶尔一两次发现某个学生上课迟到,就批评学生:你怎么总是迟到?

某人仅从他所接触到的少数私营企业是靠偷税漏税、赚黑心钱发财的,就断定所有私营企业都是靠偷税漏税、赚黑心钱发财的。

上述情况都是犯"以偏概全"或"轻率概括"的逻辑错误。

简单枚举归纳推理,在日常生活、工作和科学发现中有重要作用。对生活经验的概括常用简单枚举归纳推理获得。如"础润而雨,月晕而风","学如逆水行舟,不进则退","鸟低飞,披蓑衣"等谚语,都是根据生活中多次重复的事例,用简单枚举归纳推理概括出来的。

针对简单枚举归纳这种推理方式,能够比较有效降低其可靠性的方法主要有:枚举样本不具有代表性,枚举样本容量不够等。

【例1】为了调查当前人们的识字水平,其实验者列举了20个词语,请30位文化人士识读,这些人的文化程度都在大专以上。识读结果显示,多数人只读对3到5个词语,极少数人读对15个以上,甚至有人全部读错。其中,"蹒跚"的辨识率最高,30人中有19人读对;"呱呱坠地"所有人都读错。20个词语的整体误读率接近80%。该实验者由此得出,当前人们的识字水平没有提高,甚至有所下降。

以下哪项如果为真,最能对该实验者的结论构成质疑?

(A)实验者选取的20个词语不具有代表性。

(B)实验者选取的30位识读者均没有博士学位。

(C)实验者选取的20个词语在网络流行语言中不常用。

(D)"呱呱坠地"这个词的读音有些大学老师也经常读错。

(E)实验者选取的30位识读者中约有50%入学成绩不佳。

【考点】简单枚举归纳推理。

【答案】A

【解析】简单枚举归纳推理要求前提中列举的事例对所推出的结论来说必须具有代表性,不能出现特殊样本,否则就会犯"以偏概全"或"偏向样本"的错误。题干中得出结论的依据是"20个词语",但如果它们并不是常用字,就失去了代表性,结论的得出就失去了依据。E项的力度远不如A项。

【例2】莫大伟到吉安公司上班的第一天,就被公司职工自由散漫的表现所震惊,莫大伟由此得出结论:吉安公司是一个管理失效的公司,吉安公司的员工都缺乏工作积极性和责任心。

以下哪项为真,最能削弱上述结论?

(A)当领导不在时,公司的员工会表现出自由散漫。

(B)吉安公司的员工超过2万,遍布该省十多个城市。

(C)莫大伟大学刚毕业就到吉安公司,对校门外的生活不适应。

(D)吉安公司的员工和领导的表现完全不一样。

(E)吉安公司提倡快乐工作、高效办公的理念。

【考点】简单枚举归纳推理。

【答案】B

【解析】B 该项意味着,其中的一个子公司管理不行就说整个吉安公司管理上都不行,从而使题干出现了以偏概全的错误。其他选项均不能充分说明题干论证存在的问题。

四、科学归纳推理

科学归纳推理,是依据某类事物部分对象与其属性间因果联系的科学分析,推出该类事物具有某种属性的归纳推理,又叫科学归纳法。

例如:已知铜受热体积膨胀;铝受热体积膨胀;铁受热体积膨胀。因为受热分子间的凝聚力减弱,分子间的距离增加,导致体积膨胀,而铜、铝、铁都是金属。由此得出结论:所有金属受热都体积膨胀。

科学归纳推理的形式如下:

A_1 是 B;

A_2 是 B;

……

A_n 是 B;

$A_1, A_2, \cdots, A_n$ 是 A 类部分对象,并且如果 A 则 M,如果 M 则 B;

所以,所有 A 是 B。

"如果 A 则 M,如果 M 则 B。所以,如果 A 则 B",是必然性推理中的假言连锁推理。M 是相当于三段论中项那样的一般概念、一般原理,这里用它来表示对象 A 与其属性 B 间具有因果联系的必然性。

上述假言连锁推理,也可以表示为与其等价的直言三段论推理:

"所有 A 是 M,所有 M 是 B,所以,所有 A 是 B。"

这实质上是科学归纳推理中的必然性推理成分,是对前提中部分对象的科学分析,是科学归纳推理中比简单枚举归纳推理多出的要素。

科学归纳推理与简单枚举归纳推理相比,有共同点和不同点:

其共同点是:

第一,都属于不完全归纳推理。

第二,前提中都只是考查了一类事物的部分对象。

第三,结论都是对一类事物全体的断定,结论断定的知识范围超出了前提。

其不同点是:

第一,推理根据不同。简单枚举归纳推理是依据某种属性在某类部分对象中的不断重复,并且没有遇到反例。科学归纳推理,是根据部分对象与其属性间因果联系的科学分析。

第二,结论的可靠程度不同。虽然二者的前提和结论间的联系是或然的,但科学归纳推理考查了一类事物部分对象与其属性间因果联系的必然性,在归纳过程中引入了演绎成分,就其引进的演绎成分而言,前提与结论的联系带有必然性。科学归纳推理的归纳强度,比简单枚举归纳推理的归纳强度大。科学归纳推理的结论,与简单枚举归纳推理的结论相比,可靠程度大。

第三,前提的数量多少对于结论的意义不同。对于简单枚举归纳推理来说,前提中所考查的对象数量越多,结论就越可靠。对于科学归纳推理来说,前提的数量不起重要作用,只要是真正揭示对象与其属性间因果联系的必然性,尽管前提的数量不多,甚至只考查一两个典型事例,也能得到可靠结论。

例如:恩格斯说,十万部蒸汽机并不比一部蒸汽机能更多地证明热能转化为机械运动。

这说明科学归纳推理中典型归纳法的科学性。典型归纳法,是考查典型事例,得出对象普遍性的推理方法。如"解剖麻雀",认识麻雀的内脏构造和特性,不必要、也不可能解剖世间所有麻雀,只要解剖几只麻雀,就可得出"麻雀虽小,五脏俱全"的结论。因为个别麻雀,包含全部麻雀的一般性和本质。

因为科学归纳的推理方法,是根据部分对象与其属性间因果联系所作出的科学分析。针对科学归纳的推理方法,要降低其可信度比较有效的方法是切断其因果链条。如:因不致果、另有他因、另有他果、因果倒置等。

【例1】H国赤道雨林的面积每年以惊人的比例减少,引起了全球的关注。但是,卫星照片的数据显示,去年H国赤道雨林面积的缩小比例明显低于往年。去年,H国政府支出数百万美元用以制止乱砍滥伐和防止森林火灾。H国政府宣称,以上卫星照片的数据说明,本国政府保护赤道雨林的努力取得了显著成效。

以下哪项如果为真,最能削弱H国政府的上述结论?

(A)去年H国用以保护赤道雨林的财政投入明显低于往年。

(B)与H国相邻的G国的赤道雨林的面积并未缩小。

(C)去年H国的旱季出现了异乎寻常的大面积持续降雨。

(D)H国用于雨林保护的费用只占年度财政支出的很小比例。

(E)森林面积的萎缩是全球性的环保问题。

【考点】因果关系。

【答案】C

【解析】去年H国雨林面积的缩小比例明显低于往年,对于产生这一结果的原因,H国政府认为是"本国政府保护雨林的努力取得了成效"。C项则提出了一个不同于H国政府的解释,即去年H国的旱季出现了异乎寻常的大面积持续降雨,也可能是另有他因导致这一结果,从而削弱了题干。其他选项均不能削弱题干。

【例2】一般认为,剑乳齿象是从北美迁入南美洲的。剑乳齿象的显著特征是具有较直的长剑形门齿,颚骨较短,臼齿的齿冠隆起,齿板数目为7至8个,并呈乳状凸起,剑乳齿象因此得名。剑乳齿象的牙齿结构比较复杂,这表明它能吃草。在南美洲的许多地方都有证据显示史前人类捕捉过剑乳齿象。由此可以推测,剑乳齿象的灭绝可能与人类的过度捕杀有密切关系。

以下哪项如果为真,最能反驳上述论证?

(A)史前动物之间经常发生大规模相互捕杀的现象。

(B)剑乳齿象在遇到人类攻击时缺乏自我保护能力。

(C)剑乳齿象也存在由南美洲进入北美洲的回迁现象。

(D)由于人类活动范围的扩大,大型食草动物难以生存。

(E)幼年剑乳齿象的牙齿结构比较简单,自我生存能力弱。

【考点】因果关系和论证的削弱。

【答案】A

【解析】题干的论点是：人类的过度捕杀可能是剑乳齿象灭绝的原因。A项指出史前动物之间经常发生的大规模相互捕杀现象，才是剑乳齿象灭绝的原因，指出了他因。B、D两项都加强了题干，C项为无关选项。E项说剑乳齿象的牙齿结构比较简单，质疑的是事实，削弱力度不如A。

第二节　类比推理

类比推理，是根据两个或两类对象在一系列属性上相同或相似，推出它们在其他属性上也相同或相似的推理方法。

例如：种植长绒棉需要日照长、霜期短、气温高、雨量适度等条件，中亚的乌兹别克地区具有这些条件，能种植长绒棉。我国的塔里木河两岸过去没有长绒棉，但是具有和乌兹别克地区相似的条件，因此，塔里木河两岸也可种植长绒棉。

可整理为：

中亚的乌兹别克地区和我国的塔里木河地区都具有日照长、霜期短、气温高、雨量适度等条件；

中亚的乌兹别克地区能种植长绒棉；

所以，中国的塔里木河地区也能种植长绒棉。

类比推理的逻辑形式如下：

A对象和B对象都具有属性 $a_1, a_2, \cdots\cdots, a_n$；

A对象还具有属性 a_{n+1}；

所以，B对象也具有属性 a_{n+1}。

类比推理具有以下两个特点：

第一，从思维进程来看，类比推理是从个别到个别的推理，其前提和结论通常都是关于个别对象的断定。

第二，类比推理的结论不一定可靠。类比推理结论所断定的范围超出了前提。因此，当前提真时，结论未必真。

要提高类比推理结论的可靠性，必须注意以下两点：

第一，前提中所提供的相同属性或相似属性越多，结论的可靠性就越大。因为类比推理之间的相同属性或相似属性越多，它们的类别就越接近。这样，类推的属性就有较大的可能为两个类比对象所共有。但是，当相同属性或相似属性过多时，进行类比的意义和价值也就不断减少。

第二，前提中所提供的相同属性或相似属性与类推属性之间的关系越密切，结论的可靠性就越大。一般来说，前提中所提供的相同属性或相似属性与类推属性必须正相关，即必须具有本质上的联系。否则，如果仅仅根据对象间表面上的某些相同或相似，就推出它们另外某一情况相同或相似，就要犯"机械类比"的逻辑错误。

例如：基督教神学认为，宇宙是由许多部分构成的一个和谐整体，正如钟表是由许多部分构成的和谐整体一样，而钟表有一个创造者，所以宇宙也有一个创造者，这个创造者就是上帝。

该推理就犯了"机械类比"的逻辑错误。前提中提供的相似属性与类推属性不相关，没有本质上的联系。

中国古代有人为了证明文武不可不并重，曾经做出这样的论证："夫车有两轮，鸟有两翼，是故文武不可偏废也。"这是拿毫不相关的事件来做类比，前二者之有无，对于后者之间没有直接关系。显然是在进行"机械类比"。因为即使车有两个轮子，鸟有两个翅膀，文武还是可以偏废或不偏废。

类比推理在人们的认识中有着重要的意义：

首先，科学史上许多科学理论的发现和技术的发明与创造，都是借助于类比推理。如惠更斯提出光的波动说，就是与水波、声波类比而受到的启发。再如飞机、潜水艇等的最初设计和制造，也都是与鸟、鱼等类比而受到启发的结果。

其次，类比推理可以启发人的思路，在创造性思维活动中，人们常常用到类比推理。如广东海康药品公司的工作人员曾经比较过牛黄和珍珠的形成过程。河蚌与牛都是动物，河蚌体内因进入异物并以此为核心，经过长期分泌液体形成了闪光的珍珠。牛体内因胆有结石并以此为核心，经过长期分泌液体形成了贵重的牛黄。这些是两者相似的属性。现在知道，河蚌经过人工插片能够育珠，于是推出结论：在牛的胆内人工插片也应能生产牛黄。于是选择已经失去役用价值的残菜牛进行试验，结果生产出一批人工牛黄。

最后，类比推理不仅是一种认识的方法，而且是论证和说明的有效方法。在论证过程中，人们为了解释事实或原理，往往找出另一种与之类似的并且已经得到解释的事实或原理，然后通过类比来使某种事实或原理得到解释。

针对类比推理的可信度，因其推理是建立在不同对象有一定相似属性基础上的，所以降低其可信度较为有效的方法是：

找出更多的，更本质的不同点，说明其实该推理属机械类比，或犯了类比不当的错误。

若要提高其可信度，就要找到更多，跟结论更本质相关的相似属性。

第三节　溯因推理

溯因推理是从结果出发，运用一般规律性知识，推测出事件发生的原因的推理方法。

例如：当室内电灯突然灭了，就会推测出连接室内电灯的保险丝断了，因为一般规律性知识告诉我们，如果连接室内电灯的保险丝断了，那么室内电灯就会熄灭。

溯因推理可以用公式表示如下：

E；

如果 h，那么 E；

所以，h。

上式中，"E"表示已知的结果，"如果 h，那么 E"表示一般规律性知识，"h"表示根据已知的结果和一般规律性知识推测出的事件发生的原因。整个推理在逻辑上是由一个充分条件假言命题做前提，而另一个前提则肯定充分条件假言命题的后件，结论肯定充分条件假言命题的前件构成的。推理过程具有从结果推测出原因的性质。

溯因推理的前提与结论之间的联系是或然的，前提并不蕴涵结论。前提真，结论未必真。从整个推理形式来看，溯因推理不符合必然性推理中充分条件假言推理规则：肯定后件不能因此肯定前件。

这是因为，在表述一般规律性知识的充分条件假言命题"如果 h，那么 E"中，前件 h 是后件 E 的充分条件，从 h 可以演绎出 E，但是，前件 h 并不是后件 E 的必要条件。拿上例来说，如果保险丝烧了，那么室内的电灯就会熄灭，但是并非如果保险丝没有烧，则室内的电灯就不会熄灭。因为停电、线路出故障等都能导致室内电灯熄灭。

这就是说，客观世界的因果联系是复杂多样的，既有一因一果，也有多因一果等复杂现象。从已知的结果出发，只能或然地回溯其原因。

为了提高溯因推理结论的可靠性程度,需要注意的是:必须尽可能地猜测引起结果 E 的各种原因 $(h_1, h_2, \cdots, h_n)$,经过逐个检验、试错、逐步逼近,最后才能得出事件发生的真正原因。这样,溯因推理可以进一步用公式表示为:

E;

如果 h_1 或 h_2 或……或 $h_n(h)$,那么 E;

并非 h_1;

并非 h_2;

……

所以, $h_n(h)$。

例如:从马路湿,推测天下过雨,其可靠性就不会很大。马路湿,既可能是天下雨,也可能是洒水车经过,还可能是有人用水泼。因此,必须尽可能列举引起结果出现的原因。然后经过验证,如要天没有下雨,也没有洒水车经过,那么就可以推测有人用水泼。这样得到的结论,其可靠性就大得多。因为溯因推理中引入了演绎,即引入了消除归纳法,推理的归纳强度也增加了。

溯因推理在人们的科学研究活动和日常生活、工作中都起着重要作用。如产品滞销,推测可能是广告工作没有做好。食物中毒事件的发生,推测可能有人放毒。作案现场很少甚至没有留下痕迹,推测案犯可能是作案老手。病人发高烧,猜测病人可能患了肺炎等。这都在使用着溯因推理。

【例】大投资的所谓巨片的票房收入,一般是影片制作与商业宣传总成本的二至三倍。但是电影业的年收入大部分来自中小投资的影片。

以下哪项如果为真,最能解释题干的现象?

(A)票房收入不是评价影片质量的主要标准。

(B)大投资的巨片中确实不乏精品。

(C)大投资巨片的票价明显高于中小投资影片。

(D)对观众的调查显示,大投资巨片的平均受欢迎程度并不高于中小投资影片。

(E)投入市场的影片中,大部分是中小投资的影片。

【考点】论证的解释。

【答案】E

【解析】巨片在电影业的年收入中所占比例少于中小投资影片,有可能是利润低,也可能是数量少。而巨片的票房收入一般是总成本的 2 到 3 倍,这说明巨片的利润高,那么就很可能是投入市场的大部分是中小投资的影片,故电影业年收入自然主要来自中小投资的影片。

第四节　因果联系

研究现象间的因果联系,是进行科学归纳推理的必要条件。科学归纳推理是根据现象间因果联系的分析作出结论的。古典归纳逻辑有五种探求因果联系的逻辑方法,简称求因果五法。这些方法是英国人穆勒在总结培根等人归纳方法的基础上提出来的,史称"穆勒五法"。

如果某现象的存在,必然引起另一现象发生,这两现象间就具有因果关系。引起某一现象产生的现象,叫作原因。被某现象引起的现象,叫作结果。

例如:金属加热,体积膨胀。加热是体积膨胀的原因,体积膨胀是加热的结果。

现象间的因果联系是普遍存在的。任何现象都有其产生的原因,任何原因都必然引起一定的结果。没有发现某现象引起的结果，不等于没有结果。结果是存在的，但这个结果或者是还没有从其他现象中区分出来，或者是被其他原因将结果抵消了。

例如：天旱引起农作物减产，但用人工降雨的办法，没有导致农作物减产，天旱这个原因的结果，被人工降雨这个原因抵消了。

没有发现产生某一现象的原因，并不意味着这一现象没有原因，只能说明还未发现原因，或迟或早某种结果的原因是会找到的。

例如：至今医学上尚未找到导致艾滋病发生的真正原因，但它必然是存在着的，总有一天会被认识。

原因和结果在时间上是前后相继的。原因总是在结果之前，结果总是在原因之后。在探求因果联系的时候，必须在被研究现象出现以前存在的各个情况中去寻找它的原因，在某个现象之前存在的情况称为先行情况。也必须在被研究现象出现之后才发现的各个情况中去寻找它的结果，在某个现象之后产生的情况叫后行情况。但两个现象在时间上的前后相继，不一定就存在着因果联系。前后相继是因果联系的必要条件，但不是充分条件。如春在夏之前，不能说春是夏之因。如果只是根据两现象间在时间上前后相继，就得出它们具有因果联系的结论，就会犯"以先后为因果"的逻辑错误。

因果联系是确定的。

从质的方面说，在同样的条件下，同样的原因会产生同样的结果。

例如：在通常的大气压下，水的温度降到$0℃$以下就会结冰。

从量的方面说，原因发生了一定量的变化，结果也会相应地发生变化。

例如：在通常的大气压下，随着温度的升高或降低，水就会相应地变热或变冷。

因果联系的确定性还表现为，在一定的因果链条上，在一定的因果环节上，原因就是原因，不是结果；结果就是结果，不是原因。如果把原因当成结果，把结果当成原因就会犯"因果倒置"的逻辑错误。

例如：在19世纪的英国，曾经有一位改革家通过调查发现，在英国凡是勤劳的农民都有两头牛，而懒惰的农民都没有两头牛。于是，他的改革方案就是，给每位懒惰的农民两头牛，这样，整个英国的农民都会勤劳起来了。本来是勤劳之后才有两头牛，而该改革家则倒因为果，有两头牛之后就会勤劳。有两头牛之后未必就会勤劳。这些懒惰的英国农民有可能得到两头牛以后变得更懒惰，甚至可能会使整个英国农民都变成懒汉。

因果联系是复杂多样的。有一因一果，多因一果，也有合因一果：

一因一果，是只有某一特定的原因，才能产生某一种结果。如日食现象，只有月球运行在地球和太阳之间并且三者成一直线时才会发生。

多因一果，是有些现象不是由某一特定的原因引起的，而是可由许多不同的原因引起。如液体蒸发加快，可以是由于温度升高，也可以由于压力降低，还可以是由于温度升高和压力降低二者共同引起的。

合因一果，是几种原因共同作用，才能产生某种结果。如企业盈利是经营管理有方，职员踏实肯干，资金利用率高，社会环境有利等诸多因素共同起作用的结果。

认识现象间的因果联系，是一个复杂的过程。在不同的具体科学中，都有各自不同的寻求因果联系的具体方法。由于这些具体方法只适用于某一个或几个特定的科学领域，因此它们不属于逻辑学研究的范围。古典归纳逻辑探求因果联系的逻辑方法，主要对应于一因一果，是一些比较简单的又具有一般意义的方法，即求同法、求异法、求同求异并用法、共变法和剩余法。

一、求同法

求同法也叫契合法，它是指在被研究现象出现的若干场合中，如果只有一个情况是在这些场合中共同具有的，那么这个唯一的共同情况就是被研究现象的原因(结果)。

例如:从井里向上提水,当水桶还在水中时不觉得重,水桶一离开水面就重得多。在水里搬运木头,要比在岸上搬轻得多。游泳时容易从水里托起一个人。以上现象虽然各自的情况不尽相同,但都有一个共同的情况,即水对于它里面的物体能产生浮力,而这正是使物体在水中变轻的原因。

求同法可用以下图式表示:

场合	先行(或后行)情况	被研究现象
(1)	A,B,C	a
(2)	A,D,E	a
(3)	A,F,G	a
…	…	…

所以,A 是 a 的原因(或结果)。

求同法的特点是异中求同,即通过排除事物现象间不同的因素,寻找共同的因素来确定被研究现象的原因(或结果),应用求同法时需要注意以下两点:

第一,各场合是否还有其他的共同情况。运用求同法时,往往在发现了一个共同情况后,就把它当作被研究现象的原因(或结果),而忽略了隐藏着的另一个共同情况,而这个比较隐藏的共同情况,又恰好是被研究现象的真正原因(或结果)。

例如:最早寻找疟疾病的原因时发现,住低洼潮湿地带的人容易患疟疾病,于是以为低洼潮湿的环境是患疟疾病的原因。经过长期的探索,人们才弄清楚,疟疾病是由于低洼潮湿地带的蚊虫叮咬人后将疟原虫输入人体寄生于红细胞内所致,疟原虫才是疟疾病的真正原因,蚊虫是疟原虫的传播者,而低洼潮湿的环境是蚊子滋生的场所。

第二,进行比较的场合越多,结论的可靠程度就越大。如果比较的场合少了,就可能有一个不相干的现象是它们所共同的,误以为它就是被研究现象的原因。比较的场合越多,各场合共有一个不相干现象的可能性就越小,结论的可靠程度就越大。

例如:许多迷信妄说,把日食、月食、彗星的出现,看作是引起人间动乱和灾害的原因。这正是利用少数场合中事变的巧合,把一个不相干的现象与被研究现象联系起来了。

二、求异法

求异法又叫差异法,它是指在被研究现象出现和不出现的两个场合中,如果只有一个情况不同,其他情况完全相同,而且这个唯一不同的情况在被研究现象出现的场合中存在,在被研究现象不出现的场合中不存在,那么这个唯一不同的情况就是被研究现象的原因(或结果)。

例如:有两块土质、品种、耕作技术都相同的油菜田,其中一块用蜜蜂帮助授粉,结果有蜜蜂帮助授粉的田比没有蜜蜂帮助授粉的田的油菜籽的单位面积产量增加 37.5%。因此,用蜜蜂为油菜授粉可以增产。由于两块田,除有无蜜蜂帮助授粉外,其他情况完全相同,有蜜蜂帮助授粉则产量高,无蜜蜂帮助授粉则产量低,因此,可以通过求异法断定,蜜蜂授粉是油菜增产的原因。

求异法可用下列图式表示:

场合	先行(或后行)情况	被研究现象
(1)	A,B,C	a
(2)	—,B,C	—

所以,A 是 a 的原因(或结果)。

求异法的特点,是同中求异,即通过排除两个场合的许多现象之中的相同情况,找出相异之处,来寻找被研究现象的原因(或结果)。因此,与求同法比较起来,求异法的结论具有更大的可靠性。因为在运用求异法时,要求在被研究现象出现和不出现的场合中,只有一个情况不同,其他情况完全相同。这样,就能比较准确地判明某个情况与所研究现象之间的因果联系。

求异法主要应用于实验。因为在被研究现象出现和不出现的场合中,只有一个情况不同,其他情况完全相同,这一要求在天然条件下极为罕见,在人工控制的条件下才能满足。求异法是科学实验中广为应用的方法。在应用求异法时需要注意以下两点:

第一,两个场合是否还有其他差异情况。应用求异法时,严格要求"其他情况相同",如果其他情况中还隐藏着另一个差异情况,那么这个隐藏着的差异情况,就可能是被研究现象的真正原因。

例如:一学生每到上课就头痛,不上课就不头痛,他以为头痛的原因是上课听讲。后经医生检查,发现引起他头痛的原因,是他在上课时才戴的那副近视眼镜不合适。这个学生只注意到上课与不上课这个差异,而没有注意到上课时戴眼镜和下课时不戴眼镜这个差异,因而没有发现引起头痛的真正原因。

第二,两个场合唯一不同的情况,是被研究现象的整个原因,还是被研究现象的部分原因。如果被研究现象的原因是复合的,而且各部分原因的单独作用是不同的,那么,总原因的一部分情况消失时,被研究现象也就不出现。

例如:植物光合作用的过程,其原因是复合的。植物吸收太阳光的能量、空气中的二氧化碳和水制成碳水化合物,如果没有阳光的辐射供给能量,植物的光合作用就会中断。但是,阳光的辐射供给能量,只是引起光合作用的部分原因,并不是总原因。只有继续探求被研究现象的总原因,才能把握这种因果联系的总体。

三、求同求异并用法

求同求异并用法,也叫契合差异并用法。在被研究现象出现的若干场合(正事例组)中,如果只有一个共同的情况,而在被研究现象不出现的若干场合(负事例组)中,却没有这个情况,其他情况不尽相同,那么这个唯一共同的情况,就是被研究现象的原因(或结果)。

例如:在生产实践中发现,种植大豆、豌豆、蚕豆等豆类植物时,不仅不需要给土壤施氮肥,而且这些豆类植物还可以使土壤中的含氮量增加。但在种植小麦、玉米、水稻等非豆类植物时却没有这种现象。经过研究后发现,这些豆类植物的根部长有根瘤,而其他植物则没有。于是得出结论:豆类植物的根瘤能使土壤的含氮量增加。

这里,被研究现象,是种植某些植物时不需要给土壤施氮肥,土壤的含氮量还能增加。为寻找这种现象出现的原因,把被研究现象出现的场合(种大豆、豌豆、蚕豆等)编为一组,叫作正事例组。把被研究现象不出现的场合(种小麦、玉米、水稻等)编为一组,叫作负事例组。在正事例组的各个场合中,只有一个共同的情况,即大豆、豌豆、蚕豆等豆类植物都长有根瘤,其他情况都不尽相同,可以用求同法得到一个结果。在负事例组的各个场合中,也只有一个共同的情况,即小麦、玉米、水稻等植物都没有根瘤,其他情况也都不尽相同,又可以用求同法得到一个结果。在这个基础上,比较正负事例组,发现有无根瘤是二者的差异之处,这样可以得出结论:豆类植物的根瘤是土壤含氮量增加的原因。

求同求异并用法可以用图式表示如下:

场合	先行(或后行)情况	被研究现象
(1)	A,B,C	a
(2)	A,C,D	a
(3)	A,D,E	a
…	…	…
(1)′	非A,E,F	非a
(2)′	非A,F,G	非a

(3)′　　　　　　非 A,G,H　　　　　　非 a
…　　　　　　　　 …　　　　　　　　　 …

所以,A 是 a 的原因(或结果)。

求同求异并用法的特点,是两次求同,一次求异,这与求同法与求异法的相继应用是不同的。因为求同求异并同法实际上是通过三个步骤来确定被研究现象的原因(或结果)的。

第一步,把被研究现象 a 出现的正事例组场合加以比较,发现只有一个共同情况 a,应用求同法得出结论:A 是 a 的原因(或结果)。

第二步,把被研究现象 a 不出现的负事例组场合加以比较,发现 A 不出现,再应用求同法得出结论:在负事例组场合中,A 不存在是 a 不存在的原因(或结果)。第三步,比较正反两个事例组场合,根据有 A 就有 a,无 A 就无 a,运用求异法即可得知:A 是 a 的原因(或结果)。

应用求同求异并用法时,应当注意以下两点:

第一,正事例组与负事例组的组成场合越多,结论就越可靠。因为考察的场合越多,就越有排除凑巧的偶然情形,这样就不大容易把一个不相干的因素与被研究现象联系起来。

第二,对于负事例组的各个场合,应选择与正事例组场合较为相似地来进行比较。因为负事例组场合无限多,它们对于探求被研究现象的原因(或结果)并不都是有意义的。负事例组场合的情况与正事例组场合的情况越相似,结论的可靠性就越大。

四、共变法

共变法是在被研究现象发生变化的各个场合中,发现只有一个情况是变化着的,其他情况保持不变,那么这个唯一变化着的情况,就是被研究现象的原因(或结果)。

例如:某个生产手表的企业,如果资金利用率为 50%,则利润增加 80%;资金利用率为 60%,则利润增加 100%;资金利用率为 90%,则利润增加 120%,其他情况都没有改变,那么资金利用率的提高就是利润增加的原因。

共变法可用图式表示如下:

场合	先行(或后行)情况	被研究现象
(1)	A_1,B,C	a_1
(2)	A_2,B,C	a_2
(3)	A_3,B,C	a_3
…	…	…

所以,A 是 a 的原因(或结果)。

应用共变法时,应该注意以下几点:

第一,与被研究现象发生共变的情况是否具有唯一性。运用共变法时,只能有一个情况发生变化,而另一个现象随之变化,其他情况应保持不变。如果还有其他的情况在发生变化,那么运用共变法时就有可能出错。例如,在研究温度的变化与气体体积变化之间的关系时,如果气体所受到的压强也在变化,那么通过共变法所得到的结论就会出现差错。

第二,两个现象间的共变有一定的限度,超过限度就会失掉原来的共变关系。例如,农作物的密植,在一定限度内,可以增产,但如果超过这个限度,则不但不会增产,反而会减少产量。

还应该了解,共变关系有同向共变和异向共变两种。所谓同向共变,是指如果原因作用的量一直递增,那么结果的量也随之一直递增。如一定量的气体,在压力不变的条件下,气体的体积随温度的上升而加大。所谓异向共变,是指如果原因作用的量一直递增,那么结果在量上就一直递减。例如,对于一定质量的气体,在温度不变的情况下,如果气体所受的压强越大,那么气体体积越小;如果气体所受的压强越小,那么气体的体积越大。

共变法与求异法既有区别又有联系。如果把两个具有共变关系的现象变化到极限,就达到求异法要求的条件。如在盛有空气的玻璃罩内通电敲铃,随着抽取空气的量的变化,铃声越来越小,这就是共变法的应用。等到把玻璃罩内的空气全部抽净,尽管看到敲铃,却听不到声音,那就是求异法的应用了。从这点来说,求异法是共变法的极端场合。

五、剩余法

剩余法是指已知一复合情况是一复合现象的原因(或结果),并且还知道复合情况的某一部分是复合现象中的某一部分的原因(或结果),那么复合情况的剩余部分,就是复合现象的剩余部分的原因(或结果)。

例如:每一种化学元素,都有特定的光谱。1868年詹逊和罗克耶尔在研究太阳光谱时发现,太阳光谱中有一条红线、一条青绿线、一条蓝线和一条黄线。红线、青绿线、蓝线是氢的光谱,而黄线表明什么呢?当时已知的元素中,没有一种元素的光谱里有这样的黄线,于是他们就推测,这条黄线是某种未知的天体物质的光谱,他们把这种新发现的物质叫作氦。詹逊和罗克耶尔就是运用剩余法得出结论的。

剩余法用图式可以表示如下:

复合情况(A,B,C,D)是复合现象(a,b,c,d)的原因(或结果);

A 是 a 的原因(或结果);

B 是 b 的原因(或结果);

C 是 c 的原因(或结果)。

所以,D 是 d 的原因(或结果)。

在日常生活中有时应用剩余法。

例如:打开台灯的开关,台灯却不亮,就会假定几个可能的原因:这一地区停电了;灯泡中的钨丝断了;开关坏了;保险丝烧断了;线路不通了。要使台灯复亮,必须找到真正的原因,那就要先检查各种可能的原因。在检查中,发现墙壁上的电钟还在走动,表明没有停电;保险丝也没有烧断;看看灯泡的钨丝并没有断掉;开关也完好无损。于是只剩下一种可能,线路不通了。这样就形成了一种看法,线路不通是台灯不亮的原因。这就是应用了剩余法。

运用剩余法时需要注意以下两点:

第一,必须确认复合情况的一部分(A,B,C)是复合现象(a,b,c)的原因(或结果),而复合情况的剩余部分(D)不可能是复合现象这一部分(a,b,c)的原因(或结果),如果复合情况的剩余部分(D)也是复合现象(a,b,c)的原因(或结果),那 就无法断定复合情况(D)与复合现象(d)一定有因果联系。

第二,复合情况的剩余部分(D)不一定是一个单一的情况,还可能是个复杂情况。在这种情况下,就必须进一步研究,探求剩余部分的全部原因(或结果)。

例如:居里夫妇根据某些沥青铀矿样品的放射性比纯铀的放射性还大,应用剩余法得出了这些铀矿石中一定还含有未知的放射性元素的结论。为了寻找这种未知的放射性元素,他们从铀矿石中分离出极少量的黑色粉末。居里夫人把这个新发现的放射性元素命名为钋(以此命名来纪念她的祖国波兰)。但是,进一步研究后便发现钋只是使铀矿样品具有这样强放射性的部分原因。因此,居里夫妇把发现新元素的工作继续下去,又提炼出一些放射性比钋还强的东西,他们把这种放射性新元素取名为镭(意为射线的给予者)。至此,才真正弄清楚铀矿石样品具有很强放射性的原因,而居里夫人由于相继发现钋和镭这一卓越的成就,而获得了 1911 年诺贝尔化学奖。

因果问题是归纳推理中最为核心的问题。也是逻辑推理能力测试中的一个重点。该种题型的特点是,题干论证的论点最终需要表明"造成某一结果的原因是什么"。通常用 A 表示原因,用 B 表示结果。题干论点可以表达为:A 是 B 的原因。

单从题型看,

如果属于削弱型试题,要削弱该论点需要指出:A 不是 B 的原因。

具体地,可以有以下几种情况:

B 才是 A 的原因。指出题干出现"因果倒置"的错误,这是对因果关系最根本的削弱。

C 才是 B 的原因。指出 A 不是 B 的原因,C 才是原因。

C 更是原因。指出除了 A 以外,还有 C。A 仅仅是表面的原因,次要的原因,C 才是根本的原因,本质的原因。

如果属于加强型试题,要加强题干中的论点,需要指出:

A 就是 B 的原因,实际上也就是要指出:除了 A,没有别的因素影响 B,A 是造成 B 的唯一原因。

从试题的性质看,

如果题干是一个求同法的论证,

削弱题干就是要指出:A 不是共同情况,C 才是共同的情况;或者 A 只是表面的共同情况,C 才是根本的共同情况。

加强题干则需要指出:没有别的共同情况,A 是唯一的共同情况。

如果题干是一个求异法的论证,

削弱题干就是要指出,A 不是差异情况,C 才是差异情况;或者 A 只是表面的差异情况,C 才是根本的差异情况。

加强题干则需要指出:没有别的差异情况,A 是唯一的差异情况;或者别的情况都相同。

如果题干是一个共变法的论证,

削弱题干就是要指出,A 不是唯一发生变化的情况,还有别的情况也在跟着发生变化。

加强题干则需要指出,A 是唯一发生变化的情况,其他相关情况保持不变。

【例】在村庄东西两块玉米地中,东面的地施过磷酸钙单质肥料,西面的地则没有。结果,东面的地亩产玉米 300 千克,西面的地亩产仅 150 千克。因此,东面的地比西面的地产量高的原因是由于施用了过磷酸钙单质肥料。

以下哪项如果为真,最能削弱上述论证?

(A)给东面地施用的过磷酸钙是过期的肥料。

(B)北面的地施用过硫酸钾单质化肥,亩产玉米 220 千克。

(C)每块地种植了不同种类的四种玉米。

(D)两块地的田间管理无明显不同。

(E)东面和西面两块地的土质不同。

【考点】求异法。

【答案】E

【解析】东面的玉米地施过磷酸钙,比没有施过磷酸钙的西面的玉米地多产出 150 千克玉米,于是认为,施过磷酸钙是多产玉米的原因。因此,只有找出二者还有别的不同才能削弱结论,E 项则指出两块地的土质不同,才是所产玉米数量不同的根本原因。

第三章　　　削弱型

削弱型试题可初步分为最不能削弱和最能削弱两种类型。

最不能削弱型试题的一般提问方式如下所示：

"以下哪项如果为真，最不可能削弱上述论证的结论？"

"以下哪项如果为真，最不可能质疑上述推断？"

"以下各项都是对上述看法的质疑，除了："

解答此类试题应该首先使用排除法。即把可能质疑题干、削弱题干的选项一一排除，最后剩下的不论是支持题干的选项还是与题干不相干的选项，都最不能削弱题干。像这种题型，如果直接去寻找"最不可能削弱"的选项，是很费力的。

最能削弱型试题的提问方式一般如下所示：

"以下哪项如果为真，最能削弱上述论证？"

"以下哪项如果为真，能够最有力地削弱上述论证的结论？"

"以下哪项如果为真，最可能削弱上述推断？"

此类题型的特点是题干中给出一个完整的论证或者表达某种观点，要求从备选项中寻找到最能反驳或削弱题干的选项。

解答该种试题时，考生可以直接去寻找最能削弱题干的选项。所谓削弱题干，也就是要与题干唱反调，即反驳题干。对于反驳一个论证来说，可以反驳其论点，也可以反驳其论据，还可以反驳其论证方式。但在这三种中反驳方式中，以反驳论点最为重要。

有些削弱型问题是直接找到否定题干论点的选项即可。有些削弱型问题，则需要间接地来否定论证中的论点。间接否定论证中的论点又分为截断关系法和弱化论据法。

所谓截断关系法，从根本上就是要指出虽然题干中的论据是成立的，但其论点并不成立，即题干的论据和论点之间没有逻辑关系或者没有本质上的逻辑关系。

所谓弱化论据法也称为釜底抽薪法，就是指所要寻找的选项能够起到将题干的论据抽掉，或者使题干中论据的支持作用减弱，从而使题干中的论题不成立或者使题干中的论题得不到充分的论证。

作为一个论证来说，论点比论据更重要，所以，无论是采用截断关系法还是弱化论据法，最终目的都是为了削弱题干中的论点。在解题的过程中，我们会发现，有些选项好像是在反对题干，但由于和题干的论题没有密切关系，从而也就失去了削弱作用。

如果将题干中的论据称为 A，论点称为 B，则直接否定题干中的论点就是要指出 B 是假的；截断关系法就是要指出 A 与 B 之间没有联系或者 A 与 B 没有本质上的联系；弱化论据法则是要指出 A 不可行或者 A 没有意义。

习题精练

1.【2020 年联考】某教授组织了 120 名年轻的参试者，先让他们熟悉电脑上的一个虚拟城市，然后让他们以最快速度寻找由指定地点到达关键地标的最短路线，最后再让他们识别茴香、花椒等 40 种芳香植物的气味。结果发现,寻路任务中得分较高者其嗅觉也比较灵敏。该教授由此推测,一个人空间记忆力好、方向感强,就会使其嗅觉更为灵敏。

以下哪项如果为真,最能质疑该教授的上述推测?

(A)大多数动物主要靠嗅觉寻找食物、躲避天敌,其嗅觉进化有助于"导航"。

(B)有些参试者是美食家,经常被邀请到城市各处的特色餐馆品尝美食。

(C)部分参试者是马拉松运动员,他们经常参加一些城市举办的马拉松比赛。

(D)在同样的测试中,该教授本人在嗅觉灵敏度和空间方向感方面都不如年轻人。

(E)有的年轻人喜欢玩对方向感要求较高的电脑游戏,因过分投入而食不知味。

视频讲解

2.【2017年联考】人们通常认为,幸福能够增进健康、有利于长寿,而不幸福则是健康状况不佳的直接原因,但最近有研究人员对3 000多人的生活状况调查后发现,幸福或不幸福并不意味着死亡的风险会相应地变得更低或更高。他们由此指出,疾病可能会导致不幸福,但不幸福本身并不会对健康状况造成损害。

以下哪项如果为真,是能质疑上述研究人员的论证?

(A)幸福是个体的一种心理体验,要求被调查对象准确断定其幸福程度有一定的难度。

(B)有些高寿老人的人生经历较为坎坷,他们有时过得并不幸福。

(C)有些患有重大疾病的人乐观向上,积极与疾病抗争,他们的幸福感比较高。

(D)人的死亡风险低并不意味着健康状况好,死亡风险高也不意味着健康状况差。

(E)少数个体死亡风险的高低难以进行准确评估。

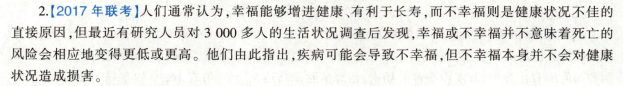

3.【2016年联考】根据现有物理学定律,任何物质的运动速度都不可能超过光速,但最近一次天文观测结果向这条定律发起了挑战。距离地球遥远的IC310星系拥有一个活跃的黑洞,掉入黑洞的物质产生了伽马射线冲击波。有些天文学家发现,这束伽马射线的速度超过了光速,因为它只用了4.8分钟就穿越了黑洞边界,而光需要25分钟才能走完这段距离。由此,这些天文学家提出,光速不变定律需要修改了。

以下哪项如果为真,最能质疑上述天文学家所作的结论?

(A)或者光速不变定律已经过时,或者天文学家的观测有误。

(B)如果天文学家的观测没有问题,光速不变定律就需要修改。

(C)要么天文学家的观测有误,要么有人篡改了天文观测数据。

(D)天文观测数据可能存在偏差,毕竟IC310星系离地球很远。

(E)光速不变定律已经历过去多次实践检验,没有出现反例。

4.【2015年联考】某市推出一项月度社会公益活动,市民报名踊跃。由于活动规模有限,主办方决定通过摇号抽签的方式选择参与者。第一个月中签率为1:20;随后连创新低,到下半年的10月份已达1:70,大多数市民屡摇不中,但从今年7至10月,"李祥"这个名字连续4个月中签。不少市民据此认为,有人在抽签过程中作弊,并对主办方提出质疑。

以下哪项如果为真,最能消解上述市民的质疑?

(A)在报名的市民中,名叫"李祥"的近300人。

(B)在摇号系统中,每一位申请人都被随机赋予一个不重复的编码。

(C)摇号抽签全过程是在有关部门监督下进行的。

(D)已经中签的申请者中,叫"张磊"的有7人。

(E)曾有一段时间,家长给孩子取名不回避重名。

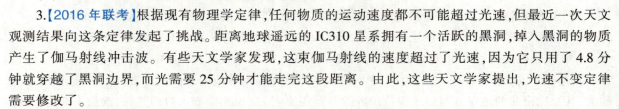

视频讲解

5.【2014年联考】不仅人上了年纪会难以集中注意力,就连蜘蛛也有类似的情况。年轻蜘蛛结的网整齐均匀,角度完美;年老蜘蛛结的网可能出现缺口,形状怪异。蜘蛛越老,结的网就越没有章法。科学家由此认为,随着时间的流逝,这种动物的大脑也会像人脑一样退化。

以下哪项如果为真,最能质疑科学家的上述论证?

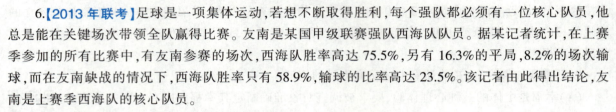

(A)运动器官的老化会导致年老蜘蛛结网能力下降。

(B)年老蜘蛛的大脑较之年轻蜘蛛,其脑容量明显偏小。

(C)形状怪异的蛛网较之整齐均匀的蛛网,其功能没有大的差别。

(D)优美的蛛网更容易受到异性蜘蛛的青睐。

(E)蜘蛛结网只是一种本能的行为,并不受大脑控制。

6.【2013年联考】足球是一项集体运动,若想不断取得胜利,每个强队都必须有一位核心队员,他总是能在关键场次带领全队赢得比赛。友南是某国甲级联赛强队西海队队员。据某记者统计,在上赛季参加的所有比赛中,有友南参赛的场次,西海队胜率高达75.5%,另有16.3%的平局,8.2%的场次输球,而在友南缺战的情况下,西海队胜率只有58.9%,输球的比率高达23.5%。该记者由此得出结论,友南是上赛季西海队的核心队员。

以下哪项如果为真,最能质疑该记者的结论?

(A)上赛季友南上场且西海队输球的比赛,都是西海队与传统强队对阵的关键场次。

(B)西海队队长表示:"没有友南我们将失去很多东西,但我们会找到解决办法。"

(C)本赛季开始以来,在友南上场的情况下,西海队胜率暴跌20%。

(D)上赛季友南缺席且西海队输球的比赛,都是小组赛中西海队已经确定出线后的比赛。

(E)西海队教练表示:"球队是一个整体,不存在有友南的西海队和没有友南的西海队。"

7.中国的姓氏有一个非常大的特点,那就是同是一个汉族姓氏,却很可能有着非常大的血缘差异。总体而言,以武夷山——南岭为界,中国姓氏的血缘明显地分成南北两大分支,两地汉族血缘差异颇大,甚至比南北两地汉族与当地少数民族的差异还要大。这说明随着人口的扩张,汉族不断南下,并在2000多年前渡过长江进入湖广,最终越过海峡到达海南岛。在这个过程中,南迁的汉族人不断同当地说侗台、南亚和苗族语的诸多少数民族融合,从而稀释了北方汉族的血缘特征。

以下哪项如果为真,最能反驳上述论证?

(A)南方的少数民族有可能是更久远的时候南迁的北方民族。

(B)封建帝王曾经赐封少数民族中的部分人以帝王姓氏。

(C)同姓的南北支可能并非出自同一祖先。

(D)历史上也曾有少数民族北迁的情况。

(E)不同姓的南北两支可能出自同一祖先。

8.陈教授:中世纪初欧洲与东亚之间没有贸易往来,因为在现存的档案中找不到这方面的任何文字记录。

李研究员:您的论证与这样一个论证类似:传说中的喜马拉雅雪人是不存在的,因为从来没有人作证亲眼看到这种雪人。这一论证的问题在于:有人看到雪人当然能证明雪人存在,但没人看到不能证明雪人不存在。

以下哪项如果为真,最能反驳李研究员的论证?

(A)中世纪初欧洲与东亚之间存在贸易往来的证据,应该主要依赖考古发现,而不是依赖文字档案。

(B)虽然东亚保存的中世纪初文档中有关于贸易的记录,但这一时期的欧洲文档却几乎没有关于贸易的记录。

(C)有文字档案记载,中世纪初欧洲与南亚和北非之间存在贸易往来。

(D)中世纪初欧洲的海外贸易主要依赖海上运输。

(E)欧洲与东亚现存的中世纪初文档中没有当时两个地区贸易的记录,如果有这种贸易往来,不大可能不留贸易记录。

9.一些城市,由于作息时间比较统一,加上机动车太多,很容易造成交通早高峰和晚高峰,市民们在高峰时间上下班很不容易,为了缓解人们上下班的交通压力,某政府顾问提议采取不同时间段上下班制度,即不同单位可以在不同的时间段上下班。

以下哪项如果为真,最可能使该顾问的提议无法取得预期效果?

(A)有些上班时间段与员工的用餐时间冲突,这会影响他们的生活规律,从而影响他们的工作积极性。

(B)许多上班时间段与员工的作息时间不协调,他们需要较长一段时间来调整适应,这段时间的工作效率难以保证。

(C)许多单位的大部分工作需要员工们在一起讨论,集体合作才能完成。

(D)该市的机动车数量持续增加,即使不在早晚高峰期,交通拥堵也时有发生。

(E)有些单位员工的住处与单位很近,步行即可上下班。

10.周清打算请一个钟点工,于是上周末她来到惠明家政公司,但公司工作人员粗鲁的接待方式使她得出结论:这家公司的员工缺乏教养,不适合家政服务。

以下哪项如果为真,最能削弱上述论证?

(A)惠明家政公司员工通过有个性的服务展现其与众不同之处。

(B)惠明家政公司员工有近千人,绝大多数为外勤人员。

(C)周清是一个爱挑剔的人,她习惯于否定他人。

(D)教养对家政公司而言并不是最主要的。

(E)周清对家政公司员工的态度既傲慢又无理。

11.探望病人通常会送一束鲜花,但某国曾有报道说,医院药瓶养花的水可能含有很多细菌,鲜花会在夜间与病人争夺氧气,还可能影响病房用电设备的工作,这引起了人们对鲜花的恐慌。该国一些医院甚至禁止在病房内摆放鲜花,尽管后来证实鲜花并未导致更多的病人受感染,并且权威部门澄清,未见任何感染病例与病房里的植物有关,但这并未减轻医院对鲜花的反感。

以下除哪项外,都能减轻医院对鲜花的担心?

(A)鲜花并不比病人身边的餐具、饮料和食物带有更多可能危害人的细菌。

(B)在病房里放置鲜花让病人感到心情愉悦,精神舒畅,有助于病人康复。

(C)给鲜花换水、修剪需要一定的人工,如果药瓶倒了还会导致危险发生。

(D)已有研究证明,鲜花对病房空气的影响微乎其微,可以忽略不计。

(E)探望病人所送的鲜花大都花束小、需水量少、花粉少,不会影响电子设备工作。

12.张教授:20世纪80年代以来,斑纹猫头鹰的数量急剧下降,目前已有灭绝的危险。木材采伐公司应对此负有责任,它们大量采伐的陈年林区是猫头鹰的栖息地。

李研究员:斑纹猫头鹰数量的下降不能归咎于木材采伐公司。近30年来,一种繁殖力更强的条纹猫头鹰进入陈年林区,和斑纹猫头鹰争夺生存资源。

以下哪项最为准确地概括李研究员对张教授观点的反驳?

(A)否定张教授的前提,这一前提是:木材采伐公司一直在陈年林区生存。

(B)质疑张教授的假设,这一假设是:猫头鹰只能在陈年林区生存。

(C)对斑纹猫头鹰数量下降的原因提出另一种解释。

(D)指出张教授夸大了对陈年林区采伐的负面影响。

(E)指出张教授把斑纹猫头鹰濒临灭绝偷换为猫头鹰濒临灭绝。

13.某市主要干道上的摩托车车道的宽度为2米,很多骑摩托车的人经常在汽车道上抢道行驶,严重破坏了交通秩序,使交通事故频发。有人向市政府提出建议:应当将摩托车车道扩宽为3米,让骑摩托车的人有较宽的车道,从而消除抢道的现象。

以下哪项如果为真,最能削弱上述论点?

(A)摩托车车道宽度增加后,摩托车车速加快,事故也许会随着增加。

(B)摩托车车道变宽后,汽车车道将会变窄,汽车驾驶者会有意见。

(C)当摩托车车道拓宽后,有些骑摩托车的人仍会在汽车车道上抢道行驶。

(D)扩宽摩托车车道的办法对汽车车道上的违章问题没有什么用。

(E)扩宽摩托车车道的费用太高,需要进行项目评估。

14.新挤出的牛奶中含有溶菌酶等抗菌活性成分。将一杯原料奶置于微波炉加热至50℃,其溶菌酶活性降低至加热前的50%。但是,如果用传统热源加热原料奶至50℃,其内的溶菌酶活性几乎与加热前一样。因此,对酶产生失活作用的不是加热,而是产生热量的微波。

以下哪项如果属实,最能削弱上述论证?

(A)将原料奶加热至100℃,其中的溶菌酶活性会完全失活。

(B)加热对原料奶酶的破坏可通过添加其他酶予以补偿,而微波对酶的破坏却不能补偿。

(C)用传统热源加热液体奶达到50℃的时间比微波炉加热至50℃时间长。

(D)经微波炉加热的牛奶口感并不比用传统热源加热的牛奶口感差。

(E)微波炉加热液体会使内部的温度高于液体表面达到的温度。

答案与解析

1.【考点】削弱质疑。

【答案】A

【解析】第一步,题型判定。

提问中要求质疑教授的推测。因此,本题属于削弱质疑。

第二步,解题思路。

(1)梳理论证结构。论点:一个人空间记忆力好、方向感强,就会使其嗅觉更为灵敏。论据:寻路任务中得分较高者,其嗅觉也比较灵敏。推理过程:由"寻路任务中得分较高者,其嗅觉也比较灵敏"到"一个人空间记忆力好、方向感强,就会使其嗅觉更为灵敏"。

(2)分析辨别选项。

A项能削弱,该项以类比的方式说明不是方向感影响了嗅觉,而是嗅觉影响了方向感,即指出题干出现了因果倒置。故A项为正确答案。

B项不能削弱,美食家并不代表嗅觉灵敏的人,到处品尝美食也与方向感无关,与论题"方向感强,嗅觉是否更为灵敏"无关。

C项不能削弱,马拉松运动员参加马拉松比赛,与论题"方向感强,嗅觉是否更为灵敏"无关。

D项不能削弱,比较教授与年轻人的嗅觉灵敏度和空间方向感,对于题干削弱而言无意义。

E项不能削弱,喜欢玩对方向感要求较高的电脑游戏并不代表方向感就强,食不知味不代表嗅觉不灵敏,与论题"方向感强,嗅觉是否更为灵敏"无关。

2.【考点】削弱质疑。

【答案】D

【解析】研究人员通过"对3 000多人的生活状况调查后发现,幸福或不幸福并不意味着死亡的风险会相应地变得更低或更高",得出结论"疾病可能会导致不幸福,但不幸福本身并不会对健康状况造成损害"。D项指出人的死亡风险与健康状况并不是等同的,因此由前提就不可能得出结论,故能质疑研究人员的论证。

3.【考点】论证的削弱。

【答案】C

【解析】题干由天文学家发现伽马射线的速度超过了光速,得出光速不变定律需要修改的结论。A项"光速不变定律已经过时"无法削弱题干观点;B项加强了题干结论;D项"可能"削弱力度有限;E项属于无关项;C项指出题干论据有误,则无法得出结论,有力地削弱了题干观点。

4.【考点】论证的削弱。

【答案】A

【解析】本题为削弱型题目。由题干可知,市民质疑的依据是认为在中签率很低的情况下,"李祥"这个名字连续4个月中签是小概率事件,几乎不可能发生。市民质疑的一个重要的前提假定是四次中签的"李祥"是同一个人,由此而得出结论。A项直接破除了这样的一个前提假定,指出在报名的市民中,名叫"李祥"的近300人,所以最能消解市民的质疑。B项不能确定有无作弊,因此不能削弱题干;C项诉诸权威;D、E两项都没有直接说明名叫"李祥"的人多,不能削弱。

5.【考点】可能性推理的削弱型题目。

【答案】E

【解析】题干蜘蛛越老,结的网就越没有章法,得出结论"随着时间的流逝,这种动物的大脑也会像人脑一样退化"。A项不能够否认是大脑的退化导致蜘蛛结网没有章法,不选;B项脑容量跟题干讨论无关,不选;C项蛛网的形状跟题干讨论无关,不选;D项也属于无关选项,不选;E项说明蜘蛛结网并不受大脑控制,切断了前提和结论之间的关系,质疑了题干论证。

6.【考点】因果关系问题和削弱问题。

【答案】A

【解析】论点:友南是上赛季西海队的核心队员;论据:(1)核心队员总能在关键场次带领全队赢得比赛,(2)在上赛季参加的所有比赛中,有友南参赛的场次,西海队胜率高;友南缺阵的场次,西海队胜率偏低。A项指出友南没能在关键场次中带领全队赢得比赛,因此,不是核心队员。故A项为正确答案。注意D项,有的同学是这样理解的,题干论证"有友南胜率高,没友南胜率低,说明友南确实是核心",现在要削弱上述论证,指出来没有友南输球的原因不在于友南没上场,而在于出线后没有好好踢,因此,就说明友南不是核心。上述理解存在以下问题:其一,题干论据明确给出了"核心球员"的内涵,上述理解忽略了这一点;其二,上述理解添加了个人的主观认识,如出线后不好好踢。D项只断定那些比赛是出线后的比赛,没有断定出线后的比赛没有好好踢。

7.【考点】论证的削弱。

【答案】C

【解析】题干断定:由于南迁的汉族与南方诸多少数民族融合,从而稀释了北方汉族血缘。进而造成了同一汉族姓氏,却有可能存在非常大的血缘差异。C项如果为真,则说明不是由于和南方诸多少数民族融合,而是因为不同祖先造成了汉族的血缘差异。其他选项均不足反驳题干论证。

8.【考点】复合句的推理和论证的削弱。

【答案】E

【解析】E项指出,如果有贸易往来,则会留下记录。由此可以推出:如果不留下记录,则没有贸易往来。这正好支持了陈教授的论证,从而削弱了李研究员的论证。

9.【考点】因果关系和论证的削弱。

【答案】D

【解析】题干论证将作息时间比较统一作为交通拥堵的根本性原因,认为只要采取不同时间上下班制度就可以解决这个问题了。D项则指出,机动车数量持续增加才是更为根本性的原因,从而削弱了题干。A、B、C三项都只是说,不同时间上下班制度会带来其他方面的不便,并不能否定这个制度本身的可行性。

10.【考点】简单枚举归纳推理。

【答案】B

【解析】如果B项为真,即惠明家政公司有上千名员工,绝大多数都为外勤人员,则即使周清所遇到的工作人员粗鲁,也推不出这家公司的员工缺乏教养,不适合做家政服务。因为周清所遇到的工作人员不能代表惠明家政公司员工的一般情况。

11.【考点】削弱型。

【答案】C

【解析】需要寻找的是哪项最不能减轻医院对鲜花的担心。医院对鲜花的担心是:鲜花在医院可能带来各种负面的影响。所以,凡是意味着鲜花并不会造成什么负面影响的选项都能够削弱医院对鲜花的担心。A、D两项都意味着鲜花不会有什么太大的危害,从而削弱了医院的担心;B项意味着鲜花对病人反而有好处,从而削弱了医院的担心;选项E意味着鲜花不会有什么坏处,也削弱了题干。C项则意味着,鲜花可能会导致某些危险发生,加强了题干中医院的担心。

12.【考点】因果关系和论证方法评价。

【答案】C

【解析】张教授认为,木材公司采伐是斑纹猫头鹰数量急剧下降的原因。李研究员则认为,一种繁殖力更强的条纹猫头鹰进入陈年林区才是斑纹猫头鹰数量急剧下降的真正原因。显然,C项准确地支持这种反驳方法。

13.【考点】论证的削弱。

【答案】C

【解析】C项如果为真,即"当摩托车车道拓宽后,有些骑摩托车的人仍会在汽车车道上抢道行驶",则题干观点"应当将摩托车车道扩宽为3米,让骑摩托车的人有较宽的车道,从而消除抢道的现象"就不能成立。

14.【考点】论证的削弱。

【答案】E

【解析】E项如果为真,即"微波炉加热液体会使内部温度高于液体表面达到的温度",则题干中的说法"对酶产生失活作用的不是加热,而是产生热量的微波"就不能成立。

第四章　加强型

加强型试题是在题干中给出一个推理或论证，但由于前提的条件不足以推出结论，或者由于论证的论据不足以得出其论题，因此需要用某个选项去补充其前提或论据，使推理或论证成立的可能性增大。

需要注意的是，能够加强题干论证的选项可以是题干论证成立的充分条件，也可以是题干论证成立的必要条件，可以是既非充分条件又非必要条件。只要某一选项放在题干论证的论据和论点之间，对题干论证的成立有支持作用，使题干论证成立的可能性增大，那么这个选项就是能够加强题干的。

加强型试题的提问方式一般如下所示：

"以下哪项如果为真，最能加强上述断定？"

"以下哪项如果为真，最能支持上述观点？"

加强型试题和削弱型试题的基本解题思路是一样的，不同的是其答案对题干论证的作用刚好相反。

如果题干的论据为 A，论点为 B，则加强型试题也可以分为三种类型：一是直接肯定 B 真；二是指出 A 与 B 之间有联系或者 A 与 B 之间有本质上的联系；三是指出 A 可行或者 A 有意义。

习题精练

1.【2021 年联考】哲学是关于世界观、方法论的学问，哲学的基本问题是思维和存在的关系问题，它是在总结各门具体科学知识基础上形成的，并不是一门具体科学。因此，经验的个案不能反驳它。

以下哪项如果为真，最能支持以上论证？

视频讲解

(A)哲学并不能推演出经验的个案。

(B)任何科学都要接受经验的检验。

(C)具体科学不研究思维和存在的关系问题。

(D)经验的个案只能反驳具体科学。

(E)哲学可以对具体科学提供指导。

2.【2021 年联考】研究人员招募了 300 名体重超标的男性，将其分成餐前锻炼组和餐后锻炼组，进行每周三次相同强度和相同时段的晨练。餐前锻炼组晨练前摄入零卡路里安慰剂饮料，晨练后摄入 200 卡路里的奶昔；餐后锻炼组晨练前摄入 200 卡路里的奶昔，晨练后摄入零卡路里安慰剂饮料。三周后发现，餐前锻炼组燃烧的脂肪比餐后锻炼组多。该研究人员由此推断，肥胖者若持续这样的餐前锻炼，就能在不增加运动强度或时间的情况下改善代谢能力，从而达到减肥效果。

以下哪项如果为真，最能支持该研究人员的上述推断？

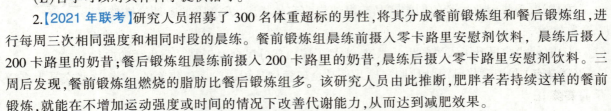
视频讲解

(A)餐前锻炼组额外的代谢与体内肌肉中的脂肪减少有关。

(B)餐前锻炼组觉得自己在锻炼中消耗的脂肪比餐后锻炼组多。

(C)餐前锻炼可以增强肌肉细胞对胰岛素的反应，促使它更有效地消耗体内的糖分和脂肪。

(D)肌肉参与运动所需要的营养，可能来自最近饮食中进入血液的葡萄糖和脂肪成分，也可能来自体内储存的糖和脂肪。

(E)有些餐前锻炼组的人知道他们摄入的是安慰剂,但这并不影响他们锻炼的积极性。

3.【2020年联考】王研究员:吃早餐对身体有害。因为吃早餐会导致皮质醇峰值更高,进而导致体内胰岛素异常,这可能引发Ⅱ型糖尿病。

李教授:事实并非如此。因为上午皮质醇水平高只是人体生理节律的表现,而不吃早餐不仅会增加患Ⅱ型糖尿病的风险,还会增加患其他疾病的风险。

以下哪项如果为真,最能支持李教授的观点?

(A)一日之计在于晨,吃早餐可以补充人体消耗,同时为一天的工作准备能量。

视频讲解

(B)糖尿病患者若在9点至15点之间摄入一天所需的卡路里,血糖水平就能保持基本稳定。

(C)经常不吃早餐,上午工作处于饥饿状态,不利于血糖调节,容易患上胃溃疡、胆结石等疾病。

(D)如今,人们工作繁忙,晚睡晚起现象非常普遍,很难按时吃早餐,身体常常处于亚健康状态。

(E)不吃早餐的人通常缺乏营养和健康方面的知识,容易形成不良生活习惯。

4.【2019年联考】人们一直在争论猫与狗谁更聪明。最近,有些科学家不仅研究了动物脑容量的大小,还研究其大脑皮层神经细胞的数量,发现猫平常似乎总摆出一副智力占优的神态,但猫的大脑皮层神经细胞的数量只有普通金毛犬的一半。由此,他们得出结论:狗比猫更聪明。

以下哪项最可能是上述科学家得出结论的假设?

(A)狗可能继承了狼结群捕猎的特点,为了互相配合,它们需要做出一些复杂行为。

视频讲解

(B)狗善于与人类合作,可以充当导盲犬、陪护犬、搜救犬、警犬等,就对人类的贡献而言,狗能做的似乎比猫多。

(C)动物大脑皮层神经细胞的数量与动物的聪明程度呈正相关。

(D)棕熊的脑容量是金毛犬的3倍,但其脑神经细胞的数量却少于金毛犬,与猫很接近,而棕熊的脑容量却是猫的10倍。

(E)猫的脑神经细胞数量比狗少,是因为猫不像狗那样"爱交际"。

5.【2017年联考】近年来,我国海外代购业务量快速增长,代购者们通常从海外购买产品,通过各种渠道避开关税,再卖给内地顾客从中牟利,却让政府损失了税收收入。某专家由此指出,政府应该严厉打击海外代购的行为。

以下哪项如果为真,最能支持上述专家观点?

(A)近期,有位前空乘服务员因在网上开设海外代购店而被我国地方法院判定有走私罪。

视频讲解

(B)国内一些企业生产的同类产品与海外代购产品相比,无论质量还是价格都缺乏竞争优势。

(C)海外代购提升了人民的生活水准,满足了国内部分民众对于高品质生活的向往。

(D)去年,我国奢侈品海外代购规模几乎是全球奢侈品国内门店销售额的一半,这些交易大多避开了关税。

(E)国内民众的消费需求提高是伴随我国经济发展而产生的正常现象,应以此为契机促进国内同类消费品产业的升级。

6.葡萄酒中含有白藜芦醇和类黄酮等对心脏有益的抗氧化剂。一项新研究表明,白藜芦醇能防止骨质疏松和肌肉萎缩。由此,有关研究人员推断,那些长时间在国际空间站或者宇宙飞船上的宇航员或许可以补充一下白藜芦醇。

以下哪项如果为真,最能支持上述研究人员的推断?

(A)研究人员发现由于残疾或者其他因素而很少活动的人会比经常活动的人更容易出现骨质疏松和肌肉萎缩等症状,如果能喝点葡萄酒,则可以获益。

(B)研究人员模拟失重状态,对老鼠进行试验。一个对照组未接受任何特殊处理,另一组每天服用白藜芦醇,结果对照组的老鼠骨头和肌肉的密度都降低了。而服用白藜芦醇的老鼠则没有出现这些症状。

(C)研究人员发现由于残疾或者其他因素而很少活动的人,如果每天服用一定量的白藜芦醇,则可以改善骨质疏松和肌肉萎缩等症状。

(D)研究人员发现,葡萄酒能对抗失重所造成的负面影响。

(E)某医学博士认为,白藜芦醇或许不能代替锻炼,但它能减少人体某些机能的退化。

7.科学研究中使用的形式语言和日常生活中使用的自然语言有很大的不同,形式语言看起来像天书,远离大众,只有一些专业人士才能理解和运用。但其实这是一种误解,自然语言和形式语言的关系就像肉眼与显微镜的关系,肉眼的视域广阔,可以从整体上把握事物的信息;显微镜可以帮助人们看到事物的细节和精微之处,尽管用它看到的事物范围小。所以形式语言和自然语言都是人们交流和理解信息的重要工具,把它们结合起来使用,具有强大的力量。

以下哪项如果为真,最能支持上述结论?

(A)通过显微镜看到的内容可能成为新的"风景",说明形式语言可以丰富自然语言的表达,我们应重视形式语言。

(B)正如显微镜下显示的信息最终还是要通过肉眼观察一样,形式语言表达的内容最终也要通过自然语言来实现,说明自然语言更基础。

(C)科学理论如果仅用形式语言表达,很难被普通民众理解;同样,如果仅用自然语言表达,有可能变得冗长且很难表达准确。

(D)科学的发展很大程度上改善了普通民众的日常生活,但人们并没有意识到科学表达的基础——形式语言的重要性。

(E)采用哪种语言其实不重要,关键在于是否表达了真正想表达的思想内容。

8.某研究人员分别用新鲜的蜂王浆和已经存放了30天的蜂王浆喂养蜜蜂幼虫,结果显示:用新鲜蜂王浆的幼虫成长为蜂王。进一步研究发现,新鲜蜂王浆中一种叫作"royalactin"的蛋白质能促进生长激素的分泌量,使幼虫出现体格变大、卵巢发达等蜂王的特征,研究人员用这种蛋白质喂养果蝇,果蝇也同样出现体长、产卵数和寿命等方面的增长,说明这一蛋白质对生物特征的影响是跨物种的。

以下哪项如果为真,可以支持上述研究人员的发现?

(A)蜂群中的工蜂、蜂王都是雌性且基因相同,其幼虫没有区别。

(B)蜜蜂和果蝇的基因差别不大,它们有许多相同的生物学特征。

(C)"royalactin"只能短期存放,时间一长就会分解为别的物质。

(D)能成长为蜂王的蜜蜂幼虫的食物是蜂王浆,而其他幼虫的食物只是花粉和蜂蜜。

(E)名为"royalactin"的这种蛋白质具有雌性激素的功能。

9.由于含糖饮料的卡路里含量高,容易导致肥胖,因此无糖饮料开始流行。经过一段时期的调查,李教授认为:无糖饮料尽管卡路里含量低,但并不意味它不会导致体重增加,因为无糖饮料可能导致人们对于甜食的高度偏爱,这意味着可能食用更多的含糖类食物。而且无糖饮料几乎没什么营养,喝得过多就限制了其他健康饮品的摄入,比如茶和果汁等。

以下哪项如果为真,最能支持李教授的观点?

(A)茶是中国的传统饮料,长期饮用有益健康。

(B)有些瘦子也爱喝无糖饮料。

(C)有些胖子爱吃甜食。

(D)不少胖子向医生报告他们常喝无糖饮料。

(E)喝无糖饮料的人很少进行健身运动。

10.美国某大学医学院研究人员在《小儿科杂志》上发表论文指出,在对2 720个家庭的孩子进行跟踪调查后发现,如果孩子在5岁前每天看电视超过2小时,他们长大后出现行为问题的风险将会增加1倍多。所谓行为问题是指性格孤僻、言行粗鲁、侵犯他人、难与他人合作等。

以下哪项如果为真,最能支持上述结论?

(A)电视节目会使孩子产生好奇心,容易导致孩子出现暴力倾向。

(B)电视节目中有不少内容容易使孩子长时间处于紧张、恐惧的状态。

(C)看电视时间过长会影响儿童与他人的交往,久而久之孩子便会缺乏与人打交道的经验。

(D)儿童模仿强,如果只对电视节目感兴趣,长此以往,会阻碍他们分析能力的发展。

(E)每天长时间地看电视,容易使孩子神经系统产生疲劳,影响身心健康。

11.尽管外界有放宽货币政策的议论,但某国中央银行在日前召开的各分支行行长座谈会上传递出明确信息,下半年继续实施好稳健的货币政策,保持必要的政策力度。有学者认为,这说明该国决策层仍然把稳定物价作为首要任务,而把经济增速的回落控制在可以承受的范围内。

以下哪项可以支持上述学者的观点?

(A)如果保持必要的政策力度,就不能放宽货币政策。

(B)只有实施好稳健的货币政策,才能稳定物价。

(C)一旦实施好稳健的货币政策,经济增速就要回落。

(D)只有稳定物价,才能把经济增速的回落控制在可以承受的范围内。

(E)如果放宽货币政策,就可以保持经济的高速增长。

答案与解析

1.【考点】加强支持。

【答案】D

【解析】第一步,题型判定。提问中要求支持上述论证。因此,本题属于加强支持。

第二步,解题思路。(1)梳理论证结构。论点:经验的个案不能反驳哲学;论据:哲学是在总结各门具体科学知识基础上形成的,并不是一门具体科学;推理过程:由"哲学不是一门具体科学"到"经验的个案不能反驳它"。(2)分析辨别选项。A项不能加强,与论题"经验的个案能不能反驳哲学"无关。B项不能加强,接受经验的检验不同于被经验个案反驳。C项不能加强,与论题"经验的个案能不能反驳哲学"无关。D项能加强,在"具体科学"与"经验的个案"之间建立了关系。故D项为正确答案。E项不能加强,与论题"经验的个案能不能反驳哲学"无关。

2.【考点】加强支持。

【答案】C

【解析】第一步,题型判定。提问中要求支持研究人员的推断。因此,本题属于加强支持。

第二步,解题思路。(1)梳理论证结构。论点:肥胖者持续进行餐前锻炼能减肥。论据:餐前锻炼组燃烧的脂肪比餐后锻炼组多。推理过程:由"餐前锻炼组燃烧的脂肪比餐后锻炼组多"到"肥胖者餐前锻炼能减肥"。(2)分析辨别选项。A项不能加强,题干论证不涉及餐前锻炼组额外代谢的问题。B项不能加强,题干论据已有餐前锻炼组和餐后锻炼组的对比,与锻炼组的自我认知无关。C项能加强,补充了一个解释,说明为什么餐前锻炼能消耗更多的脂肪。故C项为正确答案。D项不能加强,谈及的是肌肉参与运动的营养来源,与论题"肥胖者持续进行餐前锻炼能否减肥"无关。E项不能加强,谈及的是运动积极性,与论题"肥胖者持续进行餐前锻炼能否减肥"无关。

3.【考点】加强支持。

【答案】C

【解析】第一步,题型判定。

提问中要求支持李教授的观点。因此,本题属于加强支持。

第二步,解题思路。

(1)梳理论证结构。论点:不吃早餐不仅会增加患Ⅱ型糖尿病的风险,还会增加患其他疾病的风险。

(2)分析辨别选项:

A项不能加强,只谈到吃早餐的重要性,与论题"不吃早餐是否会增加患Ⅱ型糖尿病或其他疾病的风险"无关。

B项不能加强,谈到糖尿病患者在什么时间摄入食物能保持稳定的血糖水平,与论题无关。

C项能加强,指出不吃早餐容易患上胃溃疡、胆结石等疾病,肯定了李教授的观点。故C项为正确答案。

D项不能加强,难以按时吃早餐不等于不吃早餐,有偷换概念的嫌疑。

E项不能加强,指出不吃早餐的原因,与论题无关。

4.【考点】加强支持。

【答案】C

【解析】本题属于加强支持。论点:狗比猫更聪明。论据:狗的大脑皮层神经细胞的数量比猫多。上述论证由大脑皮层神经细胞数量多去论证更聪明,需要考虑大脑皮层神经细胞数量与聪明之间的关系。C项指出了这种关系,建立了论点与论据之间的联系,是上述论证的假设;A、B两项不正确,其只谈到狗的情况,不是上述论证的假设;D项不正确,其仅仅在说明脑容量的大小与脑神经细胞数量的关系,无法与聪明建立关系;E项不正确,其涉及的是猫比狗神经细胞数量少的原因,与聪明无关。

5.【考点】加强支持。

【答案】D

【解析】本题主要考查加强支持。专家的观点为"政府应该严厉打击海外代购的行为",理由是"政府损失了税收收入"。D项指出我国奢侈品海外代购规模几乎是全球奢侈品国内门店销售额的一半,这些交易大多避开了关税,也就是说政府确实损失了很多税收收入,故可以支持专家的结论。其他几项均为无关项。

6.【考点】因果关系问题和加强型问题。

【答案】B

【解析】题干根据白藜芦醇具有防止骨质疏松和肌肉萎缩的作用,推出可以通过补充白藜芦醇,使那些长时间在国际空间站或者宇宙飞船上的宇航员得以防止骨质疏松和肌肉萎缩。B项,通过比较发现,在模拟失重状态下,由于每天服用白藜芦醇的老鼠没有出现骨头和肌肉的密度降低的症状,而对照组的老鼠由于没有服用白藜芦醇都出现了骨头和肌肉的密度降低的症状。这就意味着,在失重状态下,服用白藜芦醇对于防止骨质疏松和肌肉萎缩具有重要作用。

7.【考点】加强型论证。

【答案】C

【解析】题干的论点是,形式语言和自然语言有必要结合起来。C项最能起到对这个论点的支持作用。A项仅说明形式语言的重要性,B项仅说明自然语言的重要性。

8.【考点】因果关系和加强型问题。

【答案】C

【解析】本题需要寻找加强研究人员发现的选项。研究人员的发现是:用新鲜蜂王浆的幼虫成长为蜂王。题干将新鲜蜂王浆与30天的蜂王浆对比,结果新鲜的蜂王浆能让幼虫变成蜂王,因此新鲜蜂王浆是幼虫能够成长为蜂王的原因。C项说明"royalactin"只能短期存放,时间一长就会分解为别的物质,正好说明了研究人员的发现是正确的。B项为干扰项,因为题干最后一句话并不是题干中研究人员最主要的发现。

9.【考点】论证的加强。

【答案】D

【解析】李教授的观点是:无糖饮料不意味着它不会导致体重增加,即无糖饮料也会导致体重增加。D项意味着这样的观点是成立的。其他选项和题干均无直接关系,不能加强题干。

10.【考点】论证的加强。

【答案】C

【解析】题干中的结论是:如果孩子在5岁前每天看电视的时间超过2小时,他们长大后出现行为问题的风险将会增加。C项指出看电视时间过长会影响孩子与他人交往,加强了题干。A项和B项讲的是电视节目,不是看电视时间过长的问题,无关。D项和E项讲的不是对孩子长大后出现行为问题的风险问题,而是对孩子的分析能力和身心健康的影响问题,无关。

11.【考点】】充分条件假言推理问题和加强型问题。

【答案】C

【解析】学者的观点是该国决策层把稳定物价作为首要任务,而把经济的回落控制在可以接受的范围。C项如果为真,即"如果实施好稳健的货币政策,经济增速就要回落",则学者的观点就相当于是通过肯定该选项这个充分条件假言判断的前件进而肯定后件,这是充分条件假言推理的正确推理形式。其他选项均不足以保证题干中学者观点的正确性。

第五章　解释型

解释型试题的一般特征是,题干给出关于某些事实或现象的客观描述,通常是给出一个似乎矛盾实际上并不矛盾的现象,要求从备选项中寻找到能够解释的选项。

解释型试题的提问方式一般如下所示:

"以下哪项如果为真,能最好地解释上面的矛盾?"

"以下各项如果是真的,都有助于解释上述看来矛盾的断定,除了:"

这类试题在题干中描述了事物现象间表面上的矛盾或差异,而本质上这种矛盾是不存在的。这种表面上的矛盾或者是同一个事物的两个不同方面,或者所探讨的是两个不同的对象。但是,题干中为何又显得很矛盾呢?原因可能是还有某方面的细节没有考虑到。

解释型试题也可能需要解释一个事件发生的原因,也可能需要解释一个行为的目的等,这些都和解释题干论证中存在的表面性矛盾现象有关。

针对第二种提问方式,应该首先使用排除法,即先将能够解释题干的选项排除掉,最后剩余的选项就是不能解释题干的。

习题精练

1.【2017年联考】通常情况下,长期在寒冷环境中生活的居民可以有更强的抗寒能力。相比于我国的南方地区,我国北方地区冬天的平均气温要低很多。然而有趣的是,现在许多北方地区的居民并不具有我们所以为的抗寒能力,相当多的北方人到南方来过冬,竟然难以忍受南方的寒冷天气,怕冷程度甚至远超过当地人。

以下哪项如果为真,最能解释上述现象?

(A)一些北方人认为南方温暖,他们去南方过冬时往往对保暖工作做得不够充分。

(B)南方地区冬天虽然平均气温比北方高,但也存在极端低温的天气。

(C)北方地区在冬天通常启用供暖设备,其室内温度往往比南方高出很多。

视频讲解

(D)有些北方人是从南方迁过去的,他们没有完全适应北方的气候。

(E)南方地区湿度较大,冬天感受到的寒冷程度超出气象意义上的温度指标。

2.【2016年联考】在一项关于"社会关系如何影响人的死亡率"的课题研究中,研究人员惊奇地发现:不论种族、收入、体育锻炼等因素,一个乐于助人、和他人相处融洽的人,其平均寿命长于一般人,在男性中尤其如此;相反,心怀恶意、损人利己、和他人相处不融洽的人70岁之前的死亡率比正常人高出1.5至2倍。

以下哪项如果为真,最能解释上述发现?

(A)身心健康的人容易和他人相处融洽,而心理有问题的人与他人很难相处。

(B)男性通常比同年龄段的女性对他人有更强的"敌视情绪",多数国家男性的平均寿命也因此低于女性。

视频讲解

(C)与人为善带来轻松愉悦的情绪,有益身体健康;损人利己则带来紧张的情绪,有损身体健康。

(D)心存善念、思想豁达的人大多精神愉悦、身体健康。

(E)那些自我优越感比较强的人通常"敌视情绪"也比较强,他们长时间处于紧张状态。

3.巴斯德认为,空气中的微生物浓度与环境状况、气流运动和海拔高度有关。他在山上的不同高度分别打开装着煮过的培养液的瓶子,发现海拔越高,培养液被微生物污染的可能性越小。在山顶上,20个装了培养液的瓶子,只有1个长出了微生物。普歇另用干草浸液做材料重复了巴斯德的实验,却得出不同的结果:即使在海拔很高的地方,所有装了培养液的瓶子都很快长出了微生物。

以下哪项如果为真,最能解释普歇和巴斯德实验所得到的不同结果?

(A)只要有氧气的刺激,微生物就会从培养液中自发地生长出来。

(B)培养液在加热消毒、密封、冷却的过程中会被外界细菌污染。

(C)普歇和巴斯德的实验设计都不够严密。

(D)干草浸液中含有一种耐高温的枯草杆菌,培养液一旦冷却,枯草杆菌的孢子就会复活,迅速繁殖。

(E)普歇和巴斯德都认为,虽然他们用的实验材料不同,但是经过煮沸,细菌都能被有效地杀灭。

4.在十九世纪,法国艺术学会是法国绘画及雕塑的主要赞助部门,当时个人赞助者已急剧减少。由于该艺术学会并不鼓励艺术创新,十九世纪的法国雕塑缺乏新意;然而,同一时期的法国绘画却表现出很大程度的创新。

以下哪项如果为真,最有助于解释十九世纪法国绘画与雕塑之间创新的差异?

(A)在十九世纪,法国艺术学会给予绘画的经费支持比雕塑多。

(B)在十九世纪,雕塑家比画家获得更多的来自艺术学会的支持经费。

(C)由于颜料和画布价格比雕塑用的石料便宜,十九世纪法国的非赞助绘画作品比非赞助雕塑作品多。

(D)十九世纪极少数的法国艺术家既进行雕塑创作,也进行绘画创作。

(E)尽管艺术学会仍对雕塑家和画家给予赞助,十九世纪的法国雕塑家和画家得到的经费支持明显下降。

5.随着数字技术的发展,音频、视频的播放形式出现了革命性转变。人们很快接受了一些新形式,比如MP3、CD、DVD等。但是对于电子图书的接受并没有达到专家所预期的程度,现在仍有很大一部分读者喜欢捧着纸质出版物。纸质书籍在出版业中依然占据重要地位。因此有人说,书籍可能是数字技术需要攻破的最后一个堡垒。

以下哪项最不能对上述现象提供解释?

(A)人们固执地迷恋着阅读纸质书籍的舒适体验,喜欢纸张的质感。

(B)在显示器上阅读,无论是笨重的阴极射线管显示器还是轻薄的液晶显示器,都会让人无端地心浮气躁。

(C)现在仍有一些怀旧爱好者喜欢收藏经典图书。

(D)电子书显示设备技术不够完善,图像显示速度较慢。

(E)电子书和纸质书籍的柔软沉静相比,显得面目可憎。

答案与解析

1.【考点】论证的解释。

【答案】C

【解析】题干矛盾在于长期在寒冷环境中生活的居民可以有更强的抗寒能力,但很多北方人到南方后比南方人还怕冷。C 项说明由于供暖设备,北方冬天的室内温度往往比南方高出很多,即现在大多数北方人并未长期在寒冷的环境中生活,所以它们并不一定有较强的抗寒能力,解释了题干现象;其余项均为无关项,不能解释题干。

2.【考点】论证的解释。

【答案】C

【解析】题干要求解释的现象是,乐于助人、和他人相处融洽的人平均寿命长于一般人,而心怀恶意、损人利己、与他人相处不融洽的人 70 岁之前的死亡率高于正常人。A 项由于身心健康影响人际关系,无法解释题干现象;B、D、E 三项均是无关项;C 项指出与人为善、损人利己分别给人身心健康造成的不同影响,合理地解释了题干现象。

3.【考点】论证的解释。

【答案】D

【解析】D 项指出,题干中两种场合存在着本质的差异情况,导致了不同现象的发生。其他选项均不能解释题干。

4.【考点】论证的解释。

【答案】C

【解析】虽然在十九世纪,法国艺术学会是法国绘画及雕塑的主要赞助部门,而该艺术学会并不鼓励艺术创新,十九世纪的法国雕塑就缺乏新意,但为什么同一时期的法国绘画却表现出很大程度的创新呢?C 项颜料和画布价格比雕塑用的石料便宜,十九世纪法国的非赞助绘画作品比非赞助雕塑作品多可以解释题干。

5.【考点】论证的解释。

【答案】C

【解析】题干需要解释的是,为什么电子数字读物有那么大的优势,而很大一部分读者却仍喜欢阅读纸质的出版物呢?C 项说的是收藏,和题干所述没有直接关系,不能解释题干。其他选项均能解释。

第六章　　评价型

评价型试题要求对题干的论证效果、论证方式和方法、论证意图和目的、论证中所可能出现的逻辑错误等进行评价和说明。

评价的核心问题是有效性评价。该类试题的答案方向一般是针对题干论证的隐含前提。当选项为一般疑问句时，对这个问句通常有"是"和"否"两方面的回答。如果对这个问句回答"是"，则对题干起到了支持作用，如果回答"否"，则对题干起到了削弱作用。于是，这个问句就对题干论证具有评价作用。总的来说，能够评价题干论证的选项就是对题干论证的正确性具有判定性作用的选项。

评价型试题的提问方式一般如下所示：

"以下哪项如果为真，最能对题干论证的有效性进行评价？"

"以下哪项是对上述论证方法的最为恰当的概括？"

"题干论证中所包含的逻辑漏洞是什么？"

第一节　评价结构类似

评价结构类似，就是要指出推理或论证在整体框架上的相同性。这里的结构显然是指的逻辑结构，即逻辑概念的结构。所以，在评价结构类似时，一定要从一个推理或论证中所包含的逻辑概念入手来进行分析。这里的整体框架，也主要是指一个推理或论证中所包含的主要逻辑概念的框架，所以，抓住一个推理或论证中的主要逻辑概念是评价结构类似的关键。

习题精练

1.化学课上，张老师演示了两个同时进行的教学实验：一个实验是 $KClO_3$ 加热后，有 O_2 缓慢产生；另一个实验是 $KClO_3$ 加热后迅速撒入少量 MnO_2，这时立即有大量的 O_2 产生。张老师由此指出：MnO_2 是 O_2 快速产生的原因。

以下哪项与张老师得出结论的方法类似？

(A)同一品牌的化妆品价格越高卖得越火。由此可见，消费者喜欢价格高的化妆品。

(B)居里夫人在沥青矿物中提取放射性元素时发现，从一定量的沥青矿物中提取的全部纯铀的放射性强度比同等数量的沥青矿物中放射性强度低数倍。她据此推断：沥青矿物中还存在其他放射性更强的元素。

(C)统计分析发现，30岁至60岁之间，年纪越大胆子越小，有理由相信：岁月是勇敢的腐蚀剂。

(D)将闹钟放在玻璃里，使它打铃，可以听到铃声；然后把玻璃罩里的空气抽空，再使闹钟打铃，就听不到铃声了。由此可见，空气是声音传播的介质。

(E)人们通过绿藻、蓝藻、红藻的大量观察，发现结构简单、无根叶是藻类植物的主要特征。

2.主持人:有网友称你为国学巫师,也有网友称你为国学大师。你认为哪个名称更适合你?

上述提问中的不当也存在于以下各项中,除了:

(A)你要社会主义的低速度,还是资本主义的高速度?

(B)你主张为了发展可以牺牲环境,还是主张宁可不发展也不能破坏环境?

(C)你认为人都自私,还是认为人都不自私?

(D)你认为"9·11"恐怖袭击必然发生,还是认为有可能避免?

(E)你认为中国队必然夺冠,还是认为不可能夺冠?

3.一个国家要发展,最重要的是要保持稳定。一旦失去稳定,经济的发展,政治的改革就失去了可行性。

上述议论的结构和以下哪项的结构最不类似?

(A)一个饭店,最要紧的是要使顾客感到饭菜好吃。价格的合理,服务的周到,环境的幽雅,只有在顾客吃得满意的情况下才有意义。

(B)一个人最要紧的是不能穷。一旦没有钱,有学问,有相貌,有品行,又能有什么用呢?

(C)高等院校,即使是研究型的高等院校,其首要任务是培养学生。这一任务完成得不好,校园再漂亮,硬件设施再先进,教师科研成果再多,也是没有意义的。

(D)对于文艺作品来说,最重要的是它的可读性和观赏性。只要有足够多的读者,高质量的文艺作品就一定能实现它的社会效益和经济效益,同时体现它的学术价值。

(E)一个品牌最重要的是产品质量。如果广告和其他形式的包装对于某个品牌的产品长期占领市场确实起到实质性的作用,那么该产品一定具有过硬的质量。

答案与解析

1.【考点】求因果关系的基本方法。

【答案】D

【解析】D项和题干都运用了求异法。A、C两项均为共变法,B项为剩余法,E项为简单枚举归纳推理。

2.【考点】逻辑漏洞评价。

【答案】D

【解析】国学大师和国学巫师之间为反对关系而非矛盾关系,因为在它们之间存在第三者,题干主持人要求做出非此即彼的回答就犯了"非黑即白"的错误。选项A、B、C、E四项中都存在类似错误。D项中"必然发生"和"有可能不发生"之间为矛盾关系,必须要求做出非此即彼的回答。

3.【考点】论证方法和结构类似评价。

【答案】D

【解析】题干论证的结构是:做好最重要的事情是做好其他一切事情的必要条件。选项A、B、C、E四项都体现了这样的结构。D项则断定做好最重要的事情是做好其他事情的充分条件,和题干的论证结构不同。

第二节 评价逻辑漏洞

1.混淆概念或偷换概念

逻辑对我们的推理论证有一些最基本的要求,即我们在推理论证的过程中必须遵守同一律、矛盾律和充足理由律等逻辑学的基本规律。同一律要求,在同一思维过程中,概念和命题都必须保持同一性,即具有确定性,不能随意改变。如果概念没有保持同一性,通常会犯"混淆概念"或"偷换概念"的逻辑错误,即把不同的概念当作同一个概念来使用。

例如:王大妈的女儿要出嫁了,王大妈为此到商店去买布,王大妈问:"你们这里有好布卖吗?"营业员回答说:"我们这儿的布都是好布,坏布怎么会拿来卖呢?"王大妈为此非常生气,布没买就生气走了。

王大妈为什么会很生气呢? 原来是营业员偷换了概念。营业员说的"好布"这个概念内涵非常贫乏,凡不是坏布就是好布,而王大妈心目中的"好布"的内涵则要丰富得多,必须是品种、花色、质量等方面都是符合她心意的。

2.转移论题或偷换论题

同一律还要求,在同一思维过程中所使用的命题必须保持同一,否则就会出现"转移论题"或"偷换论题"的逻辑错误。

例如:母亲问:"儿子,你的作业做完了吗? "儿子回答说:"妈妈,你的衣服洗完了吗? "

儿子的回答中出现了转移论题的逻辑错误,因为针对母亲的问话儿子必须首先作出回答然后才能提问,否则就违反了同一律,而作为母亲此时则应当强调儿子必须首先回答问题。

3.自相矛盾或两可

矛盾律要求在同一思维过程中,对于两个具有矛盾关系或具有反对关系的命题必须从中否定一个,不能两个都加以肯定,否则就会出现"自相矛盾"或"两可"的逻辑错误。

例如:"这个山洞从来没有人进去过,进去了的人也从来没有出来过"。

既肯定了"所有的人都没有进去过",又肯定了"有的人曾经进去过",自相矛盾。

再如:"所有的话都是假的,但我的话是真的。"

这句话肯定了"所有的话都是假的",同时也肯定了"有的话不是假的",即"所有的话都是假的"这句话不是真的,出现自相矛盾的错误。

4.模棱两可或两不可

排中律要求在同一思维过程中,对于两个具有矛盾关系和下反对关系的命题必须从中否定一个,不能两个都加以否定,否则就会出现"模棱两可"或"两不可"的逻辑错误。

例如:"要说如果天打雷就下雨这不对,但是要说天打雷却不下雨恐怕也不正确"。

由于"如果天打雷就下雨"与"天打雷却不下雨"这两个命题之间具有矛盾关系,显然对此不能都加以否定,否则就会出现"两不可"的逻辑错误。

5.论据不充分

充足理由律要求,我们断定某个命题为真,必须要有充足的理由。这包括两个方面:一是理由必须真实,二是理由和推断之间要有必然的联系。如果理由和推断之间在结构上没有必然联系,即论据与论题之间在逻辑结构上不正确,推理形式无效,这种错误就称为"推不出"。

例如:如果张三是作案者,那么张三有作案时间,现在张三有作案时间,因此,张三是作案者。

6.循环论证

在一个论证中,论据的真实性不应当靠论题的真实性来论证。论题的真实性就是从论据的真实性推出来的,如果论据的真实性反过来还要靠论题来论证,就会形成论题和论据互为论据互为论题的情况,实际上等于没有论证。这样就会犯"循环论证"的逻辑错误。

例如:三个窃贼在一起分窃来的6颗珍珠。甲取1颗给乙,又取2颗给丙,自己取3颗。乙、丙说:"你凭什么拿3颗?"甲说:"因为我是头儿!"乙、丙说:"你什么时候当的头?"甲说:"因为我的珍珠多!"

7.诉诸权威

诉诸权威是指用论证者自身或别人在某一领域的权威优势作为论据来论证某一个命题的真理性。论据与论题之间只具有心理上的相关性,并不具有逻辑上的相关性。如"某某人是某一领域的专家,他的话可信。"常言道:"智者千虑,必有一失。"人格优秀的人说话未必全对。

例如:"地心说"是不能怀疑的,因为亚里士多德就是这么认为的。

再如:某人是共产党员,所以他肯定不会犯政治错误;某人在研究机关工作,所以他写的文章一定有学术价值;某人研究伦理学,所以他的言语和行为一定符合道德规范;某人研究逻辑,所以他的话一定符合逻辑等。

人的出身、经历、职业、地位等各种处境优势,都不能成为论证其论题为真的充足理由。

8.诉诸无知

诉诸无知是指以人们对某一个命题的无知为根据,从而断言该命题是真的或者是假的。其公式是:因为尚未证明A假,所以A是真的。或者因为尚未证明A真,所以A是假的。

例如:鬼是存在的,因为还没有人能够证明鬼是不存在的。

实际上,人们对某一现象领域的无知,根本不能成为对该领域下断语的逻辑理由。逻辑推论的实质,是由已知推测未知,而不能把未知作为知的理由。

9.诉诸大众

诉诸大众是指援引众人的意见、见解、信念或常识等来进行论证。其一般公式是:因为众人都这么认为,所以是正确的。例如,鬼是存在的,因为很多人都说见到过鬼。

当然,多数人的意见是值得尊重的。但是,众人的意见未必都是真理,有时真理掌握在少数人手里,而众人的看法却是谬见。

例如:在哥白尼之前,众人认为太阳和其他行星都是绕地球旋转,但这并不符合事实。

10.非黑即白

非黑即白是指在两个极端之间不恰当地二者择一。这里黑白比喻两个极端。因为在黑、白之间,还有其他多种颜色作为中间体,而非黑即白的思考,却无视这些中间体的存在,把选择的范围仅限于黑和白两个极端,并不恰当地要求在这二者中择一。它又叫作简单二分法或两端思考。其论证形式是:因为不是黑的,所以是白的。

例如:公司秘书说:"老总,关于这项计划,有20%的人表示反对。"公司老总接着说:"既然有20%的人表示反对,那就是说有80%的人赞成,就这样执行吧!"有20%的人表示反对,并不一定就意味着有80%的人是赞成此项计划的,因为常常还有很多不表态的人。

11.平均数

平均数是指以平均数的假象为根据引申出一般结论的错误论证。

例如:既然这条河平均只有0.5米深,因此不可能淹死一个1.7米高的人。

上述论断就犯有"平均数"的错误。因为平均情况是这样,并非任何情况都是这样。

12.断章取义

断章取义是指在引用别人的话时,使其脱离原来的语境,从而具有不同的含义。

例如:有位评论家在谈到一部小说时曾说:"我不喜欢这本书。也许在行至孤岛的情况下,没有了别的书,我才会喜欢它。"而出版商在引用这位评论家的话时,竟然说这位评论家自称"在行至孤岛的情况下",仍然"喜欢它",把原话中的贬义篡改成褒义,显然是在断章取义。

13.稻草人

稻草人是指在论证过程中,通过歪曲对方来反驳对方,或者通过把某种极端的观点强加给对方来丑化对方,就像树立了一个稻草人做靶子,并自欺欺人地认为:打倒了稻草人就打倒了对方。

例如:公司职员:"您有些事做得不对。"公司老总:"什么?你竟然认为我什么事都做得不对?"职员只是说老总"有些"事做得不对,老总却歪曲为"所有"事都做得不对。老总在回答中犯了"稻草人"的逻辑错误。

14.以偏概全

以偏概全是指在进行归纳推理的过程中容易出现的逻辑错误。通常是归纳前提中考查的事物对象数量太少或者范围太窄即样本分布空间不广泛。

例如:既然北京的国有企业都是赢利的,那么,全国的国有企业都是赢利的。

15.虚假原因

虚假原因的谬误,是把本来不是给定原因的东西误以为是该结果的真实原因。

例如:甲、乙二人去酒馆喝酒。第一晚喝了威士忌和水,第二晚喝了白兰地和水,第三晚喝了伏特加和水,三晚都喝得酩酊大醉。既然三晚都喝了水,并且都醉了,于是认为喝水是醉酒的原因。实际上,三次都喝了大量的高度酒才是导致醉酒的真正原因。

16.强加因果

强加因果的谬误,是指把并非真正相关的两类事件,误认为是密切相关的错误论证。

例如:某国居民喝牛奶的比例与得癌症的比例都很高,于是误以为喝牛奶是患癌症的原因。

再如:一项统计表明,大多数杰出数学家是头生子,于是误以为头生子比后生子的数学才能高。事实上,在生育率较低的国家里,多数为人子者都是头生子。

17.数据不可比

数据不可比是指用不可比的两个数据所进行的错误对比论证。

例如:在美国与西班牙作战期间,美国海军强调"海军的死亡率比纽约市民的死亡率还低",纽约市民的死亡率是每千人有16人,而尽管是战时,美国海军士兵的死亡率也不过每千人只有9人,于是刊登广告鼓励青年参加海军。可是,每千人有16人和每千人只有9人这两个数据是不可比的,二者具有明显的区别。因为海军士兵是经过体格检查选拔出来的身强力壮的年轻人,而纽约市民中有不少婴幼儿、老年人和各式各样的病人。正确比较战时海军与普通市民的死亡率,应该选择同等条件的抽样,即在纽约市民中选择与海军士兵同样年龄和健康状况的数据,这样才能得出正确的结论。

18.合成

合成的谬误,是指由部分的性质不恰当地推论整体的性质。整体是由部分按照一定的方式组合起来的,它不是各个部分的简单相加,往往具有部分所不具有、而为整体所具有的性质,而部分也具有属于部分而不属于整体的性质。因此,不能因为部分具有某种性质,就推论出整体必然具有该性质。

例如:这个艺术团的每一位演员的表演技艺都是极其出色的,所以该艺术团的演出一定是出色的。

显然犯了"合成"的错误。

19.分解

分解的谬误,是指由整体的性质不恰当地推论到部分的性质。整体所具有的性质,不一定为其部分所具有。所以,如果由整体的性质必然地推论到部分的性质,就会出现"分解"的错误。

例如:由大三学生身材高于大一学生,就推论出大三学生中某一矮个子高于大一学生;由鲁迅的著作不是一天能读完的,推出鲁迅的某一篇著作也不是一天能读完的。

习题精练

1.【2016年联考】许多人不仅不理解别人,而且也不理解自己,尽管他们可能曾经试图理解别人,但这样的努力注定会失败,因为不理解自己的人是不可能理解别人的。可见,那些缺乏自我理解的人是不会理解别人的。

以下哪项最能说明上述论证的缺陷?

(A)使用了"自我理解"概念,但并未给出定义。

(B)没有考虑"有些人不愿意理解自己"这样的可能性。

(C)没有正确把握理解别人和理解自己之间的关系。

(D)结论仅仅是对其论证前提的简单重复。

(E)间接指责人们不能换位思考,不能相互理解。

视频讲解

2.办公室主任:本办公室不打算使用循环再利用纸张。给用户的信件必须能留下好的印象。不能打印在劣质纸张上。

文具供应商:循环再利用纸张不一定是劣质的。事实上,最初的纸张就是用可回收材料制造的。一直到19世纪50年代,由于碎屑原料供不应求,才使用木纤维作为造纸原料。

以下哪项最为恰当地概括了文具供应商的反驳中存在的漏洞?

(A)没有意识到办公室主任对于循环再利用纸张的偏见是由于某种无知。

(B)使用了不相关的事实来证明一个关于产品质量的断定。

(C)不恰当地假设办公室主任忽视了环境保护。

(D)不恰当地假设办公室主任了解纸张的制造工艺。

(E)忽视了办公室主任对产品质量关注的合法权利。

3.这次新机种试飞只是一次例行试验,既不能算成功,也不能算不成功。

以下哪项对于题干的评价最为恰当?

(A)题干的陈述没有漏洞。

(B)题干的陈述有漏洞,这一漏洞也出现在后面的陈述中:这次关于物价问题的社会调查结果,既不能说完全反映了民意,也不能说一点也没有反映民意。

(C)题干的陈述有漏洞,这一漏洞也出现在后面的陈述中:这次考前辅导,既不能说完全成功,也不能说彻底失败。

(D)题干的陈述有漏洞,这一漏洞也出现在后面的陈述中:人有特异功能,既不是被事实证明的科学结论,也不是纯属欺诈的伪科学结论。

(E)题干的陈述有漏洞,这一漏洞也出现在后面的陈述中:在即将举行的大学生辩论赛中,我不认为我校代表队一定能进入前四名,我也不认为我校代表队可能进不了前四名。

4.公达律师事务所以为刑事案件的被告进行有效辩护而著称,成功率达90%以上,老余是一位以专门为离婚案件的当事人成功辩护而著称的律师。因此,老余不可能是公达律师事务所的成员。

以下哪项最为确切地指出了上述论证的漏洞？

(A)公达律师事务所具有的特征,其成员不一定具有。

(B)没有确切指出老余为离婚案件的当事人辩护的成功率。

(C)没有确切指出老余为刑事案件的当事人辩护的成功率。

(D)没有提供公达律师事务所统计数据的来源。

(E)老余具有的特征,其所在工作单位不一定具有。

5.某市报业集团经营遇到困难,向某咨询公司求助。咨询公司派出张博士调查了目标报纸的发行时段,早上有晨报,上午有日报,下午有晚报,都不是为夜间准备的。张博士建议他们办一份《都市夜报》,占领这块市场。

以下哪项如果为真,能够恰当地指出张博士分析中存在的问题？

(A)报纸的发行时段和读者阅读时间可能是不同的。

(B)酒吧或影剧院的灯光都很昏暗,无法读报。

(C)许多人睡前有读书的习惯,而读报的比较少。

(D)晚上人们一般习惯于看电视节目,很少读报。

(E)售报亭到夜间就关门了,《都市夜报》发行困难。

6.所有的灰狼都是狼。这一断定显然是真的。因此,所有的疑似SARS病例都是SARS病例,这一断定也是真的。

以下哪项最为恰当地指出了题干论证的漏洞？

(A)题干的论证忽略了:一个命题是真的,不等于具有该命题形式的任一命题都是真的。

(B)题干的论证忽略了:灰狼与狼的关系,不同于疑似SARS病例和SARS病例的关系。

(C)题干的论证忽略了:在疑似SARS病例中,大部分不是SARS病例。

(D)题干的论证忽略了:许多狼不是灰色的。

(E)题干的论证忽略了:此种论证方式会得出其他许多明显违反事实的结论。

7.许多人不了解自己,也不设法去了解自己。这样的人可能想了解别人,但此种愿望肯定是要落空的,因为连自己都不了解的人不可能了解别人。由此可以得出结论:你要了解别人,首先要了解自己。

以下哪项对上述论证的评价最为恰当？

(A)上述论证所运用的推理是成立的。

(B)上述论证有漏洞,因为它把得出某种结果的必要条件当作充分条件。

(C)上述论证有漏洞,因为它不当地假设:每一个人都可以了解自己。

(D)上述论证有漏洞,因为它忽视了这种可能性:了解自己比了解别人更困难。

(E)上述论证有漏洞,因为它基于个别性的事件轻率地概括出一般性的结论。

8.临近本科毕业,李明所有已修课程的成绩均是优秀。按照学校规定,如果最后一学期他的课程成绩也都是优秀,就一定可以免试读研究生。李明最后一学期有一门功课成绩未获得优秀,因此他不能免试就读研究生了。

以下哪项对上述论证的评价最为恰当？

(A)上述论证是成立的。

(B)上述论证有漏洞,因为它忽略了:课程成绩只是衡量学生素质的一个方面。

(C)上述论证有漏洞,因为它忽略了:所陈述的规定有漏洞,会导致理解产生歧义。

(D)上述论证有漏洞,因为它把题干所陈述的规定错误地理解为:只要所有学期课程均是优秀,就一定可以免试就读研究生。

(E)上述论证有漏洞,因为它把题干所陈述的规定错误地理解为:只有所有学期课程成绩均是优秀,才可以免试就读研究生。

答案与解析

1.【考点】逻辑漏洞评价。

【答案】D

【解析】题干由"不理解自己的人不可能理解别人"推出"缺乏自我理解的人不会理解别人"。"不理解自己"存在两种情况,一种是不愿意理解自己,另一种是理解不了自己;而"缺乏自我理解"指的是理解不了自己。A项即使给出定义,也不能够证明论证的缺陷;B项中"有些人不愿意理解自己"已被包含在题干"不理解自己"所说的两种情况中,故不是论证上的缺陷;C、E两项属于无关项;D项"缺乏自我理解的人"包含于"不理解自己"的概念中,该结论仅是对其前提的重复。

2.【考点】逻辑漏洞评价。

【答案】B

【解析】文具供应商的断定"最初的纸张就是用可回收材料制造的。一直到19世纪50年代,由于碎屑材料供不应求才使用木纤维作为造纸原料"和循环再利用纸张是否劣质没有逻辑关系。

3.【考点】逻辑漏洞评价。

【答案】E

【解析】题干对"算成功"和"算不成功"这对矛盾同时加以否定,犯了"模棱两可"的错误。E项中"一定能进入"和"可能进不了"之间也是矛盾关系,犯了和题干类似的错误。B项中"完全反映民意"和"一点也没反映民意"之间有第三者,为反对关系,同时否定不违反排中律。C项和D项的情况类似。

4.【考点】三段论、概念的种类和逻辑漏洞评价。

【答案】A

【解析】由于"以为刑事案件的被告进行有效辩护而著称"这个性质是公达律师事务所这个集合体所具有的性质,组成该集合的每一个元素不一定具有集合体本身的性质。所以,不能因为老余没有这个性质,就断定老余不能是该集合的一个元素。A项正好指出了逻辑漏洞之所在。

5.【考点】逻辑漏洞评价。

【答案】A

【解析】题干中张博士的分析中存在"混淆概念"的逻辑错误。即报纸的发行时段和读者阅读时间是两个不同的概念,不能混为一谈。其他选项没有很恰当地指出逻辑漏洞。

6.【考点】直言命题的性质和逻辑漏洞评价。

【答案】B

【解析】灰狼和狼之间是真包含于关系,而疑似SARS病例和SARS病例之间不是这种关系。选项B最恰当地指出了这个错误。注意,A项不太恰当,因为题干说一个命题是真,只是说因此具有该命题形式的另外一个命题是真的,并没有说具有该命题形式的任一命题都是真的。

7.【考点】必要条件假言推理和论证有效性评价。

【答案】A

【解析】题干从"不了解自己,就不可能了解别人",推出结论:要了解别人,就要了解自己。这是一个正确的推理。

8.【考点】假言命题和论证有效性评价。

【答案】E

【解析】题干论证包含这样一个推理:如果最后一个学期所有课程成绩都优秀,则可以免试读研究生;李明最后一学期有门课程未优秀,所以,李明不能免试读研究生了。该推理从否定充分条件句的前件开始然后否定其后件,是无效的推理。也可以看出是把充分条件命题错误地理解成是必要条件命题来进行推理了。

第三节　评价论证方式

一、论证

根据证明中所运用的推理形式不同,可以把全部论证分为演绎论证、归纳论证和类比论证。演绎论证是用一般性的原理来论证特殊性或个别性的结论,其中运用的是必然性推理;归纳论证是用个别性的前提来论证一般性的结论,其中运用的是归纳推理;类比论证是运用类比推理形式所进行的论证。

论证往往比推理更为复杂,一个论证中往往包含着几个甚至更多推理。如果在一个论证中,既使用了必然性推理,又使用了归纳推理或类比推理,那么这个论证就是一个综合论证。

根据论证过程的不同,论证可分为直接论证和间接论证。间接论证又分为反证法和选言证法。

1.直接论证

直接论证是用论据从正面直接论证论题的真实性的论证方法。一般进行的论证都是直接论证。上述所涉及的演绎、归纳、类比论证都属于直接论证。

2.反证法

反证法是一种间接论证方法,它是通过论证与原论题相矛盾的论断为假,然后根据排中律确定原论题为真的论证方法。由于其中用到了假言推理,所以,反证法又称为假言证法。

反证法的第一步是设反论题为真,然后由反论题为真推出荒谬的结论,所以假设反论题为真是不能成立的,最后通过排中律确定原论题为真。

反证法可以用公式表示如下:

求证:A

证明:(1)令非A(非A是与A相矛盾的论题)成立

(2)如果非A,那么B

(3)非B

(4)所以,并非(非A)(充分条件假言推理否定后件式)

(5)所以,A(排中律)

例如,我们必须抓好计划生育工作。如果不是这样,就无法控制我国人口的过快增长,有限的自然资源与人口过多的矛盾将难于解决,从而延缓四化建设的进程,而这是我们所不愿意的。所以,我们必须抓好计划生育工作。

3.选言证法

选言证法是另外一种间接论证方法。它是指通过论证与原论题相关的所有其他可能的论断都不成立,从而确定原论题为真的论证方法。

选言证法的第一步是要构造一个包括原论题在内的选言论题,然后论证除了原论题外其他论断均不成立,从而根据选言推理的否定肯定式确定原论题为真。

选言证法可以用公式表示如下：

求证：A

证明：(1)令 A 或 B 或 C 成立

(2)非 B

(3)非 C

(4)所以，A(选言推理否定肯定式)

二、反驳

直接反驳是指直接论证对方论题为假。除了直接反驳外，我们还需要掌握间接反驳和归谬反驳。

间接反驳又称为独立证明的反驳，它是通过先论证与被反驳论题相矛盾或相反对的论题为真，然后根据矛盾律确定被反驳的论题为假的反驳方法。

间接反驳不是直接论证对方论题如何假，而是先提出一个与对方相矛盾或相反对的论题，并独立地论证其真实性，然后根据矛盾律确定对方论题是虚假的。

例如：有人认为，生产关系都是阶级关系。这种观点值得商榷。众所周知，原始社会的生产关系就不是阶级关系，原始社会的生产关系也是生产关系呀！可见，有的生产关系就不是阶级关系。

间接反驳可用公式表示为：

被反驳的原论题：A

论证：(1)设非 A(非 A 与 A 为矛盾或反对关系)

(2)证明非 A 真

(3)A 假(矛盾律)

归谬法即归谬反驳，是指为了反驳某一论题，先假定该论题为真，然后由此推出荒谬的结论来，最后根据充分条件假言推理的否定后件式和矛盾律，确定被反驳论题为假的反驳方法。

例如：有人说，不上大学就是没出息，就成不了才。照此说来，瓦特、高尔基、爱迪生、富兰克林等就都是没出息的人了！因为他们都没有上过大学。然而，瓦特这个钟表店的学徒却是蒸汽机的发明者；高尔基——一个流浪儿，靠自学成了一代文豪；富兰克林——一个普通印刷工人凭着刻苦钻研，成为电学的先驱者；爱迪生只读过 3 个月的书，也是靠自学成了伟大的发明家，你能说他们不是人才？

归谬法可用公式表示为：

被反驳的论题：A

论证：(1)设 A 真

(2)如果 A 真，则 B

(3)非 B

(4)所以，并非 A 真(充分条件假言推理否定后件式)

(5)所以，A 假(矛盾律)

习题精练

1.小陈：目前 1996D3 彗星的部分轨道远离太阳，最近却可以通过太空望远镜发现其发出闪烁光。过去人们从来没有观察到远离太阳的彗星出现这样的闪烁光，所以这种闪烁必然是不寻常现象。

小王：通常人们都不会去观察那些远离太阳的彗星，这次发现的 1996D3 彗星闪烁光是有人通过持续而耐心的追踪观测而获得的。

以下哪项最为准确地概括了小王反驳小陈的观点所使用的方法？

(A)指出小陈使用的关键概念含义模糊。

(B)指出小陈的论据明显缺乏说服力。

(C)指出小陈的论据自相矛盾。

(D)不同意小陈的结论,并且对小陈的论据提出了另一种解释。

(E)同意小陈的结论,但对小陈的论据提出了另一种解释。

2.张教授:在西方经济萧条时期,由汽车尾气造成的空气污染状况会大大改善,因为开车上班的人大大减少了。

李工程师:情况恐怕不是这样。在萧条时期买新车的人大大减少。而车越老,排放超标尾气造成的污染越重。

以下哪项最为准确地概括了李工程师的反驳所运用的方法?

(A)运用一个反例,质疑张教授的论据。

(B)提出一种考虑,虽然不否定张教授的论据,但能削弱这一论据对其结论的支持。

(C)作出一个断定,只要张教授的结论不成立,则该断定一定成立。

(D)论证一个见解,张教授的论证虽然缺乏说服力,但其结论是成立的。

(E)运用归谬法反驳张教授的结论,即如果张教授的结论成立,会得出荒谬的推论。

3.去年经纬汽车专卖店调高了营销人员的营销业绩奖励比例,专卖店李经理打算新的一年继续执行该奖励制度,因为去年该店的汽车销售数量较前年增长了 16%。陈副经理对此持怀疑态度,她指出,他们的竞争对手都没有调整营销人员的奖励比例,但在过去一年也出现了类似的增长。

以下哪项最为恰当地概括了陈副经理的质疑方法?

(A)运用一个反例,否定了李经理的一般性结论。

(B)运用一个反例,说明李经理的论据不符合事实。

(C)运用一个反例,说明李经理的论据虽然成立,但不足以推出结论。

(D)指出李经理的论证对一个关键概念的理解和运用有误。

(E)指出李经理的论证包含自相矛盾的假设。

4.一种流行的看法是,人们可以通过动物的异常行为来预测地震。实际上,这种看法是基于主观类比,不一定能揭示客观联系。一条狗在地震前行为异常,这自然会给他的主人留下深刻印象。但事实上,这个世界上的任何一刻,都有狗出现行为异常。

为了评价上述论证,回答以下哪个问题最不重要?

(A)被认为是地震前兆的动物异常行为,在平时是否也同样出现?

(B)两种不同类型的动物,在地震前的异常行为是否类似?

(C)地震前有异常行为的动物在整个动物中所占的比例是多少?

(D)在地震前有异常行为的动物中,此种异常行为未被注意到的比例是多少?

(E)同一种动物,在两次地震前的异常行为是否类似?

答案与解析

1.【考点】论证方法评价。

【答案】D

【解析】小陈认为:远离太阳的彗星出现的闪烁光是不寻常的,理由是这种闪烁光过去从未被观察到。小王显然不同意小陈的结论,但并不否定小陈的论据所陈述的情况存在,只是对这一情况做出了另外一种解释而已。

2.【考点】论证方法评价。

【答案】B

【解析】张教授的论据是:经济萧条期开车上班的人大大减少了。李工程师并不否定这个论据,而是提出新的论据:旧车排放的超标尾气造成的污染更严重,因此张教授的论点不能够被推出来。李工程师采用了独立证明的反驳法。

3.【考点】论证方法评价。

【答案】C

【解析】题干中李经理的结论是:今年继续提高奖励比例可以增加销售量,论据是:去年提高奖励比例后增加了销售量。陈副经理并不否认李经理的论据,而是提出了一个反例,用以说明,不提高奖励比例也能增加销售量。所以,陈副经理是用一个反例,说明李经理的论据虽然成立,但这个论据不足以推出其结论。陈副经理并不否定李经理的结论,而只是指出这个结论不足以推出而已,所以不能选 A 项。

4.【考点】因果关系和论证有效性评价。

【答案】B

【解析】题干的论点是,狗在地震前的异常行为与地震本身没有因果关系。选项 A、C、D、E 四项都评价题干,比如如果对 A 项的回答是肯定的,则支持题干,如果回答是否定的,则削弱题干。B 项不构成对题干的评价,不同动物的异常行为是否相似与题干论断无关。

第四节　评价论战焦点

论战焦点是论战双方的火力点,也就是论战双方的真正分歧和对抗所在。论战焦点必须具备两点,一是与双方观点具有相关性,二是双方观点必须构成对抗。所以,论战双方都表示同意的看法不是论战焦点,与论战双方所陈述的观点不相关的论断也不是论战焦点。

习题精练

1.【2017 年联考】王研究员:我国政府提出的"大众创业、万众创新"激励着每一个创业者。对于创业者来说,最重要的是需要一种坚持精神。不管在创业中遇到什么困难,都要坚持下去。

李教授:对于创业者来说,最重要的是要敢于尝试新技术。因为有些新技术一些大公司不敢轻易尝试,这就为创业者带来了成功的契机。

根据以上信息,以下哪项最准确地指出了王研究员与李教授的分歧所在?

(A)最重要的是敢于迎接各种创业难题的挑战,还是敢于尝试那些大公司不敢轻易尝试的新技术。
视频讲解

(B)最重要的是坚持创业,有毅力有恒心把事业一直做下去,还是坚持创新,做出更多的科学发现和技术发明。

(C)最重要的是坚持把创业这件事做好,成为创业大众的一员,还是努力发明新技术,成为创新万众的一员。

(D)最重要的是需要一种坚持精神,不畏艰难,还是要敢于尝试新技术,把握事业成功的契机。

(E)最重要的是坚持创业,敢于成立小公司,还是尝试新技术,敢于挑战大公司。

2.【2016年联考】赵明与王洪都是某高校辩论协会成员,在为今年华语辩论赛招募新队员问题上,两人发生了争执。

赵明:我们一定要选拔喜爱辩论的人。因为一个人只有喜爱辩论,才能投入精力和时间研究辩论并参加辩论赛。

王洪:我们招募的不是辩论爱好者,而是能打硬仗的辩手。无论是谁,只要能在辩论赛中发挥应有的作用,他就是我们理想的人选。

以下哪项最可能是两人争论的焦点?

(A)招募的标准是从现实出发还是从理想出发。

(B)招募的目的是研究辩论规律还是培养实战能力。

(C)招募的目的是为了培养新人还是赢得比赛。

(D)招募的标准是对辩论的爱好还是辩论的能力。

(E)招募的目的是为了集体荣誉还是满足个人爱好。

视频讲解

3.贾女士:在英国,根据长子继承权的法律,男人的第一个妻子生的第一个儿子有优先继承家庭财产的权利。

陈先生:你说得不对。布朗公爵夫人就合法地继承了她父亲的全部财产。

以下哪项对陈先生所作断定的评价最为恰当?

(A)陈先生的断定是对贾女士的反驳,因为他举出了一个反例。

(B)陈先生的断定是对贾女士的反驳,因为他揭示了长子继承权性别歧视的实质。

(C)陈先生的断定不能构成对贾女士的反驳,因为任何法律都不可能得到完全的实施。

(D)陈先生的断定不能构成对贾女士的反驳,因为他对布朗夫人继承父产的合法性并未给予论证。

(E)陈先生的断定不能构成对贾女士的反驳,因为他把贾女士的话误解为只有儿子才有权继承财产。

答案与解析

1.【考点】论战焦点评价。

【答案】D

【解析】王研究员的观点为"对于创业者来说,最重要的是需要一种坚持精神",而李教授的观点为"对于创业者来说,最重要的是要敢于尝试新技术",因此二人的分歧主要为D。A项迎接各种创业难题的挑战,B项坚持创新,C项努力发明新技术,E项敢于成立小公司,二人观点均未提及。

2.【考点】评价论战焦点。

【答案】D

【解析】由题干可知,赵明招募新队员的标准是"是否喜欢辩论";王洪招募新队员的标准是"是否能在辩论赛中发挥作用"。因此,两人争论的焦点是:招募的标准是爱好还是能力,即D项。

3.【考点】论证的评价。

【答案】E

【解析】陈先生的断定所驳斥的是"只有儿子才有继承权",而贾女士所断定的则是"如果是第一个儿子就有继承权"。所以,陈先生的反驳转移了论题,不能构成对贾女士的反驳。

第七章　结论型

结论型试题是在题干中给出前提,要求推出结论的试题。这种试题可以是严格的逻辑推论,也可以是一般的抽象和概括。

题干中可能给出了大前提和小前提, 这时我们需要做的就是寻找大前提和小前提的共同部分作为逻辑中介,然后把另外的不同的部分连接起来,这就是结论。

结论型试题的提问方式如下所示:

"从上文可推出以下哪个结论?"

"以下哪项,作为结论从上述题干中推出最为恰当?"

"下述哪项最能概括上文的主要观点?"

解答结论型试题有三大原则,就是从弱原则、整体原则和协调性原则。

(1)从弱原则,说的是选项中表述得最弱、最留有余地的选项往往是结论。

(2)整体原则,就是要从总体上来把握题干的中心思想,不能只顾及题干中所涉及的某一个方面。

(3)协调性原则,说的是选项必须和题干的论点相协调,和题干相矛盾的选项肯定不是结论。协调性原则是下面的代入法得以成立的逻辑基础。

针对结论型试题,根据题干不同可以使用的方法包括类比、归纳、演绎、求因果五法和语义分析等。

▌习题精练

1.【2021 年联考】每篇优秀的论文都必须逻辑清晰且论据详实,每篇经典的论文都必须主题鲜明且语言准确。实际上,如果论文论据详实,但主题不鲜明,或论文语言准确,而逻辑不清晰,则它们都不是优秀的论文。

根据以上信息,可以得出下列哪项?

(A)语言准确的经典论文逻辑清晰。

(B)论据不详实的论文主题不鲜明。

(C)主题不鲜明的论文不是优秀的论文。

(D)逻辑不清晰的论文不是经典的论文。

(E)语言准确的优秀论文是经典的论文。

视频讲解

2.【2020 年联考】某市 2018 年的人口发展报告显示,该市常住人口 1 170 万,其中常住外来人口 440 万,户籍人口 730 万。从区级人口分布情况来看,该市 G 区常住人口 240 万,居各区之首;H 区常住人口 200 万,位居第二;同时,这两个区也是吸纳外来人口较多的区域,两个区常住外来人口 200 万,占全市常住外来人口的 45% 以上。

根据以上陈述,可以得出以下哪项?

(A)该市 G 区的户籍人口比 H 区的常住外来人口多。

(B)该市 H 区的户籍人口比 G 区的常住外来人口多。

(C)该市 H 区的户籍人口比 H 区的常住外来人口多。

(D)该市 G 区的户籍人口比 G 区的常住外来人口多。

(E)该市其他各区的常住外来人口都没有 G 区或 H 区的多。

3.【2019 年联考】新常态下,消费需求发生深刻变化,消费拉开档次,个性化、多样化消费渐成主流,在相当一部分消费者那里,对产品质量的追求,压倒了对价格的考虑。供给侧结构性改革,说到底是满足需求。低质量的产能必然会过剩,而顺应市场需求不断更新换代的产能不会过剩。

根据以上信息,可以得出以下哪项?

(A)顺应市场需求不断更新换代的产能不是低质量的产能。

(B)低质量的产能不能满足个性化需求。

(C)新常态下必须进行供给侧结构性改革。

(D)只有不断更新换代的产品才能满足个性化、多样化消费的需求。

(E)只有优质高价的产品才能满足需求。

4.【2019 年联考】某大学读书会开展"一月一书"活动。读书会成员甲、乙、丙、丁、戊 5 人在《论语》《史记》《唐诗三百首》《奥德赛》《资本论》中各选一种阅读,互不重复。已知:

(1)甲爱读历史,会在《史记》和《奥德赛》中挑一本;

(2)乙和丁只爱读中国古代经典,但现在都没有读诗的心情;

(3)如果乙选《论语》,则戊选《史记》。

事实上,各人都选了自己喜爱的书目。

根据上述信息,可以得出以下哪项?

(A)乙选《奥德赛》。　　　(B)戊选《资本论》。　　　(C)丙选《唐诗三百首》。

(D)甲选《史记》。　　　(E)丁选《论语》。

5.【2018 年联考】人民既是历史的创造者,也是历史的见证者;既是历史的"剧中人",也是历史的"创作者"。离开人民,文艺就会变成无根的浮萍、无病的呻吟、无魂的躯壳。观照人民的生活、命运、情感,表达人民的心愿、心情、心声,我们的作品才会在人民中传之久远。

根据以上陈述,可以得出以下哪项?

(A)历史的创造者都是历史的见证者。

(B)历史的创造者都不是历史的"剧中人"。

(C)历史的"剧中人"都是历史的"创作者"。

(D)只有不离开人民,文艺才不会变成无根的浮萍、无病的呻吟、无魂的躯壳。

(E)我们的作品只要表达人民的心愿、心情、心声,就会在人民中传之久远。

6.【2018 年联考】某次学术会议的主办方发出会议通知:只有论文通过审核才能收到会议主办方发出的邀请函,本次学术会议只欢迎持有主办邀请函的科研院所的学者参加。

根据以上通知,可以得出以下哪项?

(A)本次学术会议不欢迎论文没有通过审核的学者参加。

(B)论文通过审核的学者都可以参加本次学术会议。

(C)论文通过审核并持有主办方邀请函的学者,本次学术会议都欢迎其参加。

(D)有些论文通过审核但未持有主办方邀请函的学者,本次学术会议欢迎其参加。

(E)论文通过审核的学者有些不能参加本次学术会议。

7.【2018 年联考】最终审定的项目或者意义重大或者关注度高,凡意义重大的项目均涉及民生问题,但是有些最终审定的项目并不涉及民生问题。

根据以上陈述,可以得出以下哪项?

(A)意义重大的项目比较容易引起关注。

(B)涉及民生问题的项目有些没有引起关注。

(C)有些不涉及民生问题的项目意义也非常重大。

(D)有些项目尽管关注度高但并非意义重大。

(E)有些项目意义重大但是关注度不高。

视频讲解

8.【2017 年联考】倪教授认为,我国工程技术领域可以考虑与国外先进技术合作,但任何涉及核心技术的项目决不能受制于人;我国许多网络安全建设项目涉及信息核心技术,如果全盘引进国外先进技术而不努力自主创新,我国的网络安全将受到严重威胁。

根据倪教授的陈述,可以得出以下哪项?

(A)我国有些网络安全建设项目不能受制于人。

(B)我国许多网络安全建设项目不能与国外先进技术合作。

(C)我国工程技术领域的所有项目都不能受制于人。

(D)只要不是全盘引进国外先进技术,我国网络安全就不会受到严重威胁。

(E)如果能做到自主创新,我国的网络安全就不会受到严重威胁。

视频讲解

9.【2015 年联考】有关数据显示,2011 年全球新增 870 万结核病患者,同时有 140 万患者死亡。因为结核病对抗生素有耐药性,所以对结核病的治疗一直都进展缓慢。如果不能在近几年消除结核病,那么还会有数百万人死于结核病。如果要控制这种流行病,就要有安全、廉价的疫苗。目前有 12 种新疫苗正在测试之中。

根据以上信息,可以得出以下哪项?

(A)有了安全、廉价的疫苗,我们就能控制结核病。

(B)新疫苗一旦应用于临床,将有效控制结核病的传播。

(C)只有在近几年消除结核病,才能避免数百万人死于这种病。

(D)如果解决了抗生素的耐药性问题,结核病治疗将会获得突破性进展。

(E)2011 年结核病患者死亡率已达 16.1%。

10. 一项对西部山区小塘村的调查发现,小塘村约五分之三的儿童上中学后出现中度以上的近视,而他们的父母及祖辈,没有机会到正规学校接受教育,很少出现近视。

以下哪项作为上述的结论最为恰当?

(A)接受文化教育是造成近视的原因。

(B)只有在儿童期接受正规教育才易于成为近视。

(C)阅读和课堂作业带来的视觉压力必然造成儿童近视。

(D)文化教育的发展和近视现象的出现有密切关系。

(E)小塘村约五分之二的儿童是文盲。

11. 某项研究以高中三年级理科生 288 人为对象,分两组进行测试。在数学考试前,一组学生须咀嚼 10 分钟口香糖,而另一组无须咀嚼口香糖。测试结果显示,总体上咀嚼口香糖的考生比没有咀嚼口香糖的考生其焦虑感低 20%,特别是对于低焦虑状态的学生群体,咀嚼组比未咀嚼组的焦虑感低36%,而对中焦虑状态的考生,咀嚼口香糖比不咀嚼口香糖的焦虑感低 16%。

从以上实验数据,最能得出以下哪项?

(A)咀嚼口香糖对于高焦虑状态的考生没有效果。

(B)对于高焦虑状态的考生群体,咀嚼组比未咀嚼组的焦虑感低8%。

(C)咀嚼口香糖能够缓解低、中程度焦虑状态学生的考试焦虑。

(D)咀嚼口香糖不能缓解考试焦虑。

(E)未咀嚼口香糖的一组因为无事可做而焦虑。

12.A地区与B地区相邻,如果基于耕种地和休耕地的总面积计算最近12年的平均亩产,A地区是B地区的120%,如果仅基于耕种地的面积,A地区是B地区的70%。

如果上述陈述为真,最可能推出以下哪项?

(A)A地区生产的谷物比B地区多。

(B)A地区休耕地比B地区耕种地少。

(C)A地区少量休耕地是可利用的农田。

(D)耕种地占总农田的比例,A地区比B地区高。

(E)B地区休耕地面积比A地区耕种地面积多。

13.按照联合国开发计划署2007年的统计,挪威是世界上居民生活质量最高的国家,欧美和日本等发达国家也名列前茅,如果统计1990年以来生活质量改善最快的国家,发达国家则落后了,至少在联合国开发计划署统计的116个国家中,17年来,非洲东南部国家莫桑比克的生活质量提高最快,2007年其生活质量指数比1990年提高了50%,很多非洲国家取得了和莫桑比克类似的成就,作为世界上最受瞩目的发展中国家,中国的生活质量指数在过去17年中也提高了27%。

以下哪项可以从联合国开发计划署的统计中得出?

(A)2007年,发展中国家的生活质量指数都低于西方国家。

(B)2007年,莫桑比克的生活质量指数不高于中国。

(C)2006年,日本的生活质量指数不高于中国。

(D)2006年,莫桑比克的生活质量的改善快于非洲其他各国。

(E)2007年,挪威的生活质量指数高于非洲各国。

答案与解析

1.【考点】翻译推理。

【答案】C

【解析】第一步,题型判定。题干中出现逻辑关联词"如果,则"。因此,本题属于翻译推理。

第二步,解题思路。(1)题干翻译:①优秀→逻辑且论据;②经典→主题且语言;③(论据且非主题)或(语言且非逻辑)→非优秀。(2)找切入点:题干没有确定结果,从选项出发进行推理。(3)解析过程:A项不正确,假设某篇论文是语言准确的经典论文,无法与逻辑清晰建立关系。B项不正确,假设某篇论文论据不详实,由①根据否后必否前可得,不优秀。由此无法建立与主题之间的关系。C项正确,假设某篇论文主题不鲜明,如果这篇论文论据充实,那么由③根据肯前必肯后可得,不优秀。如果这篇论文论据不充实,由①根据否后必否前可得,不优秀。因此,在主题不鲜明的情况下,这篇论文一定不优秀。故C项为正确答案。D项不正确,假设某篇论文逻辑不清晰,由①根据否后必否前可得,不优秀。由此无法建立与经典之间的关系。E项不正确,假设某篇论文语言准确,由②犯了肯后的错误。

2.【考点】分析推理。

【答案】A

【解析】第一步,题型判定。

(1)题干有主体——G区、H区,主体信息——两个区常住人口和常住外来人口的数据信息。选项给出主体与信息之间的匹配关系(两个区之间的数据关系)。因此,本题属于分析推理。

(2)本题涉及数据运算,属于一种特殊的分析推理——逻辑运算。

第二步,解题思路。

(1)找解题切入点:"G区常住人口240万""H区常住人口200万""G、H这两个区常住外来人口200万"是特殊信息。

(2)整合题干信息:

a.常住人口可分为户籍人口和常住外来人口,根据上述数据信息可以列表如下:

区级	户籍人口	常住外来人口
G区	A	B
H区	C	D

b.由G区常住人口240万,H区常住人口200万,G、H这两个区常住外来人口200万,可列如下式子:①A+B=240;②C+D=200;③B+D=200。

c.由①和③进行减法运算可得,A−D=40,即A>D,G区户籍人口>H区常住外来人口。故A项为正确答案。

3.【考点】翻译推理。

【答案】A

【解析】题干翻译:(1)低质量→过剩,(2)顺应市场需求→不过剩。由(1)经过逆否等价可得,不过剩→不是低质量。再与(2)递推可得,顺应市场需求→不是低质量。因此,A项正确。B项不正确,低质量的产能与个性化需求无法建立关系;C项不正确,题干中只是陈述了新常态下,消费需求发生变化,没有断定需求发生变化就必须进行供给侧结构改革;D项不正确,更新换代的产品与个性化、多样化需求之间无法建立关系;E项不正确,题干中没有谈到"优质高价"的问题。

4.【考点】分析推理。

【答案】E

【解析】从最大信息"乙"出发,考虑使用假设。由(2)可得,乙和丁分别选择《论语》《史记》中的某一本。假设乙选择《论语》,由(2)可得丁选择《史记》,由(3)可得,戊也选择《史记》,矛盾。假设不成立,因此,乙选择《史记》,丁选择《论语》。由乙选择《史记》以及(1)可得,甲选择《奥德赛》。无法确定丙和戊的情况。

5.【考点】结论型问题。

【答案】D

【解析】题干中"离开人民,文艺就会变成无根的浮萍、无病的呻吟、无魂的躯壳"是一个充分条件假言命题,根据推理规则否后则否前,可以得出文艺不会变成无根的浮萍、无病的呻吟、无魂的躯壳→不离开人民,即D项所述内容。

6.【考点】结论型问题。

【答案】A

【解析】题干推理为:①本次学术会议欢迎→持有主办方邀请函的科研院所的学者;②收到会议主办方发出的邀请函→论文通过审核。A项否定②的后件可得否定的前件,即没有收到邀请函,则否定了①的后件,可得否定的前件,不受本次学术会议欢迎,A项正确。其余项均推不出。

7.【考点】结论型问题。

【答案】D

【解析】根据"凡意义重大的项目均涉及民生问题"和"有些最终审定的项目并不涉及民生问题",可推出"有些最终审定的项目不是意义重大的项目";选言命题否定一个肢命题则能肯定另一个肢命题,可得"有些最终审定的项目是关注度高的",但这些项目意义不重大,所以可得"有些项目尽管关注度高但并非意义重大"。

8.【考点】递推规律。

【答案】A

【解析】由"我国工程技术领域可以考虑与国外先进技术合作,但任何涉及核心技术的项目决不能受制于人;我国许多网络安全建设项目涉及信息核心技术"可以推出 A 项正确,C 项错误;由"我国许多网络安全建设项目涉及信息核心技术,如果全盘引进国外先进技术而不努力自主创新,我国的网络安全将受到严重威胁",可知我们不是不能与国外先进技术合作,而是不能全盘引进而不努力自主创新,故 B 项错误;而对于复言命题"如果全盘引进国外先进技术而不努力自主创新,我国的网络安全将受到严重威胁",否定前件不能否定后件,故 D、E 两项均不正确。

9.【考点】结论型问题。

【答案】C

【解析】结论型题目。题干中说"如果不能在近几年消除结核病,那么还会有数百万人死于结核病",即:不能在近几年消除结核病→会有数百万人死于结核病,等价于:¬ 会有数百万人死于结核病→近几年消除结核病。

10.【考点】结论型问题。

【答案】D

【解析】小塘村的大部分儿童由于接受了正规的学校教育,上中学后出现中度以上的近视,但他们的父母及祖辈们由于没有接受正规的学校教育,很少出现近视。由此看来,接受正规的学校教育是儿童上中学后出现近视的原因。A 项只说接受文化教育,没有说接受正规的文化教育,故不适合做结论。B 项显然过强。C 项说的阅读和课堂作业是正反场合都具有的情况,不适合作为结论。D 项说"文化教育的发展和近视现象存在密切的联系"做为题干的结论最为合适。

11.【考点】结论型问题。

【答案】C

【解析】题干通过两组考生在数学考试前是否咀嚼口香糖的比较研究发现,咀嚼口香糖的比不咀嚼口香糖的学生,其焦虑程度要低。显然结论应该是:咀嚼口香糖有助于学生在考试之前降低焦虑程度。

12.【考点】语义分析。

【答案】D

【解析】只就耕种地而言,A 地区的平均亩产只有 B 地区的 70%,那为什么就耕种地和休耕地的总面积而言,A 地区的平均亩产却是 B 地区的 120% 呢?原因是 A 地区耕种地占农田的比例高于 B 地区。

13.【考点】直接推论。

【答案】E

【解析】既然题干断定:2007 年挪威是世界上居民生活质量最高的国家,当然其生活质量指数肯定也高于非洲各国,所以,E 项能够被推出来。题干并没有断定,西方国家都是世界上居民生活质量最高的,所以,A 项不能被推导出来。

第三篇 写作

写作历年真题分析及命题趋势聚焦

一、历年真题分析

(一)联考写作考试的性质

　　管理类专业学位联考综合能力考试是为高等院校和科研院所招收管理类专业学位硕士研究生而设置的具有选拔性质的全国联考科目,其目的是科学、公平、有效地测试考生是否具备攻读专业学位所必需的基本素质、一般能力和培养潜能,评价的标准是高等学校本科毕业生所能达到的及格或及格以上水平,以利于各高等院校和科研院所在专业上择优选拔,确保专业学位硕士研究生的招生质量。

　　写作是管理类专业学位联考综合能力考试科目的一部分。综合能力考试科目注重能力测试,这一点也体现在写作部分。管理类专业学位联考中的写作题,除了测试考生的文字表达能力,还测试考生的分析、概括、推理、论证的辩证逻辑思维能力。所以大纲为写作部分的考试规定了两种类型:论证有效性分析和论说文。

(二)联考写作考试的演变

　　自 1997 年实行 MBA 工商管理全国联考以来,其考试内容几经变化。它最初像高考一样,将基础知识、现代文阅读、文言文阅读、写作全部纳入考查范围,后来取消了对基础知识的考查。

　　到了 2003 年,语文考试大纲与往年相比又有了较大的变化,即在取消了对语文基础知识的考查之后,又进一步取消了对文言文和现代文阅读能力的考查,只考写作一项。其对写作的考查,从内容到形式也与以往有所不同。往年只考一篇大作文,体裁主要是议论文中的论说文。新大纲由于减少了考查阅读的内容,题量也相应减少,所以除了继续考查以议论文为主的论说文,还增加了评论文(即后来的论证有效性分析)和以文章摘要为重点的文字材料综述。这样,命题就形成了两大方面三种类型:论说文、评论文和以文章摘要为重点的文字材料综述。每次考试考查其中两种。考试方式上也将语文、逻辑、数学合为一份综合试卷考查。

　　到了 2004 年,考试大纲又对考题类型做了调整,即取消了文章摘要,增加了案例分析,但论证有效性分析依然是考查的重点。论证有效性分析实际上也是一种评论性议论文,它是比照 GMAT 作文之一"Analysis of an Argument"而设立的一种写作类型。2003 年的考试大纲笼统地将其称为"评论型作文",由于这一说法太模糊,大部分考生没能准确把握其含义,故这一年考生的考试成绩很不理想。所以,2004 年的考试大纲就正式将其改为"论证有效性分析",这样命题就形成了论证有效性分析和论说文两大类型。论说文又细分为命题作文、基于文字材料的自由命题作文两种。其中,提供材料的自由命题作文,又分为一般性的自由命题作文、特殊性的限定话题、指定议题、分析观点和案例分析作文等。实际上,MBA 联考写作还没有考过真正严格意义上的企业经营管理方面的案例分析,只在 2004 年 10 月考了"滑铁卢战役"(属管理材料的话题作文),2005 年 1 月考了"放弃考文垂"(属一般管理案例分析),2006 年 1 月考了"两个和尚"(要求围绕企业管理写一篇自由拟题议论文),往年考查相对较少。(但是,2016 年 12 月份却考查了企业管理决策的话题,考生

需对其特别关注）

2006 年后，命题基本固定在论证有效性分析和论说文两大类型上，每年各考一篇，共两篇，合计 65 分，其中论证有效性分析 30 分，论说文 35 分。2010 年起，数学、逻辑、写作合为一份综合试卷，统称为"管理类专业学位联考综合能力"，但写作的命题形式没变。

下表是历年 MBA 考试论说文主题总结，供考生参考，以便掌握论说文部分的变化趋势。

考试时间	论说文主题	考试时间	论说文主题
1997 年 1 月	企业取洋名	1997 年 10 月	喜欢的格言
1998 年 1 月	儿童高消费	1998 年 10 月	细节的重要性
1999 年 1 月	付出与收获	1999 年 10 月	企业领导者的素质
2000 年 1 月	成功是失败之母	2000 年 10 月	从小养成好习惯
2001 年 1 月	成功与坚持	2001 年 10 月	人才选拔
2002 年 1 月	"压力"相关	2002 年 10 月	变通
2003 年 1 月	（未考）	2003 年 10 月	读经不如读史
2004 年 1 月	理想决定高度	2004 年 10 月	沟通与有效沟通
2005 年 1 月	案例分析：评价丘吉尔的决策	2005 年 10 月	做力所能及的事
2006 年 1 月	企业管理要敢于创新	2006 年 10 月	变通
2007 年 1 月	争先,理想,冒险	2007 年 10 月	给"眼高手低"正名
2008 年 1 月	原则性与灵活性	2008 年 10 月	锲而不舍
2009 年 1 月	由三鹿奶粉事件想到的	2009 年 10 月	合作的力量
2010 年 1 月	追求真理,学术功利化	2010 年 10 月	感恩
2011 年 1 月	"冒尖与拔尖"	2011 年 10 月	奉献
2012 年 1 月	盲目跟风	2012 年 10 月	创新与发展
2013 年 1 月	竞争与合作	2013 年 10 月	环境与发展
2014 年 1 月	选择与发展的博弈	2014 年 12 月	"为富"与"为仁"
2015 年 12 月	和而不同	2016 年 12 月	企业管理决策
2017 年 12 月	人工智能	2018 年 12 月	论辩出真知
2019 年 12 月	兼听则明,忧患意识	2020 年 12 月	道德教育与科学教育的重要性
2021 年 12 月	优化升级,去芜强菁		

（三）联考写作大纲内容

综合能力考试中的写作部分主要考查考生的分析论证能力和文字表达能力，通过论证有效性分析和论说文两种形式来测试。

1.论证有效性分析

论证有效性分析试题的题干为一篇有缺陷的论证,要求考生分析其中存在的问题,选择若干要点,评论该论证的有效性。

本类试题的分析要点是:论证中的概念是否明确,判断是否准确,推理是否严密,论证是否充分等。

文章要求分析得当,理由充分,结构严谨,语言得体。

2.论说文

论说文的考试形式有两种:命题作文、基于文字材料的自由命题作文。每次考试采取其中一种形式。要求考生在准确、全面地理解题意的基础上,对命题或材料所给观点进行分析,表明自己的观点并加以论证。

文章要求思想健康,观点明确,论据充足,论证严密,结构合理,语言流畅。

二、命题趋势聚焦

管理类联考作文,以论证有效性分析和论说文两大类型为考查形式,这是一种分解式趋向多元化复式设题,这种命题形式有以下特点:

1.能力的综合化

写作需要涉及各种知识和能力。如今管理类联考作文分为论证有效性分析和论说文两种,而论说文又分为命题作文(考试概率很小)、基于文字材料的自由命题作文两种,而基于文字材料的自由命题作文又有指定议题、限定话题、分析观点和案例分析命题之别。这就扩大了考查的范围和容量,既考阅读(读命题材料)能力,又考写作能力;既考辩证逻辑思维,又考联想形象思维;既考观察理解、分析概括的思维能力,又考审题立意、布局谋篇的表达技巧。这样就增加了写作的综合性,使具有不同特长的考生都能发挥自己的长处,有利于公平竞争,同时避免了考生押题的侥幸心理。

2.题型的多样化

以往的作文测试,通常考查同一体裁,基本是议论文,多数是提供材料命题作文,个别是传统命题作文,形式有限,样式单一。如今的作文测试,虽然仍以考议论文为中心,但其形式则进一步扩展,尽可能地变换不同的形式来考。比如:同是考议论文,却有论证有效性分析和论说文之不同;同是论说文,又有直接命题和提供材料自由命题作文两类;同是论说文,又有立论和评论的差别;同是提供材料自由命题作文,又分一般提供材料自由命题作文,特殊的指定议题、限定话题、分析观点和案例分析等。

3.内容的生活化

内容的生活化是指命题材料更加接近实际生活,有时代感和现实价值,一般是社会生活中的热点,包括人们日常生活中所关心的大事和一些社会问题。考生应注意,这里的大事或问题,不应理解为具体的事情,而应是其中所反映的社会道义,所体现的人生思考,所共同遵守的道德规范。

另外,既然是管理类的考试,材料自然是倾向管理的,但不会是很专业的,有相当多的是非管理的内容。不管是哪方面的内容,对考生来说,其通常是考生生活范围内的、是考生所熟知的,能让所有考生都有话可说,有事可写,有理可论,有情可抒,充分体现注重实用和公平竞争的精神。

4.形式的材料化

写作命题的形式将基本是提供材料作文,这种作文既给了考生一定的写作自由,为考生提供了多角度分析的舞台,又对写作施加了诸多指令、导向和限制。这样一来,便把作文与阅读、限制与开放巧妙地结合起来,使作文具有考查的综合性、形式的多样性、设题的防范性、评卷的规范性,解决了作文命题既要开放,又要限制的矛盾,因而其能更全面、更准确地考查考生的写作能力。所以,考生在审题时不能忽视这些限制。

5.意图的隐含化

如今的作文命题,既注重内容的生活化,反映社会生活热点,也注重命题意图的隐含化。所谓命题意图的隐含化,一是内容上力避与当前国内外政治形势或重大政治事件直接挂钩;二是命题尽量做到明确而又不直露,以利于真正考查考生的思辨能力。这样,才能使命题既在"情理之中",又出"意料之外";既限定了写作的随意性,又有利于考生发挥自己的特长。

作文命题的上述特点,使作文考查更趋完善,更便于考生发挥自己的特长,但其也明显地对写作提出了更高的要求,尤其是在写作技能上、语言表达上,它要求考生既要掌握丰富的材料,能构思精巧的结构布局,又要具有流畅生动的语言。所以,考生在写作时须严格按照命题的要求进行,审题须更细心。

三、联考写作复习策略

管理类联考竞争非常激烈,考生要想考上一所理想的学校,认真备考是必不可少的。下面将本篇的复习规划和备考建议分享给大家。

(一)复习规划

考研的复习是一个漫长的过程,大家可以参考下面表格的内容,对自己的复习内容进行规划。

阶段	学习任务
基础阶段(夯实基础)	掌握写作的思想基础及表达基础,为后续顺利成文做好铺垫
强化阶段(理清思路)	理清论证有效性分析和论说文的写作思路与技巧,确保能顺利成文
提高阶段(润色提升)	通过作文批改,发现写作中存在的问题,及时走出误区。同时,进行全真模拟,提升写作水平
冲刺阶段(查漏补缺)	梳理写作思路,做好查漏补缺

(二)备考建议

第一,夯实写作基础,了解写作知识。考生应学习议论文的构成、写作的基本要求、议论文的基本类型等常识。"千里之行,始于足下",在写作这条路上,考生要一步一个脚印,稳扎稳打,才能走得更远。

第二,多读范文,积累素材。巴金说过:"读多了,读熟了,常常可以顺口背出来,也就能慢慢体会到它们的好处,也就能慢慢地摸到文章的调子和做法了。"考生在平时复习过程中要坚持读好文章,并将好的表达、好的例证记录下来,以形成自己的写作素材库。

第三,模拟练习,针对提高。考生临考前最好把近10年的写作真题以模拟考试的形式自己书写一遍,了解自己的不足以及对时间的把控能力。考生以模拟考试形式作答写作真题,在提高写作能力的同时,可以洞悉命题规律,明确考查方向。

第四,练习写作,"多做自改"。写作是一种实践活动,考生除做真题以外,最好进行一定数量的写作练习。根据"多做自改"的原则,考生最好每周能写一篇作文,并在适当的时候向老师请教,让自己不断进步。

以上是我们给出的复习建议,希望考生们能够结合自己的实际情况,有计划地进行复习。那么,考生要想写出好作文,最主要的是什么呢?一是"想明白",二是"会表达"。下面"第一部分写作基础"将主要介绍如何解决这两个问题。

第一部分　写作基础

第一章　　思想基础——批判性思维

很多考生写不好作文的原因在于缺乏写作思维,不知道该如何思考,自然也就无法下笔。

如何真正做到"想明白"呢?提升批判性思维能力是一个有效的途径。本节带你认识批判性思维,并就批判性思维与联考写作的关系展开说明。

第一节　认识批判性思维

批判性思维流行于西方,融合在西方教育的各个阶段。在我国,批判性思维教育起步相对较晚,一说到"批判",很多人就简单地认为是"批评""否定"的意思,这其实是一种误解。"批判"一词最初的意思是根据一定的标准来分析和判断,不仅包括发现缺陷等否定性含义,也包括辨别优劣等肯定性含义。可见,很多人对批判性思维的认识是片面的。为了让大家更清楚地认识批判性思维,我们先了解其定义。

一、批判性思维的定义

简单地说,批判性思维就是提出恰当的问题并做出合理论证的一种能力。

对于上述定义,我们可以从以下两个方面理解:

1.提出恰当的问题

提出恰当的问题包含两个层面的内容:

其一,提出问题。

能否提出问题反映一个人思考能力的强弱,这种能力非常重要。特别是作为管理者,如果不能提出问题,可能就无法做出最佳的决策。

如何提出问题呢?问题来源于疑惑。因此,考生要学会提问,就应从质疑开始,多问为什么。请看下面的例子:

【例1】学校出台着装规定,主要目的是限制不当着装,营造一种专心致志的学习氛围。如果一个学生衣着不当,就有可能极大地分散其他同学的注意力。跟要求学生统一着装不同,着装规定并没有限制学生的穿着自由,它允许学生自由选择自己的服装,只要不是不当着装即可。

在上述例子中,学校要限制不当着装,给出的理由有两个:一是不当着装会分散学生的注意力,二是着装规定不会限制学生的表达自由。如果你是这个学校的学生,你心中是否有疑惑,是否会担心自己的着装不符合要求呢? 这种疑惑产生的原因就在于学校没有界定"什么是不当着装"。因此,面对这一规定,学生可以提出问题:什么是不当着装? 其究竟是指颜色过于花哨,还是图案不雅、过于暴露,抑或是印有侮辱人甚至侮辱国家的文字呢?

【例2】"春运期间铁路一票难求的现象始终得不到缓解,其根本原因在于铁路票价太低。"某铁路局副局长说,多年来我国实行铁路低票价,所以大量旅客选择坐火车出行。他提出建议,希望适当提高铁路运输价格的同时,建立宏观调控下灵活的铁路客运浮动票价,减轻运营成本上升带来的客运压力。

在上述例子中,该副局长将春运期间铁路一票难求的根本原因归于铁路票价太低。面对这样的归因,消费者会认可吗? 消费者肯定会质疑该副局长发表这种言论的目的,会提出一系列问题,例如为什么高铁也一票难求呢? 春运期间一票难求难道不是因为铁路运力满足不了短期井喷式需求吗?

从上面的两个例子可以发现,我们只要敢于表达质疑,往往可以提出问题来。但是,如果提出的问题没有意义,也就失去了提问的价值。因此,考生在提出问题时,还要考虑提出的问题是否恰当。

其二,问题是否恰当。

针对他人或自己的意见,我们往往可以提出一些问题,但我们可能不知道提出的这些问题是否恰当。一个重要的评判原则就是提出的问题能否启发他人或自己进一步的思考。

在例1中,我们提出的问题是"什么是不当着装"。当我们提出这个问题后,学校自然要对"不当着装"这个概念进行补充说明。因此,"什么是不当着装"就是一个恰当的问题。

在例2中,我们提出了一系列问题:为什么高铁也一票难求呢? 春运期间一票难求难道不是因为铁路运力满足不了短期井喷式需求吗? 这些问题归根结底,就是对春运期间铁路一票难求的原因的质疑。对于这些问题,该副局长需要做出解释,承认自己的归因可能并不恰当。因此,这些问题也是恰当的问题。

再看下面的两个例子:

【例3】楚人有鬻盾与矛者,誉之曰:"吾盾之坚,物莫能陷也。"又誉其矛曰:"吾矛之利,于物无不陷也。"或曰:"以子之矛,陷子之盾,何如?"其人弗能应也。夫不可陷之盾与不陷之矛,不可同世而立。

在上述例子中,针对楚人的断定,路人提出"以子之矛,陷子之盾,何如"这个问题。楚人"弗能应也",即楚人无法反驳,只能承认自己之前的断定是有问题的。可见,路人提出的问题是一个恰当的问题。

【例4】在写作课上,老师讲到要写好作文,必须先"想明白",即要有批判性思维。有一名考生觉得比较麻烦,提出这样的问题:"老师,作文有没有万能模板,套着模板就能成好文?"

在上述例子中,这名考生针对老师的授课提出了质疑,但是他提出的问题恰当吗? 我们可以从这个问题的结果入手来分析。如果老师回答有,估计考生就不会再准备写作了,而是把全部希望寄托在模板上。试想,阅卷人看着大同小异的作文,怎么会给你高分呢? 反而非模板文可能会让阅卷人眼前一亮。在这种情况下,模板的意义何在呢? 如果老师回答没有,这个话题自然就没有进行下去的必要了。因此,万能模板这个问题不会让老师调整授课内容,也就称不上是一个恰当的问题。

通过上述分析,我们了解了如何提出问题以及如何评判一个问题是否恰当。而要想让我们的质疑有力度,还必须给出合适的理由,即做出合理的论证。

2.做出合理的论证

所谓合理的论证就是在表明观点后给出理由,并且确保给出的理由能对观点起到支持作用。其要求我们不能凭空质疑,必须给出好的理由。

什么样的理由能称为"好的理由"呢？宏观上来说，评判理由的好坏主要看他人或自己是否接受质疑，承认过去的认知是有问题的。当别人的质疑让你无可辩驳的时候，说明其理由非常到位，是好的理由。

请看下面的例子：

【例5】报道称，公共游泳池有可能成为威胁健康的公害。很多公共游泳池并不能严格遵守卫生法，为细菌感染提供了空间。研究表明，60%的公共泳池都不能保证其水中氯含量达标，任由游泳者感染疾病。很多游泳者去公共泳池游泳之后就开始患病。

评论一：公共泳池也许没有那么糟糕，因为上述数据有处理错误的可能，搞不好这个数据不到60%，估计顶多50%。

评论二：很多去公共泳池游泳的人得病，原因未必是游泳池不干净，可能和游泳者的个人体质以及游泳习惯有关，可能是因为他们没有做好前期热身，事后受凉才得病的。

在上述例子中，报道的结论是"公共泳池可能威胁健康"，理由有两条：其一，"60%公共泳池氯含量不达标，会让游泳者感染疾病"；其二，"很多人去游泳之后得病"。评论一和评论二都对上述报道表达了质疑。其中，评论一只质疑了数据的真实性，这对于最终结论的影响并不大，记者完全可以说，即使只有50%，也不能忽视其对游泳者健康的危害；而评论二质疑的是其中一段因果关系，指出还存在其他原因。面对这种质疑，记者无可辩驳，不得不承认自己忽略了其他原因。虽然二者都是在表达质疑，但是明显评论二给出的理由更能让人发现报道中存在的问题。所以，评论二给出的理由就是好理由。

【例6】成都女子小赵去应聘一家公司的设计师，前期沟通比较愉快，后来HR问她是否有男朋友，她回答没有，结果竟然被刷下去了。面试的HR表示，25岁还是单身，表明其交际能力有问题。

在上述例子中，HR由"小赵25岁还单身"去说明"小赵交际能力有问题"。"单身"和"交际能力"之间有必然联系吗？单身很可能是因为其眼光较高、选择余地较大、事业心较强等，而与交际能力无关。当我们给出如此理由后，HR自然需要改变过去的认识。因此，这个理由就是一个好理由。

至此，我们对批判性思维有了初步的认识，知道其包含两个方面：其一，通过提出恰当的问题表达质疑；其二，通过给出好的理由证明质疑是有道理的。考生抓住这两点也就抓住了批判性思维的核心。

认识了批判性思维，我们就要考虑运用的问题，即从哪里出发，包含哪些内容。

二、批判性思维的过程

1.批判性思维的起点

批判性思维要提出恰当的问题以表达质疑。一般来说，表达质疑的前提是对他人或自己的意见有正确的理解。因此，我们可以先从读懂他人或自己的角度去提问：

①观点是什么？

②理由是什么？

③理由是如何支持观点的？

上面三个问题归结起来，就是要厘清他人或自己的论证结构。因此，可以说批判性思维的起点就是论证。这里所讲的"论证"就是逻辑中所涉及的内容。

2.批判性思维的内容

在读懂论证之后，我们可以针对论证进行评价，提出以下问题：

①论证中概念是否清晰，前后是否一致；

②论证中的断定是否准确；

③论据对论点的支持力度如何；

④论证是否需要假设，假设是否成立；

⑤推理过程有没有谬误。

上面五个问题是从评价论证的角度进行提问的，这些问题事关论证的结论成立与否，属于批判性思维的核心问题。我们在提出这些问题之后，必须给出令人信服的理由，才能让被质疑对象心服口服。

一般说来，好的理由需要满足以下三点：

第一，真实性。

所谓真实性就是给出的理由必须真实。这符合论证的要求，而批判性思维本身也是一种论证，即质疑是论点，质疑的理由是论据。

第二，充足性。

所谓充足性就是给出的理由必须能说服被质疑对象，让他接受质疑，承认自己的问题。

第三，逻辑性。

所谓逻辑性就是给出的理由要符合逻辑的要求，不能存在逻辑漏洞。

通过以上内容我们大致了解了使用批判性思维需要先读懂他人或自己的论证，然后针对这一论证提出问题表达质疑，最后给出质疑的理由。下面结合日常生活中的例子来看一下具体该如何运用。

三、批判性思维的应用

下面这些例子将帮助大家进一步认识批判性思维，希望通过这些例子让大家学会运用批判性思维进行思考。

【例7】一位网友的母亲催婚：在中国，不结婚就是不孝。

在上述例子中，这位母亲为了催婚，做出"不结婚就是不孝"的断定。从情感的角度来说，其心情可以理解，但是从批判性思维的角度，我们可以提出这样几个问题：

①什么是孝？

从这位母亲的断定中可以发现，她认为"孝就是孩子要结婚""孝就是孩子要听父母的话"。但是，"孝"还有其他方面的要求，比如对父母的尊重、关心、陪伴等。

②结婚是孝的必要条件吗？

孝就一定要结婚吗？孝与结婚之间并没有必然的关系，如果非要在二者之间建立关系，实际上很可能是把"不孝有三，无后为大""不结婚就没孩子"作为前提了。

【例8】成功人士老王对厌学的小李说："不想读书就别读了。读书有什么用啊！你看我，小学没毕业，现在不照样让一帮硕士、博士给我打工。房子好几套，车子好几辆，老婆很漂亮，比不少硕士、博士都强。"

在上述例子中，老王由"硕士、博士是他的员工""房子、车子比不少硕士、博士多""他老婆比不少硕士、博士的老婆漂亮"等说明"读书没用"。你认同老王的说法吗？从批判性思维的角度，我们可以提出以下问题：

①评判成功人士的标准是什么？

评判成功人士的标准难道就是看其有多少财富、雇佣什么学历的人为其工作、老婆是否漂亮？不清楚这一标准，我们没有理由直接断定老王是成功人士。

②"硕士、博士是其员工"就能说明"读书无用"吗？

硕士、博士虽然是在给别人打工，但是其起点可能要比小学没毕业的人高很多。拿别人的起点去对比自己的高点未必合理。因此，不能根据这一点得到"读书无用"的结论。

③"房子、车子比不少硕士、博士多"就能说明"读书无用"吗？

房子、车子只能代表物质层面的收获，硕士、博士很可能从读书中获得精神层面的满足。二者所获得的东西不在一个层次，自然不能说明"读书无用"。

④"老婆比不少硕士、博士的老婆漂亮"就能说明"读书无用"吗？

首先，漂不漂亮是个人的主观认知，没有客观的评价标准。其次，老王的老婆很可能是看上了老王这个人或者是看上了老王的钱而嫁给他，与他是否读书没有直接的关系。

⑤老王的成功能否说明"读书无用"？

老王的成功很可能有时代的特殊性，不能以这种特殊性说明小李效仿老王也会取得成功。

【例9】某家长在一次交流会中指出："国外有丰富的教学资源、广阔的平台、良好的语言环境，所以我们一定要送孩子出国留学。再说了，我认识的人都把孩子送出国了，因此为了孩子的发展送孩子出国准没错。"

上述例子中，该家长由"国外有丰富的教学资源""国外平台广阔""国外语言环境好""他认识的人送孩子出国"等说明"一定要送孩子出国"。从批判性思维的角度，我们可以提出以下问题：

①"国外有丰富的教学资源"就能说明"要送孩子出国留学"吗？

首先，国外丰富的教学资源未必能让所有的学生均等享受。其次，国内同样具有丰富的教学资源。如果孩子不认真学习，即使拥有丰富的教学资源，也未必能够发挥资源的作用，何谈孩子未来的发展呢？

②"国外平台广阔"就能说明"要送孩子出国留学"吗？

广阔的平台未必适合每个孩子的成长，有可能由于平台的广阔使得孩子眼花缭乱，从而迷失了方向。换言之，不同的孩子对于平台的要求可能不同。所以，国外平台广阔不能成为送孩子出国的理由。

③"国外语言环境好"就能说明"要送孩子出国留学"吗？

如果孩子所学的专业与外语关系不大，例如中医学、汉语言文学等，恐怕再好的外语环境也未必有助于孩子的专业深造。所以，外语环境好并不能成为出国留学的理由。

④"该家长认识的人送孩子出国"就能说明"要送孩子出国留学"吗？

该家长认识的人可能具有一定的特殊性，比如有移民打算的人。因此，其并不能得出"要送孩子出国留学"的结论。

【例10】某调研机构最近指出，随着社会的发展，大学本科学历已经不再具有任何竞争力。如今，我国缺乏大量的高端人才，而一份好工作的背后往往有着对高学历的要求，即找好工作一定要有高学历。所以说，很多人考研就是为了通过提升自己的竞争力，从而让自己找份好工作。

上述例子中，某调研机构由"本科学历不具有任何竞争力""我国缺乏高端人才""好工作就需要高学历"等说明"考研就是为了找份好工作"。从批判性思维的角度，我们可以提出以下问题：

①何为好工作？

好工作的标准是什么？是工资高、环境好，还是发展前景好？这一标准没有界定清楚，我们无法得出上述结论。

②本科学历真的不具有任何竞争力吗？

一方面，不同的工作岗位对于学历的要求不同，有些岗位可能只要求本科学历即可。另一方面，优秀的本科生的竞争力可能远超一般的硕士研究生。

③高端人才等于高学历吗？

高端人才是指有特殊技能的人才，是某一领域的领军人物。而这样的人才未必是高学历。一个非高学历的人在某一领域有创新性成果、做出突出贡献同样可以被称为高端人才。

④好工作就一定要求高学历吗？

一份好工作对于人才的要求视情况而定，选取人才需要考虑岗位需求、工作性质等，并不一定要求高学历。另外，高学历不等于高能力，高学历也未必符合一份好工作的要求。

⑤考上研究生就能提升自己的竞争力吗？

其考上研究生后，如果不努力学习，不去真正深造自己的专业知识，未必就能提升自己的水平，何谈提升竞争力呢？

⑥考上研究生就是为了找到好工作吗？

考研的目的有很多，有的人是为了进一步学习自己的专业，从而提升自己的科研水平，为学术做贡献；有的人是为了扩大自己的眼界，增长自己的见识。所以，上述机构认为人们考研就是为了找份好工作未免过于片面。

通过上面的例子，我们大致清楚了批判性思维在日常生活中是如何应用的。大家在使用时，需要抓住两点：其一，表达质疑；其二，给出好的理由。掌握了这样一种思维方式，你的认识水平将上升到一个新的层次。既然如此，那么该如何提升这种思维能力呢？

第二节　提升批判性思维能力

既然掌握了批判性思维能让我们的认识水平上升到一个新的层次，我们就必须想办法提升这方面的能力，具体说来，可以从以下三个方面着手。

一、从梳理论证开始

批判性思维的起点是论证。在日常生活中，由于语言表达的灵活性等，我们往往不能很好地发现他人的论证。这势必会影响我们对他人论证的理解。因此，我们要提升批判性思维能力就需要先梳理论证结构，即找论点、论据以及推理过程。

二、把握相应的原则

批判性思维强调要提出问题表达质疑，但是这并不意味着没有原则地随意质疑。我们对论证的质疑要把握好两个原则：宽容原则和中立原则。

所谓宽容原则就是在理解论证时，以最大的合理性来理解，不吹毛求疵。

例如，东、西两块地在种植的作物、采光、田间管理等方面都没有差别，但是东面地的产量却远高于西面。研究发现，两块地的土质有很大差别。

在上述例子中，将东面地的产量高的原因归于其土质较好，这是一种正常的理解。有没有人会这样想：题干中只断定了东、西两块地土质有差别，没有断定是东面地比西面地好，还是西面地比东面地好，怎么能将东面地的产量高归因于土质较好呢？这种想法就违背了宽容原则，没有以最大的合理性来理解题干的意思。

所谓中立原则就是在评价论证时，以公共标准来评价，不考虑个人偏好的影响。如何理解公共标准呢？

例如，球场上什么情况该吃黄牌，什么情况该吃红牌，依据的比赛规则就属于公共标准，与你是否是球星无关。

中立原则要求我们以客观的标准来评价论证，避免主观性的影响。

把握好上述两条原则能让我们的质疑更有理性，避免成为"杠精"。

三、使用中获得提升

学习了批判性思维，最重要的就是我们要有意识地将其运用到实际的工作和生活中，通过训练不断提升这种能力。由于批判性思维可以审视自己，也可以审视别人，因此，这种训练可以随时随地进行。比如，现在你就可以质疑本节内容。只要你能提出恰当的问题，给出合理的论证，我们就会积极听取大家的意见，在后续版本中做出调整。

第三节　批判性思维与论证有效性分析

在上述讲解中，我们已经认识了论证有效性分析，这种文体的关键在于找到缺陷并给出理由证明其是缺陷。这恰好是批判性思维的核心要点——表达质疑并给出理由。因此，可以说论证有效性分析是批判性思维运用的典范。

一、批判性思维让我们学会表达质疑

论证有效性分析的题干是一篇有缺陷的论证，但是在刚开始接触时，很多考生发现不了其中的问题。特别是在材料的内容超出了自己的认知范围时，考生更是无从下手。究其原因就在于考生的批判性思维能力较弱，还没有构建起这类写作应有的思维方式。如果我们具有较强的批判性思维能力，发现缺陷还是比较容易的。

请看下面的例子：

【例11】如果我们把古代荀子、商鞅、韩非等人的一些主张归纳起来，可以得出以下一套理论：

人的本性是"好荣恶辱，好利恶害"的，所以人们都会追求奖赏，逃避刑罚。因此，拥有足够权力的国君只要利用赏罚就可以把臣民治理好。

既然人的本性是好利恶害的，那么在选拔官员时，既没有可能也没有必要去寻求那些不求私利的廉洁之士，因为世界上根本不存在这样的人。廉政建设的关键其实只在于任用官员之后有效地防止他们以权谋私。

怎样防止官员以权谋私呢？国君通常依靠设置监察官的方法，这种方法其实是不合理的。因为监察官也是人，也是好利恶害的，所以依靠监察官去制止其他官吏以权谋私就是让一部分以权谋私者去制止另一部分人以权谋私。结果只能使他们共谋私利。

既然依靠设置监察官的方法不合理，那么依靠什么呢？可以利用赏罚的方法来促使臣民去监督。谁揭发官员的以权谋私就奖赏谁，谁不揭发官员的以权谋私就惩罚谁，臣民出于好利恶害的本性就会揭发官员的以权谋私。这样，以权谋私的罪恶行为就无法藏身，就是最贪婪的人也不敢以权谋私了。

对于上述例子，你能找出其中的缺陷吗？接下来，我们运用批判性思维来分析一下。

1.根据批判性思维的过程，我们需要先厘清论证结构

论点：国君只要利用赏罚就可以把臣民治理好。

论据：①人性好荣恶辱、好利恶害会导致人们追赏逃罚；

②不存在不求私利的廉洁之士；

③设置监察官的方法不能防止官员以权谋私；

④利用赏罚可以促使臣民去监督。

通过梳理论证结构,我们大致清楚了上述论证表达的主要意思,但是其有没有缺陷呢?

2.根据批判性思维的内容,我们至少可以提出下面的问题

①赏罚是治理好臣民的充分条件吗?

②人性真的是"好荣恶辱,好利恶害"吗?仅由荀子、商鞅等人的主张就可以得到这一点吗?

③人性好荣恶辱、好利恶害就意味着人的行为会好荣恶辱,好利恶害吗?

④世界上真的不存在廉洁之士吗?

⑤廉政建设的关键只在于任用官员之后有效地防止他们以权谋私吗?不考虑任用前的情况吗?

⑥设置监察官一定会导致共谋私利吗?

⑦利用赏罚的方法促使臣民监督的前提是臣民了解官员以权谋私的行为,这一前提成立吗?

通过上述例子,我们可以梳理出论证有效性分析找缺陷的思路:其一,厘清论证结构,确保读懂别人的论证;其二,根据批判性思维的内容,从概念、判断、推理和论证四个层面提出问题,表达质疑。

表达质疑是论证有效性分析写作的实质,也就是说,论证有效性分析是一种质疑性写作。但这并不意味着我们可以盲目质疑,而应该以理性的方式表达质疑。

二、批判性思维让我们的质疑更理性

学会质疑是容易的,如何让被质疑者无可辩驳地接受质疑则是困难的。要想让被质疑者接受质疑,承认自己的论证有问题,作为质疑者必须做到以下两点:其一,要在读懂论证的基础上进行质疑;其二,要给出无可辩驳的理由。这两个方面的要求恰好与批判性思维相匹配。因此,运用批判性思维能让我们的质疑更加理性。

请看下面的例子:

【例12】对北京的空气质量可能会影响运动员发挥的恐惧,或许被游泳比赛打破世界纪录这一点消除了。但是对污染控制的真正考验,主要是在北京室外闷热、潮湿和污染的空气中进行持久耐力比赛的时候。

然而,危害已经产生了。在8月9日进行的男子245公里自行车比赛的运动员中,三分之一以上的人员中途退出了比赛,部分原因是空气令人感到气闷。有一个运动员把它比作像在海拔3000米的地方比赛,而实际比赛途中海拔最高的地方只有330米。

运动员们呼吸的污染物——包括超细微粒、一氧化碳、硫氧化物和臭氧,每一项都可能降低运动员的速度。近来的一项研究揭示了其原因。宾州斯克兰顿的玛丽伍特大学的克里斯·兰德尔让15个大学冰球运动员做两次6分钟的全速骑车冲刺,第一次让他们呼吸含微粒少的空气,第二次让他们呼吸含微粒多的空气。他们第二次骑车的速度比第一次平均下降5.5%。如果是马拉松长跑,这相当于慢7分钟,足以让破世界纪录的希望落空。

【学员习作】

……

首先,论证者通过论述游泳比赛打破世界纪录这一观点来论述空气质量不会对运动员产生影响是不妥当的。游泳比赛大多在水中进行,且在室内场馆比赛,空气质量对其影响几乎可以忽略不计,因此,论证者的结论很难站稳脚跟。

……

在上述例子中,你认为学员习作中的质疑有道理吗?估计不少人会做出肯定回答,但是实际上这种质疑是有问题的,下面我们运用批判性思维来分析一下学员习作中存在的问题。

该学员习作其实包含如下论证：

论点：游泳比赛打破世界纪录不能说明空气质量不会对运动员产生影响。

论据：游泳比赛在室内水中进行，空气质量对其影响可以忽略不计。

很明显，上述论证是针对断定"游泳比赛破纪录说明北京空气质量不会影响运动员的发挥"提出的质疑。

这一质疑合适吗？要判断这一质疑是否合适，我们需要弄清楚题干论证的主要意思，即梳理题干的论证。

论点：北京的空气质量会影响运动员的发挥。

论据：①8月9日的比赛中，部分运动员因空气令人气闷而中途退赛；
②空气中的污染物超细微粒、一氧化碳、硫氧化物和臭氧可能降低运动员的速度。

在梳理完题干论证之后，我们清楚地发现，题干论证的结论是北京的空气质量会影响运动员的发挥。而学员的习作要论证的是游泳比赛打破世界纪录并不能说明空气质量不会对运动员产生影响。也就是说，即使游泳比赛打破了世界纪录，空气质量也可能对运动员产生影响，与题干论证的结论是一致的。

那么问题来了，我们不是要质疑题干论证吗？怎么在质疑中又肯定了题干论证的结论呢？可见，学员习作中的质疑是存在问题的。

为什么会出现这种情况呢？关键在于该学员过分注重表达质疑，缺少理性分析，忽略了质疑要围绕论证者的论证展开。因此，对于论证有效性分析的试题，我们应该在读懂论证的基础上理性地表达质疑。

除了要读懂别人的论证，理性的质疑还要给出充分的理由。理由充分依赖于找准缺陷以及合理的分析。在第二部分第一章中，我们会围绕常考的缺陷给出具体的识别与分析方法，这里不再赘述。

批判性思维对论证有效性分析的意义是直接的，而对于论说文的意义则是间接的，更多是在审视方面起作用。

第四节　批判性思维与论说文

根据大纲内容，我们对论说文已经有了基本认识，这种文体要求我们确立观点并加以论证。如何确保我们的观点与命题人的意图是匹配的呢？如何确保我们的论证是有力度的呢？

一、批判性思维帮助我们准确立意

论说文的主要考查形式是基于材料的自由命题作文，这类作文的难点就在于如何确保自己的立意与命题人的想法一致。很多考生的立意之所以会跑偏，原因就在于对材料的分析不到位，没能抓住材料的关键点。如果我们以批判性思维去审视材料、审视我们的立意，基本上就可以避免出现偏题的情况。

1.如何运用批判性思维审视材料

材料是考生与命题人之间唯一的联系点，命题人通过材料向考生传递信息。为了让考生领会他的意图，一般来说，他会在材料中给出一些暗示。这些暗示可能是反复出现的词、表达态度的词、解释性或议论性的语句等，这就是我们立意的关键点。在审视材料时，我们可以围绕这些关键点提出问题，做出思考。

请看下面的例子：

【例13】古时候，有一位伟大的品酒师。一天，一个朋友邀请品酒师去家里，因为他有一些好酒，想让品酒师看看他的收藏。为了得到品酒师的赞赏，他首先拿出一种最名贵的酒。品酒师品尝了一下，却没有发表任何赞誉之词。

主人又拿出了一种非常普通的酒。品酒师品尝了一下，说："好酒！好酒！"

主人这下子糊涂了，他说："我真不知道，为什么你对真正的好酒保持沉默，但对这种普通的酒却大加赞扬呢？"

品酒师思索了一会儿，然后说……

对于上述材料，我们该如何立意呢？

材料的主要内容：品酒师对待两种酒的不同态度让主人感到迷惑，需要品酒师给出合理的解释。这个解释就是上述材料的关键所在。但是，材料中省略了品酒师的解释，我们的任务就是要把品酒师的话补充完整。为此，我们可以提出如下问题：

①我们要相信品酒师的判断吗？

②主人有没有可能把酒弄错了？

③"没有发表任何赞誉之词"是不是就是"不好"？

（1）先看第一个问题，材料对品酒师的描述是"伟大"，这是一个褒义词。因此，我们应该相信品酒师的判断。记住，论说文的材料是立意的基础，我们在立意时要以最大的合理性来理解材料，不能对材料本身提出质疑。我们要将这一点与论证有效性分析区分开。

（2）再看第二个问题，与第一个问题类似，我们不考虑主人把酒弄错这种极端情况。

（3）接着看第三个问题，"没有发表任何赞誉之词"不等于"不好"。"没有发表任何赞誉之词"可能是因为不好，也可能是因为非常好而没有必要赞誉。这犹如老师表扬了进步较快的普通学生而没有表扬总是考第一的尖子生一样。理解这一点，是本题正确立意的关键。

基于上述分析，我们可以概括出材料的核心要点：名贵的酒可能因为非常好而没有得到赞誉，品酒师却对普通的酒给予赞扬。如果我们把普通的酒引申为普通人，名贵的酒引申为名人，那么我们就可以立意为：要给普通人更多的赞誉。

再看一个例子：

【例14】有人问一位诺贝尔奖获得者："您在哪所大学学到了您认为最主要的一些东西？"出人意料的是，这位学者回答说是在幼儿园，他说："把自己的东西分一半给小伙伴们，不是自己的东西不要拿，东西要放整齐，做错了事情要表示歉意，要仔细观察大自然。从根本上说，我学到的全部东西就是这些。"

对于上述材料，我们该如何立意呢？

材料可以分为两部分，一部分是提问者抛出问题，这是引子，不是材料的重点内容；另一部分是诺贝尔奖获得者针对问题给予的回答。这个回答就是上述材料的关键所在。针对这个回答，我们可以提出如下问题：

①"诺贝尔奖获得者"在这里表达了什么意思？

②"幼儿园"又表示什么意思呢？

③如何去概括"把自己的东西分一半给小伙伴们……，要仔细观察大自然"？

（1）先看第一个问题，提问者的提问对象是诺贝尔奖获得者，而不是普通人。显然，这是要借"诺贝尔奖获得者"这个身份指代成功人士。

（2）再看第二个问题，提问者问在"哪所大学"，诺贝尔奖获得者却回答说在幼儿园。即他认为最主要的东西是在幼儿园学到的,"幼儿园"也就是"小时候"的意思。

(3)接着看第三个问题,"把自己的东西分一半给小伙伴们"体现出分享,"不是自己的东西不要拿"说明自律,"东西要放整齐"说明有规则意识,"做错了事情要表示歉意"说明勇于担责,"仔细观察大自然"说明认真。分享、自律、有规则意识、勇于担责、认真等都可以说是好习惯。因此,我们可以用"好习惯"来概括上述内容。

基于上述分析,我们可以得到立意:成功源于小时候的好习惯。

通过上述两个例子,我们知道了立意需要先找到材料的关键点,然后再围绕关键点提出问题。审视材料有助于我们立意,但立意是否准确呢? 我们还可以运用批判性思维审视立意。

2.如何运用批判性思维审视我们的立意

审视给出的立意,其实就是看这个立意能否在材料中找到根据、是不是材料表达的核心意思。因此,我们可以提出如下问题:立意的依据是什么? 材料的中心思想是什么? 立意是否超出了材料表达的范围? 立意有没有错误地理解材料中的内容?

请看下面的例子:

【例15】古时候,有一位伟大的品酒师。一天,一个朋友邀请品酒师去家里,因为他有一些好酒,想让品酒师看看他的收藏。为了得到品酒师的赞赏,他首先拿出一种最名贵的酒。品酒师品尝了一下,却没有发表任何赞誉之词。

主人又拿出了一种非常普通的酒。品酒师品尝了一下,说:"好酒! 好酒!"

主人这下子糊涂了,他说:"我真不知道,为什么你对真正的好酒保持沉默,对这种普通的酒却大加赞扬呢?"

品酒师思索了一会儿,然后说……

对于上述材料,有考生给出如下立意:

①最贵的不一定是最好的;

②不迷信权威。

你觉得上述立意合适吗? 我们在前文已经分析了上述材料,知道材料的关键在于补充品酒师的话。下面我们运用批判性思维逐一分析上述立意。

(1)针对第一个立意,从批判性思维的角度,我们可以提出如下问题:

①得出"最贵的不一定是最好的"的依据是什么?

②这个立意能否解释品酒师的态度差异?

先看第一个问题,得出"最贵的不一定是最好的"的主要依据是品酒师对最名贵的酒没有发表任何赞誉之词。得出这个立意,需要将"没有发表任何赞誉之词"等同于"不好",但是我们在前文已经分析过,二者是不同的。可见,这个立意是基于一个错误的理解得出来的,自然是不恰当的。

再看第二个问题,我们将这个立意补充进品酒师的话——"品酒师思索了一会儿,然后说最贵的不一定是最好的",这样等于说品酒师承认了"'没有发表任何赞誉之词'就是'不好'",这明显是不正确的。

基于上述分析我们可知,"最贵的不一定是最好的"这个立意跑偏了。

(2)同理,针对第二个立意,从批判性思维的角度,我们可以提出如下问题:

①得出"不迷信权威"的依据是什么?

②这个立意能否解释品酒师的态度差异?

先看第一个问题,得出"不迷信权威",也就是断定品酒师弄错了。品酒师对最名贵的酒没有发表任何赞誉之词就能说明品酒师弄错了吗? 这样的思考需要预设:"没有发表任何赞誉之词"等于"不好",但我们在前文已经分析过,这个预设是不成立的。

再看第二个问题,我们将这个立意补充进品酒师的话——"品酒师思索了一会儿,然后说不要迷信权威",这样等于说品酒师自认为自己徒有虚名,合适吗?

基于上述分析可知,"不迷信权威"这个立意也跑偏了。

以上内容让我们知道了如何运用批判性思维审视材料、审视立意。但无论我们如何审视,也只能确保立意准确。而我们要想让自己的论说文取得高分,还要保证论证有力。我们要做到这一点,同样离不开批判性思维。

二、批判性思维帮助我们合理论证

论证有效性分析是我们依据批判性思维的标准找别人论证中的缺陷,而论说文则是阅卷人依据批判性思维的标准找我们的缺陷,论证的力度会因为论证缺陷的存在而大打折扣。因此,为了确保论证有力,我们可以在成文之后以批判性思维的标准来校准我们自己的论证。具体说来,就是我们要以质疑的眼光去找自己论证中的缺陷。

请看下面的例子:

【例16】"钻牛角尖"出自一个典故:一只老鼠钻到牛角里去了,不往后退而一个劲地往里钻,最后闷死在牛角里了。现实生活中,钻牛角尖通常被人诟病,但是很多工作还真的需要钻牛角尖的人。

下面是一位考生的作文节选,请你分析一下其论证的力度。

勇于钻牛角尖

"钻牛角尖"一直被看成是贬义,其实则不然。相反,我们呼吁更多人要勇于钻牛角尖。

勇于钻牛角尖促进科研发展。在科研道路上,困难是必不可少的。面对困难,是轻言放弃,抑或是半途而废,还是勇于钻牛角尖呢?无论是轻言放弃还是半途而废,都不是最佳选择,终究还是被困难所束缚。可见,面对困难,勇钻牛角尖才是最佳选择。勇于钻牛角尖,直面困难,有助于问题的解决。也就是说,只要我们勇于钻牛角尖,势必会带动科研的发展。

……

在这里,我们不去考虑这位考生的立意是否准确,只看其论证是否有力。从批判性思维的角度出发,我们可以提出如下问题:

①"钻牛角尖"指什么?

②只要勇于钻牛角尖,就能带动科研的发展吗?

(1)先看第一个问题,上述论证反复使用"钻牛角尖"这个概念,并且我们从文中可以看出,其意思并非日常的理解。但是,论证者没有给出明确的说明,指代模糊。

(2)再看第二个问题,论证者断定勇于钻牛角尖是带动科研发展的充分条件,但是,如果方向不正确,一味地钻牛角尖可能会适得其反。

由于存在上述问题,这位考生的论证力度自然会大打折扣,文章的档次也会受到影响。根据上述问题,我们可以做如下修改:

勇于钻牛角尖

"钻牛角尖"一直被看成是贬义,其实则不然。相反,我们呼吁更多人要勇于钻牛角尖,遇事多坚持。

勇于钻牛角尖可以促进科研发展。在科研道路上,困难是必不可少的。面对困难,是轻言放弃,抑或是半途而废,还是勇于钻牛角尖呢?无论是轻言放弃还是半途而废,都不是最佳选择,终究还是被困难所束缚。可见,面对困难,勇于钻牛角尖才是最佳选择。勇于钻牛角尖,直面困难,有助于问题的解决。解决了科研道路上的问题,往往就伴随着科学突破。因此,勇于钻牛角尖有助于问题的解决,进而促进科研的发展。

……

在上述修改稿中,针对第一个问题,我们在论点的后面补充了"遇事多坚持"这一点,实际上就是给出了"钻牛角尖"的定义,即坚持不懈。针对第二个问题,我们去掉了充分条件,根据题干论证完善了结尾。

通过上述分析,我们知道了批判性思维对于论说文的意义主要有三个:其一,审视材料,帮助立意;其二,审视立意,确保立意准确;其三,审视论证,实现自我校准。

至此,我们认识了批判性思维,知道了它对于联考写作的意义。对于大家来讲,如果大家能把这种思考问题的方式运用到生活中去,形成培养批判性思维的习惯,那么,大家在考试中应用起来就会游刃有余。

第五节　习题精练

请使用批判性思维分析下列论证

1.妻子:"真不明白,你们男人明知道抽烟不好,还不戒烟。"

丈夫:"男人的快乐你不懂。"

2.多个权威科研机构经过对大量样本长期跟踪得出结论:适度饮酒者比滴酒不沾者健康水准普遍更高。

3.据统计,法学、中文、外语等专业就业率低,所以这些专业要慎报。

4."勤俭节约"的观念到了需要改变的时候了。一个人如果过分强调勤俭节约,就会过度关注"节流",而不重视"开源"。"开源"就是要动脑筋,花气力,最大程度发挥自己的能力合法赚钱。个人的财富不是省出来的,只靠节省,财富的积累是有限的。靠开源,财富才可能会滚滚而来。试想,比尔·盖茨的财富是靠省出来的吗?

5.用批判性思维分析下列材料以及相关立意。

有个小男孩,有一天妈妈带着他到杂货店去买东西,老板看到这个可爱的小孩,就打开一罐糖果,要小男孩自己拿一把糖果,但是这个男孩却没有做任何动作。几次邀请之后,老板亲自抓了一大把糖果放进他的口袋中。回到家中,母亲好奇地问小男孩,为什么自己不去抓糖果而要老板抓呢?小男孩的回答很妙:"因为我的手比较小呀!而老板的手比较大,所以他拿的一定比我拿的多很多!"

(1)上述材料该如何立意?

(2)请分析"要谨防善良被人利用"这个立意是否恰当?

6.用批判性思维分析下列习作。

20世纪中叶,美国的波音和麦道两家公司几乎垄断了世界民用飞机的市场,欧洲的制造商深感忧虑。虽然欧洲各国之间的竞争也相当激烈,但还是采取了合作的途径,法国、德国、英国和西班牙等国决定共同研制大型宽体飞机,于是"空中客车"便应运而生,面对新的市场竞争态势,波音公司和麦道公司于1977年一致决定组成新的波音公司,以此抗衡来自欧洲的挑战。

请根据上述材料,分析下面的习作。

在竞争中合作

空中客车、新波音公司都是在竞争中合作的典范。当今世界竞争激烈,我们不能一味竞争,也要有合作。在竞争中合作，实现双赢。

在竞争中合作能促进优势的整合。竞争能让企业的优势凸显出来，但如果只有竞争，这些优势可能会形成壁垒，难以进行有效整合。合作能实现优势互补，使1+1>2，但是如果只有合作，会不利于激发动力，也无法促进优势的升级。因此，在竞争中合作是企业的唯一选择。通过竞争让企业的优势得以发挥出来，通过合作让各自的优势得以整合。改革开放以来，我国大部分企业的快速发展都得益于在竞争中合作的结果。

……

第六节 答案及解析

1.上述例子中，妻子由"抽烟不好"说明"应该戒烟"。丈夫应该听从妻子的劝告吗？从批判性思维的角度，我们可以提出以下问题：

①抽烟不好具体是指哪些方面不好？

这里的"不好"不够明确，"不好"是指有害健康呢，还是指不能给人带来快乐呢？

②抽烟不好是戒烟的理由吗？

抽烟不好就要戒烟，需要假设：抽烟的弊远大于利。但是，这个假设很可能是不成立的。比如，一个生命垂危的人，靠抽烟来缓解疼痛，难道也要劝他戒烟吗？

2.上述例子中，科研机构得出结论"适度饮酒者比滴酒不沾者健康水准普遍更高"。这个结论可信吗？从批判性思维的角度，我们可以提出以下问题：

①所谓"多个权威科研机构"究竟有多少，有多权威，其主要做哪些方面的科研？

如果这些结论只是一家之言，未经旁证，其可信度必然不高。所谓权威，必须经过同行评价，如果在行业内的影响不高，或者所做科研项目与之关联不大，那也将有损这些结论的可信度。

②所谓"大量样本长期跟踪"，样本究竟有多大？跟踪多长时间？这些样本有无代表性？

如果样本的选取没有经过设计，没有结合不同群体的特点选择合适的抽样比例，跟踪时间不够长，饮酒对生理健康所造成的影响不够明显，那这个结论能否成立也是存疑的。

③所谓"适度饮酒"，衡量标准如何？究竟怎样才叫"适度"？

众所周知，人的身体构造个体差异非常大，如何评价每个人的饮酒量是否达到"适度"的程度，如果没有一个合适的标准，这个结论恐怕也很难有实践中的意义。

④即便存在统计上的相关性，适度饮酒和健康之间的关系就一定是前者为因、后者为果吗？

毕竟，也有可能是因为那些喝酒的人，本来身体就有一定的解酒能力，再加上自控力较强，才有了"适度饮酒"的结果。换言之，未必是适度饮酒有利于健康，而是健康的人才会适度饮酒。

3.上述例子中，由"法学、中文、外语等专业就业率低"去说明"慎报这些专业"。看到这种新闻，你会不会马上修改已经填好的专业？能否先从批判性思维的角度提出一些问题，帮助我们理性决策呢？

①为什么这些专业就业率低？

就业率低未必就是专业差所致，很可能专业前景很好，但开设这些专业的学校自身实力不济导致毕业生竞争力弱。

②就算这些专业真的不好就业，是否一定要慎报？

很多人学习这些专业的目的并不是就业，而是为其继续深造打好基础。

4.(1)根据批判性思维的过程，我们先理清论证结构。

论点:"勤俭节约"的观念需要改变了。

论据:①过分强调勤俭节约,就会过度关注"节流",而不重视"开源"。

②只靠节省,财富的积累是有限的,靠开源,财富才可能会滚滚而来。

③比尔·盖茨的财富不是省出来的。

(2)根据批判性思维的内容,我们至少可以提出下面的问题。

①一个人强调勤俭节约就不会重视"开源"吗?

"节流"和"开源"并不是矛盾的对立面,而是可以同时存在的,我们在节流的时候同样可以重视开源。

②只开源而不节约,真的能积累财富吗?

即便开源可以使财富滚滚而来,也不代表能够积累财富。试想如果单纯地开源,而没有节约的意识,滚滚而来的财富又怎么能留住呢?

③比尔·盖茨的例子一定具有代表性吗?

比尔·盖茨未必没有通过节流来留住资金。退一步讲,即便比尔·盖茨没有节流,他的行为也不一定具有代表性。因为比尔·盖茨所拥有的资源和能力是多数人所不具有的,其所积累的财富足以支撑其消费,而普通人可能并不具有这些条件。

5.(1)材料的立意。

杂货店老板多次邀请小男孩抓糖果,小男孩都没有动作,老板就亲自抓了一大把给小男孩。小男孩解释没有抓的原因在于知道自己的手小,抓得不如老板抓的多。小男孩的解释是上述材料的关键所在。因此,我们需要分析小男孩的解释。为此,我们可以提出如下问题:

①谁是材料的主要对象呢?

②"可爱""巧妙"这些词能传达什么信息?

③我们如何理解小男孩那句话?

先看第一个问题,材料涉及三个对象:小男孩、妈妈、杂货店老板,材料主要围绕小男孩抓糖果这一情节展开。因此,其主要对象是小男孩。

再看第二个问题,"可爱""巧妙"都属于褒义词,这说明命题人对小男孩的行为持肯定态度。

接着看第三个问题,小男孩知道自己的手小拿的少,就等着老板拿。这说明小男孩善于借助外力,让自己获得更多的收益。

基于上述分析,我们可以将材料立意为:我们要善于借力。

(2)立意分析。

针对"要谨防善良被人利用"这个立意,我们可以提出如下问题:

①这个立意是从谁的角度得到的?

②这个立意的基调是否与材料匹配?

③这个立意是否抓住了材料的重点?

先看第一个问题,"要谨防善良被人利用"显然是从杂货店老板的角度展开的,但是上文谈到材料的主要对象是小男孩。因此,上述立意没能抓住核心对象。

再看第二个问题,"要谨防善良被人利用"这个立意显然对小男孩的行为提出了批评,而我们在上文分析过,命题人对其是持肯定态度的。

接着看第三个问题,材料的重点在于小男孩的解释,但是上述立意却是从杂货店老板的行为给出的立意,因此,其没能抓住材料的重点。

基于上述分析可知,上述立意不恰当。

6.对于上述论证,我们可以提出如下问题:

①在竞争中合作真的是企业的唯一选择吗?

除了在竞争中合作,企业难道不可以在合作中竞争吗?"在竞争中合作"和"在合作中竞争"明显是不同的,前者强调合作,后者强调竞争。

②我国大部分企业快速发展的原因是在竞争中合作吗?

我国大部分企业快速发展很可能与国家改革开放的政策、劳动力成本低廉等因素有关。

第二章　表达基础——逻辑与语言

写作就是用语言文字交流思想,交流是否顺畅主要取决于两个方面:一是作者能否说清楚,二是读者能否读得懂。在考试中,我们无法对阅卷人提出要求。因此,我们要保证交流顺畅,就必须要做到说清楚。那么如何做到这一点呢?在逻辑上,我们要确保表达的严谨性。在语言上,我们要确保表达的准确性。表达的问题本质上是逻辑问题,正是因为逻辑不清才导致表达不清。因此,我们要做到"会表达"就必须懂逻辑,在表达中运用逻辑。

第一节　表达要以逻辑为基础

表达分口头表达和书面表达,但是无论哪种形式都与逻辑密切相关。表达离不开语言,其主要涉及词语、句子和句子串,反映在逻辑上就是概念、判断和推理。

一、概念是表达的起点

人类的口头表达是从词开始的,同样,词也是书面表达的起点,而词反映在逻辑上往往就是概念。因此,可以说概念是表达的起点。

写文章处处要用到概念,如果使用的概念没有界定清楚,读者就可能无法了解我们所要表达的思想。因此,我们要做到"会表达",首先必须保证概念的清晰性。

如何确保概念的清晰性呢?在写作中,我们可以从两个方面入手。

1.对容易引起歧义的概念,给出明确的定义

下定义就是用简单明了的语言去解释概念的意思。下定义有助于消除歧义,确保在同一层意思上理解概念。这是写作中必须掌握的原则,把握好这一点有助于阅卷人加深对文章的理解。请看下面的例子。

【例1】《乐于做"傻子"》开头节选

俗话说:"傻人有傻福"。我们要乐于做"傻子",乐于做脚踏实地的老实人。

傻才能走得稳。因为"傻"不会想着走捷径,一步一个脚印,自然能避开前进途中的"坑"……

在上述例子中,对"傻子"给出了明确的定义——脚踏实地的老实人。试想,如果没有这个界定,虽然阅卷人可能清楚这里的"傻子"并不是真正的傻,但由于其可以从多个层面来理解,如脚踏实地的老实人、不怕吃亏的人等,势必影响阅卷人对文章的理解。

2.在同一层意思上使用概念,确保前后一致

在一篇文章中,一个概念可以多次出现。但往往在第一次使用时,其含义就有了明确的限定,因此,后续的使用都应该基于之前确定的意思进行。

例如,在上述关于"傻子"的例子中,第一次出现"傻子"时,就明确了其含义——脚踏实地的老实

人,因此,后续的使用都必须基于这一点。

以上两个方面告诉我们如何确保概念的清晰性。这两个方面不仅是我们在写作中要掌握的原则,也是我们识别别人论证中是否存在缺陷的方法,有助于我们在论证有效性分析写作中找缺陷——"概念不清"和"偷换概念"。请看下面的例子。

【例2】女人越漂亮就越幸运。一方面,漂亮是一种资源,能带来各种机会;另一方面,漂亮的人往往很自信。

在上述例子中,"漂亮"这个概念反复出现,但是"漂亮"到底指什么呢?仅指颜值高,还是也包括心灵美呢?不明确界定这个概念,不同的人对上面这段话的理解就可能不同,这自然会影响信息的传递。

通过上述分析,我们知道概念是表达的最小单元,是论证的起点。在表达思想时,无论是口头表达还是书面表达,都要确保概念的清晰性。

二、判断是表达的主体

表达往往就是在交流思想,而交流思想离不开判断。因此,表达离不开判断,即判断是表达的主体。

写文章表达观点是判断,展开论证也离不开判断。如果做出的判断不够准确,就会影响阅卷人对我们的思想的认可度。因此,要做到"会表达"必须保证判断的准确性。

如何确保判断的准确性呢?判断由概念组成,因此,要保证判断准确,我们可以从以下两个方面着手:

1.找出相关概念

一个判断至少包含两个概念,因此,要做出判断必须先找到两个或两个以上的概念。如何找呢?如果已知一个概念,我们就可以围绕这个概念通过构造场景的方法找出与之相关的其他概念。所谓构造场景就是把概念置于相关语境中,通过语境去联想出与之相关的概念。

例如,给出一个概念"学术",要找出其他概念,就可以围绕"学术"构造场景,如根据学术研究的目的可以找出概念——求真、严谨等;根据学术圈的现状可以找出概念——造假、道德等。

上述这种构造场景找概念的方法,能帮助我们拓展语言,对于联考写作意义重大,特别是对论说文的立意有很大的帮助。

例如,要围绕"宽容"展开论证,我们需要先给出观点,这个观点肯定围绕"宽容"展开,我们可以构造如下场景:从宽容者的品质可以找出概念——敢于吃亏、美德、善良等;从宽容的对象可以找出概念——他人、自己等;从宽容的结果可以找出概念——尊重、感恩等。

如果已知多个概念,就无须找其他概念了,可以直接进入第二步——明确概念之间的关系。

2.明确概念之间的关系

当我们找到了概念之后,要做出正确判断,就必须明确概念之间的关系。概念之间的关系可以从外延方面来考虑,也可以从内涵方面来考虑。

从外延方面来考虑,概念之间的关系主要有五种:同一关系、包含关系、交叉关系、矛盾关系和反对关系。

例如,大学生与人才之间是交叉关系,因此,可以做出判断——大学生并非都是人才。

规则与无序之间是矛盾关系,因此,可以做出判断——无序就意味着突破了规则。

从内涵方面来考虑,概念之间的关系主要有四种:因果关系、条件关系、转折关系和递进关系。

①因果关系,即一件事情引起另外一件事情的发生,后发生的事情为"结果",先发生的事情为

"原因"。

例如,阅读与提升修养之间可以构成因果关系,因此,可以做出判断——阅读可以提升修养。

②条件关系,即概念之间构成充分条件、必要条件、充分必要条件关系。

例如,好习惯与自律之间可以构成条件关系,因此,可以做出判断——好习惯的养成离不开自律。

③转折关系,即后面的概念与前面的概念在意思上相对,后面才是强调的重点。

例如,自由与不放纵之间可以构成转折关系,因此,可以做出判断——自由但不能放纵。

④递进关系,即在意思上后面的概念比前面的概念向更深、更难、更重的方向推进了一层。

例如,自信与自强之间可以构成递进关系,因此,可以做出判断——自信更要自强。

我们从以上两个方面说明了如何确保判断准确,简单地说,就是先找到相关概念,然后在明确概念之间的关系后做出判断。实际上,这就是构造判断的方法。在考试中,无论我们是在立意还是在论证时都可以使用这种方法。请看下面的例子。

【例3】20世纪中叶,美国的波音和麦道两家公司几乎垄断了世界民用飞机的市场,欧洲的制造商深感忧虑。虽然欧洲各国之间的竞争也相当激烈,但还是采取了合作的途径,法国、德国、英国和西班牙等国决定共同研制大型宽体飞机,于是"空中客车"便应运而生,面对新的市场竞争态势,波音公司和麦道公司于1977年一致决定组成新的波音公司,以此抗衡来自欧洲的挑战。

如何从上述材料得出我们的立意呢?根据上述分析,立意即判断,需要我们先找出相关概念。我们通过分析上述材料可以发现,材料主要在谈"竞争"和"合作"。然后我们再明确这两个概念之间的关系。这两个概念之间可以构成因果关系,据此做出判断——竞争促使合作;可以构成条件关系,据此做出判断——合作离不开竞争;可以构成转折关系,据此做出判断——企业要竞争,但也要合作;可以构成递进关系,据此做出判断——企业要竞争更要合作。

通过上述分析,我们知道表达思想离不开判断。要使思想更好地得到认同,首先要做到判断准确;其次要论证充分,而论证离不开推理。

三、推理是表达的方法

表达思想除了要做出判断——表明观点,还需要对观点进行论证,而论证的过程就是由一些真实的判断通过推理得出其他判断的过程。因此,可以说推理是表达的方法。

我们的写作就是论证性写作,论证离不开推理。在论证时,如果推理不够严密,就会导致论证有缺陷,从而影响论证的力度。因此,要做到"会表达",必须保证推理的严密性。

如何确保推理的严密性呢?要保证推理严密,必须严格遵循各种推理的要求。推理的类型不同,其要求也不同。推理可以分为三类:演绎推理、归纳推理和类比推理。

1.演绎推理

在使用演绎推理进行论证时,要保证推理严密,就需要严格遵守演绎推理规则。这些规则主要包括肯前必肯后、否后必否前、递推、逆否等价、或的规则、二难推理等。

例如,前文在陈述"判断是表达的主体"时,有如下论证:表达往往就是在交流思想,而交流思想离不开判断。因此,表达离不开判断。

在上述例子中,我们使用了递推规则来论证"表达离不开判断",论证过程非常清楚。但是在实际的写作过程中,很多时候我们出于对表达简洁性的考虑会省略一些内容,这种情况下的论证可能就不是那么清晰了,需要我们补全相关内容,才能展现完整的论证过程。

例如,我们应该加强对无人机的管理。无人机的"黑飞"给空域安全带来了极大的隐患。

上述例子包含一个论证:由"无人机'黑飞'给空域安全带来隐患"论证"应该加强对无人机的管

理"。这个论证省略了一个条件,即凡是给空域安全带来隐患的活动都需要加强管理。在补充了上述条件之后,我们就可以发现上述论证是根据背前必肯后得出的。

2.归纳推理

在使用归纳推理进行论证时,要保证推理严密,就需要满足归纳推理的基本要求。归纳推理种类不同,其要求也不同。在应用中,我们经常使用的归纳推理主要有三种:简单枚举归纳推理、求异法、求同法。

对于简单枚举归纳推理,使用时要考虑枚举对象是否有代表性;对于求异法,使用时要考虑差异因素是否唯一、差异因素与考察对象之间是否有必然关系;对于求同法,要考虑事例场合的代表性以及相同因素与考察对象之间是否有必然关系。

例如,魏征不畏风险,果断进谏,成就"贞观之治";鲁迅不畏风险,果断弃医从文,蜚声文坛;杨善洲不畏风险,毅然归隐田间,绿染大亮山。可见,不畏风险将成就一番事业。

在上述例子中,通过列举"魏征""鲁迅""杨善洲"的事例,论证了"不畏风险将成就一番事业"的观点。上述推理过程就属于简单枚举归纳。

3.类比推理

在使用类比推理进行论证时,要保证推理的严密性,就需要满足类比推理的基本要求。类比推理要求事物必须本质上相似,同时要求类比属性与推出属性之间有关系。

例如,阅读跟吃饭差不多,阅读是为了获取精神食粮,而吃饭则是为了获取物质营养。再有营养的食物如果不咀嚼也难以消化,因此,阅读时必须思考。

在上述例子中,通过"阅读"与"吃饭"的类比,得出"阅读时必须思考"的结论。

以上我们分析了各种不同类型的推理以及如何确保推理过程的严密性。在考试中,无论是论证有效性分析写作找缺陷,还是论说文写作展开论证都需要考虑推理过程的严密性。请看下面的例子。

【例4】外来者说:"人人生而平等,上海的孩子可以享受当地的教育资源,我们的孩子为什么不可以享受?"但世界上有绝对的公平吗?假如你去美国参加一周的工作,然后提出要共享他们的教育、医疗等资源,人家答应吗?

上述例子将"中国人短期去美国的情况"与"外地人来上海的情况"进行类比,得出"外地人不能在上海接受教育"的结论。但是这种类比恰当吗?中国人短期去美国与外地人来上海有可比性吗?显然,二者是不同的。中国人短期前往美国工作,并没有成为其国民,自然无法享受其教育等资源,而外地人也是中国人,在本国可以享受义务教育等公共资源。因此,上述推理是不严密的。

【例5】舜发于畎亩之中,傅说举于版筑之间,胶鬲举于鱼盐之中,管夷吾举于士,孙叔敖举于海,百里奚举于市。故天将降大任于是人也,必先苦其心志,劳其筋骨,饿其体肤,空乏其身,行拂乱其所为,所以动心忍性,曾益其所不能。人恒过,然后能改;困于心,衡于虑,而后作;征于色,发于声,而后喻。入则无法家拂士,出则无敌国外患者,国恒亡。然后知生于忧患,而死于安乐也。

上述例子出自孟子的《生于忧患,死于安乐》,是一篇论证严密的说理性文章。在论证过程中,孟子先通过简单枚举从六个事例中归纳推理得出一个结论,人要经历艰难困苦后才能成功。接着,又分析了经历艰难困苦后能成功的原因——人恒过,然后能改;困于心,衡于虑,而后作;征于色,发于声,而后喻。最后,指出没有经历艰难困苦就不能成功,以求异的方式论证了最终的结论——生于忧患,死于安乐。

以上我们从概念、判断以及推理的角度说明了逻辑与表达之间的关系,归根结底,表达的本质就是展现思维的内在逻辑关系。清楚了这一点,我们就可以运用逻辑进行写作了,但要想写好还需遵循相应的逻辑规律。

第二节 表达要遵循逻辑规律

要想让表达更清晰、更严谨就必须遵循逻辑的基本规律,否则就可能出现逻辑谬误,导致表达出现问题。逻辑基本规律有四种:同一律、矛盾律、排中律、充足理由律。

一、同一律

所谓同一律就是在同一思维过程中,必须在同一意义上使用概念和判断。同一思维过程就是指同样的对象、时间和关系,反映在考试中就是要求同一篇文章内部前后保持一致。

如果违反了同一律,就会犯偷换概念或转移论题的错误。

1.偷换概念

所谓偷换概念就是把不同的概念当作同一个概念来用,即前后没有保持一致。

偷换概念是表达中经常会出现的问题,在我们的考试中也经常作为考点出现,逻辑部分可能出现,写作部分同样可能出现。

【例6】运动能促进新陈代谢,加速体内废物的排泄,使身体变得干净和轻松。因此,你还在为自己不去跑步找借口吗?

在上述例子中,论证者将"运动""跑步"这两个不同的概念等同起来了,因此,上述论证存在偷换概念的问题,其论证的有效性自然值得怀疑。

因此,我们不仅要发现别人论证出现的问题,同时在写作时也要注意概念的前后一致,否则就会影响论证的力度。

2.转移论题

所谓转移论题就是在论证过程中把两个不同的论题混淆或等同起来,用一个论题去代换原来所论证的论题。

好的论证肯定是紧紧围绕论题展开的,通过一步步推理得出结论。但是有时也可能会出现由于没有抓住论题,论证的内容与论题不一致的情况。请看下面的例子。

【例7】父母不应该强迫孩子去上兴趣班。当前市面上有各种兴趣班,这些兴趣班之所以如雨后春笋般冒出来,无外乎以下几个方面的原因:一方面,家长们"望子成龙,望女成凤"的心理刺激了市场需求;另一方面,兴趣班的市场门槛较低,只要你有某个方面的特长,就可能招到学生,这也会导致兴趣班的大量出现。

在上述例子中,论证者原本要论证的论题是"父母应不应该强迫孩子上兴趣班",但是后续的论证却是围绕"兴趣班大量出现的原因"而进行的说明。显然论题前后不一致。

上述例子也提醒我们在写论说文的时候,论证一定要围绕论题展开,切不可为了凑字数而做出与论题不一致的论证。

总之,同一律要求表达不能出现偷换概念和转移论题的情况,也就是要保持一致性,即概念前后一致、论题前后一致。

二、矛盾律

所谓矛盾律就是在同一思维过程中,两个相反或矛盾的判断不能同时承认为真。

如果违反了矛盾律,就犯了自相矛盾的错误。论证中一旦出现自相矛盾,论证的力度就会大打折扣。请看下面的例子。

【例8】现代网络技术可以使你在最短的时间里查询你所需要的任何知识信息,有的大学毕业生因此感叹何必要为学习各种知识数年寒窗,这并非无道理……教育的真正目标是培养学生的批判性思维与创造性思维能力。知识与此种能力之间并没有实质性联系,否则难以解释与爱因斯坦具有相同知识背景的人很多,为什么唯独他发现了相对论。硕士、博士等知识头衔的实际价值正在遭受有识之士的质疑,就是这个道理。

在上述例子中,论证者一方面断定"没有必要为学习各种知识数年寒窗",另一方面又承认"爱因斯坦具有一定的知识背景",显然前后不一致。这种暗含在论证过程中的不一致,具有很强的隐蔽性,需要我们有统筹全文的能力。

在考试时,我们不仅要能发现论证中的自相矛盾之处,也要能在自己的写作中规避这种错误。

总之,矛盾律要求表达不能出现自相矛盾的情况,也就是要保持一致性,即判断前后一致。

三、排中律

所谓排中律就是在同一思维过程中,矛盾的两个判断不能同时为假。

排中律要求我们必须观点鲜明,肯定什么、否定什么必须有明确的态度。如果违反了排中律,就犯了"两不可"的错误。

所谓"两不可"就是在对矛盾的判断之间,不做明确的回答。这种模棱两可的态度在论证中要尽可能地规避,否则就会给人留下含糊不清的印象。

【例9】一家企业遇到这样一个问题:究竟是把有限的资金用于扩大再生产呢,还是用于研发新产品?有人主张投资扩大生产,因为根据市场调查,原产品还可以畅销三到五年,由此可以获得可靠而丰厚的利润。有人主张投资研发新产品,因为这样做虽然有很大风险,但风险背后可能有数倍甚至数十倍于前者的利润。

上述例子是管理类联考论说文中的一段材料,一位考生在审题立意时有如下分析:仅仅扩大生产不创新,产品无法实现更新换代,因此,仅仅扩大生产不好;仅仅研发新产品不扩大生产,失去了丰厚的利润也很可惜,因此,仅仅研发新产品也不好。既然如此,那最好的办法就是在扩大生产的同时研发新产品。请大家思考一下,这种立意有问题吗?

这种立意看似另辟蹊径,好像很有道理,但是实际上却违反了排中律。为什么这么说呢?材料中明确说明是"有限的资金",也就意味着这些资金只够投向一个方向。在这种预设下,扩大生产和研发新产品就是矛盾关系,不存在扩大生产的同时研发新产品的情况。因此,上述考生的立意是不符合题意的。

在考试中,我们要尽可能做到观点鲜明,切忌出现模棱两可的情况,这会影响论证的清晰程度。

总之,排中律要求表达不能出现"两不可"的情况,也就是要保持观点清晰。

四、充足理由律

所谓充足理由律就是在思维过程中,一个结论被断定为真必须有真实且充分的理由。

充足理由律有三个方面的要求:其一,任何结论必须有理由;其二,理由必须真实;其三,从理由可以推出结论。如果违反这些要求,我们就会犯如下错误:无理由、虚假理由和推不出。

1.无理由

所谓无理由不是不给理由,而是给出的理由与结论不相关。

无理由主要从理由与结论的相关性入手,找出一些不相关的因素,如诉诸人身、诉诸权威、诉诸情感、诉诸无知以及诉诸众人等。请看下面的例子。

【例10】我们不能因为这位老同志收受了一点贿赂就指控他,你知道他为国家做出了多大贡献吗?

在上述例子中,老同志为国家做出的贡献与他收受贿赂之间没有必然的关系。因此,以其"为国家做出的贡献"来论证"不能指控他受贿"是不恰当的。

当理由无法为结论提供支持时,说再多也没有意义。因此,我们在写作中要尽可能避免无理由的情况。

2.虚假理由

所谓虚假理由就是用于支持某个结论的理由被证明与事实不符或有违科学原理。

虚假理由主要是从理由的真实性入手,考虑理由是否与事实相符或理由是否与科学原理相悖。

【例 11】天生的领导者是存在的。事实上,任何一个社会中的领导者都只能是天生的……总之,MBA 教育试图把管理传授给某个毫无实际经验的人不仅仅是浪费时间,更糟糕的是,它是对管理的一种贬低。

在上述例子中,论证者由"任何一个社会中的领导者都只能是天生的"论证"MBA 教育没用",但是,"任何一个社会中的领导者都只能是天生的"吗? 显然不是,大量的事实告诉我们,领导者是可以后天培养的。因此,这就是一个虚假理由。

如果用于支持结论的理由不真实,那么它对结论的支持力度就为零,论证自然难以成立。因此,在论证中,我们必须给出真实的理由,不能虚构理由。

3.推不出

所谓推不出就是理由与结论之间缺乏必然的逻辑关系。

推不出是从理由与结论之间的逻辑关系入手,考虑推理是否合乎逻辑或有没有违反推理规则。

【例 12】某公司发布财务报告指出,得益于管理效率的提升,本公司过去两年的营业收入以两位数的速度在增长。随着管理效率的进一步提升,我们相信这种增速在未来若干年内还将继续保持下去。

在上述例子中,由"过去两年快速增长"去论证"将来也会快速增长",过去与未来之间有必然关系吗? 过去的增长除了得益于管理效率的提升,可能还与国家宏观经济政策、市场环境等因素有关,而这些因素在将来可能发生变化。因此,上述论证存在推不出的问题。

如果理由与结论之间的逻辑关系存在问题,理由也就无法为结论提供支持,论证就不成立。因此,在论证中,我们必须关注二者之间的逻辑关系。

总之,充足理由律要求表达不能出现无理由、虚假理由以及推不出的情况,也就是要保持相关性和正当性,即理由与结论相关、理由能充分论证结论。

以上四种基本规律分别从一致性、清晰性、相关性以及正当性方面对我们的表达提出了要求。如果我们能够严格遵循上述基本规律,那么我们的表达能力无疑将会得到提升。

至此,我们知道了要做到"会表达"就应该按照逻辑来写作,同时应在写作中规避各种逻辑错误。其实,这也从一个侧面说明写作是换一种方式在考逻辑。

第三节　语言是表达的工具

有效表达除了要考虑逻辑的严谨性,也不能忽略语言的影响。一篇文章虽然逻辑严谨,但是语言不准确、精练,甚至语句都不通顺,肯定不会是一篇合格的文章。因此,我们要做到"会表达",一定要在逻辑清晰的情况下,力争语言的准确性。

一、表达需要语言的储备

面对同样的美景,有的人只能发出"真美"这样的感叹,而王勃却能写出"落霞与孤鹜齐飞,秋水共长天一色"这样的佳句。这两种表达能力的差异,反映出驾驭语言能力的强弱。而没有语言的积累,也就失去了驾驭语言的能力。

值得庆幸的是,我们的考试不要求考生有多好的文采,只要表达到位即可。但是在实际的教学过程中,发现很多考生的语言比较匮乏、口语化倾向严重,这势必影响我们思想的传递,影响阅卷人的阅读感受。因此,希望大家在复习的过程中不要忽略了对语言的积累。

如何进行积累呢?我们可以从以下两个方面着手:

其一,做好"摘抄"。摘抄的过程就是储存能量的过程,确保我们肚子里有货,这样才能在需要使用的时候信手拈来。

摘抄什么呢?主要是摘抄别人的好词、好句。我们摘抄好词、好句的标准就是看自己会不会表达。不会表达的好词、好句都可以作为摘抄的内容。

其二,做好"应用"。只有摘抄,不可能真正掌握。只有把摘抄的内容运用到实际的写作中去,才能变成自己真正掌握的知识。

如何应用呢?我们可以从写简单的文段开始,慢慢练就成篇的能力。

做好了语言的储备并不意味着就能写出好的作文,在表达方面,我们还需要掌握表达对语言的基本要求。

二、表达对语言的基本要求

在考试中,两篇作文都属于论证性文章。这类文章以说理为主,而要把道理讲透彻,语言必须准确、精练、通顺。

1.准确

语言准确主要是指语言的搭配得当、用词符合语境以及指代清晰等。语言不准确会影响阅卷人对我们文章的理解,因此,我们要尽可能规避这一点。请看下面的例子。

【例13】模仿要有度。比如,我们历来主张学习国外先进的科学文化,但我们也反对盲目照搬外国、全盘西化,并且事实证明,这的确对我们国家产生了危害。

在上述例子中,文段最后一句中的"这"指代不清,是指"反对盲目照搬外国、全盘西化"产生了危害,还是指"盲目照搬外国、全盘西化"产生了危害呢?其实,结合上文的情况来看,"这"要表达的意思是后者。因此,文段可以做如下修改:

模仿要有度。比如,我们历来主张学习国外先进的科学文化,但我们也反对盲目照搬外国、全盘西化。事实证明,盲目照搬、全盘西化对我们国家产生了危害。

【例14】不要在意他人的眼光。试想,如果你喜欢独处,即便受到再多人的非议,也可以悠然地享受"独上高楼,望尽天涯路"的美景。

在上述例子中,文段最后的诗句引用不当,"独上高楼"反映的是悲凉的处境,不符合语境。这时的引用不仅失去了语言优美的效果,反而影响阅卷人对文段意思的理解,可以说是得不偿失。文段可以做如下修改:

不要在意他人的眼光。试想,如果你喜欢独处,即便受到再多人的非议,也可以悠然地享受"深林人不知,明月来相照"的美景。

2.精练

语言精练主要是指语言要尽可能简洁明了,减少修饰词的使用、不要以叙代议。语言不精练会有凑字数的嫌疑,我们在写作中要多加注意。请看下面的例子。

【例15】论证者把我们的寿命长于祖辈的原因归于那些竭尽全力保护我们健康的无私奉献的医生,这种归因过于简单。

在上述例子中,"那些竭尽全力保护我们健康的无私奉献的医生"这句话由于对"医生"添加了过多的修饰词,导致表达烦琐,造成理解障碍。这句话可以做如下修改:

论证者把我们的寿命增长的原因归于医生,这种归因过于简单。

【例16】"经济运行是一个动态变化的过程,产品的供求不可能达到绝对的平衡"并不意味着"生产过剩是市场经济的常见现象"。"产品的供求不可能达到绝对的平衡"指的是在一定的范围内,产品的供求会有小幅度的变动,这可能很常见;而生产过剩显然是大幅度的供过于求,这可能并不常见。

在上述例子中,引号部分的内容明显过于烦琐,我们完全可以用自己的话对其进行概括。该文段可以做如下修改:

"供求达不到绝对平衡"并不意味着"生产过剩是常见现象"。供求达不到绝对平衡指的是在一定的范围内,产品的供求会有小幅度的变动,这可能很常见;而生产过剩显然是大幅度的供过于求,这可能并不常见。

3.通顺

语句通顺主要是指句子符合语法规则、事理以及语言习惯等。在写作中,不少考生会因为出现句式杂糅而导致语句不通。因此,我们建议大家写作时多用短句,尽量规避出现过长的句子。请看下面的例子。

【例17】论证者通过上海学习墨尔本推行晨鸟行动等诸多措施来解决交通拥堵问题,然而这一推理存在诸多漏洞。显然,二者在人口数量、城市布局等方面均有本质不同,这些都是影响实施效果好坏的关键因素。在这些因素如此不同的情况下,又怎能确保晨鸟行动在上海会有效呢?

在上述例子中,第一句话存在句式杂糅的问题,不够通顺。该文段可以做如下修改:

论证者由墨尔本实施晨鸟行动有效,试图论证这一措施能解决上海的交通拥堵问题。然而,这一推理存在诸多漏洞。显然,二者在人口数量、城市布局等方面均有本质不同,这些都是影响实施效果好坏的关键因素。在这些因素如此不同的情况下,又怎能确保晨鸟行动在上海会有效呢?

至此,我们知道,要做到"会表达",在语言方面就要做好积累,以使写成的文章满足语言的基本要求——准确、精练、通顺。

批判性思维让我们"想明白",逻辑和语言让我们"会表达"。做好了这些准备,我们也就具备了写作思维。但要真正写好这两篇文章,还需要清晰的写作思路以及必要的写作技巧,我们将在下面对其进行详细阐述。

第二部分　题型精讲

第一章　论证有效性分析

第一节　大纲详解

下面我们通过考试大纲来了解论证有效性分析的具体内容。

一、大纲内容

（1）论证有效性分析试题的题干为一篇有缺陷的论证，要求考生分析其中存在的问题，选择若干要点，评论该论证的有效性。

【解读】

第一，题干为一篇有缺陷的论证。

题干是一篇论证，即存在论点和论据，但是这个论证是有缺陷的，缺陷不是标点、语病等语言层面的问题，也不是相关数据是否真实的问题，一般是推理过程中的问题。

例如，据国家统计局数据，2012 年我国劳动年龄人口比 2011 年减少了 345 万，这说明我国劳动力的供应从过剩变成了短缺。

在上述例子中，我们需要考虑的是从"劳动年龄人口减少"能否得到"劳动力的供应从过剩变成了短缺"，而不需要过分关注减少的数目。

第二，分析其中存在的问题。

分析包括两个方面：其一，分析论证中是否存在问题；其二，如果存在问题，分析原因何在。

在上述例子中，"劳动年龄人口减少"未必能得到"劳动力的供应从过剩变成了短缺"。"劳动年龄人口减少"只能说明劳动力的供应减少了，而"劳动力从过剩变成了短缺"除了考虑劳动力的供应外，还要考虑劳动力的需求以及往年的过剩量等因素。

第三，选择若干要点。

既然是选择若干要点，就说明题干论证的缺陷可能较多，不用都找出来。在考试中，通常比较明显的缺陷有 6~8 处，我们选择 4~5 处进行论证即可。

第四，评论该论证的有效性。

题干给出的论证存在缺陷，因此，其不可能是有效的。所以，严格来讲，应该是评论该论证的无效性。评论一般包括两个方面：其一，哪里无效；其二，为什么无效。

通过上面的解读,你是否对论证有效性分析有了一个基本认识呢? 从上面的解读中你也可以发现,找到论证中的缺陷是论证有效性分析写作的关键。命题人担心我们无从下手,考试大纲紧接着给出了分析要点。

(2)本类试题的分析要点:论证中的概念是否明确,判断是否准确,推理是否严密,论证是否充分等。

【解读】

在分析缺陷时一般从概念、判断、推理、论证四个层面展开(从这里大家也能看出逻辑和写作的关系)。

第一,概念层面。考虑论证中核心概念的内涵和外延是否界定清楚,概念的使用前后是否一致等。

第二,判断层面。考虑有没有自相矛盾、非黑即白的断定等。

第三,推理层面。考虑有没有违反推理要求的情况,比如类比不当、强加因果等。

第四,论证层面。考虑论据能否推出论点。

上述分析要点给我们提供了思考的方向。至于具体如何识别缺陷,我们将在后续内容进行详细阐述。那么,在找到缺陷、分析缺陷之后,我们需要写成一篇文章。这篇文章有什么要求呢?

(3)文章要求分析得当,理由充分,结构严谨,语言得体。

【解读】

考试大纲从四个方面对文章提出了要求:

第一,分析得当。所谓分析得当,就是我们找出的缺陷是真实存在的。题干虽然没有缺陷,但强加缺陷;或者原本是 A 缺陷,分析成 B 缺陷等,这些都属于分析不当的情形。

第二,理由充分。所谓理由充分,就是对找出的缺陷给出无可辩驳的理由来证明其有缺陷。何为无可辩驳的理由呢? 就是你的理由别人无法反驳,只能承认自己的论证有问题。

例如,当一位老师看到从教室里走出来的 6 个学生都是女生时,断定:这个班的学生都是女生。此时,一个男生从教室里走出来说:"老师,你的断定不对。我是男生。"

在上述例子中,男生在质疑老师的断定时,给出了一个反例,这个反例让老师无法为自己的推理进行辩驳。因此,针对老师推理中的缺陷,男生给出了无可辩驳的理由。

第三,结构严谨。所谓结构严谨,就是要求我们用清晰的思路来组织写作的内容,使文章的各部分完整、过渡自然、段落安排合理。

既然是文章就意味着必须有题目、开头、正文和结尾,千万不能像解答问答题一样来处理论证有效性分析。

第四,语言得体。所谓语言得体,就是语言表达符合语境、身份等,能让阅卷人明白你的意思。注意,语言是否得体与你的文采好坏无关。

以上,我们从论证有效性分析的含义、分析要点以及文章要求三个方面解读了考试大纲,相信大家对论证有效性分析的认识会进一步加深。但这毕竟是宏观层面的解读,接下来,让我们通过参考样题具体认识一下论证有效性分析。

二、参考样题

论证有效性分析:分析下述论证中存在的缺陷和漏洞,选择若干要点,写一篇 600 字左右的文章,对论证的有效性进行分析和评论。(论证有效性分析的一般要点是:概念特别是核心概念的界定和使用是否准确并前后一致,有无各种明显的逻辑错误,论证的论据是否成立并支持结论,结论成立的条件是否充分等。)

常言道,"耳听为虚,眼见为实",其实"眼见者未必实"。从哲学上说,事物表象不等于事物真相。我们亲眼看到的,显然只是事物的表象,而不是真相。只有将表象加以分析,透过现象看本质才能看到真相。换言之,我们亲眼看到的未必是真实的东西,即"眼见者未必实"。

举例来说,人们都看到了旭日东升,夕阳西下,也就是说,太阳绕地球转。但是,这只是人们站在地球上看到的表象而已,其实这是地球自转造成的。由此可见,眼见者未必实。

我国古代哲学家老子早就看到了这一点。他说过,人们只看到了房子的"有"(有形的结构),但人们没看到的"无"(房子中无形的空间)才有实际效用,这也说明眼见者未必实。

老子还说,讲究表面的礼节是"忠信之薄"的表现。韩非解释时举例说,父母和子女因为感情深厚而不讲究礼节,可见讲究礼节是感情不深的表现。现在人们把那种客气的行为称作"见外",也是这个道理。这其实也是"眼见者未必实"的现象。因此,如果你看到有人对你很客气,就认为他对你好,那就错了。

上述参考样题主要包含两个部分:

第一,题头。

题头包含了三个方面的内容。其一,简述论证有效性分析是什么,此部分内容已经在前文考试大纲详解中解读过,不再赘述。其二,要求600字左右。对于论证有效性分析这篇文章,管理类联考综合能力考试和经济类联考综合能力考试在字数要求上是一样的。考试时要求考生在20字一行的方格纸上作答,方格纸的右边会标上"100字,200字……",考虑到空白,通常写到33行左右比较合适。其三,分析要点。这里的分析要点与大纲中的分析要点略有不同,但本质上是一样的。

在考试中,为了省时间,题头部分不用详细去看。

第二,主体。

主体部分是一篇论证,在管理类联考综合能力考试中一般是一篇300~600字左右的文章。

通过参考样题,我们知道了论证有效性分析是如何命题的。但是,我们该写成什么样呢?请看下面的范文。

【范文欣赏】

难说眼见者未必实

论证者从表象不等于真相、老子和韩非等人的言论出发,得出结论"眼见者未必实"。但这一过程存在诸多缺陷。

首先,由"事物表象不等于真相"未必能推出"看到的不是真相"。因为对于某些事物而言,真相与表象可能是统一的,即内在与表现形式是一致的。如比萨斜塔实验,两个铁球同时落地的表象就是自由落体运动规律的真相。所以我们亲眼看到的表象有可能就是真相。

其次,人们对旭日东升、夕阳西下的认识发生变化就意味着眼见未必实吗?不可否认,随着认识水平的提升以及科技的发展,人们对旭日东升、夕阳西下的认识确实发生了变化,但无论这种认识如何变化,我们也不能否认从古至今人们所看到的"旭日东升、夕阳西下"本身就是客观存在的事实。显然,我们不能罔顾这样的事实去断定"眼见未必实"。

再次,由老子、韩非的言论不能以偏概全地得出讲礼节是感情不深的结论。事实上,纵使老子、韩非贵为大思想家,但他们的言论只能代表自身的主张,未必是一种普遍认知。在现实中,大多数人可能会因敬忠守信、真挚诚恳而讲礼节,也会因敬爱父母、愈发不敢怠慢而讲礼节。由此怎么能说人们讲礼节是不重感情的表现呢?

最后,有人对你很客气就一定对你不好吗?恐怕未必。真实的情况可能是,人们正是出于友好与善意而不敢失了礼数,这样更有助于缔结深厚的情谊,如真心相待的合作伙伴、朋友、师生之间的客气,难道能说是不友好的表现吗?

一言以蔽之,如果我们轻信了"眼见者未必实"的言论,恐怕会给我们带来很多困扰。

上述范文清晰地展现了论证有效性分析写作的核心要点,大家可以多读两遍,体会一下论证有效性分析写作的精髓。

至此,我们对论证有效性分析有了清楚的认识,也能体会到这种文体是如何考查我们的分析论证能力的——找缺陷、给出理由证明其有缺陷。

三、写作要点

根据大纲内容,我们可以从以下要点着眼去研究论证有效性分析的写作内容:

①弄清该论证的论点、论据、论证及结论各是什么,对其总体评价是什么;

②该论证在概念界定和使用上是否清楚、准确并前后一致;

③该论证的论据是否真实、可靠、成立,是否是建立在某种假设基础之上的,这些假设是否存在。如果论据是虚假的,如何证明这一点,若难以证明论据的虚假,其真实性是否可从某种角度、某种程度加以质疑。例如,论据的真实性是否依赖其他因素,如果有的话,这些因素是否具有必然的合理性。

④论据间是否存在必然的联系,论证对所证明的结论是否做了不恰当的引申和推广,如果论证所证明的事件之间是因果关系,导致结果的是否还有论证没有提及的其他原因;

⑤有没有支持该论证结论的更为有力的论据被忽视了;

⑥该论证所使用的推理和方法是否妥当、正确,论证是否有违背逻辑之处,从前提推出结论,除了已经表述的论据之外,是否需要假设其他条件,这些条件又是否成立;

⑦该论证的推理有无错误、漏洞或不妥,有无主观臆断之嫌;

⑧该论证的成立是否需要另外的条件,这些条件是否满足;

⑨有没有另外一种解释或反例能削弱该论证;

⑩该论证做何种修改能使论证更为有力。

四、写作注意事项

上述思考着眼点也告诉我们,写作论证有效性分析时应注意如下几个问题:

1.要抓住关键处

进行论证有效性分析,首先,要通过分析找出该论证存在的漏洞和错误;其次,对该论证之所以存在这些错漏,进行合乎事理逻辑的、实事求是的原因分析,并且注意从该论证的材料中选取有说服力的实例进行验证;最后,针对存在的漏洞和错误提出改进的对策建议。

2.要注意客观性

论证有效性分析要求的是对某个论证本身存在的漏洞和错误进行分析评论,纵然这些漏洞和错误是我们分析出来的,但在评析时也不能加入自己的主观认识、好恶态度和思想感情,而应当就该论证本身的问题去客观地分析其存在的逻辑漏洞或错误,并非去阐述自己主观的认识和主张。并且,我们在评析时要做到合情合理,持之有据,不能想当然。断定有漏洞错误,那文段就得确实有漏洞错误,说它无效不成立,那它就得确实是无效不成立,决不能根据自己主观的见解来决定其是非对错或有效无效,更不能写成立论性的评论或批判性的驳论。

3.要明确目的性

论证有效性分析,意在考查考生逻辑分析的能力。对命题的内容熟悉,固然有助于我们更准确迅速地理解题干以找出问题,然而即使对命题内容不熟悉,我们仍然可以遵循"一明二否三疑"的原则,通过对题干推理过程的客观分析,找出其逻辑缺陷。

比如2011年的命题内容是关于股票的,而考生不一定都懂得股票和炒股,但仍然可以分析题干论证的推理过程,找出其存在的逻辑漏洞和错误。因为命题要检测的不是考生的股票知识,而是检测其逻辑分析的能力。只要考生能找出题干推理过程中客观存在的逻辑错误,并准确分析出其致错的原因,言之成理,就能写出一篇不错的文章。

4.要把握着重点

写论证有效性分析这样的评论型作文,固然可以肯定题干论证的合理部分,但从写作的要求来说,应该从揭示和评论题干论证的漏洞和错误的角度来写。因为这才是论证有效性分析这类作文命题的意图所在。这不但容易激发考生的分析能力和写作能力,并且不易与论说文中的评论相混淆。即使题干的论证有明显成立之处,在对其加以肯定的同时,着重点也要放在揭示和评论其漏洞和错误上,决不能写成完全支持题干论证的赞成性的评论型作文。

【例1】分析下列论证中存在的缺陷和漏洞,选择若干要点进行有效性分析和评述。写一篇600字左右的文章。

如果你要从股市中赚钱,就必须低价买进股票,高价卖出股票,这是人人都明白的基本道理,但是,问题的关键在于如何判断股价的高低。只有正确地判断股价的高低,上述的基本道理才有意义,否则就毫无实用价值。

股价的高低是一个相对的概念,只有通过比较才能显现。一般来说,要正确判断某一股票的价格高低,唯一的途径就是看它的历史表现。但是,有人在判断当前某一股价的高低时,不注重股票的历史表现,而只注重股票今后的走势,这是一种危险的行为。因为股票的历史表现是一种客观事实,客观事实具有无可争辩的确定性。股票的今后走势只是一种主观预测,主观预测具有极大的不确定性,在判断股票的价格高低时,我们怎么可以只凭主观预测而不顾客观事实呢?

再说,股价的未来走势充满各种变数,它的涨和跌不是必然的,而是或然的。我们只能借助概率进行预测,假如宏观经济、市场态势和个股表现均好,它的上涨概率就大;假如宏观经济、市场态势和个股表现均不好,它的上涨概率就小;假如宏观经济、市场态势和个股表现不相一致,它的上涨概率就需要酌情而定。由此可见,要从股市获取利益,第一是要掌握股价涨跌的概率,第二还是要掌握股价涨跌的概率,第三也还是要掌握股价涨跌的概率。掌握了股价涨跌的概率,你就能赚钱;否则,你就会赔钱。

【参考范文】

炒股就那么简单吗

本题的题干论证存在着诸多逻辑漏洞,难以令人信服。

第一,该论证存在混淆概念的错误。题干中断定,"要从股市中赚钱,就必须低价买进股票,高价卖出股票";同时又断定,"只有正确地判断股价的高低,上述的基本道理才有意义,否则就毫无实用价值"。这一表述存在概念上的混淆:低价买进,高价卖出需要掌握的信息是股价的涨跌。股价的高低与股价的涨跌是两个概念。如果将正确判断股价的高低定义为正确判断股价走高或走低,那么正确判断股价走势就是从股市中赚钱的必要条件。但能否正确判断股价走势并不决定"要从股市中赚钱,就必须低价买进股票,高价卖出股票"这一基本道理是否有意义。这一基本道理"是否有意义"也不等同于"是否有实用价值"。

第二,该论证存在以偏概全的错误。题干强调,"要正确判断某一股票价格的高低,唯一的途径就是看它的历史表现"。观察股票的历史表现是判断股价走势的依据之一,但不是唯一的途径。基于概率预测做投资决策,只能提高投资者的胜算,不能确保投资者赚钱。题干中"掌握了股价涨跌的概率,你就能赚钱；否则，你就会赔钱"，这是对概率的一种误解。

第三，该论证存在不当类比的错误。题干断言，"不注重股票的历史表现，而只注重股票今后的走势，这是一种危险的行为。因为股票的历史表现是一种客观事实，客观事实具有无可争辩的确定性。股票的今后走势只是一种主观预测，主观预测具有极大的不确定性"。这段话的漏洞在于将"股票历史表现的确定性"与"股票走势预测的不确定性"不恰当地加以比较，并将其与投资决策风险联系起来。从决策角度看，观察股票历史表现就是为了判断股票今后的走势。作为客观事实的股票历史表现，如果不用于预测股票今后的走势，对于投资决策毫无意义。而依据具有确定性的股票历史表现做出的主观预测虽然具有不确定性，却恰恰是投资决策的依据。

第四，该论证存在自相矛盾的错误。题干中的表述"要正确判断某一股票的价格高低，唯一的途径就是看它的历史表现"与"股价的未来走势充满各种变数，……只能借助概率进行预测"自相矛盾。

总之，该论证存在混淆概念、以偏概全、不当类比、自相矛盾等错误，其结论难以成立。

五、评分标准

（一）论证有效性分析的评分标准

论证有效性分析根据内容、结构、语言三项综合评分，作文的评分标准如下表所示：

试卷	要求
一类卷（26~30分）	分析论证有力，结构严谨，条理清楚，语言精练流畅
二类卷（21~25分）	分析论证较有力，结构较严谨，条理较清楚，语句较通顺，有少量语病
三类卷（11~20分）	尚有分析论证，结构不够完整，语言欠连贯，语病较多
四类卷（0~10分）	明显偏离题意，内容空洞，条理不清，语句不通

【注】①每3个错别字扣1分，重复的不计，至多扣2分。②书面不整洁，标点不正确，酌情扣1~2分。

1.就写作内容方面说

论证有效性分析的写作内容，主要指考生文章中对试题存在的论证缺陷或漏洞所作出的分析评论。其基本要求如下：考生从试题所提供的论证中一一找出缺陷或漏洞，并且要找准、找够。试题中论证的缺陷或漏洞往往不止一处，为此考生必须根据自己的阅读感受将它们一一找出，并条理清楚地在文章中罗列说明。

2.就写作形式方面说

论证有效性分析的写作形式，主要包括论证程度、文章结构和语言表达三个方面，其基本要求如下：

（1）论证程度：

对论证程度的要求指考生在文章中对于自己指出的试题里的缺陷或漏洞，是否进行了分析；如果进行了分析，又分析得怎样，分析是否有力。也就是说，考生指出试题论证里存在的缺陷或漏洞，只是完成了写作的第一步——"内容"的一步，接下来还要进入分析评论的一步——论证这一步。这就要求考生写作时，在找出试题里的缺陷或漏洞后，要进而对它们逐一展开分析评论，特别是对其中的谬误要进行驳斥，指出致误的原因。论证程度的最高标准，就是考试大纲一类卷所要求的"分析论证有力"。

（2）文章结构：

对文章结构的要求指考生文章中对缺陷或漏洞的分析评论，不应是随意的、零散的、无序的铺排，而应该是或由大到小，或由主到次，或由前到后，有逻辑、有条理地安排论证。考试大纲中一类卷"结构严谨，条理清楚"的标准，就是对文章结构所提出的最高要求。

（3）语言表达：

语言表达上有两点要求：一要表达得"对"，即没有语病或错别字；二要表达得"好"，而"好"的最高标准就是考试大纲一类卷的标准"语言精练流畅"。

（4）写作说明：

考试大纲中对写作说明方面的表述是这样的：分析下述论证中存在的缺陷和漏洞，选择若干要点，写一篇600字左右的文章，对该论证的有效性进行分析和评论。在这里，论证有效性分析的写作没有特别要求考生拟写文章标题，但最好有标题。

（二）论证有效性分析作文的分级评分示例

下面的例题，选取了六类作文，供大家参考，以帮助大家在应试时吸取经验教训，做到心中有数。

【例2】下文摘编于某杂志的一篇文章。分析下面的论证在概念、论证方法、论据及结论等方面的有效性，写一篇600字左右的文章。

把几只蜜蜂和苍蝇放进一只平放的玻璃瓶，使瓶底对着光亮处，瓶口对着暗处。结果，有目标地朝着光亮拼命扑腾的蜜蜂最终衰竭而死，而无目的地乱窜的苍蝇竟都溜出细口瓶颈逃生。是什么葬送了蜜蜂？是它对既定方向的执着，是它对趋光习性这一规则的遵循。

当今企业面临的最大挑战是经营环境的模糊性与不确定性。在高科技企业，哪怕只预测几个月后的技术趋势都是浪费时间的徒劳之举。就像蜜蜂或苍蝇一样，企业经常面临一个像玻璃瓶那样的不可思议的环境。蜜蜂实验告诉我们，在充满不确定性的经营环境中，企业需要的不是朝着既定方向的执着努力，而是在随机试验的过程中寻求生路，不是对规则的遵循而是对规则的突破。在一个经常变化的世界里，混乱的行动比有序的衰亡好得多。

（提示：评论型作文思考的一般要点如下：概念特别是核心概念的界定和使用是否准确并前后一致，有无各种明显的逻辑错误，该论证的论据是否支持结论，结论成立的条件是否充分等。考生写作时要注意内容深度、逻辑结构和语言表达。）

【问题简析】此题题干的论证中存在以下逻辑漏洞：

（1）蜜蜂和苍蝇实验只是特定环境下的一个生物行为实验，不能简单地将生物行为类推到企业行为，更不能把生物行为实验的结果一般化为企业应对不确定性的普遍性原则。

（2）经济发展和技术发展总体上是有规律的。在具有模糊性与不确定性的经营环境中，虽然企业用随机试错的方法可能取得成功，但企业理性决策成功的概率要远远大于随机试错成功的概率。不能用小概率的随机试错成功的特例否定理性决策。

（3）企业经营需要有明确的方向。在具有不确定性的经营环境中，企业需要根据环境的变化调整方向，但方向的调整需要理性分析而不是随机试错，更不能否定企业朝着既定方向的执着努力。

（4）技术预测具有不确定性，不意味着技术趋势不可预测，不能说明进行预测是浪费时间的徒劳之举。实际上，对未来的预测是企业经营决策的重要依据。可预测时间的长短也不能作为否定预测必要性的根据。

（5）不能把对规则的遵循和对规则的突破的区别绝对化。事实上，对规则的遵循和对规则的突破不是绝对互相排斥的。对规则的突破不意味着不遵循任何规则，而意味着突破或修改旧规则，创建并遵循新规则。

（6）企业经营环境的不确定性要求不能机械地遵循规则，这个正确的观点被偷换为企业经营环境的不确定性要求不遵循任何规则。

（7）在一个经常变化的世界里，混乱的行动和有序的衰亡并不是仅有的两种选择。没有理由因为反对有序的衰亡而提倡混乱的行动。

本题失分比较多的原因是考生将其写成了赞成性的评论型文章。这则材料具有很强的迷惑性，尤其这则材料的肯定语气容易打乱考生的思辨力。其实，作文命题后的提示已经暗示考生命题材料存在着一些问题。考生只要认真审题，就会明白应写成挑错的论证有效性分析文章，而不是写成一般的驳论，更不能写成赞成性评论型文章。

在充满不确定性的经营环境中，难道企业不需要朝着既定的目标执着努力吗？当前的市场环境复杂多变，哪一个走向成功的企业不是朝着既定的目标执着追求才获得成功的？在一个经常变化的环境里，善于突破既定的界限，打破传统的规则，这正是对"适者生存，不适者淘汰"的永恒的市场规则的遵循。考生应该从这些角度去分析题干论证的有效性，从概念、论证方法、论据及结论等方面的有效性入手。如果考生将其写成了立论文，就不符合题目的要求，肯定不会得高分。

考生写作时注意题干的要求或提示是很重要的，这些就是在今后的审题训练中应注意的地方。

【参考范文】

【一类文】

混乱的行动真的比有序的衰亡好吗

这篇文章是用蜜蜂和苍蝇逃生这样一个生物行为的实验，类推到企业行为，并得出"在一个经常变化的世界里，混乱的行动比有序的衰亡好得多"的结论。

仔细推敲这样的引申和推出的结论，我们可以发现其存在许多漏洞和逻辑问题。

第一，这种简单的生物行为的实验与现实生活中的人类或企业的行为不能相提并论，人类或企业行为比昆虫的行为复杂得多，当然就更不可能把实验的结果机械地照搬到企业的经营中去了。

第二，企业在充满不确定性的经营环境中如果用随机试错的方法经营有可能取得成功，但是这样做，成功的概率会极低，更需要承担巨大的风险，而向着企业经营方向作出的理性决策的成功概率要大很多。

第三，蜜蜂和苍蝇所处的环境是确定的，一成不变的，这与"不可思议的环境"存在矛盾。

第四，在高科技企业，技术的预测是很难的，我们无法准确预测出一种技术产生的时间；然而，预测技术趋势很可能是有必要的，这关系到企业产品在今后市场上的销售情况以及为企业经营决策提供依据。

第五，企业在充满不确定性的经营环境中，固然不能机械地遵循规则，但当经营环境发生变化时，要把原来遵循的规则改变成适应新环境的规则，当然也不是不遵循规则。

第六，文中的结论"混乱的行动比有序的衰亡好得多"也存在问题。整篇文章虽然反对有序的衰亡，但也并没有提倡混乱的行动，文中还提到"对规则的突破"的行为，这就证明整篇文章不只有"混乱的行动"和"有序的衰亡"这两种行为的选择。

综上所述，整篇文章存在概念界定不清、论据不充分、逻辑推理不严密等问题。如果把这样一篇文章中的观点运用到实践中去，那么后果将不堪设想。

【范文简评】这篇文章结构严谨，层次清晰，分析全面深刻，材料中存在的逻辑问题几乎都被找出来了，这显示出了考生的分析能力。如考生能对缺漏进行准确界定会更好，此文可评一类卷，考虑给27分。

【二类文】

对趋势的预测并非徒劳

这篇材料引用蜜蜂和苍蝇在一只特定的玻璃瓶中逃生的实验，总结出"在一个经常变化的世界里，混乱的行动比有序的衰亡好得多"的结论。

这个结论的前提条件是在一个经常变化的世界里,而材料中这个实验却是在预先确定好位置的一个玻璃瓶中进行,而瓶子的位置和环境是一成不变的。很显然,得出的这个结论与前面的实验没有必然的逻辑联系。

实验中玻璃瓶确定的位置是出口对着暗处,而亮处却是没有出路的死路。像这样的假设在实际市场中不一定会成立,因为市场的运行总是在一定规则下进行的。仅仅假设实际市场就像玻璃瓶确定的位置那样显然是不妥当的。

另外,这个实验中的蜜蜂由于遵循了趋光性这一规则而最终衰竭而亡,并不能就此认定要排斥对一般规则的遵循。

在高科技企业中,一般是无法预测技术的,但预测技术趋势,哪怕仅仅是几个月之后的技术趋势还是有可能的。并且,预测技术趋势对于企业做出今后发展重点的决策是有很大帮助的。所以,预测技术趋势并不是徒劳的。

总之,这篇文章在论证其结论时,有论据不充分、概念界定不清楚、逻辑关系混乱等问题,并且文章用蜜蜂类推企业也不恰当。

【范文简评】这篇文章结构比较完整,层次比较清楚,显示了考生有一定的分析能力。但其字数略有不足,分析还不够全面。此文可评二类卷,考虑给21分。

【三类文】

荒谬的逻辑

这篇文章由一个实验告诉我们这样一个结论:"在一个经常变化的世界里,混乱的行动比有序的衰亡好得多。"

其实,经过仔细推敲,我们就不难发现所给材料在许多地方存在逻辑推理不够严密,论据不充分等问题。

首先,就环境问题而言,蜜蜂和苍蝇实验的环境是不变的,即玻璃瓶放置的方向不变,而企业经营环境的模糊性与不确定性与实验的环境之间没有任何可比性,两者之间也不存在逻辑关系。

其次,实验中蜜蜂由于遵守了趋光性这一规则才衰竭而亡,由此引申企业应在随机试错的过程中寻求生路。蜜蜂的趋光性是蜜蜂这种动物的生存本能,给它固定在一个违背了生存环境的范围内当然会死亡。相对于企业而言,这种特定的、有不可抗因素的环境几乎是没有的。企业的成功与否主要是受管理者的素质和成本控制等一些主观因素的影响,"企业应在随机试错的过程中寻求生路"这一结论就不可能成立了。拿苍蝇乱窜侥幸逃生这一实验来要求企业在靠运气赚钱、盲目决策中寻求生路岂不荒唐至极? 企业的生存发展是多方面因素共同影响的结果。

另外,文章中还说:"在高科技企业,哪怕只预测几个月后的技术趋势都是件浪费时间的徒劳之举。"预测技术趋势还是有必要的,企业的长足发展是靠对未来的预测进行经营决策的,哪怕是几个月后的技术趋势也会对企业的战略管理有积极作用。所以,预测并不是徒劳之举。

因此,这篇文章通过实验得出的结论无法令人信服。蜜蜂和苍蝇的实验无法类比企业的发展与经营。

【范文简评】这篇文章在进行论证和逻辑分析的同时,没有注意客观性,加入了自己的主观想法。在做"论证有效性分析"的时候,考生一定要避免犯主观性的错误。此文可评三类卷,考虑给18分。

【四类文-A】

无序与有序

上述材料通过蜜蜂和苍蝇逃生的实验,最后得出了"混乱的行动比有序的衰亡好得多"的结论。

首先,材料中蜜蜂和苍蝇这两个不同的生物是在一个不发生变化的环境里进行实验的。"遵循规则"和"突破规则"是从蜜蜂的趋光性和苍蝇的无目的乱窜中得出:要突破规则,不要遵循规则。如果经过认真分析就不难发现,蜜蜂的趋光性是它与生俱来的本能,是一成不变的,遵循这种规则是必然的,可企业经营的规则是随着市场的变化而变化的。把企业和生物实验相类比是不正确的。所以,两者之间并不存在逻辑联系。

其次,文中的结论"在一个经常变化的世界里,混乱的行动比有序的衰亡好得多"也就不能成立了。有些时候,我们坚持遵循一定的规则做事是对的,因为这些规则是我们的前人或有经验的人总结出来的;而他们在获得这样或那样的真理时,做出了很大的牺牲也付出了相当大的代价,而一定的规则正是在混乱的无目的行动中探索、总结出来的。我们企业的大多数经营规则是相同的。所以,遵循一定的规则是社会进步的表现。

最后,文中提到"企业需要的是在随机试错的过程中寻求生路",这种观点也是错误的。企业在随机试错的过程中是要承担很大风险的,很可能还没有寻求到生路就命丧黄泉了,如果把这种观点引用到企业的经营中,那就是在选择自杀。所以,企业只有朝着预定的方向努力才有可能成功。

总之,这篇材料有多处语句是不严密的,从实验到推出的结论也是没有根据的,逻辑关系并不清楚。

【范文简评】从本文中我们可以看出,考生并没有真正理解"论证有效性分析"这一文体,没有真正地掌握传统的驳论文与论证有效性分析的区别。这篇文章在前半部分和最后进行了逻辑分析和论证,但其更多的篇幅属于驳论文,反驳了原文中观点,认为其不正确。这与论证有效性分析要求找出原题干材料的缺漏是有区别的。此文可评四类卷,考虑给10分。

【四类文-B】
岂能如此相提并论

仅从这篇文章中的实验得出这样一个结论,其论证在概念、论证方法、论据及结论等方面的有效性不完整也不充分。文中"模糊性"与"不确定性"这两个概念没有解释清楚。经营环境的"模糊性"可以有很多的解释,那么文中的"模糊性"又是指什么意思呢?是怎样的一种模糊环境?这样的写法只能让读者一头雾水。之后在"就像蜜蜂或苍蝇一样,企业经常面临一个像玻璃瓶那样的不可思议的环境"中,"不可思议的环境"也没有解释出是什么样的环境,是像蜜蜂或苍蝇一样的玻璃瓶的环境,这个环境又是怎样的不可思议呢?读者确实理解不了。

本文论证的证据不充分。仅凭把蜜蜂和苍蝇放在一个瓶子里逃生这样一个简单的实验就推出:"在充满不确定性的经营环境中,企业应在随机试错的过程中寻求生路。在一个经常变化的世界里,混乱的行动比有序的衰亡好得多。"这体现出论据不足。

还有,仅就蜜蜂和苍蝇而言,它们是两种不同的生物,它们有各自的生活习性和生存方式,这就更跟企业的经营方式和生存方式没有任何的联系了。文中把它们联系在一起就是不正确的论证了。

最后,结论本身就有问题。"在一个经常变化的世界里,混乱的行动比有序的衰亡好得多""混乱的行动"这样的行动倒成了提倡的了,简直是颠倒是非,不知所云。

所以,文中的论证是不正确的。

【范文简评】本文让人感到作者在强词夺理,作者未对题干材料作实质性的分析,并且作者本身的思维也很空洞。另外,文中有的地方语言不畅,亦有病句存在,只能得5分。

【四类文-C】
该篇文章根据蜜蜂和苍蝇在玻璃瓶中逃生的实验,得出了这样的结论:"在一个经常变化的世界里,混乱的行动比有序的衰亡好得多。"

在实验中,玻璃瓶的瓶底对着光亮处,瓶口对着暗处,结果,有目标地朝着光亮拼命扑腾的蜜蜂最终衰竭而死，而无目的地乱窜的苍蝇竟都溜出细口瓶颈逃生。那么在这个实验中，玻璃瓶是一个始终不变的环境，苍蝇的混乱的行动使它侥幸逃生，但如果让玻璃瓶变一个位置，那么蜜蜂也就有可能在它遵循的规则下逃生了。所以，我不同意上面的结论。

我认为，如延伸到企业里，在经营环境的模糊性与不确定性的环境里既要遵循一定的规则又要有随机应变的能力。也只有这样才能让我们的企业在竞争中生存下去。如果只像蜜蜂那样一成不变地遵循同一规则，当所处的环境发生了变化，蜜蜂必然不适应会衰竭而死，那么企业也一样，如果市场发生了变化而没有作出反应，结局也会像蜜蜂一样会破产、崩溃。企业只有在发现或预测到了"环境"的改变的情况下，迅速地改变经营战略、突破原有规则才有可能免遭厄运。这样的例子有很多，如河南一家电冰箱制造企业一直在生产同一型号同一外形的冰箱，可是现在市场中消费者开始青睐无氟环保、外形多样化的冰箱了，于是企业在洞察之后转向无氟环保冰箱的制造，这样就能在变化多端、竞争激烈的市场环境中健康地发展下去了。像苍蝇无目的地乱窜而侥幸逃生那样，如果企业也盲目决策的话，就算侥幸正确那也是有巨大的风险的。

所以，这是绝对不可取的。

【范文简评】这篇文章的写作方法不符合论证有效性分析这一文体的要求。文章没有对题干材料的有效性进行逻辑分析，而是加入了自己的观点，对原有的论点进行驳论。作者混淆了驳论文与论证有效性分析的写作方法，这也是在考试改革后考生初学论证有效性分析时常犯的错误。另外，此作者的论证也不深刻，只能给3分。

第二节　谬误分析

论证有效性分析写作需要先分析谬误，然后组织结构，最后修饰语言。本节先给大家介绍识别谬误、分析谬误的方法。

一、梳理推理关系

（一）以论点为纲

读懂论证是表达质疑的前提。何为读懂论证呢？简单地说，就是准确地找到论点和论据，同时分析清楚论证过程。要做到这一点，我们必须首先明确论证者的观点即论点。只有在明确了论点之后，我们才能去思考论证过程有没有漏洞。因此，论证有效性分析写作必须先明确论点。

在找到论点之后，我们就可以围绕论点去找推理关系。一般情况下，论证者会用一些词来提示我们。

（二）关注关键词

论证中的关键词可以分为两类：

第一类，用以区分不同的论证链条。

所谓论证链条，就是在一个论证中可以从不同的角度展开推理，这些不同的角度就表现为不同的论证链条。一个论证链条可以包含一个或多个推理过程。

例如，牛肉干对健康无害。根据一项针对品牌牛肉干的调查发现，大多数品牌牛肉干都不含对身体有害的添加剂。此外，某食品专家对牛肉干的成分进行分析，发现牛肉干不会产生致癌物。因此，牛肉干可以说是"绿色食品"。

上述例子中,要论证"牛肉干对健康无害",论证者分别从"一项调查"以及"专家的意见"这两个角度展开论证,它们就属于不同的论证链条。其中,由"一项调查"去论证"牛肉干对健康无害"只有一个推理过程,而由"专家的意见"出发进行的论证就包含两个推理过程,即由"专家的意见"去论证"牛肉干是'绿色食品'",再去论证"牛肉干对健康无害"。

区分不同论证链条的关键词可以是"首先""其次""再有""此外"等。有时,其也可以通过不同的段落来体现。

第二类,用以表明前后之间的推理关系。

如果上下文之间出现诸如"由此可见""因此""所以""说明"等这些词,就要考虑上下文之间的推理关系。

关注第一类关键词,有利于我们全面理解别人的论证。关注第二类关键词,有利于我们梳理具体的推理关系。

【例1】作为财务总监,我反对公司进入保健品行业。《新都报》已经报道,有关专家预测,我国的保健品市场的增长将放缓。2002年,我国的保健品市场增长率为23%,2003年则为20.8%,由此可见保健品市场的规模在缩小。根据京、沪两地20~30岁人群的500个样本调查显示,更多的人选择的是健身房健身而不是买保健品。再如地龙液公司的补血产品不过2年就退出了保健品市场,可见这类产品的生命周期很短,进入这个行业对企业而言发展潜力有限。再有人们对保健品的抱怨越来越多,大家认为保健品的治疗功效十分有限。所以,我认为,进入保健品市场风险很大,不宜投资。

【解析】(1)以论点为纲:

由位置与关键词"所以"可知,上述论证的论点是保健品不宜投资。第一句话表达的是反对进入保健品行业,与最后一句表达的意思一致,能进一步让我们确定此为论点。

(2)关注关键词:

上述论证的结论是"保健品不宜投资",包含"新闻报道""2002年与2003年的数据对比""京沪调查意见""地龙液的例子""人们对保健品的抱怨"这几个链条。

具体推理关系如下:

①由"新闻报道"去论证"保健品不宜投资"。

②"2002年,我国的保健品市场增长率为23%,2003年则为20.8%,由此可见保健品市场的规模在缩小。"这句话中出现关键词"由此可见",因此,前后句之间存在推理关系,即由"增长率下降"先去论证"市场规模在缩小",再去论证"保健品不宜投资"。

③由"京沪的调查意见"去论证"保健品不宜投资"。

④"地龙液公司的补血产品不过2年就退出了保健品市场,可见这类产品的生命周期很短,进入这个行业对企业而言发展潜力有限。"在这句话中出现关键词"可见",因此,前后句之间存在推理关系,即由"地龙液2年退市"去论证"生命周期短",紧接着论证"发展潜力有限",最后论证"保健品不宜投资"。

⑤由"抱怨多"去论证"保健品不宜投资"。

【例2】哈佛大学教授本杰明·史华慈(Benjamin I. Schwartz)在二十世纪末指出,开始席卷一切的物质主义潮流将极大地冲击人类社会固有的价值观念,造成人类精神世界的空虚。这一论点值得商榷。

首先,按照唯物主义物质决定精神的基本原理,精神是物质在人类头脑中的反映。因此,物质丰富只会充实精神世界,物质主义潮流不可能造成人类精神世界的空虚。

其次,后物质主义理论认为:个人基本的物质生活条件一旦得到满足,就会把注意点转移到非物质方面。物质生活丰裕的人,往往会更注重精神生活,追求社会公平,个人尊严等等。

还有,最近一项对高校大学生的抽样调查表明,有69%的人认为物质生活丰富可以丰富人的精神生活,有22%的人认为物质生活和精神生活没有什么关系,只有9%的人认为物质生活丰富反而会降低人的精神追求。

总之,物质决定精神,社会物质生活水平的提高会促进人类精神世界的发展。担心物质生活的丰富会冲击人类的精神世界,只是杞人忧天罢了。

【解析】(1)以论点为纲:

按照位置与关键词"总之"可知,上述论证的论点是物质丰富不会冲击人类精神世界。第一段指出本杰明教授的观点值得商榷,即物质主义不会造成精神空虚,与最后一段表达的意思一致。

(2)关注关键词:

上述论证的结论是"物质丰富不会冲击人类的精神世界","首先""其次""还有"这些关键词提示我们第二段、第三段和第四段属于不同的论证链条。

具体推理关系如下:

①"按照唯物主义物质决定精神的基本原理,精神是物质在人类头脑中的反映。因此,物质丰富只会充实精神世界,物质主义潮流不可能造成人类精神世界的空虚。"这句话中出现关键词"因此",故前后句之间存在推理关系,即由"唯物主义的基本原理"去论证"物质丰富只会充实精神世界",再去论证"物质丰富不会冲击精神世界"。

②由"后物质主义理论"去论证"物质丰富不会冲击精神世界"。

③由"调查结论"去论证"物质丰富不会冲击精神世界"。

通过上述分析,我们可以发现,要梳理推理关系,在找到论点之后需关注两点:其一,关注推理链条;其二,关注上下句之间的关系。

梳理推理关系有助于我们读懂论证,同时,在梳理推理关系的过程中,我们可以辨别出简单的论证谬误。为了帮助考生提升辨别谬误的能力,下面总结了一些常见谬误。

二、谬误之概念问题

(一)概念不清

定义	识别特点	分析要点	参考模板
由于概念的内涵或外延没有界定清楚,导致因理解不同而出现歧义的错误	①关注论点中的概念;②关注论证过程中反复出现的概念	①指出哪个概念不清;②指出这个概念有哪些不同理解	上述论证的核心概念……没有得到清楚的界定。判断……的标准是指……还是指……?这个核心概念不明确,我们又如何得出……的结论呢

1.什么是概念不清

所谓概念不清,就是由于概念的内涵或外延没有界定清楚,因理解不同而造成歧义的错误。

例如,我想静静。

在上述例子中,由于不清楚"静静"是指一个人的名字,还是表示安静的意思。因此,其存在概念不清的问题。

这个例子比较简单,我们能很快找到表达中存在的问题。但是在考试中,一篇论证中出现的概念会很多,命题人不会随便给出一个概念,让其内涵、外延不清楚,那我们该如何识别呢?

2.识别特点

要识别有没有概念不清,我们可以关注以下两点:

①关注论点中的概念。

论点是论证者想要传达的核心思想,其概念是否清楚直接影响着人们对论证的理解。因此,命题人很容易在这些地方设置考点。

②关注论证过程中反复出现的概念。

一个概念既然在论证中反复出现,就说明这个概念对论证来说是非常重要的。因此,命题人很可能抓住这一点做文章。

论点中的概念以及论证过程中反复出现的概念,我们将其称之为核心概念。我们要找出有没有出现"概念不清"这种错误,关注这些核心概念就可以了。

例如,中国公关协会最近的调查显示,去年,中国公关市场营业额比前年增长25%,达到了25亿元人民币;而日本约为5亿美元,人均公关费用是中国的10多倍。由此推算,在不远的将来,若中国的人均公关费用达到日本的水平,中国公关市场的营业额将从25亿元增长到300亿元,平均每家公关公司就有3000万左右的营业收入。这意味着一大批本土公关公司将胜过外资公司,成为世界级的公关公司。

上述例子的论点是"一大批本土公关公司将成为世界级的公关公司",其中出现了一个概念"世界级的公关公司",但是自始至终没有给出评判世界级的标准是什么。因此,"世界级的公关公司"就属于概念不清。

当我们识别出概念不清后,还需要给出充足的理由论证这一点。

3.分析要点

在分析概念不清时,我们可以关注以下两点:

①指出哪个概念不清;

②指出这个概念有哪些不同理解。

在上述例子中,除了要指出"世界级的公关公司"这个概念有问题外,还需要指出这个概念有哪些理解,即判断世界级的标准具体可以是什么。

当我们知道分析要点后,组织语言相对而言就没那么复杂了。当然,如果你在这方面还存在一些问题,我们可以参考下面的模板。

4.参考模板

上述论证的核心概念①没有得到清楚的界定。判断①的标准是指②还是指③?这个核心概念不明确,我们又如何得出④的结论呢?

在上述模板中,①代表的是表达不清的概念,②和③代表的是对概念的不同理解,④代表的是论点。

【例3】每年的诺贝尔奖,特别是诺贝尔经济学奖公布之后,都会在中国引起很大的反响。诺贝尔经济学奖的得主是当之无愧的真正的经济学家……

然而,我们不得不面对的现状却是中国的经济学还远远没有走到经济科学的门口,中国真正意义上的经济学家,最多不超过5个。

真正的经济学家都要坚持理性的精神……有的经济学家热衷于担任一些大型公司的董事,或者在电视上频频上镜,怎么可能做好严肃的经济学研究?

经济学和物理学、数学一样,所讨论的都是非常专业化的问题。只有远离现实的诱惑,潜心于书斋,认真钻研学问,才可能成为真正意义上的经济学家,中国经济学家离这个境界太远了……

一个真正的经济学家,首先要把经济学当成一门科学来对待,必须保证学术研究的独立性和严肃性,必须保持与"官场"和"商场"的距离,否则,不可能在经济学领域做出独立的研究成果。

说"中国真正意义上的经济学家,最多不超过 5 个",听起来刻薄,但只要看一看国际上经济学界那些最重要的学术刊物,有多少文章是来自中国国内的经济学家,就会知道这还是比较客观和宽容的一种评价。

【解析】上述论证中反复出现的概念是"真正的经济学家"。论证者先指出诺贝尔经济学奖得主是当之无愧的真正的经济学家,即把是否获得诺贝尔经济学奖看作判断标准。而在最后其又把重要学术刊物上发表文章的多少看作判断标准。因此,上述论证存在概念不清的问题。

【参考范文】

(1)模板文:

上述论证中的核心概念"真正的经济学家"没有得到清楚的界定。判断"真正的经济学家"的标准到底是看是否获得诺贝尔经济学奖,还是看在重要学术刊物上发表了多少文章呢? 这个核心概念不明确,又如何得出"中国真正意义上的经济学家最多不超过 5 个"的结论呢?

(2)非模板文:

论证者反复提到"真正的经济学家",但是到底"什么是真正的经济学家"却没有明确说明。是看其是否获得诺贝尔经济学奖,还是看其在重要学术刊物上发表了多少文章呢? 不明确判断标准,无法断定"中国真正的经济学家"有多少。

【例 4】当前,我国许多大学致力于建设世界一流大学。其中,外国留学生数量是一个客观指标,一所大学正式注册读学位的外国留学生占到该校学生总数的百分之二十以上,就可以说这所大学是世界一流大学。

【解析】上述论证中反复出现的概念是"世界一流大学"。论证者以外国留学生的比例去判断一所学校是否是世界一流大学,但除此之外就没有其他条件了吗? 因此,上述断定存在概念不清的问题。

【参考范文】

(1)模板文:

上述论证中的核心概念"世界一流大学"没有得到清楚的界定。判断"世界一流大学"的标准是只看留学生的比例,还是说除此之外还要考虑科研成果、学术水平、办学理念等内容呢? 这个核心概念不明确,"我国许多大学致力于建设世界一流大学"又从何谈起呢?

(2)非模板文:

"我国许多大学致力于建设世界一流大学",但是,到底达到什么样的标准才能称之为世界一流大学呢? 是只看其留学生的比例,还是也要考虑诸如科研成果、学术水平、办学理念等指标呢? 不明确判断标准,"我国许多大学致力于建设世界一流大学"又从何谈起呢?

通过上述例子,我们可以发现,模板文和非模板文的差别主要体现在语言表达上。其实,大家只要抓住了分析要点,用比较自然的语言表达出来就好。

(二)偷换概念

定义	识别特点	分析要点	参考模板
在论证中把两个不同的概念当成同一个概念来使用所导致的错误	关注论点、论据中的概念是否前后一致	指出两个概念之间的差别: ①如果这两个概念的意思不明确,给出二者的定义; ②如果这两个概念的意思明确,指出二者的关系	上述论证先后使用了……和……这两个看似相近的概念,而其实二者有本质的不同。……是指……,而……是指……。论证者未能清楚界定这两个概念,便草率地得出……的结论,难以令人信服

1.什么是偷换概念

偷换概念就是在论证中把两个不同的概念当成同一个概念来使用所导致的错误。

例如,金钱如粪土,朋友值千金。由此得出:朋友如粪土。

在上述例子中,"金钱如粪土"中的"金钱"指的是纯粹的财物,而"朋友值千金"中的"千金"指的是友情的珍贵。因此,上述论证存在偷换概念的问题。

2.识别特点

要识别有没有偷换概念,我们需关注论点、论据中的概念是否前后一致。

例如,去年,规模最大的 10 家本土公关公司的年营业收入平均增长 30%,而规模最大的 10 家外资公关公司的年营业收入平均增长 15%,所以,本土公关公司比外资公关公司收益能力更强。

上述例子的论点是"本土公关公司的收益能力比外资强",而论据中比较的是"年营业收入增长率"。由"年营业收入增长率高"论证"收益能力强",是把"年营业收入增长率"与"收益能力"等同起来了,但二者肯定是不同的。

3.分析要点

在分析偷换概念时,我们需要指出两个概念之间的差别。

①如果这两个概念的意思不明确,给出二者的定义。

在上述例子中,"年营业收入增长率"与"收益能力"的意思不够明确,因此我们可以给出二者的定义,即:"年营业收入增长率"指的是企业本年营业收入增加额对上年营业收入总额的比率,反映的是营业收入增长速度;而"收益能力"指的是企业盈利能力,表现为一定时期内企业收益数额的多少。

②如果这两个概念的意思明确,指出二者的关系。

例如,我国的个人所得税从 1980 年开始征收,当时起征点为 800 元人民币。2008 年上调到 2000 元,2011 年起征点提高到 3500 元,2018 年调整到了 5000 元,顺应了大多数人的意愿。但是由于税收起征点上调,国家收到的税收大幅度减少,政府就更没有能力为中低收入者提供医疗、保险、教育等公共服务,结果还是对穷人不利。

在上述例子中,论证者由"个人所得税起征点上调"论证"国家税收减少",由于个人所得税不等于国家税收,因此上述论证存在偷换概念的问题。由于"个人所得税"和"国家税收"意思明确,因此我们只需要指出二者关系,即个人所得税只是国家税收的一部分,国家税收除了个人所得税外,还包括营业税、增值税、关税等。

4.参考模板

上述论证先后使用了①和②这两个看似相近的概念,而其实二者有本质的不同。①是指③,而②是指④。论证者未能清楚界定这两个概念,便草率地得出⑤的结论,难以令人信服。

在上述模板中,①②代表存在偷换概念问题的两个概念,③和④代表两个概念的定义,⑤代表论点。

【例 5】在全球 9 家航空公司的 140 份订单得到确认后,世界最大的民用飞机制造商之一——空中客车公司在 2005 年 10 月 6 日宣布,将在全球正式启动其全新的 A350 远程客机项目。中国、俄罗斯等国作为合作伙伴,也被邀请参与 A350 飞机的研发与生产过程,其中,中国将承担 A350 飞机 5%的设计和制造工作。

……这也标志着中国已经可以在航空器设计与制造领域参与全球竞争,并占有一席之地。

【解析】根据关键词"这也标志着"可知前后存在推理关系,即由"中国参与民用飞机的设计和制造"到"中国在航空器设计与制造领域能参与全球竞争"。论据中涉及的概念是"民用飞机",而论点中涉及的概念是"航空器",二者明显不同。因此,上述论证存在偷换概念的问题。

【参考范文】

(1)模板文：

上述论证中先后使用了"民用飞机"和"航空器"这两个看似相近的概念,而其实二者有本质的不同。"航空器"是指任何通过机身与空气的相对运动而获得空气动力升空飞行的机器,包括飞艇、滑翔机、直升机等,而民用飞机仅是航空器中的一种。论证者未能清楚界定这两个概念,便草率地得出"中国已在航空器的设计与制造领域占一席之地"的结论,难以令人信服。

(2)非模板文：

论证者将"民用飞机"和"航空器"混为一谈,"民用飞机"仅是"航空器"中的一种,航空器除民用飞机外,还包括飞艇、滑翔机、直升机等。因此,仅由民用飞机研发与制造能力获得提升,并不能得到航空器的设计与制造能力也提升了。

【例6】硕士、博士等知识头衔的实际价值正在遭受有识之士的质疑,就是这个道理。"知识就是力量"这个曾经影响了几代人的口号,正在成为历史的空气回声,这其实是时代的进步。

【解析】由"有识之士质疑硕士、博士等知识头衔"推出"知识不是力量"。其实,有识之士质疑的是"知识头衔",而非质疑"知识"。因此,上述论证明显混淆了"知识头衔"和"知识"这两个概念。

【参考范文】

(1)模板文：

上述论证先后使用了"知识头衔"和"知识"这两个看似相近的概念,而其实二者有本质的不同。"知识头衔"指一个人在接受了相关教育之后所获得的一种资格,一种教育经历。而"知识"则是指一个人所拥有的学识以及能力等。论证者未能清楚界定这两个概念,便草率地得出"'知识就是力量'正在成为历史的空气回声"的结论,难以令人信服。

(2)非模板文：

怎么能将"知识头衔"和"知识"这两个概念混为一谈呢?"知识头衔"指一个人在接受了相关教育之后所获得的一种资格,是一种教育经历。而"知识"则是指一个人所拥有的学识以及能力等。拥有"知识头衔"的人未必就具有与"头衔"匹配的知识。

三、谬误之逻辑缺陷

(一)自相矛盾

定义	识别特点	分析要点	参考模板
同时肯定两个相互矛盾或相互反对的断定	关注论点、论据以及论证的假设之间是否前后一致	①论点与论据、论据与论据之间存在不一致,直接指出矛盾所在 ②论点、论据与论证的假设之间存在不一致,将假设表达出来,指出矛盾所在	上述论证先断定……,但紧接着又断定……。前后自相矛盾,由此得出的结论显然难以成立

1.什么是自相矛盾

自相矛盾就是同时肯定两个相互矛盾或相互反对的断定。

例如,船桨忽上忽下地拍打着水面,发出紊乱的节奏声。

在上述例子中,"紊乱"说明没有节奏,因此上述断定存在自相矛盾的问题。

上述例子中的自相矛盾直接出现在一个断定中,在考试中一般不会这样给出,更多的是出现在上下文中。

2.识别特点

我们要识别有没有自相矛盾,需关注论点、论据以及论证的假设之间是否前后一致。

如果是论点与论据之间不一致或者论据与论据之间不一致，都是容易识别的。但是，如果论点或论据与论证的假设之间存在不一致，识别起来可能会困难一些。在这种情况下，就需要我们能对论证有清晰的把握。

例如，燃油税每升增收一分钱，按照目前的燃油消费水平，国家将每年因此增加10亿元的财政收入。因此，如果燃油税每升增收五角钱，则国家每年将增加500亿元的财政收入，这无疑是增加国家财政收入的有效途径。此举还会有另一个效果。由于燃油税是附加在成品油销售价上的，因此成品油价格的提高所导致的燃油消费量的下降，会明显降低我国对进口成品油的依赖。

在上述例子中，论证者由"燃油税增加一分钱可以增加10亿元的财政收入"论证"燃油税增加五角钱可以增加500亿元的财政收入"。我们要使论证成立，需要假设如下：燃油消费量不会随着燃油税的增加而减少。但是，接着又断定燃油税的增加会导致燃油消费量的下降。文章前后不一致。

3.分析要点

在分析自相矛盾时，我们需要考虑以下两个方面：

①论点与论据、论据与论据之间存在不一致，直接指出矛盾所在。

例如，把几只蜜蜂和苍蝇放进一只平放的玻璃瓶，使瓶底对着光亮处，瓶口对着暗处。结果是，有目标地朝着光亮拼命扑腾的蜜蜂最终衰竭而死，而无目的地乱窜的苍蝇竟都溜出细口瓶颈逃生。是什么葬送了蜜蜂？是它对既定方向的执着，是它对趋光习性这一规则的遵循。

当今企业面临的最大挑战是经营环境的模糊性与不确定性。……

上述例子是由蜜蜂和苍蝇的实验类比到企业，实验中瓶口和瓶底的位置是确定不变的，但是类比到企业时，又断定企业面临的环境是不确定的。文章前后自相矛盾。

②论点、论据与论证的假设之间存在不一致，将假设表达出来，指出矛盾所在。

上述关于"燃油税"的例子清楚地体现了这一点，我们先找出假设，再说明这一假设与题干的断定不一致。

4.参考模板

上述论证先断定①，但紧接着又断定②。前后自相矛盾，由此得出的结论显然难以成立。

在上述模板中，①和②代表两个自相矛盾的断定。

【例7】实际上，一部分大学生就业难，是因为其所学专业与市场需求不相适应或对就业岗位的要求过高。因此，只要根据市场需求调整高校专业设置，对大学生进行就业教育以改变他们的就业观念，鼓励大学生自主创业，那么大学生就业难问题将不复存在。

总之，大学生的就业并不是什么问题，我们大可不必为此顾虑重重。

【解析】上述论证的论点是大学生就业不难，而在论证过程中又断定一部分大学生就业难。因此，上述论证存在自相矛盾的问题。

【参考范文】

(1)模板文：

上述论证先断定一部分大学生就业难的原因在于专业与市场需求不匹配，但紧接着又说大学生就业不难，前后自相矛盾，由此得出的结论显然难以成立。

(2)非模板文：

论证者通过一系列论据得出结论说"大学生就业不难"，而在论证过程中又认为"一部分大学生就业难在于专业设置"，这明显前后自相矛盾。

【例8】……一般来说，要正确判断某一股票的价格高低，唯一的途径就是看它的历史表现。但是，有人在判断当前某一股价的高低时，不注重股票的历史表现，而只注重股票今后的走势，这是一种危险的行为。……再说,股价的未来走势充满各种变数,它的涨和跌不是必然的,而是或然的。我们只能借助概率进行预测,假如宏观经济、市场态势和个股的表现均好,它的上涨概率就大;假如宏观经济、市场态势和个股的表现均不好,它的上涨概率就小。

【解析】上述论证先断定正确判断股票价格高低的唯一途径是看历史表现,而后又断定股价的走势充满变数,只能借助概率进行预测。因此,上述论证存在自相矛盾的问题。

【参考范文】

(1)模板文:

在上述论证中,先断定正确判断股价高低的唯一途径是历史表现,但紧接着又断定只能借助概率预测股价高低。前后自相矛盾,由此得出的结论显然难以成立。

(2)非模板文:

既然前文断定"正确判断股价高低的唯一途径是看历史表现",怎么随后又断定"只能借助概率来预测股价"呢?这不是前后自相矛盾了吗?

(二)非黑即白

定义	识别特点	分析要点	参考模板
在有多种可能选择的情况下,不当地在两种极端对立的情况中进行二择一的错误选择	关注"二择一"的表达,如"不是……就是……""不是……而是……"	指出存在其他情况,如……	"不是……就是……",这是一种非黑即白的断定。……和……并不是两种仅有的选择,可能还存在其他情况,比如……。因此,得出的结论也是值得商榷的

1.什么是非黑即白

非黑即白就是在有多种可能选择的情况下,不当地在两种极端对立的情况中进行二择一的错误选择。

例如,是先有鸡,还是先有蛋?

在上述例子中,认为鸡和蛋的出现顺序有两种可能:其一,先有鸡后有蛋;其二,先有蛋后有鸡。然而鸡和蛋是由鸟和鸟蛋通过演化而来,在演化过程中无法区分谁先谁后。因此,上述提问存在"非黑即白"的问题。

2.识别特点

我们要识别有没有非黑即白,需关注"二择一"的表达,如"不是……就是……""不是……而是……"等。

例如,这个故事告诉我们,企业经营首先要考虑的是如何战胜竞争对手,因为顾客不是选择你,就是选择你的竞争者。

上述例子中出现了"二择一"的语句"不是选择你,就是选择你的竞争者","选择你"和"选择你的竞争者"并不是仅有的选择,在其中二择一,犯了非黑即白的错误。

3.分析要点

在分析非黑即白时,我们需要指出存在其他情况,如……。

我们在指出存在其他情况的时候,必须明确说明其他情况是什么,这样才有说服力。

对于上述例子,试想,如果你和你的竞争者提供的产品都不能满足顾客的需求,顾客可能既不选择你也不选择你的竞争对手。

4.参考模板

"不是①就是②",这是一种非黑即白的断定。①和②并不是两种仅有的选择,可能还存在其他情况,比如③。因此,得出的结论也是值得商榷的。

在上述模板中,①和②代表的是两种极端的选择,③代表的是其他可能性。

【例9】蜜蜂实验告诉我们,在充满不确定性的经营环境中,企业需要的不是朝着既定方向的执着努力,而是在随机试错的过程中寻求生路,不是对规则的遵循而是对规则的突破。

【解析】上述论证中出现了两个"二择一"的语句"不是……而是……",而"朝着既定方向的执着努力和随机试错中寻求生路"并不是仅有的选择,"遵循规则"和"突破规则"也并不矛盾。因此,上述论证存在非黑即白的问题。

【参考范文】

(1)模板文:

"不是朝着既定方向的执着努力,而是在随机试错的过程中寻求生路",这是一种非黑即白的断定。朝着既定方向的努力和随机试错中寻求生路,并不是仅有的选择,可能还存在其他情况,比如,可以在坚持既定方向的过程中,针对遇到的问题随机试错寻求生路。对待规则的态度,也可以是在遵守规则的基础上对既有规则进行突破。因此,其得出的结论也是值得商榷的。

(2)非模板文:

朝着既定方向的努力和随机试错中寻求生路,二者真的不能共存吗?难道就不能在坚持既定方向的过程中,针对遇到的问题通过随机试错寻求生路吗?同理,对待规则,难道不能在遵守规则的基础上对既有规则中过时的、落后的部分进行突破?

【例10】先从个人的角度谈起,一个人如果过分强调勤俭节约,就会过度关注"节流",而不重视"开源"。"开源"就是要动脑筋,花气力,最大程度发挥自己的能力合法赚钱。个人的财富不是省出来的,只靠节省,财富的积累是有限的,靠开源,财富才可能会滚滚而来。

【解析】上述论证中出现了"二选一"的语句,即"过度关注'节流',而不重视'开源'""个人的财富不是省出来的,靠开源才可能滚滚而来"。"节流"和"开源"并不是两种仅有的选择。因此,上述论证存在非黑即白的问题。

【参考范文】

(1)模板文:

"个人的财富不是省出来的,靠开源才能滚滚而来",这是一种非黑即白的断定。"节流和开源"并不是两种仅有的选择,还可能存在其他情况,比如:在节流的同时,通过开源增加个人财富。因此,其得出的结论也是值得商榷的。

(2)非模板文:

节流和开源二者真的不能共存吗?在节流的同时进行开源不是更有利于个人财富的积累吗?反而只节流可能因需求有限而缺乏创造财富的动力,只开源可能会因为浪费而无法聚集财富。

(三)以偏概全

定义	识别特点	分析要点	参考模板
以不具有代表性的样本为根据,得出一般性结论	关注是否有依据调查、报道、个别事例等得出的一般性结论	指出样本没有代表性,并说明为什么不具有代表性	仅依据……就得出……的结论,有以偏概全的嫌疑。因为……只是……的一部分,……很可能得不到……的结论

1.什么是以偏概全

以偏概全就是以不具有代表性的样本为根据,得出一般性结论。

例如,儿子比爸爸更聪明,因为建立相对论的是爱因斯坦,而不是爱因斯坦的爸爸。

在上述例子中,仅由爱因斯坦的情况就概括出"儿子比爸爸更聪明"这样一个一般性结论。因此,上述论证存在"以偏概全"的问题。

2.识别特点

要识别有没有以偏概全,需关注是否有依据调查、报道、个别事例等得出的一般性结论。

例如,我国的个人所得税从 1980 年开始征收,当时起征点为 800 元人民币。2008 年上调到 2000 元,2011 年起征点提高到 3500 元,2018 年调整到了 5000 元,顺应了大多数人的意愿。但是由于税收起征点上调,国家收到的税收大幅度减少,政府就更没有能力为中低收入者提供医疗、保险、教育等公共服务,结果还是对穷人不利。

在上述例子中,论证者由"个人所得税起征点上调"论证"国家税收减少",由于个人所得税只是国家税收的一部分,个人所得税税收减少并不意味着国家的税收会减少。因此,上述论证存在以偏概全的问题。

3.分析要点

在分析以偏概全时,我们需要指出样本没有代表性,并说明为什么不具有代表性。

如果仅说明样本没有代表性,只是指出了缺陷,要想让人相信样本确实没有代表性还需要进一步阐述具体原因。在上述例子中,除了要指出个人所得税只是国家税收的一部分外,还需进一步说明国家税收的其他形式。

4.参考模板

仅依据①就得出②的结论,有以偏概全的嫌疑。因为③只是④的一部分,⑤,很可能得不到②的结论。

在上述模板中,①代表样本,②代表论点,③代表样本中的对象,④代表总体,⑤代表不具有代表性的原因。

【例11】显然,那些认为洋快餐不利于健康的观点是站不住脚的。该公司去年在 100 家洋快餐店内进行的大量问卷调查结果显示,超过 90% 的中国消费者认为食用洋快餐对于个人的营养均衡有所帮助。

【解析】上述论证的论点是"洋快餐不利于健康的观点是站不住脚的",即洋快餐可能对健康无害。论据是对 100 家洋快餐店内的调查结果。该论证属于通过调查得出一般性结论,但 100 家洋快餐店内的消费者并不能代表所有人的看法。因此,上述论证存在以偏概全的问题。

【参考范文】

(1)模板文:

仅依据在 100 家洋快餐店内的调查,就得出"洋快餐可能对健康无害"的结论,有以偏概全的嫌疑。因为洋快餐店内的消费者只是中国消费者的一部分,这部分消费者很可能就是因为认可了洋快餐才来消费的,若我们扩大调查对象的范围,很可能得不到"洋快餐可能对健康无害"的结论。

(2)非模板文:

论证者仅凭在洋快餐店内的调查结果就以偏概全地得出结论:洋快餐可能对健康无害。很明显,论证者忽略了一个事实,店内的消费者很可能正是出于对洋快餐的认可才来消费的,以他们的认识为论据来推断其他中国消费者也会有此看法,结论未必可信。

【例12】科学家在一个孤岛上的猴群中做了一个实验。科学家将一种新口味的糖让猴群中地位最低的猴子品尝,等它认可后再让猴群其他成员品尝,花了大约 20 天左右,整个猴群才接受了这种糖。科学家将另一种新口味的糖让猴群中地位最高的猴王品尝,等它认可后再让猴群其他成员品尝。

两天之内,整个猴群就都接受了该种糖。看来,猴群中存在着权威,而权威对于新鲜事物的态度直接影响群体接受新鲜事物的进程。

【解析】上述论证的论点是"权威会对群体产生影响",论据是科学家对孤岛上猴群的一次实验。该论证属于通过一次实验得出一般性结论,但这次实验可能有其特殊性。因此,上述论证存在以偏概全的问题。

【参考范文】

(1)模板文:

论证者仅依据一次实验就得出"权威会对群体产生影响"的结论,有以偏概全的嫌疑。因为这次实验仅仅是众多可能性中的一种,试想我们改变一下实验条件,如交换一下两种口味的糖,很可能得不到"权威会对群体产生影响"的结论。

(2)非模板文:

论证者仅凭一次实验就以偏概全地得出结论说"权威会对群体产生影响"。这次实验很可能有它的特殊性,比如,给猴王品尝的糖恰好是猴子喜欢的口味,而给地位最低的猴子品尝的糖是猴子不喜欢的口味。如果交换一下两种口味的糖给猴子,实验结果可能会有很大不同。

(四)不当类比

定义	识别特点	分析要点	参考模板
将只在表面上相似而本质上不相似的两个事物或两类事物进行类比	关注是否存在将一个事物或一类事物的性质类比到其他事物上	指出这两个事物或两类事物有本质的差别	论证者将……和……进行类比,由此得出结论……。上述类比是不恰当的,因为……和……二者在本质上不相似,……。因此,上述类比得出的结论是难以成立的

1.什么是不当类比

不当类比就是将只在表面上相似而本质上不相似的两个事物或两类事物进行类比。

例如,×××曾经代言减肥茶,被认定为虚假广告。有人质疑广告上写着迅速抹平大肚子,说不灵。×××反驳说:呵,你那是矫情。方便面袋上印着大虾、肉块,也没见有人上方便面厂上吊去。藏秘排油广告画上还有四个藏族姑娘呢,你也要?

在上述例子中,×××将减肥茶和方便面、藏秘排油广告画进行类比,但忽略了减肥茶的核心价值是"迅速抹平大肚子",方便面的核心价值是面,袋上印着大虾、肉块则只是辅料,藏秘排油广告画上的四个藏族姑娘只是包装背景。因此,上述论证存在不当类比的问题。

2.识别特点

我们要识别有没有不当类比,需关注是否存在将一个事物或一类事物的性质类比到其他事物上。

例如,某中学因发现有学生课余用扑克玩带有赌博性质的游戏,所以该中学规定学生不得带扑克进入学校,不过即使是硬币,也可以用作赌具,但禁止学生带硬币进入学校是不可思议的。因此,禁止学生带扑克进学校是荒谬的。

在上述例子中,论证者由扑克和硬币都能做赌具,禁止学生带硬币进学校荒谬,类比得出结论,禁止学生带扑克进学校是荒谬的。但是,扑克和硬币虽然都能做赌具,但是二者有本质的不同。因此,上述论证存在不当类比的问题。

3.分析要点

在分析不当类比时,我们需要指出这两个事物或两类事物有本质的差别。

在上述例子中,其仅仅指出二者本质不同还不够,还需要进一步陈述差别,即扑克本身就是一种娱乐工具,而硬币用作赌具只是人为附加给它的一种属性。

4.参考模板

论证者将①和②进行类比,由此得出结论③。上述类比是不恰当的,因为①和②二者在本质上不相似,④。因此,上述类比得出的结论是难以必然成立的。

在上述模板中,①②代表类比的事物,③代表通过类比得出的结论,④代表类比对象之间的本质差别。

【例13】在企业管理的字典里,"终身制"和"铁饭碗"应该是褒义词。不少国家包括美国不是有终身教授吗?既然允许有捧着"铁饭碗"的教授,为什么不允许有捧着"铁饭碗"的工人呢?

【解析】上述论证由"有'铁饭碗'的教授"类比到"有'铁饭碗'的工人",但是教授和工人在岗位的重要程度、可替代性等方面都存在差别。因此,上述论证存在不当类比的问题。

【参考范文】

(1)模板文:

论证者将教授和工人进行类比,由此得出结论"应该有终身制的工人"。上述类比是不恰当的,因为教授和工人有本质上的不同。一个获得终身制的教授往往是在某些方面有特殊专长的人,具有稀缺性,可替代性差。而工人往往没有这样的稀缺性,可替代性较强。因此,上述类比得到的结论是难以必然成立的。

(2)非模板文:

从有终身制的教授类比到有终身制的工人,上述类比是不恰当的。获得终身制的教授往往是在某些方面有特殊专长的人,具有稀缺性,可替代性差,对学校乃至整个国家意义重大。对他们实行终身制,有助于留住核心竞争力。而工人显然没有终身制教授这样的不可替代性,怎么就得到要有"终身制"工人的结论呢?

【例14】科学家在一个孤岛上的猴群中做了一个实验。科学家将一种新口味的糖让猴群中地位最低的猴子品尝,等它认可后再让猴群其他成员品尝,花了大约20天左右,整个猴群才接受了这种糖。科学家将另一种新口味的糖让猴群中地位最高的猴王品尝,等它认可后再让猴群其他成员品尝。两天之内,整个猴群就都接受了该种糖。看来,猴群中存在着权威,而权威对于新鲜事物的态度直接影响群体接受新鲜事物的进程。

市场营销也是如此,如果希望推动人们接受某种新商品,应当首先影响引领时尚的文体明星。如果位于时尚高端的消费者不接受某种新商品,该商品一定会遭遇失败。

【解析】上述论证将市场营销和猴群接受新鲜事物进行类比,但猴群接受新鲜事物更多是一种本能,而市场营销需要考虑消费者的理性。因此,上述论证存在不当类比的问题。

【参考范文】

(1)模板文:

论证者将市场营销和猴群接受新鲜事物进行类比,由此得出结论"引领时尚的文体明星能影响人们接受新商品",上述类比是不恰当的,因为市场营销和猴群接受新鲜事物在本质上是不相似的,猴群接受新鲜事物依靠的是本能,容易受糖的口味、权威等因素的影响。而市场营销除了受产品本身的影响外,还需要考虑消费者的消费能力、消费意愿等。因此,上述类比得到的结论是难以必然成立的。

(2)非模板文:

从猴群接受新鲜事物类比到市场营销,可能忽略了二者之间的本质差别。猴群接受新鲜事物依靠的是一种本能,容易受糖的口味、权威等因素的影响。而市场营销的对象是理性的人,他们的消费能力、消费意愿等都会影响市场销售的结果。

（五）不当假设

定义	识别特点	分析要点	参考模板
一个论证要成立需要补充假设，而这个假设可能因违背客观事实而不成立或这个假设的真实性不确定	①论证成立是否需要添加假设 ②如果需要假设，考虑假设是否成立	①违背客观事实，就指出客观事实是什么 ②真实性不确定，就指出为什么不确定	由……推……。这一论证要成立需要假设……，而这个假设的真实性却是值得怀疑的。因为……。因此，上述论证未必是有效的

1.什么是不当假设

不当假设就是一个论证要成立需要补充假设，而这个假设可能因违背客观事实而不成立或这个假设的真实性不确定。

例如，临床试验显示，大多数品牌的牛肉干添加剂并不会导致动脉硬化。因此，人们可以放心食用牛肉干而无须担心对健康的影响。

上述例子由"牛肉干添加剂不会导致动脉硬化"论证"牛肉干对健康无害"，其要成立需要添加假设：动脉健康就等于身体健康。但是，这个假设的真实性值得怀疑。因此，上述论证存在不当假设的问题。

2.识别特点

我们要识别有没有不当假设，需关注以下两点：

①论证成立是否需要添加假设；

②如果需要假设，考虑假设是否成立。

例如，MBA 教育试图把管理传授给某个毫无实际经验的人。这不仅仅是浪费时间，更糟糕的是，它是对管理的一种贬低。

上述断定要成立，需要假设：接受 MBA 教育的人是没有工作经验的，但是这个假设明显不成立。因此，上述断定包含了不当假设。

3.分析要点

在分析不当假设时，我们需要从以下两方面来考虑：

①违背客观事实，就指出客观事实是什么；

②真实性不确定，就指出为什么不确定。

在上述例子中，需要假设接受 MBA 教育的人是没有工作经验的。这明显不符合客观事实，根据 MBA 的报考规定，报考 MBA 的考生必须具备相应的工作经验。

4.参考模板

由①推②。这一论证要成立需要假设③，而这个假设的真实性却是值得怀疑的。因为④。因此，上述论证未必是有效的。

在上述模板中，①和②分别代表论据和论点，③代表论证的假设，④代表假设值得怀疑的理由。

【例 15】中医有几千年的历史了，治好了那么多人，怎么可以说是伪科学呢？人们为什么崇尚科学？是因为科学对人类有用。既然中医对人类有用，凭什么说它不是科学？

【解析】上述论证的论点为中医是科学，论据是中医对人类有用。上述论证要成立，需要假设：有用的都是科学。但是这个假设明显不成立。因此，上述论证存在不当假设的问题。

【参考范文】

（1）模板文：

由"中医有用"推出"中医是科学"。这一论证要成立，需要假设：对人类有用的都是科学。而这个假设的真实性却是值得怀疑的。比如迷信、宗教等有时也能起到心理慰藉的作用，但显然不能说它们是科学。因此，上述论证未必是有效的。

（2）非模板文：

由"中医有用"得到"中医是科学"，需要假设：有用的都是科学。然而，有用的东西很多，比如迷信，在某些情况下也能起到慰藉心灵的作用，可以说它是有用的，但显然不能说它是科学。

【例16】有人提出，应当把"孝"作为选拔官员的一项标准，理由是，一个没有孝心，连自己父母都不孝顺的人，怎么能忠诚地为国家和社会尽职尽责呢？我不赞同这种观点。现在已经是21世纪了，我们的思想意识怎么能停留在封建时代呢？

【解析】上述论证的论点是孝不能成为选拔官员的标准，论据是孝产生于封建时代。上述论证要成立，需要假设：产生于封建时代的东西都不好。但是这个假设明显不成立。因此，上述论证存在不当假设的问题。

【参考范文】

（1）模板文：

由"孝产生于封建时代"推出"孝不能成为选拔官员的标准"，这一论证要成立，需要假设：产生于封建时代的东西都不好。而这个假设的真实性明显是值得怀疑的。因为产生于封建时代的"善""尊老爱幼"等是我们应该具备的美好品德。因此，上述论证未必是有效的。

（2）非模板文：

由"孝产生于封建时代"去论证"孝不能成为选拔官员的标准"，需要假设：产生于封建时代的东西都不好。产生于封建时代的东西一定都不好吗？我们能说产生于封建时代的"善""尊老爱幼"等不好吗？所以孝能不能成为选拔官员的标准，不能仅由其产生于封建时代就妄下定论。

（六）强加因果

定义	识别特点	分析要点	参考模板
在明显不具有因果关系的现象之间强加因果关系	①题干出现因果关系；②考虑因果关系是否成立	指出导致某种结果的真正原因并非给出的原因，而是由其他原因所致	论证者把……归因于……，这一归因未免过于牵强。导致……的真正原因很可能是……，而与……没有直接关系。因此，认为……导致……是值得怀疑的

1.什么是强加因果

强加因果就是在明显不具有因果关系的现象之间强加因果关系。

例如，考前一炷香，考试不用慌。

在上述例子中，将"考试不慌"的原因归于"考前烧香"。但是，"考前烧香"明显不是"考试不慌"的原因。因此，上述断定存在强加因果的问题。

2.识别特点

我们要识别有没有强加因果，需关注以下两点：

①题干出现因果关系；

②考虑因果关系是否成立。

题干出现因果关系，但不一定出现像"A导致B"这样的因果表达，需在具体语境中考虑是否存在归因问题。

例如,为了解决"期界问题",日本和德国的企业对那些专业技能要求很高的岗位上的员工,一般都实行终身雇佣制;而终身雇佣制也为日本和德国企业建立与保持国际竞争力提供了保障。这证明了"终身制"和"铁饭碗"不见得不好。

在上述例子中,"终身雇佣制也为日本和德国企业建立与保持国际竞争力提供了保障"暗含着因果关系:日本和德国企业的国际竞争力强的原因在于其实行终身雇佣制。这种因果关系是否成立呢?国际竞争力的强弱与实行什么样的雇佣制度没有关系,而与企业的发展战略、创新精神等密切相关。因此,上述断定存在强加因果的问题。

3.分析要点

在分析强加因果时,我们需要指出导致某种结果的真正原因并非给出的原因,而是其他原因。

当我们指出是由其他原因导致某种结果的时候,必须明确给出其他原因是什么,不能空谈是其他原因所致。在上述例子中,我们没有只说国际竞争力与终身制无关,还指出国际竞争力强的原因在于企业的发展战略、创新精神等。

4.参考模板

论证者把①归因于②,这一归因未免过于牵强。导致①的真正原因很可能是③,而与②没有直接关系。因此,认为②导致①是值得怀疑的。

在上述模板中,①代表因果关系中的结果,②代表原因。③代表导致①的真正原因。

【例17】在全球9家航空公司的140份订单得到确认后,世界最大的民用飞机制造商之一——空中客车公司于2005年10月6日宣布,将在全球正式启动其全新的A350远程客机项目。中国、俄罗斯等国作为合作伙伴,也被邀请参与A350飞机的研发与生产过程。其中,中国将承担A350飞机5%的设计和制造工作。

这意味着未来空中客车公司每销售100架A350飞机,就将有5架是中国制造的。这表明中国经过多年艰苦的努力,民用飞机研发与制造能力得到了系统的提升,获得了国际同行的认可;这也标志着中国已经可以在航空器设计与制造领域参与全球竞争,并占有一席之地。

【解析】在上述论证中包含一个因果关系:中国被邀请参与A350飞机的研发和制造的原因在于民用飞机研发与制造能力得到了系统提升。真的是这样吗?有没有可能空中客车公司并不是看中了中国在民用飞机方面的研发与制造能力,而是看中了中国的市场呢?因此,上述论证存在强加因果的问题。

【参考范文】

(1)模板文:

论证者把空中客车邀请中国参与A350项目归因于中国在民用飞机方面研发、制造能力的提升,这一归因未免过于牵强。空中客车邀请中国参与的真正原因很可能是其看中了中国巨大的市场潜力,而与中国民用飞机研发、制造能力提升没有直接关系。因此,认为中国民用飞机研发、制造能力提升导致空中客车邀请中国参与该项目是值得怀疑的。

(2)非模板文:

空中客车邀请中国参与A350项目真的是因为我们在民用飞机方面研发、制造能力提升了吗?有没有可能是因为他们看中了中国巨大的市场潜力,希望通过中国的参与而迅速打开中国市场呢?因此,上述论证的归因是存在问题的。

【例18】科学家在一个孤岛上的猴群中做了一个实验。科学家将一种新口味的糖让猴群中地位最低的猴子品尝,等它认可后再让猴群其他成员品尝,花了大约20天左右,整个猴群才接受了这种糖。科学家将另一种新口味的糖让猴群中地位最高的猴王品尝,等它认可后再让猴群其他成员品尝。两天之内,整个猴群就都接受了该种糖。看来,猴群中存在着权威,而权威对于新鲜事物的态度直接影响群体接受新鲜事物的进程。

【解析】在上述论证中包含一个因果关系:权威的有无导致猴群对两种糖的接受速度不同。这种因果关系成立吗? 导致猴群接受速度不同的真正原因可能在于两种糖的口味不同。因此,上述论证有强加因果的问题。

【参考范文】

(1)模板文:

论证者把两种糖被猴群接受的快慢不同归因于有无权威,这一归因未免过于牵强。导致这一结果的真正原因可能与这两种糖的口味不同有关,而与权威没有直接关系。因此,论证者认为权威影响了猴群对糖果的接受速度,这是值得怀疑的。

(2)非模板文:

权威真的是两种糖被猴群接受速度不同的原因吗? 未必。导致猴群接受速度不同的真正原因可能是猴王品尝的那种糖,其口味是猴子喜欢的;而地位最低的猴子品尝的那种糖,其口味是猴子不喜欢的。喜欢的自然接受快,不喜欢的自然接受慢,与权威无关。

(七)单因

定义	识别特点	分析要点	参考模板
在确立因果关系时,将导致某一结果产生的多种因素简单地归结为其中的某一种因素,或者将导致某一结果产生的某个重要因素视为唯一的因素	①题干出现因果关系;②导致某种结果的原因是多方面的	指出除了这个原因,还存在其他原因,比如……	论证者把……归因于……,这一归因未免过于简单。造成……这一结果的原因是多方面的,除了……,还可能有其他原因,比如……。因此,仅认为……导致……是值得商榷的

1.什么是单因

单因就是在确立因果关系时,将导致某一结果产生的多种因素简单地归结为其中的某一种因素,或者将导致某一结果产生的某个重要因素视为唯一的因素。

例如,没有与摩拜的恶性竞争,ofo也不会濒临破产。

上述例子把ofo濒临破产的原因归于与摩拜的恶性竞争。但是,导致ofo濒临破产的原因仅有这一个吗? 显然不是,盲目扩张、过分依赖资本等为其倒闭埋下了伏笔。因此,上述断定存在单因的问题。

2.识别特点

我们要识别有没有单因,需关注以下两点:

①题干出现因果关系;

②导致某种结果的原因是多方面的。

与强加因果类似,这种因果关系也有可能暗含在相应的语境中。但单因也与强加因果有差别,强加因果在于二者的因果关系实际上不成立;而单因在于二者的因果关系成立,只不过忽略了其他原因。

例如,事实也是如此,所谓"金砖四国"国际声望的上升,无不得益于他们的经济成就,无不得益于互联网技术的发展。

上述例子中暗含着因果关系:"金砖四国"国际声望上升的原因在于其经济成就和互联网技术。不可否认经济成就和互联网技术确实能提升国际声望,但也不能忽略诸如文化软实力等方面的影响。

因此,上述断定存在单因的问题。

3.分析要点

在分析单因时,我们需要指出除了这个原因之外,还存在其他原因,比如……

与分析强加因果类似,我们在分析单因时也必须明确写出其他原因是什么,这样的分析才到位。在上述例子中,我们指出除了经济成就和互联网技术外,文化软实力也是重要的影响因素。

4.参考模板

论证者把①归因于②,这一归因未免过于简单。造成①这一结果的原因是多方面的,除了②,还可能有其他原因,比如③。因此,仅认为②导致①是值得商榷的。

在上述模板中,①代表因果关系中的结果,②代表原因,③代表造成这一结果的其他具体原因。

【例19】企业高管拿高薪是因为他们的决策对企业的生存与发展至关重要,然而,当公司业绩下滑甚至亏损时,他们却不必支付罚金。正是这种无效的激励机制使得公司高管们朝着错误的方向越走越远。

【解析】上述论证中包含着一个因果关系:公司业绩下滑的原因在于高管们的决策。显然,造成业绩下滑的原因应该是多方面的,不能排除高管们决策的影响,但也不能忽略外部市场环境、国家宏观经济政策等因素。因此,上述论证存在单因的问题。

【参考范文】

(1)模板文:

论证者把公司业绩下滑归因于高管们的决策,这一归因未免过于简单。造成公司业绩下滑这一结果的原因是多方面的,除了高管们的决策之外,还可能有其他原因,比如,外部市场环境、国家宏观经济政策等。因此,仅认为高管们的决策导致公司业绩下滑是值得商榷的。

(2)非模板文:

责罚高管真的能解决公司业绩下滑的问题吗?如此操作恐怕难以达到效果。造成业绩下滑的因素是多方面的,当然不能排除高管决策的影响,但我们也不应该忽略外部市场环境、国家宏观经济政策等因素的影响。论证者不综合考量这些因素,而一味地责怪高管,未免有失偏颇。

【例20】中医在中国医学领域居于主导地位的时候,中国人的平均寿命在古代和近代都只有三十岁左右。现代中国人平均寿命提高到七十岁左右,完全拜现代医学所赐。

【解析】上述论证包含着一个因果关系:现代中国人平均寿命提高的原因在于现代医学的发展。显然,现代中国人平均寿命提高的原因是多方面的,不能排除现代医学的作用,但也不能忽略食物以及战争等因素的影响。因此,上述论证存在单因的问题。

【参考范文】

(1)模板文:

论证者把"现代中国人平均寿命的提高"归因于"现代医学的发展",未免过于简单。现代中国人平均寿命提高的原因是多方面的,除了现代医学的发展之外,还可能有其他原因,比如,和平的社会环境、充足的食物来源、健康的生活方式等。因此,仅认为是现代医学的发展使中国人平均寿命提高是值得商榷的。

(2)非模板文:

现代中国人平均寿命的提高真的仅仅是因为现代医学的发展吗?诚然,现代医学的发展可能确实有利于寿命的提高,但除此之外,和平的社会环境、充足的食物来源、健康的生活方式等对寿命的提高都有重要的影响。忽略这些因素,仅归功于现代医学未免有失偏颇。

（八）绝对判断

定义	识别特点	分析要点	参考模板
忽略了其他可能情况,把一般原则绝对化导致的错误	①论证中是否出现了绝对化的表达;②考虑这种表达是否忽略了其他可能情况	指出存在其他可能情况	论证者断定……,这一断定未免过于绝对。忽略了……。因此,上述断定是不成立的

1.什么是绝对判断

绝对判断就是忽略了其他可能情况,把一般原则绝对化的错误。

例如,运动能增强体质,因此,每个人都应该多运动。

在上述例子中,由"运动能增强体质"得到"每个人都应该多运动"的结论,这个结论忽略了像高血压、心脏病等特殊人群可能并不适合多运动的因素。因此,上述结论存在绝对判断的问题。

2.识别特点

我们要识别有没有绝对判断,需关注以下两点:

①论证中是否出现了绝对化的表达;

②考虑这种表达是否忽略了其他可能情况。

例如,既然人的本性是好利恶害的,那么我们在选拔官员时,既没有可能也没有必要去寻求那些不求私利的廉洁之士,因为世界上根本不存在这样的人。

上述例子中断定"世界上根本不存在廉洁之士",这一断定忽略了可能存在的反例,比如,包拯、海瑞、孔繁森等。因此,上述断定存在绝对判断的问题。

3.分析要点

在分析绝对判断时,我们要指出存在其他可能情况。

在上述例子中,当我们指出包拯、海瑞、孔繁森等人都是廉洁之士时,自然能说明上述断定过于绝对了。

4.参考模板

论证者断定①,这一断定未免过于绝对。忽略了②。因此,上述断定是不成立的。

在上述模板中,①代表绝对判断,②代表可能存在的反例。

【例 21】股价高低是一个相对的概念,只有通过比较才能显现。一般来说,要正确判断一只股票的高低,唯一的途径就是看它的历史表现。

【解析】上述断定认为"要正确判断一只股票的高低,唯一的途径就是看它的历史表现",这种看法过分看重历史表现,忽略了股票未来的走向、国家的宏观政策、公司的经营状况以及股民心理等因素。因此,上述断定存在绝对判断的问题。

【参考范文】

(1)模板文:

论证者断定"要正确判断一只股票的高低,唯一的途径就是看它的历史表现",这一断定未免过于绝对。其忽略了股票未来的走向、国家的宏观经济政策、公司的经营状况以及股民心理对股价的影响。因此,上述断定是不成立的。

(2)非模板文:

判断股价高低真的只能看它的历史表现吗?诚然,历史表现对于判断股价高低有一定的参考价值,但我们也不能忽略股票未来的走向、国家的宏观政策、公司的经营状况以及股民心理等因素对股价的影响。

【例22】按照唯物主义的物质决定精神的基本原理,精神是物质在人类头脑中的反映。因此,物质丰富只会充实精神世界,物质主义潮流不可能造成人类精神世界的空虚。

【解析】上述论证认为"物质主义潮流不可能造成人类精神世界的空虚",忽略了物质主义潮流可能对精神世界的冲击。物质主义夸大了物质的作用,否定精神和道德的价值,这样的潮流肯定会对人的精神世界造成冲击。因此,上述断定存在绝对判断的问题。

【参考范文】

(1)模板文:

论证者断定"物质主义潮流不可能造成人类精神世界的空虚",这一断定未免过于绝对。物质主义夸大了物质的作用,否定精神和道德的价值,这样的潮流肯定会对人的精神世界造成冲击。因此,上述断定是不成立的。

(2)非模板文:

物质主义潮流真的不会造成人类精神世界的空虚吗? 物质主义夸大了物质的作用,否定精神和道德的价值,在这种潮流的影响下,人类精神世界怎么会不受影响呢? 不然,也不会有贪官为了满足物质上的欲望而走上犯罪的道路。

四、谬误之前提与结论问题

推不出

定义	识别特点	分析要点	参考模板
论据与论点之间缺乏必然的联系,由论据无法得到论点	关注论据与论点之间的推理关系是否成立	指出论据与论点之间的差异	由……未必能得到……。因为……。因此,上述结论是难以必然成立的

1.什么是推不出

推不出就是论据与论点之间缺乏必然的联系,由论据无法得到论点。

例如,他一定很富有。不信,你看他开的车就知道了。

在上述例子中,由"他开好车"论证"他很富有"。开好车和富有之间没有必然联系,好车可以是租的。因此,上述论证存在推不出的问题。

由于推不出涉及论据与论点之间的逻辑关系,从论据无法得到论点,从这个意义上讲,所有谬误都可以称为推不出。在考试中,如果我们无法确定这种错误的类型,都可以用"推不出"来表达。当然,我们可以用"并不意味着""未必能得出""怎么能得出"这些词来代替"推不出"。

2.识别特点

我们要识别有没有推不出,需关注论据与论点之间的推理关系是否成立。

由于任何谬误都可以从推不出的角度来考虑,因此,只要找到推理关系,我们就可以运用批判思维去思考其中的问题。

例如,该报告指出,过去5年中,洋快餐在大城市中的网点数每年以40%的惊人速度增长,而在中国广大的中小城市和乡镇还有广阔的市场增长空间。照此速度发展下去,估计未来10年,洋快餐在中国饮食行业的市场占有率将超过20%,从而成为中国百姓饮食的重要选择。

上述例子存在着一个推理关系:由"洋快餐在大城市中发展很快"得到"洋快餐在中小城市和乡镇也发展很快"。大城市的市场环境和中小城市、乡镇的市场环境是存在差异的,怎么能由在大城市发展快推出在中小城市、乡镇发展也很快呢? 因此,上述论证存在推不出的问题。

3.分析要点

在分析推不出时,我们需要指出论据与论点之间的差异。

在上述例子中,论据涉及洋快餐在大城市的发展情况,论点则是洋快餐在中小城市、乡镇的发展情况。大城市和中小城市、乡镇在工作节奏、消费潜力等方面都存在差异,而这些因素对洋快餐的发展有重大影响。

4.参考模板

由①未必能得到②。因为③。因此,上述结论是难以必然成立的。

在上述模板中,①代表论据,②代表论点,③代表论据与论点的差异。

【例23】现代网络技术可以使你在最短的时间里查询你所需要的任何知识信息,有的大学毕业生因此感叹何必要为学习各种知识数年寒窗,这并非无道理。传授知识不应当成为教育,特别是高等教育的功能。

【解析】上述论证的论点是没有必要为学习各种知识寒窗苦读,论据是知识可以从网上查到。思考这样两个问题:其一,不学习知识能否在网上进行相关查询、辨别;其二,知识更新迭代很快,大家都不学习,网上的知识从哪里来的呢? 因此,上述论证存在推不出的问题。

【参考范文】

(1)模板文:

由"网络技术可以查询知识"未必能得到"不用学习知识了"。因为我们要使用网络技术必须以一定的知识为背景,否则我们怎么知道如何使用这项技术呢? 再者,网络上所查询的知识并不是凭空而来,正是基于人们对知识的学习和积累才能共享于网络的。因此,上述结论是难以必然成立的。

(2)非模板文:

"利用网络技术可以查询知识"就意味着"不用学习知识了"吗? 网络技术能方便我们获取知识,但是没有一定的知识做支撑,我们又怎么知道如何使用这项技术呢? 再者,网络上所查询的知识是从哪里来的呢? 没有人们对知识的学习和积累就无法共享于网络。因此,不管从哪一角度看,都不能得到"不用学习知识"的结论。

【例24】当雇员面对短期的雇佣关系,他不会为提高自己的专业技能投资,因为他在甲企业中培育的专业技能对他在乙企业中的发展可能毫无意义。

【解析】上述论证的论点是雇员不会为提高自己的专业技能而投资,论据是在短期的雇佣关系中,在甲企业中培育的专业技能在乙企业中可能毫无意义。如果甲企业和乙企业属于同一行业,还能说在甲企业中培育的专业技能在乙企业中没有意义吗? 还能得出雇员不会为提高自己的专业技能而投资的结论吗? 上述论证存在推不出的问题。

【参考范文】

(1)模板文:

由"雇员在甲企业中培育的专业技能今后可能用不上"未必能得到"雇员不会为提高自己的技能而投资"。因为很多员工很可能是在同一个行业、同一种工作岗位之间跳槽。这种情况下,一个人的专业技能很有可能是通用的,就算是短期雇佣,员工也可能会为提升自己的竞争力而不断提升自己的专业技能。因此,上述结论是难以必然成立的。

(2)非模板文:

换工作就真的会影响雇员为提高专业技能而投资吗? 未必。因为很多员工很可能是在同一个行业、同一种工作岗位之间跳槽。这种情况下,一个人的专业技能有很大可能是通用的,就算是短期雇佣,员工也可能会为提升自己的竞争力而不断提升自己的专业技能。

五、谬误之条件关系问题

误用条件关系

定义	识别特点	分析要点	参考模板
把充分条件误作必要条件，或把必要条件误作充分条件，或把没有条件关系误作有条件关系	①是否出现条件关系的表达，如"只要……就……""只有……才……"等；②考虑这种条件关系是否成立	①误作充分条件，指出仅有这个条件还不够；②误作必要条件，指出还可以有其他途径	有……就一定会有……吗？有了……在一定程度上确实会……，但未必是……的充分条件。试想，如果只有……，而没有……，何谈……呢 只有……才……吗？……也许会有助于……，但未必是必要条件。因为除了……之外，……还可以……

1.什么是误用条件关系

所谓条件关系就是逻辑中所讲的充分条件关系和必要条件关系。

误用条件关系就是把充分条件误作必要条件，或把必要条件误作充分条件，或把没有条件关系误作有条件关系。

例如，只要好好学习就能考上研究生。

在上述例子中，"好好学习"被认为是"考上研究生"的充分条件，这一充分条件关系成立吗？诚然，好好学习对考上研究生是有帮助的，但肯定不是充分条件。因此，上述断定存在误用条件关系的问题。

2.识别特点

我们要识别有没有误用条件关系，需关注以下两点：

①是否出现条件关系的表达，如"只要……就……""只有……才……"等；

②考虑这种条件关系是否成立。

这里需要注意两点：

第一，在逻辑试题中，我们碰到条件关系是不考虑条件关系是否成立的，但是在论证有效性分析写作中，我们可以对这种条件表达质疑，考虑条件关系是否成立。

第二，表达条件关系通常是"只要……就……""只有……才……"，但不仅限于此。

例如，在经济全球化的时代，参与国际合作将带来双赢的结果，这也是提高我国科技水平和产业国际竞争力的必由之路。

上述例子断定"参与国际合作是提高我国科技水平和产业国际竞争力的必由之路"，即"要提高我国科技水平和产业国际竞争力的必要条件是参与国际合作"。真的没有其他道路可走吗？未必。我国很多领域通过自主创新也处于国际领先地位。因此，上述断定存在误用条件关系的问题。

3.分析要点

在分析误用条件关系时，我们需要根据条件关系的类型不同做如下分析：

①误作充分条件，指出仅有这个条件还不够；

②误作必要条件，指出还可以有其他途径。

在上述考研究生的例子中，说仅仅好好学习就够了，但是每年有不少考了高分的 MPAcc 考生不能进复试。这就告诉我们，仅仅好好学习还不够，还要会报考。

在上述参与国际合作的例子中，提升科技水平除了参与国际合作外，还存在其他诸如自主创新等途径。

4.参考模板

误用充分条件:有①就一定会有②吗? 有了①在一定程度上确实会有②,但未必是②的充分条件。试想,如果只有①,而没有③,何谈②呢?

在上述模板中,①代表充分条件关系的条件,②代表充分条件关系的结果,③代表其他条件。

误用必要条件:只有①才②吗? ①也许会有助于②,但未必是必要条件。因为除了①之外,③还可以②。

在上述模板中,①代表必要条件的条件,②代表必要条件的结果,③代表其他途径。

【例 25】现代企业管理制度的设计所要遵循的重要原则是权力的制衡与监督。只要有了制衡与监督,企业的成功就有了保证。

【解析】上述断定中出现了"只要……就……",其断定"制衡与监督"是"企业成功"的充分条件。但是,如果仅仅有制衡与监督,而没有自主创新、外部市场环境也不景气、资金也不够充足,企业怎么能成功呢? 因此,上述断定存在误用条件关系的问题。

【参考范文】

(1)模板文:

有了制衡与监督,企业就一定能成功吗? 有了制衡与监督,在一定程度上确实会使企业更容易取得成功,但这未必是成功的充分条件。试想,如果仅有制衡与监督,而缺乏自主创新、外部市场环境不景气、企业资金短缺,又何谈成功呢?

(2)非模板文:

有了制衡与监督,企业未必就能成功。试想,若一个企业身处飘摇不定的市场环境中,也没有与时俱进的创新能力,没有充足的资金来源,即使制衡与监督机制再完善,企业也可能会举步维艰。因此,上述断定过分夸大了制衡与监督的价值。

【例 26】企业高管拿高薪是因为他们的决策对企业的生存与发展至关重要,然而,当公司业绩下滑甚至亏损时,他们却不必支付罚金。正是这种无效的激励机制使得公司高管们朝着错误的方向越走越远。因此,只有建立有效的激励机制,才能杜绝企业丑闻的发生。

【解析】上述断定中出现了"只有……才……",其断定"有效的激励机制"是"杜绝企业丑闻"的必要条件。但是,除了有效的激励机制外,就没有其他途径能杜绝企业丑闻吗? 完善的法律法规、良好的监督机制也可以减少企业丑闻的发生。因此,上述断定存在误用条件关系的问题。

【参考范文】

(1)模板文:

只有有效的激励机制才能杜绝企业丑闻吗? 有效的激励机制也许会有助于减少企业丑闻的发生,但未必是必要条件。因为除了有效的激励机制之外,国家法律法规的完善、监督机制的落实也会减少企业丑闻的发生。

(2)非模板文:

有效的激励机制真的是杜绝企业丑闻的唯一途径吗? 不可否认,有效的激励机制对减少企业丑闻确实有帮助,但说它是唯一途径未免言过其实。完善的法律法规、良好的监督机制都能减少企业丑闻的发生,并且它们可能是比激励机制更有效的途径。

上述谬误在考试中出现的频率相对较高,大家掌握了这些谬误的识别特点以及分析要点,对顺利完成论证有效性分析写作大有裨益。

为了方便大家阅读,我们将这些谬误整理如下:

谬误类型	识别特点	分析要点
概念不清	①关注论点中的概念； ②关注论证过程中反复出现的概念	①指出哪个概念不清； ②指出这个概念有哪些不同理解
偷换概念	关注论点、论据中的概念是否前后一致	①如果这两个概念的意思不明确，给出二者的定义； ②如果这两个概念的意思明确，指出二者的关系
自相矛盾	关注论点、论据以及论证的假设之间是否前后一致	①论点与论据、论据与论据之间存在不一致，直接指出矛盾所在； ②论点、论据与论证的假设之间存在不一致，将假设表达出来，指出矛盾所在
非黑即白	关注"二择一"的表达，如不是……就是……、不是……而是……等	指出存在其他情况，如……
以偏概全	关注是否根据调查、报道、个别事例等得出一般性结论	指出样本没有代表性，并说明为什么不具有代表性
不当类比	关注是否存在将一个事物或一类事物的性质类比到其他事物上	指出这两个事物或两类事物有本质的差别
不当假设	①论证成立是否需要添加假设； ②如果需要假设，考虑假设是否成立	①违背客观事实，就指出客观事实是什么； ②真实性不确定，就指出为什么不确定
强加因果	①题干出现因果关系； ②考虑因果关系是否成立	指出导致某种结果的真正原因并非给出的原因，而是由其他原因所致
单因	①题干出现因果关系； ②导致某种结果的原因是多方面的	指出除了这个原因之外，还存在其他原因，比如……
绝对判断	①论证中是否出现了绝对化的表达； ②考虑这种表达是否忽略了其他可能情况	指出存在其他可能情况
推不出	关注论据与论点之间的推理关系是否成立	指出论据和论点之间的差异
误用条件关系	①是否出现条件关系的表达，如"只要……就……""只有……才……"等； ②考虑这种条件关系是否成立	①误作充分条件，指出仅有这个条件还不够； ②误作必要条件，指出还可以有其他途径

谬误分析是成文的基础。在考试中，我们可以花 10 分钟来完成这一步。如何让这 10 分钟花得有意义呢？总的来说，我们不仅要找出 4~5 处缺陷，而且还要思考、分析要点。我们做好这些，就能为顺利成文奠定好基础。

第三节　写作要点

在分析了谬误之后，如何成文的问题就摆在我们面前。考试时间不允许我们打草稿，下笔即终稿。因此，在动笔之前，我们必须要有清晰的行文脉络和篇章结构。

本节从结构布局、内容布局以及常见误区三个部分展开，结构布局部分让考生对论证有效性分析写作有宏观的把握，内容布局部分则是手把手教考生如何展开各个部分，常见误区部分让考生在写作中避开常见陷阱,学会如何运用所学知识。通过这一节的学习,希望考生能顺利成文。

一、结构布局

部分	核心内容	字数	时间安排
题目	表达质疑	10字	1分钟
开头	概括论证过程,表达质疑	60字	2分钟
谬误1	指出缺陷,并给出理由	120字	4分钟
谬误2	指出缺陷,并给出理由	120字	4分钟
谬误3	指出缺陷,并给出理由	120字	4分钟
谬误4	指出缺陷,并给出理由	120字	4分钟
结尾	总结全文,再次表达质疑	50字	2分钟

对于上面的表格,我们可以从以下几个方面来把握:

第一,一篇完整的论证有效性分析包括题目、开头、正文和结尾四个部分,其中正文部分涉及四个谬误。从段落构成上看,全文通常有六段,即开头、结尾,加上正文的四个谬误分析段。

第二,论证有效性分析是一篇表达质疑的文章,因此,从题目开始,每个部分都是在进行质疑。这是论证有效性分析写作的精髓所在。

第三,字数安排。全文要求600字左右,我们考虑到各部分重要程度的不同,做了上述字数安排。其中,正文部分并不强求每段都是120字,只要差距不大即可。比如,一段100字,一段140字,影响不大。但是,一段50字,一段200字,明显不够匀称。

第四,时间安排。考生可以把写作时间控制在20分钟左右,再加上识别谬误的10分钟,整篇文章的时间可以控制在30分钟左右。

把握上述几点,有利于我们形成清晰的行文脉络。但要具体成文,还需要考生深入掌握各部分的写作技巧。

二、内容布局

(一)拟题

一个好的题目能让阅卷人眼前一亮,"题好一半文"不仅适用于论说文,同样适用于论证有效性分析。

1.拟题技巧

(1)质疑论点拟题法:

论点是论证者要传递的核心思想,质疑这样的核心思想,拟出来的题目更有力量,也能更好地表达质疑。具体如何拟题可以参考下面两种形式:

①"真的+结论+吗"型;

②难说/且慢/未必+结论。

上述拟题方法的关键在于准确找到题目的论点。至于如何找论点,在前文中已有阐述,相信大家并不陌生。有时,论点的字数可能比较多,需要先进行概括,提炼出论点的核心内容,然后再按照上述方法拟题。

具体是如何应用的呢?请看下面的题目:

【例1】某管理咨询公司最近公布了一份洋快餐行业发展情况的分析报告,对洋快餐在中国的发展趋势给出了相当乐观的预判。

该报告指出,过去 5 年中,洋快餐在大城市中的网点数每年以 40%的惊人速度增长,而且在中国广大的中小城市和乡镇还有广阔的市场成长空间。照此速度发展下去,估计未来 10 年,洋快餐在中国饮食行业的市场占有率将超过 20%,成为中国百姓饮食的重要选择。

饮食行业的某些人士认为,从营养角度看,长期食用洋快餐对人体健康不利,洋快餐的快速增长会因此受到制约。但该报告指出,洋快餐在中国受到广大消费者,特别是少年儿童消费群体的喜爱。显然,那些认为洋快餐不利于健康的观点是站不住脚的。该公司去年在 100 家洋快餐店内进行的大量问卷调查结果显示,超过 90%的中国消费者认为食用洋快餐对于保持个人的营养均衡有所帮助。而已经喜爱上洋快餐的未成年人在未来成为更有消费能力的成年群体之后,洋快餐的市场需求会大幅度跃升。

洋快餐长期稳定的产品组合以及产品和服务的标准化,迎合了消费者希望获得无差异食品和服务的需要,这也是洋快餐快速发展的重要优势。

该报告预测,如果中国式快餐在未来没有较大幅度的发展,洋快餐一定会成为中国饮食行业的霸主。

【解析】结合关键词和位置,可以发现本文的论点:如果中国式快餐在未来没有较大幅度的发展,洋快餐一定会成为中国饮食行业的霸主。

上述论点字数比较多,其表达的意思是"洋快餐会成为霸主"。根据质疑结论拟题法可以拟题如下:

①洋快餐真的能成为霸主吗

②洋快餐未必能成为霸主

【例 2】没有天生的外科医生,也没有天生的会计师。这些都是专业性很强的工作,需要经过正规的培训,而这种培训最开始是在教室里进行的。当然,学生们必须具备使用手术刀或操作键盘的能力,但是他们首先得接受专门的教育。领导者则不一样,天生的领导者是存在的。事实上,任何一个社会中的领导者都只能是天生的。领导和管理本身就是生活,而不是某个人能够从教室里学来的技术。教育可以帮助一个具有领导经验和生活经验的人提高到较高的层次,但是即使一个人具备管理天赋和领导潜质,教育也无法将经验灌入他的头脑。换句话说,试图向某个未曾从事过管理工作的人传授管理学,不啻试图向一个从来没有见过其他人的人传授哲学。组织是一种复杂的有机体,对它们的管理是一种困难的、微妙的工作,管理者需要的是各种各样只有在身临其境时才能得到的经验。总之,MBA 教育试图把管理传授给某个毫无实际经验的人不仅仅是浪费时间,更糟糕的是,它是对管理的一种贬低。

【解析】结合关键词和位置,可以发现本文的论点:MBA 教育试图把管理传授给某个毫无实际经验的人不仅仅是浪费时间,更糟糕的是,它是对管理的一种贬低。

上述论点字数比较多,其表达的意思是"MBA 教育无用"。根据质疑结论拟题法可以拟题如下:

①MBA 真的没用吗

②且慢说 MBA 没用

通过上面的例子可以发现,质疑论点拟题的难点在于如何概括论点。通常情况下,可以采取提炼句子主干的方法,也就是把与句子主干无关的定语、状语等成分去掉。

在考试中,考试时间比较紧张,如果你不能很好地概括论点,我们还有一种救急的方法——万能拟题法。

(2)万能拟题法:

一般有如下形式:

似是而非的论证

值得商榷的论证

草率的论证,偏颇的结论

经不起推敲的论证

……

万能拟题也就意味着不同的考生不同的试题都可以使用,这样拟题会给阅卷人一种投机取巧的印象,所以,一般不推荐大家使用,只是作为救急方法介绍给大家。换句话说,我们通常还是采用质疑论点的方法来拟题。

2.拟题要求

①题目一定要表达质疑;

②字数不宜过多,10个字左右,居中;

③考虑清楚再下笔。

上述三条中,第一条是论证有效性分析写作的本质要求,质疑性文章自然要从题目开始就表达质疑;第二条在上面的例子中已有体现,答题纸一行20个方格,10个字左右能让题目更匀称;第三条是从卷面方面提出的要求,如果题目出现错别字、涂抹等肯定会影响阅卷人的感受。

(二)开头

开头不是文章的核心部分,但是如果没有开头,就直接分析缺陷,会让人感觉很突兀。

1.开头技巧

(1)概括论证开头法:

顾名思义,概括论证开头法就是在开头部分先概括论证过程,再表达质疑态度。

①概括论证过程:

概括论证过程是向阅卷人传递一个信息,即我们是读懂了题干后进行的论证,接下来的质疑不是盲目的,而是建立在读懂题干基础之上的。这一点很重要,如果我们没有读懂别人的论证就盲目质疑,显然是没有说服力的,是不能让论证者接受的。

如何概括论证过程呢?第一,提炼论点。这一步在拟题时已经完成。第二步,概括论据,即把句子变成词组。题干的论据可能比较多,通常挑选1~2个即可。

例如,作为财务总监,我反对公司进入保健品行业。《新都报》已经报道,有关专家预测,我国的保健品市场的增长将放缓。2002年,我国的保健品市场增长率为23%,2003年则为20.8%,由此可见保健品市场的规模在缩小。京、沪两地20~30岁人群的500个样本调查结果显示,更多的人选择的是去健身房健身而不是买保健品。再如地龙液公司的补血产品不到2年就退出了保健品市场,可见这类产品的生命周期很短,进入这个行业对企业而言发展潜力有限。再有,人们对保健品的抱怨越来越多,大家认为保健品的治疗功效十分有限。所以,我认为,进入保健品市场风险很大,不宜投资。

上述例子的论点是保健品行业不宜投资,论据包含了新闻报道、抽样调查等。概括论证过程如下:

财务总监从相关新闻报道以及京、沪的抽样调查等论据出发,得出结论说,不宜投资保健品行业。

在论证中,如果有几组数据,我们在概括时可以直接表达为:论证者通过几组数据试图得到结论说……

②表达质疑态度:

在概括了论证过程之后,需要表明对该论证的质疑。一般可以用"该论证存在诸多缺陷、上述推理过程值得商榷、上述论证难以令人信服"等来表达质疑。

注意:表达质疑点到即可,不用堆砌一些无价值的评价。

例如,财务总监从相关新闻报道以及京、沪的抽样调查等论据出发,得出结论说,不宜投资保健品行业。但上述论证存在诸多逻辑缺陷,其推理过程值得商榷,得出的结论也难以令人信服。

在上述例子中,表达质疑部分堆砌了一些无意义的评价,会给阅卷人带来凑字数的印象。可以将其改成如下形式:

财务总监从相关新闻报道以及京、沪的抽样调查等论据出发,得出结论说,不宜投资保健品行业。但上述论证存在诸多缺陷,分析如下。

通过上面的分析,我们大致了解了开头如何写,如果你还存在语言组织方面的问题,可以参考下面的模板。

论证者通过①等论据,得出结论说,②。但是,这一论证过程存在诸多缺陷。

在上述模板中,①代表 1~2 个论据,②代表论点。

【例 3】某管理咨询公司最近公布了一份洋快餐行业发展情况的分析报告,对洋快餐在中国的发展趋势给出了相当乐观的预判。

该报告指出,过去 5 年中,洋快餐在大城市中的网点数每年以 40% 的惊人速度增长,而且在中国广大的中小城市和乡镇还有广阔的市场成长空间。照此速度发展下去,估计未来 10 年,洋快餐在中国饮食行业的市场占有率将超过 20%,成为中国百姓饮食的重要选择。

饮食行业的某些人士认为,从营养角度看,长期食用洋快餐对人体健康不利,洋快餐的快速增长会因此受到制约。但该报告指出,洋快餐在中国受到广大消费者,特别是少年儿童消费群体的喜爱。显然,那些认为洋快餐不利于健康的观点是站不住脚的。该公司去年在 100 家洋快餐店内进行的大量问卷调查结果显示,超过 90% 的中国消费者认为食用洋快餐对于保持个人的营养均衡有所帮助。而已经喜爱上洋快餐的未成年人在未来成为更有消费能力的成年群体之后,洋快餐的市场需求会大幅度跃升。

洋快餐长期稳定的产品组合以及产品和服务的标准化,迎合了消费者希望获得无差异食品和服务的需要,这也是洋快餐快速发展的重要优势。

该报告预测,如果中国式快餐在未来没有较大幅度的发展,洋快餐一定会成为中国饮食行业的霸主。

【解析】上述论证的论点是洋快餐会成为霸主,论据是洋快餐网点在大城市快速发展以及一项在快餐店内的调查。根据上述开头技巧可以表述如下:

①论证者通过洋快餐网点的快速增长以及快餐店内的一项调查等论据,得出结论说,洋快餐将成为霸主。但是,这一论证过程存在诸多缺陷。

②根据相关调查,一份洋快餐的行业发展报告预测说洋快餐将成为霸主。该论证过程存在诸多缺陷。

通过上面的例子,我们可以知道如何使用概括论证开头法。这种开头方法的好处就是比较个性化,缺点在于相对耗时。考试时,如果短时间内无法概括论据,在应急的情况下,也可以使用万能开头法。

(2)万能开头法:

上述论证通过一系列推理得出结论说,①。但是,这样的推理却是值得商榷的。

在上述模板中,①代表论点,论据被省略了,以"一系列推理"这样的表述代之。万能开头一般用于救急,平时练习不推荐使用。

2.开头要求

一个好的开头能引起阅卷人的阅读兴趣。对于论证有效性分析,好的开头需要做到如下两点:

①开头表达质疑;

②开头要简洁,60个字左右。

上述两条中,第一条是论证有效性分析写作的本质要求。作为一篇质疑性文章,开头部分肯定要表达质疑。第二条是从文章结构方面提出的要求。质疑的核心肯定是在正文部分,开头只是为了引出话题,所以务必要简洁。

(三)正文

正文就是分析谬误的过程,这是论证有效性分析写作的核心部分。我们得分的高低主要取决于这一部分的写作质量如何。在梳理推理关系时,我们已经找到了相应的谬误,这里主要涉及如何写出文段的问题,即正文部分每个段落该如何去写。

1.正文写作技巧

正文每个段落一般包含一个缺陷,从如下两个方面进行分析:

(1)指出缺陷:

指出缺陷就是以概括性的语言将论证中有缺陷的地方表达出来。具体来说需要注意以下几点。

①指出缺陷的语言要准确、简洁。

准确就是要让阅卷人能清楚地知道你指出的缺陷在原文中处于什么位置,这是概括缺陷的前提。

简洁就是在原文字数较多的情况下,尽可能地使用概括性的语言去表达,不要照抄原文。不然,会给阅卷人留下凑字数的印象。

例如,2014年我国GDP增长率是7.3%,而到了2015年这一数字变成了6.9%。这一变化说明我国GDP总量在下降。

在上述例子中,其缺陷可以表达如下:由GDP增长率下降未必能得到GDP总量在下降。

②指出缺陷不一定要使用专业术语。

指出缺陷要不要使用专业术语,业内有不同的看法。其实很简单,我们只要了解联考写作的考查目标就清楚了。联考写作主要考查的是分析论证能力,不考查逻辑学的专业知识。因此,指出缺陷不一定要使用逻辑学的专业术语。

具体说来,如果你能确定缺陷的类型,并且这种缺陷名称在日常生活中也会使用,我们可以用专业术语来表达。比如,偷换概念、自相矛盾、以偏概全、不当类比。反之,如果你不能确定缺陷的类型或这种缺陷的名称在日常生活中用不到,建议不要用专业术语来表达,只需用通俗的语言将其意思表达清楚即可。比如,概念不清、非黑即白、不当假设、强加因果、单因、误用条件关系、绝对判断。

③缺陷不确定就用"推不出"来表达。

在缺陷不明确的时候,不要贸然指出其属于哪一类,可以借助"推不出"来陈述缺陷。"推不出"有很多替代表达,如"并不意味着""未必能得出""怎么能得出"等。

④指出缺陷的句式尽量多样化。

陈述缺陷的句式应该有变化,这样会使我们的文章不那么呆板。

例如,论证者怎么能以偏概全地得出结论说,……

由……未必能得到……

……并不意味着……

……就真的……吗?

指出缺陷仅仅表明你发现了论证中存在的问题,而这个问题是确实存在还是理解的偏差所致呢?要回答这个问题,就需要针对缺陷给出令人信服的理由。

(2)给出理由:

能否给出令人信服的理由,反映出考生论证能力的强弱,这也是决定考生得多少分的地方。那么,如何给出令人信服的理由呢?在本章第二节中,我们给出了重点缺陷的分析要点。在给出理由的时候,可以结合这些分析要点展开。

当我们给出理由之后,该如何判断给出的理由是否有说服力呢?论证有效性分析写作要表达质疑,我们给出的理由其实就相当于逻辑中的削弱项。要判断理由有没有说服力就看这个削弱项是不是强到让对方无话可说。如果我们给出的理由让对方无可辩驳,这样的理由就有说服力。反之,就没有说服力。

例如,某地受"地球一小时""世界无车日"等活动的启发,在全市推行"限水体验日"活动,在除学校、企业、医院等单位外,全市停水 11 小时。

针对上述论证中存在的问题,甲、乙两位同学分别做出了如下陈述:

甲:在全市推行"限水体验日"可能难以达到效果。长时间停水可能会影响居民生活,导致人们抵制这项活动。

乙:论证者由"地球一小时"等体验活动有效不恰当地类比到"限水体验日"活动也有效。"地球一小时"等活动与"限水体验日"活动有本质的差别,前者是人们主动参与的,而后者则是被动参与的,效果自然会有差异。

在上面的例子中,甲在陈述理由时没有针对推理过程表达质疑,仅指出长时间停水可能影响居民生活,而影响了生活不恰好能让大家认识到节水的重要性吗?可见,甲陈述的理由说服力不强;乙在陈述理由时指出其类比不恰当,"限水体验日"活动难以达到"地球一小时"活动的效果。因此,乙陈述的理由说服力就更强。

总之,一个高质量的文段在陈述缺陷时要做到准确、简洁,更重要的是要给出充足的理由。请看下面的例子。

【例 4】作为财务总监,我反对公司进入保健品行业。《新都报》已经报道,有关专家预测,我国的保健品市场的增长将放缓。2002 年,我国的保健品市场增长率为 23%,2003 年则为 20.8%,由此可见保健品市场的规模在缩小。京、沪两地 20~30 岁人群的 500 个样本调查结果显示,更多的人选择的是去健身房健身而不是买保健品。再如地龙液公司的补血产品不到 2 年就退出了保健品市场,可见这类产品的生命周期很短,进入这个行业对企业而言发展潜力有限。再有,人们对保健品的抱怨越来越多,大家认为保健品的治疗功效十分有限。所以,我认为,进入保健品市场风险很大,不宜投资。

【解析】上述论证的缺陷很多,我们仅挑选其中 2 个,让大家参阅如何指出缺陷以及给出理由。

①推理过程:由"2002 年,我国的保健品市场增长率为 23%,2003 年则为 20.8%"到"保健品市场的规模在缩小"。

指出缺陷:推不出。

给出理由:增长率下降仅表明增长速度变慢了,不能说明市场规模在缩小。

参考文段:

增长率下降并不意味着市场规模在缩小。增长率的高低反映的是一定时期内的增长速度,增长率下降仅表明增长速度没有过去快了。但由于市场依然处于增长状态,市场规模应该是在扩大,怎么能得到市场规模在缩小的结论呢?

②推理过程:由"京、沪两地 20~30 岁人群的 500 个样本调查结果显示,更多的人选择的是去健身

房健身而不是买保健品"到"进入保健品市场风险大,不宜投资"。

指出缺陷:以偏概全。

给出理由:京、沪都是大城市,很可能不是保健品消费的主要市场;20~30岁人群都是年轻人,很可能不是保健品消费的主要对象;500个样本,样本数量可能太少。

参考文段:

仅根据对京、沪两地部分年轻人的调查就能以偏概全地说投资保健品风险大?保健品消费的主要市场可能是二三线城市,而非京、沪这样的大城市。其消费主体可能是中老年人,而非青年人。此外,500个样本量未免太少,并不能反映人们对保健品的态度。因此,无法得出人们不会购买保健品的结论。

正文部分一般就包含4~5个如上述参考文段那样的段落,如何让这些段落组合起来构成一个有机整体呢?这些段落的具体内容在表达上有没有要求呢?

2.正文要求

(1)结构要求:

①按照缺陷在论证中出现的顺序行文;

②在段落间使用"首先、其次、再次、另外、最后"等表示先后顺序的副词,体现行文顺序。

上述两点中,第一点是行文顺序方面的要求。没有做到这一点,阅卷人会认为考生思维混乱。第二点是副词方面的要求。这些副词是用来呈现文章结构的。

(2)语言要求:

①正文每个段落都要表达质疑。

质疑时多用"可能不成立""值得商榷""未必能推出""不一定""成问题""不严密""有些牵强";不用"这是不正确的(错误的、不妥的、可笑的、荒谬的、幼稚的)"。

②陈述理由的措辞要恰当。

多用"可能""通常""大概""一般"等较谨慎的词汇。多用"这样的推理/论证/推论",不用"我认为/我想、这种观点/看法/想法"等。

上述两点主要强调语言表达的精准性。其中,第一点是指出缺陷时的要求;第二点是陈述理由时的要求。

(四)结尾

文章之所以有结尾,其主要目的就是向阅卷人说明要表达的内容结束了。如果没有结尾,阅卷人无法判断你的文章是写完了,还是没写完。对于论证有效性分析来说,结尾要注意以下几点。

1.结尾技巧

(1)后果论结尾法:

所谓后果论结尾法就是以轻信一段有缺陷的论证会导致的严重后果来结尾。这种结尾方式相对较自然,推荐大家使用。如果不能很好地组织语言,可以参考下面的模板:

鉴于上述分析,如果①轻信②,很可能③。

在上述模板中,①代表对象(由具体内容决定),②代表论点,③代表轻信的后果。

【例5】作为财务总监,我反对公司进入保健品行业。《新都报》已经报道,有关专家预测,我国的保健品市场的增长将放缓。2002年,我国的保健品市场增长率为23%,2003年则为20.8%,由此可见保健品市场的规模在缩小。京、沪两地20~30岁人群的500个样本调查结果显示,更多的人选择的是去健身房健身而不是买保健品。再如地龙液公司的补血产品不到2年就退出了保健品市场,可见这类产品的生命周期很短,进入这个行业对企业而言发展潜力有限。再有,人们对保健品的抱怨越来越多,大家认为保健品的治疗功效十分有限。所以,我认为,进入保健品市场风险很大,不宜投资。

【解析】上述论证的论点是不宜投资保健品，相信这一观点的后果自然是因不投资而导致经济上出现损失。因此，我们可以利用后果论结尾法表述如下：

鉴于上述分析，如果公司决策层采纳了财务总监的意见，很可能会给公司带来经济损失。

【例6】某管理咨询公司最近公布了一份洋快餐行业发展情况的分析报告，对洋快餐在中国的发展趋势给出了相当乐观的预判。

该报告指出，过去5年中，洋快餐在大城市中的网点数每年以40%的惊人速度增长，而且在中国广大的中小城市和乡镇还有广阔的市场成长空间。照此速度发展下去，估计未来10年，洋快餐在中国饮食行业的市场占有率将超过20%，成为中国百姓饮食的重要选择。

饮食行业的某些人士认为，从营养角度看，长期食用洋快餐对人体健康不利，洋快餐的快速增长会因此受到制约。但该报告指出，洋快餐在中国受到广大消费者，特别是少年儿童消费群体的喜爱。显然，那些认为洋快餐不利于健康的观点是站不住脚的。该公司去年在100家洋快餐店内进行的大量问卷调查结果显示，超过90%的中国消费者认为食用洋快餐对于保持个人的营养均衡有所帮助。而已经喜爱上洋快餐的未成年人在未来成为更有消费能力的成年群体之后，洋快餐的市场需求会大幅度跃升。

洋快餐长期稳定的产品组合以及产品和服务的标准化，迎合了消费者希望获得无差异食品和服务的需要，这也是洋快餐快速发展的重要优势。

该报告预测，如果中国式快餐在未来没有较大幅度的发展，洋快餐一定会成为中国饮食行业的霸主。

【解析】上述论证的论点是洋快餐未来会成为中国饮食行业的霸主，相信这一观点的后果是影响企业的发展战略。因此，我们可以利用后果论结尾法表述如下：

鉴于上述分析，如果快餐企业把这家咨询公司的报告当真了，很可能影响企业的发展战略。

通过上述例子，我们知道了如何运用后果论结尾法。但是，如果考试时间紧张，我们也可以使用万能式结尾法。

(2)万能式结尾法：

万能式结尾有如下几种形式：

①综上所述，由于上文在推理(论证)过程中存在诸如此类的逻辑问题，所以，其论证的有效性是值得商榷的。

②由此可见，上述论证是不严谨的，结论也是值得商榷的。

③综上所述，该论证是有缺陷的，要想得出……的结论，恐怕还需要进一步完善论证。

万能式结尾作为救急方法，一般不推荐大家使用，了解即可。大家应着重把握后果论结尾法。好的结尾会让你的文章锦上添花，那么好的结尾有哪些要求呢？

2.结尾要求

①结尾要表达质疑；

②结尾要简洁，50字左右。

在上述两条中，第一条是论证有效性分析写作的本质，也是贯穿始终的内容。第二条是结构方面的要求，结尾要简洁，不能狗尾续貂。

至此，我们已经掌握了论证有效性分析布局谋篇的技巧。如何把这些技巧应用到试题中呢？在例题精讲部分，我们会教你在实战中如何应用。

三、常见误区

（一）写作论证有效性分析常见误区

如前所述，议论的能力是人立身处世所需的基本能力之一，是一个人的思维能力和语言能力的最深刻体现，所以，检测论证有效性分析作文能综合考查考生的分析能力和语言能力。

正因为如此，论证有效性分析的评分标准也包括两个方面：第一方面是作文的内容，也就是对命题所陈述的论证的有效性进行评析；第二方面是作文的层次结构和语言表达。这两个方面具有某种独立性。也就是说，一篇在层次结构和语言表达上俱佳的作文，可能在内容上不合乎要求；一篇在内容上合乎要求的作文，也可能在层次结构和语言表达上欠佳。为了取得高分，我们必须同时对这两个方面加以注意。后者主要是写作技巧和语言表达水平问题，是形式；前者是内容，是根本，是更主要的，也是写作中出问题的主要方面。由于我们过去测试的都是论说文，而论证有效性分析作文是一项新引进的内容，考生对这种作文的性质和要求掌握得还不够，理解上可能有片面的地方，因而有部分考生的应试作文在内容上明显地存在着"误解"，出错较多。

下面主要就内容方面，也就是对命题所陈述的论证的有效性存在的问题加以评述。

1.把论证有效性分析写成了"逻辑"答题，且逻辑术语使用不当

论证有效性分析作文是对命题所陈述的论证存在的逻辑错误进行评析的文章。或许是由于其有明显的逻辑问题，有的考生便写成了"逻辑"的答题，只简单地罗列出所发现的论证中的逻辑漏洞，或空洞地推演逻辑术语，且使用不当，缺乏必要的分析，也缺乏语言修辞的功力。这样的文字，更像一份逻辑习题答卷，而不像一篇作文。更有的考生错误地认为论证有效性分析不是"作文"。

【例 7】下文摘录于某投资公司的一份商业计划。分析下面的论证在概念、论证方法、论据及结论等方面的有效性。写一篇 600 字左右的文章。

"研究显示，一般人随着年龄的增长，用于运动锻炼的时间逐渐减少，而用于看电视的时间逐渐增多。在今后的 20 年中，城市人口中的老年人的比例将有明显的增长。因此，本公司应当及时地售出足量的'达达运动鞋'中的股份，并增加在'全球电视'中的投资。"

【文章】

关于对一项商业计划可行性的分析

关于这份有关公司是否该退出运动鞋类产品领域而将更多的资金投入电视公司的商业计划，我认为在论证方法上是演绎式推理，即从研究一般性规律以及对将来 20 年中人口的预测而得出公司应该转移投资重点的结论。论据采用研究机构提供的数据而预测。

我认为该计划的结论不一定适合该公司的长远发展。因为即使如研究数据所说"未来的城市老年人将更热衷于看电视而不是做运动"是可信的，那么该公司的目标市场是否可以转移到农村市场以图发展，这一问题是值得商榷的。所以单从未来"城市人口中的老年人的比例将有明显的增长"这一预测，并不能得出"公司应该转移投资重点"的结论的。因此该论述是无效的。

在并不知道农村人口的增长的情况下，该报告撰写者在"老年人"与"城市中的老年人"这两个概念的外延和内涵混淆了起来，因此得出的结论不是有效的。

【文章简评】这篇作文从头至尾都充斥着逻辑学的术语。分析虽有一定道理，但内容空洞，没有分析出错误的原因，不像一篇论证有效性分析作文。语言也欠通畅，有语病。题目既用"关于"，又用"对"，不符合语法规范，属于三类下的答卷。

2.简单罗列题干论证的问题，缺乏具体有力的分析，给人一种"扣帽子"的感觉

论证有效性分析要求考生针对题干中给出的论证，找出其中出现的逻辑缺漏，并选择几个要点，运用规范的文字,对论证出现错漏的原因进行有说服力的分析。但有的考生只笼统地罗列了几个问题,没有针对具体的缺漏分析其出现错漏的原因,仅仅"扣了几个帽子"而已,这不过是强词夺理而已。

【例8】分析下面的论证在概念、论证方法、论据及结论等方面的有效性。写一篇600字左右的文章。

没有天生的外科医生,也没有天生的会计师。这些都是专业性很强的工作,需要经过正规的培训,而这种培训最开始是在教室里进行的。当然,学生们必须具备使用手术刀或是操作键盘的能力,但是他们首先得接受专门的教育。领导者则不一样,天生的领导者是存在的。事实上,任何一个社会中的领导者都只能是天生的。领导和管理本身就是生活,而不是某个人能够从教室里学来的技术。教育可以帮助一个具有领导经验和生活经验的人提高到较高的层次,但是即使一个人具备管理天赋和领导潜质,教育也无法将经验灌入他的头脑。换句话说,试图向某个未曾从事过管理工作的人传授管理学,不啻试图向一个从来没有见过其他人的人传授哲学。组织是一种复杂的有机体,对它们的管理是一种困难的、微妙的工作,管理者需要的是各种各样只有在身临其境时才能得到的经验。总之,MBA教育试图把管理传授给某个毫无实际经验的人不仅仅是浪费时间,更糟糕的是,它是对管理的一种贬低。

【文章】

这段文字在基本概念、论证方法、论据以及结论等方面都存在问题。

概念方面,存在偷换概念、混淆概念现象。如文中称"领导和管理本身就是生活",领导、管理和生活在概念范畴上是不一样的。领导和管理需要理论支持和其他经验,把领导和管理混同于"生活"是不妥的。

论证方法方面,把不可比的不同方面进行了类比,犯了不当类比的错误。

论据方面,文中引用的大部分论据存在着不正确、不妥当的问题。部分论据是作者自己的臆断,缺乏可信性。把缺乏可信性的东西拿来做论据,必然会得出错误的结论。

结论方面,把缺乏依据的观点和带有偏见的看法作为结论,是没有说服力的。

【文章简评】本文只笼统地罗列出了几方面的问题,而没有对论证存在的问题进行有说服力的具体分析,仅仅"扣了几个帽子"而已。再者,题干中说"领导和管理本身就是生活",并没有把领导和管理混同于一般衣食住行的"生活"的意思。把这说成是偷换概念和混淆概念,有些牵强。

3.把客观的论证有效性分析作文写成了主观的论说文或读后感

有的考生,没有弄清论证有效性分析的性质和要求,没有理解论证有效性分析和论说文的区别,其作文不是对题干所陈述的论证进行有效性的分析,而是围绕某个论题阐述自己的见解,进行独立的论证,把论证有效性分析写成了以发表自己主观见解为中心的赞成性的立论或批判性的驳论论说文,甚至写成了读后感。这样写论证有效性分析,即使写得不错,也因偏离了命题的意图而不能得分。有的则用语、语气主观武断,令人难以信服。

【例9】分析下面的论证在概念、论证方法、论据及结论等方面的有效性。写一篇600字左右的文章。

把几只蜜蜂和苍蝇放进一只平放的玻璃瓶,使瓶底对着光亮处,瓶口对着暗处。结果,有目标地朝着光亮拼命扑腾的蜜蜂最终衰竭而死,而无目的地乱窜的苍蝇竟都溜出细口瓶颈逃走。是什么葬送了蜜蜂?是它对既定方向的执着,是它对趋光习性这一规则的遵循。

当今企业面临的最大挑战是经营环境的模糊性与不确定性。在高科技企业,哪怕只预测几个月后的技术趋势都是浪费时间的徒劳之举。就像蜜蜂或苍蝇一样,企业经常面临一个像玻璃瓶那样的不可思议的环境。蜜蜂实验告诉我们,在充满不确定性的经营环境中,企业需要的不是朝着既定方向的执着努力,而是在随机试验的过程中寻求生路,不是对规则的遵循而是对规则的突破。在一个经常变化的世界里,混乱的行动比有序的衰亡好得多。

【文章1】

做"蜜蜂"还是"苍蝇"

有人做过一个实验,把蜜蜂和苍蝇放进一只玻璃瓶。瓶底对着光源,瓶口对着暗处。结果蜜蜂由于执着地追求光亮衰竭而死,盲目乱窜的苍蝇却逃生了。

这个实验给我们深刻的启示:当面临困境时,不能一味执着地朝一个方向努力,因为可能既定的方向本身就是错误的。有时灵活变通一下,可能会找到出路。做蜜蜂,更要学会做苍蝇。这里,苍蝇的可贵之处在于不墨守成规。

由此联想到我们的社会,在社会主义市场经济的大潮中不断涌现出各种高科技企业。它们的经营者都是一些有着明确的发展目标,在激烈的竞争中肯于付出辛劳的人。但是,据统计,仅在中关村科技园区,每天就有十几家公司倒闭。这就是因为他们只学会做蜜蜂,没有学会适时地做苍蝇。在外部市场环境高度不确定、不稳定的条件下,只知道一味地固守原有的方略,不知道在市场竞争中学会不断地调整、改进和创新,最终落得个财随云雾去,人作鸟兽散。

当然,苍蝇的灵活性是盲目的。盲目的灵活性只能奏效于一时。我们取苍蝇的灵活性,不取其盲目性。在当前多变的经济环境下,我们应提倡灵活创新的发展思路,自觉地随机试错,不能死抱着一根稻草不放。我们要敢于突破原有的思想束缚,敢于打破旧规则,寻求新秩序。这样我们就能立于不败之地。

【文章简评】 抛开命题,就自身而言,此文立意明确,有层次感,文字表达亦可,是篇不错的文章。虽然在文章结构、文字表达的评分方面会有得分,但作为一篇有特定对象的论证有效性分析的论文,此文不符合试题的基本要求,写成了论说文,是篇失败的应试作文。

此文没有按照试题的要求,对试题所陈述的论证进行评论,也就是没有具体分析题干的论证有效性,而是离开了题干的论证,独立地论述自己对论题的见解。跑题是一种根本性的失误。

4.评析没抓住关键问题,评析不到点子上,或评析面过窄,数量不够

有的考生,对题干的论证中存在的逻辑漏洞和缺陷认识不到,或认识不清楚,或只能看出某一点,因而就胡评乱评;把对的当错的,把错的当对的,评析不到点子上。因而其评析得不准确,分析得没有力量,以至言之不成理。

或者其对题干的论证中存在的逻辑漏洞和缺陷分析面过窄,使得文章单薄,内容贫乏。一般来说,题干陈述的论证会包含若干个逻辑漏洞,应当选择其中三四个进行分析评述。如果选择的数量过少,例如只选择一个,尤其是次要的一个,即使分析得十分透彻,也会因覆盖面不够而使作文失色。

【文章2】

评"随机试错"

题干要论证的结论是:在充满不确定性的经营环境中,企业需要的不是像蜜蜂那样朝着既定方向的执着努力,而是应当像苍蝇那样在随机试错的过程中寻求生路。这一论证存在很多逻辑漏洞,其中之一,就是缺乏对"随机试错"这一核心概念的准确界定和恰当分析,由此衍生的混合谬见,大大削弱了论证的说服力。

随机试错作为一种决策方法,最大的特点就是决策者的盲目性。这种盲目,不只体现在对试验对象的选择上,而且体现在对试验结果的总结上。苍蝇这次撞上南墙回了头,但下次它还会继续撞。因此,随机试错和"摸着石头过河"不同。"摸着石头过河"也是试错,但不是盲目地试错,它能理性地选择石头;它这回撞了南墙,下回就不再撞了。因此,"摸着石头过河"和随机试错不同,前者属于理性决策。

随机试错的决策有时也会奏效。蜜蜂实验就是一例。但因为随机试错不以理性为依据，因此，它的成功率如同掷骰子一样，纯粹是个随机概率问题，而且一般地说，这是个低概率事件。在上述实验中，出口背对光源，是人为设置的条件，在现实中，它的出现概率是极低的。在这一实验中，苍蝇侥幸胜了，蜜蜂不幸败了。但这充其量只能说明，鹰有时比鸡飞得还低。但更重要的是，鸡永远不会飞得比鹰高。事实上，理性决策的成功概率要远远大于随机试错。题干的论证试图用小概率的随机试错成功的特例否定理性决策，在企业竞争中提倡随机试错而否定理性决策，这是站不住脚的。

【文章简评】此文仅选择了题干论证中一个逻辑漏洞，虽然分析得较为透彻，但由于分析面过窄，仍会在内容分析方面有较大的失分。结构上条理还不够清晰，比如：第一段，可将"这一论证存在很多逻辑漏洞"一句以下的内容，列为第二段。

5.把论证有效性分析当成文章点评

更有甚者，将论证有效性分析当成了作文点评，主要从写作方法和文章结构的角度对题干加以评论，评优或者指瑕。这样的评论当然是完全偏离了命题要求和题意，不能得分。

【例10】分析下面的论证在概念、论证方法、论据及结论等方面的有效性。写一篇600字左右的文章。

没有天生的外科医生，也没有天生的会计师。这些都是专业性很强的工作，需要经过正规的培训，而这种培训最开始是在教室里进行的。当然，学生们必须具备使用手术刀或是操作键盘的能力，但是他们首先得接受专门的教育。领导者则不一样，天生的领导者是存在的。事实上，任何一个社会中的领导者都只能是天生的。领导和管理本身就是生活，而不是某个人能够从教室里学来的技术。教育可以帮助一个具有领导经验和生活经验的人提高到较高的层次，但是即使一个人具备管理天赋和领导潜质，教育也无法将经验灌入他的头脑。换句话说，试图向某个未曾从事过管理工作的人传授管理学，不啻试图向一个从来没有见过其他人的人传授哲学。组织是一种复杂的有机体，对它们的管理是一种困难的、微妙的工作，管理者需要的是各种各样只有在身临其境时才能得到的经验。总之，MBA教育试图把管理传授给某个毫无实际经验的人不仅仅是浪费时间，更糟糕的是，它是对管理的一种贬低。

【文章1】

在这篇短文中，作者首先通过对比的方法比较管理与其他学科的不同，继而引出管理的特点，最后论证了MBA学生具有实际经验的必要性。本文论证严谨，论据充分，文笔流畅，一气呵成，是一篇优秀的文章。

本文开头举出大家熟悉的外科医生和会计师这两种职业作为例子，将这两种职业与领导者做比较，使读者一目了然：外科医生和会计师是可以通过学校教育培训出来的，但是管理者就不一样了。作者通过与人们所熟悉的实物做对比，很自然地将文章引向要讨论的中心话题，收到了非常好的效果。

在下文中，作者论述了管理的特点以及领导者的特征。"领导者只能是天生的"这一句话说明了领导者与其他职业不同的根源所在。尽管作者认为管理不是能够在教室中学到的一种技术，但也并没有否定教育的作用。作者指出，教育可以帮助一个有经验的人提升到较高的层次。这就使得论证更加严密，无懈可击。

再接下来，作者论述了领导者必须有实际经验的原因：对组织的管理是"只有在身临其境时才能得到体验"。由此，作者得出结论，MBA的学生必须具有实际经验。

本文的最后，作者将论证进一步升华，没有实际经验的学生读MBA不仅浪费时间，也是对管理的一种贬低。至此，文章浑然一体，前后呼应，读后让人耳目一新。

【文章2】

这篇文章基本上把作者的意思表达出来了,但在多个方面存在问题。

其一,没有天生的外科医生,也没有天生的会计师,这句话说明了教育的必要性。但后面"天生的领导者是存在的"这句话导致读者不明白整篇文章所要阐明的观点,淡化了本文主旨。这句话应该删除掉,或做出适当的修改。实际上,作者想说明的是MBA教育可以帮助一个具有领导经验和生活经验的人提高到更高的层次。对于"天生"什么人的评论和本文的主旨明显不一致。

其二,本文叙述的顺序对读者读懂这篇文章造成了障碍,文中"组织是一个复杂的有机体,……"这句话的位置应该移到"……从教室里学来的技术"的后面,和"教育可以帮助一个具有领导经验和生活经验的人提高到较高的层次"连贯起来。

最后一句话中"总之"两个字显得十分突然,使人不知所以。而后面的"MBA教育"在前面文中也从未出现过,这使得文章缺乏呼应,也不够流畅。

【文章简评】以上两篇作文一褒一贬,都是就题干的写作方法和文章结构做评论,像是语文老师点评学生的作文。前者是极力推荐一篇佳作,对此文大加肯定与赞扬;后者则是对一篇差作的指瑕,对此文大加批评。两篇文章都与试题所要求的论证有效性分析作文南辕北辙。实际上,这两篇评论的作者都没有真正看懂题干的意思,也没有弄清题干要求的主旨。

6.重心偏移,把挑错写成了赞成或批判的文章

有的考生对题干的"错漏"理解偏差,不懂得论证有效性分析的写作应以质疑为主,即对题干的不完善处进行分析,结果重心偏移,把挑错的文章,写成了赞成的文章。

有的考生相反,认为题干的错漏是完全的绝对的错误,从而扩大化,予以攻击性批判,甚至故意找碴,割裂题干论证脉络,断章取义,鸡蛋里挑骨头,不作客观分析,写成了驳论文;也有的不懂得要使用质疑性的模糊语言,使用了绝对化的语言。

【例11】分析下面的论证在概念、论证方法、论据及结论等方面的有效性。写一篇600字左右的文章。

在全球9家航空公司的140份订单得到确认以后,世界上最大的民用飞机制造商之一——空中客车公司,2005年10月6日宣布,将在全球正式启动其全新的A350远程客机项目。中国、俄罗斯等国作为合作伙伴,也被邀请参与A350飞机的研发与生产,其中,中国将承担A350飞机5%的设计和制造工作。

这意味着未来空中客车公司每销售100架A350飞机,就将有5架由中国制造。这表明中国经过多年艰苦的努力,民用飞机研发与制造能力得到了系统的提升,获得了国际同行的认可。这也标志着中国已经可以在航空器设计与制造领域参与全球竞争,并占有一席之地。由此可以看出,在经济全球化的时代,参与国际合作将带来双赢的结果,这也是提高我国技术水平和产业国际竞争力的必由之路。

【文章1】

文章所采用的论证方法是以实例来证明自己的观点。首先,文章列举的事实发生在世界上最大的民用飞机制造商之一——空中客车公司,而该公司在世界上具有相当的影响力,以该公司宣布的决定作为支持论点的实例,增强了文章论点的有效性;其次,文章提出在空中客车公司A350远程客机项目中,中国将承担A350飞机5%的设计和制造工作,这是以具体数据来举例论证。随后,文章推算出"未来空中客车公司每销售100架A350飞机,就将有5架由中国制造。"这又是用数字说话,进一步论证观点。文章最后进一步推出结论:"这表明中国经过多年艰苦的努力,民用飞机研发与制造能力得到了系统的提升,获得了国际同行的认可。这也标志着中国已经可以在航空器设计与制造领域参与全球竞争,并占有一席之地。"上述论证过程采用层层推进、逐步深入分析的方法,摆出论据,推出结论。我认为论据是支持结论的,论据成立的条件是充分的。众所周知,中国研发与制造飞机起步较晚。这篇文章指出中国不但参与了大型飞机制造项目,而且该项目是国际知名大公司的项目,这就充分证明了中国可以参与全球竞争。

文章最后指出:"在经济全球化的时代,参与国际合作将带来双赢的结果,这也是提高我国技术水平和产业国际竞争力的必由之路。"这是文章依据实例总结出的观点。我认为文章在概念、论证方法、论据及结论等方面都是有效的。

【文章简评】本文的作者把所给出的短文视为逻辑严密、结论可靠之作,予以赞成,显然是根本不理解何为论证有效性分析。其实,在试卷中,论证有效性分析题的后面有明确提示,"论证有效性分析的一般要点是:概念特别是核心概念的界定和使用是否准确并前后一致,有无各种明显的逻辑错误,该论证的论据是否支持结论,论据成立的条件是否充分等。要注意分析的内容深度、逻辑结构和语言表达。"本文的作者对此完全不顾。这证明本文的作者不知道论证有效性分析不管结论本身是否正确,应只着眼于推出结论的论证过程是否有效,论据是否支持结论。也许,本文的作者支持短文的观点,或者希望短文得出的结论是正确的,但却忘了依照提示对短文的论证逻辑进行审视,以致对短文中论证的逻辑漏洞视而不见。

【文章2】

这篇文章中的结论完全错误,甚至可以说文中将毫无关系的两个事物强行建立联系,不符合客观事实。

首先,原文中根据"中国将承担A350飞机5%的设计和制造工作"来推断"未来空中客车公司每销售100架A350飞机,就将有5架由中国制造",这完全属于无稽之谈。5%的零件根本不能和5架完整的飞机相提并论,5%的零件永远只能是飞机的一小部分,无论怎样都不可能组装出一台完整的飞机,所以这个论断完全不可能实现。

其次,文中提到"中国已经可以在航空器设计与制造领域参与全球竞争,并占有一席之地",我国的飞机制造技术起步很晚,现在依旧在追赶先进国家的步伐,要想参与国际竞争,占有一席之地还有很长的路要走,根本不是目前可以达到的水平,至少还需要几十年我们才能在全球竞争中占有一席之地,所以文中的说法不符合实际。

最后,文中提到"在经济全球化时代,参与国际合作将带来双赢的结果,这也是提高我国技术水平和产业国际竞争力的必由之路",这个论断不符合客观事实,过于主观,参与国际合作不一定能双赢,有可能在激烈的国际竞争中受到打压、垄断,走向失败,更谈不上提高技术水平。国外的技术也不可能敞开大门等着我们借鉴学习,所以,即使参与合作,也不能提高技术水平,提高技术水平还是得依靠国内的创新。

综上所述,文中的论断是完全不成立的。

【文章简评】这篇文章的写作方法背离了论证有效性分析这一文体。文章没有对题干材料的有效性进行逻辑分析,而是加入了自己的观点,对原有的论点进行攻击性批判。作者混淆了驳论与论证有效性分析文章的写作要求与方法,这也是在考试改革后考生初学论证有效性分析时常犯的错误。另外,本文的论证不深刻,语言表达方面存在语病。

7.搞错了题干的结构,所挑错误不明显为错,批驳文不对题,结构也不完整

有的作文搞错了题干的结论、前提、论据及其论证中的推理过程,导致分析驴唇不对马嘴,文不对题。结构上也未注意相关内容的照应和整体性,没有形成完整的文章,缺乏适当的呼应,不像一篇作文,而更像习题答卷。

【例12】下面的文字来自某公司时事通讯的社论部分。分析下面的论证在概念、论证方法、论据及结论等方面的有效性。写一篇600字左右的文章。

"大家认为，员工一般对管理问题不感兴趣，这种观点是错误的，或者说，这种观点已经不合时宜了。最近发布的一项调查表明：调查的1200人中，79%的人都对调查表中关于公司重组和利益的重新分配等问题有浓厚的兴趣。"

【文章】

能取代整体

首先，论证并没有说明近1200名工人是如何被调查的，所以抽样的代表性是可疑的。如果工人是自愿参加抽样调查的，那么有可能这些工人往往更关心管理问题。

其次，论证并没有证明工人答卷的可靠性，有可能这些被调查的工人本来并不关心管理问题，但是在这次调查中给出了肯定的答案。

最后，论证仅限于管理的问题，如公司的重组和利润计划的修改，这些对工人都有直接而且重要的影响。

【文章简评】本文根本没有弄清题干推理的逻辑结构，所谈三个问题皆答非所问，分析得驴唇不对马嘴，文不对题。结构上无头无尾，不成篇章，形式上像答题，而内容则不知所云。

8.语言表达主观武断，空洞无物，甚至强词夺理

有的作文语言表达主观武断、绝对，文字枯燥、空洞，甚至强词夺理，分析难以令人信服。

【例13】分析下面的论证在概念、论证方法、论据及结论等方面的有效性。写一篇600字左右的文章。

把几只蜜蜂和苍蝇放进一只平放的玻璃瓶，使瓶底对着光亮处，瓶口对着暗处。结果，有目标地朝着光亮拼命扑腾的蜜蜂最终衰竭而死，而无目的地乱窜的苍蝇竟都溜出细口瓶颈逃生。是什么葬送了蜜蜂？是它对既定方向的执着，是它对趋光习性这一规则的遵循。

当今企业面临的最大挑战是经营环境的模糊性与不确定性。在高科技企业，哪怕只预测几个月后的技术趋势都是件浪费时间的徒劳之举。就像蜜蜂或苍蝇一样，企业经常面临一个像玻璃瓶那样的不可思议的环境。蜜蜂实验告诉我们，在充满不确定性的经营环境中，企业需要的不是朝着既定方向的执着努力，而是在随机试验的过程中寻求生路，不是对规则的遵循而是对规则的突破。在一个经常变化的世界里，混乱的行动比有序的衰亡好得多。

【文章】

岂能如此相提并论

仅从这篇文章中的实验得出这样一个结论，其论证在概念、论证方法、论据及结论等方面的有效性不完整也不充分。文中对"模糊性"与"不确定性"这两个概念没有解释清楚。经营环境的"模糊性"可以有很多的解释，那么文中的"模糊性"又指什么意思呢？是怎样的一种模糊环境？这样的写法只能让读者一头雾水。之后"就像蜜蜂或苍蝇一样，企业经常面临一个像玻璃瓶那样不可思议的环境"，"不可思议的环境"也没有解释出是什么样的环境，是像蜜蜂或苍蝇一样的玻璃瓶环境，这个环境又是怎样的不可思议呢？读者确实理解不了。

本文论证的证据不充分。仅凭把蜜蜂和苍蝇放在一个瓶子里逃生这样一个简单的实验就推出："在充满不确定性的经营环境中，企业应在随机试验的过程中寻求生路。在一个经常变化的世界里，混乱的行动比有序的衰亡好得多。"这就是论据不足。

还有，仅就蜜蜂和苍蝇而言，它们是两种不同的生物，它们有各自的生活习性和生存方式，这就更与企业的经营方式和生存方式没有任何联系。文中把它们联系在一起就是不正确的论证。

最后,结论本身就有问题。"在一个经常变化的世界里,混乱的行动比有序的衰亡好得多。""混乱的行动"这样的行动倒成了提倡的了,简直是颠倒是非,不知所云。所以,文中的论证是很不正确的。

【文章简评】这篇作文未对题干材料作实质性的分析,空洞无物。除了几个问句,就没有什么实质性内容了。语言枯燥、不通顺,还有病句,读后使人感受到作者本身的思维空洞和强词夺理。所以,这是一篇五类卷作文。

(二)论证有效性分析与驳论性文章的区别

有些考生把握不住论证有效性分析这类评论文章与论说文中的评论,尤其是其与驳论文章的区别。其实,它们之间有明显不同。我们只要掌握各自的性质和特点,便不难区分。

论证有效性分析与论说文中的批驳性的评论文,即平常所说的驳论,虽同为评论型议论文,但有明显不同。批驳性的评论文,意在批驳他人观点的错误,说明自己主张的正确,属于论说文;而论证有效性分析这种评论文,则重在客观地分析某一论证过程中存在的逻辑漏洞或错误,并不阐述自己主观的认识和主张,前者虽也是议论文,但它是不属于大纲规定的论说文。很显然,前者是对一个观点的主观看法,后者是对一个论证的客观评析,是完全相反的,并不难区分。有些考生之所以写成了主观性的驳论文,一是由于审题不仔细,二是因为没有把握住二者的这种差别,结果把论证有效性分析写成了驳论,甚至写成了赞成性的评论,自然得分就低。

所以,把握住论证有效性分析与论说文中的评论,尤其是驳论的差别非常重要。

写作论证有效性分析,就写作方法来说,与论说文中的评论型文章的一些写作原则和要求基本相同,都是意在评点他人之论证,但又有明显的区别。从前边对论证有效性分析所做的论述来看,它与论说文中的评论型文章,尤其是驳论文章有以下几个方面的不同。

1.对象不同

论证有效性分析,虽然也是意在评点他人之议论,但其命题所陈述的是一个有逻辑缺陷的论证,命题意图是让考生就该论证本身的有效性进行评析。

而论说文中的评论文章则不同,这类命题也是意在评点他人之议论,也提供一个材料,材料中也含有观点,但不是有意提供一个存在错误的材料,也不是让考生对其所含的观点的正确性做评判,而是就该观点发表自己或赞成或反对的看法。

2.目的不同

论证有效性分析,意在让考生挑该论证的毛病,指出其无效之处。评析与评论者自己对该论证的主观态度无关,也许你赞同该论证的论题,也许你反对该论证的论题,论证有效性分析的着眼点不在于发表自己对该论题的赞同或反对的意见,完全是客观地指出该论证本身存在的逻辑缺点和漏洞。

论说文中的评论,目的是根据自己对材料的认识,用社会生活中的事实或事理,来阐述自己对该观点的主观认识和看法。考生既可以表示赞同,也可以表示反对。

3.着眼点不同

论证有效性分析,要求把着眼点放在客观地分析命题所陈述的论证本身存在的逻辑漏洞、不足和错误上,并指出其错误的原因,提出改进的建议,而不是大谈自己的观点。

论说文中的评论,尤其是驳论,着眼点则重在驳倒所给材料中的观点,阐述自己看法的正确性,不在于对给定的材料本身做更多的分析评论。当然,考生要对所反驳的论题持明确的否定态度。

4.写法不同

论证有效性分析评论型作文,句句段段、时时处处要紧紧扣住命题所陈述的论证,就该论证本身的有效性进行客观地评析——不能旁骛,不能顾左右而言他,更不能脱离开该论证去阐述自己的看法。即便引述社会生活中的事例,也是为印证该论证的不足与错误。

论说文中的评论,原材料只是个引子、靶子。靶子摆出后,就要一心围绕着所引出的自己的观点,去阐述证明自己观点的正确性。

5.论证要求不同

论证有效性分析评论型作文,不必做完整论证,只需找出命题所陈述论证的逻辑漏洞和错误,精要地进行分析,指出错误的原因与无效性,予以否定就可以了。

论说文中的评论,则需要做完整论证,即按照提出论点—举出例证—分析例证—找到例证与论点间的内在逻辑联系—得出结论这一完整的论证过程,进行全面透彻地论证,说明自己观点的正确性。

6.灵活性不同

论证有效性分析评论型作文,评论起来比较自由,只要通过审题找到问题,评论是针对该论证存在的问题而发的,怎样去评析都可以,没有太多跑题的危险,写起来更灵活。当然,要言之成理。

论说文中的评论,不管是赞成性的还是批驳性的,在审题立意上则有较多的限制,都要就所给观点进行评论。如果把握不住所供材料的主要信息,很可能出现偏题或跑题的问题。

(三)论证有效性分析与评论性文章的对比分析

【例14】下列文字摘自某报的一篇报道。请分析其论证在概念、论证方法、论据及结论等方面的有效性。写一篇600字左右的文章。

有这样一份招商广告:"在报上刊登商店降价的广告,能够刺激该商品销售额的上扬。还用玛斯顿市某家商店连续4天在日报上登载30种降价商品的广告为例,说有2/3的人看过,而'看过了'的顾客中又有半数所购买的商品总额在百元以上。"

下面是就这同一个材料所写的两篇文章,一篇为客观性的论证有效性分析,另一篇是论说文中主观性的评论文章,以供参考。

【论证有效性分析文章】

这种降价广告没多少有效性

有这样一份招商广告:"在报上刊登商店降价的广告,能够刺激该商品销售额的上扬。还用玛斯顿市某家商店连续4天在日报上登载30种降价商品的广告为例,说有2/3的人看过,而'看过了'的顾客中又有半数所购买的商品总额在百元以上。"

这份广告的论证在论据方面存在着诸多问题,刊登商店降价的广告是不能刺激该商品销售额上扬的。

该论证存在的第一个问题是,论据缺乏有力的依据。原材料只是简单地拿已购降价商品的顾客中有2/3看过广告来作为论据,显然是不足以证明该商品销售额能上扬的。因为该论证是建立在看过的人都购买该商品的假设基础之上的,这一点不是当然成立的。看过广告的人不一定都购买该商品,更何况只有2/3。所以是不能得出该商品销售额能上扬的结论的,因此,该论证缺乏有力的依据,是无效的。

该论证存在的第二个问题是,大前提是建立在不现实的设想之上的。该论证说,降价能够刺激该商品销售额的上扬。这种论断成立的前提条件是只要商品降价人们就必然都会购买,但这一点也不是当然存在的。因为该论断忽视了这样一个根本，即人们是否购买某一商品，是由于需要和商品的质量决定的，而不是由降价决定的。不需要的或劣质的商品，再降价再便宜，也不会买来当废物搁着。所以，认为降价能够刺激该商品销售额的上扬，这是一种不现实的想法。

该论证存在的第三个问题是，论据与结论之间没有必然联系。材料举例说，顾客中有半数所购买的商品总额在百元以上，这也未必能让该商品销售额上扬。因为区区"百元"购买的必是中小商品，又是降价后的"百元"，而且仅有半数人购买，其销售额不一定能上扬。以此为依据进行推论，是十分牵强的。

由上述分析，不难看出，该招商广告对降价能够刺激该商品销售额的上扬的推断，论据是苍白无力的，根本无法支持其结论。

因此，该论证是不可信的。

【文章简评】本文是一篇较好的论证有效性分析文章。作者用三个分论点，就命题所陈述的论证中存在的论据缺乏有力的依据、结论是建立在不现实的设想之上的、论据与结论之间没有必然联系三个逻辑漏洞进行了明确剖析，指出其错误的原因，否定了其有效性。

【主观批驳性评论文章】

降价不是商场经营的灵丹妙药

有这样一份招商广告："在报上刊登商店降价的广告，能够刺激该商品销售额的上扬。还用玛斯顿市某家商店连续 4 天在日报上登载 30 种降价商品的广告为例，说有 2/3 的人看过，而'看过了'的顾客中又有半数所购买的商品总额在百元以上。"

这份招商广告的做法是不妥的，如果照这样的广告去做，将会招致诸多意想不到的不良后果。

首先，打折降价使得消费者的购物心理发生了一定的扭曲。该论证说，"在报上刊登商店降价的广告，能够刺激该商品销售额的上扬。还用玛斯顿市某家商店连续 4 天在日报上登载 30 种降价商品的广告为例，说有 2/3 的人看过，而'看过了'的顾客中又有半数所购买的商品总额在百元以上"。可是作者却没有看到，消费者图便宜的心理也被打折不失时机地"发扬光大"起来，顾客被惯坏了，以至于产生了不打折就不购物这样尴尬的景象。因为，现在多数商场所售卖的商品就是那么几种品牌，而种类、样式和价格都是一样的，在这家商场能买到的东西，在那家商场就未必不能买到。在此情况下，别的商场打折，而你不打折，消费者就不来买你的商品。再说，顾客想，既然要买的商品没几天就会打折，那何不等到打折时再买。所以，商家在欣喜于打折带来的客流时，更应该思考，不打折时的后果：那只能是门前冷落鞍马稀了。

其次，仅仅依靠打折、返券这样的促销活动来吸引消费者不是一个长久之计。正如前面所分析的，决策者没有看到，打折的最大后果就是把消费者给"惯坏了"。打折促销吸引来的只能是短期的部分客源，正如材料所说，看过广告的人也不过 2/3。再说，一家商场也不可能天天为促销而让利。因为不停地让利，只能导致自己最终被淘汰。该决策者没有看到，真正能让商家盈利的是产品的过硬质量和良好的售后服务。在这方面有了保证，不打折也能吸引广大的顾客，这才是盈利的长久之计。

最后，打折的严重后果是诚信经营的原则遭到破坏。因为一家商场不可能天天赔本赚吆喝，而是要赚钱的。可是，在当今商家竞争如此激烈的情况下，你不打折，别人却在大喊打折，消费者自然是趋利避害的，所以为了吸引顾客，你就只能咬牙把打折进行下去。俗话说，"买的终归没有卖的精"。这样一来，就可能会导致打折促销活动的水分越来越多，就会玩出种种"猫儿腻"，这都是商家心知肚明的。自然，精明的消费者越到后来对商家也会越不信任，这样做的后果必然是拉远了商家和消费者之间的距离，诚信经营的原则会慢慢淡化，消费者和商家之间相互打着各自的小算盘，整个市场秩序就会被打乱。在这种情况下,还有什么诚信可言?

从上述分析,可以看出该广告的做法潜伏着不少危机,将会招致诸多不良的后果。

因此,降价不是商场经营的灵丹妙药。

【文章简评】本文对商品的打折降价发表了自己的意见,用三个分论点阐述了自己反对的理由:打折降价使得消费者的购物心理发生了一定的扭曲;用打折、返券这样的促销活动来吸引消费者不是一个长久之计;打折的严重后果是诚信经营的原则遭到破坏。分析有理有据,是一篇不错的批评性论说文。但如果题干要求写的是论证有效性分析,则这篇文章是不及格的。

第四节 例文评析及练习

通过以上内容的学习,相信大家应该知道如何写作论证有效性分析了。但不知道大家是否动笔写过文章,如果还没有写过,建议大家先停下来,暂时不要看下面的内容,先按照前面所讲的方法好好写几篇文章之后再看,相信大家的收获会更大。

掌握了写作思路和技巧之后,批改作文是非常好的提升方法。本节主要是对不同层次的习作进行点评,希望通过点评,让你发现自己写作中存在的问题,不断修改完善,提升写作水平。你要相信,好文章都是改出来的!

本章第一节给出了论证有效性分析的评分标准,一篇好的文章,需要综合内容、结构、语言表达三项内容评分。

【解读】①采点给分。指出缺陷、给出理由占16分。一般找4个缺陷,每个缺陷4分,其中,指出缺陷占1分,给出理由占3分。

②整体给分。这部分涉及论证力度、文章结构和语言表达,其中,论证力度与分析评论内容是密切相关的。如果被评为一类卷,在内容方面的得分肯定也比较高;如果被评为四类卷,在内容方面的得分肯定也很低。

③错别字扣分。为了规避这一点,我们可以用其他字进行同义替换。

④卷面扣分。卷面扣分包括规定扣分和印象扣分。因此,大家在写作时要尽可能地保证卷面整洁、书写规范。

清楚了评分标准,对于规范写作大有裨益。但是不少考生在写作时,总会存在一些问题而不自知。接下来的习作点评部分给大家指出了一些常见的问题,希望对提升大家的写作能力有帮助。

在习作点评部分,我们会先分析题目,然后再对部分习作逐一进行点评,指出其中存在的问题,并给出修改意见。大家在复习备考过程中可以参考修改意见对作文进行批改。

【例1】人们常在谈论大学毕业生就业难的问题,其实大学生的就业并不难。据国家统计局数据,2012年我国劳动年龄人口比2011年减少了345万,这说明我国劳动力的供应从过剩变成了短缺。据报道,近年长三角等地区频频出现"用工荒"现象,2015年第二季度我国岗位空缺与求职人数的比率均为1.06,表明劳动力市场需求大于供给。因此,我国的大学生其实是供不应求的。

其次,一个人受教育程度越高,他的整体素质也就越高,适应能力就越强,当然也就越容易就业。大学生显然比其他社会群体更容易就业,再说大学生就业难就没有道理了。

实际上,一部分大学生就业难,是因为其所学专业与市场需求不相适应或对就业岗位的要求过高。因此,只要根据市场需求调整高校专业设置,对大学生进行就业教育以改变他们的就业观念,鼓励大学生自主创业,那么大学生就业难问题将不复存在。

总之,大学生的就业并不是什么问题,我们大可不必为此顾虑重重。

【解析】(1)找总论点:

根据位置和关键词"总之"可知论点:大学生就业并不难。

(2)分析谬误:

①推理过程:由"劳动年龄人口减少"去论证"供应从过剩变成了短缺"。

指出缺陷:推不出。

给出理由:劳动力是否由过剩变短缺,需要考虑劳动力的供需情况以及往年过剩量。现在只知道供应减少了,需求如何变化以及往年的过剩量都不清楚,无法得出结论。

②推理过程:由"长三角地区'用工荒'现象、2015年第二季度数据"去论证"劳动力市场需求大于供给"。

指出缺陷:以偏概全。

给出理由:长三角地区和2015年第二季度的数据不具有代表性。长三角地区是经济较发达的地区,对劳动力的需求比较旺盛,"用工荒"很可能是劳动力区域配置的问题,代表不了全国的整体状况;2015年第二季度的数据可能仅是一年中的阶段性现象,未必能代表全年的整体情况。

③推理过程:由"劳动力市场需求大于供给"去论证"大学生供不应求"。

指出缺陷:推不出。

给出理由:劳动力市场需要的很可能是有经验的技术工人,而刚走出校门的大学生很可能缺乏相关经验。

④推理过程:由"受教育程度高"去论证"整体素质高"。

指出缺陷:推不出。

给出理由:受教育程度与整体素质之间并无必然联系。受教育程度只能代表接受教育的经历,而整体素质除了知识素养以外,还包括心理素质、身体素质、沟通能力等。

⑤推理过程:由"大学生比其他社会群体易就业"去论证"大学生就业不难"。

指出缺陷:推不出。

给出理由:大学生比其他社会群体易就业只能说明相对于其他群体,大学生有就业优势,无法反映大学生本身就业的难易程度。如果经济不景气,整体就业环境较差,大学生就业还会不难吗?

⑥推理过程:前文提到"大学生就业并不难",后又提到"一部分大学生就业难在于市场需求和要求较高"。

指出缺陷:自相矛盾。

给出理由:"一部分大学生就业难"与总论点"大学生就业并不难"前后断定不一致。

⑦推理过程:只要根据市场需求调整高校专业设置,对大学生进行就业教育以改变他们的就业观念,鼓励大学生自主创业,那么大学生就业难问题将不复存在。

指出缺陷:误用充分条件关系。

给出理由:影响就业的因素有很多,除了与专业设置和就业观念有关,还可能受经济不景气、大学生个人能力不足等因素的影响。

⑧推理过程:由"调整高校专业设置"去论证"大学生就业不难"。

指出缺陷:推不出。

给出理由:根据当前就业情况去调整专业设置,怎么能保证大学生在经过几年的学习之后,这些专业还能有好的就业前景呢?

习作 1

大学生就业不容乐观①

本文作者通过长三角出现"用工荒"、大学生素质高等理由来论证大学生就业并不难，但其论证过程存在诸多漏洞。可以说，大学生的就业状况其实仍然不容乐观②。

首先，我国劳动力依然过剩③。虽然如文中所说，大学生的供应量确实减少了，但与此同时，社会对大学生的需求量也少了很多。这几年由于经济增长乏力，各个企业的经营状况并不是很好，很少有企业像前几年一样大规模地招人。另外，即使需求量不变，由于前几年的大学生过剩量比较大，远远超过 345 万人。所以，不管从哪个角度分析，当前大学生的供应都还是处于过剩状态的。

其次，并非如作者所言，劳动力市场需求大于供给④。一方面，出现"用工荒"的地区也仅仅限于长三角地区，这些地区本身经济就比较发达，对于人员的需求比较大，这不能反映全国情况，而且"用工荒"出现的时间也比较特殊，为农忙季节，大量的工人要回家种地。另一方面，用人单位需求的工种也比较单一，大多为普通的车间工人或者成熟技工，跟大学生无关，有很多大学生依然找不到合适的工作岗位。

再次，受教育程度的高低与就业的难易程度之间并无太大联系。大学生受教育程度高，但是，现在的大学生在学校里很少会努力学习，整天沉迷游戏，自身能力不足，对于工作岗位的要求却很高，眼高手低，很难找到满意的工作⑤。

最后，大学生自主创业并不一定能成功，相反，大学生创业失败的例子比比皆是。况且，大学生本来就缺乏社会经验，这更增加了创业失败的可能性，这使大学生群体"先创业后失业"的困境变得更有可能⑥。

综上所述，大学生的就业情况仍然不容乐观，即将毕业的大学生要早做准备，以免毕业求职时四处碰壁。

问题点评：

①题目没有进行质疑，不符合论证有效性分析的命题要求，属于论说文的题目。

②提出了新观点，这属于驳论文的写法。所谓驳论文即指出对方错误的实质，提出自己的观点并加以论证。修改：删除"可以说，大学生的就业状况其实仍然不容乐观"。

③提出了自己的观点：我国劳动力是过剩的。后续内容是在论证这个观点。因此，本段是驳论文的写法。

④提出了自己的观点：劳动力市场并非需求大于供给。后续内容是在论证这个观点。因此，本段是驳论文的写法。

⑤指出了缺陷，但是理由表达不到位。修改：受教育程度仅仅表明有过相应的教育经历，并不代表能力。而就业困难与否不仅跟个人能力有关，还跟宏观经济发展状况、劳动力的供应情况等密切相关。

⑥句意表达不清。

【总评】本文偏离了论证有效性分析的写作要求，除个别段落外，其他部分都属于驳论文的写法。

采点给分：第一个缺陷可得 0 分，第二个缺陷可得 0 分，第三个缺陷可得 3 分，第四个缺陷可得 0 分。可评 3 分。整体给分：可评四类卷，得 3 分。在不考虑卷面的情况下，综合评分 6 分。

习作2

大学生就业真的不难吗?①

原文通过一系列的材料和论证②,试图告诉我们大学生就业并不难。然而,这一结论并不正确③。

④由"2012年我国劳动年龄人口比2011年减少了345万⑤"并不能说明"我国劳动力的供应从过剩变成了短缺"。影响劳动力过剩变为短缺的因素是多种多样的。政府政策的改变、消费者需求的改变以及金融市场的变动等对其均有影响,而劳动年龄人口的减少可能并不能引起劳动力的供应出现大幅的改变⑥。

由"劳动力市场的需求大于供给"也并不能得到"大学生其实是供不应求的"。劳动力市场不仅包括大学生,还存在一些低学历的工人、二次就业等⑦。因此不能由劳动力市场说明大学生的情况。

受教育程度高,整体素质就高、适应能力就强了吗?且不说受教育程度高能否得出整体素质高、适应能力强这一结论⑧,即使如作者所言整体素质高、适应能力强,也未必能得出大学生更容易就业。当前很多大学生因缺乏实际操作能力和经验而依然无法就业⑨,因此,大学生并不比其他群体易就业⑩。

论证者认为只要根据市场需求调整高校专业设置,对大学生进行就业教育以改变他们的就业观念,鼓励大学生自主创业,那么大学生就业难的问题将不复存在⑪。而上述情况只是一部分大学生就业难的原因,并不是所有大学生就业难的原因,因此犯了以偏概全的错误⑫,不能推出结论。

问题点评:

①题目不用加标点符号。

②"材料"和"论证"重复,并且一般不用"材料"来表达题干论证。修改:原文通过一系列推理……

③不直接否定论点,并且一般不用"不正确"来表达。修改:然而,这一论证过程存在诸多漏洞。

④缺少表示先后顺序的副词。段首补上"首先""其次"等。

⑤引文不简洁。修改:劳动年龄人口减少。

⑥理由不充分。修改:判断劳动力是否由过剩变短缺需要考虑劳动力的供应、需求以及往年的过剩量。在仅知道劳动力供应量减少的情况下,无法确定劳动力市场的变化情况。

⑦理由不充分,并且措辞不够恰当,暗含学历歧视。修改:大学生只是劳动力中很小的一部分,劳动力市场上所需求的很可能就是那些有经验、懂技术的工人,而大学生在这些方面恰好有欠缺。怎么就能得到"大学生供不应求"的结论呢?

⑧指出了缺陷但未给出理由。修改:去掉"受教育程度高,整体素质就高、适应能力就强了吗"。

⑨理由表达不到位。修改:因为劳动力市场所需求的很可能是懂技术、有经验的工人,与其他群体相比,大学生可能没有优势,怎么就能得到更易就业的结论呢?

⑩仅需表达质疑,不用表达新观点。修改:可以参照⑨中给出的结尾,也可以改成大学生未必就比其他群体更易就业。

⑪引文不简洁。修改:调整专业设置、改变就业观念、鼓励自主创业,就能解决大学生就业难的问题吗?

⑫缺陷表述不准确,理由不正确。修改:影响大学生就业的因素有很多,如国家经济发展状况、个人能力等。如果国家经济发展缓慢、大学生自身的能力不提高,即使调整专业设置、改变就业观念,估计也难以解决就业难的问题。

【总评】本文缺陷找得比较准确,也有一定的分析,但给出的理由不够到位,结构不够完整,缺少结尾。

采点给分:第一个缺陷可得 2 分,第二个缺陷可得 2 分,第三个缺陷可得 3 分,第四个缺陷可得 1 分。可评 8 分。整体给分:可评三类卷,得 6 分。在不考虑卷面的情况下,综合评分 14 分。字数不够,酌情扣 2 分。最终得分 12 分。

习作 3

大学生就业真的不难吗

原文通过一系列的推理①得出"大学生就业并不是什么问题"的结论,上述论证过程中存在诸多逻辑漏洞,现就几点做出以下分析:

首先,由"劳动年龄人口的减少"推不出"我们劳动力的供应从过剩变成了短缺②"。因为劳动力的供需关系③是由需求和供给共同决定的,原文中只说明了供给量在减少,并未提及需求量的变化。因此,上述结论是难以成立的。

其次,由"长三角地区出现'用工荒'"去论证"我国劳动力市场需求大于供给",有以偏概全的问题。长三角地区不足以代表整个中国,由于长三角地区加工制造企业较多,需要大量的劳动力,这和我国其他地区的情况不同,不具有代表性④。将其作为样本是不恰当的。由此得出劳动力市场需求大于供给是值得商榷的。

再次,受教育程度高就真的更容易就业吗?就业难易除了与受教育程度有关之外,还与个人的心理预期、企业的具体需求等因素有关⑤。因此,仅由"受教育水平高"得出"更容易就业"是不恰当的。

最后,由"调整专业设置"不能推出"大学生的就业问题将不复存在"。因为大学生在校学习有 4 年的时间,假如大一时根据市场需求调整了专业设置,到了大四毕业时,由于经济的发展,市场对人才的需求可能已经发生了变化,调整后的专业未必符合市场需求⑥。因此,上述论证是值得商榷的。

鉴于上述分析,规劝大学生们不要轻信"大学生就业不难"的结论,否则未来的就业之路可能不好走。

问题点评:

①尽量不采用模板化的表达。修改:长三角地区出现"用工荒"、大学生素质高等论据……

②语句不通顺。修改:删除"我们"。

③措辞不恰当。修改:劳动力的供需状态。

④语言不够精练。前文中已经陈述"长三角地区不足以代表整个中国"。修改:由于长三角地区加工制造企业较多,需要大量的劳动力,这和我国其他地区的情况不同,不能代表整个中国劳动力市场的情况。

⑤理由不充分。修改:受教育程度仅说明接受教育的经历,有这种经历并不等同于具有就业所需要的能力。试想,如果劳动力市场所需要的都是有经验、懂技术的工人,初出校门的大学生又有何优势呢?怎么就能得到大学生更容易就业的结论呢?

⑥理由不够精练。修改:影响大学生就业的因素是多方面的,如经济发展态势、个人能力等。如果不考虑这些因素,盲目调整专业设置未必有效。此外,即使现在根据市场需求调整专业设置,又怎么能保证大学生毕业时这些专业还符合市场需求呢?

【总评】本文大部分缺陷分析得比较到位,论证较为有力,结构严谨,但表达还需更精练、准确。

采点给分:第一个缺陷可得 3 分,第二个缺陷可得 3 分,第三个缺陷可得 2 分,第四个缺陷可得 3 分。可评 11 分。整体给分:可评二类卷,得 10 分。在不考虑卷面的情况下,综合评分 21 分。

习作 4

大学生就业未必不难

论证者通过三组分论点①论证得出"大学生就业并不难"的结论,但在论证过程中存在明显的逻辑漏洞,分析如下:

首先,由"劳动年龄人口减少"推不出"劳动力的供应变为短缺"。劳动力供应过剩与否不仅要考虑劳动力的供应,还要考虑社会对劳动力的需求情况。劳动力年龄人口减少仅说明供应量减少了,但原文未对需求作出说明,因此,推不出劳动力供应的变化状态。此外,原文为 2012 年与 2011 年的相关数据,其时效性不足。

其次,原文由"长三角等地区出现'用工荒'和 2015 年第二季度岗位空缺与求职比率情况"推出"劳动力市场需求大于供给",有以偏概全的嫌疑②。长三角地区经济发展迅速,与全国其他地方相比,劳动力需求量相对较大,但这并不能代表中西部地区也是如此。同理,第二季度为大学生就业高峰期,其数据不具有说服力③。

再次,教育程度高,整体素质就会高吗?不一定。整体素质的高低不仅与教育程度有关,还与道德品质、心理素质、思维能力、沟通能力等因素息息相关。实际上,教育程度高而整体素质不高的现象有很多,如每年都会出现的大学生犯罪事件。

最后,论证者将大学生就业难的原因归为专业设置不当以及就业观念存在问题,归因不够全面。影响大学生就业的因素有很多,比如经济形势、工作经验等等,而专业设置及就业观念仅是部分原因④。

综上所述,我们一定要保持理性,不能掉进"大学生就业不难"的陷阱中。

问题点评:

①指代不够清晰,可以列举 1~2 个。修改:论证者通过一些数据以及大学生素质高等论据……。

②语言不够精练。修改:由"长三角等地区的'用工荒'和 2015 年第二季度的数据"推出"劳动力市场需求大于供给",有以偏概全的嫌疑。

③理由不到位。大学生就业高峰期只能说明供给增多了,为什么岗位空缺与求职人数的比率大于 1 呢?修改:同理,第二季度很可能是由于农民工返乡从事农业生产导致了暂时性的劳动力需求旺盛,其数据不具有说服力。

④理由表达不到位。修改:影响大学生就业的因素是多方面的,如经济发展态势、个人能力等,专业设置及就业观念仅是部分原因。如果不考虑经济发展态势、个人能力等因素,盲目调整专业设置未必有效。

【总评】本文缺陷分析到位,论证充分有力,结构严谨,语言流畅。

采点给分:第一个缺陷可得 4 分,第二个缺陷可得 4 分,第三个缺陷可得 3 分,第四个缺陷可得 3 分。可评 14 分。整体给分:可评一类卷,得 12 分。在不考虑卷面的情况下,综合评分 26 分。

【参考范文】

大学生就业真的不难吗

论证者从劳动力的供求关系以及大学生素质高等论据出发，试图得出"大学生就业不难"的结论。但论证中存在诸多逻辑漏洞。

首先，在不清楚当前劳动力需求以及过剩总量的情况下，怎么能仅凭"劳动年龄人口减少"就得到"劳动力的供应从过剩变成了短缺"呢？假如当前劳动力的需求量较上年下降得更多，在这种情况下，即使劳动力年龄人口减少了，劳动力也许还是过剩的。退一步讲，即使需求没有变化，也许原来多出了几千万，现在仅减少345万，仍然可能过剩。自然无法得到大学生就业不难的结论。

其次，由长三角等地区出现"用工荒"以及2015年第二季度的数据，不能以偏概全地得出结论说"劳动力市场需求大于供给"。长三角等地区属于我国经济比较发达的区域，对劳动力的需求可能较大，但在经济相对落后的区域，如西部，可能并没有出现需求增加的情况。而2015年第二季度求职人数减少可能是大量农民工暂时回乡从事农业生产所致。

再次，从"受教育程度高"不能推出"整体素质高"。因为整体素质表现在知识、性格、修养、眼界等各个方面，而教育程度仅反映为接受教育的经历，甚至不能代表知识水平。如果二者之间存在这种必然联系的话，我们该如何解释当前有不少大学生走上犯罪道路这一问题呢？

最后，论证者给出众多论据一直在论证"大学生就业不难"，但是在论证中又断定"一部分大学生就业难在于专业设置"，这明显前后自相矛盾。

综上所述，如果大学生们盲目相信了就业不难的结论，恐怕就业之路不会那么平坦。

【例2】有一段时期，我国部分行业出现了生产过剩现象，一些经济学家对此忧心忡忡，建议政府采取措施加以应对，以免造成资源浪费，影响国民经济正常运行。这种建议看似有理，其实未必正确。

首先，我国部分行业出现生产过剩，并不是真正的生产过剩。道理很简单，在市场经济条件下，生产过剩实际上只是一种假象。只要生产企业开拓市场，刺激需求，就能扩大销售，生产过剩马上就可以化解。退一步说，即使出现了真正的生产过剩，市场本身也会进行自动调节。

其次，经济运行是一个动态变化的过程，产品的供求不可能达到绝对的平衡状态。因此，生产过剩是市场经济的常见现象。既然如此，那么生产过剩也就是经济运行的客观规律。如果让政府采取措施进行干预，那就违背了经济运行的客观规律。

最后，生产过剩总比生产不足好。如果政府的干预使生产过剩变成了生产不足，问题就会更大，因为生产过剩未必会造成浪费，反而会增加物资储备以应对不时之需。如果生产不足，就势必会造成供不应求的现象，让人们重新去过缺衣少食的日子，那就会影响社会的和谐与稳定。

总之，我们应该合理定位政府在经济运行中的作用，政府要有所为，有所不为。政府应该管好民生问题，至于生产过剩或生产不足，应该让市场自行调节，政府不必干预。

【解析】（1）找总论点：

根据位置和关键词"总之"可知论点：政府不必干预生产过剩。

（2）分析谬误：

①推理过程：由"开拓市场，刺激需求"去论证"扩大销售，生产过剩马上就可以化解"。

指出缺陷：误用条件关系。

给出理由：在市场没有饱和的情况下，"开拓市场，刺激需求"可能确实能扩大销售，但是当某种产品在市场上已经处于饱和状态，甚至已经退出市场，"开拓市场，刺激需求"未必有效。

②推理过程：由"市场本身会调节生产过剩"去论证"政府不必干预"。

指出缺陷:推不出。

给出理由:市场的自动调节可能是滞后或无序的,任由市场自发调节,可能会给企业,甚至国民经济造成损失。此外,市场调节和政府干预并不矛盾,完全可以共同起作用。

③由"供求不可能绝对平衡"去论证"生产过剩是常见现象"。

指出缺陷:推不出。

给出理由:产品的供求虽然可能达不到绝对平衡状态,但是可以处于小范围内波动的相对平衡状态。只有当产品的供应远远大于需求时,才可能出现生产过剩,怎么能断定生产过剩是常见现象呢?

④推理过程:前文断定"在市场经济条件下,生产过剩实际上只是一种假象",后文又断定"生产过剩是市场经济的常见现象"。

指出缺陷:自相矛盾。

给出理由:前后断定不一致。

⑤推理过程:由"生产过剩是常见现象"去论证"生产过剩是客观规律"。

指出缺陷:偷换概念。

给出理由:"常见现象"是指经常发生的现象,如中国式过马路;"客观规律"是指事物运动过程中本质的、必然的、稳定的联系。常见现象只有到了必然发生的程度才可能称为客观规律。

⑥推理过程:由"生产过剩是客观规律"去论证"政府干预过剩会违背客观规律"。

指出缺陷:推不出。

给出理由:政府可以遵循客观规律,科学合理地干预。

⑦推理过程:由"生产过剩"去论证"增加物资储备"。

指出缺陷:推不出。

给出理由:若生产过剩的产品是保质期很短的产品,如水果、牛奶等,抑或是已经被淘汰的产品,未必会增加物资储备。

⑧推理过程:如果生产不足,就会造成供不应求,就会重新过缺衣少食的日子,就会影响社会稳定。

指出缺陷:误用条件关系。

给出理由:当某种产品生产不足时,人们可能会寻找相应的替代产品,因此未必会造成供不应求的情况,自然也就不会导致缺衣少食。此外,如果生产不足的产品与人们的生活关系不大,如冬虫夏草,也未必会导致缺衣少食,影响社会稳定。

⑨推理过程:由"生产过剩比生产不足好"去论证"政府不必干预生产过剩"。

指出缺陷:推不出。

给出理由:生产过剩和生产不足都会对经济、社会等造成严重危害,即使生产过剩比生产不足好,也只能说明二者危害程度不同,并不能说明政府就不必干预生产过剩了。

⑩推理过程:由"政府应管好民生问题"去论证"政府不必干预生产过剩"。

指出缺陷:不当假设。

给出理由:该论证要想成立需要假设,即生产过剩不会造成民生问题,但生产过剩很可能会引发经济危机,造成民生问题。

习作 1

一段有缺陷的论证

①原文认为部分行业出现的生产过剩不是真正的生产过剩，而现实生活中产品的生产过剩确实是存在的，很明显原文观点与事实不符②。而且作者认为只要开拓了市场，便解决了过剩问题。该观点很幼稚③。市场调节有可能是滞后的或者是无效的，其不能从根本上解决生产过剩问题④。

经济运行虽然是动态变化的，但不能因产品供求达不到绝对平衡便得到生产过剩是常见现象。因为产品供求可能是相对平衡状态，这样就不会出现生产过剩了⑤。即使失衡了，出现的可能是生产不足，也不是生产过剩。

生产过剩与生产不足同样作为产品供求失衡导致的现象，无所谓谁比谁好。产品过多无法出售势必会造成浪费，而产品过少的话明显也会影响人民的生活，因此生产过剩和生产不足都不好，一旦出现了这种现象，政府理应积极调控，以免带来不良影响⑥。而且原文指出政府有所为有所不为，要管好民生问题，无须干预过剩或不足，这也是值得商榷的。经过上面的表述很显然可知生产过剩及不足与人民的生活息息相关，其当然也是民生问题，因此原文的观点不能成立⑦。

生产过剩怎么会是经济运行的客观规律呢⑧？所谓客观规律是事物运动过程中本质的、必然的、稳定的联系。生产过剩则是生产的产品总量远远超过有支付能力的需求量。可见，生产过剩并不会经常发生，怎么可能是客观规律呢⑨？

问题点评：

①结构不完整，缺少开头。修改：论证者由生产过剩是假象以及对比生产过剩与生产不足等得出结论说，政府不必干预生产过剩。但论证过程存在诸多缺陷。另外，缺少表示先后顺序的副词。

②指出论证结论与现实不符，不符合论证有效性分析的写作要求。

③措辞不恰当，并且没有给出理由。修改：这一推论值得商榷。开拓市场就能解决生产过剩要以市场没有饱和为前提，如果市场已经处于饱和状态，那么再怎么开拓市场，估计也难以化解生产过剩的问题。

④本段把几个缺陷糅合在一起，条理不清晰。

⑤理由不充分。修改：产品的供求虽可能达不到绝对平衡状态，但可以处于小范围内波动的相对平衡状态。只有当产品的供应远远大于需求时，才可能出现生产过剩，怎么能断定生产过剩是常见现象呢？

⑥提出了自己的观点：生产过剩和生产不足都不好，并给出理由证明上述观点。这属于驳论文的写法。

⑦与上文的关联不大，最好另起段落。

⑧提出了自己的观点：生产过剩不是经济运行的客观规律，并给出理由证明这个观点。这属于驳论文的写法。

⑨本段没有按照文本顺序行文，结构不清。

【总评】本文整体上不符合论证有效性的写作要求，条理不清，文章结构不完整，缺少开头和结尾。

采点给分：第一个缺陷可得 0 分，第二个缺陷可得 2 分，第三个缺陷可得 1 分，第四个缺陷可得 0 分。本文可评 3 分。整体给分：可评四类卷，得 2 分。在不考虑卷面的情况下，综合评分 5 分。

习作2

政府不必干预生产过剩或生产不足吗？①

②首先，上述论证先指出"生产过剩实际上只是一种假象"，所以论证中认为真正的生产过剩是不存在的③。而它在后面又提到"即使出现了真正的生产过剩"，表明论证者承认真正的生产过剩是存在的。这显然与其前面的"不存在"是矛盾的④。

其次，"经济运行是一个动态变化的过程，产品的供求不可能达到绝对的平衡状态"并不意味着"生产过剩是市场经济的常见现象"⑤。"产品的供求不可能达到绝对的平衡状态"指的是产品的供给和需求不会完全平衡，而是在一定的范围内，会有小幅度的变动，而生产过剩显然是大幅度的变动，但大幅度的变动很有可能不是常见的⑥。

再次，即使出现生产不足，出现供不应求的现象，也不一定影响社会的和谐与稳定⑦。因为生产不足导致供不应求的产品如果是像巧克力、糖果、化妆品等一些非生活必需品的时候，并不会过多地影响人们的生活。当人们的生活没有受到太大影响的时候，并不一定影响社会的和谐与稳定⑧。

最后，"政府应该管好民生问题"，实质上就是管好人民生活的问题，而"生产过剩或生产不足"很大程度上都间接地影响了人民的生活，因此，本质上这就是一种民生问题。政府不干预生产过剩或生产不足，却又要管好民生问题，很显然是非常困难的⑨。

综上所述，上述论证存在如此多的缺陷，论证者要想得到"政府不必干预生产过剩"的结论恐怕还需要进一步完善论证，给出更合适的理由。

问题点评：

①题目字数太多，且不用加标点符号。修改：生产过剩真的不必干预吗。

②结构不完整，缺少开头。修改：论证者由生产过剩是假象以及对比生产过剩与生产不足等得出结论，政府不必干预生产过剩。该论证过程存在诸多缺陷。

③表达不够清晰。修改：上述论证先指出"生产过剩实际上只是一种假象"，即生产过剩是不存在的。

④矛盾点找得不合适。"即使出现了真正的生产过剩"是一种让步表达，与前文的断定不构成矛盾。真正与前文构成矛盾的是"生产过剩是常见现象"，说明生产过剩是存在的。

⑤语言不够精练。修改："产品供应不能达到绝对平衡"未必说明"生产过剩是常见现象"。

⑥理由表达不到位。修改：产品的供求虽可能达不到绝对平衡状态，但可以处于小范围内波动的相对平衡状态。只有当产品的供应远远大于需求时，才可能出现生产过剩，怎么能断定生产过剩是常见现象呢？

⑦语言不够精练。修改：再次，供不应求未必会影响社会的和谐与稳定。

⑧语句不连贯。修改：因为出现供不应求的产品很可能与人们的生活关系不大，如冬虫夏草。它们出现短缺至多会影响部分群体的消费，不会导致人们缺衣少食，当人们的生存没有受到威胁时，通常不会影响社会的稳定。

⑨缺陷陈述不明显。修改：由"政府应管好民生问题"去推"其不必干预生产过剩"。这一论证要成立需要假设：生产过剩不会造成民生问题。但是生产过剩往往会直接或间接地影响人们的生活，特别是大规模的生产过剩可能会诱发经济危机，造成失业，肯定会影响人们的生活。

【总评】本文有一定的分析论证，但有些理由陈述不到位，文章结构不够完整，缺少开头。

采点给分：第一个缺陷可得1分，第二个缺陷可得2分，第三个缺陷可得3分，第四个缺陷可得1分。本文可评7分。整体给分：可评三类卷，得6分。在不考虑卷面的情况下，综合评分13分。

习作 3

生产过剩真的不该干预吗

上述论证指出生产过剩是假象、生产过剩比生产不足好,得到了"政府无须干预生产过剩问题"的结论。在这一论证中存在众多的缺陷①,现就几点做出分析:

首先,开拓市场、刺激需求就能化解生产过剩。这一论证成立需要假设:市场需求是无限大的。但是,事实上某种产品的市场需求很可能是有限的,比如过时淘汰的产品。假如这类产品出现过剩,无论怎么开拓市场,估计也难以化解过剩问题。

其次,由"市场能自动调节"得到"政府不必干预",这是值得商榷的②。因为市场自动调节可能是滞后的或者是低效的,如果等市场自动调节,很可能会造成很严重的后果。在这种情况下,政府的干预就显得尤为重要,怎么能把二者对立起来呢?

再次,论证者混淆了"常见现象"与"客观规律"。市场经济的常见现象是事物的外在表现,如通货膨胀、通货紧缩、垄断等,而经济运行的客观规律是事物发展的本质属性,如价值规律③。因此,两者不能混为一谈。

最后,原文通过对比生产过剩与不足,得出"过剩比不足好"的结论,同时认为政府干预会使生产过剩变为不足,由此支持"政府不必干预"的观点。该论证存在以下缺陷:其一,若产品具有保质期短易变质的特点,那么生产过剩不能增加物资储备,而当某些产品生产不足时,其替代产品会发挥重大作用,故生产不足并不一定会影响社会和谐稳定;其二,过剩与不足都是供需失衡导致的两个极端问题,政府干预的目的是解决问题,因此干预并不必然导致生产不足④。

鉴于此,要得到政府不该干预生产过剩的结论,恐怕还需要给出更充分的理由。

问题点评:

①表达不够清晰。修改:论证者由生产过剩是假象、生产过剩比生产不足好等得到结论,政府无须干预生产过剩。但论证中存在诸多缺陷。

②过于模板化。修改:市场能自动调节未必能得到政府不该干预。

③理由不到位。修改:"常见现象"是指经常发生的现象,如中国式过马路;"客观规律"是指事物运动过程中本质的、必然的、稳定的联系。常见现象只有到了必然发生的程度才可能称为客观规律。

④缺陷与理由匹配不清。修改:生产过剩未必能增加物质储备。若生产过剩的产品是保质期很短的产品,如水果、牛奶等,抑或是已经被淘汰的产品,如何得到能增加物质储备的结论呢?退一步讲,即使能增加物质储备,也不能得到"生产过剩比生产不足好"的结论。生产过剩和生产不足可能都会对经济、社会等造成严重危害,只是危害的形式有一定差别而已。

【总评】本文指出了论证中的主要缺陷,论证较为有力,结构严谨,但是个别缺陷与理由的匹配不当。

采点给分:第一个缺陷可得 4 分,第二个缺陷可得 4 分,第三个缺陷可得 2 分,第四个缺陷可得 1 分。本文可评 11 分。整体给分:可评二类卷,得 10 分。在不考虑卷面的情况下,本文综合评分 21 分。

习作4

生产过剩未必不用干预

论证者从生产过剩是假象、政府干预会违背客观规律等论据出发，得出结论：政府不用干预生产过剩。然而，在论证过程中存在诸多问题。

首先，由"企业开拓市场、扩大销售"得出"生产过剩就能化解"的论证中，错误地预设了市场需求是无限的。然而，某种产品的市场需求很可能是有限的。试想，如果某种产品在市场上本来已经达到了饱和状态，生产企业再怎么努力开拓市场、刺激需求，也未必能化解生产过剩。

其次，认为"生产过剩是常见现象"，因此是"客观规律"，明显混淆了概念。"常见现象"不等于"客观规律"。客观规律是必然会发生的，常见现象只有上升到必然发生的程度，才能称之为客观规律。我们显然不能把"中国式过马路"这种常见现象认为是客观规律。

再次，生产不足就一定会导致缺衣少食，影响社会的和谐与稳定吗？如果仅仅是一些与居民生活关系不大的工业品生产不足，短期内可能确实会造成价格的上涨，但是未必会出现缺衣少食的现象。退一步说，即使是跟居民生活相关的物品生产不足，也完全可以有其他替代产品，怎么能说生产不足会导致缺衣少食、影响社会的和谐稳定呢？

最后，政府应管好民生问题，因此不需要对生产过剩的现象进行干预，这一推论难以令人信服。此论证要想成立需要假设："生产过剩"不会导致民生问题。这一假设是不能成立的，如若不然，那又该如何解释上述论证中出现的"缺衣少食"的民生问题[①]？

综上所述，论证者对经济学家的质疑还存在一定的问题。政府相关部门不可对"生产过剩"放任自流。

问题点评：

①举例不恰当，上述论证中涉及的"缺衣少食"不是生产过剩导致的。修改：这一假设是不成立的，生产过剩很可能会引发经济危机，造成民生问题。例如，20世纪30年代生产过剩引发经济大萧条，出现大量的失业，造成一系列民生问题。

【总评】本文缺陷分析到位，论证充分有力，结构严谨，语言流畅。

采点给分：第一个缺陷可得4分，第二个缺陷可得4分，第三个缺陷可得4分，第四个缺陷可得2分。本文可评14分。整体给分：可评一类卷，得12分。在不考虑卷面的情况下，综合评分26分。

【参考范文】

生产过剩真的不应干预吗

面对我国部分行业出现的生产过剩现象，论证者认为政府不应该干预。但给出的论证存在诸多逻辑缺陷，分析如下。

首先，企业开拓市场、扩大销售，未必就能化解生产过剩的问题。一般来说，企业开拓市场、扩大销售等行为在一定程度上的确可以增加销量，但这建立在市场需求尚未饱和的情况下。试想，某一产品的市场需求已经饱和，即使企业再怎么去开拓市场，刺激需求，生产过剩的问题可能依然得不到解决。

其次，当某种产品出现生产过剩时，就算市场会自动调节，也推不出政府不应干预的结论。市场调节往往存在一定的滞后性，如果出现过剩之后等待市场自动调节，可能已经给企业甚至整个国民经济造成了巨大的浪费。这时，政府强有力的干预就显得尤为重要。

再次，即使生产过剩是常见现象，也不意味着它是客观规律。这里明显混淆了常见现象与客观规律,常见现象只有上升到本质的、必然的层面才可能成为客观规律,怎么能不加区分地把二者等同起来呢?"低头族"可以说是一种常见现象,难道我们就说它是客观规律吗?

最后,仅根据生产过剩可能增加物资储备未必能得出它比生产不足好。试想,如果过剩的产品是一些已经淘汰的过时产品或保质期很短的食品,比如鲜牛奶,又怎么能增加物质储备应对不时之需呢?此外,生产不足也不一定会导致供不应求。人们很可能会选择相应的替代产品,因此对它的需求自然会随之下降,供不应求的情况也会随之得以缓解。

综上所述,政府相关部门切不可盲目接受论证者的意见,否则可能不利于国民经济的有序发展。

第五节　习题精练

阅读下面各条材料,对其陈述的论证进行评论,分析其论证在概念、论证方法、论据及结论等方面的有效性。题目自拟,写一篇600字左右的文章。

1.不会导致温室效应

现在燃烧化石燃料释放到大气中的大量二氧化碳实际上不会导致温室效应,即全球平均温度的上升。因为如果二氧化碳的供应量上升,植物就会更大量地消耗该气体,所以它们会长得更茁壮,繁殖得更茂盛,那么大气中二氧化碳的浓度终将保持稳定。

2.使用卫星地面教学使退学率下降

两年前,北京某中学开始使用卫星地面教学,退学率马上就降了下来,而且上一届毕业生升入大学后都取得了良好成绩。校董事会应在以后的预算中,划拨更多资金用于卫星地面教学,而且该地区的所有学校都应该在全部课程中使用卫星地面教学。

3.新员工也会逐渐习惯这种噪音

Ace工业集团的新雇员抱怨由Ace工厂内噪音过大而引起的不适,然而有经验的Ace老雇员却没有任何这种不适。虽然Ace要对其雇员的健康负责,但它还是决定不向新员工发耳塞。Ace的理由是不使用耳塞,新员工也会逐渐习惯这种噪音。

4.癌症防治方面出现了不小的失误

某海滨城市医疗机构对近20年的资料进行了统计分析,结果让他们大吃一惊:在这个所谓历史上的癌症低发区,最近20年因癌症死亡的人数比例已高出全国城市平均值两倍。他们惊呼,本市最近20年来在对癌症的防治方面出现了不小的失误。

5.政府应提高邮票价格

为了扭转邮政业务越来越不景气的局面,政府应提高邮票价格。提价会产生更多收益,减少邮件流量,因此能缓解现有系统的压力,并改善员工的工作面貌。所以,这一做法必定是有效的。

6.大学生普遍缺乏对中国传统文化的学习和积累

目前的大学生普遍缺乏对中国传统文化的学习和积累。国家教委有关部门及部分高等院校最近做的一次调查表明,大学生中喜欢和比较喜欢京剧艺术的只占到被调查人数的14%。

7.并非性别歧视者

在其3年的任职期间,某州长经常被指控对女性有性别歧视。但在其政府19个高层职位空缺中,他任命了5名女性,这5人目前仍然在职。这说明该州长并非性别歧视者。

8.解散义务救护队的做法不可取

最近针对西坎布里安义务救护队的一篇评论表示,该救护队对意外事故反应的平均时间比东坎布里安商业救护队要长。为了向事故伤员提供更好的护理,并通过收取救护费来提高镇收入,我们应该解散义务救护队,聘用商业救护队。

9.汽车噪音小,销路一样好

×型摩托车在美国已经有七十多年的生产历史。尽管某外国公司已经模仿了该型号进行生产,而且售价更便宜,但未能吸引×摩托车的客户——有人认为其原因是他们的摩托车不像×摩托车那样启动后发出震天动地的声音。但这应该不是唯一的原因。国外的汽车一般比同类的美国汽车噪音小,但是销路一样好,甚至更好。另外,×摩托车的电视广告强调的是该车的流线型设计和经久耐用,而不是它发出的声音。再者,它的广告一般都有画外音或者摇滚音乐背景,这都把摩托车发动机声音盖掉了。

10.应该减少房源

由于上学年学校住房入住率有所下降,住房收入也相应减少。为解决这一问题,学校分管住房的官员应该减少房源,以提高入住率。另外,要降低房租,吸引学生不在校外租房,从而扩大校内住房需求。

11.应对图书馆设施进行扩充

过去几年间,费恩谷大学的报名率和录取率都有所降低。从学生那里我们可以查明原因所在:学生们对本校的不满主要是因为教学水平低、图书馆资料不全。因此,为了吸引生源,恢复本校在大费恩谷一带最知名学府的地位,有必要发起向校友筹资的活动,用筹集的资金扩展学科范围,并对图书馆设施进行扩充。

12.需要更有力度的法律

我们需要更有力度的法律,来保证我们的住宅安全系统不被盗版分子仿造并销售。有了这种保护手段,生产商自然就会投资研制新的住宅安全产品和生产技术。如果没有这种强有力的法律手段,生产商则会削减上述投资,相应会导致产品质量、产品性能,乃至生产效率的滑坡。最后,还会造成该行业生产性工作岗位的减少。

13.对行李托运手续进行重整并非至关重要

去年阿维亚航空公司千分之九(0.9‰)的乘客对行李托运手续提出了投诉。这表明,尽管有近1%的人对这些手续不满,绝大多数人还是相当满意的。可见,要不要对行李托运手续进行重整,对保持或增加乘客量这一目标并非至关重要。

14.聘请罗宾骨达担纲主演

即将开拍的电影《3003》的制片人如果花几百万美元请到罗宾骨达担纲主演,将会获得最大利润,尽管他的片酬比片中其他演员的片酬都高得多。因为,过去也有一些影片开出这样的片酬聘请罗宾骨达,结果都取得了票房的成功。

15.应该从市艺术基金中拨出一部分给公共电视台

在最近开展的一项全市调查中,对"收看视觉艺术类电视节目"做肯定回答的居民人数比5年前调查时多出了15个百分点。过去五年间,参观市美术馆的人数也相应增加了几个百分点。播放这些视觉艺术节目的公共电视台多由公司赞助,由于目前这种赞助可能要大幅度削减,我们可以预计,参观市美术馆的人数也将开始减少。因此应该从市艺术基金中拨出一部分给公共电视台。

16.推荐使用工卡

据调查表明,过去6年间我们的10家客户公司中未有员工内盗的记录。我们对这10家公司的安全措施进行了分析,发现它们都让员工在上班期间佩带贴有照片的工卡。因此,我们将向所有客户推荐这种使用工卡的方法。

17.这种回收是不必要的

全国最大的报纸每天的晨报版如果都能回收,并化成纸浆再利用,每年可救下500万棵树。但这种回收是不必要的,因为该报社有自己的森林,以保证纸张供应不出现匮乏。

18.一项明智的商业举措

乔迁新址对金橘咖啡馆的业主而言,无疑是一项明智的商业举措,这可从该咖啡馆即将在新址举行两周年店庆这一事实中看出。另外,该咖啡馆在旧址的生意似乎不太景气:咖啡馆搬走后,原场所新开了几家从事不同业务的商店:一家美发店,一家古董店,一家宠物店。

19.必须强化价格法规

过去 10 年来,橘类水果的单价有很大提高。11 年前,1 磅柠檬在商店里一般只卖 1.5 美分,但现在卖到 1 美元以上。这 11 年当中,只有一年的气候影响了橘类水果的收成。因此,橘类水果的生产商肯定是在故意提价,这完全是不必要的。因此,必须强化价格法规,以防生产商继续哄抬价格。

20.必须加大教育经费的投入

过去,本国的工程师多半出自大学。但最近大学适龄人口开始缩减,并且随着高中录取人数的减少,接下来的几年内该趋势还将继续。因此,我国不久就会面临高素质工程师的短缺问题。如想在全球市场上保持经济竞争优势,就必须加大教育经费的投入,而且越快越好。

21.各种高脂肪的奶酪琳琅满目

总的说来,人们已经不像 10 年前那样,谨慎控制肉类和脂肪奶酪的进食量。"如心所愿"是 20 世纪 60 年代开的一家商店,原本出售有机水果、蔬菜和谷类面粉,但现在你会发现,店中各种高脂肪的奶酪琳琅满目;隔壁的"福地厚土"咖啡餐馆是一家经营素食的饭馆,一直惨淡经营,而对面的"牛肉大王"虽然是后起的,但是它的老板已经是百万身价了。

22.这对本地居民没有多少益处

去年橡城商业区新建了一家商场,但这对本地居民没有多少益处。自从该商场开张后,当地已有好几家企业关门歇业,而且商业区的停车场一下子紧张起来。另外,因为该商场的老板住在附近的榆城,所以商场的销售利润不会回流本市社区。除了这些问题外,附近的橡城公园中垃圾也在增多,凡此种种,无不说明橡城允许建设该商场从一开始就是个错误的判断。

23.应该降低会员费

在会员使用率下降了一段时间后,心脏保健中心建立了室内游泳池。但是使用率仍没有显著回升,可见保健俱乐部的经理们应该采取另外一种方法:降低会员费,而不是增添昂贵的新设施。

24.私有化会比公有化经营得更好

大富豪公司所有权最近转归私人业主,盈利不菲,这表明公司业务在所有权私有化的情况下,会比公有化时经营得更好。

25.公共建筑的安全规范过于苛刻

指导公共建筑的安全规范现在变得过于苛刻。建筑师和开发商要想满足该规范的最基本要求,最保险的方法是使用目前许可的相同的建筑材料和建筑方法。但这将意味着业内的技术创新会越来越少,建筑风格和设计也难以发展——这都是安全规范太苛刻造成的。

26.应大量雇佣甲公司的前雇员

甲公司最近刚在所有部门和层面裁减了 15%员工,并鼓励其他员工提前退休。通过这些措施,公司大大减少了员工人数。如您所知,我们乙公司的产品有些是和甲公司一样的,但公司这几年利润却在滑坡。为了加强本公司的竞争优势,我们应大量雇佣甲公司的前雇员,因为他们都是熟练工,不需要很多培训,而且能够提供甲公司成功方法的有用信息,此外他们还会有和甲公司竞争的强大动力。

27.必须开办全日制托儿所业务

科学家如果想进一步发展自己的事业,就必须每周工作 60~80 小时;要想让男女科学家们在自己的领域里有所建树,必须开办面向他们的服务优良、价格合理的全日制托儿所业务。另外,事业发展的要求应该有更大的灵活性,保证学龄前儿童每天都有相当多的时间和父亲或母亲在一起。

28.针对铜矿开采的管制法规变得多余了

当科学家最终懂得如何通过其他化学元素大量生产铜之后,针对铜矿开采的管制法规就变得多余了。首先,铜的潜在产量将不再受制于实际的铜矿矿藏量,所以过度开采的问题很快会彻底解决。其次,生产商将不再需要使用合成铜替代品,生产合成铜会产生污染源。因为过度开采和污染问题即将得到解决,所以削减铜矿开采管制经费,把钱节省下来或者投到更需要的地方去,就更有意义。

29.饮用萨路达矿泉水是对身体健康的明智投资

"实验研究结果表明,萨路达纯天然矿泉水富含多种有保健功能的矿物质,而且没有病菌。在出产该矿泉水的萨路达,居民患病的比例低于全国平均水平。尽管萨路达纯天然矿泉水价格似乎不菲,但饮用它(而不是自来水)是对身体健康的明智投资。"(摘自某保健杂志的一篇广告)

30.投资由可乐转向咖啡

"研究表明,随着年龄增长(从 10 到 60 岁),咖啡饮用者的平均咖啡消费量会逐渐增长。即便到60 岁后,咖啡消费量仍然会居高不下。但是可乐的平均饮用量则会随着年龄增长而下降。过去 40 年间,这两种趋势都保持不变。由于在未来 20 年内老龄人口会有较大增长,所以,这一时期内咖啡需求量将增加,而可乐需求量则下降。因此我们应该考虑将我们对'乐可'可乐的投资转向'报更鸟'咖啡。"(摘自某投资公司的一份商业计划)

第六节 习题写作提示

1.植物腐烂时会产生甲烷。这将最严重地削弱"目前释放到大气中的大量二氧化碳不会导致温室效应"这一结论。因为植物腐烂时产生的甲烷是另一种能显著地产生温室效应的气体。所以题干的论证犯了以偏概全、理由不充分的错误。

2.大家应该知道,高中退学率下降和某一届毕业生在大学成绩好的现象,其原因可能是多方面的,可能是学校聘请了特级教师,提高了教师的水平,同时提高了学生们学习的兴趣,所以学生们的学习成绩有了很大的提高,降低了退学率;也可能是学校提高教学质量,使得学生的退学率下降,提高了学习成绩等。所以,题干中仅仅将其结果归于"使用了卫星地面教学"一项,显然犯了以偏概全的错误。

3.如果"老雇员之所以没有不舒适的感觉,是因为工厂噪音已经导致他们的听力有所下降"这一事实成立的话,那么题干的论证有效性就有问题了。老雇员之所以没有不舒适的感觉,是因为工厂噪音已经导致他们的听力有所下降,而 Ace 却认为是老雇员习惯了这种噪音,所以认为新员工会习惯这种噪音,Ace 决定不发耳塞给新员工是错误的。

4.如果本市风景秀丽,气候宜人,适合疗养,全国很多晚期癌症病人云集于此,度过生命的最后时光,那么死亡的人数自然要比其他的城市高,并非防治不力导致的。题干的论证仅靠几组数据就妄下结论,显然犯了数字决胜的错误。

5."减少邮件流量"这句话是值得探讨的。究竟减少到什么程度,是适当地减少一部分,刚好起到"缓解现有系统的压力,并改善员工的工作面貌"的作用,还是大量地减少邮件的流量,使得邮政业务的收益大大受其影响。提价后能否产生更多的收益是不确定的,要受诸多条件和因素的影响。也可能因为邮件的提价使得人们由原来的寄信改为打电话和以其他的方式来进行信息的传递和沟通,所以"这一做法必定是有效的"的说法是站不住脚的。

6.喜欢京剧艺术与学习中国传统文化不是一回事,不要以偏概全。不喜欢京剧艺术并不能代表学生缺乏对中国传统文化的学习和积累。

7.题干的论证根本没有考虑到这样一个事实:该州长所在政党的党纲要求他在高层职位中至少任命5名女性。

8.首要目的是"向事故伤员提供更好的护理",那么多一支救护队总比少一支好;如果只是想"通过收取救护费来提高镇收入",那又另当别论;两个目的相互矛盾,而且做法与目的之间背道而驰。义务救护队对意外事故反应的平均时间比商业救护队要长,可能是因为资金不足、训练不够,适当扶持或许可以改善服务。但是论证者不做任何调查分析就要解散义务救护队,这是简单粗暴、毫无根据的做法。

9.用汽车销售情况简单地跟摩托车销售相比,是类比不当;电视广告宣传的重点不是摩托车的声音,跟客户是否因它的震天动地的声音而被吸引毫无关联,以此为据做出结论,是强拉因果。

10.学校的目的是提高入住率,增加住房收入,采取的做法之一是减少房源,而靠减少房源提高的入住率是相对提高,并非绝对提高,因此并不能真正增加住房收入;采取的做法之二是降低房租,这样做或许可提高入住率,但提高的入住率与降低的房租折算,能否真正增加住房收入尚不确定。入住率下降可能有多种原因,如服务不周、设备陈旧等,仅靠减少房源、降低房租来提高入住率的做法理由不足。

11.学生不满学校的主要原因是教学水平低、图书馆资料不全,因此筹集来的资金应用于提高教学水平和增加图书馆的资料。可是论证者却要将资金用于扩展学科范围和扩充图书馆设施,这是顾此失彼而又南辕北辙的做法。

12.生产商是否投资研制新产品和改进生产技术,主要由市场需求等经济规律决定,并非仅由更有力度的打击盗版的法律来决定,这个论述存在以偏概全的错误。

13.只考虑事物的数量而忽视事物的性质,是犯了单纯数字观点的错误。

14.过去是过去,现在是现在,过去取得成功,现在未必能行,简单地以此类推,是犯了类比不当的毛病;而凝固、僵死地看问题,缺乏辩证思维,也是一种以偏概全。

15.电视台赞助少了,于是应该拨款;而美术馆的参观人数将会减少,于是不该拨款。这种看法过于偏颇。电视台即使少了赞助,也还有广告等收入,而美术馆作为非营利的文化机构,参观人数减少会使它的经费更为拮据,反倒更应该优先得到拨款。

16.常识告诉我们,未有员工内盗的原因是多种多样的,它涉及企业对员工的教育、企业的管理、企业的文化等诸方面。一张小小工卡岂有如此之大的神通?这里既强拉因果,又以偏概全。

17.前面说回收报纸,可以挽救树木,后面说报社自有森林,不回收报纸也可保证纸张供应。论者把视角不同的两件事混在一起谈,在推理上存在严重偏颇。

18.仅以举行两周年店庆就断言乔迁是明智的商业举措,其理由不够充足;而旧址上新开的几家商店都与咖啡馆业务不同,也不足以证明咖啡馆过去的生意不太景气,两者之间没有必然联系。

19.认为水果价格上涨的因素只有一条——水果歉收,这是典型的单因论。我们可逐一指明水果价格上涨的各种因素,如通货膨胀、农业生产用品(化肥、农药等)价格上涨等,由此反驳将水果价格上涨仅归咎于生产商的故意提价,因而必须强化价格法规的观点。

20.这个论述有些顾此失彼。要避免高素质工程师的短缺,固然要加大教育经费的投入,但是也要考虑到扩大大学及高中的招生人数,因为当前面临的主要问题是"大学适龄人口开始缩减"和"高中录取人数的减少"。

21.原本只卖水果蔬菜的商店如今奶酪琳琅满目,这只能说明人们很喜爱吃奶酪,但并不能说明人们就不注意控制脂肪奶酪的进食量;牛肉大王身价百万,而素食饭馆惨淡经营,也不能说明人们不再谨慎地控制肉类的进食量,这个论述理由有误。

22.这个论述以偏概全,新建商场既会给居民带来便利,也会给居民带来不便。与其抓住不便一点抱怨不休,不如采取积极措施变不便为方便。

23.论证者在没有证明会员使用率下降的原因是,在会员费过高的情况下就提出降低会员费的方法,这个论述存在理由不当的毛病。

24.仅以一家公司所有权变化后的情况为例,就论证私有化会比公有化更好,这未免过于偏颇。如果这样的论证方法可以成立,我们也可以举出完全相反的例证并得出完全相反的结论:2003 年 8 月 14 日,北美地区电力系统出现故障,造成大面积停电,而北美地区的电力系统是私有化经营,因此这表明私有化不如公有化好。

25.任何聪明的建筑师和开发商都不会只盯着安全规范而抱怨个没完。他们会在安全规范内尽可能进行技术创新,并不断发展新的建筑风格和设计。只有这样,他们才可能在日益激烈的商业竞争中立于不败之地。

26.乙公司在利润滑坡原因不明的情况下,只因为自己公司的有些产品和甲公司一样,就打算大量雇佣甲公司的前雇员,希望以此达到加强竞争优势的目的,这一想法显然存在理由不当的偏差和错误。

27.科学家必须每周工作 60~80 小时才可能进一步发展自己的事业吗?必须为科学家开办服务优良、价格合理的全日制托儿所,才可能使他们有所建树吗?而保证学龄前儿童每天有相当多的时间和父母在一起,他们就可能具有事业发展所需要的更大灵活性吗?显然,这样的看法是以偏概全的。

28.在用其他化学元素生产铜的方式尚未完全替代铜矿开采时,任何铜矿开采的管制法规就都不是多余的,因此削减铜矿开采管制经费的想法是毫无意义的。

29.居民患病的比例低,可能有其他原因,未必与矿泉水有必然的因果关系;认为是明智投资,难免有点武断;而且低于全国平均水平,也不能说明该矿泉水有较好的保健功能。

30.随着 20 年内老龄人口会有较大增长,这一时期内咖啡需求量将增加,这一论断缺乏科学依据。因为研究证明喝咖啡会带走人体中的钙,老年人不宜过多饮用。相反,咖啡需求量将会减少。可乐需求量的下降,也未必是由于老龄人口的增长,也可能是因为青少年人口的减少。如果青少年人口将会增加,可乐的需求量也可能上升。

第二章　论说文

第一节　大纲详解

下面我们就论说文大纲进行详细讲解。

一、大纲内容

（1）论说文的考试形式有两种：命题作文、基于文字材料的自由命题作文。每次考试为其中一种形式。要求考生在准确、全面地理解题意的基础上，对命题或材料所给观点进行分析，表明自己的观点并加以论证。

【解读】第一，论说文的考试形式。

虽然大纲给出两种考查形式，但是，在管理类联考综合能力考试中，最近十年都是自由命题作文，最近一次考查命题作文是在 2009 年，未来考查命题作文的可能性极低。在经济类联考综合能力考试中，多以自由命题作文为主，但偶尔也出现过给题目的同时也给材料的情形。

第二，准确、全面地理解题意。

这是对审题的要求，不仅要准确，而且要全面。准确即要求我们必须抓住命题或材料的核心意思，不能偏题；全面即要求我们要从整体上把握命题或材料，不能纠缠于细节。

第三，对命题或材料所给观点进行分析。

这是要求写作必须紧扣命题或材料展开。那些希望通过背一篇范文蒙混过关的同学要注意，这种想法是不切实际的。

第四，表明自己的观点并加以论证。

这是立意的要求，考生的观点来自命题或材料，但要上升到比材料更高的层次。这也就是我们常说的"源于材料，高于材料"。

立意之后，要围绕立意给出理由支持这一观点，这也是论证的过程。

例如，一只老鹰从鹫峰顶上俯冲下来，将一只小羊抓走了。

一只乌鸦看见了，非常羡慕，心想：要是我也有这样的本领该多好啊！于是乌鸦模仿老鹰的俯冲姿势拼命练习。

一天，乌鸦觉得自己练得很棒了，便哇哇地从树上猛冲下来，扑到一只山羊的背上，想抓住山羊往上飞，可是它的身子太轻，爪子又被羊毛缠住，无论怎样拍打翅膀也飞不起来。结果被牧羊人抓住了。

牧羊人的孩子见了，问这是一只什么鸟，牧羊人说："这是一只忘记自己叫什么的鸟。"孩子摸着乌鸦的羽毛说："它也很可爱啊！"

在上述例子中，材料围绕着乌鸦的行为展开，牧羊人和他的孩子都对乌鸦的行为做出了评价。他们的评价反映出他们对乌鸦的行为的态度，因此，可以从他们的态度入手立意。从牧羊人的角度可以立意:不可盲目模仿。从孩子的角度可以立意:要勇于挑战自我。上述立意,在材料中能找到依据,同时也是对材料内容的抽象概括,体现出"源于材料,高于材料"的要求。

(2)文章要求思想健康,观点明确,论据充足,论证严密,结构合理,语言流畅。

【解读】第一,思想健康。

思想健康包括两个方面:其一,符合主流价值观;其二,客观、公正。

第二,观点明确。

观点明确就是阅卷人在阅读你的文章时,能清楚地感知你的立场、态度。这就要求我们在开篇亮明观点,表明态度。

第三,论据充足。

论据充足就是给出的理由能很好地支持你的观点。

第四,论证严密。

论证严密就是要求推理过程不能出现漏洞。在论证有效性分析中,你找别人的缺陷,而在论说文中,别人会找你的缺陷。

第五,结构合理。

结构合理就是整篇文章的行文布局、段落层次以及过渡衔接要符合文体要求。

第六,语言流畅。

语言流畅就是语言表达简洁明了、没有语病,不影响阅卷人对你所表达意思的理解。

通过以上解读,你对联考论说文应该有了较宏观的认识。下面通过参考样题,我们具体了解一下论说文。

二、参考样题

论说文:根据下述材料,写一篇700字左右的论说文,题目自拟。

我国著名实业家穆藕初在《实业与教育之关系》中指出,教育最重要之点在道德教育(如责任心和公共心之养成、机械心之拔除)和科学教育(如观察力、推论力、判断力之养成)。完全受此两种教育,实业界中坚人物遂由此产生。

上述参考样题主要包含两个部分:

第一,题头。

题头给出了考试要求,主要是字数要求和拟题要求。其中,管理类联考综合能力考试要求700字,经济类联考要求600字。另外,由于其主要考查自由命题作文,题目需自拟。

第二,主体。

主体部分通常是一段文字材料,这段材料的字数一般在200字以内。

通过参考样题,我们了解了论说文的具体考查形式,那么什么样的作文才能获得阅卷老师的青睐呢?请看下面的范文。

【范文欣赏】

德智并举育实业人才

穆藕初先生认为,道德教育与科学教育成就实业中坚者。这一颇具智慧的认识启迪我们:德智不可偏废,德智并举以促进实业人才成长。

德智并举,方可立人。孔子云:"修身齐家治国平天下。"简而言之,修身,即提高自身的综合素质与能力,它是人们之后发展与成长的根本。那么如何提高自身的综合素质与能力呢?归根结底在于道德教育与科学教育。一方面,"德"是为人处世之根本,德育培养遇事时具有坚定的责任心、与人宽容的同理心等基本素养。另一方面，"智"是成长道路之良药，智育培养遇事时具有敏锐的判断力、抉择力等科学手段。只有重视道德教育，人们才能在社会上立足；只有重视科学教育，人们才能在社会上成长。二者兼而有之，方能立人。

德智并举，方可立业。企业的发展不仅需要智力支持，也需要正确价值观的引导。智力支持源自科学教育的推动，而正确价值观正是德育的结果。科学教育开阔了人的视野，提升了人的智力水平，拓展了人的能力空间，自然能够推动企业的发展。但如果忽略了德育的价值，企业也可能在错误的方向越走越远，自然无法实现持续发展。同理，如果盲目轻信德育的力量，忽视了科学教育的意义，企业也可能裹足不前，陷入自我优越的陷阱中。因此，唯有将二者统一起来，企业才能得以发展，实业家才能得以"立业"。

那么如何做到德智并举呢？首先，提高对道德教育重视程度。通过先进人物垂范引领，在潜移默化中培养良好道德品质。其次，健全科学教育的全方位管理。除了普及性学科，一些创新型学科如哲学、逻辑、天文学等，也应适当地引入课堂。

教育之道，在明德，在智育。推动教育形成德智并举的良好氛围，为实业人才发展提供新动能。

通过阅读上述范文，你发现它与我们在高中所写的议论文之间存在差别，这种差别主要体现在论证说理上，这也是论说文的写作精髓。

至此，我们对论说文有了清晰的认识，也能体会到这种文体是如何考查我们的分析论证能力的——审题立意、给出理由论证观点。

三、评分标准

（一）论说文作文的评分标准

论说文根据内容、结构、语言三项综合评分，作文评分标准如下表所示：

试卷	要求
一类卷（30~35分）	立意深刻，中心突出，结构完整，行文流畅
二类卷（24~29分）	中心明确，结构较完整，层次较清楚，语句通顺
三类卷（18~23分）	中心基本明确，结构尚完整，语句较通顺，有少量语病
四类卷（11~17分）	中心不太明确，结构不够完整，语句不通顺，语病较多
五类卷（10分以下）	偏离题意，结构残缺，层次混乱，语句不通

【注】①漏拟题目扣2分；②每3个错别字扣1分，重复的不计，至多扣2分；③书面不整洁，标点不正确，酌情扣1~2分。

（二）论说文作文的分级评分示例

以下面的供材料作文为例，按照评分标准，选取一类卷到五类卷作文中的几篇，供大家参考，以便大家在应试时吸取经验教训。

【例1】以"小议企业领导者的素质"为题，写一篇500字左右的议论文。

【解析】这是一道命题作文，分为两部分：一是写作题目，二是写作要求。

题目"小议企业领导者的素质"，中心词是"素质"，该题谈论的是素质问题，文章立意要围绕"素质"展开。"素质"，最主要的是政治素质和业务素质。"企业领导者"是修饰限制素质的，也就限定了作文内容是写企业领导者的素质，而不是其他人的素质。而"小议"呢？"议"是要求写议论文，"小"则是说明了要从小处谈，具体谈，写成一篇小文章。"写一篇500字左右的议论文"，这是写作要求，要求的文体是议论文,限定字数在500字左右。

本题题意明确,因此考生在审题上不会出现大的偏差。但却出现了另一个问题,考生在写作时可能出现多个中心。本题应就自己认为最重要的素质来写,只要讲出道理,就是一篇好文章。

【参考范文】

【一类文】

小议企业领导者的素质

诸葛亮挥泪斩马谡的故事众所周知,但我更钦佩的是,作为"领导者"的他事后自贬三级、公布己失、号召批评的做法。

故事虽旧,道理仍新。这就是"严于律己""敢担责任"的精神。

我们现在的企业领导者是否具有这种精神呢?

诚然,作为企业领导者应该具有许多良好的素质,但我认为除了必要的政治、业务素质外,"严于律己"这一点是十分重要的。因为领导者是有一定权力的,按照权力基础来划分,其中一条就是个人影响力,随着人们民主意识的提高,这一条越来越被看重。如果一位企业领导者没有"严于律己"的素质,恐怕难以做到"众望所归",更谈不上企业的凝聚力和团队精神了。

"敢担责任"也是企业领导者必须具备的一种素质。因为在充满竞争、纷繁复杂的市场中,诸多挑战兼具风险与机遇,需要领导者来决策。当然,现在不少企业领导者已经不是独断专行,而是广纳意见、集体决策。然而总免不了有诸如"失街亭"的情况发生。若此时,领导者不是"敢担责任",而是相互推诿,甚至互相指责,岂不"雪上加霜",企业怎能发展?

所以,我认为"严于律己""敢担责任"是企业领导者必备的素质。从更深一层的意义上讲,这两种素质也是政治素质、业务素质。

但愿我们的企业领导者都具备这两种素质。

【范文简评】本文能把握题目明示的写作范围,较好地选取了作文的中心和重点。这位考生很灵活,他能利用前面刚刚阅读过的现代文材料(当年的阅读考题),从中引入诸葛亮挥泪斩马谡的故事,将其作为作文的切入点,为引出本文的中心论点——企业领导者应有"严于律己""敢担责任"的素质服务,给文章开了一个好头。本文中心十分明确,既把握了企业领导者的素质问题,论述又较具体实际。

结构上,本文思路清晰,言之有序。第一自然段总提"严于律己""敢担责任"的精神;接着两段分说,第二自然段分说"严于律己",第三自然段分说"敢担责任"。最后第四段总结呼应"严于律己""敢担责任"的观点,结构严谨。

语言流畅、朴素、自然,该特点是本文的优势所在,"反问""设问"等修辞手法使本文既生动,又具说服力,体现出作者一定的写作功力。

本文的不足之处在于议论不是很充分,影响了文章的论辩力。但本文仍不失为一类文。

【二类文】

小议企业领导者的素质

改革开放以来,我国经济建设取得了令世人瞩目的成就。作为出版社编辑,我原以为组织一套"企业家精英"丛书并不是很难,可事实是,我国的所谓"企业家"大都昙花一现,很快就销声匿迹了。"红塔"总裁前后"落马",连钢厂长已是囚徒,牟其中原来不过是个巨骗……堪称精英,值得大书特书的人物实在难以寻觅。原因何在?各种传媒的报道揭示:这些昔日"英雄"往往躲不过名利的巨大诱惑,因而不小心跌落"陷阱"。这就让我们在对他们深表同情之余,不能不思考:作为企业领导者最基本的素质是什么?答案是正确的人生观与价值观!

缺乏正确的人生观与价值观,就难以抵御种种错误思潮的侵蚀。"人为财死,鸟为食亡",多少企业领导者在这种观念面前折戟沉沙,抱恨终生。想当年,他们大权在握,铜钱纷纷流入腰包,到今天却被送上审判台。缺乏正确的人生观和价值观,在"功成"之日,就难免沽名钓誉,沾沾自喜,丧失企业领导者应有的务实品质、自律精神,牟其中走入歧途应该时刻警醒我们。但行春风,不求夏雨,无非分之念,有守德之心。企业领导者正确处理好企业与个人的关系,把握大好时机,积极为人民、为社会创造财富,应是题中之意。铜臭里有铅毒,钱字旁有戈矛。企业领导们应努力提高自身素质,树立正确的世界观,带领企业走得更远。

【范文简评】本文以"正确的人生观与价值观"为中心论点,立意较高,结构思路安排也较为合理,比较清晰。但是"正确的人生观与价值观"是活在世上的每一个人都要面临的问题,不仅仅是企业领导者要解决的问题。因此,本文在确定论点时没有把握好题目规定的写作范围,论点的具体定位超过了命题范围。不如将本文中提到的"务实品质""自律精神"等当作论点,切实又不空洞。本文结构层次还可更清晰些。

本文的语言表达不错,有些语句比较形象生动,这给本文挽回了一些损失。本文只能列入二类文。

【五类文】

小议企业领导者的素质

企业领导者不仅是一个领导者,更是一个管理者。因此,作为企业领导者,在具备个人影响力的同时,还必须掌握管理科学方面的专业知识以及领导艺术。企业领导者具有上级主管部门所赋予的各项权力。那么,是否仅凭手中的这些权力就可以管理好企业了呢?显然是不行的。

【范文简评】本文只写了100多字,从字数上说就不符合要求。这可能是因为考生没有规划好作答时间,以至时间紧张而没有写完。同时,本文亦反映出考生的写作水平欠缺。首先,考生没有按命题要求围绕"企业领导者的素质"来写,离题了;其次,开篇第一句"企业领导者不仅是一个领导者,更是一个管理者"就有问题,"领导者"与"管理者"之间,一般来说不是递进关系。出现这些问题,只能说考生没有认真写作。本文只能归入五类文。

【例2】根据所给的材料,写一篇600字左右的议论文,题目自拟。

1831年瑞典化学家萨弗斯特朗发现了元素钒。对这一重大发现,后来他在给他的朋友,化学家维勒的信中这样写道:"在宇宙的极光角,住着一位漂亮可爱的女神。一天,有人敲响了她的门。女神懒得动,在等第二次敲门。谁知这位来宾敲过后就走了。她急忙起身打开窗户张望:'是哪个冒失鬼?啊,一定是维勒!'如果维勒再敲一下,不是会见到女神了吗?过了几天又有人来敲门,一次敲不开,继续敲。女神开了门,是萨弗斯特朗。他们相晤了,'钒'便应运而生!"

【解析】本题所给的材料是关于萨弗斯特朗发现元素钒的故事。这道题的命题立意隐藏在故事情节中,而故事情节又含有对比性:同为化学家,都在追寻一种新元素的踪迹且初见端倪,维勒轻言放弃,因而错过机遇;萨弗斯特朗锲而不舍,终于得晤科学女神。找到两者的对比,找出前后对比中后者对前者的否定或超越,自然也就找到了命题立意。

这则材料给人的启示之一就是成功贵在坚持。从这次考试情况来看,绝大多数考生都能较好地围绕这一主题展开论述。当然,这则材料给人的启示不止这一个,如果从其他方面去写,只要确实是从材料本身引发开来的,也完全可以。

写作本题出现的问题是,有些考生混淆了一些相近、相关的概念,使审题不够准确。比如,有的人论专心致志,有的人大谈毅力,有的人论成功的意义。这些概念似乎与持之以恒差不多,但实际上是不同的,作为中心论点是不妥当的。

【参考范文】
【一类文】

成功贵在坚持

维勒由于没有坚持继续敲门，丧失了发现的机会；萨弗斯特朗则因坚持不懈，取得了成功。

读了这个小故事，我在为维勒惋惜的同时，更为萨弗斯特朗感到高兴。发现新的元素对于一个化学家而言，是一个很大的功绩，也是努力工作的回报。但我更从中体会到一种做人、做事的哲理，这就是：成功贵在坚持！

是啊，成功贵在坚持。成功是美好的。每个人都在追求。但成功也不是那么轻易就能获得的，它需要人付出艰辛的劳动，一次次尝试和探索。

在追求的道路上，有的人浅尝辄止，遇到困难、挫折或失败，就掉头离去，虽然有些人是因为方法不当，但更多的人是因为缺少这样一种精神——坚持。也有人在碰到挫折后没有怀疑自己，更没有就此放弃，而是潜心分析失败的原因，重整旗鼓！正是在这种锲而不舍的精神动力支持下，他们最终得到了成功之神的垂青。

这样的例子不胜枚举，大到一场战争，一项重大成果；小到生活中一些具体的平凡小事。在一次次锲而不舍、不言放弃的试验中，诺贝尔发明了炸药，给人类文明的发展带来了锐利的武器。爱迪生发明了白炽灯，为人们带来光明。也正是在一次次坚持到底的奋斗中，我们的工作、学习才取得了令人欣喜的成绩。

成功贵在坚持，要求我们不是只有这样的话语，更要求我们将之牢记心中，体现到行动中去，这是最重要的！

不要再只是幻想成功，或因为没有这种坚持到底的信心而徘徊于成功的门外。冰心说："成功的花儿，人们只惊羡她现时的明艳，然而当初她的芽儿，浸透了奋斗的泪泉，洒遍了牺牲的血雨。"是啊，成功不会轻易获得，她就像美艳的花，需要辛勤的培育，这个过程是一个不断追求、坚持到底的过程——成功贵在坚持！

【范文简评】本文是一篇较好的应试作文，观点鲜明，中心突出，思路清晰，结构完整，首尾呼应。

本文标题醒目。该题目是一个判断句，鲜明地提出了本文要论述的论点，一目了然，是论说文标题的最佳标法，即论点型。

全文共七个自然段：第一段概述原材料，将其作为文章的开头；第二段由考题所给的材料中提炼出全文中心的论点；第三段就原材料对"成功贵在坚持"进行简要分析——它需要人们付出艰辛的劳动；第四段进行正反对比分析；第五段联系实际举例；第六段总结全文；第七段引用名人名言结尾，并与开头相呼应。

本文的缺点是议论比较薄弱。第七段与第六段调换一下会更好。本文仍可评为一类文。

【二类文】

锲而不舍
——成功的秘诀

大家都渴望成功，然而成功只垂青那些锲而不舍、贵在坚持的人。瑞典化学家萨弗斯特朗在信中把成功比作屋里的美丽女神，你只有不停地敲她的门，她才会出来。那些只敲一次门的人是看不见她的。可见对于成功来说，锲而不舍至关重要。

生活中由于锲而不舍，最后成功的例子有很多。例如，美国发明大王爱迪生在发明灯丝的过程中遭遇了无数次失败，但是他并没有放弃，而是继续试验，最终他发现了钨丝，发明了电灯，给人类带来了光明。大家也不会忘记我们的革命先辈进行的二万五千里长征，在前有堵截后有追兵的严峻形势下，在很多人对革命失去信心的时候，革命先辈爬雪山过草地，最终胜利到达延安，要是没有二万五千里的坚持,就没有新中国。

诸如此类的例子有很多。为什么锲而不舍会成为成功的秘诀呢? 因为只有锲而不舍的人才会总结自己失败的原因,吸取教训,才会思考如何才能取得成功。而那些希望一蹴而就的人是不可能有这样一个过程的,因此他们也很难取得成功。锲而不舍的人为了战胜成功路上的险阻,还会不断地学习,获得新的知识来丰富自己。锲而不舍的人还不怕苦,他们为了成功而不怕一切,科学有险阻,苦战方能成功,锲而不舍的精神如此可贵。

朋友们,随着时代的发展变化,我们将面临新的机遇,有无数的美丽女神在等着我们。让我们发扬锲而不舍的精神,不断学习,不断进步,努力创造新的辉煌。

【范文简评】本文的优点是使用论点型的标题展示全文的中心,又在第一段从命题材料中引出"锲而不舍"的论点,结尾部分又提出"让我们发扬锲而不舍的精神",与开头相呼应,这样就使文章中心较为明确。同时,开头结尾都点明中心,中间两段,一段举例说明,另一段进行分析论证,也使文章结构更加完整。

本文的缺点在于语言不简练,比如第一段由材料引出观点,应该对材料进行高度概括,而本文却写了很多无关紧要的活,致使表达不清,显得思维混乱。该考生应加强自己的语言表达能力训练。本文为二类文。

【三类文】

精诚所至,金石为开

"精诚所至,金石为开"是祖先留给我们的一句至理名言,它警示我们,无论做什么事都要有坚定的信心与持之以恒的决心,只有这样,我们才能取得成功。

回顾历史,人类取得了多少卓越成就,无不是依靠着坚韧不拔的意志:居里夫人经过了多少次艰苦的实验,经历了多少次痛苦的失败,最终才发现了镭;莱特兄弟冒着无数次的危险,研制飞机,最终才取得成功。如果这些伟大的科学家、发明家们在失败面前都退缩不前,也许人类的进步要延后很多年。

再联系到我们的祖国,当年帝国主义者侵略我们的时候,如果不是我们伟大的中国共产党带领我们,抱着必胜的信心,与侵略者进行持久的抗争,哪里会有如今独立富强的新中国呢? 由此可见,凡事贵在坚持,这一真理无论对谁都成立,大到一个国家、民族,小到个人。

我们生在了新中国,见证了改革开放。经济不断发展,国际地位不断提高的全新的中国,这是我们的幸运。我们要坚定社会主义建设、改革开放的信心,继续坚持发展经济。无论是在为我国经济建设添砖加瓦的工作中,还是在今后人生路上所要遇到的困难与挫折中,我们都要坚定成功的信心,坚定持之以恒的决心,那样我们才能克服重重障碍,在人生路上突围前进。

【范文简评】本篇唯一可以称道之处是用标题隐含了中心,又在开头道出了"持之以恒"的中心。而最大的问题在于,作者没有紧扣材料来写,通篇没有提及材料,读者便不知道"持之以恒"这一论点是从何而来的;行文中也没有运用论证方法对论点进行论证,全文的内容都没有紧扣中心。这说明作者还没有掌握供材料议论文写作的知识和方法。本文只能评为三类文。

【四类文】

坚韧不拔的毅力
——成功女神的"征婚标准"

现在很多报刊的夹缝都刊登有征婚启事,内容大多是:某女,年方妙龄,欲寻身高一米八左右、实力雄厚、英俊潇洒男士……这就是征婚者提出的条件,如果你没有那种条件,哪怕你按照要求寄了照片过去,她也未必回复你。而成功女神也有征婚条件,只不过与常人不同,她要求对方具有坚韧不拔的毅力。

很多人都说自己具备坚韧不拔的毅力,说起来简单。但试问这其中有几个能将之表现在行动上?通往成功的道路并不是一帆风顺的。只有经历过生活的磨炼,刻苦的钻研,才能登上成功的顶峰,俯瞰大好江山。如果没有坚韧不拔的毅力,永远也登不上成功的顶峰。瑞典化学家萨弗斯特朗于1831年发现了元素钒,关于这一重大发现,他后来在给他的朋友化学家维勒的信中写道:"在宇宙的极光角,住着一位漂亮的女神。一天,有人敲响了她的门,女神不想动,在等第二次敲门。谁知这位来宾没有敲第二次就走了。她急忙起来打开窗户张望:'是哪个冒失鬼?啊,一定是维勒!'如果维勒再敲一下,不是会见到女神了吗?过了几天又有人来敲门,一次敲不开,继续敲。女神开了门,站在门外的是萨弗斯特朗。他们相晤了,"钒"便应运而生!"在萨弗斯特朗这封信中我们可以看出,维勒之所以在这场与成功女神约会的竞争中失败,主要原因是他没有坚韧不拔的毅力。好比一个女孩只等她的情郎送第一千朵玫瑰时便嫁给他,可惜维勒没有送,而萨弗斯特朗送了第一千朵玫瑰花,那是他用坚韧不拔的毅力浇灌出了幸福的花朵。

想取得成功女神的芳心吗?她条件并不高,在身高、财产上都没有要求,她只要求你有坚韧不拔的毅力。

【范文简评】本文开篇就给人不好的印象,故意卖弄新奇,引入与材料毫无关系的征婚,企图引人注意,结果适得其反。议论文应以观点、论据及论证取胜,但作者除了在开头提出"坚韧不拔的毅力"这一接近中心"持之以恒"的论点,通篇没有什么论证,内容十分单薄。第二段本该引用事例进行论证,作者却照抄了一遍原材料,起不到论证作用,白白浪费了一段文字。幸而文章基本上是围绕"坚韧不拔的毅力"来写的,虽有个别语病,但整体语言还算通顺。本文评为四类文。

【五类文】

成功的意义

每个人都渴望成功,为了取得成功,很多人都会努力地拼搏、奋斗,但是幸运之神不会降临到每个人头上,努力并不意味着功成名就。瑞典化学家萨弗斯特朗的朋友化学家维勒就是一个例子。1831年萨弗斯特朗发现了元素钒,而维勒却一无所获,尽管他也努力过。

有的人认为只有萨弗斯特朗成功了,因为他发现了钒。有的人认为只有扭转乾坤的壮举才算是成功的举动;只有领袖、名人、称得上"家"的人,才算是成功者。有人甚至断言:世界上没有一个成功者,因为后人肯定会超过前人的成就,这是人生最大的悲剧。维勒如此,萨弗斯特朗也是如此!

事实上,什么是成功?成功只是一种感受,一种自我意识的主观感受,从这个意义上讲,每一个人都可以说是成功者。假如我们把自己的每一次进步,都视为成功,那么我们会常常觉得幸福和快乐,我们的人生就会因此变得格外丰富而生动。从这一意义上讲,维勒是幸福和快乐的,虽然他没有抵达发现元素钒这一非凡成就的彼岸,但他却经历和感受了一次又一次逼近高峰的努力,以及每次努力后取得的进展,因此维勒也是成功的,因为他也为成功而努力过!

人的一生不可能永远一帆风顺,挫折和失败可能是人生的常态,正如维勒一样,但每一次失败都能带给我们启迪,带来更多的人生感悟,让我们增强意志,更加乐观、自信地面对人生,直面困难的挑战,不断超越自己。

因此,成功的意义在于对它的追求,每个努力过的人都应该大胆而自豪地说自己是成功的,品味成功所带来的喜悦,成就幸福人生。

【范文简评】首先,本文对命题材料理解有误。命题所含的中心是"成功贵在坚持",本文却论"成功的意义",论"努力过的人都可以称得上成功",严重跑题。其次,本文大抄当年考题中现代文分析里有关成功的语句,与论点毫无关系。这都显然与材料不符,作者的审题与写作出现严重偏差。本文只能被评为五类文。

第二节　论说文写作

一、论说文写作流程

审题立意→构思提纲→布局谋篇→习作修改

二、论说文审题立意

(一)论说文审题

写论说文,要想达到大纲的要求,写出思想健康、观点明确、材料充实、结构严谨、条理清楚、语言流畅的文章,首先需要考生认真、全面、准确地进行审题立意。

审题立意,就是通过想象与联想,运用辩证思维的方法,对特定的材料进行多角度分析,透过材料的表面现象,领悟其实质和真义,从中找出隐含的哲理,最后确立文章的中心主旨。审题立意不能仅凭自己的主观感觉,不能读完题干之后想到什么就写什么。

1.审题要求

审题,是写作的第一步。所谓审题,就是全面、准确地理解题意。因此,即便是在应试中,考生也应花一定的时间进行审题。应试写作中常出现的跑题、偏题等现象,正是考生因缺乏认真、准确、全面的审题而造成的。

因此,审题要做到以下四个方面。

(1)审明题意:

弄明白文题的深层含义,找到命题者的意图,看其要求写什么,从什么角度写,这些点是审题的核心。要想审明题意,考生不能只满足于明白字面上的意思,而且要挖掘它的内涵。拿供材料作文来说,要先读懂材料,弄清其含义,抓住关键词语,找出材料中的核心信息,探究其本质,细心体会文字材料隐含的意义或图像材料的寓意,把握其中心主旨,挖掘出其中深含的道理,找到命题的角度,然后再进行写作。有些材料,还要审清其比喻义、象征义、类比义或寄寓意。

【例1】根据所给材料写一篇500字左右的议论文,题目自拟。

一位画家在拜访德国著名画家门采尔时诉苦说:"为什么我画一张画只要一天的时间,而卖掉它却要等上整整一年?"门采尔严肃认真地对他说:"倒过来试试吧,如果你用一年的时间去画它,那么只需一天就能把它卖掉。"

【解析】本题揭示了这样一条真理:要有收获,必须付出。在这一道理下,考生可以从不同的角度入手写作,可以正面论付出劳动才能有收获,也可反面批不劳而获的错误,还可结合现实论质量的重要性等。

如果考生不做深入思考,浮在表面,去论什么基本功问题、机遇问题、公关宣传问题等,当然就离题万里了。所以,要想真正抓住命题的立意,必须由表及里、由浅入深地思考,挖掘出文题深含的内蕴。

(2)全面思考:

供材料作文一般是多义的。审题时应通过想象、联想、辩证思维,尽量找到其多方面的含义,这样立意时才有选择的余地,为确立最佳主旨打下基础。而对于观点分析题,考生在写作时,则要对所提供的观点的不同侧面,都作出相应的回应。否则,考生所写的文章就会缺少应有的内容。

【例2】对下述观点进行分析,论述你支持或反对这一观点的理由。题目自拟,700字左右。

由于面试不过是一场短时的表演,对于那些具有表演天赋的人来说,无疑获得了很大的优势,这是相对不公平的。所以,现有的MBA面试形式应该取消,而应该只看考生目前所取得的相关工作成就,以决定其是否被录取。

【解析】本题是观点分析题,在回应时,要尽量做到"回应全面"。即不仅要回应它的总话题,而且也要能回应它的重要子话题。如果写作时只是回应"要不要取消面试"这个总问题,那就不够全面,因为"面试是否是短时表演""成就录取法是否可行""两种方法谁更公平"等这些重要子话题没有得到回应。

(3)角度准确:

供材料作文大都是多义的,可写的角度常常不止一个,抽绎出的论点也会有多种。一般来说,含观点的材料,可有正反的角度;多人的材料,有几个人就有几个角度;事因的材料,有几个因就有几个角度;事件的材料,不同的背景和目的也有不同的角度。

所以,考生在审题时一定要在全面思考的基础上,努力找到最佳角度来写。所谓最佳角度,就是最能体现材料中心主旨的角度,是准确揭示事物之间内在联系的角度,又是命题要求中明确限定的角度和作者熟悉的、有话可说的角度。只有选取了最佳角度,才能确立最佳论点,文章的主旨才能得到深刻挖掘。

考生有了这种能从不同角度引申事理的能力,写供材料作文就不会陷入无话可说的境地,立意就可能更为新颖和深刻。但要注意:不管怎样引申,所引发的事理、观点都必须是材料所固有的,是言之有据的,也就是说,所引申之"理"必须是本已蕴涵于材料之中的。否则,就会造成跑题、偏题的后果。

【例3】根据所给材料写一篇700字左右的议论文,题目自拟。

1814年英国人斯蒂芬孙制造出世界上第一辆蒸汽机车,当时有人驾着一辆豪华马车跟它赛跑。新生的火车丑陋笨重,走得很慢,漂亮的马车却跑在了前头,而且火车由于没装弹簧,把路基都震坏了。然而斯蒂芬孙并没有因为比赛失败而灰心,他不断改进机车,坚信火车具有马车无法比拟的前途。一百多年过去了,马车仍按原来的速度转动着轮子,而火车却在飞速前进,高速火车每小时可达300千米,试验火车的速度更加惊人。

【解析】这则材料可从斯蒂芬孙、马车和火车三个角度来思考,能抽绎出以下六个论点:①坚持不懈才能取得成功;②创新精神将推动社会历史前进;③失败乃成功之母;④不能因循守旧;⑤新事物终将战胜旧事物;⑥新生事物在发展过程中必然会遭受艰难和曲折。

本材料的中心人物是斯蒂芬孙,中心事件是赛跑,核心本质是斯蒂芬孙坚信火车具有马车无法比拟的前途。抓住了这些,那么本题的最佳写作角度、中心论点就可以确定了,那就是:新事物终将战胜旧事物。

【例4】根据所给材料写一篇600字左右的议论文,题目自拟。

当前,儿童高消费已经越来越严重,许多家长甚至让孩子吃名牌、穿名牌、用名牌、玩名牌,而自己却心甘情愿地过着俭朴的日子。

【解析】从所给的材料看,本题对文章立意的限制既严格,又明确,即要求重点谈论儿童的教育问题,反对儿童的早期高消费。材料反映的是客观现实,目前确实存在着娇惯儿童、让他们养尊处优、处于家庭"小皇帝"地位的问题。这对儿童的成长百弊而无一利。前人早就说过:"由俭入奢易,由奢入俭难。"孩子一旦养成了奢靡的生活习性,就很难再让他们过俭朴的生活。这本来是人尽皆知的现象,也是人人都明白的道理。

然而,还是有不少考生没有抓住这个重点进行立意,而写了论节俭、论名牌、谈养生等一些似是而非的问题。这都是由于考生没有认真地审题,没有全面地理解题意,尤其是没有找到最准确的写作角度。

(4)指向清楚:

深入研究命题材料,排除干扰,领悟命题者的价值取向,即找到命题者的意图指向、着重点,弄明白命题者想让考生从什么角度去写。对分析观点题,要找出命题者的褒贬倾向(这倾向有时是隐含的),倾向明确,该褒的褒,该贬的贬,才不至于出错;有的命题倾向隐含在比喻义、类比义、象征义或寄寓意里,弄清命题所具有的比喻义、类比义、象征义或寄寓意的色彩,也是确保审题立意指向清楚所不可缺少的。

【例5】根据下述材料,写一篇700字左右的论说文,题目自拟。

众所周知,人才是立国、富国、强国之本。如何使人才尽快地脱颖而出是一个亟待解决的问题,人才的出现有多种途径,其中有"拔尖",有"冒尖"。拔尖是指被提拔而成为尖子,冒尖是指通过奋斗、取得成就而得到社会公认。有人认为,当今某些领域的管理人才,拔尖的多而冒尖的少。

【解析】本题的命题者并没有要求写立论型作文还是评论型作文。这样,考生既可写立论型作文,也可写评论型作文。但本题命题者已隐约暗示了自己的倾向:即应有更多的冒尖的人才。所以,本题写成评论型作文似乎更好,即冒尖比拔尖更值得提倡。如果考生写《勇作承担责任的冒尖人才》《人才的成长离不开主观能动性》《奋斗是成就人才的必经之路》《物尽其才,人尽其用》《多用冒尖的人才》就偏离了命题材料所隐含的主题。

当然,由于命题者表示的倾向并不明显,而且冒尖和拔尖这两种人才成长的方式都是社会所需要的,不可能提倡一种而完全否认另一种。所以,考生应辩证地审题立意:将冒尖与拔尖结合起来,通过比较探讨其优劣,确定"冒尖比拔尖更值得提倡"这样的中心。但是,如果只盯着某一种成才方式而完全忽略了另外一种成才方式,没有将二者进行任何的对比,这样写就有问题了,很明显,题目要求在对比"拔尖""冒尖"的关系中探讨其优劣。

2.审题内容

审题,一般来说,包括以下四个方面的内容。

(1)审明命题类型和写作方式:

所谓审题的类型和方式,就是全面了解写作的要求。具体来说,就是首先分清命题属于哪类题型:是定题作文,还是供材料作文;是立论,还是评论;有无体裁限制等,然后再细审具体的写作方式。

管理类论说文的命题类型,大纲已经作了明确规定,着重考查供材料立论型或评论型作文,属于一材一作多识(多角度、多理解)的大作文形式。这样,审类型的难度就降低了。考生只需分清是自由拟题,还是限定话题、指定议题、分析观点,抑或是案例分析等就可以了。

命题要求不可不顾。因为命题类型和形式不同,写作要求也不同,写法也就不同,忽略了命题类型和形式的要求,也就写不出符合要求的文章,最终导致文与题不符。

【例6】以"小议企业领导者的素质"为题,写一篇500字左右的议论文,题目自拟。

【解析】这是一般命题作文。这样的题目比较简单、明了,只要准确找出中心词语即可。题目的中心词语是"企业领导者的素质",这是经济生活中永远热门的话题,是可以长篇大论、深入探讨的话题。在这一中心词语前面又有"小议"两字,这是一个限定,把议论范围大大缩小了。它提供给考生的信息是:在有限的考试时间里,选取你认为最重要的企业领导者的素质,简明扼要地加以论述。

【例7】下面一段话作为文章的开头,接下去写完一篇立论与它观点一致的议论文。题目自拟,700字左右。

投下一招好棋,有时可以取得全盘的主动。但是,光凭一招好棋,并不能说有把握取得最后胜利,还必须看以后的每招棋下得好不好。

【解析】这是一篇续写作文。有的考生没有细审写作方式,忽视了"以下面一段话作为文章的开头"这一要求,而是把它当作一般的供材料作文。因此写作起来没有以所给的一段话作开头,而是另起炉灶,造成不符合要求的失误。

(2)审明命题材料的内容:

管理类考试命题材料内容倾向于管理方面,但不会很专业,更不会都是管理方面的内容,大部分是非管理方面的一般社会生活内容。

对这两类内容,命题的表述是有差别的,可以加以辨别。一般性内容的命题表述通常为:根据以下材料,自拟题目,撰写一篇700字左右的论说文。管理性内容的命题表述通常为:根据以下材料,围绕企业管理写一篇论说文,题目自拟,700字左右。

写一般性内容命题时,所联系的实际可以是社会生活方面的,也可以是管理方面的;而命题是管理性内容时,所联系的实际则要受到限制,必须为管理方面的。

命题的内容,对于众多考生来说,通常是在其能力范围内的、是考生熟知的,具有鲜明的思想性、生动的可写性,能让不同地区的不同考生有话可说,能充分体现注重实用和公平竞争的精神的内容。很少存在命题内容对于考生来说完全陌生的问题。

因此,试题内容在一定程度上对写作的影响不是很大。考生最重要的是要具备审题的本领,看清命题本质,明白命题要求论证什么道理,进而确定正确的论点。供材料命题作文是借事说理、借题发挥而写成的论说文。写作时不能就事论事,要就事论理,需要围绕抽绎出的中心论点,由此及彼地联系现实生活中类似的现象或相关的问题,对原材料的精神实质或深刻哲理加以引申阐发,突出其现实意义。

(3)审明文章体裁:

考生要清楚命题者要求的文章体式。管理类的作文命题,大多有明确的体裁要求,按照要求去写即可。不过还应注意,论说文命题虽然大体裁是论说文,但还应进一步辨明具体类型。比如,是立论还是评论,评论是赞成性还是批驳性的。同是议论文,类型不同,写法也不一样。不可随心所欲,否则将导致失分。

如果定题作文没有指明体裁,就需要考生根据题目的文字定下符合要求的体裁。比如《应正确对待压力》要写成立论的文章,《重理岂能轻文》则应写成驳论文,《"东施效颦"的启示》就要写成引申式读后感论说文。

审明体裁要求很重要。体裁走样,就是没有按照命题的要求行文。

当然,如果命题没有明示或暗示考生必须写批驳性或赞成性评论型文章,考生可以根据自己所长,选写其中一种。但如果已经明确规定写某一类型,或暗示某一倾向,那考生就只能照办,没有选择的余地。

(4)审明写作范围:

范围,就是确定文题准许考生可在多大一个圈子里进行写作。写论说文,要弄清让议论哪类问题、发议的角度、着重的方面等。比如《论压力》就比《压力与成才》范围要大。

仍以之前所引"投下一招好棋"来说,命题所给的"作为文章的开头"的一段话,实际也是所供的材料,要求考生续写完一篇"立论与它的观点一致的议论文",这就限定了写作范围,即所写文章的论点必须与所给文字包含的观点一致。从所给材料看,它包含局部与整体的关系,也包含一时与长远的关系;从另一个角度分析,也可以论个人和集体的关系。这就是本题可供写作的范围。如果去论一招鲜、一举定胜负,就会超出范围,造成跑题,因为这不符合后一句话的指向。

要明确的是,应试写作不是自由作文,而是限制性写作,是按命令作文。打个比方说,就是"戴着镣铐的舞蹈",这"镣铐"就是写作范围,写作时不能甩开不顾,比的是看谁在戴着镣铐的情况下,舞得最好。

3.审题方法

审题可从两大方面着手。

(1)细审命题文句:

命题的所有信息都是借助文句或图像提示的,因此,审题必须仔细阅读所提供的文字材料或认真观察所提供的图像资料。

考生在拿到作文题后,首先要反复认真地阅读题面文字,弄懂题的表面意思;其次要抓住关键性语句,也就是蕴含的信息量最大、最能体现材料中心的语句,才能弄清题面的深层含义,才能准确全面地了解命题意图,才能搞清应该"写什么"。只要抓住了关键性语句,就抓住了材料的灵魂,作文就有一半胜算了。

①如何审定题作文。这类作文命题是一个题目,需要研究正副文题的每个词以至每个标点,尤其是关键词语和限制词语,并弄清文题的语法结构、词间关系,弄清正副标题的内在联系,以便确定写作的对象、内容、范围、重点、题眼、主题、体裁。比如,《学与问》应就本义来写,《习惯》要就引申义来写,《毁树容易种树难》要就比喻义来写,《灯》要就象征义来写,《傲气与傲骨》要明确取舍,《志·力·物》要把握主从,《知与行》要辩证分析等。

②如何审供材料作文。这类作文是一种以特定的材料为出发点,引申开来,借事说理,借题发挥而写成的论说文。这类作文写作的重点虽不在对材料本身的评论上,但是要想把所供材料能引出的道理、主张弄清楚,就要对所供的材料进行仔细审察,要深入分析每条的内容及其间的相互关系,弄明白对命题所加的限制条件,从而找出命题的含义、范围、重点、意图,借以确立主题、角度、体裁,以至选材和结构。否则,考生写起来就可能偏题甚至跑题。

【例8】阅读下面材料,思考能从哪些角度立意,然后自选角度,自拟题目,写一篇700字的议论文。

"晋代有一位雕塑家叫戴逵。他雕了一个寿佛像,高一丈多,精致魁伟。一时称誉之声灌耳。但他自感不足,为了广泛听取真实意见,他大开庙门,让人参观品评,自己则躲在佛像锦帐后暗听意见。据此,又花了三年时间进行修改,使这尊佛像成了传世之作。"

【解析】审题时可以将故事内容先简要概括出来:雕佛像—大家称誉—自感不足—暗听意见—又改三年—传世之作。仔细分析,故事的转折是在"自感不足",核心是"躲在佛像锦帐后暗听意见"和"又花了三年时间进行修改"。找准了核心,就能发现可以从"精益求精,不懈追求""集思广益"等角度入手进行论述。

总之,细审命题文句很重要。只有这样,才能由表及里,由浅入深,挖掘出文题深含的内蕴。

(2)细审命题限制:

供材料作文除了提供材料或图像外,一般还都要提出这样或那样的限制,所以考生也应该全面地了解写作该题在范围、角度、侧重等方面有什么限制。特别是不能忽视文题中的修饰、限定成分,它们常常是确定写作范围、重点、主旨的关键,是立意的决定性条件,常常关系着大局。忽视这些限制,就可能因写出不符合文题要求的文章而造成失分。

【例9】阅读下面一首小诗,进行创造性立体思维,选取最深刻的角度立意,以《"蜡烛精神"新说》为题写一篇700字的议论文。

蜡烛

不惜身上膏,化作千尺明。陪人依窗读,照人赴锦程。

默默发光热,从不慕虚名。一心贯始终,为人尽忠贞。

【解析】本题审题的关键在于一个"新"字。必须运用逆向思维思考,联系现实生活,确立一个新的论点。

"蜡烛精神"的原意是比喻奉献、牺牲精神的。一个"新"字,就要求进行逆向思考,即写出新意,不能再论牺牲、奉献精神。小诗能给人以什么新的启示呢?我们可以从诗中"膏""默默""不慕虚名""一心"等角度去联想,从奉献要有本领,要有基础,要不争名利,要一以贯之等方面入手去写。

逆向思维要求人们在思考和分析问题时,不停留于原来的成见上,而须在原有结论的基础上推断一个新观点。这类议论文,往往给人耳目一新的感觉,这是文义出"新"的一条有效途径。

考试命题,除了提供明确的文题、提供文字材料或提供图像外,一般还要提出这样或那样的要求。审题时,弄明白这些要求,才能写出符合条件的文章。尤其是细微处的要求,常关系着大局,忽视了,也容易铸成大错。考生需要注意以下两条:

①要注意对标题的要求。供材料作文,一般都要求自拟标题。没有题目,或有标题但与文章内容无关,等于无标题,都要扣2分。只要有紧扣文章内容的标题,一般不会扣分。供材料作文最好的标题是主旨式的,如时间紧,万金油式标题则最为方便(拟题方式详见下文)。

注意:应考作文,最好先标上一个万金油式标题,以免因时间紧迫,最后忘记。写完文章后如想到好的标题,可以再替换。

②要注意字数要求。不够字数或字数超过太多等也会导致失分。由于考试时间紧,行文一定要简洁精要,按照命题要求字数,上下不要超过50字。字数不够,意味着没有写完,内容定会不足;超过字数太多,意味着冗长啰唆,都会扣分。因为,在短时间内能否写出一篇短小精悍的妙文,是语文素质高低的体现,也是考试检测的目标之一。

(二)论说文立意

1.找准角度,提炼中心

写文章都有目的,都要表达一种思想、感情或说明一个主张、道理,这就是常说的中心主旨。没有中心主旨的文章,是毫无意义的。所以,写文章确立一个好的中心主旨是很重要的。

(1)选取好的中心:

好的中心主旨不是凭空想出来的,而是从丰富的生活材料中,以深刻的认识能力为指导,经过反复多次的提炼而概括出来的。论说文作文中心的确立,是通过对给定的材料进行剖析,梳理出材料的脉络,认清内容间的关系,在寻求出材料内含真意的基础上提炼出来的。

确立一个好的中心还要进行选择。因为根据材料来提炼中心,即便是同一个材料,也常常包含多方面的思想意义。每个人由于认识水平和生活经历不同,完全可能提炼出不同的中心,所以应从当中选取一个最适合自己的角度确立为中心进行写作。

因此,要提炼出一个好的中心,找准角度十分重要。

【例10】下面五句名言都是谈教育的,但立意的角度却各不相同:

①要有良好的社会,必先有良好的个人;要有良好的个人,必先有良好的教育。

②多办一所学校,就可少建一所监狱。

③对人民来说,第一是面包,第二是教育。

④人生来本是一个蛮物,唯有文化才使他高于禽兽。

⑤国家的命运,与其说是握在掌权者手里,倒不如说是握在母亲的手中,因此,我们必须启发母亲——人类的教育者。

【解析】①应从"良好的教育是良好社会的基础"这一角度立意。

②应从"良好的教育是社会安定的条件"这一角度立意。

③应从"教育是国民生存和发展的要素"这一角度立意。

④应从"教育使人们走向文明"这一角度立意。

⑤应从"基础教育的重要性"这一角度立意。

这个例子告诉我们,同一类的材料,也不是单一的层次,也有着丰富的内涵,也包含着多方面的道理。这就为我们用不同的哲学观点或用同一个哲学观点从不同的侧面进行分析提供了基础。

不仅如此,即便同一个材料,也往往包含着多方面的道理。

【例11】根据下面材料,联系实际,运用辩证思维,看能提炼出几个观点。

古希腊神话中有这样一个故事:安泰是众所公认的无敌英雄,地神盖娅是她的母亲。安泰在格斗时,只要身不离地,便可源源不断地从大地母亲身上汲取力量,因而能够击败任何强大的对手。不幸的是,安泰克敌制胜的奥妙,被一个叫赫拉克勒斯的对手发现了,于是安泰被弄到空中扼死了。

【解析】这则古希腊神话故事写了三个人物,即安泰、盖娅和赫拉克勒斯。记了一件事,即一向无敌的英雄安泰被赫拉克勒斯弄到空中扼死。人物之间的关系:安泰与盖娅是母子关系,安泰与赫拉克勒斯是对手关系。由此,我们就可以运用多种辩证思维,对"安泰之死"这则材料,分别从三个人物入手,从以下多角度分析,提炼出多个观点。

第一,从安泰的角度。进行本质性和因果分析,无敌英雄安泰为什么会失败?

一是因为离开了大地母亲,失去了自己力量的来源。据此,可以提炼出这样的论点:

①个人只有紧紧依靠集体,才能有所作为;

②党只有紧密依靠群众,才能永远立于不败之地;

③时刻不忘祖国母亲的栽培。

二是因为没有自知之明。我们可以运用反向求异分析,进行假设推理,假如安泰知道自己离开大地母亲便失去力量,他就不会被对手骗至空中决斗,由此可以提炼出这样的论点:

④要有自知之明,只有能自知,才能无往而不胜;

⑤要扬长避短;

⑥要不断完善自己。

第二,从母亲的角度。抓主要矛盾,进行必然性与偶然性分析。安泰的悲剧,做母亲的有没有责任?她为什么仅仅给予力量,而不努力培养安泰的自立能力?由此可以提炼出这样的论点:

⑦适当给予是必要的,但重要的是培养孩子自立的能力;

⑧让"安泰"们早些独立;

⑨看起来是爱,其实是害。

第三,从赫拉克勒斯的角度。进行客观规律和特殊性分析,他为什么能打败安泰?因为掌握了对手的致命弱点。由此可以提炼出这样的论点:

⑩知己知彼,百战不殆;

⑪出奇才能制胜;

⑫要讲究方法。

由此可见,对同一个事物,不同的人也有不同的看法。鲁迅说,对同一本《红楼梦》,经学家看见《易》,道学家看见淫,才子看见缠绵,革命家看见排满,流言家看见宫闱秘事。"横看成岭侧成峰,远近高低各不同",对同一则材料也完全可以仁者见仁,智者见智。

（2）选取好角度的关键:

要选取好的角度,核心是抓住审题的四个关键:

①学会分析思考;

②善于进行辩证;

③具有联想与想象的能力;

④掌握审题的基本过程。

只有具备了这四条,才能通过多维思维,运用科学联想,广泛求异,吃透材料,把握本质,找出各种角度加以比较,择其最佳者入题写作。

2.分析思考,抓住本质

文章是思想的外现。要想文章写得好,就要想得好。所以,"会想"是写好作文的前提条件。那么,怎样叫"会想"?"想"什么呢? 总的来说,就是要学会辩证思维,具体就是要从以下四个方面来"分析",来"思考"。

（1）分析重点,抓住实质:

一个命题或一段材料,总有它的关键和重点,这体现着它的实质。考生只有抓住重点和关键,去思考分析,才能抓住实质。看清了重点,抓住了实质,再进行议论,才不至于离题,这是写好作文的第一步。

【例12】根据所给题目,写一篇600字左右的议论文。

《先天下之忧而忧,后天下之乐而乐》

【解析】要写《先天下之忧而忧,后天下之乐而乐》,重点就在"先忧""后乐"四字,它的实质是个苦乐观、人生观问题。写作的时候,只谈"忧"或只谈"乐",都是片面的;如果不能从苦乐观、人生观的高度看问题,只单纯罗列一些事例,就会失之肤浅。

（2）分析差异,找出共性:

"会想"的另一重要内容是"求同比异"。面对命题或材料中的几个概念,几个判断,几个人物,几件事情,或者几个画面,几种言论,能准确而敏锐地把握它们之间的共同点和不同点,也是写作文常用到的基本能力之一。

【例13】根据所给题目,任选一个写一篇600字左右的议论文。

《近墨者黑》与《近墨者未必黑》

【解析】这两个题在形式上有相同之处,都对"墨"与"黑"的关系进行了判断,但判断的结论是完全对立的,到底哪个判断是对的呢? 实际上两种说法都可以成立。怎样看出同中之异来呢? 这就看你怎么去分析,怎样去想了。如果上升到理论上来看,其实这是两个完全不同的命题,分属于两个完全不同的认识范畴,回答的是完全不同的社会问题。"近墨者黑"是从整体的社会现象来观察问题的。社会存在决定人们的意识,从这个意义上说,近墨者必黑。"近墨者未必黑"则是从个体的思想表现来看的,就个体说,人们都有自己的主观能动性,外因必须通过内因起作用,在此意义上,近墨者未必黑。写作本题,只有能从同中看出异,进行辨析才能立于不败之地。如果看不出这同中之异,立论就很难妥当了。

（3）分析原因,推断结果:

人们阐述一种主张的是非,要讲清"为什么"才能使人信服;评价一个事物的好坏,要讲清"为什么"才能让人首肯。要回答这"为什么",从根本上说,都要分析原因、推想结果,揭示事物间的因果联系。因此,可以说,因果关系是事物之间最普遍的联系,是写作议论文必然要用到的。

【例 14】根据下面的材料,请你就第一个小姑娘的说法,联系生活实际,自选角度,自拟题目,展开议论。不少于 600 字。

一对孪生小姑娘走进玫瑰园,不多久,其中一个小姑娘 A 跑来对母亲说:"妈妈,这是个坏地方!""为什么呢,我的孩子?""因为这里的每朵花下面都有刺。"

不一会儿,另一个小姑娘 B 跑来对母亲说:"妈妈,这是个好地方!""为什么呢,我的孩子?""因为这里的每丛刺上面都有花。"

听了两个孩子的话,望着那个被刺破指头的孩子,母亲陷入了沉思。

【解析】就此材料,有一个考生引出的观点是"不要求全责备"。全篇就是用"分析原因,推想结果"的因果分析法来写的。

(4)分析事理,引出观点:

从具体的材料中引申、概括出一种事理、一种主张,是一个认识的过程,是由个别到一般、由具体到抽象的一种认识的飞跃。供材料作文运用的就是这种能力。

供材料发感想的论说文,都要根据给定的材料发表"感想","感想"就是用这种方法从材料中引申、概括出来的一种事理、一种主张。所以,要想写好供材料议论文,首先得完成这种认识上的飞跃。

"感"由"读"而来,要发感就得认真审读给定的材料,这是不言自明的。但怎样完成由"读"到"感"这样一个"想"的过程呢?首先要"想"材料的主旨、材料的实质。

3.善于寻"死"觅"活"

审题的任务和目的,简而言之就是寻"死"觅"活"。"死",指的是题目中提出的要求和限制,即规定性。就议论文来说,规定性可能包括文章主旨、文章体式、话题范围、论述角度、论证方法、语言风格,以及文字多少等方面。"寻死",就是找到这种规定性,在写作过程中严格遵循这种规定性。"活",指的是题目中给考生留下的发挥余地。"觅活"就是在"寻死"后找活路,找到命题给考生留下的自由发挥的余地、范围,就是从"死"中得到启发和拿到"通行证"。因为命题的限制和要求,同时又体现着写作的"启发"与"活路"。"觅活"的过程,实际上是由抽象到具体、由一般到个别的过程,是作者借助经验、学识,以及对生活的感受,找到命题与现实的联系。简单地说,"寻死觅活"就是寻找写作的"可能性",选择"现实性"。

命题的"可能性""现实性"涉及许多方面:一是文章宗旨的确立,除了命题中明确规定了的,如《近墨者黑》《近墨者未必黑》《先天下之忧而忧,后天下之乐而乐》《首先要做"马"》,写作者都可以"自由"选择;二是文章的体式,是写"评论",还是发"感想",是以立论为主,还是以驳论为主,如果题目本身没有明确的规定,写作者就可以"自由"选择;三是话题的范围,同样一个题目,可以放在生产领域谈,也可以放在教育领域谈,可以针对干部谈,也可以针对群众谈,这都是"自由"选择的余地;四是论述的角度,一般地说,议论文的命题都可以有四个不同的论述角度,即阐释"是什么",论述"为什么",提出"怎么办",指明"结果如何"。就应试作文来说,不必面面俱到,更不能平均使用力量,而只需根据现实的需要和自己的愿望,集中从一个角度去发挥即可,这也是一种"自由"的选择。此外,还有结构方式、材料使用、论证方法的选择,也都有灵活选择的余地。

可见,任何作文命题都有规定性和灵活性两个方面。不遵循规定性,就会偏离题意,严重的就会完全"跑题";而如果找不到灵活性,就会"死在题下",写不出有情感、有生气、有个性的好文章。要真正做到"死中求活",除了提高认识,正确把握"死"和"活"的关系外,还必须对具体命题进行认真的审视。特别要抓住命题的关键和实质。过去叫"题眼",现在称"关键信息",即关键词语、关键细节、矛盾的焦点等,这是审题时首先要注意到的。把握了关键信息,就有了"大方向",再生发,再深化,再求新求变,就可以做到"从心所欲,不逾矩"了。

【例15】传统的中国人,最大的毛病是"私"。一说是公家的,差不多就是说大家可以占一点便宜的意思,有权利而没有义务。小到两三家合住的院子,公共的走廊上照例是尘土堆积,满园生了荒草,谁也不想去拔,更难以插足的自然是厕所。没有一家愿意去管"闲事",谁看不惯,谁就得白服侍人,半声谢意都得不到。公德心就这样被自私心驱走。

【解析】本题是供材料作文。其规定就是作文必须围绕"私心"来写,不可逾越。命题举了一些自私的现象,自私的现象几乎是无尽的,所以凡由"私心"生发出的道理都可以论,这就是"活"。比如可从培养公德意识的重要性、管"闲事"精神赞、自私是丑陋的、讲公德与社会和谐、去除"私心"、自私——中国人的"劣根性"、论"私心"等方面自取角度深入论述。

审题抓住了"死",找到了"活",立意就不难了。下面谈谈审题立意的基本过程。它包含五步模式。

供材料作文,是一种以特定的材料为出发点,引申开来,借事说理,借题发挥而写成的论说文。写作的重点,不在对材料本身的评论上。材料只是个引子,关键在于通过审题由它来引出某种道理、主张,然后联系实际,将引出的道理讲清、论透。

审题立意,就是通过想象与联想,运用上述辩证思维的方法,对这特定的材料进行多角度分析,透过材料的表面现象,领悟其实质和真义,从中抽绎出隐含的哲理,进而确立为文章中心主旨的过程。命题千差万别,审题立意的过程自然也各不相同。但从大局上看,还是有基本步骤的。临场作文,为了确保审题立意的全面性、正确性、准确性、可写性,一般分以下五步进行:

①全面解读命题。找出命题材料中的所有主要信息,把握整体,全面认识,以确保审题立意的全面性。

②把握中心主旨。分析这些主要信息之间的逻辑关系,思考命题材料的内涵真义,抓住主干,找出关键词语,把握主旨,以确保审题立意的正确性。

③领悟价值取向。深入研究,排除干扰,领悟命题者的价值取向,即找到立论文的准确角度,或找评论文褒贬倾向,明确命题者要求考生从什么角度去写,是该褒还是该贬,并确定是否有比喻义、类比义或象征义,以确保审题立意的准确性。

④进行对应迁移。根据审明的命题意图对应迁移,联想类似的社会生活现象,概括出所体现的道理,以确保审题立意的现实性。

⑤确定最佳立意。根据自己对题干的认识程度,选取自己最有把握写好的角度,理解最深刻的道理,确定最佳立意,以确保审题立意的可写性。

【例16】根据所给材料写一篇700字左右的议论文,题目自拟。

画家黄幻吾有一手"污纸成画"的绝技。有一次,他请一个人随便在纸上涂上两笔,将纸弄脏。有个观众上前就在纸上画了两个圆圈。黄幻吾提笔略一凝思,便就圆圈画成两个葫芦,然后添枝加叶,又在旁边画一小鸟,成为一幅趣味横生的葫芦小鸟图。大家争着要。

【解析】第一步,思考命题材料的主要信息:一张白纸被弄脏成为污纸,画家凭自己的高超画技,将污纸变成一幅趣味横生的葫芦小鸟图,大家争着要。

第二步,联想类似的社会现象:白纸被弄脏成为污纸,可类比失足青年;画家可类比优秀的教育工作者;污纸成为一幅趣味横生的葫芦小鸟图,可类比失足青年被教育成有为的人。

第三步,引发出其中内含的问题:青年为什么失足?又怎么转化为新人?教育工作者怎样使他们转化?

第四步,概括出所体现的道理:失足青年通过教育是可以重新做人的;正确的教育可以引导青年走上光明的道路;教育工作者的责任是重大的;不能忽视社会环境对人的影响;青年人应严格要求自己,自觉抵御社会的不良影响;应当用发展的眼光看待人;好事可以变为坏事,坏事也可以变为好事;重视内因的决定作用,也不能忽视外因的影响等等。

第五步,选取最佳者确立为中心主旨:对材料所体现的上述各种道理,经过分析,选取有现实意义的、有新意的、自己认识最深刻的、又有材料可写的一个观点,作为中心主旨写成议论性的文章。

【例 17】根据所给材料写一篇 700 字左右的议论文,题目自拟。

一举子赶路急于进城,天色已晚,离城还有二里多地。他问路人还能赶进城否。路人看了看为他担书的书童说:"慢慢走,还能赶到;如果快走,城门就关了。"举子以为路人在开玩笑,就一味催书童快走,刚赶了一里地,书童就累倒在地,捆书的绳子也断了,等把书收拾好赶到城前时,城门已关了。

【解析】第一步,思考命题材料的关键:书童已疲惫不堪,还一味催书童快走,书童累倒在地,捆书的绳子也断了,结果没赶进城。

第二步,联想类似的社会现象:第五次反围剿不顾敌强我弱的现实硬拼,招致失败;中华人民共和国成立后"大跃进"成了"大跃退";改革中经济过热发展,带来经济发展失衡、通货膨胀等问题。

第三步,引发出其中内含的问题:第五次反围剿为什么失败?为什么成了"大跃退"?为什么经济发展失衡?怎样才能避免?

第四步,概括出所体现的道理:上述问题,体现着这样一些道理,即不管做什么事,都要尊重客观规律,要实事求是,欲速则不达。

第五步,选取最佳者确立为中心主旨:对材料所体现的上述各种道理,经过分析,选取有现实意义的、有新意的、自己认识最深刻的、有材料可写的一个观点,作为中心主旨写成议论性的文章。

4.写作要求

审题的自然结果就是立意。立意,就是对中心思想的提炼,对中心主旨的确立,就是按照题目要求确定自己的论点和写作角度,这是写作论说文的基点。基点定得准,定得好,后面的文章就容易展开了。

供材料作文,其主旨往往都隐含于材料之中,这隐含的信息对考生既是限制和约束,又是暗示和启发。因此,透过材料的表象,依据材料的内容,研究材料的性质,通过具体全面、多角度地分析,将这隐含的信息发掘出来,才能得出最佳的立意。

立意是文章的灵魂、统帅,有了这个统帅,才能驾驭全局。立意要正确、鲜明、深刻、新颖,中心才能正确、鲜明、深刻、新颖,文章才能思想健康,中心明确,材料充实。要想做到这点,就要明确审题立意、确立中心及选材用材等方面的要求,并掌握一定的技巧。

【例 18】根据所给材料写一篇 700 字左右的议论文,题目自拟。

楚人和氏得玉璞楚山中,奉而献之厉王。厉王使玉人相之。玉人曰:"石也。"王以和为诳,而刖其左足。及厉王薨,武王即位。和又奉其璞而献之武王。武王使玉人相之。又曰:"石也。"王又以和为诳,而刖其右足。武王薨,文王即位,和乃抱其璞而哭于楚山之下,三日三夜,泪尽而继之以血。王闻之,使人问其故,曰:"天下之刖者多矣,子奚哭之悲也?"和曰:"吾非悲刖也,悲夫宝玉而题之以石,贞士而名之以诳,此吾所以悲也。"王乃使玉人理其璞而得宝焉,遂命曰:"和氏之璧。"

【解析】审这一命题材料,可从整分、横纵、正反多角度分析,能立出如下之意:推荐人才不是一帆风顺的;偏听偏信危害大;当权者不可偏听偏信妄断是非;要善于采纳正确的建议;宝玉毕竟是宝玉;玉人相璞的启示;不称职者应当解雇;任人唯贤;改革需要伯乐;要善于识别真假。考生以这些立意作文,都不跑题。

(1)以三观为指导,确保立意正确与思想健康:

正确的世界观、人生观和价值观是审题、立意的前提。没有正确的三观,就不可能准确地把握命题的主要思想倾向并据之进行正确的立意,因而也就不可能有正确的中心主旨和健康的思想内容。

所谓观点正确,简言之,就是立意要科学地反映客观事物,符合党和政府的方针、政策与各种法规,不违背社会道德、传统美德,经得起实践的检验,公允、公正,不主观武断,不片面偏激。

所谓健康,就是立意要符合时代精神,与当今的社会发展相适应,展示社会发展必然趋势,于人民群众有利,对现实起积极作用,发表建议要采取建设性的态度,宣传生机勃勃的先进事物,鞭挞阻碍社会进步的消极事物,以提高人们的思想文化水平和道德情操修养,鼓舞人们的斗志。

怎样才能确保立意正确和思想健康呢?这就需要在立意与确立文章中心主题时,抱着积极向上的态度,抱着乐观进取的心态,放眼未来和发展;这就是要作者站在时代的高度,去观察、认识生活,提炼主题,使主题体现时代的精神,反映时代生活,跳动着时代的脉搏,推动着时代的前进。

批评消极的东西,鞭挞社会的丑恶腐败现象,要注意适度,要怀着爱心、善意,目的应是要让人看到光明、希望,感到正义的力量,不能写得一片漆黑、全篇黑暗丑恶,更不能借考试发牢骚。

有些人忽视了对文章思想倾向的把握,看问题不全面,观点偏激,更有甚者由腐败现象而怀疑党的领导和党的政策。作为当今社会的建设者,正确的是非观还是应该有的,这一点应注意。

【例19】根据所给材料写一篇700字左右的议论文,题目自拟。

韩国一个女老板大耍威风,强迫120名中国雇工为她下跪。别人都跪下了,只有一个名叫孙天帅的小伙子不肯下跪。老板炒了他的鱿鱼。

【解析】就这一材料来看,当然应以赞孙天帅有民族尊严、有做人的尊严为主,以批评那些下跪的人为辅。有的考生却撇开孙天帅不去赞扬,而偏从119个下跪人并联想日本侵华时的伪军人数超过日寇的事着眼,大谈"民族的劣根性",这种立意,显然是十分错误的,所以文章的中心就不可能正确,思想内容也就不可能健康,因为思想健康是以立意正确为前提的。

【例20】根据成语故事"滥竽充数",写一篇论说文。题目自拟,写一篇700字左右的文章。

【解析】从不同角度分析材料,可以抽绎出以下论点:"没有真才实学是不行的""人贵有自知之明""领导者要知人善任""要把好录用关""加强日常管理""要敢于揭露不良现象""事不关己,高高挂起的做法要不得""要乐于助人"。这些论点都符合论点正确性的要求。

但有人得出"识时务者为俊杰""小人当道,能人受挫"等论点,这就不正确了。"识时务者为俊杰"为南郭先生能混就混,不能混就溜的投机作法大唱赞歌,这显然与时代精神背道而驰,是严重的内容性质问题。"小人当道,能人受挫"与材料没有明显的相关性,属于严重跑题,是超越内容范围限定的。所以,确立论点时一定要慎重、多思,使其符合思想正确的要求。

(2)亮明观点,确保旗帜鲜明:

所谓旗帜鲜明,是指当议论某种社会现象或人生问题时,赞成什么,反对什么,为什么赞成或反对,一定要明确表态;对可以有多种观点、"七嘴八舌大家议"的问题,写作者一定要先明确表明自己的立场,不能模棱两可,含混笼统。那种"两边都对""两边都有理"的态度,看似公允,实为观点含糊,决不可取。

要想使中心突出鲜明,就要做到观点清楚,态度明确。赞成就赞成,反对就反对,只要言之成理,持之有据,就是好文章。

【例21】根据所给材料写一篇700字左右的议论文,题目自拟。

前几年有的商家为吸引更多的回头客,雨天推出了"送伞"活动,在门口大缸里放上一些雨伞,以备顾客的一时之需。活动要求顾客将得到的伞,在日后方便再来商店时予以归还,但遗憾的是绝大多数伞是"有去无回"。你怎么看?

【解析】对这一活动,你可以赞成:认为"文明伞"体现了商家对消费者的关爱和信任,能方便消费者,也能争取到回头客;同时,这类活动有助于唤醒消费者的公德意识,推动精神文明建设。

你也可以反对:认为这类活动完全是哗众取宠,发出的伞多数没有还回,说明消费者的文明素质有待提高,眼下还不宜举办这类活动。

这样写,观点都是鲜明的。

如果你就此材料,表达雨天送伞的做法的确不错,但由于不少人的文明素质还很低,商家蒙受的损失也不小,自己也不知是"送伞"好还是"不送伞"好的困惑态度,那就属于论点不鲜明了。

从本题的取向说,本题正确的定位应是:发出的伞多数没有还回,这肯定是文明素质不高的表现,公德意识不强,是应当批评的。但不能说顾客都自私自利。在批评的同时,应当指明,这毕竟是部分人的行为,经过教育也是可以改正的。正因为有这种不良现象,我们才要加强文明、道德教育。随着精神文明教育的深入,人们的文明素质会不断提高。

(3)选好角度,确保中心准确:

准确,是指确立的文章主旨与命题的含义保持高度的一致,不偏离命题的主要指向,中心才能准确突出。一个命题常包含多方面的思想意义,经过全面、仔细地审察,可能会引发出多种立意,得出多个结论,都可能正确,但它们会有着这样或那样的差别。或过于宽泛,不易把握;或过于狭小,难于展开;或过于浅显,浮在表面;或过于艰深,难于说透;或不熟悉,无话可说;或缺材料,流于空泛,不一定都能写好,所以应从当中选取一个角度最好的、自己认识最清楚的、有材料可写的立意确立为中心进行写作,才能确保中心准确。

【例22】阅读下面材料,以其所含的道理为中心,写一篇议论文。题目自拟,700字左右。

林海峰12岁时拜吴清源为师,师傅有一句教诲令其终生不忘。那句话是"逐两兔则不得一兔"。林遵从师教,终于成为世界著名的围棋手。

【解析】此题从什么角度立意才能与材料高度一致呢?譬如立为"不要顾此失彼""术业有专攻""专心致志""遵从师教,从善如流""好钢用在刀刃上"等等,似乎都可以,但仔细分析就会发现,这些立意都与材料所含的道理不一致。只有立为"学贵专一",才是旗帜最鲜明、最准确突出的。

(4)反复提炼,确保中心深刻:

深刻,是指论点要有深度。论点不能停留在事物表面现象上,而应揭示事物的某种本质,反映其内在规律。这就需要紧扣命题材料,反复提炼,进行逐层深入的挖掘与认识,洞悉命题最深层次。古人云:"凡作文发意,第一番来者,陈言也,扫去不用;第二番来者,正语也,停止不可用;第三番来者,精语也,方可用之。"意思是说,审题立意,要对命题多问个为什么,你比其他人思考琢磨得越透彻,推敲得越深入,你的立意论点才越深刻。

当然,论点的深刻不等于脱离开命题材料,去抽象推理或凭空拔高。一个深刻的论点,如果不与所给材料结合,超越了命题材料的范围,脱离了命题的具体要求,即使再深刻,也不过是无限上纲的胡言乱语,不会是好文章。

【例23】根据下述材料,写一篇论说文。

上班时间,要去幼儿园的玲玲坐在自行车后座上来到了车水马龙的十字路口。红灯亮了,妈妈停下了车,但玲玲却看见有的行人、自行车、汽车还在继续往前走,她不解地问妈妈:"老师说,'红灯停,绿灯行',红灯亮了他们为什么还走呢?"妈妈说:"傻孩子,在中国就没有交通规则。"

【解析】审视这则材料,可以引出如下的论点:①要优化教育环境;②只有提高违规成本才能减少违规行为;③有规矩未必成方圆;④自律与他律相结合才能奏效。相比之下,后两个论点要比前两个论点深刻些。

立意中心要深刻突出,与以下两个方面有关:

一是对主题意义挖掘到最深的程度。

大家知道，一则作文材料可以从各个不同角度去分析，也就是说可以有多种立意，但在这多种立意之间，却有深浅之分。只有将主题含义挖掘到最深的层次，才能使中心最为深刻突出。

论点的深刻主要源于广博的知识和辩证的思维。没有广博的知识和灵活运用知识的能力，要写出主题深刻的文章，是比较难的。

【例24】根据下述材料，写一篇论说文。题目自拟，700 字左右。

孔子登东山而小鲁，登泰山而小天下。

【解析】就本材料立意，若论"站得高看得远""要有博大的胸怀"固然可以，但还不是最深刻突出的，因为这样立意忽视了材料里面还有个比较的问题。如果你知识丰富，马上想到孔子"登堂入室"的言论，你就会知道，此题从"不断攀登"和"学无止境"的角度去立意，更为深刻而突出，更贴近孔子说这句话的本意。

【例25】根据下述材料，写一篇论说文。题目自拟，700 字左右。

一只虫子在墙上很艰难地往上爬，爬到一大半了，忽然跌落下来，而这已经不是第一次。然而，过了一会儿，它又沿着墙根往上爬了。

【解析】看了这则材料，不少人会赞颂虫子的顽强、执着、败而不馁、持之以恒的精神等，不能说不对，但这样很难将其写深。

如果再深入思考一下，认为虫子应该从失败中反省、深思，然后另寻新路，论点就深刻多了。如果再能联系中国近代的历史，看仁人志士所走过的救国道路，材料就会更加丰富，论证也会更加纵横捭阖。这样写，作文就可获得更加理想的分数。

二是联系社会现实，使之更具有普遍意义。

同一个命题，联系不同的社会实际，会引出深浅广狭不同的中心，而只有联系社会上带普遍意义的问题的中心，才能得出最深刻突出的中心。

(5)众星捧月，确保中心集中：

论说文的立意，如果过于宽泛，容易造成文章主题分散、内容空洞。特别是应试作文，受时间限制，不可能对一个题目长篇大论，充分展开。这就要求立意应集中、单一，选取一个具体明确而自己又有话可说的较小的角度切入并确定论点。取小事，论大道理，以小见大，进行深入论述，能使中心更集中突出。

论点不集中的原因包括这几点：一是对所论对象的意义还没有审清楚，既觉得应该论这，又觉得应该论那，把握不住重点，结果论点分散，使读者不知作者在论什么；二是对自己认为好而实无益于中心的材料不懂割舍，于是不加选择地都写进文章，旁枝横生，中心就不集中了。

【例26】就《三国演义》中的"失街亭"的故事，写一篇论说文。题目自拟，700 字左右。

【解析】写作本题，由于认识角度不同，可以抽绎出以下一些不同的论点：

从诸葛亮的角度：可赞扬执法如山的精神。

从马谡的角度：可谈言过其实、刚愎自用的危害。

从用人的角度：可讲与其执法如山在后，不如任人唯贤在先。

从蜀魏相争的角度：可谈战略上一着不慎，满盘皆输。

面对这些不同论点，写作时只能选择一个角度，论述一个论点，才容易做到集中、单一而又简明。如果有人在一篇文章中，想将这几个论点都表现出来，那就会造成多中心的问题，使读者不知所云，文章价值就差了。

要想使中心集中突出，需要从以下三个方面入手。

①做到中心单一。

中心是文章的灵魂,材料的统帅,一篇文章只能集中就一个论题,从一个角度进行议论,这样才能指向明确。应做到一篇文章只有一个中心,并始终围绕这个中心来写。而且这个中心确立的角度越小越好,这样才能以小见大,便于写作。

【例27】根据所给材料写一篇700字左右的议论文,题目自拟。

解放初期,有一次毛泽东和周谷城谈话。毛泽东说:"失败是成功之母。"周谷城回答:"成功也是失败之母。"毛泽东思索了一下,说:"你讲得好。"

【解析】从命题意图来看,这道题是从"失败是成功之母"谈起,但立意应着重论证"成功也是失败之母"这个中心。而有的考生却平均使力,用两段分量相等的文字分别论述"失败是成功之母"和"成功也是失败之母"。这样做的本意可能是想论证得全面且周密。然而把力量平均用在两个论点上,对一篇短文来说是忌讳的,这不但没有使论述更全面,反而造成论点分散,中心不明确,论述也难以真正展开。

②多方提示照应中心的模式。

明确的中心是写作中的一面帅旗。为避免写作过程中出现偏题甚至跑题的现象,在行文中应注意不时地用不同的语言照应中心主旨。办法主要有以下几种:

用标题显示中心主旨。这要求用主旨式标题。

用第二段独立点明中心主旨。这样做使文章观点显眼醒目,同时是下文写作的依据,又是阅卷者评卷的依据。切记不要将论点缀在第一段后,也不要挤在下一段前,使阅卷者不易发现。

用三个分论点展开中心主旨。每个分论点在论述结束时,都要回扣一下中心论点。回扣得上,就说明与中心主旨高度一致;回扣不上,就可能离题了。

在总结段呼应第二段的中心主旨。对论点加以强调,这叫"六根缰绳归一总"。当然,这种照应不是单调地重复中心句,而应注意用灵活的语言或不同的方式表述相同的意思,避免机械重复。

③表述清晰,确保中心明确。

中心的确立是符合单一集中的要求的,但如果不注意清晰地去表述,就会使中心不明确、不突出。

【例28】阅读寓言诗《鸟的评说》,自选角度,自拟题目,联系生活实际,展开议论,写一篇600字的议论文。

> 麻雀说燕子,
>
> 是怕冷的懦夫;
>
> 燕子说黄鹂,
>
> 徒有一身美丽的装束;
>
> 黄鹂说百灵,
>
> 声音悦耳动机不纯;
>
> 百灵说最无原则的,
>
> 要算那鹦鹉;
>
> 鹦鹉说喜鹊,
>
> 生就一副奴颜媚骨;
>
> 喜鹊说苍鹰好高骛远,
>
> 苍鹰说麻雀寸光鼠目。

【解析】写这篇作文,不少考生是懂得中心可立为"不要一味无原则地互相攻击"的,这本是正确深刻而又单一集中的,但却不懂得应该用一个论断去表述中心,而用了以下一些模棱两可的语句:

鸟的对话给了我深刻的启示。

由此我想到了应如何对待别人的问题。

一味无原则地互相攻击难道可以吗?

人间也有鸟儿之间的现象。

《鸟的评说》所揭示的道理太好了!

结果观点是什么都没有说出,别人摸不着,自己也越写越糊涂,中心自然不会鲜明突出。

(6)破除定势,确保中心新颖:

论说文主要是针对各种社会现象和人生观念发表看法。许多事、许多观念社会上已有成论,被人们普遍接受,但如果换个角度来看,也许就能提出与众不同的观点和感悟。

所谓新颖,其实就是指确立的中心不落窠臼,能见人之所未见。这就需要在审题时破除思维定式,善于运用前面所介绍的十种辩证分析方法和想象联想技巧,对文题进行多方面、多角度求异的立体思维,从细微处见精神,找到能与命题材料恰当类比的社会现象。可以说这是高层次写作能力的体现,运用得好,可使文章别具一格。

【例29】根据下述材料,写一篇700字的论说文。题目自拟。

《庄子·天运》中写道:"故西施病心而颦其里,其里之丑人见而美之,归亦捧心而颦其里。其里之富人见之,坚闭门而不出;贫人见之,挈妻子而去之走。彼知颦美,而不知颦之所以美。"

【解析】按照传统的观点,本材料是批评东施的,可引出不能盲目模仿、盲目模仿效果很差、内在美是真美等论点。如果进行求异,也可引出像"东施效颦未可厚非""东施精神应发扬光大"等给人深刻启示和耳目一新感觉的新颖的论点。

又如写作"破窗理论"的立论文,有的考生从"让我们时常视察我们的道德之窗"的角度立意,就颇有新意。

当然也要注意:不要过分追求为新颖而新颖,为求异而求异,而应在命题准许的范围内,在合理的前提下去求异求新。须知,任何新颖的立意,都应是从材料本身引发出来的,不能无中生有,不能故作惊人之笔;如果一味为了"惊奇",追求所谓的"新颖",则往往会弄巧成拙。

要写有新意的文章,还有一个风险,即如果没有充分的时间进行深思熟虑,也可能出现言之不太成理的情况,这样也会造成严重失分。所以,还要根据时间和自己的认识能力来决定,是写新颖求异而不好把握的文章,还是写论理平实而好把握的文章。如果时间不足而来不及深思熟虑,还是写自己较容易把握的文章为好。

另外,不是任何事物或观点都能进行求异思维的,如国家尊严、民族信念、基本道德规范,那些反科学道理的、有悖于人们共识和伤害人们感情的逆向思维都是不可取的。

三、论说文写作结构

(一)拟题

如果说论证有效性分析题目的核心是要表达质疑,那么对于论说文来说,其题目就要凸显文章的中心思想。如何拟题才能做到这一点呢?

1.拟题技巧

(1)主旨拟题:

主旨拟题就是以文章的论点为题。由于主旨即中心思想,所以这种拟题方式最能凸显文章的中心,推荐大家使用。

【例30】有人问一位诺贝尔奖获得者:"您在哪所大学学到了您认为最主要的一些东西?"出人意

料,这位学者回答说是在幼儿园。他说:"把自己的东西分一半给小伙伴们,不是自己的东西不要拿,东西要放整齐,做错了事情要表示歉意,要仔细观察大自然。从根本上说,我学到的全部东西就是这些。"

【解析】在审题立意章节,我们已经分析了上述材料的立意:成功源自小时候的好习惯。根据主旨拟题法,我们可以直接将其作为题目。

除了主旨拟题外,我们也可采用关键词拟题。

(2)关键词拟题:

关键词拟题就是将材料的中心词作为题目。立意是对中心词的拓展,因此采用关键词拟题也能凸显中心。

【例 31】电影《南极的司各脱》描写的是英国探险家司各脱上校到南极探险的故事。司各脱历尽艰辛,终于到达南极,却在归途中不幸冻死了。在影片的开头,有人问司各脱:"你为什么不能放弃探险生涯?"他回答:"留下第一个脚印的魅力。"司各脱为留下第一个脚印付出了生命的代价。

【解析】在审题立意章节,我们已经分析了上述材料的立意:敢为天下先。根据主旨拟题,我们可以直接将其用作题目。

除此之外,我们也可以采用关键词拟题。上述材料的中心词是"留下第一个脚印",因此,可以直接拟题为"第一个脚印的魅力"。

上述两种拟题方式告诉了我们应该如何给自由命题作文拟题,但在实际应用时,还要注意以下问题。

2.拟题要求

(1)题目一定要凸显中心

只要我们在拟题时采用上述拟题技巧,那么保证题目凸显中心这一点是没有问题的。

(2)拟题的文字要准确、精练

阅卷人在批改作文时,首先看的就是题目。因此,文字的准确、精练就显得尤为重要。

(3)字数不宜过多,10 个字左右,居中

这是从字数及格式上提出的要求。考试时,我们的文字书写在一行 20 个格的方格纸中,如果字数太多,会给人很累赘的感觉,同时也影响美观。

(二)开头

1.开头技巧

论说文的开头一般包含三个要素:引材料、找关系、亮观点。

(1)引材料:

对于自由命题作文来讲,材料是我们获取信息的唯一来源。立意源于材料,因此,为了让阅卷人知道我们的观点是怎么来的,我们在开篇要适当地引材料。如何引呢?引材料并不是直接照抄材料原文,而是根据立意去概括材料内容。

(2)找关系:

找关系就是在材料和观点之间构建联系,从而让观点的出现不那么突兀,属于过渡的性质。这种过渡不是必需的,如果材料与观点之间不需要过渡,我们可以直接省略找关系这一环节。

(3)亮观点:

亮观点就是将立意在文章开头明确地表达出来。这是论说文写作中必不可少的部分。如果阅卷人读完文章的开头还不知道你的文章想论述什么内容,那么这篇文章基本就失去了得高分的可能。在过往的作文批改中,总会有学员以题目就是观点来解释自己为什么开篇没有观点,但是这种解释是无力的。题目与开头承载不同的内容,有不同的意义。

【例32】电影《南极的司各脱》描写的是英国探险家司各脱上校到南极探险的故事。司各脱历尽艰辛,终于到达南极,却在归途中不幸冻死了。在影片的开头,有人问司各脱:"你为什么不能放弃探险生涯?"他回答:"留下第一个脚印的魅力。"司各脱为留下第一个脚印付出了生命的代价。

【解析】(1)立意:在审题立意章节,我们已经分析了上述材料的立意:敢为天下先。

(2)开头:

①引材料:"敢为天下先"是由"留下第一个脚印"得到的,因此引材料时一定要将这部分内容考虑进去。

②找关系:"留下第一个脚印"与"敢为天下先"意思相近,二者无须过渡。

据此,我们可以给出如下开头:

为了在南极"留下第一个脚印",司各脱付出了生命的代价(引材料),他这种"敢为天下先"的精神值得我们敬佩和学习(亮观点)。

【例33】有人问一位诺贝尔奖获得者:"您在哪所大学学到了您认为最主要的一些东西?"出人意料,这位学者回答说是在幼儿园。他说:"把自己的东西分一半给小伙伴们,不是自己的东西不要拿,东西要放整齐,做错了事情要表示歉意,要仔细观察大自然。从根本上说,我学到的全部东西就是这些。"

【解析】(1)立意:

在审题立意章节,我们已经分析了上述材料的立意:成功源自小时候的好习惯。

(2)开头:

①引材料:"成功源自小时候的好习惯"是由"诺贝尔奖获得者的回答"得到的,因此引材料时可以概括如下:诺贝尔奖获得者把在幼儿园学到的分享、自律等好习惯看成是最重要的东西。

②找关系:如果由"诺贝尔奖获得者把在幼儿园学到的分享、自律等好习惯看成是最重要的东西"直接过渡到"成功源自小时候的好习惯",则衔接不够到位。因此,我们应考虑在二者之间建立联系:他这么说的目的就是想借此告诉我们一些道理。

据此,我们可以给出如下开头:

诺贝尔奖获得者把在幼儿园学到的分享、自律等好习惯看成是最重要的东西(引材料),他想借此告诉我们(找关系):成功源自小时候的好习惯(亮观点)。

【例34】一位旅行者在途中看到一群人在干活,他问其中一位在做什么,这个人不高兴地回答:"你没有看到我在敲打石头吗? 若不是为了养家糊口,我才不会在这里做这些无聊的事。"旅行者又问另外一位,他严肃地回答:"我正在做工头分配给我的工作,在今天收工前我要砌完这面墙。"旅行者问第三位,他喜悦地回答:"我正在盖一座大厦。"他为旅行者描绘大厦的形状、位置和结构,最后说:"再过不久,这里就会出现一座宏伟的大厦,我们这个城市的居民就可以在这里聚会、购物和娱乐了。"

【解析】(1)立意:

①读材料找文眼:材料中有四个主体——旅行者以及三位工匠,其中,旅行者是为了引出话题,不是核心主体。从材料中的措辞"不高兴""严肃""喜悦"可以看出,在这三位工匠之中,命题人对第三位工匠是比较认可的。因此,第三位工匠所说的话就是本文的文眼。

②提炼中心词:第三位工匠的目标是盖大厦,并且在没有大厦的情况下给旅行者描述了大厦的形状、位置、结构以及大厦在未来的使用情况,这些概括起来就是"理想",而他的心情是"喜悦"的。因此,可以概括材料的中心词就是"理想""喜悦"。

③选择立意角度:命题人已经通过"喜悦"这个词传递出对第三位工匠的认可。

④拓展中心词:结合命题人的态度,拓展中心词"理想""喜悦"可以立意为"为了理想而奋斗是快乐的"。

(2)开头:

①引材料:"为了理想而奋斗是快乐的"是"对比三位工匠的话以及回答问题时的态度"得到的结果,因此我们在引材料时可以概括如下:三个人干一样的工作,心情却不同。

②找关系:如果由"三个人干一样的工作,心情却不同"直接过渡到"为了理想而奋斗是快乐的",则衔接不到位。因此,我们应考虑在二者之间建立联系:一样的工作,心情不同的原因是什么呢?这样就可以引出观点。

据此,我们可以给出如下开头:

三个人干一样的工作,心情却不同(引材料)。原因何在呢?(找关系)很简单,前两个人没有真正的追求,而第三个人却是为了理想而奋斗,自然是快乐的(亮观点)。

通过上述例子,我们知道了应用开头的技巧,但要真正写出好的开头,我们还要注意以下问题。

2.开头要求

(1)按需引材料:

很多考生在引材料时不会概括,大量摘抄原文,这不仅导致开头篇幅过长,而且也给阅卷人抓不住重点的印象。我们应该结合观点按需引材料,不要求全。

(2)观点一定要明确:

观点是论说文的灵魂,所有的论证都是围绕它展开。观点不明确,阅卷人就不知道你想论证什么。在论说文的批改中,观点明确属于一个重要的采分点。

(3)开头要精练:

开头是为了引出观点,为后续论证提供话题。因此,我们一定要简明扼要地快速切入主题。好的开头一定是小而美的,俗称"凤头"。

(三)正文

正文就是展开论证的过程,这是论说文写作的主体部分。我们得分的高低在很大程度上取决于这一部分的论证是否有力度。要保证论证有力,我们一方面要考虑论证的结构是否清晰,另一方面要考虑论证过程是否有漏洞。如果在构思提纲环节处理得比较好,一般来说,我们是可以保证论证结构清晰的。前文已经详细地讲解过构思提纲的问题,这里不再赘述。在这里,我们重点讨论如何避免论证出现漏洞的问题。要避免论证出现漏洞,关键在于掌握一定的论证方法。

1.论证技巧

论证的过程就是推理的过程。根据过程的不同,推理大致可以分为三类:演绎推理、归纳推理和类比推理。因此,论证也有三类:演绎论证、归纳论证和类比论证。

(1)演绎论证:

演绎论证就是依据演绎推理的规则来组织的论证。这些演绎推理规则,比如肯前必肯后、否后必否前、递推、逆否等价、二难推理等。在实际的论证过程中,我们可以灵活使用这些规则。

下面介绍几种常见的推理形式。

①p→q,q→r,所以 p→r。

这种推理形式就是逻辑中所讲的递推,即要论证 p→r,可以找到 p、r 的桥梁 q,构建起 p 与 q、q 与 r 之间的条件关系,即 p→q,q→r,从而得到 p→r。

例如,要论证"水果有益健康",就要找到水果和健康之间的桥梁,比如丰富的维生素。据此,我们可以做出如下论证：

水果含有丰富的维生素，而获取丰富的维生素有益健康。因此，水果有益健康。

什么时候使用这种推理形式呢？通过观察我们可以发现，上述推理的结论涉及条件关系，而对于递推本身也是涉及条件关系的推理。因此，如果要论证的结论可以表达为条件关系，就可以考虑使用递推的形式。

例如，要论证"创新才能致远"，结论是"致远→创新"，因此可以考虑递推的推理形式。先找到致远与创新之间的桥梁，比如，顺应时代。据此，我们就可以做出如下论证：

创新才能致远。创新才能顺应时代发展潮流，只有顺应时代发展潮流才能长久发展。

在此基础上还可以进一步找桥梁关系进行拓展，比如可以有如下论证：

创新才能致远。创新才能顺应时代发展潮流，只有顺应时代发展潮流才能在竞争中赢得主动，这样才能获得长久发展。

②p 或 q，非 p，所以 q。

这种推理形式就是逻辑中所讲的"或"规则，要论证 q，可以先找到包括 q 在内的多种可能性，通过否定其他可能性，进而得到 q。

例如，要论证"企业改革应该自下而上"，可以找到企业改革的方向有哪些，同时找出其他方向不可行。据此，我们可以做出如下论证：

企业改革的方向可以是自上而下的，也可以是自下而上的。但是由于管理者长期远离一线，往往很难听到基层的声音，这样对企业存在的问题的把握可能就不到位，如果由他们去推动改革，很可能难以奏效。

这种推理形式的难点在于如何找到包括 q 在内的多种可能性，并确保不会有遗漏。

③p→q，非 p→q，所以 q。

这种推理形式就是逻辑中所讲的二难推理，要论证 q，可以先找 q 的两个充分条件，这两个充分条件之间构成矛盾关系。

例如，要论证"发展是硬道理"，可以找"发展"的两个充分条件，如处于逆境、处于顺境。据此，我们可以做出如下论证：

发展是硬道理。当我们处于逆境时，不能坐以待毙，唯有发展才有未来；当我们处于顺境时，要用好机遇期，唯有发展才能拉开差距。因此，我们要坚持发展不动摇。

以上我们介绍了三种推理形式，希望大家通过这三种形式认识演绎推理在论证中的应用。刚接触这种论证方式，考生可能会有些不适应，感觉比较难，这都是正常的。但是一旦通过练习掌握了这种论证方法，考生就会发现论证说理并没有那么复杂。

【例 35】任正非在《华为的冬天》一文中讲道："十年来我天天思考的都是失败，对成功视而不见，也没有什么荣誉感、自豪感，而是危机感。也许是这样才存活了下去。"

【解析】第一，构思提纲：

结合上述立意，根据问题式递进结构可以列如下提纲：

是什么：我们要心存忧患。

为什么：心存忧患，才能审时度势；心存忧患，才能创新进取。

怎么办：多反思以发现问题，不能过分悲观。

第二，论证说理：心存忧患，才能审时度势。俗话说，人无远虑，必有近忧。心存忧患才能避免出现"刀枪入库、马放南山"的麻痹思想，而以一种清醒的预见意识和防范意识时刻准备着，做到未雨绸缪。正是因为有了预见意识和防范意识，各种准备工作做得比较到位，才能使我们在危机来临的时候保持清醒的头脑。只有头脑清醒才能对形势有正确的认识,做出正确的决策。因此,要做到审时度势,就必须心存忧患。

在上述例题中,要论证"心存忧患,才能审时度势",我们构建了一系列的递推关系,即:有预见意识和防范意识→心存忧患,保持头脑清醒→有预见意识和防范意识,对形势的正确认识、做出正确决策→保持头脑清醒。

(2)归纳论证:

归纳论证就是按照归纳推理来组织的论证,是比较常见的论证方法。在这里,我们重点介绍几种常用的归纳推理,如简单枚举归纳、求异法以及求同法。

①简单枚举归纳:

要论证 p,可以列举 p 可能包含哪些方面,从它包含的这些方面来分别论证 p。这种论证的关键在于要保证所列举的情况是具有代表性的。

例如,要论证"好习惯成就精彩",先指出好习惯可以指学习习惯、职业习惯、生活习惯,再指出这些方面可以成就精彩。据此,我们可以做出如下论证:

好习惯成就精彩。良好的学习习惯,有利于激发积极性和主动性,享受读书的乐趣;良好的职业习惯,有利于提升职场竞争力,开启辉煌的职业生涯;良好的生活习惯,有利于保持身体健康,享受精彩的人生。

在上述例子中,列举学习习惯、职业习惯、生活习惯都能成就精彩,进而说明好习惯成就精彩,这是典型的简单枚举归纳推理。

②求异法:

要论证 p,可以找到正反事例或正反观点通过对比来论证 p。

例如,要论证"懂得反省能赢得尊重",可以找到正反事例——德国和日本,它们对待战争的态度不同,结果自然也不同。据此,我们可以做出如下论证:

懂得反省能赢得尊重。"二战"后,德国对"二战"中纳粹犯下的罪行进行了全面和深刻的反省。通过反思历史和战争赔偿,使得德国赢得了国际社会的认可和尊重。反观,同样在"二战"中犯下滔天罪行的日本却歪曲历史事实,通过修改教科书等一系列手段美化侵略历史,从而导致与亚洲邻国纷争不断。正是德国和日本对战争反省的不同态度,造成了国际社会对这两个国家不同的认可度,一个赢得尊重,一个纷争不断。

上述例子通过对比德国和日本的情况来论证懂得反省能赢得尊重。这是通过举例的形式进行求异。除此之外,我们还可以通过说理的形式进行求异。

例如,要论证"做人要懂得变通",可以指出变通和不变通各有什么后果。据此,我们可以做出如下论证:

做人要懂得变通。墨守成规往往难以应对复杂的情景,无法处理意外情况。懂得变通才不会一条道走到黑,才能积极寻找突破的方法。

上述例子通过对比墨守成规和懂得变通会导致不同的结果,来论证要学会变通。

③求同法:

要论证 p,可以找到各种不同的事例场合,它们都有某种相同因素,进而论证 p。

例如,共享需要素质支撑。共享给大众带来了方便,但也面临着"成长的烦恼"。共享单车解决了"最后一公里"的问题,但无法解决乱停乱放的问题;共享雨伞解决了出门看天气的难题,但无法解决有借无还的尴尬;共享汽车让汽车租赁更方便,但无法避免恶意使用带来的风险。有序停放、有借有还、规范使用是素质的体现,我们要知道共享不仅是资源的再配置,更是文明的共担当。

【例36】《论语·泰伯》中曾子曰:"士不可以不弘毅,任重而道远。仁以为己任,不亦重乎? 死而后已,不亦远乎?"这是古人对"责任"的一种认识,反映出"士"的精神境界。

【解析】第一,构思提纲:

结合上述立意,根据问题式递进结构可以列如下提纲:

是什么:我们要勇于担当。

为什么:勇于担当,磨炼意志;勇于担当,彰显品质;勇于担当,体现价值。

怎么办:脚踏实地,不盲目自信。

第二,论证说理:勇于担当,磨炼意志。逆境顺境看胸襟,大事难事看担当。面对大事难事,敢于迎难而上,站出来承担,虽有风险而无惧,这本身就是对意志力的考验。更何况,在解决问题时,还要克服一个个障碍,这必然会使自己吃苦耐劳的精神得以培养、心性得以磨砺,使得意志力上升到一个新的层次。相反,在大事、难事面前退缩不前,虽暂避了风险,但也失去了锤炼意志的机会。因此,我们要把每次的担当看成磨炼自己的机会,勇于去接受挑战。

在上述例题中,要论证"勇于担当,磨炼意志",我们构建了正反观点进行对比:遇到大事难事敢于担当,意志力上升到一个新的层次;遇到大事难事退缩不前,失去锤炼意志的机会。

(3)类比论证:

类比论证就是按照类比推理来组织的论证。这种论证的关键在于找到类比对象,并确保二者确实相似。

例如,要论证"学习科学知识要注重创新",可以找与学习科学知识类似的情形——蜜蜂酿蜜、春蚕吐丝、奶牛产奶。据此,我们可以做出如下论证:

学习科学知识要注重创新。学习科学知识与蜜蜂酿蜜、春蚕吐丝、奶牛产奶一样,都是一个加工创造的过程。蜂采的是花,酿造的是蜜;蚕吃的是桑叶,吐出的是丝;牛吃的是草,挤出的是奶。作为万物之灵的人,学习科学知识,就不应只是前人智慧的重复,而应该进行科学的创新。

上述例子通过将学习科学知识与蜜蜂酿蜜、春蚕吐丝、奶牛产奶进行类比,论证学习科学知识需要创新。

至此,我们学习了三类论证方法——演绎推理、归纳推理以及类比推理,在论证中可以将这些论证方法结合起来使用。

【例37】任正非在《华为的冬天》一文中讲道:"十年来我天天思考的都是失败,对成功视而不见,也没有什么荣誉感、自豪感,而是危机感。也许是这样才存活了下去。"

【解析】第一,构思提纲:

结合上述立意,根据问题式递进结构可以列如下提纲:

是什么:我们要心存忧患。

为什么:心存忧患,才能审时度势;心存忧患,才能创新进取。

怎么办:多反思以发现问题,不能过分悲观。

第二,论证说理:心存忧患,才能创新进取。心存忧患就是在没有危险的情况下,能预测到未来可能面临的风险,并做出相应的对策。华为能霸气应对美国的封杀,这种底气来自实力,而实力来自长期的忧患意识。这种忧患意识让他们在没有危机的时候做好准备,危机出现的时候能沉着应对。试想,如果没有这种忧患意识,面对美国的封杀,华为岂能如此从容。可见,心存忧患,才能在风险面前保持从容。只有在风险面前保持从容才会想办法突破困境。而创新进取就是要不断突破困境。

在上述例题中,要论证"心存忧患,才能创新进取",我们通过华为的例子构建了一个正反对比的论证,由此得出"心存忧患才能在风险面前保持从容"的结论,进而通过递推论证了结论。

2.正文要求

（1）结构合理：

文章结构属于阅卷时的重要参考指标，直接影响得分。因此，我们必须保证文章结构合理。如何做到这一点呢？论说文的结构既包括段间结构也包括段内结构。要确保段间结构合理，我们在下笔前必须列好提纲，根据提纲行文；要确保段内结构合理，我们必须选择合适的论证方法。

（2）论证充分：

论证是否充分属于阅卷中着重关注的指标。影响论证充分性的因素有很多，如论证方法、文章结构等。在论证说理时，我们应该尽可能地确保论证方法恰当多样、论证层次清晰。

（3）语言流畅：

语言流畅就是要保证用词准确、语句通顺，过渡衔接自然。至于文采，如果能有更好，如果没有不用强求。

（四）结尾

1.结尾技巧

（1）重述论点：

所谓重述论点就是换一种语言形式将论点重新表述一遍。这种重新表述可以是简单描述论点，也可以引用意思相近的名言、俗语等。在考试时，对于大部分考生来说，一般留给论说文的时间往往不是很多，而重述论点基本上不用花费多少时间。因此，在时间紧张的情况下，我们推荐大家使用重述论点的结尾方法。

【例 38】电影《南极的司各脱》，描写的是英国探险家司各脱上校到南极探险的故事。司各脱历尽艰辛，终于到达南极，却在归途中不幸冻死了。在影片的开头，有人问司各脱："你为什么不能放弃探险生涯？"他回答："留下第一个脚印的魅力。"司各脱为留下第一个脚印付出了生命的代价。

【解析】开头：为了在南极"留下第一个脚印"，司各脱付出了生命的代价，他这种"敢为天下先"的精神值得我们敬佩和学习。

结尾：文章的论点是"敢为天下先"，结尾时，我们可以用一个同义词来替换这个论点，比如第一个吃螃蟹的人。这样可以给出如下结尾：

人生的精彩就在于一个"闯"字，要敢做第一个吃螃蟹的人。

【例 39】一位旅行者在途中看到一群人在干活，他问其中一位在做什么，这个人不高兴地回答："你没有看到我在敲打石头吗？若不是为了养家糊口，我才不会在这里做这些无聊的事。"旅行者又问另外一位，他严肃地回答："我正在做工头分配给我的工作，在今天收工前我要砌完这面墙。"旅行者问第三位，他喜悦地回答："我正在盖一座大厦。"他为旅行者描绘大厦的形状、位置和结构，最后说："再过不久，这里就会出现一座宏伟的大厦，我们这个城市的居民就可以在这里聚会、购物和娱乐了。"

【解析】开头：三个人干一样的工作，心情却不同。原因何在呢？很简单，前两个人没有真正的追求，而第三个人却是为了理想而奋斗，自然是快乐的。

结尾：文章的论点是"为了理想奋斗是快乐的"，如果我们能找到意思相近的名言就可以用名言结尾。比如：

古希腊哲学家苏格拉底有一句名言：世界上最快乐的事，莫过于为理想而奋斗。

（2）展望未来：

所谓展望未来就是论点在被大众认可之后，对大众的行为或思想产生影响，进而达到我们想要的结果。

【例40】有人问一位诺贝尔奖获得者:"您在哪所大学学到了您认为最主要的一些东西?"出人意料,这位学者回答说是在幼儿园。他说:"把自己的东西分一半给小伙伴们,不是自己的东西不要拿,东西要放整齐,做错了事情要表示歉意,要仔细观察大自然。从根本上说,我学到的全部东西就是这些。"

【解析】开头:诺贝尔奖获得者把在幼儿园学到的分享、自律等好习惯看成是最重要的东西,他想借此告诉我们,成功源自小时候的好习惯。

结尾:文章的论点是"成功源自小时候的好习惯",如果大家接受了这一观点,注重对孩子良好习惯的培养,孩子未来成功的可能性就更大。这样,我们可以给出如下结尾:

好习惯不是一天养成的,但只要家长多一点耐心,相信你的孩子一定会养成好的习惯,并终生受益。

2.结尾要求

(1)点明主题:

无论采取何种结尾方式,有一点必须做到——再次点明主题。其目的就是提醒阅卷人,整篇文章确实是围绕主题展开的论证。

(2)简洁有力:

结尾意味着文章的结束,既然论证已经完成,就不要拖泥带水,给人絮絮叨叨的印象。好的结尾一定是短小有力的,俗称"豹尾"。

(五)基本模式

文无定法,不等于无法。世间千变万化的文章体式,就大类看,其结构还是有共同规律的。

论说文是很常用的文体。写好论说文,一要提出明确的观点;二要选取恰当的论据;三要进行充分的论证,包括选好论证方法和进行论证分析;四要安排好论证结构,或并列,或对照,或层进,或总分,做到思路清、条理明;五要注意语言犀利;六要重视题目的设定。

下面以供材料议论文为例,说明其基本结构模式。

所有的议论文都包括引论、本论、结论三部分。但仅仅知道这点,还不足以写出好的议论文。要想写出精彩的议论文,还必须知道每部分应承担什么任务,要写哪些东西,包括哪几段。了解了这些,才算抓住了这种结构模式的灵魂。概括来说,供材料论说文,一般可分为三大部分八个段落。对这种结构模式,为方便记忆,我们叫它"论说文八段锦"。不同的人写不同的文章可以灵活变化,但基本框架是一样的,不会有大的变化。

这种结构是应试时快速成文的模式,下面就这一模式分析如下:

全文共分三部分,八段。写作的基本要求是引论简洁明确,本论说理充分,结论收束有力。

第一部分为引论,包括两段:

第一段,根据中心观点的需要引述原材料。因为文章是由命题材料引发出来的,所以必须从原材料入手。材料极短的可以原样照引,一般不要全盘照抄,特别是那些文字较长的材料,应该根据自己对命题材料的理解,围绕自己定下的中心,用自己的语言,将那些与形成中心论点息息相关的材料,加以定向概括,提炼要义,简洁中的。对某个或某些关键性概念,或求异出的新颖观点,还要做必要的界定或加以强调预告,以廓清可能产生的歧义,并防止由于角度新、跳跃幅度大而带来理解的疑惑,以免误被作为跑题、偏题对待。

第二段,由所引材料,用一个过渡句,引出中心论点,亮明作者的观点和态度。论点应是一个论断,要鲜明准确,不宜过长,更不能出现多中心。

引论是全文的纲领,应概括简洁,不蔓不枝,否则,容易造成头重脚轻或偏离题意的后果。

第二部分为本论,包括四段:

第三段,列出第一个分论点,即就命题所陈述的材料做论据进行分析论证,来证明中心论点是由原材料引出的,是正确的。此为第一层论证,可以略论。

第四段,列出第二个分论点,即从社会生活中另取一个类似但角度不同的材料做论据,从不同的角度对中心论点进行第二层分析论证。此处可作重点详论。

第五段,列出第三个分论点,即从社会生活中再另取一个类似但角度不同的材料做论据,从与以上两段都不同的角度对中心论点进行第三层分析论证。此处可作面上略论。

第六段,联系现实,即再引用概括事例印证一下中心论点的正确性,说明其具有普遍的意义,这是前边三层论证的自然延伸。应简单明了,不必再进行分析论证。

本论部分是文章的主体,要分别地、有层次地提出支持中心论点的分论点和论据,来对中心论点进行分析论证,充分论证中心论点的合理性。要充分地摆事实,讲道理。论据中除了理论的阐述外,要注意选择有说服力的实例。实例的选择不要勉强,有时没有实例也无妨。理论和实例的阐述,除了首先要做到简明、准确以外,如果可能,要尽量自然地显示作者在哲学、历史和文学等诸方面的知识素养。

第三部分为结论部分,包括两段:

第七段,总结全文,是前边分析论证的自然归纳。可用不同的语言或方式再次强调自己的论点,以深化中心主旨,并呼应开头,首尾照应。

第八段,结尾,收束全文。可根据自己的所长及文章内容,恰当选取结尾的方法。

结论是对全文内容的综合与概括,常与引论形成首尾呼应的态势,以加强文章的力量。如果是供材料作文,这部分最好还要回到原材料上。结论要写得收束有力,又余味无穷。

本论部分的三个分论点与第二段的中心论点为总分关系,三个分论点之间的论证方式有三种:

层进式。各层次之间是层层递进的关系。这种方式可以使文章有一定深度,也叫纵深法。

并列式。各层次之间的关系是平行的,即围绕中心论点从不同的方面、不同的角度进行论证,从而加强论证的力量。

对照式。围绕中心论点,从正反两个方面进行对比论证。鲜明的对比能使文章显得层次分明,内容饱满,极具说服力。实际上,在写作中,以上方式常常是综合使用的。

写作案例分析作文时,这部分的三个分论点一般可以按照举出问题、分析原因、提出对策三个方面来分立,比较好把握。

这部分的要害:每个分论点都要按提出分论点、引用论据、分析论据、小结本段、呼应第二段中心论点这五步来写。

（六）常见的四种格式

所谓论证结构,就是运用一定的论据阐释观点的过程。论说文的论证结构,受观点和材料之间的内在关系的制约,也受材料和材料之间的关系的制约,这种制约是通过段落和层次的顺序表现出来的。所以,文章的论证结构没有固定的模式,写文章时要据内容来决定。但还是有个基本的格式的,它为大家提供了应试论说文写作的基本结构模式。这种基本结构模式,在实际写作中,可有不同的变化,然而各项内容基本是不变的。

这里有一个重要的问题必须重视:那就是一定要注意克服写作中常犯的幼稚病。如何避免这种"幼稚病"呢？关键在于掌握好论说文主体本论部分的论证结构和每个段落的论证层次。

下面给大家介绍几种常见的论证结构。

1.分论点列述式是基本格式

分论点列述式是论说文结构论证部分的完整模式。这种结构模式在提出中心论点后,为了阐述中心论点,往往要从不同"侧面""层面"或"角度",多方位地展开论证,而这每一个"侧面""层面"或"角度",又都可以形成一个小的观点,这就是所谓"分论点"。——列述几个"分论点",自然就形成了一种论证的结构。

这种结构,就全文而言,中心论点与分论点构成总分的论证结构关系。一般是先总说后分说,也有的是先分说后总说,还有的是先总说后分说再总说。

就三个分论点来说,则有以下三种常见的形式:并列式、对照式和递进式。

(1)并列式:

这种模式,论证中的几个分论点或论据(表现为层次、段落)之间的关系是平行的,在同一个平面上,无深浅之分。因其运用横向思维,向四面八方展开,故又叫横式结构或辐射结构。这种结构可以增加文章的广度。这种方式的几个分论点,虽不像层进式那样环环相扣,不可颠倒,不可或缺,但谁先谁后,也不是随便罗列的,而应按照地位的主次、意义的大小或性质的强弱,科学地安排先后。

例如,邹韬奋有一篇短文,题为《呆气》,是针对当时有些青年人的油滑世故而提倡一种忘我的奋斗和献身精神的,着重回答"为什么"要有几分"呆气"的问题,其论证结构即为并列式。

第一层:从道德方面说,非有几分呆气,否则勇气鼓不起来,正气亦将消散。

第二层:从学问方面说,研究任何学问,欲求造诣深邃者,也不可不有几分呆气。

第三层:从事业方面说,委身革命事业以拯救同胞为己任者,也不可不有几分呆气。

第四层:从职守方面说,欲能忠于职守,亦非具有几分呆气不可。

第五层:从交友方面说,交友,也以具有几分呆气的朋友为靠得住。

五个分论点构成五个层次,从不同侧面论述"呆气"之不可少,使那些油滑世故者无所逃,论述得相当严密。

(2)对照式:

这种模式,论证中的几个分论点之间的关系是两相对比的,或相反,或相映,或是用一个衬托另一个的。目的是通过两相对照来突出说明其中一方面的正确性。这是一种特殊的并列式。

例如,有篇《说"奋斗"》的文章,是针对某些夸大个人作用、只想个人利益的"奋斗者"的,论说了奋斗精神要发扬,而"个人奋斗"不足取的观点,其论证结构即为对照式。

第一个分论点:为国家、民族、人民而奋斗,可贺可敬。

一层:每个社会成员的奋斗汇成国家、民族的奋斗。

二层:中国人民求得解放靠的是这种奋斗。

三层:要完成社会主义建设大业仍要靠这种奋斗。

第二个分论点:为"实现自我价值"的个人奋斗可鄙可憎。

一层:为了自己利益常常会损人害公,不择手段。

二层:"个人奋斗"者夸大个人作用,否认社会环境和群众的作用。

三层:在社会主义条件下,"个人奋斗"者必将一事无成。

两个分论点,一正说一反说,互相对照,有力地阐明了自己的中心论点。

(3)递进式:

这种模式,围绕中心论点,根据内在的逻辑关系,将几个分论点步步推进。它们一般是由浅显到深刻,由简单到复杂,由熟悉到生疏,由具体到抽象逐步展开的,从不同的层面或角度对中心论点进行证明,前一层次是后一层次的基础,后一层次是前一层次的深入,环环相扣,逐层递进,其先后顺序有严格要求,不能随便变动。因其是纵向展开的,故又叫纵式结构。

例如,有一篇题为《漫谈"不求甚解"》的文章,是翻案文章,意在论述"不求甚解"是一种很好的读书方法。文章在说明了陶渊明提出"不求甚解"主张的时代背景之后,列述了如下3个分论点,即为递进式。

分论点一:今天,各行各业的有志青年,各自抱住自家的专业,刻苦读书,穷究底蕴,甚至连一个标点符号也不放过,这当然是必要的。然而在孜孜不倦之余,还要像鲁迅提倡的那样"随便翻翻"专业之外的书籍,从而开拓知识领域,增添举一反三、触类旁通的思维材料。

分论点二:即使对于所攻的专业,恐怕也不能处处追求"甚解"。一方面要抓住关键的问题追求"甚解",另一方面又必须放过与中心问题关系不大的方面,以免障碍丛生,枝蔓过多而妨碍了集中精力去理解主要方面。必须集中精力打歼灭战,只有有所失才会有所得。

分论点三:再进一步说,当我们自以为追求到"甚解"时,是否就真是穷尽真理,真是揭示了自然界的全部奥秘呢?"甚解"其实不"甚",我们在努力追求"甚解"的同时,却必须摒弃自己已经追求到"甚解"的奢望。

三个分论点,三个层次,所说的范围一层比一层缩小,思想也就一层比一层深入,这就是递进式分论点结构的好处。

当然,这几种论证结构形式,往往不是截然分开的。一篇文章也往往不是单一的结构形式,而是几种方式的综合运用。我们说某篇文章的论证结构,一般是就整体结构而言的,在整体结构中又常常兼用别的结构形式。

2.多方法论证式是救急格式

这里的"方法"是指论证方法,常用的主要有例证法、理证法、对比法、喻证法、归谬法、类比法、反证法等等。用这些方法就可以形成一种并列式论证结构。有的考生不善于列分论点,时间又紧张,此时就可以采用这种救急方式展开文章。

【例41】毛泽东的《批评和自我批评》一文,中心是论述批评和自我批评的必要性、重要性的,意在回答"共产党人为什么要开展批评和自我批评"的问题,它的论证结构就是用下面五种不同的论证方法构建的。

【解析】喻证:房子是应该经常打扫的,不打扫就会积满了灰尘;脸是应该经常洗的,不洗也就会灰尘满面。我们同志的思想,我们党的工作,也会沾满灰尘的,也应该打扫和洗涤。

引证:"流水不腐,户枢不蠹""知无不言,言无不尽""言者无罪,闻者足戒""有则改之,无则加勉"。实行这些格言,是抵抗各种政治灰尘和政治微生物侵蚀我们同志的思想和我们党的肌体的唯一有效的方法。

例证:以"惩前毖后,治病救人"为宗旨的整风运动之所以产生了很大的效力,是因为我们在这个运动中展开了正确的而不是歪曲的、认真的而不是敷衍的批评和自我批评。

理证:因为中国共产党人是以广大人民的最大利益为出发点的,相信自己的事业是完全合乎正义的,不惜牺牲个人的一切,随时准备拿出自己的生命去殉自己的事业,所以就没有什么不适合人民需要的思想、观点、意见、办法需要丢弃,所以就绝不欢迎任何政治的灰尘、政治的微生物来玷污我们清洁的面貌和侵蚀我们健全的肌体。

对比:无数革命先烈为了人民的利益牺牲了他们的生命,难道我们还有什么个人利益不能牺牲,还有什么错误不能抛弃吗?

这样的"多方法论证",使读者从不同的"材料"中领悟论述的要义,效果是明显的,而"多种方法"

也就代替分论点形成了论证的结构。所以,这是一种解决不会划分分论点困惑的有效方法。

3.起承转合式是简略格式

"起承转合"几个字,因受了八股文的牵累,名声不大好,但实际上它反映了一种文章结构的规律。当今相当多的议论性文章都是一种"起承转合"的结构,可视为"议论文八段锦"结构的简略式。请看下面的例子。

例如,有篇《说"让"》的文章,其整体结构如下:

第一层:近日读报,"让"字入眼,如让位、让房、让方便、让路、让座等,使人有兴趣为它考究一番。

此层为起,从现实中提出话题。

第二层:"让"字之义,有退让、谦让、辞让等,包含着讲文明、讲礼貌、讲团结、讲道德的丰富内容。"让"是中华民族的传统美德,而社会主义制度的建立,给进一步发扬"让"的美德提供了更大的可能性。

此层为承,紧"承"话题,展开阐述。

第三层:但是,这种传统美德在"文化大革命"时期被视为"四旧",遭到了无情荡涤,取而代之的是"争":争道、争门、争权、争便宜、争荣誉……直到现在,"争"字当先的人和事还经常可见。

此层为转,由上面的正面阐述转到对错误现象的揭露和批判。

第四层:"让"是加强社会安定团结的黏合剂。如果以"争"代"让",社会生活的车轮就不能正常运转;如果"让"德成风,则安定团结的局面就能得到巩固和发展。

此层为合,把前头正反两面的论述综合起来,形成文章的基本结论。

第五层:那么,在日常生活中有没有应该"不让"的事呢?有的。例如,在建设精神文明上多做贡献,我们每个同志都应该"当仁不让"。

此层为引申式结尾,另开新议,发人深思。

4.三段论推理式是灵活格式

形式逻辑里的"三段论"也是结构议论文的一种好方式,包括直言三段论、选言三段论、假言三段论,都能形成有力量的论证结构。下面分别简要说明这几种方法。

(1)直言三段论论证结构:

【例42】《一个极其重要的政策》一文中就包含了一个完整的直言三段论论证结构。

【解析】第一层:党的一切政策都是为着战胜日寇。而我们争取两年打败日寇,这两年将是极端困难的两年。我们必须克服这个困难——凡是能使我们克服这个困难、使我们战胜日寇的政策都是重要的政策。

此层为大前提。

第二层:我们的重要办法之一就是精兵简政,精兵简政可以帮助我们克服极端严重的物质匮乏。

此层为小前提。

第三层:所以我们说,党中央提出的精兵简政的政策,是一个极其重要的政策。

此层为结论。

毛泽东正是用这样的三段论逻辑推理构成了论证的结构,自然而有力地回答了"为什么"说"精兵简政"是一个"极其重要的政策"的重大问题。

(2)选言三段论论证结构:

【例43】大家所熟知的鲁迅杂文《拿来主义》,基本的论证结构就是一个选言三段论论证结构。

【解析】第一层:在对外文化交流上,或采取闭关主义,或采取送去主义,或采取送来主义,或采取拿来主义。

此层为隐含的大前提。

第二层:闭关主义是不行的,送去主义是不行的,送来主义也是不行的。

此层为小前提,否定错误的态度。

第三层:所以,只能采取拿来主义。

此层为结论。

不仅如此,在具体阐释"如何"拿来的时候,鲁迅再次用了选言推理的结构:

第一层:比如得到一所大宅子,作为"主人",可能采取的态度无非是以下几种:或徘徊不敢走进,或一把火烧掉,或大吸剩下的鸦片烟,或者运用脑髓,放出眼光,自己占有、挑选。

此层为大前提。

第二层:徘徊不敢走进门的,是孱头;放一把火烧光的,是浑蛋;走进卧室大吸剩下的鸦片烟的,是废物。

此层为小前提,排除错误的选择。

第三层:所以,唯一正确的选择是运用脑髓,放出眼光,自己占有、挑选。

此层为结论。

(3)假言三段论论证结构:

【例44】下面这篇题为《我们党是不可战胜的》的文章,就是一个假言三段论论证结构,侧重回答"为什么"不可战胜的问题。

【解析】第一层:开头引恩格斯语"一个知道自己的目的,也知道怎样达到这个目的的政党,一个真正想达到这个目的并且具有达到这个目的所必不可缺的顽强精神的政党——这样的政党将是不可战胜的,特别是在当前这样的情况下,如果它的一切要求都符合本国经济发展的需要,而且正是这种经济发展的政治表现的话,那就更是如此"。

此层为大前提,以一个假设复句提出了一般性的条件和结果的必然联系。

第二层:我们党清楚地知道自己的目的。我们党也知道怎样去达到这个目的。而且,无可怀疑,我们党还是一个真正想达到这个目的并具有达到这个目的所必不可少的顽强精神的政党。重要的问题还在于政策的威力是不可估量的。我们党的现行政策符合本国经济发展的需要,而且正是这种经济发展的政治表现。

此层为小前提,分条阐释大前提中所提出的种种条件。

第三层:所以我们的党是不可战胜的,我们的胜利是无可怀疑的。

此层为结论。

用逻辑推理形成论证的结构,最大的特点就是逻辑性强,有一种不可辩驳的力量。同时,一经掌握,在构思时可有"提高速度"的功效。

最后,要特别说明一个问题。许多人有一句口头禅:议论文就是回答"是什么""为什么""怎么办""结果如何"的。如果从议论文的整体上说,这话并没有错。但如果就某一篇文章说,特别是就某些千字短文来说,这话就不大准确了。千字之文,要回答三方面的问题,不大容易,很可能面面俱到,面面稀松,什么问题也回答不清楚。而且,写文章总要有个针对性,而实际上人们未必对三方面的问题都不清楚,比如,你要写作《谈"友谊"》的文章,你能设想你针对的对象既不知道"什么是真正的友谊",也不懂"为什么需要友谊",更不懂"怎样才能获得真正的友谊"吗? 再从文章的实践看,千字短文一般只回答或只侧重回答某一方面的问题,其他两方面或干脆不涉及,或简单带过。

所以,正如上文说过的,要针对不同的命题内容,让文章各有侧重。

四、常见论证方法

写文章应根据文章的内容、体裁,选取恰当的论证方法,常见的论证方法有以下几种。

(一)例证法

例证法,即运用事例进行论证的方法。说具体点,就是选用一些典型事实或事例作论据,通过举例来说明道理。作为论据的事例可以是具体的,也可以是较概括的,甚至是统计数字之类,但必须是确凿可靠的,完全真实的,才能立于不败之地;同时又要是典型的,有代表性的,不能是胡编的或偶然的事件,只有这样,才能反映事物的本质和必然,才有价值,才能以一当十。

事实胜于雄辩,例证法用客观的事实或事例进行论证,寥寥数语即可较如簧之舌、塞利齿之口,有强大的说服力和特殊的重要性。

例证法运用的是归纳推理。在举事例进行论证时,一定要对事例进行分析概括,找到论据和论点间的逻辑关系、内在联系,也就是揭示出其所含的与自己要论证的观点相一致的道理。所以,举例时,要选取那些能充分说明问题的例子,并且要斟酌其性质和使用角度,做到贴切、恰当,与论点一致,不多不少,不偏不斜,这样的事例才是有用的、有力的;如果从事例中分析不出与自己要论证的观点相一致的道理,也就是平时所说的材料与观点不一致,这个事例就是无用的。

另外,还要注意,对事例的表述要得体,做到概括精练,不面面俱到;截取精当,不戴帽穿靴;事中有理,不能事与理脱节。引例千万不要像记叙文中的叙事那样进行铺叙描绘,以免喧宾夺主,让叙事淹没了议论。如果这样,既分散了读者的注意力,又影响了对观点的论证。

在举例进行论证时,可以先举例,然后再进行分析议论;也可以边叙述事例,边进行评议,以说明自己的观点,这就是人们常说的夹叙夹议法。这种方法的好处是材料与观点结合得很紧密,能很好地被观点统率,议而不空,叫人读起来感到深刻具体。但要注意,这种夹叙夹议,应以议为主,以叙为辅,叙只是为议论提供事例的。因此,如上所说,概括得越简练越好,不必进行描绘。它与记叙文中的夹叙夹议不同。在记叙文里,记叙与描写是主要的,有时用议论,也不是由论点、论据和论证组成的完整的议论,而是简要的、画龙点睛式的点拨。

例证法是议论常用的基本方法,并且常与分析法结合起来使用,应重点掌握。

【例45】

只要钱行吗

为了钱,画师毛延寿把美人王昭君画成丑女,在画上添上了"丧夫落泪痣";为了钱,太保郭开毁谤尚能"饭斗米"、一举千钧的廉颇"老矣""一饭三遗矢";为了钱,"红小鬼"出身的刘青山、张子善贪污救灾款,走上了断头台;为了钱,身居省长要职的倪献策索贿受贿,身陷囹圄;为了钱,沈阳某制药厂接受价值2000元的腈纶棉的贿赂,收下了药贩子的假药,致使国家损失几万元。

(二)分析法

分析法也叫事理论证法或理论论证法,简称理证法。这是一种通过直接分析事物所含的道理来进行论证的方法。

使用分析法进行论证时,作者既不摆事实,也不引经典,也就是说并不借助其他手段,而是直接通过剖析事理,分析问题,来揭示论点和论证之间的关系,从而证明自己的观点是正确的,把论点树立起来。

分析法运用的是演绎推理。运用分析法论证,关键是进行严密推理,找到普遍规律和论题之间的联系,从而揭示论点的本质及其普遍性和规律性,使论点在逻辑上获得可靠性并以此来证明论点是正确的。推理的手段是分析与概括,所以运用分析法,一要进行分析,以便使问题深入下去,抓住本质;

二要综合概括,以便使结论集中起来,上升到原则的高度。

运用分析法的核心是找到事物的因果关系,或由因证果,或由果证因,所以分析法也称因果分析法。分析法能显示作者的理论水平,使文章具有较高的理论性。

分析法是所有议论性文章都要用到的。因而,它是一种使用最广泛、最普遍的方法,是说理的基本方法。

【例 46】

逆境出人才

逆境可以激发人的进取精神。人的智力相差不大,是否能成功关键是看自己是否努力。在顺境中人们往往安于现状,缺乏奋斗精神,认为成功近在眼前,不必费多大力气,但往往因一步之差而不能如愿。而身处逆境的人,能不断地与厄运做斗争,努力进取,始终朝着顶峰攀登。在平坦的大路上,止步不前,永远不会成功;在崎岖小路上,勇于攀登,就会达到光辉的顶点。因为逆境能使人们产生动力,所以,奇迹往往在逆境中产生。

(三)引证法

引证法即引述论证法。这种方法指的是,作者在进行论证时,通过引用经典作家的言论,或是科学上的公理,或是人尽皆知的常理等作为论据,来证明自己的观点。

引证法所引用的内容,因为是大家都承认的、有权威性的论述,所以往往不用再去证明它的正确性就能成立。因此,写文章时用引述来分析证明自己的观点,与单用自己的剖析相比,不但更简捷,更有力,更权威,更能说服人,而且也使行文更活泼,更生动,更多姿,收到更好的说理效果。

正因为如此,所引用的言论或事理,是必须经得起检验的、确凿的、客观的真理,否则自己的观点便失去了依据,成为谬论。

引证法实际上也是一种事理分析,只是借助于别人的分析成果罢了,所以,这种方法使用的也是演绎推理。

使用引证法,要注意艺术性,即掌握好少而精、当而明的原则。不宜盲目过多引用,也不宜单独使用,最好配合上例证法和分析法,加上自己的生动例子和分析,才能使文章精彩。否则,会使文章失去感人的力量。

【例 47】

学与问

教育家陶行知说过:"天地是个闷葫芦,葫芦里有妙理。你不问它你怕它,它一被问它怕你。你若愿意问问看,一问直须问到底。"这话指出了"打破砂锅问到底"的探求精神是一种可贵的精神。敢于问为什么,善于问为什么,是打开知识宝库的钥匙。有了它,你可在科学的殿堂里登堂入室;没有它,人们只能在"闷葫芦"里摸索。对于这一点,巴尔扎克也说了一句类似的话:"打开一切科学的钥匙都毫无疑义地是问号;我们大部分的伟大发现都应归功于如何,而生活的智慧大概就在于逢事都问个为什么。"

(四)对比法

对比法是对比论证法的简称,这种方法实际上也是一种例证法,只是它不像一般的例证法那样孤立地举出事例,而是对比地举例。或将历史和现实情况作纵向对比,或将两种不同的事物作横向对比,或将中外的现象作参照性对比,或将两种对立的事物作正反对比。通过这些比较以便更好地突出事物的本质,更透彻地论证道理,所以这种方法又称纵横比较法或中外古今法。

对比法,能开启人的思想,扩展人的眼界,内容蕴含丰富,道理说得透彻。是非好坏,通过对比鲜明判然,使人一看就懂,是一种很好的方法,有着极强的说服力。这种方法使用的是归纳推理。在使用时,它跟例证法一样,也须对对比的事例进行分析概括。

【例48】

说恒

恒是事业的基因,是任何期待事业成功者的法宝。有恒,才有了司马迁含垢忍辱而著成的《史记》;有恒,才有了"陈氏定理"的产生;有恒,才有了几十吨矿渣中提取的几克镭。没有恒,哪里会有顾炎武万字如一的蝇头小楷?没有恒,白炽灯也只能永远是神话;没有恒,任何人都永不会有事业的成功!恒,一个恒字,催化着事业的成功!

(五)设喻法

设喻法即比喻论证。这是一种通过打比方来论证道理的方法。这种方法常常是通过讲故事、做譬喻、引寓言,用具体的形象把抽象的道理说明白,使读者从中悟出论点的正确性。

这是一种形象化的论证方法,可使论证生动,活泼,发人深省。它运用的是由个别到个别的推理形式,借助的是形象思维。

使用设喻法,有一点应注意,就是此法引出的比喻事物,不是当作直接的例证来使用的,而是用来打比方的。它的论证价值不在比喻事物本身,而在于它所比喻的道理,因此它是一种间接论证方法,不宜代替直接的论证来单独运用,而应与其他直接论证方法配合使用。

设喻法不但与直接论证道理的例证法、引证法不同,也与比喻修辞有别,不能相混。使用时应注意设喻恰当,否则不但不能加强论证还可能产生谬误。比喻论证与比喻修辞虽然有共同之处,即都有本体、喻体和比喻词,都利用两个本质不同的事物间的相似点,但不是一回事。比喻修辞是用于语言词句上的技法,目的是使语言形象鲜明;比喻论证则是一种说理方法,已超出词句范围之外,目的是使抽象的道理更具体,更浅显,更易懂。

比喻论证与类比论证也不是一回事。请参看下文比喻论证。

【例49】

逆境出人才吗

逆境在磨炼人的意志的同时,也在磨损人的锐气,消耗人的精力。这正如一把刀,在钝的时候去磨,会使它变得光洁锋利;而当它已经很锋利时去磨,却只能磨去它原有的锐气,甚至使它折断。人亦如此,如果总是处在极艰苦恶劣的环境下,处处是艰难险阻,他必然要耗费一部分本来可以节省的精力,去对付恶劣的环境。久而久之,他的精力就会消耗殆尽。试想,如果他用这些精力去创造,不是会创造更多的财富吗?现在社会上不是都在为人才成长扫清道路吗?所以说,逆境不能多出人才。

(六)类比法

类比法是一种根据已知事物的某种特点,通过比较来证明类似的另一事物也有这种特点的论证方法,其本质在于比较。

类比论证与设喻论证一样,运用的都是由个别到个别的推理形式,使用的都是复句以上的语言单位,利用的都是两个事物间的关系,所以容易相混,但本质上它们却是不同的。类比不是以比喻为前提的,而是建立在比较基础上;它并不是像比喻那样从异类事物间找相似点,而是从同类事物间找共同点;它不借助于形象,而是运用推理;它的作用不在于使道理浅显化,而在于用已知来推断未知;它的目的不在于喻理,而在于找到共同的事理。所以,从前提、性质、手段、作用、目的各个角度看,二者都不相同。

类比的核心在于借助对比,推出新的结论,所以,对比的两事物,本质越相同,共同点越多越好。

类比,从作用上说,它是一种论证方法;从思维上说,它是一种推理形式。所以,我们可以这样说,类比论证法运用的是由个别到个别的类比推理。

【例 50】

学习,贵在创造

蜂采的是花,酿造的是蜜;蚕吃的是桑叶,吐出的是丝;牛吃的是草,挤出的是奶。作为万物之灵的人,学习了科学知识,就不应只重复前人的智慧,而应该进行科学的创造。

(七)归谬法

归谬法是这样一种方法:在辩论时,姑且承认对方的观点是正确的,然后再根据对方的观点,按照逻辑进行合理的引申,直到最终得出不符合事实或违反公理的荒谬的结论,从而把对方驳倒。所以,这种方法又叫导谬法或引申法。

归谬法虽有明显的局限,但却表现着作者的机智,富于幽默感,有很强的讽刺意味,能使文章犀利、泼辣,最适宜于驳论中使用。

归谬法使用的是演绎推理。在驳论中应注意,引申时要合情合理,分析时要尽量暴露其荒谬性,概括时要让结论明确而又水到渠成。如使用得好,就可避免此法单凭推理而不能与材料发生正面联系的局限,收到特殊的论证效果。

归谬法在一般性论文中不宜单独使用,而应当配合其他方法一起使用,才能更好地发挥其独到的作用。但在追求情趣的文艺性杂文中或在特殊的考证性科学论文中,有时也会成为主要的论证方式。

归谬法虽然也带有假设的意味,但它不着眼于设想,而着眼于就原论点推出谬误。它与同属于间接论证法的假设论证不尽相同。假设论证是着眼于对假设情况的证明,以此来指出原论点的错误。

【例 51】

由人造瀑布想到的

闸门一开,六万多人民币付之东流,买到的只是某国副总理昂贵的一笑。对此,有关方面还振振有词:"不能只算经济账,不算政治账嘛。"照此观点,假使又来了位外国人想看火山爆发,你岂不得派人去点燃;又来了位外国人想要兵马俑,你岂不得拱手相送——不能只算经济账,不算政治账嘛!

(八)假设法

假设法是一种在推理时使用的论证方法。

这种方法是这样的:在推理时,先假设一种相反或相似的情况来进行论证,然后通过对假设情况的否定或肯定,来肯定或否定所要论述的观点的正确或错误。

假设法不着眼于现实,而着眼于推理,所以能使文章说理更充分,更全面,更有说服力。

假设论证也是种间接论证,它常从反面或侧面迂回设论,收到正面直接论证所没有的雄辩效果,是驳论常用的推理方法。

但要注意,假设论证与设喻法不是一回事。设喻是种形象化的论证方法,假设论证则是一种通过对已存在过或未来情况的设想而进行的推理。

假设论证与例证法也不是一回事,例证是种客观存在,假设论证则明显是种设想,并非现实,有的永远也不能成为现实。

假设法使用的是演绎推理,分析概括是其基本手段。

【例 52】

说"勤"

如果王羲之没有染黑池水之勤,他的字何以能"飘若浮云,矫若游龙"?如若王羲之没有终年不辍的临帖之勤,他的传世之作《兰亭集序》中的二十多个"之"字,何以能无一雷同?如果王羲之没有躺在床上都在揣摩字体之勤,他何以能走出前人的窠臼,成为独创一体的书圣?我们如果把数十年如一日的临池学书看成是量的积累,把书圣看成是质的飞跃,那么,"勤"便是由量变到质变的桥梁。可见,勤奋乃是成才的必要条件。

(九)反证法

反证法一般在这样一种情况下使用:有的观点找不到正面的例子,或正面材料不足以做出证明,或不便直接从正面证明,迂回地通过从反面证明其不是什么,来证明其是什么;或通过证明其对立面的错误的办法,来证明其正确。

反证法也是一种间接的证明方法,形式多样,运用的是演绎推理。论证时,关键在于透彻的分析和合理的概括。

有人把反证法归为假设法,其实二者不同。反证法里的反面不是设想的,而是现实的;假设法里的反面,是设想的,而非现实的,有时还可假设相似的情况来进行论证。

【例53】

"开卷"都"有益"吗

"开卷"都"有益"吗?我认为不是。只有读好书才有益,而读了不好的书则未必有益。美国曾出版了一本关于自杀的书,书中详细介绍了百种自杀的方法。此书推出后,短短几天,便有几百人仿效书中介绍的方法自杀。那些买书者是"开卷"了,可却丢了身家性命,这样的"开卷"能说"有益"吗?

五、论说文选材及语言技巧

(一)选材

选取材料,就是为写作从生活中搜集、摄取用以证明论点的论据,包括事例、理论或数字。基本办法:先进行联想,即联想与题干材料相类似的各种生活现象,或与题干含义相关的理论、至理名言等;再进行比较,即对选来的各种材料,进行比较、分析、鉴别,以定其好坏、优劣、有用无用;然后挑选,即把那些能证明论点的、有积极意义的、典型新颖生动而自己又熟悉能驾驭的材料挑出来,用于文中。

加工材料,就是对选来的材料进行必要的适当整理。因为选来的材料一般都不会完全与中心一致,很多材料要根据表达中心的需要进行加工改造,即把复杂的材料加工成精练的材料,或把简单的材料展开为较充实的材料,或把零散的材料组成完整的材料,或把与中心有出入的材料改造为与中心完全一致的材料,使之成为能用以证明论点的论据。

选材和用材的基本要求如下。

(1)依据中心需要选材,确保材料与中心观点高度一致:

中心观点是从现实生活的材料(考试时即从命题材料)中提炼出来的,因而也必须引用生活的材料来证明。材料是作为论据来证明论点的,所以,必须根据中心主旨的需要,紧扣论点,去摄取、鉴别、精选材料,这就必须先明确论点,想清要证明什么观点,然后再根据观点去选择材料,而不是相反。

这里的核心问题是,选取用作论据的材料要与命题材料含有相同的道理,能从其中引出一致的论点。这样才能用来充分地证明论点,才能很好地为论点服务。因此,选材首先要弄清材料的实质,看是否紧扣论点,不能貌合神离。如此,才能确保作为论据的材料与中心观点高度统一。随便找来一些表面一致而实质不同的材料做论据,是不能为证明论点服务的。

(2)论据材料要确当管用、充实充分:

论点是要靠论据来支撑的。如果没有管用、充实、充足的材料去支撑,文章也会缺乏说服力、站不住脚。因此,议论文选取管用、充实、充分的材料是十分重要的。

所谓确当、管用,是指选用作论据的材料与命题材料一致,与论点有内在联系,也就是含有共同的道理,能用来证明论点。

所谓充实、充分,不是指越多越好,而是指足够、全面,既摆够事实,又讲足道理,能从各个不同角度对论点进行全面论证。不是数量多就好。

目前写作中涉及论据的主要问题是罗列事实有余,分析说理不足。也就是过多注意"事实"的论据,而忽视了对"理论"的分析。这在应试作文中是相当普遍的,应引起考生的注意。这好比用一条腿走路,行走是不会顺利的。写议论文,既要摆事实,又要讲道理,这样论证才充分。

(3)论据材料要鉴别粗精、多样丰富:

议论文中作为论据的材料,要尽量鉴别粗精,多样丰富,但不是越多越好,这样才能生动活泼,引人入胜,激发人的感情。

所谓要鉴别粗精,即选用那些对表现主题来说能反映本质的、能充分说明问题的、真实重大深刻的、有意义有价值的材料。材料不一定要很多,要做到像契诃夫拿雕像做比喻那样,把"不是脸的地方都剔掉"。材料如果不精,再多也谈不上材料充实、内容丰富。

所谓多样丰富,不是指数量多,而是指论据不单一,即不都是一个方面、一个角度、一个架势、一个面孔,材料能分出不同的层次与角度,能从各个不同的角度证明论点,这样才能使中心的阐释和论证更全面、更深入。论据单一,论证就不充分,文章就会显得身单力薄,不能服人。

有的考生写作时,连举数个事例或一大串名人名言作为论据,而所选的事例或人物,又往往都是同一个国家、同一个时代、同一个类型、同一个领域的,实际上也就等于一个,这也是一种不充实不充分的毛病。因为从同一个角度举出来的论据再多、再贴切,也只能代表一个方面的普遍意义,多了反是累赘。选取论据,如能多角度、多方面、多层次地选择论据,比如选取现实的与历史的、数字的与事例的、理论的与事实的、概括的与具体的、独立的与对比的、中外不同侧面的材料等等,尽量做到取精用宏、避俗趋新,思想容量才会增加,才有利于阐明道理,才最能说明问题,文章才会令人耳目一新,做到材料充实、内容丰富。

例如,作家魏巍写《谁是最可爱的人》,开始写了二十多个例子,经过精选,最后只留下反映志愿军艰苦奋斗精神、爱国主义精神和国际主义精神的三个,例子虽然少了,但因角度不同,文章反而更精彩。

(4)论据材料要有典型性、代表性并确凿可靠:

所谓有典型性、代表性,指选用作论据的材料,不是随便找来一个就能用的。作为论据的材料,还必须是最典型的,不能是偶然的个别现象,不能芝麻、西瓜一把抓。因为典型的材料具有代表性和普遍意义,论据典型才能说明事物的本质和规律,才有说服力,才能收到以少胜多的效果。生活中偶然性的个别事例,即便是真实的,也不具有代表性和普遍意义,用作论据,会导致论点的谬误。

所谓论据要确凿可靠,是指所选材料必须是真实的,经得起推敲和验证的,不是无依据虚构的。论据真实可靠,论点才令人信服;论据靠不住,论点岂不成了空中楼阁。因此,用作论据的材料必须是准确无误的。论据如果是虚假的,即使仅仅是个别事实不真实,也都会导致论点站不住脚,不能令人信服。

典型材料不一定是重大题材,可以是有普遍意义的材料;也不一定是完整的材料,可以是通过加工和提炼完成的材料。

例如,有的学生在写《上大学不是成才的唯一途径》时,引用了当年某大学高才生冯大兴上了大学因偷盗而被判刑的例子,就是非典型的偶然事件。

(5)论据材料要新颖且含义发掘深透:

所谓新颖,指下面四种情形:一是别人不常用而独到的;二是以前未有的新人新事;三是自己经历过而深有感触的;四是以前虽已有但采取了新的观察角度而引出了新见解。正如通常所说:在论说文写作中,选择别人尚未用过的新鲜的论据是金子,选用别人已用而你能变换角度去用的论据是银子,选用别人经常用而你又照搬照用的论据是石子,这就是选材新颖的重要原因。

有的考生,因平时不注重阅读积累,不善于从生活中选择新鲜的论据,把用滥了而又没有从新角度观察的名人名言警句,不假思索地当作"万金油"来使用,一般不会给人新颖感。

比如写《新时代的雷锋》,如果还用帮老农推小车上坡做例子,那就不能很好地表现新的时代了,作文是不会得高分的。

所谓含义发掘深透,指对选取的材料,要深入思考,多问几个为什么,以及为什么的为什么,找出其最深层的含义,不要浅尝辄止。

【例54】根据下述材料,写一篇论说文。

赵雅旅游回家对父亲说:"很抱歉,爸爸,玩得太高兴了,竟把您的生日忘了,没给你带什么礼物。"父亲和蔼地说:"可是孩子,我不是已经收到了你的礼物了吗?"赵雅不解,父亲说:"你的礼物,就是女儿对父亲的诚实。"

【解析】就一般思维说,审题时稍加考虑,由本题引出"诚实是一种可贵的品质,诚实是最好的礼物;做一个诚实的人"等论点,是不难的。

如果深入下去,从细微的角度加以思考分析,你会发现,这个父亲很会教育女儿。他没有从批评的角度进行简单枯燥的说教,而是在当事人的行为中挖掘出连她自己都没有意识到的值得肯定的积极的东西相机诱导,予以赞扬,这无疑增强了女儿的荣誉感、自豪感,有利于保持和发扬被肯定的东西,无形中达到了事半功倍的效果。

审题时如能深入思考到这里,那么你就可以引出像"良好的教育效果少不了有效的方法,相机诱导远胜于古板说教,礼物不都是具体的,无形的礼物更珍贵"等更有新意、深意的论点。所以,同一则材料会含有深浅不同的意义,使用时,应尽量找到它的深层含义。

(6)论据材料要正确巧妙使用:

一则论据材料,一般本身都有丰富的内涵,能证明多个论点。其用作论据时,使用不同的角度,就能证明不同的论点。所以,使用材料作论据时,找准分析的角度和侧重点,非常重要。

所谓材料要正确巧妙使用,就是指使用材料做论据时,要根据论点的需要决定材料的轻重、主次、详略和感情色彩。打个比方,如何使用材料,概括说就是简练画龙、巧妙点睛,做到分析恰当。

例如,有的考生写《由花与刺想到的》这一命题时,立意为"应全面地看人",举历史上的岳飞为例,本是可以的。但他在使用此材料时,角度却不对了,说什么"有的人说岳飞是个民族英雄,有的人说他是封建的孝子贤孙",把本应就岳飞自身使用的例子,变成了就别人的评价的角度来使用了,自然与中心不一致了。正确的发现角度应是"岳飞既有抗敌英雄的一面,又有愚昧的忠君思想",这才与论点"应全面地看人"一致。

由于同一则材料往往有不同的侧面,可说明不同的问题,所以使用时一定要注意找到与中心一致的角度,必须尽量把材料与中心扭到一起,使之密切联系、唇齿相依。

例如,像瓦特发明蒸汽机的故事,含义就很丰富。既可从他的辛勤劳作的角度,来论证"科学创造需要不断实践"的论点;也可从其发现与前人劳动成果之间的关系的角度,来论证"科学的发明创造离不开前人的成果";还可从他的知识丰富、技术高明和手艺精巧的角度,来证明"要想有创造发明,必须有扎实的知识和技术";甚至还可从他的好奇心的角度,来论证"科学的发现和发明离不开好奇心"等等。但是,如果将这种关系错一下位,那就什么也不能证明了。

(7)论据材料的引述要概括简练精到:

还要注意,在议论文里,材料的叙述一定要概括简练,有时一句话即可,力避繁复啰唆。总之,材料的使用,要注意加工剪裁,使之适合论点;叙述材料,使之紧扣论点;分析材料,使之与论点角度一致。

写作论说文时,往往会出现"道理讲不透,事例往上凑"的现象。找到一个论据材料,便成段成段地往上抄,结果喧宾夺主,论说文写成了记叙文。在引用事实论据时,切不可像记叙文那样做详尽、细致地叙述,要坚决删去那些与论点无关的细节和描写,进行概括叙述,使行文简洁,并根据论点的需要,突出应突出的侧重面。摆事实是为了以事实为依据,展开分析、证明论点,只要足以证明论点,论据引述越简洁越好,若拖沓冗长,反会削弱文章的逻辑性和战斗力。

当然,对一些内容含蓄、不易理解的论据,如有些名言、警句或比喻性、象征性的材料,一般读者不易明白,可适当做一些解释和说明。

(二)论说文划分分论点的方法

文章内容充实不充实,还与论述的层面多寡及是否展开分析有关。所以,文章内容要想充实,需要列出分论点,将论述分出层面,不缺少该有的内容,并充分分析。

1.展开立意与中心,列出分论点

单就一个概括的立意与孤立的中心是写不出几句话的。要想文章写得内容丰富、材料充实,必须对立意与中心进行全面而准确的展开。所谓展开,就是将概括的立意与中心尽量分出具体的不同的方面与多个层次,然后从不同的方面与多个层次去阐述立意与中心,自然就会引出多方面的材料,这样,文章材料充实就不难实现了。当然,在展开立意与中心时,一定要注意展开的方向对不对,展开的方面得当不得当,展开的层次合不合理,展开的深度够不够,以免造成理解上的错误。

【例55】请以"人要有广阔的胸怀"为题写一篇700字左右的论说文。题目自拟。

【解析】写作本题,重点在于析因,要讲清为什么。所以,在"人要有广阔的胸怀"这一总论点之下,可以立下面三个分论点:

①有广阔的胸怀,才能善于发现别人的优点并能虚心地学习别人的长处。

②有广阔的胸怀,才能淡然宽容别人的缺点并能愉快地与别人搞好合作。

③有广阔的胸怀,才能从容面对人生的挫折并能满怀信心地放眼于未来。

论证中可引用古今中外有名的事例加以阐述分析。

2.了解划分分论点的方法

论说文分论点的划分,根据内容的不同,可从以下三个角度考虑。

(1)纵向角度:

纵向角度有以下两种:

①以时间为依据,可由过去、现在、未来等来确立分论点;

②以逻辑为依据,可由类、因、法、果或浅、深、更深、最深等来确立分论点。

(2)横向角度:

横向角度有以下两种:

①以空间为依据,可由中外、大小、整体、局部、方面等来确立分论点;

②以类别为依据,可由不同的人、事、物等来确立分论点。

(3)相对角度:

相对角度有以下两种:

①以性质为依据,可由利弊、安危、好坏、高低或作用、价值、主次、成败等来确立分论点;

②以对应为依据,可由正面、反面、异同、辩证等来确立分论点。

3."类因法果"四项内容缺一不可

就议论文来说,其应有的基本板块是"类、因、法、果"四个方面,可针对立意与中心提出以下四问:

一问:"是什么?"解决类别、性质的问题。

二问:"为什么?"解决原因、目的的问题。

三问:"怎么样?"解决方法、途径的问题。

四问:"会如何?"解决结果、效能的问题。

一篇议论文,如能针对中心论点从这四个方面提出问题去写,一定能做到内容丰富、材料充实。当然,文题不同,中心论点各异,写作时这四问并不是等同的。考生应根据具体的文题特点,来决定其议论的重点在哪个或哪几个方面,其余方面作辅助。

例如:

要写《谈骨气》,应以论"什么是骨气"为重点,归结到骨气的效果,其余两项作陪。

要写《抓住现在,奋发努力》,应以论"为什么要抓住现在"为重点,兼及其他三项。

要写《谈我的学习方法》,应以论"怎样进行学习"为重点,辅以其余三项。

要写《军民共建好》,应以论"军民共建有什么好处"为重点,其余仅做必要的交代即可。

不仅如此,单就某一个方面看,在论证时,又可再分别采取多种论证方法,以使文章内容丰富,材料充实。或举例、引用、分析兼用,或对比、设喻、类比并举,或归谬、反证、旁证穿插,都可使议论充分有力。

4.条分缕析,展开论证

有的文章内容不充实,还在于没有展开分析论证。犯了议论文写作的幼稚病。有的人写议论文,开头提出论点,然后不加分析地摆上几个论据,最后来个结论。这种"论点+论据+结论"的文章内容既不充实,又没有说服力。我们选择的事实论据,不但要能够证明论点,而且要紧扣论点对论据进行理论分析,指出论点与论据之间逻辑上的必然联系,并且在分析时要注意用一些点明论点的语句,有目的地把论点与论据扣到一起。

(三)论说文常见毛病

(1)完全跑题,偏离要求:

有的考生在审题时浅尝辄止,不分对误、优劣、轻重,信笔写出一两个与原材料形似的情况或现象,不纵向深挖,不探求真正的含义,只求立意大吉,轻率定个论点就写,于是造成跑题、偏题的后果。

例如:2003年MBA考试的命题"蜜蜂试验",是供材料作文,许多考生都写跑题了。有的考生看见"自选角度,自拟题目"便以为写什么都可以,于是不假思索地随意选一个题目,也不注意文体要求,拿起笔来就写。结果下笔千言,离题万里,偏离文体要求,将原本的评论型文章写成了立论型文章。

(2)没有"统帅",主题分散:

全文没有中心主旨,主题分散,多个"意思"杂然并存,造成一文多中心,文中缺少一个贯穿全文的中心论点。

(3)虚高空泛,缺乏分析:

文章主题有意拔高,立意追求"高、大、全",但既没有重大的事件,又没有充足的材料,更缺乏有力的论证,只是一些空泛的理论概念、抽象的政治口号,使得主题脱离了文章内容,立意超越了客观实际,给人以虚假的感觉。

(4)论据论点,表里不一:

论据选择没有紧扣中心论点,材料与论点不一致,二者挂不上钩,油水分离,论据不能很好地证明论点。因此,在选材之前一定要先明确写作的中心,弄清要证明什么观点,然后再针对这一观点去选材,并且对材料反复分析,看其是否与论点有紧密的内在联系,这样才能使材料与观点高度一致,起到有力证明论点的作用。

（5）对材料的认识和使用皆误:

一误,抛开原材料。供材料作文是根据提供的材料来引出论点的,可有的考生却自始至终不提原材料,使文章脱离原材料,成了无源之水、无本之木,这不符合供材料作文的基本要求。

二误,照搬原材料。有的考生原封不动地照搬原材料,甚至添枝加叶进行扩充,以材料代议论,这也不符合供材料作文的基本要求。写作中对较长的原材料,引述时一定要抓住材料的主旨加以提炼和概括,不能原封不动地写入文章。

三误,大材小用。有的考生不懂得原材料是用来引出论点的依据,而仅仅把原材料作为一个例子来充当文章的论据。这样做在表面上看好像运用了原材料,但实质上是不懂得原材料的作用和价值,同样也不符合供材料作文的基本要求。

（6）论据材料罗列冗长:

在供材料论说文写作中,有的人为了论证某个观点,常常不加选择地把自己所掌握的同角度的事例全部罗列出来,形成大量同类事例的简单叠加,这实际上并不能增强论证的力量;有的人对所举事例大加描述,使论据成了一个个人物故事汇编。这两种做法,都会造成材料淹没观点的结果。

运用事例进行论证时,应概括叙述、叙议结合,使行文简洁,内容明确。记叙文的材料为了感人,通常写得生动细致,而论说文中对论据的叙述,目的是说理,因此无须像记叙文那样生动细致,而应紧扣论点,把事实材料加以浓缩,用极其简练的语言表达出来,效果更好。

（7）就事论事,不善拓展:

就事论事,不善拓展主要表现为只会干巴巴地引用论据材料,而不能很好地拓展开来,也无法与论点联系起来为论证服务,以致文章缺乏说服力。

所谓拓展,不是对原材料进行扩写,而是把材料中与论点相关的内容扩展开来,使所叙内容与所要论证的观点紧密联系在一起。或者将蕴涵在材料中并不显露的地方加以挖掘、揭示,使材料成为论点的有力支撑。

这是一种引述材料和活用材料的技巧。如瓦特发明蒸汽机的材料,如若想用来论证"勤于思考,善于分析"这一论点,在引述时,就要将故事中有关瓦特生活细节的侧面,像"感到惊异""想问个究竟"等拓展开来议论,加以突出强调。

有的人写作时常苦于缺乏论据,深有"无米之炊"之感。这一是由于平时积累匮乏,二是因为对自己的"已知材料库"欠思虑,印象不深,写作中一时想不起来,是"不善拓展"的表现。

（8）立论宽窄深浅失当:

一则命题材料,一般都只从某个方面反映社会问题。写供材料论说文时,要紧扣命题材料立意,恰当联系社会实际,做到不大不小、不宽不窄、不高不低。所以好的立论要有准确的界定范围,才有利于文章的展开。有的人写文章,常常因为立论的范围界定不当,而出现宽题或狭题、加题或减题、深题或浅题的毛病。

例如:前些年北大同学提出了要加强思想道德培养的倡议。

请以此为话题写篇论说文。题目自拟,700字左右。

考生据此提炼出了以下一些立论:①北大同学加强思想道德培养好;②大学生都要像北大同学一样加强思想道德的培养;③所有的学生都要像北大同学一样加强思想道德的培养;④青年都要像北大同学一样加强思想道德的培养;⑤全国人民都要像北大同学一样加强思想道德的培养。

其中,立论①就事论事,小了、浅了;立论②③虽有扩大,仍然较窄,皆属于减题;立论⑤明显宽了,超越了命题材料范围,属于加题、深题;只有立论④不大不小、不宽不窄、不高不低正好。

例如:就下述材料立论,自拟题目,写篇论说文。700字左右。

古代有个学者叫许衡,一次外出,口渴难忍,正好路旁有棵梨树,行人都去摘梨吃,唯独许衡不为所动。有人问:"你何不摘梨解解渴呢?"许衡回答:"不是自己的梨,岂能乱摘?"那人就笑其迂腐说:"世道这样乱,管它是谁的梨呢!"许衡正色道:"梨虽无主,而我心有主。"

考生据此提炼出了以下一些观点:①不可随便乱取别人的东西;②凡事要三思而后行;③处理事情要有主见;④做人处事,要心存正确的原则。

其中,观点①界定的范围是"对待别人财物应当持有的态度",仅局限于材料的事实,范围小了,论述起来难以展开;观点②界定的范围是"思"与"行"的关系,超出了原材料的范围,大了;观点③界定为"做事"与"主见"的关系,而"主见"并非材料所要反映的实质,偏了;观点④是正确的,它抓住了"做人处事应持有的态度"这一角度,切合材料的实质,有利于展开论述,界定的范围适宜。

(9)联想脱离命题材料:

供材料作文,都要以对原材料的整体把握作为出发点,展开多种联想,但联想出的东西始终不能脱离原材料的核心内容及主旨,只能在有相似、相近、相类、相对、相关、相因等联系的事物间展开。不能天马行空,自由驰骋,脱离命题材料的核心意义。既然是联想,自然关键在"联"上,联想出的东西如果与命题材料没有联系,当然就是胡思乱想了。这样联想写出的作文,必然是不符合命题要求的,也就不能取得好成绩。

(10)幼稚低俗,忽视小节:

表现如下:

①总不能摆脱考试的影子。比如有的作文这样开篇:"我怀着紧张的心情步入考场,当我看到考题时,我的心平静下来……";有的作文则这样收束:"作文写到这里,就要结尾了,但是……""我会以积极的态度去面对考试……",十分幼稚。

②成人却未免学生腔。比如有的故显文采,用些这样的词句:"我的大脑一片空白""我打开记忆的大门……""我收回思绪,关闭了回忆的旋钮……"一派学生腔,俗气、做作,不伦不类,令人生厌。

③故意卖弄新奇。比如2001年1月有关萨弗斯特朗发现元素钒的命题,有人竟用这样的副标题"成功女神的'征婚标准'",引入与材料毫无关系的征婚,企图吸引人,结果适得其反,低俗之极。

④忽视小节而失分。有的卷面不整洁,书写潦草,难以辨认;有的错别字较多或使用不规范的简化字;有的标点符号使用明显不当,占格、位置出现常识性错误;有的漏拟标题等。这些小的地方,如果都不注意,按评分标准是要扣掉5分的。

第三节　例文评析及练习

【例1】根据下述材料,写一篇700字左右的论说文,题目自拟。

亚里士多德说:"城邦的本质在于多样性,而不在于一致性……无论是家庭还是城邦,它们的内部都有着一定的一致性。不然的话,它们是不可能组建起来的。但这种一致性是有一定限度的……同一种声音无法实现和谐,同一个音阶也无法组成旋律。城邦也是如此,它是一个多面体。人们只能通过教育使存在着各种差异的公民,统一起来组成一个共同体。"

【解析】(1)读材料找文眼:材料中反复谈到"多样性"和"一致性",因此,材料的文眼就是"多样性"和"一致性"。

（2）提炼中心词：由于"多样性"和"一致性"属于反复出现的词，因此，它们就是上述材料的中心词。

（3）选择立意角度：材料主要围绕"多样性"和"一致性"的关系展开，通过指出"城邦的本质在于多样性"以及"一致性是有一定限度的"来强调"多样性"。因此，论证可以倾向"多样性"。

（4）拓展中心词：结合立意角度，拓展中心词"多样性""一致性"可以立意：一致性须与多样性相融合。

习作 1	
教育乃发展之本① "人们只能通过教育使存在着各种差异的公民，统一起来组成一个共同体"，这体现了教育的作用，当前我国社会的发展离不开教育。 教育作为培养人的活动，其形式不仅仅限于学校教育，还有社会教育、家庭教育等多种形式。在个体成长期间，每种教育形式在不同的阶段都发挥着至关重要的作用。 家庭教育对于学前阶段至关重要。俗话说，父母是孩子的第一任教师。孩子从一出生，父母就和孩子在一起，孩子的语言文字学习、心理思想态度、行为举止习惯的养成都受到父母的熏陶和感染，其影响作用是非常大的。其一，家庭环境影响孩子的成长，因为环境因素有广泛性、经常性、自然性、偶然性的特点，所以，孩子会受到种种影响。其二，父母对孩子的成长起到了榜样的作用。孩子在认识世界的时候，在他的眼中最常见到的是父母，父母的言行正表达着他们自己的人生态度。 学校教育贯穿个体的学生时代，对于学生的身心发展起着重要作用。一旦进入校园，生活的环境发生了巨大变化，学校不同于家庭，在巨大的师资设备等硬件设施下，学校教育不仅能够帮助学生全面发展而且能够纠正一些不良少年的不良嗜好，帮助学生全面认识人与事。当然，学校教育不仅仅传授知识和基本技能，而且还教孩子立身处世的道理、方式方法。 社会教育对于个体的职业发展更是不可或缺。当个体离开家庭与学校的庇护，步入社会中会面临各种选择与挫折，这时社会教育显得尤为重要。古人云："纸上得来终觉浅，绝知此事要躬行。"通过社会教育形式使民众在实践中学习，可以让公民在社会中游刃有余，找到自己的价值所在，认识到自己作为共同体的一分子起到重要的作用。 不管是何种教育，其重要性都不言而喻，有了教育，我们才称为"人"，才能正确定位自己在共同体中的位置，社会才能迅速发展。	**问题点评：** ①文章偏离题意。"教育"只是让差异统一起来的手段，不是材料的中心内容。

【总评】本文偏离题意，属于五类卷，10分以下评分。文章结构完整、层次较清楚、语句基本通顺，在不考虑卷面的情况下，最终评 8 分。

习作 2

事物是多样性与一致性的统一

亚里士多德说："城邦的本质在于多样性……它们的内部都有着一定的一致性。不然的话，它们是不可能组建起来的。"多样性与一致性是矛盾的，但正是多样性与一致性的相互妥协、转化，实现了事物的和谐与发展①。

人是多样性与一致性的统一②。苏轼，年少中举，名动京师，他是天资过人的书生；"十年生死两茫茫，不思量，自难忘，千里孤坟无处话凄凉"，他是爱妻情深的丈夫；与王朝云逗乐，自嘲"装了一肚子不合时宜"，他是风趣博学的情郎。书生、丈夫、情郎是苏轼的多样性，是构成苏轼的三个属性③。三者中的任何一个单独拿出来却又不是苏轼。如果我们说苏轼是一个与爱妾风花雪月的人，这显然不能为广大群众所接受。所以苏轼是多样性的统一④，正是这些周正又风趣的特征构成了苏轼风雅的鲜活形象⑤。

家庭是多样性与一致性的统一⑥。以我们的第一家庭为例。习近平主席是国家领袖，是丈夫，是父亲，是儿子；夫人彭丽媛是歌唱家、艺术家⑦，是妻子，是母亲，是女儿。他们在事业上，都是各自领域的重要人物，在家庭中，都是家庭成员。具有多重角色的两个人统一于家庭，构成令人仰慕的第一家庭⑧。

具有多样性的两个人组建起一个家庭，而许许多多个不同的家庭统一起来就构成了我们的社会⑨。光有多样性不行，要将千千万万个家庭凝聚成一个社会必须要有统一的价值观，统一的精神信念。这种统一的精神信念就是全社会共同追求的价值⑩。

个人、家庭、社会都是多样性与一致性的结合。同一个音阶无法组成旋律；没有指挥家，各种乐器也无法形成合奏。正是多样性与一致性的统一，才构成了多姿多彩而又和谐统一的美妙世界。

问题点评：

①所引材料与观点之间缺乏过渡，论点与后续论证之间的关系不明显，即下文分别从人、家庭等角度来论证多样性与一致性的统一，与论点的关联性不强。修改：如亚里士多德所言，城邦是多样性与一致性的统一体，其实不仅城邦如此，万事万物都遵循着多样性与一致性的统一。

②分论点与例子之间缺乏论证说理，比较突兀。修改：在分论点与例子之间增加说理的成分"同一个人可以有不同的身份角色，而这些不同的角色又丰富了这个人的形象"。

③表达不够准确。修改：书生、丈夫、情郎反映了苏轼身份的多样性，只有将这三种身份统一起来才能形成对苏轼的正确认识。

④表达不够清晰。修改：苏轼是多样化身份与个体的统一体。

⑤从身份角色的角度展开过于肤浅，论证力度不强。修改：可以从人思想的多样性与行动的一致性来展开论证。

⑥分论点与例子间缺乏论证说理。修改：在分论点与例子之间增加说理的成分"家庭由不同角色的成员组成，这些不同的成员又因亲缘关系而统一起来"。

⑦从家庭的角度来论证，与国家主席、歌唱家、艺术家无关。修改：去掉"是国家领袖""是歌唱家、艺术家"等内容。

⑧从家庭角色的角度展开过于肤浅，论证力度不强。修改：可以从家庭结构的多样性与家庭责任的一致性来展开论证。

⑨分论点不够明确。修改：社会也是多样性与一致性的统一。

⑩从社会由许多家庭构成来说明多样性，太浅。修改：可以从社会价值的多样性与社会前进方向的一致性来展开论证。

【总评】本文没能围绕"多样性与一致性的相互妥协、转化，实现了事物的和谐与发展"这一论点展开论证，中心不太明确，属于四类卷，评分 11~17 分。文章立意符合要求，结构完整，语句基本通顺，但论证过于浅显，缺乏力度，在不考虑卷面的情况下，最终评 13 分。

习作 3

寓多样性于一致性

正如亚里士多德所言，城邦需以一致性为基础，通过多样性发展才能成为一个和谐的共同体。只有一种花开的春天多么单调，百花齐放，万木争春，寓多样性于一致性当中，才能拥有最美的春天①。

一致性是多样性的基础。有一致性的多样性坚如磐石。匡复汉室的征途中，刘备以德服人，关张以武艺见长，而诸葛亮则智谋过人。四人性格迥异，却能白手起家建立蜀国，何也？只因他们有着一致的目标。正是这个一致的目标使各有千秋的他们团结一心，各尽所能，有了充分的凝聚力与向心力，在匡复汉室的路上越走越远。因此，只有用一致引领多样，我们才能向伟大的目标前进②。

多样性是一致性的升华。一篇乐谱只有同一种音符，虽统一却失了韵味；一片森林只有同一种树木，虽壮观却失了生机；一幅画作只有同一种色彩，虽直观却失了意趣。只有一致性做基础，而没有多样性来发展，不能算作真正的和谐。和谐是一个多面体，只有多样的发展，才能创造不同，铸就辉煌③。古有百家争鸣各放异彩，今有改革开放各类经济体蓬勃发展，无不印证了这个道理。毛主席曾写道："万类霜天竞自由。"一致性不是成功的最终目的，只有在一致性的基础上发展多样性，才是真正的和谐与成功。

一致性与多样性同等重要。要想形成一致的多面体，一致性与多样性皆不可忽视。中国必须向发达国家看齐，追求经济发展和科学进步，才能富民强国；同时又必须保有自己的特色，发挥自己的专长，才能屹立于世界民族之林而不倒。中华大业任重而道远，多样与一致，缺一不可④。正如中华复兴之路，多样性与一致性相生共存，互为依靠。有一无多，是局限；有多无一，是盲乱。唯有一致而不拘束，多样而不迷失方向，才能实现真正意义上的统一与和谐。

一致性是基础，建起多样的高楼大厦；多样性是升华，引大厦与天公比高。寓多样性于一致性当中，方乃和谐之道⑤。

问题点评：

①材料与论点之间的关联性不强。并且，论点表达不够清晰，上下句之间的关系不紧密。修改：亚里士多德认为，城邦的本质在于多样性，但也离不开一致性。多样带来繁华，一致促进和谐，因此，寓多样性于一致性当中，社会才能更美好。

②论证没能围绕"一致性是多样性的基础"展开。刘、关、张、诸葛的例子只能说明一致的目标能团结各有千秋的个体，不足以说明一致性是多样性的基础。论证缺乏力度。修改：可以从"没有一致性的多样性是一盘散沙，无法凝心聚力"这个角度展开论证。

③论证部分与材料存在相似之处，这会给阅卷人"表达能力不强"的印象。修改：可以从"没有多样性的一致就会出现僵化"这个角度展开论证。

④"中国必须向发达国家看齐，……多样与一致，缺一不可"与前文的论证关系不明确，语言空洞。修改：可以从"如何让二者统一起来"的角度展开论证。

⑤表达不够精准。修改：可见，无一致，多样变成了混乱；无多样，一致终将单调失色。寓多样性于一致性之中，让世界更绚丽多彩。

【总评】本文中心基本明确，可评三类卷，评分 18～23 分。文章结构完整，语句基本通顺，但论证缺乏力度，在不考虑卷面的情况下，最终评 20 分。

习作 4

求同存异，教育当先

对于社会的本质和发展方式，人类一直没有停止思考，其中亚里士多德就社会本质进行的深刻阐述，今日读来依然意义非凡——求同存异①。

求同存异是社会发展的必然选择。"人生而不同"，是故由人组成的社会本质上具有多样性。"无规矩不成方圆"，毫无一致性的社会只是无意义的人类集合。回首历史，即便是华夏大一统的秦帝国，亦有多样分工；自由民主的雅典文明，亦有统一法律。因此，社会发展，一致性和多样性均不可或缺②。

求同存异是社会发展的明智选择。既然如上文所说，一致性与多样性是社会这枚硬币不可或缺的两面，那么二者的结合方式就成了一个新问题。若过于强调一致性，则英国作家乔治·奥威尔在其小说《1984》中描述的社会将成为现实：人人皆是"完美公民"，而社会却是死水一潭。若过于强调多样性，正如"没有边界的自由不是真正的自由"，一个只追求多样的社会，宛如一座幻境蜃楼，看似流光溢彩，实则空无一物。所以，既"求同"又"存异"，才是明智选择③。

若要求同存异，必须教育当先。古往今来，教育的内容和形式一直都在不断变化，但一直不变的，就是教育行为旨在影响受教育者的思维。

从社会的角度看，在教育的过程中，人与人渐渐弥合差异，统一起来形成"一个共同体"。但是，教育绝不是《1984》式的洗脑，其对受教育者的个性是尊重的、对于质疑的声音是包容的、对创新的精神是发扬的。综上，求同和存异这两个看似矛盾的要求，教育做到了有机结合。

社会的车轮不辍前行，亚里士多德的身影也已经渐渐远去，但其"求同存异"的思想，仍值得我辈深思。

问题点评：

①观点表达不够清晰。修改：求同存异才是社会发展之道。

②对"求同存异是社会发展的必然选择"的论证不够深刻。修改：可以从"社会发展的复杂性"这个角度展开论证。

③对"求同存异是社会发展的明智选择"的论证不够深刻。修改：可以从"社会发展的趋势"这个角度展开论证。

【总评】本文中心明确，可评二类卷，评分 24~29 分。文章结构完整，层次清楚，语句通顺，但部分论证深度不够，在不考虑卷面的情况下，最终评 28 分。

【参考范文】

一致性须与多样性相融合

城邦本质在于多样性，而其内部又要保持一致性。时至今日，亚里士多德的话仍有借鉴意义。要想促进社会不断发展进步，必须要做到一致性与多样性结合。

一致性保障社会有序运行。通过和平、理性的协商方式而达成一致性规范,是多元社会存在的根本前提。如果有共同的社会规范和道德约束,就会使个人的权利不受侵犯,社会发展便有了规则保障,也就更加平稳、有序。然而,正如亚里士多德所言:"这种一致性是有一定限度的。"如果一味强调一致性,则会出现乔治·奥威尔的小说《1984》中描述的社会场景——人人皆是"完美公民",而社会却是死水一潭。因此,为了让社会充满活力,还需辅以一定程度的多样性。

多样性助力社会百花齐放。人生而不同,故其发展方式和思想也有所差异。促进个体的多样化发展可以使每个人在自己感兴趣和所擅长的领域里,实现个人成就,提升自我,社会也就形成了五彩斑斓的繁荣景象。诚然,这样的发展需要和一致性相辅相成,如果仅有多样性而没有一致性,混乱与纷争将不可避免地出现,阻碍社会发展。如同高低错落变幻莫测的音符,纵然再让人耳目一新,但也只是无规律的噪音,终难成曲。一致性须与多样性相统一。强调一致性不是千篇一律,而是和而不同;强调多样性不是各行其是,而是求同存异。

坚持一致性与多样性相统一,就是要把一致性之"同"和多样性之"异"统一起来。那么,如何将二者统一起来呢?

这一过程要通过教育来实现。教育能够提升公民素养,理性的协商能够找到整个社会的"最大公约数",同时在不断磨合中保留必要的多样性,以适应多样化的社会需求。

社会的车轮不辍前行,伟人虽逝,但馨香永存,其"求同存异"的思想,仍值得我辈深思。

【案例分析】管理类型的论说文一般涉及的管理知识比较广泛,具体包括计划、组织、领导、控制、决策、沟通、组织文化、人力资源、激励等管理问题。下面提供几个管理小案例进行训练:

(1)管理角色:

贝蒂是一家百货公司运动服装柜台的组长,当她制订下个月的采购计划时,一批新货送到她那层楼。这批货应当场拆包,与货单核对无误,然后陈列到适当的货架上,这些活儿应该由售货员来干。可上一次送货来时,售货员对一个重大差错未能检出,那批运动服应该是6包尺寸小号的,3包尺寸大号的,然而实际情况恰恰相反。后来,问题发现了,由于大号的太多,卖不出去,贝蒂左右为难,只得降价处理,以求脱手。贝蒂现在不想让这种事再次发生。

【简析】管理人员应该明确管理工作和非管理性工作的区别,掌握自己应该担任的角色。拆包验货,陈列上架,这些显然是非管理性工作,应由售货员来干。可如果贝蒂一直干这种非管理性工作,就无法完成她分内的管理工作。对贝蒂来说,最佳方案是指派一个售货员来对付这批货,不过在这位售货员干之前,应告诉她要仔细验收,并关照一句,如果这批货有疑点,必须在商品上架之前来征求她的意见。

(2)权力分配:

刘教授到一个国有大型企业去咨询,该企业张总在办公室热情接待了刘教授,并向刘教授介绍企业的总体情况。张总讲了不到15分钟,办公室的门就开了一条缝,有人在外面叫张总出去一下。于是张总就说:"对不起,我先出去一下。"10分钟后张总回来继续介绍情况,不到15分钟,办公室的门又开了,又有人叫张总出去一下,这次张总又出去了10分钟。整个下午3小时张总共出去了10次之多,使得企业情况介绍时断时续,刘教授显得很不耐烦。

【简析】合理配置和运用管理权力是组织结构整合的重要途径,集中体现为组织中权力的集中和分散问题。分权即决策权在很大程度上分散到较低管理层的职位上;集权即决策权在很大程度上向较高管理层的职位集中。这里我们可以看出张总可能过于集权以至于使高层管理者陷入日常管理事务中,难以集中精力处理企业发展中的重大问题。

(3)激励理论:

阳光煤矿1999年取得了良好的经营业绩,产销量上去了,安全管理也取得了历史最好成绩,伤亡率成为同行业最低。为此，主管局拨下 10 万元资金的"安全奖"用于奖励干部职工。资金到位后，矿领导专门讨论如何分配这笔奖金，最后确定并执行了这样的分配方案：矿长 600 元，副矿长 500 元，科长 400 元，一般管理干部 200 元，工人 10 元。这一方案正好把奖金全额分配下去。奖金发放后，开始风平浪静。一个月后，事故不断发生，安全标兵的阳光煤矿不安全了。

【简析】安全奖是针对安全保障的实践而言的。题目情景揭示，该煤矿发放奖金过程中，忽视了奖金发放的依据，不应该依据职位的差异而制定，而应该依据安全实施过程中的努力付出。在绩效评估过程中要把握其目的不在于把奖金发下去，而在于实现当下的组织目标。凭借客观的评估标准，准确地对员工进行评估，激励业绩好的员工继续维持较高的安全操作，监督、激发落后员工追随先进分子。

(4) 领导能力：

刘邦诱捕韩信之后，君臣有一次对话。刘邦问："你看我能带多少兵？"韩信答："陛下可领兵十万。"刘问："你可领兵多少？"韩答："多多益善。"刘邦不高兴地说："既然如此，你为什么为我效劳又被我所擒？"韩信回答："这是因为我们两人不一样呀，陛下善于管将，而我则善于领兵。"

【简析】领导者的个人能力不同，适于面对什么样的具体情景与场合也不同，领导行为的有效性也就不一样，这正是领导权变理论的观点。

(5) 控制类型：

A 公司高层主管人员长期忧虑的一个问题是，生产车间的工人对他们的工作缺乏兴趣。其结果就是产品质量不得不由检验科来保证。对于那些在最后检验中不合格的产品，公司找到的唯一的方法是在一个特别车间内设置一个由技术高的工匠组成的班组，安排在生产线的最后，在那里解决质量问题。由于这种方法费用高，而且发现出现的质量问题大多是因装配时不小心等可以事先预防的差错造成的，因此，公司中很多人对于使用这种事后处理方法感到不满意。当然，也有的差错是由于设计不合理造成的。

在公司总裁的催促下，分公司总经理召集他的主要部门主管开会研究这个问题。生产经理刘伟断言，这些问题是工程设计方面的事情。他认为，只要工程设计上充分仔细地设计部件和整机结构，许多质量问题就不会出现。他又责怪人事部门没有更仔细地挑选工人，并且没有让员工的使用部门参与选拔工作。他特别指出装配工人的流动率每月高达 5% 以上，且星期一的旷工率经常达到 20%。他的见解是用这样一种劳动力，没有一个生产部门能够有效地运转。

【简析】从案例中我们可以看出，该企业在产品生产过程中的控制采用的是反馈控制。控制工作是从总经理到班组长在内的每一位管理人员的职能。有些管理人员，特别是低层次的管理人员常常忘记实施控制的主要职责应由负责执行计划的每一位管理人员来完成。尽管各个层次的管理人员所控制的范围不同，但他们都负有执行计划的职责，因而控制是每个层次管理部门的一项主要管理职能。

(6) 控制理论：

如果你在好莱坞或比华利山举办一个晚会，肯定会有这样一些名人来参加：杰克·尼科尔森（Jack Nicholson）、麦当娜（Madonna）、汤姆·克鲁斯（Tom Cruise）、切尔（Cher）、查克·皮克（Chuck Pick）。查克·皮克？当然！没有停车服务员你不可能开一个晚会，而南加州停车行业内响当当的名字就是查克·皮克。查克停车公司中的雇员有 100 多人，其中大部分是兼职的，每周他至少为几十个晚会办理停车业务。在最忙的周六晚上，可能要同时为 6~7 个晚会提供停车服务，每一个晚会可能需要 3~15 位服务员。

查克停车公司是一家小企业，但每年的营业额差不多有 100 万美元。其业务包含两项内容：一项是为晚会停车，另一项是不断地在一个乡村俱乐部办理停车经营特许权合同。这个乡村俱乐部要求有 2~3 个服务员,每周 7 天都是这样。但是查克的主要业务来自私人晚会。他每天的工作就是拜访那些富人或名人的家,评价道路和停车设施,并告诉他们需要多少个服务员来处理停车的问题。一个小型的晚会可能只要 3~4 个服务员,花费大约 400 美元,然而一个特别大型的晚会的停车费用可能高达 2 000 美元。

尽管私人晚会和乡村俱乐部的合同都是停车业务,但它们为查克提供的收费方式却很不相同。私人晚会是以当时出价的方式进行的。查克首先估计大约需要多少服务员为晚会服务,然后按每人每小时多少钱给出一个总价格。如果顾客愿意"买"他的服务,查克就会在晚会结束后寄出一份账单。在乡村俱乐部,查克根据合同规定,每月要付给俱乐部一定数量的租金来换取停车场的经营权,他收入的唯一来源是服务员为顾客服务所获得的小费。因此,在私人晚会服务时,他绝对禁止服务员收取小费,而在俱乐部服务时,小费是他唯一的收入来源。(斯蒂芬·P.罗宾斯《管理学》)

【简析】首先,弄清查克公司在这两种业务中的控制手段、控制措施各有什么特点。管理控制按照控制信息获取的方式和时间的不同可以分为前馈控制、反馈控制和现场控制。分析不同的业务采用怎样的控制手段,首先要搞清楚控制什么、如何控制的问题。

其次,要知道在实施控制的时候要注意什么问题。结合本案例,俱乐部的停车服务是相对较常规的业务,一些服务的方法、规则、程序都是结构化的、常规化的;而私人晚会的停车服务则是变化的、非常规的,业务也是多变的。因此,对俱乐部的停车服务,应当更多地采用前馈控制,制定详细、具体、可执行、可控制的规则、方法、程序。服务员主要就是根据规则制度进行操作,对服务员的考核、管理也是根据相应的规则制度的执行情况而定,同时辅以同期控制和反馈控制。对私人晚会的停车服务来说,应当更多地采用现场控制、同期控制,因为现场的情况复杂多变,虽然可以制定一些指导性的规章制度,但规章制度不可能将所有的情况都考虑在内,所以更有效的控制方法是现场控制,及时反应、及时行动,同时辅以前馈控制和反馈控制。

第四节 习题精练及写作提示

一、现代文命题材料

下面是 50 个现代文命题材料,请仔细阅读、审察,看能引出何种观点,然后思考立意,写一篇 700 字左右的议论文。题目自拟。

1.黄炎培的历史周期律

1945 年 7 月 1 日,黄炎培先生在延安和毛泽东作过一次著名的历史周期律交谈。黄说,一人一家一团体一地方,乃至一国,总有一个周期律的支配力:"大凡初期聚精会神,没有一事不用心,没有一人不卖力",不怕"艰难困苦",努力"从万死中觅取一生",结果是"其兴也勃焉";但随着事业的成功,权力的扩大,"环境渐渐好转了",历时一久,便"惰性发作",且"由少数演为多数,到风气养成",便"无法扭转",到头来是"其亡也忽焉"。他认为,正是这历史周期律的支配,使人类社会描绘出政权兴亡更替的历史连环画卷。

可论证道理提示:①历史周期律是必然也未必然。②做任何事情都要慎始善终。③事在人为,人定胜天。

2.消除腐败是当务之急

当务之急是消除腐败,最难以取得成效的是廉政建设。因为腐败者往往手握重权,而廉政又不得不依靠这些手握重权者来"建设"。

可论证道理提示:①让腐败者掌握了重权,就不可能有廉政。②怎样才能进行有成效的廉政建设。③消除腐败是当务之急。

3.别让辞职变成了辞咎

官方对辞职下海的官员誉为"官念更新"予以褒奖,媒体对官员辞职热情鼓励、献计献策。然而,百姓对某些辞职而去的官员的说法却不佳,如"应当引咎辞职的人,一辞职,倒成了英雄,邪门"。

可论证道理提示:①官员辞职应经过调查证明,无咎后方可准予辞职。②要防止有问题的官员利用辞职金蝉脱壳,规避制裁。③让有问题的官员辞职,实际是帮其辞咎,是在包庇纵容腐败。

4.李悝做官讲道德

春秋时晋国的李悝,是晋文公的狱官,主持法律事务。他在审理一桩案子时,由于听从了下属人员的一面之词,将一个人冤死。真相大白后,李悝准备以死赎罪。晋文公说:"官有贵贱,罚有轻重,况且这件案子主要错在下面的办事人员,又不是你的罪过。"但是李悝说:"我平常没有跟下面人说我们一起来当这个官;我拿俸禄在这个机关里最多,也没有与下面的人员分过。现在犯了错误,如果将责任推到下面的办事人员身上,我又怎么做得出来!"晋文公说:"你以为你有罪,我是领导你的,那么我也有罪了!"这一句话明明给李悝找了个最好的台阶下,可李悝仍回答说:"国家对我这种官职有规定:错判人受刑,自己也得受刑;错判人受死,自己也得受死。国君因为我能察微决疑,所以才让我到这个职位上来。今天我犯了错,罪当死,我赴死无悔。"他拒听晋文公的命令,伏剑而死。

可论证道理提示:①做官的前提是他自己须讲道德。②道德,有时是靠生命而不是靠言辞来体现的。③为官的道德就是享有权利并承担相应的义务。④官员只享受权利不承担相应义务,就会没有真正主动引咎自责的官员。⑤将成功与失败全归于组织,也就泯灭了官员的廉耻之心和基本道德。

5.弄虚作假的波将金

1787 年,俄女皇叶卡捷琳娜二世出巡南方,曾经给女皇叶卡捷琳娜二世当过情夫的南方总督波将金听说后,立刻给各省头目下令,在女皇经过的第聂伯河沿岸,突击搭建了许多"美丽富足"的假村庄,村边粮仓里堆积如山的粮袋,里面装的是泥沙;沿途不断见到的马、牛、羊,是同一群牲口被赶来赶去;盛装打扮的喜气洋洋的男女,都是外地调来的冒牌"农民"。波将金还下令搞了假碉堡、假兵舰,甚至假花园。如此欺上瞒下的行径,女皇竟浑然不知,还授予波将金"克里木公爵"的封号,以资恩赏。但从此之后,却在俄罗斯语言中留下了一个典故,人们把那些弄虚作假的骗人的东西就叫作"波将金村庄"。

可论证道理提示:①官员们欺上瞒下是可耻行为。②官员们弄虚作假来自当政者的好大喜功。③为政者必须学会深入实际,不为假象所迷惑。④浮夸之风反映了官本位的劣根性,危害极大,阿谀奉承要不得。

6.保险原理

小覃因经济问题被查处,便到当局长的叔叔那里求救。其叔叔叹曰:"你真是太嫩了。"小覃委屈地说:"我也不知为什么他们专和我过不去,您捞了那么多,有时比我还露骨,却还一直稳坐钓鱼船。"其叔诡秘地一笑:"问题就在这里!像你那样可怜分分地捞那么一星半点,人家挖出来也不影响大局,还可以当成从严执纪的例子;像我这样一干就来上万的,他要揭出来就是单位的大案子,能把上下几级都砸进去,你说谁不替咱捂呢?"

可论证道理提示:①"官官相护","护"的是什么?②"保险原理"在给什么作"保险"?③"大贪"为什么能一直稳坐钓鱼船?

7.晏子治东阿

晏子治理东阿三年,齐景公将他召回责备说:"我认为您有才能,才派您去治理,现在您越治越乱,您退下去自己检讨吧,我要严厉处罚您。"晏子回答说:"我请求改变办法来治理东阿,三年治理不好,我自己请死。"景公同意了。第二年送上账簿,景公迎着晏子恭贺他说:"太好了! 您治理好东阿了。"晏子回答说:"从前我治理东阿,嘱咐托情行不通,贿赂也不来,池塘里的鱼,用它来给贫穷百姓增利。在那时候,百姓没有饥饿的,君王反而认为我有罪。后来我再去东阿,嘱咐托情的准许,贿赂也来了,同时加重征收税赋,而少入于仓库,送给您左右的人以营私,池塘里的鱼,归入有权的豪室。这个时候,饥饿的人超过了半数,君王反而迎接和祝贺我。我愚昧不能再去治理东阿了,情愿乞求告老回家,让开进贤的道路。"说完再拜,便离去。景公从座席上下来抱歉地说:"您勉强再去治理东阿,东阿,先生的东阿呀,我不再干预这事了。"

可论证道理提示:①要清除行贿受贿的不良社会风气。②在上者要调查研究,真正辨奸知贤。③领导要知人善任,不为流言所左右。

8.陶母封鱼

晋陶侃年轻时,当"监鱼吏"的小官,利用职权给母亲送去几条腌鱼,母亲将鱼封了退回,并责备他"以官物遗亲,是不廉而干法"。相反,当陶侃带朋友来家时,因贫穷,母亲竟剪下头发卖钱备饭招待,拆开床上草垫替客人喂马。这些事对陶侃的震动极大,乃终生以母训自励,成为一代名臣。

可论证道理提示:①优秀的家教才能培养出优秀的子女。②对子女后辈的教育,身教重于言教。③为官不能贪赃枉法。

9.天帝赐酒

清人龚自珍有一则寓言:有一天,众神来朝天帝,天帝下令赐酒,赐酒前须登记众神名单。可是,登记了三千年还没登记完,天帝问为什么? 回答是各路神仙们均带着好几个轿夫。天帝让把轿夫也登记上,结果又登记了七千年仍然没完。天帝又问其故,原来是那些轿夫还带着轿夫;天帝无奈,赐酒之事只得作罢。龚自珍借此隐射当时官场的人浮于事。

可论证道理提示:①机构臃肿是国家机器中必须清除的顽疾。②层层要人伺候的官僚体制误国误民。③人浮于事只能使良好的愿望陷入尴尬。

10.晏子解社鼠之喻

一次齐桓公问管仲:"治国最担心什么?"管仲答:"最担心社鼠。"社,即古之土地庙。管仲认为,土地庙是木质支柱,泥灰涂面,又是神灵之所。这儿住上老鼠,不除它要遭破坏;若除,用火熏怕毁木头,用水灌怕毁泥灰;左右为难,最为棘手。后来,晏子向齐景公也发表过类似见解。按晏子解释,社鼠如同国君左右的小人和坏人,不除则祸国殃民,除之又往往受到上面的保护,所以需要认真对付。

可论证道理提示:①对于贪赃枉法官员,不能心慈手软,务须坚决清除。②在上者不能纵容手下之人。③投鼠不必忌器。

11.县令何易于拉纤

唐人孙樵在《书何易于》一文中说:四川有一太守,喜游山玩水。一日,泛舟益昌县时,因船大水小,屡屡搁浅,便令县里派农夫拉纤。这太守发现纤夫中有一白面书生,就问是何人? 那人回答:"下官是益昌县令何易于,因春耕时节,农夫忙甚,抽人不易,故下官也来充一名纤夫。"太守听了,羞愧难当。何易于平日勤政爱民,穷苦百姓无钱办丧事,他拿俸银赠予;见到老残人等来官仓完粮,每每邀之进餐;自己的随从,不过二三人。因此,三年内把益昌治理得"狱无系民,民不知役"。可是,何易于总是升不了官。因为当时要往上爬,必须催逼百姓快交赋税,加紧征发各种徭役,多多捕盗,还须给过往官员送礼。而何易于,却总是要求上级宽限百姓缓交赋税,他还拿出自己的钱雇人服徭役,尽量少扰民;他对打官司者多以开导为主,抓人甚少,对官员从无所给。他当然升不了官。

可论证道理提示:①勤政爱民是为官者的美德。②敢于抵制上级胡作非为的官员令人钦佩。

③清官也许不得志于生时,但必将获得应有的荣誉。

12.儿子当总理,母亲摆小摊

川·立派当上了泰国总理,其摆小摊出身的母亲,仍在市场内摆个小摊卖点虾仁豆腐、豆饼或面饼什么的。川妈妈表示,儿子当了总理,那是儿子有出息,与她摆摊并不矛盾。她目前唯一的希望是儿子能够救国家出水火。在中国,王某做了教育局局长,过了没多久,其作为平头百姓的老婆、儿子、女儿,以至女婿,大小都成了干部,并且都分到了一套单元房。真是一人得道,鸡犬升天。

可论证道理提示:①要为国为民掌权,不谋私利。②决不能一人得道,鸡犬升天。③有伟大的母亲,才能教育出有出息的儿女。

13.郑板桥救民教儿孙

清代书画家郑板桥当山东潍县知县时,值荒年。他就招远近饥民,修筑城池,供给饭食,以工代赈,并封富家粮仓,命他们煮粥施舍,平价卖米。有敢反对者,板桥严厉处置,令衙役揪其头,刺其面,终于镇住了为富不仁者,救活无数饥民。板桥毕生仗义疏财,死时给儿女们留下遗嘱:"淌自己的汗,吃自己的饭,自己的事情自己干,靠天靠人靠祖宗,不算是好汉。"

可论证道理提示:①为政者要存爱民之心。②采取强硬手段,打击为富不仁者,才能保护人民。③有志儿孙,要自立自强,靠天靠地靠祖宗不是好汉。

14.谁切谁后拿

一位法学专家曾经这样谈起自己在国外听到的一个小故事:两个小兄弟要分一块好吃的点心,于是父亲给了个原则:"谁切谁后拿。"法学家感叹:这个方法太像罗尔斯的"分粥规则"了!所谓"分粥规则",是罗尔斯在其所著《正义论》中提出的。他把社会财富比做一锅粥,由此提出了五种分粥的办法。其中第五种办法,就是让分粥者最后领粥,即要等所有人把粥领走了,自己才能取剩下的那份。

可论证道理提示:①"分粥规则"高度体现了现代规则意识:公平公正,相互制衡。②要建立一种监督、制衡的约束机制:让有权者"分粥",无权最先"领粥"。③"分粥规则"不是解决一切社会问题的"金钥匙"。

15.从谤木到华表

北京天安门广场金水桥前,立着两根雕饰华丽的石柱,谓之"华表"。一般人总以为,华表大概是个装饰品吧,其实不然。原来,在我国的唐虞盛世,尧、舜等"圣君"十分重视来自民间的批评,可以做到"士传言谏过,庶人谤于道,商旅议于市"。就是说,知识分子、平头百姓、生意人等,可以公开议论为政的得失。尧更采取一项措施,在宫门口竖起一根架首横木、仿佛"午"字形的"表",让人们把对他的不满和有关意见写在上面,谓之"谤木"。可见,当时的统治者,是非常注意纳谏的。遗憾的是,以后的历朝历代,专制制度日益强化,扼杀舆论成为巩固统治的重要手段,"诽谤者族,偶语者弃市",动不动就杀头灭门,谁还敢提意见?于是,当年的"谤木"就变成了"华表"这华而不实的装饰。这实在是值得我们深思的。

可论证道理提示:①能不能接受人民的监督是区分政治是否清明的标志。②古代君王的纳谏精神是中华民族文化的精华,值得发扬光大。③广开言路有利于巩固政权。

16.董阏于借涧喻法

《韩非子》中记载:董阏于到赵国上地去当长官,见到一条长达几百米的深涧,两边陡峭如壁。董问:"人有没有跌到此中的?"曰无。又问:"呆傻疯癫之人有跌进去的吗?"曰无。再问:"牛马犬猪有吗?"回答还是无。董阏于说:"我有办法治理了,只有让法律如同这深涧,任何人跌进去也是必死无疑,就没有人敢冒犯它了。"近代,国外也有人认为:法律之网应如机关枪之扫射,谁想闯过去都不可能;如只像步枪之点射,有人倒下,有人可以侥幸冲过去,这样就会导致人们对法律的藐视而助长犯罪。

可论证道理提示：①法律面前必须人人都一样。②法律之网必须严密无间,疏而不漏。③严格执法,方能维护法律的威严。

17.六尺巷

清康熙年间,大学士张英桐城老家的府第与吴家为邻,吴家盖房起墙想越界占地,双方发生争执。张英家人修书一封,寄送京城,张英阅后,提笔批诗一首:"一纸书来只为墙,让他三尺又何妨。长城万里今犹在,不见当年秦始皇。"家人接信后便慨然退让三尺。吴家本想张英会以势欺人,不料宰相肚里能撑船,也感慨地将墙基退回三尺。于是就有了这千古传颂的"六尺巷"。

可论证道理提示:谦让是美德,和则两利,争则两伤。

18.捡起脚下的蘑菇

一个小男孩提着篮子去田头捡蘑菇,捡到一个后就想:下一个可能比这个还大。于是丢弃了这个再去捡,但下次捡到的反而比前一个小,他当然不甘心,扔了再去捡下一个,就这样,一直等他走到地头,篮子里还是空空的。

可论证道理提示:①不要放弃任何一个机会。②积少才能成多。③瞧不起小,就不会有大。

19.忽略了一个小数点

1967年苏联宇航员科马洛夫驾驶联盟一号宇宙飞船胜利返航。当返回大气层后,怎么也打不开降落伞。在飞船坠毁前,他与家人通了话,他对女儿说:"女儿,我要告诉你,也要告诉全国的小朋友,请他们学习时,认真对待每一个小数点,每一个标点符号。联盟一号今天发生的一切,就是因为地面检查时,忽略了一个小数点,这场悲剧,也可以叫作对一个小数点的疏忽。"

可论证道理提示:①严谨认真的重要性。②认真的作风,科学的态度。

20.有钱难买幼时贫

世界球王贝利喜得贵子,有记者贺道:"看他长得多壮,今后会成为像你一样的体育明星。"贝利不假思索地答道:"他有可能成为一名优秀运动员,但绝不会有我这样的成就。因为他现在就很富有,缺乏先天竞争意识,而我小时候却是非常贫穷。"

可论证道理提示:①有钱难买幼时贫。②英才多自寒门出。③富家常常有败子。

21.对症下药

府吏倪寻、李延都感到头痛发烧,同去找华佗看病。华佗诊断后让倪寻降热泻火,而李延则要发汗。有人问华佗,两人病情一样,为什么治法不同。华说:"倪寻是表实里症,李延是里实表症,所以治法不同。"吃药后,二人次日便都好了。

可论证道理提示:①具体问题具体分析。②要辩证地看待问题。③看到事物的本质。

22.文武奇才

古有一人,自称文武奇才,孔子、关圣人皆不在话下。人不信,他说:"我和孔夫子比武功,和关圣人比文章,自然皆不在话下。"今有一北大考古系博士生,去应聘一小学教师,因汉语拼音不合格而未被录用。有人嘲笑说,堂堂一个博士,竟然连教小学都不合格!

可论证道理提示:人各有所长,要扬长避短。

23.探子实报军情被杀

《吕氏春秋》中记载:宋王听说齐国欲攻宋,使人出去探消息。一日,探者来报:"齐兵迫近,边民很是恐慌。"宋王身边的佞臣却进谗言道:"以宋之强、齐之弱,哪会有这事?此乃探者神经过敏,谎报军情。"于是宋王怒斩探者,派人重新去探。结果连派三人均如实告,也均被杀。此后,第四个探者又去,见齐兵确已迫近,百姓乱纷纷的。探者觉得,如若实报,必死;若不,恐也得死。其兄就劝他:"如实报,你比齐兵来了杀的人还要早死;若不,你可比别人早逃一步。"探者心中有了数,就谎报宋王:"不见齐兵所至,百姓安然。"宋王大喜,探者领了重赏后立刻跑到外国。没几天,齐兵攻来,宋王悔之晚矣。

可论证道理提示:①喜听谗言爱听好话,势必杜绝言路,乃招祸之道。②弄虚作假、作奸犯科、损人利己之徒,是社会的毒瘤。③辨别忠奸,识别良莠,谨防歹人得逞,乃治国之要。

24.锄头把与栋梁材

县委书记看到杉树的幼林太密,长不起来,就建议当地的村民砍掉一些。村民舍不得,说:"多一根锄头把也好呀!"书记没强求,让他们间伐几株试试。为了对比,试验的杉树上放了鸟巢作标志。后来带鸟巢的那一小片杉树"鹤立鸡群"了。村民们口服心服地说:"当初要了锄头把,结果丢了栋梁材。"

可论证道理提示:①不因小失大。②教导有方。③抓主要问题。

25.《官箴碑》

明孝宗时"贞庵主人"顾景祥为州牧,曾刻一《官箴碑》自警,内容是:"吏不畏吾严,而畏吾廉;民不服吾能,而服吾公。公则民不敢慢,廉则吏不敢欺。公生明,廉生威。"

可论证道理提示:①严与廉。②能与公。③为官之要。

26.宋人的防冻药

宋国有一家人会制造皮肤防冻之药,他们据此世代以在水中漂布为业。后来,一商人出百金买下他们的秘方献给吴国国王。当时,吴越正在打仗,吴王得到这种药后,就故意在严寒的冬天发动进攻,越军虽奋力抵抗,但因将士都生了冻疮,终于大败。为此,吴王赐给这个商人大片封地,使之富敌王侯,而真正的发明者仍只能给人漂布而已。

可论证道理提示:①头脑清醒,反应敏锐,准确地把握机遇,才有作为。②有远见,会运作,才能有大收获。③技术技能要善于运用,发挥潜在价值,方有效益。

27.三个蜀商的结局

刘基《郁离子》中有个寓言:有三个蜀商卖药于市。第一个专贩上品,以买价定卖价,不哄人不宰客。第二个上品下品皆卖,根据买者的出价酌情给予。第三个专卖下品,价格也甚便宜,买主让添就添点,要加就加点,结果人人争相购买。一年后,这人竟成富翁,第二个蜀商也丰衣足食,而第一个却落了个衣食不继的下场。刘基进而言道,为官亦如此。有三名县尹,第一个甚廉明,上司并不喜欢,离职时连船都租不起,人皆笑其痴。第二个有了机会就悄悄捞点,人不知亦不怨反称其贤。第三个见什么捞什么,并用钱物巴结上司,待下属如亲人,待当地士绅如上宾。结果反获好名声,竟连年升官。

可论证道理提示:①不良世风,图小利,不求实,使奸人得逞其奸。②透过现象看本质,不为表象所迷惑。③无论官场市场,都须认真识别良莠,谨防歹人得逞。

28.越人造车

方孝孺介绍过一则寓言:越国没有车子,有个越国人在晋楚交界处见到一辆车子。车的辐条、车轮、车辕都坏了。但因他没见过好车子,于是用船把这辆车拉回国内,向国人夸耀了一番。越国人听信了他的话,以为车子就是这个样子,于是,纷纷照此仿造。后来,敌国犯境,越国人驾上照此仿造的车子去迎敌,车子一触即坏,越军大败,可自始至终找不到原因何在。

可论证道理提示:①学习不能盲目,应先调查研究,摒弃错误,才能学到真正的知识。②机械模仿,贻害无穷。③一知半解不是真知,未经检验的东西不是真知。

29.脚印

下雪了,老师让学生先照着他的脚印在雪地上走,结果队伍走得乱七八糟,不成队形。后来老师取消限制让学生自己走,于是队伍就走得非常整齐。

可论证道理提示:①走自己的路。②破旧才能出新。

30.最佳设计路径

世界建筑大师格罗培斯设计的迪士尼乐园马上就要开放了,可是各景点之间的道路怎样连接才好还没有具体方案。他心里十分焦躁。一天他驱车进入一个山谷,里面停着许多车子。原来是个无人葡萄园,只要你在路边的箱子里投入5法郎就可以摘一篮葡萄上路。据说这是一个无力料理自己葡萄园的老太太想出的办法。她的葡萄总是最先卖完。大师很受启发。回到工地,他就叫人撒上草种,提前开放。在迪士尼乐园提前开放的半年里,草地被踩出许多小道,有宽有窄,优雅自然。第二年他就让人按这些踩出的痕迹铺设了人行道。结果迪士尼乐园的道路被评为世界最佳设计。

可论证道理提示:①从群众中来。②实践的重要。③集思广益。

31.在脚下多垫些砖头

一个很矮的小男孩来晚了,踮起脚也看不到赛场里热闹的情景。他便一趟趟从不远处搬来砖头,在厚厚的人墙后耐心地垒着一个台子,但是,在这个过程中,他少看了不少精彩的节目。但当他将台子垒到半米高时,他登上去看到了精彩的节目。其实,一个有理想的人只要不辞辛苦,默默地在自己的脚下多垫些"砖头",就一定能看到自己渴望看到的风景,摘到挂在高处的诱人的果实。

可论证道理提示:①打好扎实的基础,为成功创造条件。②不畏艰辛,才能看到最美的风景。③肯动脑筋,就能化劣势为优势。④不怕有所失,才会有所得。

32.高贵的施舍

一个乞丐来到家门口乞讨。母亲说:"请你帮我把这堆砖搬到屋后去吧。"乞丐生气地说:"我只有一只手。不愿给就算了,何必刁难!"母亲没生气,俯身用一只手搬了一趟,说:"你看,一只手也能干活。"乞丐愣住了,终于俯身用仅有的一只手搬了起来。两个小时终于搬完了,母亲递上一条雪白的毛巾,让他擦去脸上的汗水和灰尘。然后递给他20元钱。乞丐接过钱,感激地说:"谢谢!"母亲说:"不用谢我,这是你自己凭力气挣的工钱。"乞丐说:"我不会忘记您的。"后来乞丐成了一位大公司的董事长,常来看望母亲。

可论证道理提示:①真正的施舍是教人生存的本领。②真正的施舍是给人自立的信心。③打破自卑,才能自尊、自立、自强。

33.是悲也是幸

鱼靠着能胀缩的鳔,储气浮沉。但鲨鱼无鳔,因此它需要靠不停地拼命游动,才能不葬身大海。这是它的悲,也是它的幸,结果它成为海上霸王。

可论证道理提示:①不幸常能育成人才。②先天的优势,有时反倒成为惰性的源头。

34.人尽其才

一位老板想从甲、乙、丙三位助手中挑选最值得信任的,于是安排三人放工后和自己在公司内开会,同时制造一起假火警,观察他们的反应。甲说:"我们赶快离开这里再想办法。"乙一言不发,马上跑到屋角拿起灭火筒去寻找火源。丙坐着不动说:"这里很安全,不可能有火情。"老板会选中哪一位呢?

可论证道理提示:①老板的需要不同,选择的标准也大相径庭。②三人各有所长,应把他们分别放在最能发挥其作用的岗位。

35.发人深思的巧联

《半月谈》介绍过一位县委书记写的一副对联:"政从正出,财自才来"。

可论证道理提示:①从政需要廉正,财富需要才华。这副对联体现了这位县委书记的远见卓识。②政绩出于正直的人格和无所畏惧的浩然正气。能"正"有"才"方能发挥作用。无"正"有"才",将走向反面。③伟大的社会主义建设需大量的管理人才及科技人才。④这是全心全意为人民服务的真实写照。

36.只要拿掉盖子

一家高级乡村俱乐部的主管为一件事发愁,即总有会员将浴室的高级洗浴液顺手牵羊带回家去。主管想过各种办法试图解决这个问题,却发现这些办法都可能冒犯会员。最后他问更衣室管理员是否有什么好办法,管理员说:"很简单啊,只要去掉盖子。谁会想拿没有盖子的洗浴液!"

可论证道理提示:①在团队内激发每个人的参与意识,解决问题会容易很多。②集思广益。③管理工作中,限制私欲,不如打破产生私欲的基础。

37.三分钟解决失业

一位法国人说:"在莫斯科的饭店里,大厅四个角各站一个服务员,电梯里还有专人按电钮。如果我们也雇用专人管电梯,一天三班倒,再考虑到节假日轮休,一部电梯就能够创造四个就业岗位。下道指令照此办理,三分钟即可解决全国150万人的失业问题。"他说完放声大笑,接着又说:"失业是解决了,可效率呢? 效率进一步下降,将是更多的失业。"

可论证道理提示:①解决失业问题没有捷径。②不顾经济环境,人为增加就业。牺牲的就是效率。③效率和公正是一对永恒的矛盾,只有提高效率才能创造财富,从而为谋求公正提供条件。

38.天文学家散步

天文学家一心只注意观测天象。一天晚上,他一边散步一边仰头看天,没想到竟跌进沟里。邻居们听到呼救赶来相助,有的劝他以后不要看天了,天上哪有什么好看的,有的骂他简直是个智障者。可是第二天晚上,有人看到天文学家又在一边散步一边仰头看天。

可论证道理提示:①要想干成一番事业,就要有不畏艰难的执着精神。②不能只是抬头看天,更应注意脚踏实地。③吃一堑,应该长一智。④相互沟通才能相互理解。

39.渴时的选择

有个人在沙漠中迷失了方向,饥渴难忍,濒临死亡时,他发现一间废弃的小屋。在屋前有一个吸水器,他就用力抽水,可滴水全无。绝望中,忽又发现旁边有个水壶,壶嘴紧塞住,壶上有张字条:"你要先把壶水倒进吸水器中才能打出水,但在你走之前一定要把水壶装满。"他打开壶塞,果然有一壶水。他面临着艰难的抉择:照字条上说的办吧,如果把水倒进去打不出水,岂不白费了救命之水?一种奇妙的灵感给了他力量,他照字条说的做了,果然吸水器中涌出了泉水。他痛快地喝了个够,后又把水壶装满。

可论证道理提示:①给予才能生存。②要多为别人着想。③自私不会有好结果。

40.飞越沙漠,流向大海

两条河从源头出发,相约流向大海。它们分别流过山林幽谷、翠绿草原,最后被一片荒漠挡住了去路。若不顾一切往前奔流,它们必会被干旱的沙漠吸干,消失得无影无踪;若停滞不前,就永远也到不了无边无际的大海。两难之际,云朵闻声而至,向它们提了一个建议。一条河绝望地认为云朵的办法行不通,它如同听从宿命一般流向前方,被无情的沙漠吞噬了。另一条河则不愿放弃投奔大海的梦想,毅然化成蒸汽,让云朵牵引着它飞越沙漠,终于随着暴雨落在地上,还原成河水,流到大海。

可论证道理提示:①人生难免身陷困境。当面对困境时,应像第二条河那样,凭着执着的信念和梦想,在绝处寻找生机。②勇于开拓,做他人不敢或不愿做的尝试,往往能绝处逢生。

41.蟾蜍泛滥成灾

为了消灭甘蔗田里的害虫,澳大利亚从墨西哥引进了一些蟾蜍。由于没有天敌的威胁,蟾蜍便泛滥成灾,它们分泌的毒汁危害了牛羊,对澳大利亚的动物世界造成了威胁。

可论证道理提示：①做事都要有度。②不按客观规律办事，不重视生态平衡，就会受到无情的惩罚。

42.赵盾施德免难

晋大夫赵盾猎于首山，宿于翳桑。见一位叫灵辄的人饥饿，已三日未食，赵盾就给他饭吃。他吃了一半，留下一半，原来是想回去孝敬老母。赵盾就又给了他一些饭与肉。几年后，晋灵公派甲士埋伏击杀赵盾，当甲士见到被杀者是赵盾时，有一人突然反戈一击，挡住其他甲士，使赵盾幸免于难。问其故，答曰："翳桑之饿人也。"

可论证道理提示：①危难时刻助人，滴水之恩可获涌泉之报。②士为知己者死。③为人要有爱心。

43.管鲍之交

管仲帮齐桓公九合诸侯，一匡天下，终成霸业。但他也有"与鲍叔贾分财利多自与"的贪，有"为鲍叔谋事而更穷困"的愚，有"三仕而三见逐于君"的不肖，有"三战而三走"的怯等缺点。然而鲍叔不因此而疏之不荐，桓公不因此而弃之不用。人们不因为树生虫而把树砍了，不因衣上有虱子而把衣服烧了。

可论证道理提示：①不要因有缺点而废弃一个有用之才。②不要因小失大。③权衡利弊，辩证对待。④看主流。

44.秦国公主出嫁

秦国的公主出嫁去晋国。婚礼仪仗队浩浩荡荡，其中有陪嫁的姜媵七十人，个个长得花容玉貌，打扮得鲜艳光彩。队伍开进京城的时候，晋国的百姓拥塞路旁，争先恐后地观赏那些姜媵，反而把公主冷落在一旁。

可论证道理提示：不要喧宾夺主，要抓住主要矛盾。

45.画家征求意见

一位画家画了一幅画，摆在街头，请行人在他自己觉得不满意的地方做上记号，结果画面上涂满了记号。没过几天，他又将同一内容的画放在街的另一头，请人在他自己觉得满意的地方做上记号，结果画面上也被涂满了记号。

可论证道理提示：①要懂得两点论、重点论。②不因有成绩而骄傲，不因有缺点而气馁。

46.沙子与珍珠

一只海蚌在海底嬉戏，乐极生悲，一颗沙子钻进了它的体内，生命的苦恼和痛苦由此开始。多少次它用自己的分泌物包容和改变那粒沙子，在不断地砥砺和挣扎之下，那颗粗糙的沙石竟然变成了一颗晶莹圆润的珍珠，苦难使它成为一只高贵的蚌。

可论证道理提示：①苦难造就人生的辉煌。②坏事变好事，事在人为，创造转化的条件。③苦难玉汝于成。

47.可怜松与古桑

辽宁千山一个山崖的石缝里长着一株"可怜松"，据说已有三百余年，仍高不过三四尺。承德磬锤峰上的石缝中生长着一棵古桑，相传是我国现存的最古的桑树，不足一人高。美国女诗人洛厄尔的哲理诗《环境》云："凝在枫叶上，露珠闪闪发红；而在莲花中，它却像泪珠般苍白晶莹。"

可论证道理提示：①环境在一定条件下也会起决定作用。②创造优越环境，培养人才。

48.《钟乳》诗

友人送我一石乳，我爱它一滴一滴，凝成非凡的气度。我把它摆在桌上细细观赏，蓦地，听见它深情的倾诉：十万年后我该是一座大山，人类的爱是我的痛苦。

可论证道理提示:①不正确的爱是害。②爱不是占为己有。

49.成功的门,虚掩着

公司总经理叮嘱全体员工:"谁也不要走进八楼那个没挂门牌的房间。"该公司效益不错,员工都习惯了服从,谁都不去那个房间。不久公司又招了一批员工,总经理对新员工又交代了一遍。有个年轻人小声嘀咕了一句:"为什么?"总经理严肃地说:"不为什么。"回到岗位上年轻人不解地思考着,同事劝他别瞎操心,小心砸了手里让人羡慕的饭碗。年轻人来了犟脾气非进那个房间看看不可。他轻轻敲门,没反应,再轻轻一推,虚掩的门开了。房间不大,只有一张桌子,桌上一个纸牌,写着:把纸牌送给总经理。年轻人不解地拿了沾满灰尘的纸牌走出房间。众人劝他赶快送回去,他拒绝了众人的好意,把纸牌送到了总经理办公室。总经理当即一脸笑意地宣布:"从现在起,你被任命为销售部经理。"果然,年轻人不负厚望,用新思路把销售部工作搞得红红火火。

可论证道理提示:①敢于冲破条条框框,富于开拓精神,是成功者应具备的品质。②勇于闯禁区,才有机会打开成功之门。③独辟路径选用新人,是管理者成功的要诀之一。④只会循规蹈矩,没有错误,也难有成功。

50.跌倒在自己的优势上

三个旅行者同住进一个旅店。早上出门时,一个带把雨伞,当大雨来临时,他因有雨伞而大胆冒雨前行,结果淋得浑身是水。另一个拿了根拐杖,在大雨来临时,他拣能躲雨的地方走,没有淋湿;但他仗着有拐杖,当走在泥泞坎坷的路上时,因不小心,结果跌伤了。第三个什么也没带,当大雨来临时,他躲着走;当路不好时,他细心地走,结果既没淋湿,也没跌伤。

可论证道理提示:①人的失误就在于有凭借的优势,因而便少了忧患意识。②缺陷常能使人保持清醒,而优势容易让人忘乎所以。

二、文言文寓言故事材料

下面是10个文言文寓言故事,请多角度思考,看都能体现社会生活中哪方面的道理,写一篇700字左右的议论文。题目自拟。

1.越人阱鼠

鼠好夜窃粟,越人置粟于盎,恣鼠啮不顾。鼠呼群类入焉,必饫而后反。越人乃易粟以水,浮糠覆水上;而鼠不知也。逮夜复呼群次第入,咸溺死。

练习提示:可论欲擒故纵;按规律办事。

2.郢书燕说

郢人有遗燕相国书者,夜书,火不明,因谓持烛者曰:"举烛"!云而过书"举烛"。"举烛"非书意也。燕相受书而说之,曰:"举烛者,尚明也;尚明也者,举贤而任之。"燕相白王,王大说;国以治。治则治矣,非书意也。

练习提示:批评不按实际办事;用人不考察实际才能;效法先王,墨守成规;望文生义,穿凿附会;形而上学。

3.穿井得一人

宋之丁氏家无井,而出溉汲,常一人居外。及其家穿井,告人曰:"吾穿井得一人。"有闻而传之者曰:"丁氏穿井得一人!"国人道之,闻之于宋君。

练习提示:要考察研究,反对人云亦云;不盲从,不轻信。

4.美恶颠倒

鲁有恶者,其父出而见商咄,反而告其邻曰:"商咄不若吾子矣!"且其子至恶也,商咄至美也。彼以至美不如至恶,尢(喻偏颇)乎爱也。故知美之恶,知恶之美,然后能知美恶矣。

练习提示:偏听偏信,结论必错;偏爱私心,则失去客观标准;主观主义害人。

5.老虎决蹯

人有置系蹄者而得虎。虎怒,决蹯而去。虎之情非不爱其蹯也;然而不以环寸之蹯害七尺之躯者,权也。

练习提示:保全整体而放弃局部,为长远利益而放弃眼前利益,从大局出发。

6.各有短长

甘茂使于齐,渡大河。船人曰:"河水间耳,君不能自渡,能为王者之说乎?"甘茂曰:"不然。汝不知也。物各有短长。谨愿敦厚可事主,不施用兵;骐骥騄駬,足及千里,置之宫室,使之捕鼠,曾不如小狸;干将为利,名闻天下,匠以治木,不如斤斧。今持楫而上下随流,吾不如子;说千乘之君,万乘之主,子亦不如我矣。"

练习提示:尺有所短,寸有所长;不能夜郎自大,有比较才有鉴别。

7.枭鸟东徙

枭逢鸠。鸠曰:"子将安之?"枭曰:"我将东徙。"鸠曰:"何故?"枭曰:"乡人皆恶我鸣,以故东徙。"鸠曰:"子能更鸣,可矣;不能更鸣,东徙,犹恶子之声。"

练习提示:内因是根本;不改进自己,没有出路。

8.反裘负刍

魏文侯出游,见路人反裘而负刍。文侯曰:"胡为反裘而负刍?"对曰:"臣爱其毛。"文侯曰:"若不知其里尽而毛无所恃邪?"

练习提示:不能本末倒置。

9.九头鸟

孽摇之虚有鸟焉,一身而九头。得食则八头皆争,呀然而相衔,洒血飞毛,食不得入咽,而九头皆伤。海凫观而笑之曰:"而胡不思九口之食同归于一腹乎?而奚其争也!"

练习提示:不能为眼前利益互相残杀。

10.屠龙之术

朱泙漫学屠龙于支离益,单(殚)千金之家。三年技成而无所用其巧。

练习提示:要学以致用,不能脱离实际。

附录（一）　数学常用公式

→ 一元二次函数

函数形式	$y=ax^2+bx+c\,(a\neq 0)$	
a	$a>0$	$a<0$
定义域	$(-\infty,+\infty)$	
图像	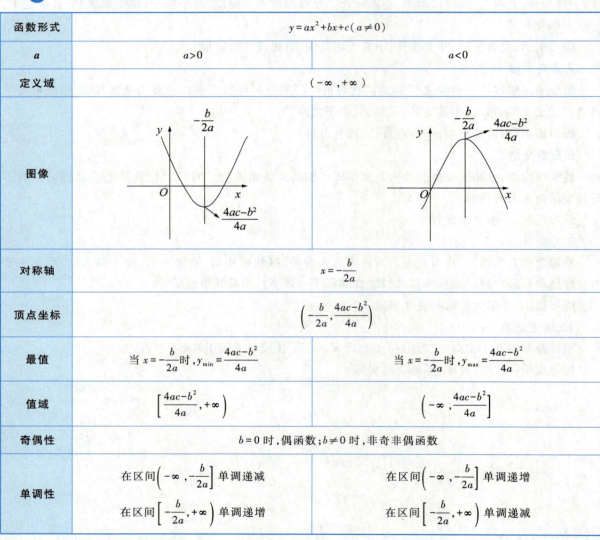	
对称轴	$x=-\dfrac{b}{2a}$	
顶点坐标	$\left(-\dfrac{b}{2a},\dfrac{4ac-b^2}{4a}\right)$	
最值	当 $x=-\dfrac{b}{2a}$ 时，$y_{\min}=\dfrac{4ac-b^2}{4a}$	当 $x=-\dfrac{b}{2a}$ 时，$y_{\max}=\dfrac{4ac-b^2}{4a}$
值域	$\left[\dfrac{4ac-b^2}{4a},+\infty\right)$	$\left(-\infty,\dfrac{4ac-b^2}{4a}\right]$
奇偶性	$b=0$ 时，偶函数；$b\neq 0$ 时，非奇非偶函数	
单调性	在区间 $\left(-\infty,-\dfrac{b}{2a}\right]$ 单调递减 在区间 $\left[-\dfrac{b}{2a},+\infty\right)$ 单调递增	在区间 $\left(-\infty,-\dfrac{b}{2a}\right]$ 单调递增 在区间 $\left[-\dfrac{b}{2a},+\infty\right)$ 单调递减

→ 等差数列与等比数列

核心考点	等差数列	等比数列
定义	$a_{n+1}-a_n=d\,(d$ 为常数$)$ （$d=0$ 时为常数列）	$\dfrac{a_{n+1}}{a_n}=q\,(q\neq 0)$ （$q=1$ 时为非零常数列）

核心考点	等差数列	等比数列
基本公式		
通项公式	$a_n = a_1 + (n-1)d$	$a_n = a_1 q^{n-1}$
通项推广	若 $a_n = An + B$，则 $\{a_n\}$ 为等差数列，且 $\begin{cases} a_1 = A+B, \\ d = A \end{cases}$	—
求和公式	$S_n = \dfrac{n(a_1+a_n)}{2} = na_1 + \dfrac{n(n-1)}{2}d$	$S_n = \begin{cases} na_1, & q=1, \\ \dfrac{a_1 - a_n q}{1-q} = \dfrac{a_1(1-q^n)}{1-q}, & q \neq 1 \end{cases}$
求和推广	若 $S_n = \alpha n^2 + \beta n$，则 $\{a_n\}$ 为等差数列 且 $\begin{cases} a_1 = \alpha + \beta, \\ d = 2\alpha \end{cases}$	若 $\begin{cases} S_n = \alpha k^n + \beta, \\ \alpha + \beta = 0 \end{cases}$ $(k \neq 0$ 且 $k \neq 1)$，则 $\{a_n\}$ 为等比数列且 $\begin{cases} a_1 = \alpha k + \beta, \\ q = k \end{cases}$
中项公式	若 a, b, c 依次构成等差数列，则 $2b = a+c$	若 a, b, c 依次构成等比数列，则 $b^2 = ac$
中项推广	$2a_n = a_{n-m} + a_{n+m}$	$a_n^2 = a_{n-m} \cdot a_{n+m}$
位项定差（比）	$a_n = a_m + (n-m)d \Rightarrow d = \dfrac{a_n - a_m}{n-m}$	$a_n = a_m \cdot q^{n-m} \Rightarrow q^{n-m} = \dfrac{a_n}{a_m}$
基本性质		
条件	设 $\{a_n\}$ 为等差数列，d 为公差，n, m, k, l 为正整数	设 $\{a_n\}$ 为等比数列，q 为公比，n, m, k, l 为正整数
性质一	$n+m = k+l \Rightarrow a_n + a_m = a_k + a_l$	$n+m = k+l \Rightarrow a_n a_m = a_k a_l$
性质二	$a_n, a_{n+k}, a_{n+2k}, \cdots$ 是公差为 kd 的等差数列	$a_n, a_{n+k}, a_{n+2k}, \cdots$ 是公比为 q^k 的等比数列
性质三	$S_n, S_{2n}-S_n, S_{3n}-S_{2n}, \cdots$ 是公差为 $n^2 d$ 的等差数列	$S_n, S_{2n}-S_n, S_{3n}-S_{2n}, \cdots$ 是公比为 q^n 的等比数列
性质四	A_n, B_n 为数列 $\{a_n\}, \{b_n\}$ 的前 n 项和，则 $\dfrac{a_n}{b_n} = \dfrac{A_{2n-1}}{B_{2n-1}}$	—

→ 三角形

（1）面积公式：

名称	内容
公式一	$S = \dfrac{1}{2}ah$，其中 h 是边 a 上的高
公式二	$S = \dfrac{1}{2}ab\sin\angle C$，其中 $\angle C$ 是边 a 和 b 的夹角

（续表）

名称	内容
公式三 （海伦-秦九韶公式）	$S=\sqrt{p(p-a)(p-b)(p-c)}$， 其中 p 为半周长（周长的一半）$p=\dfrac{a+b+c}{2}$

（2）等面积模型：

名称	内容	图形
性质一	等底等高的两个三角形面积相等 $S_{\triangle ABC}=S_{\triangle ABD}$	
性质二	两个三角形高相等，面积之比等于底边之比 $S_1:S_2=a:b$	
性质三	两个三角形底边相等，面积之比等于高之比 $S_{\triangle ABC}:S_{\triangle ABD}=h_1:h_2$	
性质四	夹在一组平行线之间的等面积变形，可用平行线"拉点法" （D 可在 l 上拉到任意位置）	

四边形

（1）四边形：

分类			性质
不规则四边形 （任意一组对边都不平行）	—		①四边形的内角之和等于360°； ②任意四边形各边中点依次连接所得四边形为平行四边形，其面积为原四边形面积的 $\dfrac{1}{2}$
平行四边形 （两组对边分别平行）	一般平行四边形		
	矩形（一个角是直角）	正方形	
	菱形（一组邻边相等）		
梯形 （一组对边平行）	一般梯形		
	等腰梯形（两个腰相等）		
	直角梯形（一个角是直角）		

（2）平行四边形：

名称	判定及性质	面积	图形
平行四边形	①两组对边分别平行； ②一组对边平行且相等； ③两组对边分别相等； ④两组对角分别相等； ⑤两条对角线相互平分	$S = ah$	
矩形	①内角均为90°的四边形； ②一个内角为90°的平行四边形； ③两条对角线等长的平行四边形	$S = ab$	
菱形	①四边等长的四边形； ②两邻边等长的平行四边形； ③两条对角线相互垂直的平行四边形	$S = \dfrac{1}{2}ab$	
正方形	正方形具有矩形和菱形的一切性质及其面积计算公式	$S = a^2 = \dfrac{1}{2}b^2$	

（3）梯形：

梯形	一组对边平行的四边形 中位线：$l = \dfrac{a+b}{2}$， $S = \dfrac{1}{2}(a+b)h$	
	蝴蝶定理： 若 $AD : BC = a : b$， 则 $S_1 \times S_3 = S_2 \times S_4$， $S_1 : S_3 : S_2 : S_4 = a^2 : b^2 : ab : ab$	

→ 空间几何体

（1）概念及公式：

名称		概念及公式	图形
长方体	概念	①长方体的六个面均为矩形，每个矩形称为长方体的面； ②面与面相交的线称为长方体的棱； ③三条棱相交的点称为长方体的顶点； ④相交于一个顶点的三条棱分别称为长方体的长、宽、高； ⑤当长、宽、高都相等时，称为正方体	
	公式	①长方体的体对角线：$l=\sqrt{a^2+b^2+c^2}$； ②长方体的表面积：$S=2(ab+bc+ac)$； ③长方体的体积：$V=abc$； ④正方体的体对角线：$l=\sqrt{3}a$； ⑤正方体的表面积：$S=6a^2$； ⑥正方体的体积：$V=a^3$	
圆柱体	概念	①矩形以其所在一边为旋转轴旋转一周形成的曲面所围成的几何体称为圆柱体； ②平行于底面的平面截圆柱体所得的图形是圆，过旋转轴的截面都是全等矩形	
	公式	①圆柱体的侧面积：$S=2\pi rh$； ②圆柱体的全面积：$S=2\pi rh+2\pi r^2$； ③圆柱体的体积：$V=\pi r^2 h$	
球体	概念	①以圆的直径为旋转轴旋转一周形成的曲面所围成的空间几何体称为球体； ②用一个平面截球体，截面是圆，经过球心的截面圆称为大圆	
	性质	①球心与截面圆心的连线垂直于截面； ②球心到截面的距离 $h=\sqrt{r^2-r_1^2}$，其中截面圆的半径为 r_1，球的半径为 r	
	公式	①球的表面积：$S=4\pi r^2$； ②球的体积：$V=\dfrac{4}{3}\pi r^3$	

（2）常用结论：

类型	体对角线	内切球	图形	外接球	图形
长方体	$l=\sqrt{a^2+b^2+c^2}$	—	—	$2R=\sqrt{a^2+b^2+c^2}$	
正方体	$l=\sqrt{3}a$	$2R=a$		$2R=\sqrt{3}a$	
圆柱体	$l=\sqrt{(2r)^2+h^2}$	当轴截面是正方形时才存在 $2r=h=2R$		$2R=\sqrt{(2r)^2+h^2}$	

附录（二） 必然性推理知识点总结

第一节 概 念

一、四种概念的关系

全同、全异、交叉、包含（于）。

二、常见题型：容斥问题

问人数最多：尽量全异。

问人数最少：尽量全同。

问哪项与题干符合/不符合：将选项代入题干，进行判断。

第二节 命题（判断）

一、命题形式与命题间关系

命题，也称判断，是表示判断或断定的语句。命题的特点是具有真假性。

（1）命题形式：命题常以三种形式出现：陈述句、感叹句、反问句。祈使句、疑问句因无法做出一定的判断而不能成为命题。

（2）命题间关系：命题是逻辑推理的基础。从宏观上来看，命题间的关系分为逆否关系、矛盾关系、上反对关系、下反对关系。

二、命题的分类

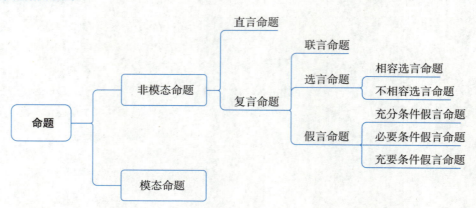

第三节　直言命题及其推理

直言命题是一句话的命题,本身即包含对一个事物真假性的判断。这里主要研究利用直言命题来解决真假话的这类题型。

一、六种简单的直言命题

所有……是……,所有……非……;

有些……是……,有些……非……;

某个……是……,某个……非……。

二、矛盾关系

(一)找矛盾的方法

(1)加"并非"。

(2)"所有"变"有些","是"变"非"。

(二)用矛盾法解决真假话问题的步骤

(1)发现矛盾(即找哪两个命题之间具有矛盾关系)。

(2)绕开矛盾(只要知道谁和谁是矛盾就可以了,不要首先考虑矛盾之间的命题谁真谁假)。

(3)解决问题(利用矛盾之外的命题的真假来判断事实)。

(三)二次矛盾

设 P 是命题,P 与"并非非 P"等价。

(四)常见题型

(1)找题干形式"并非+命题"的等价命题。

对应方法:①去"并非";②变矛盾。

(2)找命题的等价命题。

对应方法:①变矛盾;②再加"并非"。

三、反对关系

(1)上反对关系 $\begin{cases} 所有是 \\ 所有非 \end{cases}$ 特点:"至少一假"。

(2)下反对关系 $\begin{cases} 有些是 \\ 有些非 \end{cases}$ 特点:"至少一真"。

(3)用反对关系解决真假话问题的步骤:

①找反对关系;②绕开反对关系;③找到所有真命题。④解决问题。

四、从属关系

题型:由一些命题的真假判断出与它具有相同主项和谓项的命题的真假。

直言命题的简单推理:

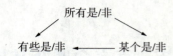

直言命题的知识点可以用如下图表来表示:

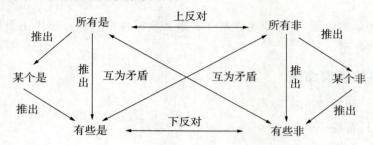

第四节　复言命题及其推理

一、联言命题及其推理

联言命题是表示两个直言命题同时成立的命题。

(一)常见的逻辑联结词

和,且,既……又……,不但……而且……,不仅……还……,虽然……但是……,因为……所以……。

(二)标准表示形式

A 且 B(注:A、B 可以是词,也可以是命题)。

如:"他不仅足智多谋,还胆大心细"。

可以表示成:"足智多谋"且"胆大心细"。

(三)联言命题的矛盾

联言命题"A 且 B"的矛盾是"非 A 或非 B"。

解析:"A 且 B"的矛盾是"并非 A 且 B",也就是说,A、B 中至少有一个是不成立的,即"非 A 或非 B"。

(四)联言命题的肯定式推理规则

(1)A 且 B 为真→A、B 均为真。

(2)A 且 B 为假,A 为真→B 为假。

(3)A 且 B 为假,A 为假→B 的真假不确定。

注:(2)就是联言命题的肯定式推理规则。简言之,"已知一个联言命题为假时,肯定其中的一个命题,能够推出另外一个命题为假",即"肯一推否一"。

二、选言命题及其推理

选言命题就是在两个直言命题中至少选择一个使其成立的命题。如:小李考上 MBA,或小张考上 MPA。

表示选择成立的联结词有:"或""要么……要么……"。对应的选言命题可以分为相容选言命题和不相容选言命题。

（一）相容选言命题

1.标准表示形式

"A 或 B"（A、B 中至少有一个成立，可以同时成立）。

如：中国队或者因其成功而受到欢呼，或者因其失败而受到指责。

2.相容选言命题的矛盾

"A 或 B"的矛盾："非 A 且非 B"。

解析： 只有当 A、B 全为假时才为假，其余情况下均为真。所以 A 或 B 的矛盾为"非 A 且非 B"。

3.相容选言命题的否定式推理规则

A 或 B 为假→A、B 均为假。

A 或 B 为真，A 为假→B 为真。

A 或 B 为真，A 为真→B 的真假不确定。

简言之，"已知一个选言命题为真时，否定其中的一个命题，能够推出另外一个命题为真"，即"否一推肯一"。

（二）不相容选言命题

1.标准表示形式

要么 A，要么 B（A、B 有且仅有一个成立）。

2.不相容选言命题的矛盾

"要么 A，要么 B"的矛盾："A 且 B"和"非 A 且非 B"。

3.不相容选言命题的"否一推一"规则

要么 A，要么 B 为真→A、B 一真一假。A 真则 B 假，A 假则 B 真。

简言之，"否一肯一"和"肯一否一"的推理规则在不相容选言命题为真时都有效。

三、假言命题及其推理

假言命题是在假设基础上得出结论的复言命题。它的标准形式是"充分→必要"，根据充分、必要所在的位置的不同，假言命题分为充分条件假言命题、必要条件假言命题和充要条件假言命题。

（一）充分条件假言命题

充分条件的假言推理就是前提中有一个充分条件的假言命题。

1.常见逻辑联结词

如果……那么……；只要……就……；若……，则……。

2.标准表示形式：A→B

如：如果 A，那么 B；只要 A，就 B；若 A，则 B。它们的标准形式都是 A→B。

3.矛盾

"A→B"的矛盾是"A 且非 B"。（假言命题只能用事实来否定）

解析： 只有前提发生，结论没发生，才能说 A→B 是假的，其他情况下 A→B 均为真。

"A 且非 B"的矛盾是"非 A 或 B"。

"A→B"和"非 A 或 B"是等值命题。

4.推理规则

"A→B"为真，能够知"非 B→非 A"为真。（原命题与逆否命题同真假）

简言之,充分条件假言命题的推理规则,即"肯前推肯后,否后推否前"。

(二)必要条件假言命题

必要条件假言命题就是前提中有一个必要条件的假言命题。

1.常见逻辑联结词

只有……,才……;除非 A……,否则 B。

2.标准表示形式

"只有 A,才 B"表示为"A←B"(注意推出符号的方向)。

"除非 A,否则 B"表示为"A←非 B"。

3.矛盾

"A←B"的矛盾是"非 A 且 B","非 A 且 B"的矛盾是"A 或非 B"。

所以"A←B"和"A 或非 B"等值。(原命题矛盾的矛盾与原命题等值)

"A←非 B"的矛盾是"非 A 且非 B","非 A 且非 B"的矛盾是"A 或 B"。

所以"A←非 B"与"A 或 B"等值。

4.推理规则

"A←B"为真,能得知"非 A→非 B"为真。

"A←非 B"为真,能得知"非 A→B"为真。

(三)充要条件假言命题

充要条件假言命题是指前提既是充分条件又是必要条件的假言命题。

1.常见逻辑联结词

当且仅当……,则……。

2.标准表示形式:A⇔B

如:"当且仅当 A,则 B",表示为 A⇔B。

总之,不管是充分条件假言命题、必要条件假言命题还是充要条件假言命题,其实重点都是围绕"充分→必要;否必要→否充分"这一形式来考查的,所以考生在做题的时候要注意找准题干中的充分条件和必要条件,然后写成标准的推出形式,根据题干的问法就可以快速准确锁定正确答案了。

复言命题知识点

命题	联言命题	选言命题		假言命题(充分→必要)		
		相容	不相容	充分	必要	充要
代表词	且	或	要么,要么	如果 A,那么 B; 只要 A,就 B; 若 A,则 B	只有 A,才 B	除非 A,否则 B	当且仅当,才
表示形式	A 且 B	A 或 B	要么 A,要么 B	A→B	A←B	A←非 B	A⇔B
矛盾	非 A 或非 B	非 A 且非 B	A 且 B; 非 A 且非 B	A 且非 B	非 A 且 B	非 A 且非 B	A 且非 B; 非 A 且 B
推理规则	肯定式推理	否定式推理	否一肯一; 肯一否一	非 A←非 B	非 A→非 B	非 A→B	—

四、二难推理

（一）定义

二难推理，也称假言选言推理。它是由两个假言命题（假设）和一个选言命题（事实）作为前提，推出结论的推理形式。它常常使人陷入左右为难、进退维谷的境地，故又称"二难推理"。

（二）四种形式

1.简单构成式

简单构成式，是指前提中两个假言命题（假设情况）的前件不同，后件相同，选言命题（实际情况）肯定不同的前件，得到相同结论的推理。它的推理公式如下：

如果 A，那么 C；

如果 B，那么 C；

事实：A 或 B 发生；

推出：C 一定发生。

2.简单破坏式

简单破坏式，是指前提中的两个假言命题的前件相同，后件不同，选言命题否定不同的后件，得出相同的结论的推理。它的推理公式如下：

如果 A，那么 B；

如果 A，那么 C；

"非 B 或非 C"发生；

推出："非 A"一定发生。

3.复杂构成式

复杂构成式是相对于简单构成式而言的，它是指前提中两个假言命题的前件不同，后件也不同，选言命题肯定不同的前件，结论则以选言命题的形式肯定不同的后件的推理。它的推理公式如下：

如果 A，那么 B；

如果 C，那么 D；

事实："A 或 C"发生；

推出："B 或 D"发生。

4.复杂破坏式

复杂破坏式是相对于简单破坏式而言的，是指前提中两个假言命题的前件不同，后件也不同，选言命题否定不同的后件，结论则以选言命题的形式否定不同的前件。其实复杂破坏式就是复杂构成式在逆否命题基础上的推理。它的推理公式如下：

如果 A，那么 B；

如果 C，那么 D；

事实："非 B 或非 D"发生；

推出："非 A 或非 C"发生。

简言之，简单的二难推理其实就是由两个不同的前提推出一个共同的结论，即"不同"→"相同"。如果前件不同，后件相同，就考虑如何"前件→后件"；如果前件相同，后件不同，就考虑原命题和其逆否命题的等值转化，即"否后件→否前件"。所以，在考试中遇到二难推理时，考生只需要把前提中的假言命题写成标准的"充分→必要"，再依据"不同→相同"的二难推理方法，就可以快速解题。

第五节　模态命题及其推理

模态命题是指包含模态词的命题,反应事物发生的可能性或必然性。如:明天可能下雨。

一、常见模态词

必然(一定,肯定,不得不);可能(也许,或许,大概)。

二、分类

根据模态词和判断词的不同,模态命题大体分为四类:

必然是 P("P"是非模态命题),必然非 P,可能是 P,可能非 P。

三、矛盾

(1)"必然 P"的矛盾是"可能非 P"。

解析:"必然 P"的矛盾是"不必然 P"="可能非 P"。

"可能非 P"的矛盾"不可能非 P"。

所以"必然 P"="不可能非 P"。

(2)"可能 P"的矛盾是"必然非 P"。

解析:"可能 P"的矛盾是"不可能 P"="必然非 P"。

"必然非 P"的矛盾是"不必然非 P"。

所以"可能 P"="不必然非 P"。

关于模态命题的矛盾以及等值命题如下表所示:

命题	矛盾命题	等值命题
必然 P	可能非 P	不可能非 P
可能 P	必然非 P	不必然非 P

四、推理规则

(一)反对关系

(1)上反对(至少一假,可以同假,不能同真)。

必然 P& 必然非 P:

"必然 P"为真→"并非必然非 P"为真(注:必然 P 和并非必然 P 非等价,是推出关系)。

"必然非 P"为真→"并非必然 P"为真。

(2)下反对(至少一真,可以同真,不能同假)。

(3)"可能 P"为假时,它的推出关系:"可能 P"为假→"必然非 P"为真→"可能非 P"为真。

(4)"可能非 P"为假时,它的推出关系:"可能非 P"为假→"必然 P"为真→"可能 P"为真。

(二)从属关系

(1)必然 P→可能 P。

(2)必然非 P→可能非 P。

(3)不可能 P→不必然 P。

(4)不可能非 P→不必然非 P。

解析：可能>必然，不可能<不必然，所以从属关系的推理规则就是"小范围→大范围"。

（三）与非模态命题之间的推理

（1）必然是 P→是 P→可能是 P（"是"只表示某一事物存在这一状态）。

（2）必然非 P→非 P→可能非 P。

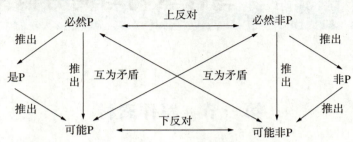

第六节　朴素推理

一、知识概述

朴素推理，实际上也是必然性推理的一种。题目往往会给出各种条件如人物、地点、事件和数据等等，要求考生根据相互联系的各种条件进行适当的推理，回答相关的问题。但与前几章所讲的不同，该类题型的解答过程不需要运用专门的逻辑知识，主要考查的是一种思维能力。

二、常用方法

（一）代入排除法

排除法就是将答案代入题干进行验证，从而排除不符合题意的选项来得到正确选项的方法。尤其当题干选项涉及元素较多，选项的长度较长时，使用排除法能快速解题。

（二）假设法

假设法就是假设某个条件正确，根据假设来进一步推导的方法。当题干条件存在多种情况，不能直接推理时，可针对这几种进行假设。有些能使用假设法的题目也能使用代入法。

（三）找突破口法

找突破口法就是快速找到解题切入点的方法。通常题干存在某个比较特殊的条件或者存在某个对象（条件）被反复提及的时候，这个（些）条件往往就是解题的突破口。

（四）排序法

排序法是指题干给出的元素有某种顺序特征，这种顺序可以是时间上的先后关系也可以是空间上的前后关系。在解答时，先列出题干中所给出的元素之间的顺序，然后根据已知条件将题干所给出的元素的先后顺序对应位置。

（五）图表法

图表法就是通过表格或图将元素之间的关系表示出来的方法。当主要元素只有两类时，通常可以用表格表示；当主要元素超过两类或者需要表现出位置关系时，通常可以画图表示。

附录（三）　写作素材与高分范文

第一节　写作素材

一、逆境

1.走出逆境后得意忘形,便可能迅即陷入另一逆境。逆境消除后缩手缩脚,便等于没有走出逆境。

2.用自己的逆境与别人的顺境对比,是糊涂。用自己现在的逆境同自己以往的顺境对比,是愚蠢。用自己的逆境和他人的逆境相比,是卑微。

3.意志坚强的乐观主义者用"世上无难事"的人生观来思考问题,越是遭受悲剧打击,越是表现得坚强。

4.一个人倒霉至少有这么一个好处:可以认清楚谁是真正的朋友。

5.虽然世界多苦难,但是苦难总是能战胜的。

6.失败可以锻炼一般优秀的人物:它挑出一批心灵,把纯洁的和强壮的放在一边,使它们变得更纯洁更强壮;但它把其余的心灵加速它们的堕落,或是斩断它们飞跃的力量。

7.生活的悲剧不在于人们受到多少苦,而在于人们错过了什么。

8.人要学会走路,也要学会摔跤,而且只有经过摔跤,他才能学会走路。

9.人要是惧怕痛苦,惧怕种种疾病,惧怕不测的事情,惧怕生命的危险和死亡,他就什么也不能忍受了。

10.人们的灾祸常成为他的学问。

11.人的一生,总是难免有浮沉。不会永远如旭日东升,也不会永远痛苦潦倒。反复地一浮一沉,对于一个人来说,正是磨炼。因此,浮在上面的,不必骄傲;沉在底下的,更用不着悲观。必须以率直、谦虚的态度,乐观进取、向前迈进。

12.让我们建议处在危机之中的人:不要把精力如此集中地放在所涉入的危险和困难上,相反要集中在机会上——因为危机中总是存在着机会。

13.逆运不就是性格的试金石吗?

14.不经一番寒彻骨,怎得梅花扑鼻香。

15.逆境展示人才,顺境隐没英才。

16.逆境有一种科学价值。一个好的学者是不会放弃这种机会来学习的。

17.逆境是事业之路上的不速之客。对于一个有思想的人来说,没有一个地方是荒凉偏僻的,在任何逆境中,他都能充实自己。

18.逆境可以使人变得聪明,尽管不能使人变得富有。

19.逆境给人宝贵的磨炼机会。只有经得起环境考验的人,才能算是真正的强者。自古以来的伟人,大多是抱着不屈不挠的精神,从逆境中挣扎奋斗过来的。

20.逆境常常使人难堪;然而即使在人群中找出一百个能忍受逆境的人,也未必找得到一个能正确对待顺境的人。

21.你越是为了解决问题而拼斗,你就越变得急躁——在错误的思路中陷得越深,也越难摆脱痛苦。

22.每场悲剧都会在平凡的人中造就出英雄来。

23.无论命运如何,人生来就不是野蛮人,也不是乞讨者。人的四周充满真正而高贵的财富——身体与心灵的财富。

24.困难只是穿上工作服的机遇。

25.困难和折磨对于人来说,是一把打向坯料的锤,打掉的应是脆弱的铁屑,锻成的将是锋利的钢刀。

26.苦难是人生的老师。

27.苦难磨炼一些人,也毁灭另一些人。

28.逆境是一所完全自修自悟的大学磨难,对于弱者是走向死亡的坟墓,而对于强者却是生发壮志的泥土。

29.奇迹多是在厄运中出现的。

30.患难困苦,是磨炼人格之最高学校。

31.瓜是长大在营养肥料里的最甜,天才是长在恶性土壤中的最好。

32.大祸过后,必有大福。

33.差不多任何一种处境——无论是好是坏——都受到我们对待处境的态度的影响。

34.不幸是一所好的学校。

35.不幸可能成为通向幸福的桥梁。

36.不幸,是天才的晋身之阶;信徒的洗礼之水;弱者的无底之渊。

二、读书

1.读万卷书,行万里路。

2.黑发不知勤学早,白首方悔读书迟。

3.书卷多情似故人,晨昏忧乐每相亲。

4.书犹药也,善读之可以医愚。

5.读书之法,在循序而渐进,熟读而精思。

6.至哉天下乐,终日在书案。

7.发奋识遍天下字,立志读尽人间书。

8.鸟欲高飞先振翅,人求上进先读书。

9.立志宜思真品格,读书须尽苦功夫。

10.书不成诵,无以致思索之功;书不精读,无以得义理之益。

11.至乐莫如读书,至要莫如教子。

12.熟读唐诗三百首,不会作诗也会吟。

13.书到用时方恨少,事非经过不知难。

14.问渠那得清如许? 为有源头活水来。

15.旧书不厌百回读,熟读精思子自知。

16.书痴者文必工,艺痴者技必良。

17.读书百遍,其义自见。

18.立身以立学为先,立学以读书为本。

19.书籍——通过心灵观察世界的窗口。住宅里没有书,犹如房间没有窗户。

20.书籍是任何一种知识的基础,是任何一门学科的基础的基础。

21.书籍并不是没有生命的东西,它包藏着一种生命的潜力,与作者同样地活跃。不仅如此,它还像一个宝瓶,把作者生机勃勃的智慧中最纯净的精华保存起来。

22.书籍是培植智慧的工具。

23.书籍是最好的朋友。当生活中遇到任何困难的时候,你都可以向它求助,它永远不会背弃你。

24.书籍是在时代的波涛中航行的思想之船,它小心翼翼地把珍贵的货物运送给一代又一代。

25.书籍是造就灵魂的工具。

26.书籍是最有耐心、最能忍耐和最令人愉快的伙伴。在任何艰难困苦的时刻,它都不会抛弃你。

27.书籍是培育我们的良师,无须鞭笞和棍打,不用言语和训斥,不收学费,也不拘形式,对图书倾注的爱,就是对才智的爱。

28.书是随时在近旁的顾问,随时都可以供给你所需要的知识,而且可以按照你的心愿,重复这个顾问的次数。

29.一个爱书的人,他必定不至少缺少一个忠实的朋友,一个良好的老师,一个可爱的伴侣,一个温情的安慰者。

30.书籍是朋友,虽然没有热情,但是非常忠实。

31.书籍是前人的经验。

32.书籍是青年人不可分离的生活伴侣和导师。

33.书籍是全世界的营养品。生活里没有书籍,就好像没有阳光;智慧里没有书籍,就好像鸟儿没有翅膀。

34.书籍是少年的食物,它使老年人快乐,也是繁荣的装饰和危难的避难所,慰人心灵。在家庭成为快乐的种子,在外也不致成为障碍物,但在旅行之际,却是夜间的伴侣。

35.理想的书籍是智慧的钥匙。

36.除了野蛮国家,整个世界都被书统治着。

37.书籍乃世人积累智慧之长明灯。

38.读书有三到,谓心到,眼到,口到。

39.立身以立学为先,立学以读书为本。

40.饭可以一日不吃,觉可以一日不睡,书不可以一日不读。

41.阅读的最大理由是想摆脱平庸,早一天就多一份人生的精彩;迟一天就多一天平庸的困扰。

42.宋濂字景濂,号潜溪,明代重臣,被称为"开国文臣之首"。一代礼乐,多由其裁定,他著作宏富,主修《元史》,著有《宋学士文集》。他幼年家贫,常借书苦读。在其《送东阳马生序》一文中,叙述了自己苦读的经历。他爱读书,可是家贫买不起书,就经常到有藏书人家借书,一借到书,就夜以继日地赶抄,即使在数九寒天,砚水结冰,手指冻僵,也不停笔。他借书守信,按期归还,有书的人家才肯不断借书给他。宋濂读书,遇到疑难,自己不能解决时,他就长途跋涉到百里以外去寻访名师指教。逢严冬季节,他忍饥挨饿,顶风冒雪,穿过巨谷,爬上大山,两脚冻裂出一道道血口,仍继续寻访老师。宋濂十几年如一日刻苦读书,终于取得杰出成就。

43.蔡元培,号子民,浙江绍兴人,中国革命家、教育家、科学家,知识界的卓越先驱,编著有《蔡元培全集》。蔡元培一生读书不辍，知识渊博，被誉为"学界泰斗"。蔡元培从少年时代起，就勤于读书。夏天蚊虫多，晚上读书时他便把一双脚放在水桶里，避免蚊子叮咬，专心致志地读书。他在一生繁忙的工作和革命斗争中，从未停止过读书。他晚年回顾说："自十余岁起……读到现在，将满六十年了……几乎没有一日不读点书的。"

44.鲁迅 12 岁进"三味书屋"私塾从寿镜吾先生读书。鲁迅后来曾著文《从百草园到三味书屋》回忆这段经历。"三味书屋"原名叫"三余书屋"，是寿镜吾先生的祖父寿峰岚先生定的名。当年董遇教育其弟子要抓紧"三余"的时间攻读，董遇解释"三余"为："冬者岁之余，夜者日之余，阴雨者时之余也。"寿峰岚先生据此为书屋定名，意在引导学生珍惜时间，勤奋读书。后来寿峰岚读到苏轼赞扬董遇"三余"的诗句："此生有味在三余"。他细细玩味觉得"三味"比"三余"好，"三味"者"读经味如稻引粱，读史味如肴馔，读诸子百家味如醯醢。"培养学生读书兴味，引导学生积极苦读。读书三味，其乐无穷。

45.我国杰出的现代剧作家曹禺，在 23 岁时就写出了《雷雨》，震撼了当时戏剧界，后又写出了《日出》《原野》等很有影响的作品。此外还有剧作《蜕变》《北京人》《家》《王昭君》以及同别人合写的《胆剑篇》。他有如此辉煌成就，绝非偶然，这与他勤学苦读是分不开的。有这样一件趣闻：有一次曹禺的家人准备好澡盆热水，催正在读书的曹禺洗澡。他进内室以后，由于很长时间不见曹禺出来，家人便在内室外听听，房内不时传出水呼声。又过了好久，仍不见人出来。曹禺的夫人生疑，推门过去一看，嗨！原来曹禺坐在盆里，正读书入迷呢。他一手握着书本聚精会神地看着，另一只手拿着毛巾下意识地拍打着水面。他根本没洗，可水早冰凉了。

46.大名鼎鼎的美国科学家爱迪生，一生的发明近两千项，被誉为"发明大王"。这与他爱好读书是分不开的，他常常通宵达旦地读书，查资料，困极了，他就以书当枕，在实验室躺一会儿。因此，有人风趣地说："怪不得爱迪生有那么多的知识，原来他在睡梦中也还要从书本里吸取营养哩。"

47.美国 18 世纪著名政治家、科学家富兰克林，参加过独立战争，参加过起草独立宣言，代表美国同英国谈判，后签订巴黎和约，曾创办《宾夕法尼亚报》，建立美国第一个公共图书馆。他在研究大气电方面有重要贡献，发明避雷针，著有《自传》。富兰克林自幼酷爱读书。家贫无钱上学，从少年时代起，他就独自谋生，常常饿肚子省钱买书读。某一天，富兰克林在路上看到一位白发老妪，已饿得走不动了，就将自己仅有的一块面包送给她。老妪看富兰克林的样子，也是一个穷人，不忍收他的面包。"你吃吧，我包里有的是。"富兰克林说着拍拍那只装满书籍的背包。老妪吃着面包，只见富兰克林从背包里抽出一本书，津津有味地读起来。"孩子，你怎么不吃面包啊？"老妪问道。富兰克林笑着回答说："读书的滋味要比面包好多了！"经济拮据，购书能力有限，他只得经常借书读。他常向朋友借书，在夜晚点起一盏灯，专心读书。疲乏了，他就以冷水浇头提提神，坐下继续阅读完。第二天一早，他就准时把书还给书主，从不失信。

48.东汉王充，自幼好学，因家贫无钱买书，他便每天在洛阳书店里站着读书，年复一年苦学不辍。《汉书·艺文志》上所列的六艺、诸子、诗赋、兵书、术数、方技等六类书，共一万余卷，只要当时存世的，他几乎全读过。他"遂通博百家之言"，成为著名思想家，其代表作《论衡》对后世产生了巨大影响。

三、诚信

1.言不信者，行不果。

2.诚实是力量的一种象征，它显示着一个人的高度自重和内心的安全感与尊严感。

3.民无信不立。

4.人类最不道德处，是不诚实与怯懦。

5.没有诚实,何来尊严?

6.当信用消失的时候,肉体就没有生命。

7.诚者,天之道也;思诚者,人之道也。

8.真诚是一种心灵的开放。

9.如果要别人诚信,首先自己要诚信。

10.诚实是人生的命脉,是一切价值的根基。

11.小信诚则大信立。

12.欺人只能一时,而诚信都是长久之策。

13.信用是难得失的,费十年工夫积累的信用,往往由于一时的言行而失掉。

14.我宁愿以诚挚获得一百名敌人的攻击,也不愿以伪善获得十个朋友的赞扬。

15.诚实的人从来讨厌虚伪的人,而虚伪的人却常常以诚实的面目出现。

16.失信就是失败。

17.生命不可能从谎言中开出灿烂的鲜花。

18.唯诚可以破天下之伪,唯实可以破天下之虚。

19.人背信则名不达。

20.虚伪的真诚,比魔鬼更可怕。

21.走正直诚实的生活道路,定会有一个问心无愧的归宿。

22.以诚感人者,人亦诚而应。

23.失足,你可能马上恢复站立,失信,你也许永难挽回。

24.诚信为人之本。

25.人无忠信,不可立于世。

26.诚实的人必须对自己守信,他的最后靠山就是真诚。

27.诚实和勤勉,应该成为你永久的伴侣。

28.意志薄弱的人,一定不会诚实。

29.以信接人,天下信人;不以信接人,妻子疑之。

30.诚实是智慧之书的第一章。

31.说谎话的人所得到的,就只是即使说了真话也没有人相信。

32.自以为聪明的人,往往是没有好下场的,世界上最聪明的人是老实的人,因为只有老实人才能经得起事实和历史的考验。

33.人之所助者,信也。

34.不宝金玉,而忠信以为宝。

35.祸莫大于无信。

36.丈夫一言许人,千金不易。

37.诚实比一切智谋更好,而且它是智谋的基本条件。

38.马先驯而后求良,人先信而后求能。

39.不须犯一口说,不须着一意念,只凭真真诚诚行将去,久则自有不言之信,默成之孚。

40.信不足,安有信。

四、谦虚

1.谦逊是最高的克己功夫。

2.谦逊是藏于土中甜美的根,所有崇高的美德由此发芽滋长。

3.以谦接物者强,以善自卫者良。

4.谦逊可以使一个战士更美丽。

5.不傲才以骄人,不以宠而作威。

6.谦虚温谨,不以才地矜物。

7.谦虚是不可缺少的品德。

8.谦虚使人进步,骄傲使人落后。我们应当永远记住这个真理。

9.当我们大为谦卑的时候,便是我们最近于伟人的时候。

10.谦虚谨慎自矜其智非智也,谦让之智斯为大智;自矜其勇非勇也,谦让之勇斯为大勇。

11.谦虚谨慎和不谋私利,是人们所赞扬的美德,却也为人们所忽略。

12.谦虚对于优点犹如图画中的阴影,会使之更加有力,更加突出。

13.谦虚的学生珍视真理,不关心对自己个人的颂扬:不谦虚的学生首先想到的是炫耀个人得到的赞誉,对真理漠不关心。思想史上载明,谦虚几乎总是和学生的才能成正比例,不谦虚则成反比。

14.谦虚的人,快来,让我拥抱你们! 你们使生活温和动人……你们想不使任何人感到惭愧。

15.谦虚不仅是一种装饰品,也是美德的护卫。

16.谦柔卑退者,德之余;强暴奸诈者,祸之始。

17.谦让是身体的良心。

18.谦让别人就是处世之道。

19.谦和的态度,常会使别人难以拒绝你的要求。这也是一个人无往不利的要诀。

20.谦卑的人会变得高贵。

21.谦,美德也,过谦者多怀诈;默,懿行也,过默者或藏奸。

22.器满则益,人满则丧。

23.大多数的科学家,对于最高级的形容词和夸张的手法都是深恶痛绝的,伟大的人物一般都是谦虚谨慎的。

24.不要把自己看得太重要,没有你,事情一样可以做得好。

25.蜜蜂从花中啜蜜离开时营营地道谢,浮夸的蝴蝶却是相信花是应该向他道谢的。

26.固然我有某些优点,而我自己最重视的优点,却是我的谦虚。

27.当我们是大为谦卑的时候,便是我们最近于伟大的时候。

28.对骄傲的人不要谦逊,对谦逊的人不要骄傲。

29.当自我不被考虑到时,便没有骄傲或谦卑的余地。

30.不管我们的成绩有多么大,我们仍然应该清醒地估计敌人的力量,提高警惕,决不容许在自己的队伍中有骄傲自大、安然自得和疏忽大意的情绪。

31.决不要陷于骄傲。因为一骄傲,你们就会在应该同意的场合固执起来;因为一骄傲,你们就会拒绝别人的忠告和友谊的帮助;因为一骄傲,你们就会丧失客观标准。

32.君子戒自欺,求自谦。

33.君子泰而不骄,小人骄而不泰。

34.慷慨,尤其是还有谦虚,就会使人赢得好感。

35.科学的未来只能属于勤奋而谦虚的年轻一代!

36.劳谦虚己,则附之者众;骄慢倨傲,则去之者多。

37.力能胜贫,谨能胜祸。

38.美功不伐,贵位不喜。

39.美丽只有同谦虚结合在一起,才配称为美丽。没有谦虚的美丽,不是美丽,顶多只能是好看。

40.果实的事业是尊贵的,花的事业是甜美的;但是让我做叶的事业吧,叶是谦逊地、专心地垂着绿荫的。

五、尊严

1.对人来说,最最重要的东西是尊严。

2.珍视思想的人,必然珍视自己的尊严。

3.虽然尊严不是一种美德,却是许多美德之母。

4.根本不该为取悦别人而使自己失敬于人。

5.要人敬者,必先自敬。

6.生命的尊严正是超等价物的一切事物的基点。

7.哪里有理性、智慧,哪里就有尊严。

8.为人粗鲁意味着忘却了自己的尊严。

9.我们的尊严不在于我们做什么,而在于我们懂得什么。

10.不要让一个人去守卫他的尊严,而应让他的尊严来守卫他。

11.生命的尊严是普遍的绝对的准则。生命的尊严是没有等价物的,是任何东西都不能代替的。

12.擦地板和洗痰盂的工作和总统的职务一样,都有其尊严存在。

13.没有诚实何来尊严?

14.不知道他自己的人的尊严,他就完全不能尊重别人的尊严。

15.幽默乃是尊严的肯定,又是对人类超然物外的胸襟之明证。

16.人类的全部尊严,就在于思想!

17.一个真正伟大、骄傲而又勇敢的民族宁可面对战争的任何灾难,也不愿在牺牲其民族尊严的情况下换得卑贱。

18.一个国家如果不能勇于不惜一切地去维护自己的尊严,那么,这个国家就一钱不值。

19.人们将永远赖以自立的是他的智慧、良心、人的尊严。

20.我想一个人的尊严,并不在于他能赚多少钱,或获得了什么社会地位,而在于能不能发挥他的专长,过有意义的生活。一百个人不能都做同样的事,各有不同的生活方式。生活虽不同,可是发挥自己的天分与专长,并使自己陶醉在这种喜悦之中,与社会大众共享,在奉献中,领悟出自己的人生价值,这是现代人普遍期望的。

21.我们可以死,但是永远不会变节!我们可以死,但是要自由和尊严地去死!我们可以死,并不是因为我们不重视生命,不是因为我们不重视我国人民进行的创造性事业,看不到我们通过自己的劳动有权得到的光荣的未来,而是因为我们每个人的生命是同这种思想、这种前途不可分割地联系在一起的。

六、爱国

1.与其忍辱生,毋宁报国死。

2.一片丹心图报国,两行清泪为忠家。

3.锦绣河山收拾好,万民尽作主人翁。

4.瞒人之事弗为,害人之心弗存,有益国家之事虽死弗避。

5.四万万人齐下泪,天涯何处是神州。

6.位卑不敢忘忧国。

7.臣心一片磁针石，不指南方不肯休。

8.戍客望边色，思归多苦颜。

9.恨不抗日死，留作今日羞。国破尚如此，我何惜此头。

10.南北驱驰报主情，江花边草笑平生。一年三百六十日，多是横戈马上行。

11.忽闻歌古调，归思欲沾巾。

12.先天下之忧而忧，后天下之乐而乐。

13.一寸赤心惟报国。

14.只解沙场为国死，何须马革裹尸还。

15.锦城虽乐，不如回故乡；乐园虽好，非久留之地。归去来兮。

16.临患不忘国，忠也。

17.当须徇忠义，身死报国恩。

18.烈士之爱国也如家。

19.苟利国家，不求富贵。

20.中夜四五叹，常为大国忧。

21.三万里河东入海，五千仞岳上摩天。遗民泪尽胡尘里，南望王师又一年。

22.以家为家，以乡为乡，以国为国，以天下为天下。

23.国耳忘家，公耳忘私。

24.僵卧孤村不自哀，尚思为国戍轮台。

25.一身报国有万死，双鬓向人无再青。

26.我们中华民族有同自己的敌人血战到底的气概，有在自力更生的基础上光复旧物的决心，有自立于世界民族之林的能力。

27.寄意寒星荃不察，我以我血荐轩辕。

28.死去原知万事空，但悲不见九州同。王师北定中原日，家祭无忘告乃翁。

29.人生自古谁无死，留取丹心照汗青。

30.以身许国，何事不敢为？

31.祖国如有难，汝应作前锋。

32.以国家之务为己任。

33.忧国忘家，捐躯济难。

34.夜视太白收光芒，报国欲死无战场！

35.向北望星提剑立，一生长为国家忧。

36.为中华之崛起而读书。

37.人民不仅有权爱国，而且爱国是个义务，是一种光荣。

38.做人最大的事情是什么呢？就是要知道怎样爱国。

39.各出所学，各尽所知，使国家富强不受外侮，足以自立于地球之上。

40.天下兴亡，匹夫有责。

41.苟利国家生死以，岂因祸福避趋之！

42.利于国者爱之，害于国者恶之。

43.常思奋不顾身，而殉国家之急。

44.国耻未雪，何由成名？

45.愿得此身长报国,何须生入玉门关。

46.捐躯赴国难,视死忽如归。

47.南宋名将文天祥,兵败被俘,坐了三年土牢,多次严词拒绝了敌人的劝降。一天,元世祖忽必烈亲自来劝降,许以丞相之职,他毫不动摇,反而斩钉截铁地说:"唯有以死报国,我一无所求。"临刑前,监斩官凑近说:"文丞相,你现在改变主意,不但可免一死,还依然可当丞相。"文天祥怒喝道:"死便死,还说什么鬼话!"文天祥面向南方慷慨就义了,给世人留下一首撼人心弦的《正气歌》。

48.革命家陈天华,在日本留学时,听到沙俄军队侵占满洲,腐败无能的清政府又要同沙俄私订丧权辱国条约的消息后悲愤欲绝,立即在留学生中召开拒俄大会,组织拒俄义勇军,准备回国参战。他回到宿舍后,咬破自己手指,用血指书写救国血书,在血书里陈述亡国的悲惨和当亡国奴的辛酸,鼓舞同胞起来战斗……他一连写了几十张,终因流血过多而晕倒,可嘴里还在不停地喊:"救国!救国!"别人把他救醒后,他坚持把血书一份一份装入信封,从万里迢迢的日本寄回国内。读到的人无不感动。

49.老革命家吴玉章,年轻时东渡日本留学。1904年元旦,因清朝末年中国贫弱,日本帝国看不起中国,在悬挂的万国旗中,故意不挂中国国旗。为维护国家和民族的尊严,吴玉章挺身而出,代表留日学生向日本当局严正提出:必须立即向中国学生道歉并纠正错误,否则,就要举行罢课和绝食以示抗议。日本当局在中国爱国留学生的强大压力下,只得认错道歉。

50.抗日英雄杨靖宇曾担任"南满抗日联军"司令,在从1934年一直到1940年沙场献身这艰苦征战的六年中,他身先士卒地在白山黑水、林海雪原里打击日寇。面对敌人的重兵围剿,杨靖宇率部顽强战斗,使敌人坐卧不安,惶惶不可终日。日寇对他又怕又恨,调集重兵围困。有人劝杨靖宇投降,他斩钉截铁地说:"不,我有我的信念。"最后,弹尽粮绝,杨靖宇在打完最后一颗子弹后壮烈牺牲。敌人残忍地用刺刀剖开他的肚子,杨靖宇肚里没有一粒米,有的只是树皮、草根和棉絮。

51.1946年,美国某大学以优厚的条件聘请著名数学家华罗庚为终身教授。但他回答说:"为了抉择真理,为了国家民族,我要回国去!"回国后,他不仅致力于理论研究,而且踏遍了全国23个省、自治区、市,用数学解决了大量生产中的实际问题,被誉为"人民的数学家"。

此外,还有著名地质学家李四光,生物学家童第周、核物理学家钱学森,高能物理学家张文裕,化学家唐敖庆……他们个个都满怀爱国之志,为国家的复兴做出了巨大贡献。

52.波兰著名作曲家、钢琴家肖邦,19岁从音乐学院毕业时已经很有名气了。后来他决定出国深造。在朋友举行的送别晚会上,朋友们赠送给他一只装满祖国泥土的银瓶。这只银瓶伴随他19年。1849年秋天,肖邦病重垂危。临终前,他嘱咐从华沙赶来的姐姐:"波兰反动政府不会允许将我的遗体运回华沙,就把我的心脏带回祖国去。"

七、价值与选择

1.富与贵,是人之所欲也;不以其道得之,不处也。

2.饭疏食,饮水,曲肱而枕之,乐亦在其中矣。不义而富且贵,于我如浮云。

3.君子喻于义,小人喻于利。

4.君子爱财,取之有道。

5.先义后利者荣,先利后义者辱。

6.利益使一些人目盲,使另一些人眼明。

7.丹麦著名童话作家安徒生跟德国的奥古斯登堡原来是要好的老朋友。1848年普鲁士侵入丹麦的国境,这种侵略行为引起了安徒生的极大愤怒。四年后,他到德国去旅行。许多德国朋友涌到车站去迎接他。一位朋友说:"奥古斯登堡公爵夫妇在家里等您,希望您去和他们会见。""我不愿去见他们,奥古斯登堡参加了四年前普鲁士侵丹麦的战争,我怎么能去看这家人呢?"安徒生愤怒地说着。从此,两位老朋友断交了。

8.唐代大诗人白居易同情人民,他在皇帝面前做谏官时,就屡次上书,请求革除弊政,写了大量讽喻诗揭露官僚势力残害人民的罪行。他写诗力求让人民群众看懂,相传他每写好一首诗,都要读给不识字的老妈妈听,听得懂的,方才拿出去。他在地方做官时,每到一处,都要力争多做些对人民有益的事。在杭州做刺史时,他修筑湖堤(现在的西湖白堤),利用湖水灌溉土地。在苏州,他兴修水利,受到苏州人民的爱戴。在做忠州刺史时,他搞了许多利民的改革,号召开荒生产;改进税收办法,增加富豪的税款,减轻贫苦农民负担;尽量节省开支,减轻老百姓的支出。他亲自带头种树,绿化荒山。他主持群众聚会,席地而坐与民同乐。有些官员说什么"'贵'、'贱'杂处,不成体统。"白居易对这种议论毫不理睬。后来忠州人为了纪念这位爱民的好官,为他建了"白公祠"。

9.著名爱国抗日将领吉鸿昌,把民众当父母,对危害人民的事和人都极为痛恨,即便是自己的亲属也绝不宽恕。他有一个亲侄儿叫吉南星,在乡下为非作歹,为了掩盖奸情,他竟用砒霜毒死人家全家七条人命,被当地县衙收押。吉鸿昌的祖母出于私情,强行保释。县衙碍于吉鸿昌声望权势,拖延不决。后来吉鸿昌得知真情后,立即写信责问县官:"我当师长,他杀人全家,你不问罪;如果我当了军长、总司令,他不就要杀全村、全县的人吗?"并让副官赶到县城,将吉南星当众枪决,为民申冤报仇。1929 年 7 月,吉鸿昌就任当时宁夏省政府主席。有人奉承他,在他的一张大照片上写了八个字:"官运鸿昌,光辉祖宗"。吉鸿昌看罢大怒,把照片撕得粉碎,训斥那人道:"你把我吉某当成什么人! 我吉鸿昌把民众当父母,一心为民众谋福利,高官、厚禄、金钱、地位算个屁!"

10.徐洪刚是原济南军区某部的一名班长。在探亲归队途经四川筠连县时,有歹徒在车上抢劫和调戏妇女,他为保护人民群众的生命财产,挺身而出,同 4 名歹徒殊死搏斗,身上连中 14 刀,肠子从刀口中流出,但仍用双手紧紧抓着一名歹徒的腿。他热爱人民,不顾个人安危,用他的青春和热血谱写了一曲人民子弟兵热爱人民的英雄颂歌。

11.威廉·萨克雷是英国 19 世纪杰出作家。他同情穷人,真诚助人。每当听到或看到别人有困难时,他便把钱装在用过的丸药盒里,写明:"每服一粒,以应急需"的服法,并附上一封化名、假名或没有寄信人姓名、地址的信,叫人送去。这样,他就感到很高兴。

八、素质与文明

1.智力比知识重要,素质比智力重要,觉悟比素质重要。

2.真正的自由属于那些自食其力的人,并且在自己的工作中有所作为的人。

3.在普遍堕落的人群当中,自由是不可能长久存在的。

4.在一个人民的国家中还要有一种推动的枢纽,这就是美德。

5.修养的本质如同人的性格,最终还是归结到道德情操这个问题上。

6.性情的修养,不是为了别人,而是为自己增强生活能力。

7.心的陶冶、心的修养和锻炼是替美的发现和体验做准备。

8.身不修则德不立,德不立而能化成于家者盖寡矣,而况于天下乎?

9.如果我们自己心中没有自由与宁静,如果我们内心深处和隐藏最深的自我只不过是一潭酸臭污浊的死水,那么争取身外的自由又有什么价值呢?

10.人的思想是可塑的。一个人如果每天观赏一幅好画,阅读某部佳作中的一页,聆听一支妙曲,就会变成一个有文化修养的人——一个新人。

11.虔诚不是目的,而是手段,是通过灵魂的最纯洁的宁静而达到最高修养的手段。

12. 怒时光景难看,一发遂不可制,既过思之,殊亦不必;故制怒者当涵养于未怒之先。

13. 美德有如名香,经燃烧或压榨而其香愈烈,盖幸运最能显露恶德而厄运最能显露美德也。

14. 人不能像走兽那样活着,应该追求知识和美德。

15. 应该热心地致力于照道德行事,而不要空谈道德。

16. 有德行的人之所以有德行,只不过受到的诱惑不足而已;这不是因为他们生活单调刻板,就是因为他们专心一意奔向一个目标而无暇旁顾。

17. 如果道德败坏了,趣味也必然会堕落。

18. 德行的实现是由行为,不是由文字。

19. 人无礼不立,事无礼不成,国无礼不宁。

20. 礼义廉耻,国之四维,四维不张,国乃灭亡。

21. 礼貌像只气垫,里面什么也没有,却能奇妙地减少颠簸。

22. 讲话气势汹汹,未必就是言之有理。

23. 礼貌是有教养的人的第二个太阳。

24. 敬人者,人恒敬之;爱人者,人恒爱之。

25. 一个人的礼貌,就是一面照出他的肖像的镜子。

26. 不敬他人,是自不敬也。

27. 不学礼,无以立。

28. 在美国,哈佛、普林斯顿这种顶尖级的学校,都公开宣称平时的成绩非常重要,但还要看学生的综合素质。哈佛大学每年都拒绝不少"高考状元",比如 1996 年,就把 165 名学术水平测验考试中得满分的"高考状元"拒之门外,理由就是对隐藏在分数后面的综合素质不满意。哈佛招生院院长在给潜在的申请者写信时写道:"要进入哈佛这样的大学,个人的特长、参与社区的活动、课外活动也很重要。"普林斯顿招生院院长写道:"我们把每个申请者都当作特殊的个案来审视,看他具体的综合起来的能力和成就。"

美国的高中生能否获得毕业证书,除了学分、成绩等要求外,还要无偿地为社会服务数十个小时。社会上有很多组织和基金会,为申请大学的高中生提供各种各样在社区服务上有突出贡献的奖学金。有些高中生的学业并不突出,但因为"学雷锋"突出而被大学录取了。

29. 美国客商与我国某医疗机械厂决定合作生产输液管,外商到车间参观时,厂长向墙角吐了一口痰,然后用鞋底去擦。正式签约那天,厂长只接到客商的来信:"一个厂长的卫生习惯可以反映一个工厂的管理素质,况且我们生产的是用来治病的输液管,人命关天……请原谅我们的不辞而别。"

30. 在谈到中国足球运动员的素质时,阎世铎讲道,德国"足球皇帝"贝肯鲍尔来中国时,阎世铎与他一同进餐,饭罢两人向酒店外面走的时候,在走廊里遇到一个女孩。她的手里拿着一张纸和一支笔,从其穿着上一看可知她是酒店的服务员。她一言不发地走上前,怯怯地将纸笔伸向贝肯鲍尔。贝肯鲍尔明白女孩的用意,他用双手接过纸笔,将纸铺在墙上,认真地签上自己的名字,然后又用双手捧着将纸笔递给了女孩。在贝肯鲍尔的一生中,为球迷签了多少次名根本无法统计,但他在给这名球迷签名时,所表现出来的认真态度给阎世铎留下了深刻印象,而这种认真,对贝肯鲍尔来说是一种极为自然地流露。

回想起这一幕,阎世铎感慨地说,作为"足球皇帝",贝肯鲍尔在球迷面前连一点儿架子都没有,表现出了十足的绅士风度。但我国的许多球员,没踢出什么名气,走起路来却像螃蟹一样横冲直撞,很多人对球迷的态度更是恶劣无比,严重败坏了中国足球运动员的形象。

阎世铎表示,提高球员的素养和风度是当务之急。我们需要的是会踢球的全面发展的人,而不是踢球的机器。

31.中华人民共和国成立后,罗瑞卿在担任公安部部长时,是执法的领导同志,也是守法的普通公民。有一次,他和两个随行同志去火车站接客人,因为时间晚了,随行的同志来不及买站台票,便领着罗瑞卿直接到了检票口,对检查员说了句"我们是公安部的,来接客人",便进了站。在回来的路上,罗瑞卿想起进站接客的情景,忽然问道:"进站买站台票了吗?"随行的同志摇了摇头。把客人送到住处之后,罗瑞卿即对那位随行的同志说:"现在你马上到车站去,补交三张站台票钱!公安人员应当做守法的模范,不能有特权思想!要知道中国古人有一句话叫'不以恶小而为之,不以善小而不为',要防微杜渐嘛!"

32.丹麦的公民对保护环境的高度自觉和严守规章简直令国人汗颜。作家陈世旭在谈到一次丹麦之行时写道:"在那里,如果你的车子不按规定停放或不熄火,任何一个路人就会过来提醒你把车停好或让车安静下来;如果你钓鱼,一些毫不相干的人也会过来看看你的鱼桶里有没有不符合法律规定的准钓标准的鱼,他们如果发现有就会催着你还要一直盯着你把鱼放回水中,然后说声'谢谢'而去。丹麦禁止养鸟,但鸟食市场却十分兴旺,因为几乎家家都要买上鸟食挂在庭院里喂鸟,长年不断。"

33. 2000年6月的一天,在北京长城脚下,一名少女从断壁处滚下70多米的山崖。这时,几位外国人毫不犹豫地率先沿着陡坡滑下去,与随即赶来的人们一起将她救了上来。事后才知道,组织救人的外国人竟是挪威驻中国大使叶德宏。大使先生到长城,不是观光游览,而是来捡垃圾的。

叶德宏大使到长城捡垃圾已非一次。十年前,一位英国专家威廉·林赛来到长城边,他为长城的美而感叹,同时又被长城上遍地的瓜果皮核、烟蒂纸团和乱丢的矿泉水瓶震惊,就在外国人中发起一项保护长城的活动。他们在长城上竖起著名的标语牌:"除了脚印什么也别留下,除了垃圾什么也别带走"。他们穿的T恤衫与背的背包上印有口号"不到长城非好汉,长城脏了怎么办""人人拾垃圾,长城美如昔"等等,他们除了宣传保护长城环境之外,也会定期来给长城"洗脸"。一年前才赴任的叶德宏大使一到中国,就主动参加了这项活动。

34.尽管旅游文明已经成为全社会的共同呼声,但"五一"期间,记者在天津、北京等地旅游时发现,耳闻目睹的不文明现象仍然比比皆是,黄金周旅游为塑造文明的国民素质敲响了警钟。

在天津市区最大的娱乐休闲公园——水上公园,记者看到,有的游客在游园的过程中,食品袋随手乱丢、口香糖四处乱吐,让清洁工们非常气愤。为了迎接黄金周,公园管理部门安排了更多的清洁管理人员,但是仍然无济于事。北京天安门广场早晨的升旗仪式每天都会吸引很多群众参加,这本是很好的爱国主义教育,可个别人在参加完升旗仪式后,把垃圾随便遗弃在地。在世界文化遗产地故宫,一些游客在游玩时,偷偷刻下自己的名字。随着经济发展水平的不断提高,越来越多的中国人走出国门到世界各地旅游。香港《亚洲周刊》曾发表文章指出,在将生活日渐富足的信息传递给世界的同时,一些中国游客却表现出衣冠不整、随地吐痰、乘车不排队等坏习惯,给中国人的国际形象抹了黑。

"假日旅游中的各种不文明行为,看起来是一些'小节',其实就是陋习。"家住天津的居民王桂岭说,要建设现代化的文明城市,最核心的是要提高居民的素质。他认为,"勿以恶小而为之",社会要大张旗鼓地倡导文明新风,消除小节无害、陋习难改的错误认识,使更多的市民树立文明光荣、不文明可耻的观念。

35.美国有个"福特公司",创始人是福特,他大学毕业后,去一家汽车公司应聘。和他一同应聘的三四个人都比他学历高,当前面几个人面试之后,他觉得自己没有什么希望了。但既来之,则安之。他敲门走进了董事长办公室,一进办公室,他发现门口地上有一张纸,弯腰捡了起来,发现是一张废纸后,便顺手把它扔进了废纸篓里。然后才走到董事长的办公桌前,说:"我是来应聘的福特。"董事长说："很好,很好!福特先生,你已被我们录用了。"福特惊讶地说:"董事长,我觉得前几位都比我好,你怎么把我录用了?"董事长说:"福特先生,前面三位应聘者的确学历比你高,且仪表堂堂,但是他们眼睛只能看见大事,而看不见小事。你的眼睛能看见小事,我认为能看见小事的人,将来自然会看到大事,一个只能看见大事的人,他会忽略很多小事。他是不会成功的。所以,我才录用你。"福特就这样进了这个公司,这个公司不久后就扬名天下,福特把这个公司改为"福特公司",也相应改变了整个美国国民经济状况,使美国汽车产业在世界占据鳌头,他就是今天"美国福特公司"的创始人——福特。大家说,这张废纸重要不重要?看见小事的人能看见大事,但只能看见大事的人,不一定能看见小事,这是很重要的教训。

36.一位美国数学教授差点儿从椅子上掉下来——他是被一道中国学前儿童算术题惊吓的。算术题内容如下:哥哥存款数额是弟弟的 9 倍,姐姐存款数额是弟弟的 6 倍,弟弟有 8 元,哥哥、姐姐分别有几元?应试教育造成的学生作业负担和心理压力,在我国极其严重,不利于培养学生的想象力、创造力、批判力。我的一位朋友的儿子赴海外学习后,一直拿不到像国内重点中学那样的高分,原因在于对素质的理解力有偏差。学校的考核要点诸如秋游前学生推销面包以换取游资(不允许向家长要钱)、近视能否骑自行车等等。

有人说我们的"活字典"式的培养方法不也造就了角逐奥林匹克赛的代代骄子吗?这只是一种误解。即使在数学教育比较薄弱的美国,中学课程虽较简单,但引进了高等数学中的拓扑学的概念;而选修内容,即使全校只有一个学生选到一门冷门的课程,校方也会花钱从外面聘请教师进行授课。

九、其他

1.钟南山的科学精神

面对突如其来的新冠肺炎疫情,钟南山冷静、无畏,以医者的妙手仁心挽救生命,以科学家实事求是的态度应对灾难。他说:"'健康所系,性命相托',就是我们医者的初心;保障人民群众的身体健康和生命安全,就是我们医者的使命"这掷地有声的话语,表现出他的人生准则和职业操守。钟南山以令人景仰的学术勇气、高尚的医德和科学的探索精神给人们战胜疫情的力量。(主题:奉献、责任、勇于担当、科学精神)

2.独特的眼光

当无数个宗教信仰者守护着"地心说"来愚弄人类时,哥白尼揭穿了他们的阴谋。当牛顿的经典体系被视为物理学大统一时,爱因斯坦打破了他们的美梦。当爱立信会计纸业有限公司推出一种受到市场欢迎的轻便文件夹,而被其他企业仿效时,他们又推出了一种更新型的产品。(主题:眼光独到、打破常规、创新、不盲目从众、有创新的勇气)

3.无声的教育

相传古代有位老禅师,一日晚在禅院里散步,看见院墙边有一张椅子,他立即明白了有位出家人违反寺规翻墙出去了。老禅师也不声张,静静地走到墙边,移开椅子,就地蹲下。不到半个时辰,果真听到墙外一阵响动。少顷,一位小和尚翻墙而入,黑暗中踩着老禅师的脊背跳进了院子。当他双脚着地时,才发觉刚才自己踩着的不是椅子,而是自己的师傅的背。小和尚顿时惊慌失措,张口结舌,只得站在原地,等待师傅的责备和处罚。出乎小和尚意料的是,师傅并没有厉声责备他,只是以很平静的语调说:"夜深天凉,快去多穿一件衣服。"(主题:宽容、关爱学生、不盲目责备学生)

4.人格的力量

我国著名教育家张伯苓，于1919年之后相继创办了南开大学、南开女中、南开小学。他十分注重对学生进行文明礼貌教育，并且身体力行，为人师表。一次，他发现有个学生手指被烟熏黄了，便严肃地劝告那个学生："吸烟对身体有害，要戒掉它。"没想到那个学生有点儿不服气，俏皮地说："那您吸烟就对身体没有害处吗？"张伯苓对于学生的责难，歉意地笑了笑，立即唤工友将自己所有的烟取来，当众销毁，还折断了自己用了多年的心爱的烟袋杆，诚恳地说："从此以后，我与诸同学共同戒烟。"果然，从那以后，他再也不吸烟了。（主题：为人师表、以身作则、人格魅力、师生共同进步）

5.一句话改变学生的命运

"我一看你修长的小拇指就知道，将来你一定会是纽约州的州长"，一句普通的话，改变了一个学生的人生。此话出自美国纽约大沙头诺必塔小学校长皮尔保罗之口。话语中的"你"是指当时一名调皮捣蛋的学生罗杰·罗尔斯。小罗尔斯出生于美国纽约声名狼藉的大沙头贫民窟，这里环境肮脏、充满暴力，是偷渡者和流浪汉的聚集地。因此，小罗尔斯从小就受到了不良影响，上小学时经常逃学、打架、偷窃。一天，当他又从窗台上跳下，伸着小手走向讲台时，校长皮尔保罗将他逮个正着。出乎意料的是，校长不但没有批评他，反而诚恳地说了上面的那句话并语重心长地引导和鼓励他。当时的罗尔斯大吃一惊，因为在他不长的人生经历中只有奶奶的话让他振奋过一次，说他可以成为驾驶五吨重的小船的船长。他记下了校长的话并坚信这是事实。从那天起，"纽约州州长"就像一面旗帜在他心里高高飘扬。他的衣服不再沾满泥土，语言不再肮脏难听，行动不再拖沓和漫无目的。在此后的40多年间，他没有一天不按州长的身份要求自己。51岁那年，他终于成了纽约州的州长。（主题：教师的鼓励与学生的信心、信念）

6.宽容的力量

陶行知先生当校长的时候，有一天看到一位男生用砖头砸同学，便将其制止并叫他到校长办公室去。当陶校长回到办公室时，男孩已经等在那里了。陶行知掏出一颗糖给这位同学："这是奖励你的，因为你比我先到办公室。"接着他又掏出一颗糖，说："这也是给你的，我不让你打同学，你立即住手了，说明你尊重我。"男孩将信将疑地接过第二颗糖，陶先生又说道："据我了解，你打同学是因为他欺负女生，说明你很有正义感，我再奖励你一颗糖。"这时，男孩感动得哭了，说："校长，我错了，同学再不对，我也不能采取这种方式。"陶先生于是又掏出一颗糖："你已认错了，我再奖励你一块。我的糖发完了，我们的谈话也结束了。"（主题：宽容、尊重、师生平等、理解、善于引导）

7.对学生要一视同仁

有三个这样的孩子：一个孩子4岁才会说话，7岁才会写字，老师对他的评语是"反应迟钝，思维不合逻辑，满脑子不切实际的幻想。"他曾经还遭遇到退学的命运。第二个孩子曾被父亲抱怨是白痴，在众人的眼中，他是毫无前途的学生，考了三次艺术学院还考不进去，他父亲绝望地说："孺子不可教也！"第三个孩子经常遭到父亲的斥责，"你放着正经事不干，整天只管打猎、捉耗子，将来怎么办？"所有教师和长辈都认为他资质平庸，与聪明沾不上边。这三个孩子分别是爱因斯坦、罗丹和达尔文。这个答案不会让你感到意外吗？我们做过类似的傻事吗？其实，每个学生都心存着一个梦想，都有一座属于自己的天堂，我们不能发现它，那是我们还缺少一双智慧的眼睛。（主题：一视同仁、信任、尊重想象力、因材施教、信心、善于发现学生的优点）

8.手机文明折射出素质的高低

现在，许多会议在事先印好的"会议须知"里都列有一条："保持会场安静，开会时请关闭手机"。不少会议的主持人都要在会议开始前强调一句："请关掉手机。"尽管如此，人们还是能在许多会场里听到手机的响声，还是可以看到一些人拿着手机朝外走的身影。有些人干脆连走出会场接电话这道程序也免了,在会场中与外界"交流"。

手机对会议秩序的干扰,不言自明。想想看,安静的会场中手机铃声此起彼伏,开会效果会怎么样?一会儿这个人出去了,一会儿又有人低头打起了电话,一些人因此会左顾右盼,侧耳旁听,注意力分散。这么一来,会场秩序岂有不乱之理?庄重、严肃的会议气氛岂能不受影响?手机扰乱会场的状况,已不再是可以忽略的小事了。

其实,会议可以不必专门为此做出限制规定。因为在会场上关闭手机本是一般的文明常识,这就像不能随地吐痰、公共场所不能高声喧哗一样,是不言自明的道理,如果人们明知故犯,那就是缺少基本的文明素养。

要当一个现代社会的文明人,就不能不讲手机文明。(主题:素质教育、文明、责任)

9.程门立雪

宋代著名学者杨时,在四十岁时拜程颐为师。在一个下雪的中午,杨时和他的同学在读书时产生了疑问,便去请教程颐。当时,程颐正在午睡,他们便站在门口,静等老师醒来。待程颐醒后发现他们时,他们站的地方已在雪地里留下了深深的脚印。(主题:尊师重教、教养、素质、求知精神、不畏艰难、求学不分年龄)

第二节　高分范文

一、爱国

我以我血荐轩辕。

国既不国,家何能存?

以上这些话表明了人民对祖国的感情以及对祖国与自我关系的思考。

个人与祖国同呼吸、共命运

"天下之本在国,国之本在家,家之本在身。"祖国的发展离不开个人的努力,个人的成就亦以祖国的强大为后盾。个人与祖国是不可分割的命运共同体。电影《我和我的祖国》讲述的就是普通人与国家之间密不可分的动人故事。个人和国家之间,看似遥远,实则密切关联。

祖国兴旺发达促进个人发展。国家兴旺发达是个人能更好发展的前提和基础,同时它保障着个人的发展环境。"皮之不存,毛将焉附",若国家战乱频起,人民流离失所,大部分人得不到良好的教育,勉强度日尚且困难,就更难有精力去搞发展,积贫积弱的旧社会可以佐证。只有祖国繁荣昌盛,人民才能接受更好的教育,才有时间、有精力去提升自己,从而提升个人能力,体现个人价值。

个人的发展推动着社会进步。人的社会性决定了人只有在推动社会进步的过程中,才能实现自我的价值。在中华人民共和国成立初期,百废待兴,无数仁人志士投身国家,钱学森、李四光、童第周……在当代中国,黄旭华、叶培健、程开甲、钱七虎、张富清……这些伟大的平凡人满怀爱国之志,与祖国同行,与时代共命运,以个人的发展推动社会的进步,为中华民族伟大复兴作出重大贡献。但如果人人都只关心自己的利益,甚至以损害他人利益、社会利益的方式满足一己之私,人们赖以生存的社会不仅难以发展进步,还将最终因私欲的膨胀而走向崩溃。秦桧残害忠良,加快了王朝覆灭的脚步;成克杰、胡长清贪腐堕落,因造成国家财产损失而成为罪人。这些人的行为,不仅使个人失去生前身后名,而且不利于国家的发展进步。

总之,个人与祖国同呼吸、共命运,个人发展与祖国发展休戚与共、相辅相成。我们应正确认识个人与国家的关系，把小我和大我更好地统一起来，把自己的人生追求同社会的发展进步紧密结合起来，在为社会作贡献的过程中成长进步，实现自己的人生价值。当代中国正处于中华民族伟大复兴的关键时期，我们要投身于加快推进社会主义现代化强国、实现中华民族伟大复兴的实践中，在为祖国作贡献的过程中促进自身的发展。

二、创新

有人说，机器人的使命，应该是帮助人类做那些人类做不了的事，而不是代替人类。技术变革会取代一些低端烦琐的工作岗位，最终也会创造更高端更人性化的就业机会。例如，历史上铁路的出现取代了很多挑夫的工作，但又增加了千百万的铁路工人。人工智能也是一种技术变革，人工智能也将促进未来人类社会的发展。有人则不以为然。

科技创新要有底线

人们对待人工智能有两种截然不同的态度，这反映出科技创新的两面性。我们要扬长避短，就需要守住科技创新的底线。

守住科技创新的底线，人类得福。底线就是不可逾越的红线。科技创新的过程就是运用知识、技术等对未知领域进行探索的过程。这必然伴随着各种不确定性，可能让人误入歧途。因此，为了避免科技创新偏离方向，逾越红线，我们必须有所为有所不为，守住科技创新的底线。由于底线的存在，科技创新带来的负面影响就可能降到最低，带给人类更多的福祉。守住了克隆人的底线，克隆技术促进了医学、农学的发展；守住了信息安全的底线，计算机网络技术让我们的生活更加便捷；守住了和平的底线，军事科技为国家的安全提供了有力保障……这些都是科技创新给人类带来的福音，都是有底线创新的结果。

反之，丧失科技创新的底线，人类得祸。科技创新一旦没有了范围的限制就可能被用于作恶，进而给人类带来各种威胁。纳米技术虽然让我们对物质材料的认识更细微，但是纳米兴奋剂违背了公平公正的体育精神，这就是科技创新丧失底线带来的后果，任其发展下去，将对人类的进步构成威胁。窥一斑而见全豹，假如科技创新没有底线，人类将会处于何种境况呢？

既然科技创新利弊共存，我们在利用科技谋求便利和发展的同时就不能忽视风险的存在，必须要有底线意识。如何有效地守住科技创新的底线呢？要守住科技创新的底线，可以从两个方面着手：其一，加强科技工作者的道德教育，提升自律意识，通过道德约束科技工作者的行为；其二，制定相关法律法规，通过法律法规来限制科技创新应用的领域。

霍金说："人工智能可能是人类文明史上最糟糕的事，也可能成为最美好的事。"让科技在红线内驰骋，最糟糕的事就能变成最美好的事。

三、包容

林则徐说："海纳百川，有容乃大。"

包容使社会更加和谐

"海纳百川，有容乃大。"这句话的意思是大海因为有宽广的度量，才容纳了成百上千条河流。这句话强调了包容的重要性。放眼当下，这句话依然适用，即包容使社会更加和谐。

包容使人与人关系融洽。"爱人者，人恒爱之；敬人者，人恒敬之。"包容是能够站在他人角度去思考问题。人与人之间相互包容，为对方着想，就会减少不必要的误解和摩擦，使感情更加亲密。包容是学会接纳不同意见，让心胸更宽广。人若没有一颗宽容之心，便无法与他人和谐共处。接纳别人的不同，相互体谅、相互尊重，才会使人们之间的关系更加融洽和谐。

包容使个人成就事业。包容有利于调动一切积极因素，推动个人事业的发展。具有包容心，我们才能把各种负能量转化为正能量,才能够正确对待工作,宽容对待别人工作中的过失,认真听取领导和同事的意见,以成就自己的事业,更好地实现自己的人生价值,在社会中更好地生存。

包容促进社会更好地发展。"百家争鸣"使战国出现了学术繁荣的景象;大唐对异域文化的兼收并蓄,缔造了盛唐文明;北京大学的"兼容并包",成就了其在现代学术文化史上的崇高地位。"海纳百川,有容乃大",正是由于中华民族的包容,才有了百花齐放的中华文明,才有了改革开放的伟大举措,让中华文明看到了复兴的希望。

包容是个人和社会不断发展进步的有效法则。那人们应当如何践行呢?

第一,对个人来讲,包容是要学会为他人着想。每个人的生活习惯和价值观念不同,我们不能只接受符合自己价值观的事物。我们要学会宽容,学会理解,学会体谅,站在他人的角度去思考问题。有句话叫"严以律己,宽以待人",在社会生活中,人与人之间的交往就是互相包容体谅的过程。

第二,就社会整体来讲,包容就是要兼收并蓄,取长补短,而不是故步自封或者盲目自大。我们应对先进的技术、优秀的文明做到兼收并蓄,以促进社会的发展进步。但是,我们也不能全盘照搬,要在其基础上,创造出属于自己的新事物。

鉴于以上内容,我们可以看出,包容有利于促进社会和谐发展。

四、厚德

孟子曾引用阳虎的话:"为富,不仁矣;为仁,不富矣。"(《孟子·滕文公上》)

这段话表明了古人对当时社会上为富为仁现象的一种态度,以及对两者之间关系的一种思考。

富与仁合

"为富,不仁矣;为仁,不富矣",这是古人对富与仁的认识,这种认识有一定的历史局限性。立足当下,为富为仁是可以统一起来的。

为富不仁,富不久。为富不仁者在财富的创造和积累中往往会不择手段,这确实能在短期内聚集一定的财富。但这势必会失去客户和合作伙伴的信任。而一旦失去信任,客户就会远离你,合作伙伴也会抛弃你,事业自然难以为继。三鹿奶粉以饮鸩止渴的方式获取财富,但最终失去市场,被扫进历史的垃圾堆。反之,为富者仁,则美誉长存,他们的"仁"赢得大众的认可,助力事业发展。此外,为富不仁者往往在道德品质方面存在问题,这样就难以聚拢人才。而没有优秀人才的加入,终究因缺乏创新而难以传承。

为仁不富,仁不广。"富"并不一定是物质财富,也可以是精神财富。仁者以宽仁之心待人,这是他们的本性。这样的人不一定会把因仁而富作为追求的目标,但是这并不意味着社会可以漠视仁者的行为。试想,如果仁者没有因仁而富,无论是在物质上还是精神上,甚至因仁而受到损失,就势必会影响到其他人,不利于弘扬仁。相反,如果我们对仁者的行为予以高度认可,广泛宣传,让更多的人知道"仁者可富"的道理,这不仅能激发仁者更大的仁心,也能使更多的人加入"仁者"的队伍。

因此,为富不仁和为仁不富都不可取,最好的办法就是将二者结合起来,即做到为富为仁相辅相成。如何将二者统一起来呢?简单地说,建立合理的惩罚与激励机制,让为富不仁者付出代价,让为富为仁者获得回报。只有这样,才能形成良性互动,从而形成"穷则独善其身,达则兼济天下"的良好社会氛围。

聚财有道,是谓自强不息;散财有道,是谓仁德之心。富与仁相辅相成,为富为仁,才能更好地谱写人生传奇。

五、敬老尊贤

尊老爱幼是中华民族的传统美德。可是,近年来"老人摔倒该不该扶"屡次成为社会话题。

由"该不该扶起摔倒的老人"想到的
——提升道德水平刻不容缓

老人跌倒，我们究竟该不该扶？答案是肯定的。可是，近年来，"老人摔倒该不该扶"屡次成为热议话题，这不仅是因为其反映了人们"怕被讹"的心理，更暴露出提升道德水平这一刻不容缓的问题。

提升道德水平，有利于维护社会道德秩序。本不应该成为热议话题的话题却被全社会热烈讨论，其实这已经证明，在某种程度上，这个社会的公德几近破产。因为类似人情冷漠、麻木不仁的现象不仅发生在跌倒老人身上，还有更多案例，比如见义勇为反被上诉，公交车上乘客对小偷的盗窃行为熟视无睹等等，这些早已成为值得全社会反思的问题。因此，提升道德水平，维护社会道德秩序刻不容缓。

提升道德水平，有利于弘扬中华传统美德。尊老是我国的优良传统。但是，由于一些老人诬告好心人，使得举手之劳可能惹来无尽的麻烦，这间接导致了社会冷漠现象的加剧。社会公德、传统道德，因人们的犹豫而与我们渐行渐远。因此，提升道德水平，对弘扬中华传统美德具有重要的作用。

提升道德水平，有利于保障人们的权益。人皆会老，难免会遇到各种紧急问题。但是人们由于害怕麻烦而选择观望，就可能导致不可挽回的遗憾。基于此，有必要提高人们的道德水平，从而保障人们的合法权益，让路人能够勇于帮助、放心帮助身边遇到困难的人。

那么，该如何提升人们的道德水平呢？一是要健全社会法律法规，从根本上保障好心人的合法权益；二是要培养孩童的道德意识，让他们明礼知礼守礼；三是要加强全社会的宣传工作，尤其是对积极正面的事件的宣传。

总之，提升道德水平，有助于瓦解社会的冷漠，更有益于社会的和谐。

六、恒心毅力

被誉为清代"中兴名臣"的曾国藩，其人生哲学很独特，就是"尚拙"。他曾说："天下之至拙，能胜任天下之至巧，拙者自知不如他人，自便会更虚心。"

尚拙者胜

曾国藩的人生哲学是"尚拙"。这一人生哲学体现出他的智慧，对于当今时代的我们仍有借鉴意义，我们应该明白"尚拙者胜"的道理。

"拙"不是笨拙，而是一种脚踏实地的精神。"尚拙"不是崇尚愚笨，而是推崇脚踏实地的精神。为什么脚踏实地的人能成功呢？

尚拙可以夯实基础。坚实的基础是成功的保障。尚拙者推崇一步一个脚印，这样对事物的认识就会更全面、更清晰，就能洞察事物发展的规律。反观投机取巧者，他们往往急功近利，善于走捷径，从表面看要比尚拙者聪明。但是由于走了捷径，缺少对细节的把控，认识就难免浮于表面，不够深入。因此，我们应该以脚踏实地、慢工出细活的态度夯实基础，为成功做好铺垫。

尚拙可以积蓄力量。脚踏实地的人往往比较谦虚，他们能看到自己与他人的差距，愿意去倾听他人的意见，以人之长补己之短，从而让自己获得成长。同时，脚踏实地的人一般比较低调，他们不会哗众取宠，在不容易引起关注的情况下悄然前行，在不显山不露水中充实自己。可见尚拙能加快自己的成长速度，为成功积蓄力量。

尚拙可以突破自我。很多人成长到一定阶段就会遇到瓶颈，要想让人生进入一个新的境界，就必须打破瓶颈、突破自我。怎么才能突破自我呢？显然不能靠投机取巧，必须修炼内功、提升自己，而要提升自己就离不开脚踏实地的精神。试想，一个一门心思要走捷径的人怎么可能坐下来充实自己呢？自然也就难以实现自我的突破。

尚拙的意义如此重大，如何做到这一点呢？一方面，要有执着精神。执着才能使人在遇到挫折时不轻言放弃,才能抵制捷径的诱惑。另一方面,不要走极端,要巧拙。我们提倡"尚拙",不是提倡一味蛮干,也不是提倡不思进取。要会拙,要巧拙。

成大事者以"拙"立身,以"拙"立业。如是,我们的人生也将大放异彩。

七、尊师重教

道德与学问同样重要,我们的教育不能只重视学问而忽略道德。因为当今社会上有很多高学历低素质的人,这让我们再一次意识到二者统一的重要性。

德与学

一味重视知识教育而忽略道德教育会导致出现很多高学历低素质的人。立足当下,只有将道德教育与知识教育统一,培养德才兼备之人,才会让社会更加和谐。

有学无德必遭社会唾弃。道德是立身之本,有才无德者谓之小人。如果忽视道德教育,会造成人性的不良发展。如前段时间成为社会热点的"博士男高铁霸座事件","博士男"的行为给社会造成了极大的恶劣影响。高学历群体"学识与德行错位"事件时有发生,这群人是社会的栋梁,但却不能以身作则,甚至还成为一种社会现象,为人热议。现代社会正处于一个快速发展的阶段,力求普及全民教育,提高人民的文化素质,与此同时,德行教育却被忽视。只有时刻以较高的道德水准要求自己,思想才不会滑坡,才会为社会做出表率。

得才兼备助力社会发展。无论在任何时代,社会的发展总是离不开德才兼备的前辈的拼搏奋斗。诸葛亮为报刘备知遇之恩,终生为蜀国鞠躬尽瘁;新中国成立后,百废待兴,詹天佑、茅以升、邓稼先、李四光、华罗庚等人,毅然决然回到中国,用所学知识为祖国复兴做出了巨大贡献。同时,有德无才也难以在社会中得到更好发展,如果我们缺少知识,很可能会上当受骗,从而酿成不可挽回的后果。近年频发的"传销组织事件"就是不法分子利用人们的无知和善良,坑害了一群人。因此,我们不仅要做一个善良的人,还要做一个有智慧、有学识、有判断能力的人。

由此可见,道德与学识是缺一不可的,二者应该相辅相成。那么,如何将道德与学识相结合呢?一是从家庭教育做起,让良好家风在潜移默化中塑造孩童良好的言行;二是建立合理的奖惩与激励制度,让缺少道德的人付出相应的代价,对为社会做出贡献的人给予表彰及奖励。这样,人们才会意识到知识与道德相统一的重要性,从而形成和谐美好的社会氛围。

因此,教育不应该只是单纯地传授学问知识,还应该重视道德层面的建设。只有二者得到统一,社会才能积极正向地发展。

八、竞争双赢

独木不成林。竞争在当今社会是不可避免的,竞争也为发展注入了活力。在竞争合作中求双赢,才是我们的最终目标。

竞争合作求双赢

所谓"独木不成林",随着科技与经济的迅速发展,各行各业的竞争也越来越激烈。在竞争中合作是非常有必要的,正视竞争关系有助于双方共同进步,实现双赢。

在竞争中合作,需要信任关系。只有在搭建起信任的桥梁后,双方才能迅速地全心投入到发展中,从而获得双赢。例如,三星与苹果一直是竞争对手,人们经常拿双方的手机进行对比。然而,它们之间不仅有竞争,也保持着合作。苹果手机的部分机型中,一些低功耗 ARM 处理器几乎都是三星代工。由此可以看出,即便双方是竞争关系,但在合作中仍然给予了对方信任,既使对方增加效益,又利于自身发展。

在竞争中合作,需要积极交流。无论个人、企业或者国家,都越来越重视合作。"三人行,必有我师焉。择其善者而从之,其不善者而改之。"在遇到难题时,大家集中讨论,进行头脑风暴,总是会出现许多新奇的想法和解决方案。积极主动的交流可以促成一种良性竞争。我国近几年提出了"一带一路"的倡议,与新丝绸之路上的亚、非、欧国家在政治、经济、文化上组成利益共同体。各国在相互输出技术、资源的同时,也能获得经济上的回报。

"物竞天择,适者生存"是自然界的规律,竞争会淘汰落后的、无用的事物,也会促使新事物的诞生与成长。提到竞争,人们首先会想到敌对与冲突,但实际上,竞争中也可以有合作,良性竞争能够促进双方进步与成长。缺乏竞争,会使我们难以发现自身的短处。

正确看待竞争的关系,能够发现自身的短板,激发我们的上进心,进而提高自己的能力,与此同时,双方也可以相互合作,汲取对方的先进技术思想,从而共同进步。互相竞争与合作可以促进双方的发展,最终实现双赢。

九、惜时勤俭

惜时勤俭是中华民族的传统美德。珍惜时间能使我们的生活更加充实,勤俭不仅对社会有益,也有助于提升自身的幸福感。

论惜时勤俭

古时有"逝者如斯"的说法,现代社会日新月异,我们总是不禁感慨"时间都去哪儿了"。如今的诸多物品通过互联网便唾手可得,让人们忘记了它们来之不易。珍惜有限的时间,勤奋节约,将使我们过上理想的幸福生活。

珍惜时间,规划人生蓝图。我们可以把要做的事一一列出,在计划时间内将其完成,这样我们便掌控了时间。从另一个角度来讲,把时间花在自己喜欢的事上,也是珍惜时间的一种体现。祖逖闻鸡起舞,匡衡凿壁偷光,陈景润终夺数学桂冠,这都是珍惜时间的例子。鲁迅说:"时间,就像海绵里的水,只要你挤,总是有的。"每个人都应该把握自己的生活节奏,既不能不计后果,一味盲目地"赶时间";也不能偷懒,荒废时间。"花有重开日,人无再少年。"我们明确目标,提高做事效率,让每一天都过得更加充实、有意义,从而提升内心幸福感。

勤俭节约,积累生活智慧。生活是靠双手创造的,积极主动创造才能有所收获;俭以养德,省俭有方才能积攒财富。历史上因骄而奢、由奢而亡的例子,数不胜数。陆游曾说:"天下之事,常成于勤俭而败于奢靡。"生于忧患,死于安乐。奢靡之风是危险的,它可能将一个人的贪欲由小变大,直至欲壑难填。古代石崇生前奢靡至极,身死后财富烟消云散。当代中国打腐败"老虎",这也是因为某些共产党员已贪腐堕落。"历览前贤国与家,成由勤俭破由奢。"我们应当勤俭节约,守好本心,把握住生活中的财富和智慧。

由此,我们应该把惜时勤俭的思想融入灵魂,时刻铭记在心。这对于我们自身和社会、国家来说都是非常有必要的。

十、学习进取

知识的真理性只有经过检验才能得到证明。论辩是纠正错误的重要途径之一,不同观点的冲突会暴露错误而发现真理。

论辩出真理

通过论辩,观点得以碰撞,思维的桎梏得以突破,人们可以借此去伪存真,接近真理。可见,真理越辩越明,并非虚言。

论辩能让我们认识到无知与偏见,趋近真理。人的认知总有一定的局限性,受这种局限性的制约,难免会存在无知与偏见,而这种无知与偏见会阻碍我们对真理的探索。通过论辩,我们能从他人的认知中获得启发,认识到自己的不足,碰撞出新的观点,从而拓宽看问题的视角。当我们提高了认知水平后,我们对各种现象的认识就会上升到一个新的台阶,接近事实与真相。例如,光的波粒二象性理论不就是在波动说和微粒说的争辩中产生的吗?假如没有这种思想的碰撞,人们对光的本质的认识可能还处于偏见之中,更谈不上后来量子力学的产生。由此可知,我们能通过论辩发现真理,剔除谬误。

论辩能让我们不断地反思、完善真理。真理是相对的、有条件的,如果把真理固化,那么真理就可能变成教条或谬误。而论辩却能改变这一点,让真理得以不断完善。论辩犹如思想的交锋,这种交锋能激发人们进行反思,走出思维的"舒适区",接受其他观念的挑战。当我们理性对待这些挑战时,势必会审视过去的真理,考虑影响真理的各种因素是否发生了变化,进而做出调整,真理也因此而趋于完善。

论辩能让我们趋近真理、完善真理,因此提升论辩能力至关重要。如何提升这方面的能力呢?

一方面,要敢于表达异见。"异见"能提供新的思考角度,能带来思想的碰撞,擦出"真理"的火花。另一方面,不能盲目表达异见,而是要遵循一定的规则。围绕论辩的主题,做到有理有据,如此一来,才能体现论辩的价值。

俗话说:鼓不敲不响,理不辩不明。探索真理的过程就是论辩的过程,要同无知论辩、同偏见论辩,让论辩见证真理。

十一、名与利

《清代皇帝秘史》记述乾隆皇帝下江南时,来到江苏镇江的金山寺,看到山脚下大江东去,百舸争流,不禁兴致大发,随口问一个老和尚:"你在这里住了几十年,可知道每天来来往往多少船?"老和尚回答说:"我只看到两只船。一只为名,一只为利。"

淡泊名利少忧烦

《清代皇帝秘史》记述乾隆皇帝下江南时,来到江苏镇江的金山寺,看到山脚下大江东去,百舸争流,不禁兴致大发,随口问一个老和尚:"你在这里住了几十年,可知道每天来来往往多少船?"老和尚回答说:"我只看到两只船。一只为名,一只为利。"

材料中的老和尚真是一语道破天机,人活在世上,无论贫富贵贱,穷达逆顺,都免不了要和名利打交道。然而,如何正确对待名利,树立正确的名利观,却不是每个人都能处理好的。过重的名利思想给一些人带来无穷的烦恼。有些人平时也认为应该把名利看得淡一些,可是一旦面对调职调级、评优评奖等的时候,往往是"看得破,忍不过;想得到,做不来"。于是,忍不住还要去争一争。有时忍住了不去争,但心里很不平衡。那么,怎样才能解决这一问题?我认为应当"看名利淡如水,视事业重如山"。

首先,要做到信仰至上。人生总会有所追求,一个人如果心中没有远大的目标,势必就会看重眼前的名利。要淡泊名利,无私奉献,总要有肯于为之奉献、为之牺牲的精神。近年来,有的同志之所以看重名利,计较得失,并不是因为物质生活上更需要,或者因为荣誉感一下子变强了,而恰恰在于对共产主义的信仰动摇了,理想淡漠了。失去了远大的目标,自然就会看重眼前的名利。

其次,要做到不攀比。不少同志向组织张口的真实心态,有时并不是计较一职半级,也不是缺几十块钱,而是出于同他人比较后产生的挫折感、失落感、不公平感。因此,要想淡泊名利,就必须学会正确比较。我们要像雷锋同志那样,工作上向标准最高的同志看齐,生活上向标准最低的同志看齐。

再者,要做到控制物欲。名利本身并不是人生追求的最终目的,追求名利主要还是为了满足一己私欲。因此,要淡泊名利,无私奉献,必须从根本入手,控制住自己的物欲。俗话说,"世上无如人欲险",如果抵御不了这种诱惑,总想高消费,过上等人的生活,而靠现有条件又满足不了,那就必然会去争,甚至有可能走上违法犯罪的道路。一个人的物欲越强,他的名利思想也就越强。如果物欲低一些,做到寡欲,也就比较容易淡泊功名,达到"人到无求品自高"的境界。

做到上述三点,我们就会看淡名利,减少很多忧烦,把心思集中在事业上,实现人生的崇高价值。

十二、谦虚与怀疑

有一句格言说:"谦虚与怀疑是富有的淘金者的左手和右手,作为一个富有的淘金者,不仅要用他的左手,也要用他的右手。"

要富有谦虚与怀疑精神

有一句格言说:"谦虚与怀疑是富有的淘金者的左手和右手,作为一个富有的淘金者,不仅要用他的左手,也要用他的右手"。这句格言十分精妙!它告诉人们:一个人要想有所成就,一要有谦逊的品德,二要有进取的怀疑精神。

"谦虚使人进步,骄傲使人落后。"这是广为流传的一句名言。翻开历史,我们不难看出有多少志士仁人、文人墨客,正是因为谦虚才在事业上有所成就,永载史册,又有多少人由于骄傲而悔恨终生。三国时期,刘备为了恢复汉室,竟三顾诸葛亮的茅庐。他不因诸葛亮位卑而倨傲,而是降低自己的身份,一次又一次地去拜访。诸葛亮终感其诚,答应为他奔走效劳。与此相反,李自成率领的农民起义军为了推翻明王朝的统治,曾转战南北,历经了10余年才攻进北京,推翻了明朝的统治。他们自认为天下已尽在掌握,就放松警惕骄傲起来,致使清军入关,终以失败宣告结束。李自成几十年的心血也毁于一旦。因而,我们在现实生活中不要因为别人不如自己,而轻视别人。古语云:"三人行则必有我师焉。"人各有长处,我们应向别人请教,取他人之长补自己之短。

作为一个富有的淘金者,一个有成就的人,不仅要有谦逊的品德,更要有怀疑的精神。试想,如果地质学家李四光对苏联专家的"中国贫油论"唯唯诺诺,那么这将造成一个多大的悲剧!值得庆幸的是,李四光既用他谦逊的左手求得了真知,又用他怀疑的右手举起标异的旗帜,借助自己渊博的学识针锋相对地与"贫油论""干"了一仗。他的怀疑,最终引出了中国大地下早已沸腾不已的油源。正是由于这种怀疑精神,不仅摘掉了"中国贫油"的帽子,也使中国人提出的陆相生油理论和李四光创立的地质力学理论得到了最有力的证明。为中国石油工业建立了不朽的功勋。当然,怀疑精神也一定要以谦虚为前提,否则,见到别人的论点、学说和传闻,不由分辨,就心里起疑,最终会出现井底之蛙的悲剧。试想,李四光若心高气傲,不能够做到脚踏实地,光凭一股爱国热情又怎么能说服他人,进而发现了大庆、胜利、大港、华北、江汉等油田呢?

因而,我们青年人也要向淘金者一样用"谦虚"的左手,挖取来带金的泥沙;用"怀疑"的右手,筛去无用的泥沙,淘出灿烂的纯金,甚至,把它打造成光芒四射、无与伦比的首饰、金器。由此可见,谦虚和怀疑是一套组合拳。当人们很自然地一起运用它们的时候,将会寻觅另一片晴天。

十三、论"照镜子"

唐太宗李世民曾把魏征批评他的一篇奏章写在屏风上,当作"镜子",随时对照。他总结自己"照镜子"的体会说:"以铜为镜,可以正衣冠;以古为镜,可以知兴替;以人为镜,可以明得失。"

论"照镜子"

唐太宗李世民勇于正视魏征的批评,甚至把魏征批评他的奏章写在屏风上,当作"镜子"来对照,他深知善于"照镜子",不但能够正衣冠,还能知晓历史兴替,明晓得失。因此,在生活中,我们也要做一个善于"照镜子"的人。

通过"照镜子",可重新认识自己,避免妄自尊大。在古代,会"照镜子"的人还有很多。比如战国时齐国的宰相邹忌,他认为自己不如城北徐公漂亮,但他的妻子、小妾和客人都说他漂亮,追其原因不过是爱屋及乌或是有求于他。由此他联想到:在日常生活中照镜子,可以检查自己的仪容仪表;在工作中"照镜子",可以审视自我,避免失职。于是觐见齐威王,上奏了自己的感悟。齐威王听了很是欣赏,接受了他的建议,遂实施臣民可广开言论政策,并告诫自己应正确对待批评,从而使国家强盛起来。由此可见,勤于、善于"照镜子",以镜为鉴对于个人、集体和国家来说都很有必要。

善于"照镜子",能让我们增智慧,长技能,进而有所成就。个人对事或人的认识往往受到很多主观或客观因素的限制,很容易使我们变得盲目,自满自负,缺乏主动意识。这就需要我们常常去"照镜子",善于"以人为镜""以古为镜",学会在"照镜子"的过程中接受更多的声音,在人们的各种批评、意见中认识自己,保持清醒的头脑,通古今,懂得失,明方向,只有这样我们才能成为一个有智慧,有能力,不骄不躁的人,进而为社会、为人类尽己绵薄之力。

当今复杂多变的世界大环境尤其需要我们善于"照镜子"。我们的国家正处于一个伟大的变革时期,社会主义现代化建设的新进程向我们提出了许多新的课题、变化和革新,这样纷繁复杂,变幻莫测的世界有太多新事物等待我们去探索、思考和认识。所以,当前,善于"照镜子",有自知之明,对于我们每个生活在新世纪的中国人来说,都是十分重要的。

历史在不断地前进,我们作为新时代的中国人肩负着伟大的历史使命,这就要求我们时常"照镜子",总结我们漫长曲折的奋斗历史,"以史为镜",不再走错路、弯路、暗路。"以人为镜",汲取历史中革命人士的先进经验,传承优良的奋斗传统,开辟中国更加美好的未来。

十四、借力而行

有个小男孩,有一天妈妈带着他到杂货店去买东西,老板看到这个可爱的小孩,就打开一罐糖果,要小男孩自己拿一把糖果。但是这个小男孩却没有任何动作。几次的邀请之后,老板亲自抓了一大把糖果放进他的口袋。回到家中,母亲好奇地问小男孩,为什么没有自己去抓糖果而要老板抓呢?小男孩的回答很妙:"因为我的手比较小呀!而老板的手比较大,所以他拿的一定比我拿的多很多!"

智者当借力而行

有这样一则故事:老板几次邀请小男孩拿一把糖果,小男孩都没有任何动作,最后,老板亲自抓了一大把糖果给他。母亲问小男孩不自己抓糖果的原因,小男孩说:"因为老板的手比我的大,他拿的一定比我拿的多。"这个故事,给了我们深深的启示:无论是在我们的学习还是工作中,都要学会适时依靠他人的力量,智者当借力而行。

"君子性非异也,善假于物也。"千年前的古人都懂得借力的价值,如今的我们更应该懂得这个道理:借力是一种共赢,智者应借力而行;当然,借力也绝非盲目依赖、一味依靠,否则必会适得其反。

无论在学习还是事业上,我们都应懂得智者借力而行。作为学生的我们,应懂得借力学习,才能事半功倍。我们可以借助老师、辅导书的力量,以达到更高的学习效率,提升能力。事业上也应如此,千里马借伯乐之眼得以施展抱负,伯乐借千里马之能成就美名。钢琴大师李斯特年轻时才华横溢却无人赏识,肖邦在发现他的惊人天赋后,邀他在自己的演奏会上独奏一曲,李斯特不负厚望,一举成名,从此步入乐坛,终成一代大师。肖邦也借栽培李斯特成就了自己慧眼识珠之名。

诚然,借力不等同于依赖。盲目借力、一味依靠,毫无分辨地依赖他人反而会使人生走向相反的方向,无法回头。蜀汉后主刘禅事事依赖诸葛亮,由于对诸葛亮过分依赖,军国大事全权委任于诸葛亮,最终一代贤臣也独木难支。诸葛亮、蒋琬等贤臣相继去世后,刘禅自身无力把持国政,宦官黄皓开始专权,迫使姜维外出屯田避乱,蜀国逐渐衰败。后魏国大举伐蜀,刘禅投降,蜀国灭亡后,刘禅仍不知进取,以致乐不思蜀。

雄鹰依靠苍穹而尽显勇猛,峰峦依靠山河而尽显伟岸,游鱼依靠流水而尽显灵动。借力而行是一种智慧,不是懒惰;借力而行是一种互助,不是偷窃;借力而行更是一种共赢。因此,智者当借力而行。

附录(四)　2022 年管理类专业学位联考综合能力真题及解析

一、问题求解:第 1~15 小题,每小题 3 分,共 45 分。下列每题给出的 A、B、C、D、E 五个选项中,只有一个选项是最符合题目要求的。

1.一项工程施工 3 天后,因故障停工 2 天,之后工程队提高工作效率 20%,仍能按原计划完成。则原计划工期为(　　)

(A)9 天　　(B)10 天　　(C)12 天

(D)15 天　　(E)18 天

视频讲解

2.某商品的成本利润率为 12%,若其成本降低 20%而售价不变,则利润率为(　　)

(A)32%　　(B)35%　　(C)40%

(D)45%　　(E)48%

视频讲解

3.设 x,y 为实数,则 $f(x,y)=x^2+4xy+5y^2-2y+2$ 的最小值为(　　)

(A)1　　(B)$\frac{1}{2}$　　(C)2

(D)$\frac{3}{2}$　　(E)3

视频讲解

4.如下图所示,$\triangle ABC$ 为等腰直角三角形,以 A 为圆心的圆弧交 AC 于 D,交 BC 于 E,交 AB 的延长线于 F,若曲边三角形 CDE 与 BEF 面积相等,则 $\frac{AD}{AC}=$(　　)

(A)$\frac{\sqrt{3}}{2}$　　(B)$\frac{2}{\sqrt{5}}$　　(C)$\sqrt{\frac{3}{\pi}}$

(D)$\frac{\sqrt{\pi}}{2}$　　(E)$\sqrt{\frac{2}{\pi}}$

视频讲解

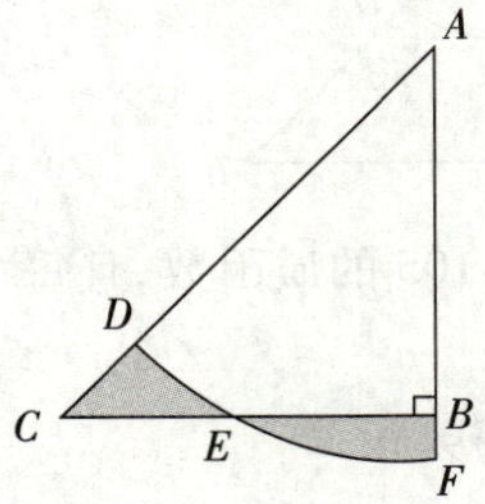

5.如图所示,已知相邻的圆都相切,从这 6 个圆中随机取 2 个,则这 2 个圆不相切的概率为(　　)

(A)$\frac{8}{15}$　　(B)$\frac{7}{15}$　　(C)$\frac{3}{5}$

视频讲解

(D) $\dfrac{2}{5}$ (E) $\dfrac{2}{3}$

6. 如图所示, 在棱长为 2 的正方体中, A, B 为两边中点, C, D 为两顶点, 则 $S_{四边形ABCD}=($)

(A) $\dfrac{9}{2}$ (B) $\dfrac{7}{2}$ (C) $\dfrac{3\sqrt{2}}{2}$

(D) $2\sqrt{5}$ (E) $3\sqrt{2}$

7. 某公司有甲、乙、丙三个部门, 若从甲部门调 26 人到丙部门, 则丙部门是甲部门人数的 6 倍; 若从乙部门调 5 人到丙部门, 则丙部门的人数与乙部门人数相等。则甲部门与乙部门人数之差除以 5 的余数为(   )

(A) 0 (B) 1 (C) 2

(D) 3 (E) 4

8. 桌上放有 8 只相同的杯子, 将其中的 3 只杯子翻转(杯口朝上与朝下互换)作为一次操作。8 只杯口朝上的杯子经 n 次操作后, 杯口全部朝下, 则 n 的最小值是(   )

(A) 3 (B) 4 (C) 5

(D) 6 (E) 8

9. 直角三角形 ABC, $\angle C$ 是直角, D 是 AB 边中点, 以 AD 为直径做圆交 AC 于 E, 若三角形 ABC 的面积是 8, 则三角形 ADE 面积为(   )

(A) 1 (B) 2 (C) 3

(D) 4 (E) 6

10. 已知一个自然数的各位数字都是 105 的质因数, 且每个质因数至多出现一次, 则这样的自然数有(   )

(A) 6 个 (B) 9 个 (C) 12 个

(D) 15 个 (E) 27 个

11. 甲、乙两支足球队进行比赛, 比分为 4:2, 且在比赛过程中乙队没有领先过, 则不同的进球顺序有(   )

(A) 6 种 (B) 8 种 (C) 9 种

（D）10 种   （E）12 种

12. 购买 A 玩具和 B 玩具各一件需花费 1.4 元，购买 200 件 A 玩具和 150 件 B 玩具需花费 250 元，则 A 玩具的单价为（　　）

（A）0.5 元   （B）0.6 元   （C）0.7 元

（D）0.8 元   （E）0.9 元

13. 4 名男生和 2 名女生随机站成一排，女生既不在两端也不相邻的概率为（　　）

（A）$\dfrac{1}{2}$ （B）$\dfrac{5}{12}$ （C）$\dfrac{3}{8}$

（D）$\dfrac{1}{3}$ （E）$\dfrac{1}{5}$

14. 已知 A,B 两地相距 208 km，甲、乙、丙三车的速度分别为 60 km/h，80 km/h，90 km/h，甲、乙两车从 A 地出发去 B 地，丙车从 B 地出发去 A 地，三车同时出发，当丙车与甲、乙两车距离相等时，用时（　　）

（A）70 min   （B）75 min   （C）78 min

（D）80 min   （E）86 min

15. 某城市需要建造一个花园，分为 5 个部分，如图所示。现要栽种 4 种不同颜色的花，每部分栽种一种并且相邻部分不能栽种同样颜色的花，则不同的栽种方案有（　　）种。

（A）12 种   （B）24 种   （C）32 种

（D）48 种   （E）96 种

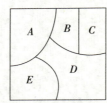

二、条件充分性判断：第 16~25 小题，每小题 3 分，共 30 分。要求判断每题给出的条件（1）和条件（2）能否充分支持题干所陈述的结论。A、B、C、D、E 五个选项为判断结果，只有一个选项是最符合题目要求的。

（A）条件（1）充分，但条件（2）不充分。

（B）条件（2）充分，但条件（1）不充分。

（C）条件（1）和条件（2）单独都不充分，但条件（1）和条件（2）联合起来充分。

（D）条件（1）充分，条件（2）也充分。

（E）条件（1）和条件（2）单独都不充分，条件（1）和条件（2）联合起来也不充分。

16. 如图，AD 与圆相切于 D 点，AC 与圆相交于点 B，则能确定 $\triangle ABD$ 与 $\triangle BDC$ 的面积比。

（1）已知 $\dfrac{AD}{CD}$。

（2）已知 $\dfrac{BD}{CD}$。

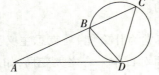

17.设实数 x 满足 $|x-2|-|x-3|=a$，则能确定 x 的取值。

(1) $0<a\leqslant\dfrac{1}{2}$。

(2) $\dfrac{1}{2}<a\leqslant 1$。

18.两个人数不相等的班级，数学测验的平均分不相等，则能确定人数多的班。

(1) 已知两个班的平均分。

(2) 已知两个班的总平均分。

19.在 $\triangle ABC$ 中，D 为 BC 边上的点，BD，AB，BC 成等比数列，则 $\angle BAC=90°$。

(1) $BD=DC$。

(2) $AD\perp BC$。

20.将 75 名学生分成 25 组，每组 3 人，则能确定女生人数。

(1) 已知全是男生的组数和全是女生的组数。

(2) 只有一个男生的组与只有一个女生的组数相等。

21.某直角三角形的三边 a，b，c 成等比数列，则能确定公比的值。

(1) a 是直角边长。

(2) c 是斜边长。

22.已知 x 为正实数，则能确定 $x-\dfrac{1}{x}$ 的值。

(1) 已知 $\sqrt{x}+\dfrac{1}{\sqrt{x}}$ 的值。

(2) 已知 $x^2-\dfrac{1}{x^2}$ 的值。

23.已知 a，b 为实数，则能确定 $\dfrac{a}{b}$ 的值。

(1) a，b，$a+b$ 成等比数列。

(2) $a(a+b)>0$。

24.已知正数列 $\{a_n\}$，则 $\{a_n\}$ 是等差数列。

(1) $a_{n+1}^2-a_n^2=2n$，$n=1,2,3,\cdots$。

(2) $a_1+a_3=2a_2$。

25.设实数 a，b 满足 $|a-2b|\leqslant 1$，则 $|a|>|b|$。

(1) $|b|>1$。

(2) $|b|<1$。

三、逻辑推理：第 26~55 小题，每小题 2 分，共 60 分。下列每题给出的 A、B、C、D、E 五个选项中，只有一个选项是最符合题目要求的。

26.百年党史充分揭示了中国共产党为什么能、马克思主义为什么行、中国特色社会主义为什么好的历史逻辑、理论逻辑、实践逻辑，面对百年未有之大变局，如果信念不坚定，就会陷入停滞彷徨的思想迷雾，就无法面对前进道路上的各种挑战风险。只有坚持中国特色社会主义道路自信、理论自信、文化自信，才能把中国的事情办好，把中国特色社会主义事业发展好。

根据以上陈述,可以得出以下哪项?

（A）如果坚持"四个自信"就能把中国的事情办好。

（B）只要信念坚定,就不会陷入停滞彷徨的思想迷雾。

（C）只有信念坚定,才能应对前进道路上的各种挑战风险。

（D）只有充分理解百年党史揭示的理论逻辑,才能将中国特色社会主义事业发展好。

（E）如果不能理解百年党史揭示的理论逻辑,就无法遵循百年党史揭示的实践逻辑。

27.　"君问归期未有期,巴山夜雨涨秋池。何当共剪西窗烛,却话巴山夜雨时。"这首《夜雨寄北》是晚唐诗人李商隐的名作。一般认为这是一封"家书",当时诗人身处巴蜀,妻子在长安,所以说"寄北"。但有学者提出,这首诗实际上是寄给友人的。

以下哪项如果为真,最能支持以上学者的观点?

（A）李商隐之妻王氏卒于大中五年,而该诗作于大中七年。

（B）明清小说戏曲中经常将家庭塾师或官员幕客称为"西席""西宾"。

（C）唐代温庭筠的《舞衣曲》中有诗句"回鸾笑语西窗客,星斗寥寥波脉脉"。

（D）该诗另一题为《夜雨寄内》,"寄内"即寄怀妻子。此说得到了许多人的认同。

（E）"西窗"在古代专指客房、客厅,起自尊客于西的先秦古礼,并被后世习察日用。

28.退休在家的老王今晚在"焦点访谈""国家记忆""自然传奇""人物故事""纵横中国"这 5 个节目中选择了 3 个节目观看。老王对观看的节目有如下要求:

（1）如果观看"焦点访谈",就不观看"人物故事"。

（2）如果观看"国家记忆",就不观看"自然传奇"。

根据上述信息,老王一定观看了如下哪个节目?

（A）纵横中国。

（B）国家记忆。

（C）自然传奇。

（D）人物故事。

（E）焦点访谈。

29.2020 年全球碳排放量减少大约 24 亿吨,远远大于之前的创纪录降幅。例如二战结束时下降 9 亿吨,2009 年金融危机最严重时下降 5 亿吨。非政府组织全球碳计划（GCP）在其年度评估报告中说,由于各国在新冠肺炎疫情期间采取了封锁和限制措施,汽车使用量下降了一半左右,2020 年的碳排放量同比下降了创纪录的 7%。

以下哪项如果为真,最能支持 GCP 的观点?

（A）2020 年碳排放量下降最明显的国家或地区是美国和欧盟。

（B）延缓气候变化的方法不是停止经济活动,而是加速向低碳能源过渡。

（C）根据气候变化《巴黎协定》,2015 年之后的 10 年全球每年需减排约 10~20 亿吨。

（D）2020 年在全球各行业减少的碳排放总量中,交通运输业所占比例最大。

（E）随着世界经济的持续复苏,2021 年全球碳排放量同比下降可能不超过 5%。

30.某小区 2 号楼 1 单元的住户都打了甲公司的疫苗,小李家不是该小区 2 号楼 1 单元的住户,小赵家都打了甲公司的疫苗,而小陈家都没有打甲公司的疫苗。

根据以上陈述,可以得出以下哪项?

（A）小李家都没有打甲公司的疫苗。

（B）小赵家是该小区 2 号楼 1 单元的住户。

（C）小陈家是该小区的住户，但不是 2 号楼 1 单元的。

（D）小赵家是该小区 2 号楼的住户，但未必是 1 单元的。

（E）小陈家若是该小区 2 号楼的住户，则不是 1 单元的。

31.某研究团队研究了大约 4 万名中老年人的核磁共振成像数据、自我心理评估等资料，发现经常有孤独感的研究对象和没有孤独感的研究对象在大脑的默认网络区域存在显著差异。默认网络是一组参与内心思考的大脑区域，这些内心思考包括回忆旧事、规划未来、想象等。孤独者大脑的默认网络联结更为紧密，其灰质容积更大。研究人员由此认为，大脑默认网络的结构和功能与孤独感存在正相关。

以下哪项如果为真，最能支持上述研究人员的观点？

（A）人们在回忆过去、假设当下或预想未来时会使用默认网络。

（B）有孤独感的人更多地使用想象、回忆过去和憧憬未来以克服社交隔离。

（C）感觉孤独的老年人出现认知衰退和患上痴呆症的风险更高，进而导致部分脑区萎缩。

（D）了解孤独感对大脑的影响，拓展我们在这个领域的认知，有助于减少当今社会的孤独现象。

（E）穹隆是把信号从海马体输送到默认网络的神经纤维束，在研究对象的大脑中，这种纤维束得到较好的保护。

32.关于张、李、宋、孔 4 人参加植树活动的情况如下：

（1）张、李、孔至少有 2 人参加；

（2）李、宋、孔至多有 2 人参加；

（3）如果李参加，那么张、宋两人要么都参加，要么都不参加。

根据以上陈述，以下哪项是不可能的？

（A）宋、孔都参加。

（B）宋、孔都不参加。

（C）李、宋都参加。

（D）李、宋都不参加。

（E）李参加、宋不参加。

33.2020 年下半年，随着新冠病毒在全球范围内的肆虐及流感季节的到来，很多人担心会出现大范围流感和新冠疫情同时爆发的情况。但是有病毒学家发现，2009 年甲 H1N1 流感毒株出现时，自 1977 年以来一直传播的另一种甲型流感毒株消失了。由此他推测，人体同时感染新冠病毒和流感病毒的可能性应该低于预期。

以下哪项如果为真，最能支持该病毒学家的推测？

（A）如果人们继续接种流感疫苗，仍能降低同时感染这两种病毒的概率。

（B）一项分析显示，新冠肺炎患者中大约只有 3% 的人同时感染另一种病毒。

（C）人体感染一种病毒后的几周内，其先天免疫系统的防御能力会逐步增强。

（D）为避免感染新冠病毒，人们会减少室内聚集、继续佩戴口罩、保持社交距离和手部卫生。

（E）新冠病毒的感染会增加参与干扰素反应的基因的活性，从而防止流感病毒在细胞内进行复制。

34.补充胶原蛋白已经成为当下很多女性抗衰老的手段之一。她们认为：吃猪蹄能够补充胶原蛋白，为了美容养颜，最好多吃些猪蹄。近日有些专家对此表示质疑，他们认为多吃猪蹄其实并不能补充胶原蛋白。

以下哪项如果为真,最能质疑上述专家的观点?

(A)猪蹄中的胶原蛋白会被人体的消化系统分解,不会直接以胶原蛋白的形态补充到皮肤中。

(B)人们在日常生活中摄入的优质蛋白和水果、蔬菜中的营养物质,足以提供人体所需的胶原蛋白。

(C)猪蹄中胶原蛋白的含量并不多,但胆固醇含量高、脂肪多,食用过多会引起肥胖,还会增加患高血压的风险。

(D)猪蹄中的胶原蛋白经过人体消化后会被分解成氨基酸等物质,氨基酸参与人体生理活动,再合成人体必需的胶原蛋白等多种蛋白质。

(E)胶原蛋白是人体皮肤、骨骼和肌腱中的主要结构蛋白,它填充在真皮之间,撑起皮肤组织,增加皮肤紧密度,使皮肤水润而富有弹性。

35.某单位有甲、乙、丙、丁、戊、己、庚、辛、壬、癸 10 名新进员工,他们所学专业是哲学、数学、化学、金融和会计 5 个专业之一,每人只学其中一个专业,已知:

(1)若甲、丙、壬、癸中至多有 3 人是数学专业,则丁、庚、辛 3 人都是化学专业;

(2)若乙、戊、己中至多有 2 人是哲学专业,则甲、丙、庚、辛 4 人专业各不相同。

根据上述信息,所学专业相同的新员工是

(A)乙、戊、己。

(B)甲、壬、癸。

(C)丙、丁、癸。

(D)丙、戊、己。

(E)丁、庚、辛。

36.H 市医保局发出如下公告:自即日起,本市将新增医保电子凭证就医结算,社保卡将不再作为就医结算的唯一凭证。本市所有定点医疗机构均已实现医保电子凭证的实时结算;本市参保人员可凭医保电子凭证就医结算,但只有将医保电子凭证激活后才能扫码使用。

以下哪项最符合上述 H 市医保局的公告内容?

(A)H 市非定点医疗机构没有实现医保电子凭证的实时结算。

(B)可使用医保电子凭证结算的医院不一定都是 H 市的定点医疗机构。

(C)凡持有社保卡的外地参保人员,均可在 H 市定点医疗机构就医结算。

(D)凡已激活医保电子凭证的外地参保人员,均可在 H 市定点医疗机构使用医保电子凭证扫码就医。

(E)凡未激活医保电子凭证的本地参保人员,均不能在 H 市定点医疗机构使用医保电子凭证扫码结算。

37.宋、李、王、吴 4 人均订阅了《人民日报》《光明日报》《参考消息》《文汇报》中的两种报纸,每种报纸均有两人订阅,且各人订阅的均不完全相同。另外,还知道:

(1)如果吴至少订阅了《光明日报》《参考消息》中的一种,则李订阅了《人民日报》而王未订阅《光明日报》;

(2)如果李、王两人中至多有一人订阅了《文汇报》,则宋、吴均订阅了《人民日报》。

如果李订阅了《人民日报》,则可以得出以下哪项?

(A)宋订阅了《文汇报》。

(B)宋订阅了《人民日报》。

（C）王订阅了《参考消息》。

（D）吴订阅了《参考消息》。

（E）吴订阅了《人民日报》。

38.在一项噪声污染与鱼类健康关系的实验中,研究人员将已感染寄生虫的孔雀鱼分成短期噪声组、长期噪声组和对照组。短期噪声组在噪声环境中连续暴露24小时,长期噪声组在同样的噪声中暴露7天,对照组则被置于一个安静环境中。在17天的监测期内,该研究人员发现,长期噪声组的鱼在第12天开始死亡,其他两组鱼则在第14天开始死亡。

以下哪项如果为真,最能解释上述实验结果?

（A）噪声污染不仅危害鱼类,也危害两栖动物、鸟类和爬行动物等。

（B）长期噪声污染会加速寄生虫对宿主鱼类的侵害,导致鱼类过早死亡。

（C）相比于天然环境,在充斥各种噪声的养殖场中,鱼更容易感染寄生虫。

（D）噪声污染使鱼类既要应对寄生虫的感染又要排除噪声干扰,增加鱼类健康风险。

（E）短期噪声组所受的噪声可能引起了鱼类的紧张情绪,但不至于损害它们的免疫系统。

39.节日将至,某单位拟为员工发放福利品,每人可在甲、乙、丙、丁、戊、己、庚7种商品中选择其中的4种进行组合,且每种组合还需满足如下要求:

（1）若选甲,则丁、戊、庚三种中至多选其一;

（2）若丙、己至少选一种,则必选乙但不能选戊。

以下哪项符合上述要求?

（A）甲、丁、戊、己。

（B）乙、丙、丁、戊。

（C）甲、乙、戊、庚。

（D）乙、丁、戊、庚。

（E）甲、丙、丁、己。

40.幸福是一种主观愉悦的心理体验,也是一种认知和创造美好生活的能力。在日常生活中,每个人如果既能发现当下不足,也能确立前进的目标,并通过实际行动改进不足和实现目标,就能始终保持对生活的乐观精神。而有了对生活的乐观精神,就会拥有幸福感。生活中大多数人都拥有幸福感,遗憾的是,也有一些人能发现当下的不足,并通过实际行动去改进,但他们却没有幸福感。

根据上述陈述,可以得出下列哪项?

（A）生活中大多数人都有对生活的乐观精神。

（B）个体的生理体验也是个体的一种行为能力。

（C）如果能发现当下的不足并努力改进,就能拥有幸福感。

（D）那些没有幸福感的人即使发现当下的不足,也不愿通过行为去改变。

（E）确立前进的目标并通过实际行动实现目标,生活中有些人没有做到这一点。

41~42题基于以下题干:

本科生小刘拟在4个学年中选修甲、乙、丙、丁、戊、己、庚、辛8门课程,每个学年选修其中的1~3门课程,每门课程均在其中一个学年修完。同时还满足:

（1）后3个学年选修的课程数量均不同;

（2）丙、己和辛课程安排在一个学年,丁课程安排在紧接其后的一个学年;

（3）若第4学年至少选修甲、丙、丁中的1门课程,则第一学年仅选修戊、辛两门课程。

41.如果乙在丁之前的学年选修,则可以得出下列哪项?

（A）乙在第一学年选修。

（B）乙在第二学年选修。

（C）丁在第二学年选修。

（D）丁在第四学年选修。

（E）戊在第一学年选修。

42.如果甲、庚均在乙之后的学年选修,则可以得出以下哪项?

（A）戊在第一学年选修。

（B）戊在第三学年选修。

（C）庚在甲之前的学年选修。

（D）甲在戊之前的学年选修。

（E）庚在戊之前的学年选修。

43.习俗因传承而深入人心,文化因赓续而繁荣兴盛。传统节日带给人们的不只是快乐和喜庆,还塑造着影响至深的文化自信。不忘历史才能开辟未来,善于继承才能善于创新。传统节日只有不断融入现代生活当中的文化才能得以赓续而繁荣兴盛,才能为人们提供更多的心里滋养与精神力量。

根据以上信息可以得出以下哪项?

（A）只有为人们提供更多心里滋养与精神力量,传统文化才能得以赓续而繁荣兴盛。

（B）若传统节日更好地融入现代生活,就能为人们提供更多心里滋养与精神力量。

（C）有些带给人们欢乐和喜庆的节日塑造着人们的文化自信。

（D）带有厚重历史文化的传统将引领人们开辟未来。

（E）深入人心的习俗将在不断创新中被传承。

44.当前,不少教育题材影视剧贴近社会现实,直击子女升学、出国留学、代际冲突等教育痛点,引发社会广泛关注。电视剧一阵风,剧外人急红眼,很多家长触“剧”生情,过度代入,焦虑情绪不断增加,引得家庭“鸡飞狗跳”,家庭与学校的关系不断紧张。有专家由此指出,这类教育影视剧只能贩卖焦虑,进一步激化社会冲突,对实现教育公平于事无补。

以下哪项如果为真,最能质疑上述专家的主张?

（A）当代社会教育资源客观上总是有限且分配不平衡,教育竞争不可避免。

（B）父母过度焦虑则导致孩子间暗自攀比,重则影响亲子关系,家庭和睦。

（C）教育影视剧一旦引发广泛关注,就会对国家教育政策走向产生重要影响。

（D）教育影视剧提醒学校应明确职责,不能对义务教育实行“家长承包制”。

（E）家长不应成为教育焦虑的“剧中人”,而应该用爱包容孩子的不完美。

45~46 题基于以下题干:

某电影院制定未来一周的排片计划。他们决定,周二至周日(周一休息)每天放映动作片、悬疑片、科幻片、纪录片、战争片、历史片 6 个类型中的一种,各不重复。已知排片还有如下要求:

①如果周二或周五放映悬疑片,则周三放映科幻片。

②如果周四或周六放映悬疑片,则周五放映战争片。

③战争片必须在周三放。

45.根据以上信息,可以得出以下哪项?

（A）周六放科幻片。

（B）周日放悬疑片。

（C）周五放动作片。

（D）周二放纪录片。

（E）周四放历史片。

46.如果历史片的放映日期,既与纪录片相邻,又与科幻片相邻,则可得出以下哪项?

（A）周二放纪录片。

（B）周四放纪录片。

（C）周二放动作片。

（D）周四放科幻片。

（E）周五放动作片。

47.有些科学家认为,基因调整技术能大幅延长人类寿命。他们在实验室中调整了一种小型土壤线虫的两组基因序列,成功将这种生物的寿命延长了5倍。他们据此声称,如果将延长线虫寿命的科学方法应用于人类,人活到500岁就会成为可能。

以下哪项最能质疑上述科学家的观点?

（A）基因调整技术可能会导致下一代中一定比例的个体失去繁殖能力。

（B）即使将基因调整技术成功应用于人类,也只会有极少的人活到500岁。

（C）将延长线虫寿命的科学方法应用于人类,还需要经历较长一段时间。

（D）人类的生活方式复杂而多样,不良的生活习惯和心理压力,会影响身心健康。

（E）人类寿命的提高幅度不会像线虫那样简单倍增,200岁以后寿命再延长基本不可能。

48.贾某的邻居易某在自家阳台侧面安装了空调外机,空调一开,外机就向贾家卧室窗户方向吹热风,贾某对此叫苦不迭。于是找到易某协商此事,易某回答说:"现在哪家没装空调,别人安装就行,偏偏我家就不行了?"

对于易某的回答,以下哪项评价最为恰当?

（A）易某的行为虽影响到了贾某的生活,但易某是正常行使自己的权利。

（B）易某的行为已经构成对贾某权利的侵害,应立即停止这种侵权行为。

（C）易某在转移话题,问题不是能不能安装空调,而是安装空调该不该影响邻居。

（D）易某没有将心比心,因为贾某也可以正对易某的卧室窗户处安装空调外机。

（E）易某空调外机的安装不应正对贾某的卧室窗户,不能只顾自己享受而让贾某受罪。

49~50题基于以下题干:

某校文学社王、李、周、丁4人,每人只爱好诗歌、散文、戏剧、小说4种文学形式中的一种,且各不相同;他们每个人只创作了上述4种中的一种作品,且形式各不相同;他们创作的作品形式与各自的文学爱好均不相同。已知:

(1)若王没有创作诗歌,则李爱好小说;

(2)若王没有创作诗歌,则李创作小说;

(3)若王创作诗歌,则李爱好小说且周爱好散文。

49.根据上述信息,可以得出以下哪项?

（A）王爱好散文。

（B）李爱好戏剧。

（C）周爱好小说。

（D）丁爱好诗歌。

（E）周爱好戏剧。

50.如果丁创作散文,则可得出?

（A）周创作小说。

（B）李创作诗歌。

（C）李创作小说。

（D）周创作戏剧。

（E）王创作小说。

51.有科学家进行了对比实验:在一些花坛中种金盏草,而在另外一些花坛中未种植金盏草。他们发现:种了金盏草的花坛玫瑰长得很繁茂,而未种金盏草的花坛,玫瑰却呈现病态,很快就枯萎了。

以下哪项如果为真,最能解释上述现象?

（A）为了利于玫瑰生长,某园艺公司推荐种金盏草而不是直接喷洒农药。

（B）金盏草的根系深度不同于玫瑰,不会与其争夺营养,却可保持土壤湿度。

（C）金盏草的根部可分泌出一种杀死土壤中害虫的物质,使玫瑰免受其侵害。

（D）玫瑰花花坛中的金盏草常被认为是一种杂草,但它对玫瑰的生长,具有奇特的作用。

（E）花匠会对种金盏草和玫瑰花的花坛施肥较多,而对仅种玫瑰花的花坛施肥偏少。

52.李佳、贾元、夏辛、丁东、吴悠5位大学生暑期结伴去皖南旅游,对于5人将要游览的地点,他们却有不同想法。

李佳:若去龙川,则也去呈坎;

贾元:龙川和徽州古城两个地方至少去一个;

夏辛:若去呈坎,则也去新安江山水画廊;

丁东:若去徽州古城,则也去新安江山水画廊;

吴悠:若去新安江山水画廊,则也去江村。

事后得知,5人的想法都得到了实现,根据以上信息,上述5人游览的地点,肯定有:

（A）龙川和呈坎。

（B）江村和新安江山水画廊。

（C）龙川和徽州古城。

（D）呈坎和新安江山水画廊。

（E）呈坎和徽州古城。

53.胃底腺息肉是所有胃息肉中最为常见的一种良性病变,最常见的是散发型胃底腺息肉,它多发于50岁以上人群。研究人员在研究10万人的胃镜检查资料后发现,有胃底腺息肉的患者无人患胃癌,而没有胃底腺息肉的患者中有172人发现有胃癌。他们由此断定,胃底腺息肉与胃癌呈负相关。

以下哪项为真,最能支持上述研究人员的断定?

（A）有胃底腺息肉的患者绝大多数没有家族遗传癌症病史。

（B）在研究人员研究的10万人中,50岁以下的占大多数。

（C）在研究人员研究的10万人中,有胃底腺息肉的人仅占34%。

（D）有胃底腺息肉的患者罹患萎缩性胃炎、胃溃疡的概率显著降低。

（E）胃内一旦有胃底腺息肉,往往意味着没有感染致癌物"幽门螺杆菌"。

54~55题基于以下题干:

某特色建筑项目评选活动设有纪念建筑、观演建筑、会堂建筑、商业建筑、工业建筑5个门类的奖项,甲、乙、丙、丁、戊、己6个建筑师均有2个项目入选上述不同门类的奖项,且每个门类有上述6人

的 2~3 个项目入选,已知:

(1) 若甲或乙至少有一个项目入选观演建筑或工业建筑,则乙、丙入选的项目均是观演建筑和工业建筑;

(2) 若乙或丁至少有一个项目入选观演建筑或会堂建筑,则乙、丁、戊入选的项目均是纪念建筑和工业建筑;

(3) 若丁至少有一个项目入选纪念建筑或商业建筑,则甲、己入选的项目均在纪念建筑、观演建筑和商业建筑之中。

54.根据上述信息,可以得出以下哪项?

(A)甲有项目入选观演建筑。

(B)丙有项目入选工业建筑。

(C)丁有项目入选商业建筑。

(D)戊有项目入选会堂建筑。

(E)己有项目入选纪念建筑。

55.若己有项目入选商业建筑,则可以得出以下哪项?

(A)己有项目入选观演建筑。

(B)戊有项目入选工业建筑。

(C)丁有项目入选商业建筑。

(D)丙有项目入选观演建筑。

(E)乙有项目入选工业建筑。

四、写作:第56~57小题,共65分。其中论证有效性分析30分,论说文35分。

56.论证有效性分析:分析下述论证中存在的缺陷和漏洞,选择若干要点,写一篇600字左右的文章,对论证的有效性进行分析和评论。(论证有效性分析的一般要点是:概念特别是核心概念的界定和使用是否准确并前后一致,有无各种明显的逻辑错误,论证的论据是否成立并支持结论,结论成立的条件是否充分等等。)

默默无闻、无私奉献虽然是人们遵从的德行,但这种德行其实不可能成为社会的道德精神。

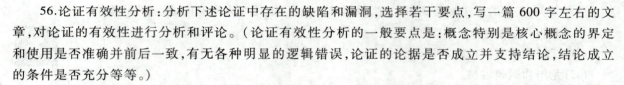

一种德行必须借助大众媒体的传播,让大家受其感染并化为自觉意识,然后才能成为社会的道德精神。但是默默无闻、无私奉献的精神所赖以存在的行为特点是不事张扬,不为人知。既然如此,它就得不到传播,也就不可能成为社会的道德精神。

退一步讲,默默无闻、无私奉献的善举经媒体大力宣传后,被更多的人所了解,这就从根本上使这一善举失去了默默无闻的特性。既然如此,这一命题就无从谈起了。

再者,默默无闻的善举一旦被媒体大力宣传,当事人必然会受到社会的肯定与赞赏,而这就是社会对他的回报。既然他从社会得到了回报,怎么还可以是无私奉献呢?

由此可见,默默无闻、无私奉献的德行注定不可能成为社会的道德精神。

57.论说文:根据下述材料,写一篇700字左右的论说文,题目自拟。

鸟类会飞是因为它们在进化中不断优化了其身体结构。飞行是一项特殊的运动,鸟类的躯干进化成了适合飞行的流线型。飞行也是一项需要付出高能量代价的运动,鸟类增强了翅膀、胸肌部位的功能,又改进了呼吸系统,以便给肌肉持续提供氧气。同时,鸟类在进化过程中舍弃了那些沉重的、效率低的身体部件。

答案与解析

一、问题求解

1.【答案】D。解析:根据题意可知提高效率前后工作总量不变,此时工作效率 p 与工作时间 t 成反比,即 $\dfrac{p_{原}}{p_{提}}=\dfrac{1}{1.2}=\dfrac{5}{6}$,则 $\dfrac{t_{原}}{t_{提}}=\dfrac{6}{5}$,相差 1 份,而提高工作效率前后时间相差 2 天,即 1 份对应 2 天,原计划时间为 12 天,由于效率提高前已经施工了 3 天,所以原计划工期为 15 天。

2.【答案】C。解析:根据题意可设成本为 100 元,成本利润率为 12%,则原售价为 112 元,成本降价 20% 后为 80 元,则降低成本后的利润率为 $\dfrac{112-80}{80}\times100\%=40\%$。

3.【答案】A。解析:根据题意可得
$$f(x,y)=x^2+4xy+4y^2+y^2-2y+2=(x+2y)^2+(y-1)^2+1,$$
当 $x+2y=0,y-1=0$ 时,$f(x,y)$ 取最小值,显然最小值为 1。

4.【答案】E。解析:**方法一**,根据题意可设 $AB=BC=1$,则 $AC=\sqrt{2}$,由于曲边三角形 CDE 与 BEF 面积相等,则 $S_{①}+S_{③}=S_{②}+S_{③}$,即扇形 $S_{扇ADF}=S_{\triangle ABC}$,$\dfrac{45°}{360°}\times\pi\cdot AD^2=\dfrac{1}{2}\times1\times1$,可得 $AD^2=\dfrac{4}{\pi}$,所以
$$\dfrac{AD^2}{AC^2}=\dfrac{2}{\pi}\Rightarrow\dfrac{AD}{AC}=\sqrt{\dfrac{2}{\pi}}。$$

方法二,由于 $\triangle ABC$ 为等腰直角三角形,因此斜边 AC 上的高长度为斜边 AC 的 $\dfrac{1}{2}$,由于曲边三角形 CDE 与 BEF 面积相等,即扇形 $S_{扇ADF}=S_{\triangle ABC}$,可得
$$\dfrac{45°}{360°}\times\pi\cdot AD^2=\dfrac{1}{2}AC\times\dfrac{1}{2}AC,$$

因此 $\dfrac{\pi}{8}AD^2=\dfrac{1}{4}AC^2$,即 $\dfrac{AD^2}{AC^2}=\dfrac{2}{\pi}\Rightarrow\dfrac{AD}{AC}=\sqrt{\dfrac{2}{\pi}}$。

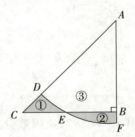

5.【答案】A。解析:**方法一**,根据题意,可将六个圆按照顺序标上序号,如图所示,则基本事件数为 $C_6^2=15$(种),不相邻的情况有 (1-3),(1-5),(1-6),(2-4),(2-6),(3-5),(3-6),(4-6)共 8 种,所以不相邻的概率为 $P=\dfrac{8}{C_6^2}=\dfrac{8}{15}$。

方法二,根据题意,可将六个圆按照顺序标上序号,如图所示,则基本事件数为 $C_6^2=15$(种),两个圆相邻的情况有 (1-2),(1-4),(2-3),(2-5),(3-6),(4-5),(5-6)共 7 种,所以两个圆不相邻的概率为 $P=1-\dfrac{7}{C_6^2}=\dfrac{8}{15}$。

6.【答案】A。解析：根据题意可得 $AB=\sqrt{2}$，$CD=2\sqrt{2}$，$AD=BC=\sqrt{1^2+2^2}=\sqrt{5}$，则四边形 $ABCD$ 为等腰梯形，过 A,B 两点作 $AE\perp CD$，$BF\perp CD$，如图所示，则 $EF=AB=\sqrt{2}$，$DE=CF=\dfrac{\sqrt{2}}{2}$，根据勾股定理可得 $AE^2=(\sqrt{5})^2-\left(\dfrac{\sqrt{2}}{2}\right)^2=\dfrac{9}{2}$，则 $AE=BF=\dfrac{3}{\sqrt{2}}$，所以等腰梯形 $ABCD$ 的面积为 $S=\dfrac{1}{2}\times(\sqrt{2}+2\sqrt{2})\times\dfrac{3}{\sqrt{2}}=\dfrac{9}{2}$。

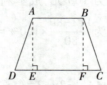

7.【答案】C。解析：根据题意，设甲、乙、丙三个部门的人数分别为 x,y,z，则可得 $\begin{cases}(x-26)\cdot 6=z+26,\\ y-5=z+5,\end{cases}$ 即 $\begin{cases}6x-156=z+26,\\ y-5=z+5,\end{cases}$ 两个式子做差可得 $6x-y=172$，即 $y=6x-172$，因此可得 $x-y=x-(6x-172)=-5x+172$，则甲部门与乙部门人数之差除以 5 可得余数为 2。

8.【答案】B。解析：现已知 8 个杯子的杯口全部朝上，想将其全部翻转杯口朝下，需要将每个杯子翻转奇数次，而 8 个杯子最少翻转 8 次，且杯口朝下后的杯子在翻转过程中，想再次杯口朝下需要继续被翻转 2 次。设有 x 个杯子被反复翻转，则杯子被翻转的总次数可表示为 $8+2x$ 次。而每次翻转 3 个杯子，相当于每次翻转 3 次，设一共翻了 n 次，则 n 次翻转后总计翻转 $3n$ 次，所以 $8+2x=3n$，当 $x=2$ 时，n 取得最小整数 4。

9.【答案】B。解析：根据题意可画图，如图所示，连接 ED，由于 AD 为直径，则 $\angle AED=90^\circ$，而 $\triangle AED$ 和 $\triangle ACB$ 有一个公共角 $\angle A$，所以 $\triangle AED\backsim\triangle ACB$，其中相似比为 $1:2$，面积比为 $1:4$，所以 $S_{\triangle AED}=\dfrac{1}{4}S_{\triangle ACB}=2$。

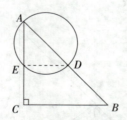

10.【答案】D。解析：根据题意可知 $105=3\times5\times7$，质因数分别为 $3,5,7$。满足题干要求的自然数有三种情况：①该自然数为一位数，则有 3 种情况；②该自然数为两位数，则有 $A_3^2=6$（种）情况；③该自然数为三位数，则有 $A_3^3=6$（种）情况。因此这样的自然数共有 $3+6+6=15$（种）。

11.【答案】C。解析：已知乙从来没有领先过，则第一次进球必须是甲，剩下的五次进球情况可以分为以下 2 种情况：①第二次进球也为甲，则剩下 4 次进球满足 2 次是甲，2 次是乙即可，共有 $C_4^2=6$（种）；②第二次进球为乙时，则第三次进球必须是甲，剩下 3 次满足一次是乙即可，共有 $C_3^1=3$（种），所以一共有 $3+6=9$（种）。

12.【答案】D。解析：根据题意可设 A 玩具、B 玩具的单价分别为 x 和 y，则 $\begin{cases}x+y=1.4,\\ 200x+150y=250,\end{cases}$ 解得

$$\begin{cases} x=0.8, \\ y=0.6, \end{cases}$$ 则 A 玩具的单价为 0.8 元。

13.【答案】E。解析: 根据题意可知基本事件总数为 $A_6^6=720$(种),女生不站两端并且不相邻,只需从 4 名男生中选出 2 人排在两端,有 A_4^2 种,剩下 2 名男生站在中间形成 3 个空,再将这 2 名女生安排到所形成的 3 个空里,有 $A_2^2A_3^2$ 种站法,所以概率 $P=\dfrac{A_4^2A_2^2A_3^2}{A_6^6}=\dfrac{1}{5}$。

14.【答案】C。解析: 设所求时间为 t 小时,则根据题意,丙车与甲、乙两车距离相等时,丙车在甲、乙两车中间,如图所示,此时丙车走的路程加上甲车走的路程再加上甲、乙间距离的一半等于总路程。

列方程为 $V_丙\cdot t+V_甲\cdot t+\dfrac{V_乙\cdot t-V_甲\cdot t}{2}=208$,即 $90\cdot t+60\cdot t+\dfrac{80\cdot t-60\cdot t}{2}=208$,解得 $t=\dfrac{208}{160}=\dfrac{13}{10}=$

1.3h = 78min。

注: 也可以理解为甲、乙路程和的一半与丙车的路程相加等于总路程,列方程为 $V_丙\cdot t+$

$\dfrac{V_乙\cdot t+V_甲\cdot t}{2}=208$,也可得 $t=1.3$h = 78min。

15.【答案】E。解析:方法一,根据题意可利用分步计数原理按照 $AEDBC$ 的顺序进行栽种,A 有 4 种颜色可供选择,E 有 3 种颜色可供选择,D 有 2 种颜色可供选择,B 有 2 种颜色可供选择,C 有 2 种颜色可供选择,则共有 $4\times3\times2\times2\times2=96$(种)栽种方案。

方法二,图中最少需 3 种颜色的花。因此可分成两种情况:①用 4 种颜色的花,第一步,确定同色花部分,共有 AC,BE,CE 三种组合,第二步,将 4 种颜色进行全排列,有 A_4^4 种方法,则共有 $3\times A_4^4=$ 72(种)方法;②用 3 种颜色的花,第一步,先选 3 种颜色,有 C_4^3 种选法,且此时 AC,BE 分别为同色,第二步,将 3 种颜色进行全排列,有 A_3^3 种方法,则共有 $C_4^3\times A_3^3=24$(种)方法。相加之后共有 $72+24=$ 96(种)栽法。

二、条件充分性判断

16.【答案】B。解析: 连接圆心 OB、OD,过圆心 O 做 $OE\perp BD$ 于点 E,$\triangle OBD$ 是等腰三角形,所以 $\angle BOE=\angle DOE=\angle BCD$,而 $\angle DOE+\angle EDO=\angle ADB+\angle ODE=90°$,所以 $\angle BCD=\angle ADB$,并且 $\angle A=\angle A$,所以 $\triangle ABD\backsim\triangle ADC$,则两个三角形面积比等于相似比的平方,而相似比等于对应边之比,即 $\dfrac{AD}{AC}=\dfrac{AB}{AD}=\dfrac{BD}{DC}$,已知 $S_{\triangle ABD}$ 与 $S_{\triangle ADC}$ 的面积比,可确定 $\triangle ABD$ 与 $\triangle BDC$ 的比。

条件(1):根据条件可知 $\dfrac{AD}{CD}$ 的值,无法确定面积比,所以条件(1)不充分;

条件(2):根据条件可知 $\dfrac{BD}{CD}$ 的值,满足结论,所以条件(2)充分。故选 B。

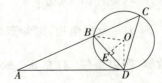

17.【答案】A。解析: 设 $f(x)=|x-2|-|x-3|$,函数图像如图所示,当 $-1<a<1$ 时,方程有唯一解,

当 $a=\pm1$ 时,方程有无穷多解。

条件(1):根据条件可知 $0<a\le\dfrac{1}{2}$ 在 $-1<a<1$ 范围内,所以方程有唯一解,x 的取值可以确定,所以条件(1)充分;

条件(2):根据条件可知 $\dfrac{1}{2}<a\le1$,当 $a=1$ 时方程有无穷多解,x 的取值不能确定,所以条件(2)不充分。故选 A。

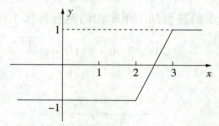

18.【答案】C。解析:设甲、乙两班的平均分分别为 a,b,且 $a>b$,总平均分为 c。

条件(1):根据条件可知 a,b 的值,无法确定人数多的班,所以条件(1)不充分;

条件(2):根据条件可知 c 的值,无法确定人数多的班,所以条件(2)不充分;

(1)+(2):两条件联立可知 a,b,c 的值,利用十字交叉法可得两个班的人数之比为 k,当 $k>1$ 时,甲班人数多;当 $k<1$ 时,乙班人数多,所以条件(1)和(2)联合充分。故选 C。

$$\begin{matrix}\text{甲}:a\\ \text{乙}:b\end{matrix}\ \diagdown c\diagup\ \begin{matrix}c-b\\ a-c\end{matrix}=k=\dfrac{\text{甲班的人数}}{\text{乙班的人数}}$$

19.【答案】B。解析:根据已知可得 $AB^2=BD\cdot BC$,即 $\dfrac{AB}{BC}=\dfrac{BD}{AB}$,由于 $\angle B$ 为共同角,所以 $\triangle BDA\backsim\triangle BAC$,则 $\angle BAC=\angle BDA$。

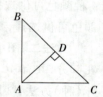

条件(1):根据条件可知 $BD=DC$,无法得到结论,所以条件(1)不充分;

条件(2):根据条件可知 $AD\perp BC$,可得 $\angle BDA=90°$,则有 $\angle BAC=90°$,所以条件(2)充分。故选 B。

20.【答案】C。解析:根据题意可知所分的组共有 4 种情况:全是男生、全是女生、1 男 2 女和 2 男 1 女。设全是男生的组数为 a,全是女生的组数为 b,1 男 2 女的组数为 c,2 男 1 女的组数为 d,则 $a+b+c+d=25$。

条件(1):根据条件已知 a,b,不知 c,d,无法确定女生人数,所以条件(1)不充分;

条件(2):根据条件已知 $c=d$,不知 a,b,无法确定女生人数,所以条件(2)不充分;

(1)+(2):两条件联立,已知 a,b,且 $c=d$,又 $a+b+c+d=25$,则此时女生人数能唯一确定,所以条件(1)和(2)联合充分。故选 C。

21.【答案】D。解析:设公比为 q,则 $b=aq,c=aq^2$。

条件(1):根据条件可知 a 为直角边,则 c 为斜边,由勾股定理可得 $a^2+(aq)^2=(aq^2)^2$,化简得 $1+q^2=q^4$,解得 $q^2=\dfrac{1+\sqrt{5}}{2}$,$q$ 有唯一正数解,所以条件(1)充分;

条件(2):根据条件可知 c 为斜边,则 a,b 为直角边,由勾股定理可得 $a^2+(aq)^2=(aq^2)^2$,化简得 $1+q^2=q^4$,解得 $q^2=\dfrac{1+\sqrt{5}}{2}$,$q$ 有唯一正数解,所以条件(2)充分。故选 D。

22.【答案】B。解析：条件(1)，设 $\sqrt{x}+\dfrac{1}{\sqrt{x}}=a$，则 $a^2=x+\dfrac{1}{x}+2\Rightarrow x+\dfrac{1}{x}=a^2-2$，$x^2+\dfrac{1}{x^2}+2=(a^2-2)^2$，可得

$x^2+\dfrac{1}{x^2}=(a^2-2)^2-2$，此时 $\left(x-\dfrac{1}{x}\right)^2=x^2+\dfrac{1}{x^2}-2=(a^2-2)^2-4$，可得 $x-\dfrac{1}{x}=\pm\sqrt{(a^2-2)^2-4}$，无法唯一确定，

所以条件(1)不充分；

条件(2)：已知 $x^2-\dfrac{1}{x^2}$ 的值，由于 $y=x^2$ 在 $x>0$ 上是增函数，则 $y=\dfrac{1}{x^2}$ 为减函数，所以 $y=x^2-\dfrac{1}{x^2}$ 为增函

数，则 x 的值唯一，可确定 $x-\dfrac{1}{x}$ 的值，所以条件(2)充分。故选 B。

23.【答案】E。解析：条件(1)，根据条件可知 $b^2=a(a+b)\Rightarrow b^2=a^2+ab$，两边同时除以 b^2，可得 $1=$

$\left(\dfrac{a}{b}\right)^2+\dfrac{a}{b}$，令 $\dfrac{a}{b}=t$，原方程可化简为 $t^2+t-1=0$，解得 $t=\dfrac{-1+\sqrt{5}}{2}$ 或 $t=\dfrac{-1-\sqrt{5}}{2}$，无法确定唯一的 $\dfrac{a}{b}$ 值，所

以条件(1)不充分；

条件(2)：根据条件可知 $a(a+b)>0$，只能得出 a 与 $a+b$ 同号，无法确定 $\dfrac{a}{b}$ 的值，所以条件(2)不

充分；

(1)+(2)：两条件联合，不能确定 a 与 b 是否同号，仍无法确定 $\dfrac{a}{b}$ 的值，所以条件(1)和(2)联合不

充分。故选 E。

24.【答案】C。解析：条件(1)，根据条件可知 $a_2^2-a_1^2=2$，$a_3^2-a_2^2=2\cdot2$，$\cdots$，$a_n^2-a_{n-1}^2=2(n-1)$，利用累

加法可得 $a_n^2-a_1^2=n(n-1)$，未知 a_1，无法判断 a_n，所以条件(1)不充分；

条件(2)：根据条件可知 $a_1+a_3=2a_2$，只能确定前 3 项为等差数列，无法确定 $\{a_n\}$ 为等差数列，所

以条件(2)不充分；

(1)+(2)：两条件联合可得 $\begin{cases}a_1+a_3=2a_2,\\a_2^2-a_1^2=2,\\a_3^2-a_2^2=4,\end{cases}\Rightarrow\begin{cases}a_1=\dfrac{1}{2},\\a_2=\dfrac{3}{2},\\a_3=\dfrac{5}{2},\end{cases}$ $a_n^2-a_1^2=n(n-1)\Rightarrow a_n^2=n^2-n+\dfrac{1}{4}=\left(n-\dfrac{1}{2}\right)^2\Rightarrow$

$a_n=n-\dfrac{1}{2}$，即数列 $\{a_n\}$ 为等差数列，所以条件(1)和(2)联合充分。故选 C。

25.【答案】A。解析：根据题意可利用绝对值三角不等式得 $|2b|-|a|\leqslant|2b-a|\leqslant1$，即

$|2b|-|a|\leqslant1$，所以 $|a|-|b|\geqslant|b|-1$。

条件(1)：根据条件可知 $|b|>1$，则 $|a|-|b|\geqslant|b|-1>0\Rightarrow|a|>|b|$，所以条件(1)充分；

条件(2)：根据条件可知 $|b|<1$，无法确定 $|a|-|b|>0$，所以条件(2)不充分。故选 A。

三、逻辑推理

26.【答案】C。解析：(1)题干翻译：①非信念→迷雾；②非信念→非风险；③办好→坚持；④发展

好→坚持。

(2)找切入点：题干无确定信息，从选项出发进行推理。

(3)解析过程：A 项不正确，假设坚持，结合③犯了肯后的错误。

B 项不正确，假设信念，结合①犯了否前的错误。

C项正确,假设风险,结合②根据否后必否前可得,信念。故 C 项为正确答案。

D项不正确,"理论逻辑"不在条件关系里,无法构建与"发展好"之间的条件关系。

E项不正确,"理论逻辑"和"实践逻辑"均不在条件关系里,无法构建二者之间的条件关系。

27.【答案】E。解析:(1)论点:《夜雨寄北》是寄给友人的。

(2)分析辨别选项:A项不能加强,题干已经断定妻子在长安。即使妻子已死亡,不是寄给妻子的,也无法说明是寄给友人的。

B项不能加强,不清楚明清的说法与唐朝的说法是否一样。

C项不能加强,不清楚温庭筠的诗句与李商隐的诗句有何关系。

D项不能加强,另一首诗与《夜雨寄北》没有关系。

E项能加强,通过补充论据,构建起诗句中"西窗"与"友人"之间的关系。故 E 项为正确答案。

28.【答案】A。解析:(1)找解题切入点:题干出现数量限定"5 选 3",但所给信息都是条件句。因此,本题需要假设。

(2)整合题干信息:a.假设观看焦点访谈和国家记忆,分别结合①、②根据肯前必肯后可得,不看自然传奇、不看人物故事。再由 5 个节目中选 3 个可得,必观看纵横中国。

b.假设不观看焦点访谈和国家记忆,结合 5 个节目中选 3 个可得,必观看纵横中国。

c.假设观看焦点访谈但不观看国家记忆,结合①根据肯前必肯后可得,不观看人物故事。由于不观看国家记忆和人物故事,结合 5 个节目中选 3 个可得,必观看纵横中国。

d.假设观看国家记忆但不观看焦点访谈,同理可得,必观看纵横中国。

e.综上可得,必观看纵横中国。故 A 项为正确答案。

29.【答案】D。解析:(1)论点:2020 年的碳排放量同比下降了创纪录的 7% 的原因在于汽车使用量的下降。

(2)分析辨别选项:A项不能加强,下降明显但不清楚是否与汽车使用量下降有关。

B项不能加强,只陈述延缓气候变化的方法,与"2020 年碳排放量下降的原因"无关。

C项不能加强,每年碳排放量是多少,与"2020 年碳排放量下降的原因"无关。

D项能加强,解释了 2020 年的碳排放量同比下降了创纪录的 7% 的原因是汽车使用量的下降。故 D 项为正确答案。

E项不能加强,谈及"2021 年"与题干"2020 年"的论证无关。

30.【答案】E。解析:(1)题干翻译:①(2 号楼且 1 单元)→甲疫苗;②小李家不是 2 号楼 1 单元;③小赵家打了甲疫苗;④小陈家没打甲疫苗。

(2)切入点:②③④属于确定信息,结合①进行推理。

(3)解题过程:A项不正确,结合①②,犯了否前的错误。

B项不正确,结合①③,犯了肯后的错误。

C项不正确,结合①④根据否后必否前及德摩根律可得,非 2 号楼或非 1 单元。

D项不正确,结合①③,犯了肯后的错误。

E项正确,结合①④根据否后必否前及德摩根律可得,非 2 号楼或非 1 单元。再结合假言选言等价可得,2 号楼→1 单元。故 E 项为正确答案。

31.【答案】B。解析:(1)梳理论证结构:

论点:大脑默认网络的结构和功能与孤独感存在正相关。

论据:①默认网络是参与内心思考的大脑区域,内心思考包括回忆旧事、规划未来、想象等;②孤独者大脑的默认网络联结更为紧密,其灰质容积更大。

推理过程:由"默认网络的思考(回忆旧事、规划未来、想象)"到"默认网络与孤独感存在正相关"。

(2)分析辨别选项:A项不能加强,题干已有论据已经说明了相关内容,补充该项无法强化默认网络与孤独感的关系。

B项能加强,构建了"默认网络思考(回忆旧事、规划未来、想象)"与"孤独感"之间的关系。故B项为正确答案。

C项不能加强,认知衰退和患上痴呆症与题干论证无关。

D项不能加强,题干讨论的是默认网络与孤独感的关系,如何减少孤独现象与该论证无关。

E项不能加强,穹窿得到保护与孤独感无关。

32.【答案】B。解析:(1)找解题切入点:题干信息不确定,提问中找不可能的选项,因此,可以考虑从选项出发假设。

(2)整合题干信息:a.假设宋、孔都参加,结合②可得,李不参加。再结合①可得,张、孔参加。没有推出矛盾,因此,A项是可能的。

b.假设宋、孔都不参加,由孔不参加结合①可得,张、李都参加。由李参加结合③根据肯前必肯后可得,要么张、宋都参加,要么张、宋都不参加。再结合假设宋不参加可得,张不参加。矛盾。因此,B项是不可能的。故B项为正确答案。

c.同理,C、D、E项以同样方式验证均为可能项。

33.【答案】E。解析:(1)梳理论证结构:

论点:人体同时感染新冠病毒和流感病毒的可能性应该低于预期。

论据:甲H1N1流感毒株出现时,自1977年以来一直传播的另一种甲型流感毒株消失了。

推理过程:由"同时感染甲H1N1与另一种甲型流感的可能性低"类比到"同时感染新冠病毒与流感病毒的可能性低"。

(2)分析辨别选项:

A项不能加强,涉及的是接种流感疫苗能降低同时感染两种病毒的概率,与题干论证过程无关。

B项不能加强,涉及的是新冠病毒与另一种病毒,这"另一种病毒"是什么不清楚。

C项不能加强,先天免疫系统防御能力增强,能否防御其他病毒不清楚。

D项不能加强,涉及的是为了避免感染新冠,人们采取的措施是什么,与论证过程无关。

E项能加强,解释说明了感染新冠病毒后是如何防止感染流感病毒的。故E项为正确答案。

34.【答案】D。解析:(1)梳理论证结构:

论点:多吃猪蹄不能补充胶原蛋白。

(2)分析辨别选项:

A项不能削弱,指出猪蹄中的胶原蛋白不会直接以胶原蛋白的形态补充到皮肤中,属于加强项。

B项不能削弱,指出日常水果足以提供人体所需的胶原蛋白,与多吃猪蹄能否补充胶原蛋白无关。

C项不能削弱,猪蹄会引起肥胖、增加患高血压的风险,与多吃猪蹄能否补充胶原蛋白无关。

D项能削弱,指出了猪蹄中的胶原蛋白经过消化分解,再合成胶原蛋白。说明吃猪蹄可以补充胶原蛋白。故D项为正确答案。

E项不能削弱,指出胶原蛋白对皮肤的作用,与多吃猪蹄能否补充胶原蛋白无关。

35.【答案】A。解析:(1)找解题切入点:题干信息全为条件句,因此,本题需要假设。

(2)整合题干信息:a.题干信息均为条件句,但①和②的后半句中都涉及"庚、辛",①的前半句和②的后半句又都涉及"甲、丙"。因此,结合推理规则,可以假设:乙、戊、己中至多有2人是哲学专业。

b.假设乙、戊、己中至多有 2 人是哲学专业,结合②根据肯前必肯后可得,甲、丙、庚、辛 4 人专业各不相同,即庚、辛不可能都是化学专业,结合①根据否后必否前可得,甲、丙、壬、癸中 4 人都是数学专业。因此,甲、丙专业相同。与上述推理结果矛盾。因此,假设不成立,即乙、戊、己 3 人都是哲学专业。故 A 项为正确答案。

36.【答案】E。解析:(1)题干翻译:①定点→医保结算;②本市参保→医保结算;③医保扫码使用→激活。

(2)找切入点:题干没有确定结果,从选项出发进行推理。

(3)解析过程:A 项不正确,假设非定点,结合①犯了否前的错误。

B 项不正确,假设医保结算,结合②肯后可得,可能不是 H 市定点医院。但该项内容与公告无关。

C、D 项不正确,假设外地参保,结合②犯了否前的错误。

E 项正确,假设未激活,结合③根据否后必否前可得,医保不能扫码使用。故 E 项为正确答案。

37.【答案】C。解析:(1)找解题切入点:"李订阅了《人民日报》"是确定信息。

(2)整合题干信息:a.由李订阅了《人民日报》,结合每种报纸均有两人订阅可得,宋、吴均订阅了《人民日报》是不可能的。再结合②根据否后必否前可得,李、王两人均订阅了《文汇报》。

b.由李订阅了《文汇报》和《人民日报》,再结合各人订阅的均不完全相同可得,吴至少订阅了《光明日报》《参考消息》中的一种。结合①根据肯前必肯后可得,王未订阅《光明日报》。再由王、李订阅的报纸不能完全相同可得,王订阅《参考消息》。故 C 项为正确答案。

38.【答案】B。解析:(1)明确解释对象:

解释对象:长期噪声组的鱼比其他两组早死亡两天。

(2)分析辨别选项:A 项不能解释,噪声污染危害其他动物,无法说明长期噪声组的鱼类为何死亡时间早。

B 项能解释,说明长期噪声的鱼之所以比其他两组早死亡的原因是长期噪声加速了寄生虫对鱼的侵害。故 B 项为正确答案。

C 项不能解释,更易感染寄生虫,无法说明长期噪声组的鱼类为何死亡时间早。

D 项不能解释,噪声污染增加鱼类健康风险,无法说明长期噪声组的鱼类为何死亡时间早。

E 项不能解释,短期噪声组的危害不大,无法说明长期噪声组的鱼类为何死亡时间早。

39.【答案】D。解析:(1)找解题切入点:题干信息全部为条件句,因此,本题需要假设。

(2)整合题干信息:a.假设 A 项正确,由甲结合①根据肯前必肯后可得,丁、戊、庚至多其一。A 项中有丁、戊,矛盾。因此,A 项不正确。

b.假设 B 项正确,由丙结合②根据肯前必肯后可得,必选乙但不能选戊。B 项中有戊,矛盾。因此,B 项不正确。

c.假设 C 项正确,与 A 项的分析类似,也出现矛盾。因此,C 项不正确。

d.假设 D 项正确,与题干条件不矛盾。因此,D 项正确。

e.假设 E 项正确,由丙、己结合②根据肯前必肯后可得,必选乙但不选戊。E 项中没有乙,矛盾。因此,E 项不正确。

40.【答案】E。解析:(1)题干翻译:①(发现且确立且改进且实现)→乐观;②乐观→幸福感;③有的人→幸福感;④有的(发现且改进)→非幸福感。

(2)找切入点:题干没有确定结果,从选项出发进行推理。

(3)解析过程:A 项不正确,②③无法建立推理关系。

B 项不正确,由"幸福是一种主观愉悦的心理体验,也是一种认知和创造美好生活的能力"只能得到,有的心理体验是认知和创造美好生活的能力。

C项不正确,假设发现不足且改进,无法结合①进行推理。

D项不正确,假设没有幸福感,结合②根据否后必否前可得,不乐观。再结合①根据否后必否前及德摩根律可得,没发现或没确立或没改进或没实现。再由发现不足,根据或规则可得,没确立或没改进或没实现。

E项正确,由①②根据递推可得,(发现且确立且改进且实现)→幸福感。再根据逆否等价及德摩根律可得,非幸福感→(没发现或没确立或没改进或没实现)。再结合④根据递推可得,有的(发现且改进)→(没发现或没确立或没改进或没实现),即有的人没确立或没实现。故E项为正确答案。

41.【答案】A。解析:(1)找解题切入点:"后3个学年选修的课程数量均不同""丙、己和辛课程安排在一个学年""乙在丁之前"属于特殊信息。

(2)整合题干信息:a.由后3个学年选修的课程数量均不同可得,后3个学年的课程数量是1、2、3(未必按顺序排列)。再结合共有8门课程可得,第1学年选修两门课程。

b.由丙、己和辛安排在一个学年可得,第1学年不会选戊、辛两门课程。再结合③根据否后必否前可得,第4学年没有选修甲、丙、丁。再结合②丁紧接丙、己、辛后的一个学年以及第1学年选修两门课程可得,丙、己、辛在第2学年,丁在第3学年。

c.由乙在丁之前的学年及后3个学年最多3门课程可得,乙在第1学年。故A项为正确答案。

42.【答案】A。解析:(1)找解题切入点:"后3个学年选修的课程数量均不同""丙、己和辛课程安排在一个学年""甲、庚均在乙之后"属于特殊信息。

(2)整合题干信息:a.由后3个学年选修的课程数量均不同可得,后3个学年的课程数量是1、2、3(未必按顺序排列)。再结合共有8门课程可得,第1学年选修两门课程。

b.由丙、己和辛安排在一个学年可得,第1学年不会选戊、辛两门课程。再结合③根据否后必否前可得,第4学年没有选修甲、丙、丁。再结合②丁紧接丙、己、辛后的一个学年以及第1学年选修两门课程可得,丙、己、辛在第2学年,丁在第3学年。

c.由甲、庚均在乙之后的学年以及后3个学年的课程数量是1、2、3可得,乙在第1学年,甲、庚在第3或第4学年。再由第1学年选修两门课程可得,戊在第1学年。故A项为正确答案。

43.【答案】C。解析:(1)题干翻译:①开辟未来→不忘历史;②创新→继承;③赓续→融入;④滋养→融入。

(2)找切入点:题干没有确定结果,从选项出发进行推理。

(3)解析过程:A项不正确,假设赓续,结合③根据肯前必肯后可得,融入。再结合④犯了肯后的错误。

B项不正确,假设融入,结合④犯了肯后的错误。

C项正确,题干断定"传统节日带给人们快乐和喜庆,还塑造着影响至深的文化自信",由此根据"这个"推"有的"可得,有的带给人们欢乐和喜庆的节日塑造着人们的文化自信。故C项正确。

D项不正确,无法建立"历史文化的传统"与"开辟未来"的关系。

E项不正确,无法建立"习俗"与"创新中传承"的关系。

44.【答案】C。解析:(1)梳理论证结构:

论点:教育影视剧只能贩卖焦虑,对实现教育公平于事无补。

论据:很多家长触"剧"生情,焦虑情绪增加。

推理过程:由"很多家长触'剧'生情,焦虑情绪增加"到"教育影视剧只能贩卖焦虑,对实现教育公平于事无补"。

（2）分析辨别选项：A项不能质疑，如果教育竞争不可避免，加上影视剧的影响，加强了题干论证。

B项不能质疑，指出父母过度焦虑会引发问题，与教育影视剧对教育公平的影响无关。

C项能质疑，指出教育影视剧引发关注，会对教育政策产生影响，进而可能对教育公平产生影响。故C项为正确答案。

D项不能质疑，学校有何职责，与教育影视剧对教育公平的影响无关。

E项不能质疑，家长该如何做，与教育影视剧对教育公平的影响无关。

45.【答案】B。解析：（1）找解题切入点："战争片必须在周三放"属于确定信息。

（2）整合题干信息：由战争片必须在周三放，结合6天放6个类型中的一种、各不重复可得，周三不放科幻片。再结合①根据否后必否前及德摩根律可得，周二不放悬疑片且周五不放悬疑片。同理，由战争片必须在周三放可得，周五不放战争片。再结合②根据否后必否前及德摩根律可得，周四不放悬疑片且周六不放悬疑片。因此，周日放悬疑片。故B项为正确答案。

46.【答案】C。解析：（1）找解题切入点：a.上一题的推理结果"周日放悬疑片"及"周三放战争片"属于确定信息；b."历史片既与纪录片相邻又与科幻片相邻"属于特殊信息。

（2）整合题干信息：a.由周三放战争片、周日放悬疑片，可分行列表如下

二	三	四	五	六	七
	战争				悬疑

b.由历史片与纪录片和科幻片相邻，结合上图可得，周五放历史片，周四、周六放纪录片和科幻片之一。因此，周二放动作片。故C项为正确答案。

47.【答案】E。解析：（1）梳理论证结构：

论点：如果将延长线虫寿命的科学方法应用于人类，人活到500岁就会成为可能。

论据：通过调整土壤线虫的基因序列，其寿命延长了5倍。

推理过程：由"线虫"类比到"人类"。

（2）分析辨别选项：A项不能削弱，下一代是否会失去繁殖能力，与基因调整技术能否延长人的寿命无关。

B项不能削弱，基因调整技术会让极少的人活到500岁，说明对人类有用，加强了题干论证。

C项不能削弱，还需要时间，但并不能说明这种方法不可行。

D项不能削弱，人类生活方式与身心健康的关系，与基因调整技术能延长人的寿命无关。

E项能削弱，指出人类和线虫不同，寿命最多延长至200岁，否定了题干论点。故E项正确。

48.【答案】C。解析：（1）梳理论证结构：

贾某的论点：易某不应在自家阳台侧面安装空调外机；论据：空调外机向贾家卧室窗户方向吹热风。易某的论点：我家可以安装空调；论据：家家户户都能安装空调。

（2）分析辨别选项：A、B、D、E项不正确，未围绕易某的论证展开。

C项正确，贾某的观点是易某不应在自家阳台侧面安装空调外机，而易某在回答中把"应不应该在阳台侧面安装空调外机"这个话题，换成了"我能不能安装空调"。故C项为正确答案。

49.【答案】D。解析：（1）找解题切入点：题干信息全为条件句，因此，本题需要假设。

（2）整合题干信息：a."王没有创作诗歌"在条件①②中都有出现，可以考虑从"王没有创作诗歌"出发进行假设。

b.假设王没有创作诗歌，结合①根据肯前必肯后可得，李爱好小说。结合②根据肯前必肯后可得，李创作小说。与题干条件"创作的作品形式与爱好不同"矛盾。因此，假设不成立，即王创作诗歌。

c.由王创作诗歌结合③根据肯前必肯后可得，李爱好小说且周爱好散文。由王创作诗歌结合"创作

的作品形式与爱好不同"可得,王不爱好诗歌。因此,丁爱好诗歌,王爱好戏剧。故 D 项为正确答案。

50.【答案】A。 解析:(1)找解题切入点:上一题的推理结果以及"丁创作散文"属于确定信息。

(2)整合题干信息:由上一题的推理结果可得,丁爱好诗歌,王爱好戏剧,李爱好小说,周爱好散文,王创作诗歌。由李爱好小说、周爱好散文结合"创作的作品形式与爱好不同"可得,李不创作小说,周不创作散文。再结合王创作诗歌以及丁创作散文可得,李创作戏剧,周创作小说。故 A 项为正确答案。

51.【答案】C。 解析:(1)明确解释对象:种了金盏草的花坛中玫瑰长得很繁茂,而未种金盏草的花坛中玫瑰呈现病态且很快枯萎。

(2)分析辨别选项:A 项不能解释,无法解释未种金盏草的花坛中玫瑰为什么会枯萎。

B 项不能解释,金盏草的根系有保持土壤湿度的作用,可能有利于玫瑰花的生长,但无法解释未种金盏草的花坛玫瑰为什么会枯萎。

C 项能解释,金盏草根部的分泌物可杀死害虫,使玫瑰免受其侵害,解释了种金盏草玫瑰长势好,未种植金盏草玫瑰枯萎的原因在于土壤中害虫的侵害。故 C 项为正确答案。

D 项不能解释,种植金盏草对玫瑰花有奇特作用,但无法解释未种金盏草的花坛玫瑰为什么会枯萎。

E 项不能解释,施肥多可能长势会好一点,但施肥少不一定会导致枯萎。

52.【答案】B。 解析:(1)题干翻译:①龙川→呈坎;②龙川或徽州;③呈坎→新安江;④徽州→新安江;⑤新安江→江村。

(2)找切入点:题干信息为假言和选言,而选项是确定结果,符合二难推理的特征。

(3)解析过程:由①③根据递推规则可得,龙川→新安江。再结合②④根据二难推理可得,新安江。再结合⑤根据肯前必肯后可得,江村。故 B 项为正确答案。

53.【答案】E。 解析:(1)梳理论证结构:

论点:胃底腺息肉与胃癌呈负相关。

论据:有胃底腺息肉的患者无人患癌症,没有胃底腺息肉的患者中有 172 人发现胃癌。

推理过程:由"有胃底腺息肉的患者无人患癌症,没有胃底腺息肉的患者中有人发现胃癌"到"胃底腺息肉与胃癌呈负相关"。

(2)分析辨别选项:A 项不能加强,与论题"胃底腺息肉与胃癌呈负相关"无关。

B 项不能加强,题干是在对比有息肉和无息肉的差别,与是否在 50 岁之上无关。

C 项不能加强,有胃底腺息肉的人占比较小,没发现患胃癌很正常,没有体现出胃底腺息肉与胃癌的负相关关系。

D 项不能加强,题干讨论的是有息肉患者与癌症之间的关系,与胃炎、胃溃疡无关。

E 项能加强,指出有胃底腺息肉不会感染致癌物,解释了二者为什么呈负相关。

54.【答案】D。 解析:(1)找解题切入点:题干信息全为条件句,因此,本题需要假设。

(2)整合题干信息:a.①、②、③都是条件句,但②的前后都涉及乙、丁的情况。因此,可以从②出发进行假设。

b.假设乙或丁至少有一个项目入选观演建筑或会堂建筑,结合②根据肯前必肯后可得,乙、丁、戊入选的项目均是纪念建筑和工业建筑。因此,乙或丁入选的项目至少 3 个。这与"每个建筑师均有 2 个项目入选"矛盾。因此,假设不成立,即乙和丁均没有项目入选观演建筑和会堂建筑。

c.由丁没有项目入选观演建筑和会堂建筑结合每个建筑师有 2 个项目入选可得,丁入选的两个项目在纪念、商业、工业三种建筑中。因此,丁至少有一个项目入选纪念建筑或商业建筑,结合③根据肯前必肯后可得,甲、已入选的项目均在纪念建筑、观演建筑和商业建筑之中。即甲、已入选的项目不在会堂建筑中。

d.由乙和丁没有项目入选会堂建筑,甲、己没有项目入选会堂建筑,结合"每个门类有2~3个项目入选"可得,丙、戊有项目入选会堂建筑。故 D 项为正确答案。

	纪念	观演	会堂	商业	工业
甲			×		×
乙		×	×		
丙			√		
丁		×	×		
戊			√		
己			×		×

55.【答案】A。解析:(1)找解题切入点:上一题的推理结果以及"己有项目入选商业建筑"属于确定信息。

(2)整合题干信息:a.由上一题的推理结果可得,丙有项目入选会堂建筑。结合①根据否后必否前可得,甲、乙均没有项目入选观演建筑和工业建筑。又由每个建筑师均有2个项目入选,列表如下:

	纪念	观演	会堂	商业	工业
甲	√	×	×	√	×
乙	√	×	×	√	×
丙			√		
丁		×	×		
戊			√		
己			×	√	×

b.由每个门类有2~3个项目入选以及每个人有2个项目入选可得:

	纪念	观演	会堂	商业	工业
甲	√	×	×	√	×
乙	√	×	×	√	×
丙	×		√	×	
丁	√	×	×		√
戊	×		√	×	
己	×	√	×	√	×

故 A 项为正确答案。

四、写作

56.【存在逻辑问题提示】本文的论证主要存在如下问题,供参考:

(1)推理过程:断定"德行必须借助大众媒体的传播,让大家受其感染并化为自觉意识,然后才能成为社会的道德精神"。

指出缺陷:误用条件关系。

给出理由:某种德行本身就是社会约定俗成的道德规范,在不传播的情况下,其本身就是公认的道德精神,如尊老爱幼等。退一步说,即使其不是社会规范,也还可以通过家庭教育和学校教育等多种途径让人们学习,从而成为社会精神的一部分。

（2）推理过程：由"无私奉献的精神所赖以存在的行为特点是不事张扬，不为人知"去论证"它就得不到传播"。

　　指出缺陷：推不出。

　　给出理由：即使无私奉献精神的特点是不为人知，自身在无私奉献的过程中也会给他人带来正面影响，当他人了解其善行后可能会主动为其宣传。比如张桂梅多年默默无闻的善举在被了解后得到了他人和官方的大力传播。

（3）推理过程：由"默默无闻的善举"推不出"善举被人知晓就失去了默默无闻的特性"。

　　指出缺陷：推不出。

　　给出理由：做出某种善举的人在行善时不求他人知晓，其行为被人知晓也改变了他行善时的初衷。

（4）断定"默默无闻的善举一旦被媒体大力宣传，当事人必然会受到社会的肯定与赞赏"。

　　指出缺陷：绝对判断。

　　给出理由：一般来说，做出善举会受到大家的肯定，但也不能排除会遭到社会的质疑，如网友质疑某人的善举是作秀。因此，怎么可以轻易断定必然会受到社会的肯定与赞赏呢？

（5）推理过程：断定"默默无闻的善举受到社会的关注与肯定就是社会对当事人的回报"。

　　指出缺陷：误用条件关系。

　　给出理由：默默无闻的善举受到关注很可能会给当事人带来烦恼，有违他默默无闻的初衷，影响当事人的工作和生活。

（6）推理过程：由"从社会得到了回报"去论证"不是无私奉献"。

　　指出缺陷：推不出。

　　给出理由：无私奉献的人在做出相关行为时，是大公无私、不求回报的。社会对他的行为给予肯定，这只是其行为产生的结果，而结果的产生并非本人的初衷，怎么能说其行为不是无私奉献呢？

（7）推理过程：断定"默默无闻、无私奉献的德行注定不可能成为社会的道德精神"。

　　指出缺陷：绝对判断。

　　给出理由：默默无闻、无私奉献的德行是整个社会道德精神的一部分，从古至今作为一种优良的道德品质而被传承。

【参考范文】

难说默默无闻不能成为道德精神

　　论证者从默默无闻、无私奉献的特性是不事张扬等出发，得出结论"默默无闻等德行不可能成为社会的道德精神"。但论证过程存在诸多缺陷。

　　首先，德行一定要传播才能成为道德精神吗？未必，如果德行本身就是社会约定俗成的道德规范的一部分，那么在不传播的情况下，其本身就是公认的道德精神，如尊老爱幼等。退一步说，即使其不是社会规范，也还可以通过家庭教育和学校教育等多种途径让人们学习，也可成为社会精神。

　　其次，善举被媒体宣传未必意味着当事人会受到社会的肯定与赞赏。大多数情况下，当我们知道他人的善举时，会对他人的行为表达敬佩。但社会上总有不同的声音，特别是一些容易引起误解的善举可能更容易遭到他人的质疑，例如网友质疑网红做慈善只是为了蹭流量。

　　再次，从社会得到了回报就真的不是无私奉献了吗？无私奉献的人在做出某种行为时，其初衷是大公无私、不求回报的。至于其从社会中得到的回报，这是其行为产生的结果，结果的产生并非本人的初衷，更多是由他人或社会给予他的，怎么能据此说其行为不是无私奉献呢？

　　最后，默默无闻、无私奉献的德行未必不能成为社会的道德精神。社会道德精神是人类社会文明成果的一种沉淀和积累,而默默无闻、无私奉献正是深入人心的道德品质,是众人所认可的价值观,已然成为一种光荣传统,故说其不可能成为社会的道德精神过于绝对。

综上所述,如果轻信了"默默无闻等德行不可能成为社会的道德精神"的言论,可能会影响人们对社会道德精神的认识。

【参考范文简评】本文开篇梳理题干论证结构,并提出质疑,表态明确。主体抓住题干论证的四个方面对其逻辑问题进行展开分析,对造成的原因论述透彻,四步环环相扣,分析清楚,论述有力,逻辑性强。本文行文思路清晰,层次分明,首尾完整;语言流畅,无错别字,标点正确,是一篇不错的应试佳作。

57.**【审题立意提示】**(1)读材料找文眼:材料中第一句话是本段材料的总起句,它将鸟类会飞归因于在进化中不断优化身体结构。后面分别从两个方面来说明鸟类是如何优化身体结构的。因此,本题的文眼就是"鸟类会飞在于不断优化结构"。

(2)提炼中心词:文眼是"鸟类会飞在于不断优化结构"。因此,"优化结构"就是上述材料的中心词。

(3)选择立意角度:鸟类在进化中优化结构,既然是"进化",说明优化结构是好的,因此命题人是一种支持态度。

(4)拓展中心词:结合立意角度,拓展中心词"优化结构"可以立意:优化升级、去芜强菁。

【参考范文】

优化升级,去芜强菁

鸟类为了适合飞行,进化躯干、增强翅膀和胸肌部位的功能、改进呼吸系统,同时舍弃低效的身体部件。对于企业而言,要想快速发展,也要优化升级,去芜强菁。

优化升级能摒弃劣势。企业在经营过程中,往往受到人、财、物等资源的限制,导致竞争力和抗风险能力也较为有限。如果此时不优化升级、集中发展核心竞争力,可能会因为没有足够的能力来抗衡外在强大的竞争,使得自身劣势被无限放大,最终可能陷入经营困局。即便当企业进入稳定发展阶段,能够拥有其他企业无法匹敌的资源以及能力优势,"大而重"的问题也往往会随之而来。此时若企业不优化配置,释放无用资源,集中力量打造核心业务,最终将导致无效内耗及资源浪费的严重后果。因此,多点开花不如集中火力,优化升级方能摒弃劣势。

优化升级能强化优势。企业在瞬息万变的市场中存活下去都离不开自己的独特优势,若想要进一步强化就需要优化和升级,这是关乎企业全局长远发展的大事。一方面,优化资源配置,重点投入能带来丰厚现金流回报的产品,提高资本回报率后,用充足的资金、人力等资源再优化其余分支,带动整体共同发展,从而全方位巩固自身优势。另一方面,升级产业结构,从低级的劳动密集型产业向高级的技术导向型产业转变,把技术做精做强,当技术实现质的飞跃时可以强化企业自身已有优势,并推动企业大步向前。

既然优化升级能让企业强化优势,摒弃劣势,从而不断发展壮大,那企业又该如何去优化升级呢?其一,企业要关注市场变化,以创新驱动研发升级、产品升级、服务升级;其二,要敢于淘汰低价值、低效率的业务板块,在优势板块寻求增量。

总之,企业管理者不能僵化思想,要有不断"优化升级,去芜强菁"的意识。这样将有更多的企业走上"专精特新"之路。

【参考范文简评】全文共五个自然段:第一段概括材料并引出观点,企业要想快速发展,也要优化升级,去芜强菁;第二、三段分别从优化升级能摒弃劣势、优化升级能强化优势两个方面展开论述,论证有力,亮点突出;第四段联系现实,分析企业该如何去优化升级;最后一段简要总结,重申观点,首尾呼应。